W9-AOX-675

NOTABLES ET NOTABILITÉ
DANS LE *CONTADO* FLORENTIN
DES XIIe-XIIIe SIÈCLES

BIBLIOTHÈQUE DES ÉCOLES FRANÇAISES D'ATHÈNES ET DE ROME

Fascicule quatre-cent-deuxième

NOTABLES ET NOTABILITÉ DANS LE *CONTADO* FLORENTIN DES XIIe-XIIIe SIÈCLES

par

Philippe LEFEUVRE

ÉCOLE FRANÇAISE DE ROME

2023

Lefeuvre, Philippe, 1985

Notables et notabilité dans le *contado* florentin
des XIIe-XIIIe siècles / par Philippe Lefeuvre
Rome : École française de Rome, 2023
(Bibliothèque des Écoles françaises d'Athènes et de Rome ; 402)
ISBN 978-2-7283-1543-7 (br.)
ISBN 978-2-7283-1544-4 (EPub)
Disponible sur Internet : <https://books.openedition.org/efr/31285 ©2023
DOI : 10.4000/books.efr.31285

1. Noblesse -- Florence (Italie ; province) -- 12e siècle
2. Noblesse -- Florence (Italie ; province) -- 13e siècle
3. Seigneuries -- Florence (Italie ; province) -- Conditions économiques -- 12e siècle
4. Seigneuries -- Florence (Italie ; province) -- Conditions économiques -- 13e siècle
5. Conditions rurales -- Florence (Italie ; province) -- 12e siècle
6. Conditions rurales -- Florence (Italie ; province) -- 13e siècle
7. Stratification sociale -- Toscane (Italie) -- Moyen âge
8. Élite (sciences sociales) -- Toscane (Italie) -- Moyen âge

CIP – *Bibliothèque de l'École française de Rome*

ISO/CD 9706

AVANT-PROPOS

Il faut des mains nombreuses pour façonner le moindre livre et celui-ci n'échappe pas à la règle. Loin d'être un travail solitaire, il est le résultat d'aides et d'interventions généreuses. Il aura d'abord fallu le patient accompagnement de mon directeur de thèse, Laurent Feller, pour transformer une interrogation naïve – qu'y a-t-il, au Moyen Âge, entre seigneurs et paysans ? – en un point de départ valide pour une recherche circonstanciée sur les hiérarchies des sociétés rurales ; recherche que je n'aurais sans doute jamais envisagée si je n'avais, auparavant, eu l'opportunité d'être admis à l'École Normale Supérieure de la rue d'Ulm qui a fourni le soutien moral et financier de mes études. J'y ai bénéficié des conseils bienveillants et attentifs de François Menant qui a joué le rôle d'un second guide et a tout particulièrement suivi ce travail. Je le remercie, une fois encore, de sa patience et de sa gentillesse infinies. En Toscane, plusieurs chercheurs m'ont généreusement ouvert leur porte quand rien ne les y obligeait. Giuliano Pinto a orienté le début de ces recherches, Francesco Salvestrini m'a aidé à me repérer dans les méandres vallombrosains, Paolo Pirillo, pour sa part, a eu l'obligeance de guider les pérégrinations archivistiques dans le monde des notaires. À Pise, j'ai été aidé, conseillé et encouragé par Simone Collavini qui a d'abord accepté de lire et de critiquer un premier travail aux insuffisances criantes et m'a poussé à prolonger ce travail qu'il a, lui aussi, particulièrement accompagné. Mes recherches sont largement redevables, le lecteur s'en rendra compte, aux travaux de Maria Elena Cortese et d'Enrico Faini : les échanges cordiaux avec ces deux auteurs ont contribué à me rassurer sur le bien-fondé de cette recherche. Je dois enfin louer le personnel de l'*Archivio di Stato* pour son accueil et sa disponibilité. À Rome, Sandro Carocci a fourni une aide aussi précieuse que rigoureuse et m'a sans doute permis de sortir cette recherche des ornières d'une érudition stérile. Entre Rome, la Toscane et l'Angleterre, Chris Wickham n'a pas manqué de prodiguer ses conseils qui se sont révélés décisifs dans l'orientation générale de l'enquête. Lors de la soutenance, les membres du jury de thèse, François Menant, Nicolas Carrier, C. Wickham, Joseph Morsel, S. Collavini ont apporté des correctifs dont je me suis efforcé de tenir compte dans l'écriture de ce livre. Je remercie C. Wickham d'avoir encore accepté une ultime relecture lors de l'élaboration du livre. La bonne conduite de la thèse de doctorat et sa reprise n'auraient pas été possibles sans le soutien institutionnel de l'École française de Rome. C'est d'abord comme boursier que j'ai découvert la bibliothèque du Palais Farnèse sous les conseils avisés de Stéphane Gioanni puis de Pierre Savy, directeurs des études médiévales. C'est plus tard comme membre de l'École qu'il m'a été donné de renouer avec Rome et je remercie l'ensemble de mes collègues, ainsi que Pierre Savy et Grazia Perrino pour leur disponibilité et leur soutien. L'ensemble de mes recherches se sont enfin déroulées dans le cadre du Laboratoire de Médiévistique Occidentale de Paris (LaMOP) qui a fourni un cadre intellectuel et institutionnel; j'en profite pour remercier l'assistante, Françoise Bornes, pour sa disponibilité et son efficacité et profite de cette occasion pour saluer en groupe, les chercheurs avec lesquels j'ai toujours eu plaisir à discuter, sans oublier mes collègues du lycée Blaise Cendrars (Sevran, 93) et ceux de l'École française de Rome.

Je crains que le livre ne soit pas à la hauteur des relectures et des conseils ponctuels qui m'ont été prodigués. Je remercie Léa Hermenault et Nicolas Minvielle de leur aide en matière cartographique. Je dois tout particulièrement remercier Cédric Quertier à qui je suis gré de m'avoir 1) guidé dans les archives de Florence, 2) aidé dans la composition de certains dossiers, 3) hébergé à Florence et 4) je le remercie d'avoir accepté de relire l'un de mes chapitres. Je dois en dire de même à tous ceux qui ont accepté d'affronter ma prose rugueuse et notamment Didier Panfili qui a contribué à améliorer le chapitre sur les trajectoires familiales. Dans les phases finales et urgentes de relecture, j'ai pu mobiliser sans peine la maisnie des plus fidèles amis et parents: Rémy Gareil; Jonathan Boutemy; Marc Godfroid; Marion Leclair; Marie-Pierre Wynands; ma sœur Delphine et son compagnon Éric Antoine; ma mère enfin, Claudine Lefeuvre, qui a jusqu'au bout cherché à améliorer ce qui pouvait encore l'être. Je suis à ce titre reconnaissant à mes parents de n'avoir jamais trouvé étrange qu'un enfant de plus de trente ans demeure à l'état d'étudiant. Ce sont davantage que des remerciements qui doivent aller à Ece Zerman qui partage mon existence, connaît les inquiétudes, les enthousiasmes et les humeurs qui accompagnent la composition d'une recherche: merci à elle d'exister dans ma vie! Puisque l'horizon de ces recherches était enfin une compréhension du monde paysan, c'est à ma grand-mère, Gabrielle Lefeuvre, partie il y a peu, qu'est dédié ce livre.

AVERTISSEMENTS

Abréviations

La très grande majorité des documents cités étant issus de l'Archivio di Stato de Florence (ASFi), cette mention n'est pas ajoutée et on se réfère directement aux fonds et aux séries.

AAFi :   *Archivio Arcivescovile di Firenze.*
ASSi :   *Archivio di Stato di Siena.*
BNCF :   *Biblioteca Nazionale Centrale di Firenze,* Bibliothèque Nationale Centrale de Florence.
CRSGF :   *Corporazioni religiose soppresse dal Governo francese.*
NA :   *Notarile Antecosimiano.*
Le carte… :   voir dans la section des sources publiées, Camerani Marri 1962.
RC :   voir dans la section des Sources publiées, Pagliai 1909.

Référence aux parchemins du *Diplomatico* de Florence

Les parchemins du fonds *Diplomatico* de l'Archivio di Stato de Florence ont été en grande partie numérisés. Les parchemins sont classés en fonction de la datation retenue par les archivistes au XIXe siècle, dans le style florentin. On renvoie systématiquement à l'original et à son identifiant de la façon suivante : *Diplomatico, Nom de la série*, année/mois/jour retenus pour l'enregistrement du parchemin (numéro d'identifiant du parchemin numérisé sans les quatre ou trois zéro qui précèdent, précision éventuelle sur la datation dans notre style ou correction de la datation si nécessaire).

INDICATION DE LA DATE ET MESURES

Style florentin

Généralisé au milieu du XIIe siècle, le style florentin fait commencer l'année le 25 mars. Les documents datés entre le 1er janvier et cette date présentent par conséquent un décalage d'une année par rapport au style couramment employé.

Mesures

Outre les monnaies qui suivent l'équivalence héritée des Carolingiens (1 livre = 20 sous = 240 deniers), les mesures qu'on retrouve constamment ici sont le setier et le muid comme mesures de capacité (1 muid = 24 setiers = 48 mines). Pour les plus vieilles occurrences du setier, on peut retenir le poids et la capacité supposés des setiers de Passignano ou des setiers que les sources de la fin du XIIIe siècle qualifient « d'anciens ». C'est sans doute cette mesure qu'on utilisait pour les redevances coutumières des *coloni* (1 setier = 10,7-11,3 L = 8 à 8,5 kg). Pour les occurrences de la fin du XIIIe siècle, à Leccio dans les années 1290 par exemple, on peut supposer qu'il s'agit en revanche d'un setier lourd, conforme aux volumes d'une économie nouvelle (1 setier = 20-21,3 L = 15 à 16 kg). On se permet, pour le reste, de renvoyer au travail de William R. Day sur l'évolution des poids et mesures du *contado* florentin des XIIe et XIIIe siècles[1].

---

[1] Day 2000, p. 579.

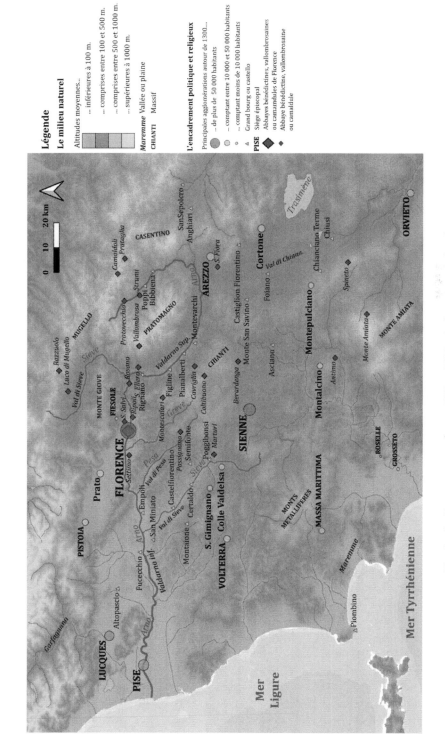

Fig. 1 – La Toscane centrale aux XIIe et XIIIe siècles, carte de localisation

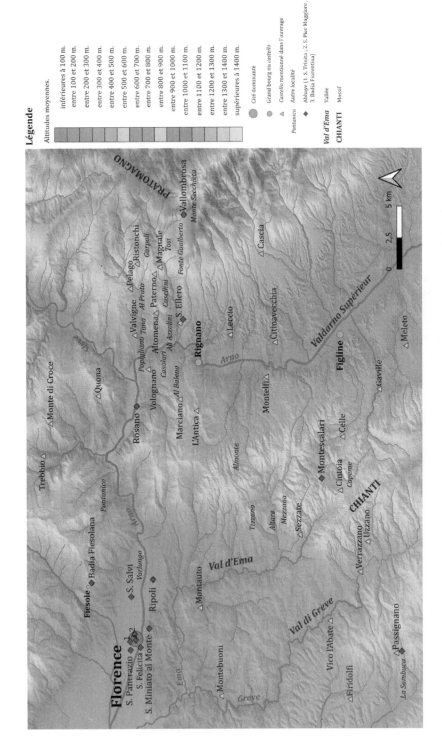

Fig. 2 – Florence, le Valdarno Supérieur et le Val di Greve, carte de localisation

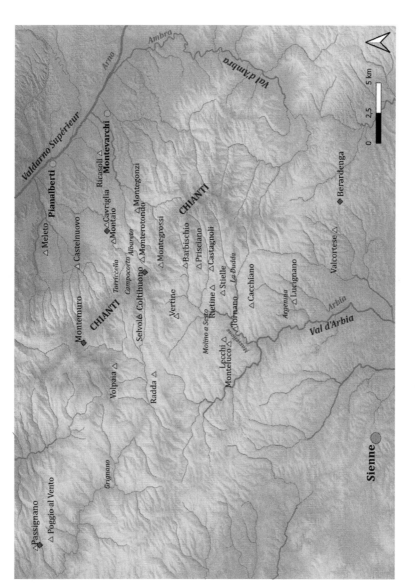

Fig. 3 – Le Valdarno Supérieur, le Chianti et la Val d'Arbia, carte de localisation

L'ÉVOLUTION DES HIÉRARCHIES SOCIALES DANS LES CAMPAGNES FLORENTINES DES XIIe ET XIIIe SIÈCLES

En août 1221, dans la chaleur de l'été toscan, quelques personnes s'étaient assemblées devant le banc du notaire Monaldo qui exerçait ce jour-là sur le marché de Figline[1]. Il s'agissait, pour le notaire, d'une affaire relativement courante: la vente d'un serf, de son habitation et de quelques pièces de terre. Ceux qui entouraient le notaire – un clerc et un petit aristocrate accompagnés de quelques-uns de leurs amis et obligés, témoins et garants de la validité de l'acte – appartenaient à un milieu de rentiers[2]. L'objet même de cette vente, un dénommé Januzzo, n'assistait pas en personne à la transaction qui le faisait changer de maître. C'était désormais à l'un de ses voisins, le prieur Barone de la petite église de San Miniato, qu'il devrait verser son loyer, en conservant pour sa part la maison, adossée à la muraille d'un petit village et les six parcelles qu'il avait jusqu'alors tenues des fils de Griffolo *da Lucignano*. Rédigé du point de vue des détenteurs d'un pouvoir pesant sur les personnes et la terre, l'acte respectait formellement une hiérarchie passant du seigneur à *son* homme. Pour les seigneurs, il était en effet normal de vendre, échanger et engager les *homines* comme on le faisait d'autres objets[3]. À la fin du XIIe siècle, le pouvoir seigneurial, qui était le principal instrument de la domination aristocratique, avait acquis un rôle central dans l'organisation des sociétés locales et en imprégnait tous les pans[4]. Ce pouvoir ne prenait pas

---

[1] Aujourd'hui Figline Valdarno, dans la vallée supérieure de l'Arno. C'était aux XIIe et XIIIe siècles, une agglomération importante, l'évêque de Fiesole avait cherché à y installer son siège. Au XIIIe siècle, le bourg était dirigé par une commune relativement puissante, voir Pirillo 1992; Wickham 1996a; Pinto – Pirillo 2005.

[2] *Diplomatico*, *S. Vigilio di Siena*, 1221/08/05 (9705), Guido di Griffolo de Licignano vendait au prieur Barone Januzzo de l'église de San Miniato a Celle, son colon, avec son foyer et ses biens pour le salut de son âme et le prix de 100 sous en deniers de Pise.

[3] Guerreau 1997.

[4] Quelques titres permettent de baliser les évolutions des dernières décennies, Toubert 1973; Cammarosano 1974; Rippe 1975; Violante 1981; Menant 1993; Wickham 1996; Delumeau 1996; Collavini 1998b; Feller 1998; Carocci 2004; Nobili 2006; Cortese 2007; Fiore 2010; Collavini 2010; Collavini 2011; Provero 2012; Collavini 2012b; Carocci 2014; Cortese 2017; Fiore 2017.

nécessairement corps dans une seigneurie aux contours bien définis, opposant frontalement le seigneur à une communauté paysanne clairement identifiée. Alors que de nombreux épisodes traduisent, à la fin du Moyen Âge et dans certains territoires européens, une division assez nette des sociétés rurales entre seigneurs et paysans[5], autour de la Méditerranée, les siècles centraux du Moyen Âge font fréquemment apparaître une localisation extrême de pouvoirs fortement articulés aux sociabilités paysannes[6]. Loin de livrer une vision pyramidale des hiérarchies médiévales, ce document en révèle la complexité[7]. Ainsi, dans le *contado* florentin des XIIᵉ-XIIIᵉ siècles, le contrôle social exercé par les seigneurs n'était-il pas nécessairement médiatisé par des officiers[8]; il ne passait pas davantage par un milieu homogène de fermiers, mais relevait d'un nombre important d'intermédiaires évoluant, pour ainsi dire, *entre seigneurs et paysans*. L'une des figures clefs de la transaction citée plus haut était ainsi un dénommé Guidalotto di Guido di Griffolo, qui intervenait comme garant de la vente. Probablement apparenté aux *domini* locaux, il vivait au contact des *coloni*; quelques années auparavant, il avait assumé la charge de recteur pour la communauté d'habitants du *castello* de Celle où habitait le *colonus* Januzzo[9]. S'il n'ignorait probablement rien des règles fondant la compétition aristocratique, il demeurait sans doute ancré dans une sociabilité largement organisée autour du travail agricole. Comment décrire correctement la position sociale d'un tel personnage, sans l'enfermer dans des catégories trop rigides? S'agissait-il, en termes suggestifs, d'un «coq de village[10]» dominant une communauté rurale par sa capacité économique et politique? S'agissait-il plutôt, pour reprendre une terminologie latinisante, mais rare dans la docu-

---

[5] Mollat du Jourdin – Wolff 1970; Hilton 1979; Brunel – Brunet 2009.

[6] Sur les spécificités des territoires de la Méditerranée occidentale, voir Toubert 1980.

[7] Cette vision pyramidale relève plus des représentations communes du Moyen Âge que des modèles actuellement employés par les chercheurs – voir par exemple Morsel 2004 – ; on la croise incidemment dans des volumes plus anciens.

[8] Sur la ministérialité, voir Bloch 1928; sur le prélèvement seigneurial en Italie, Carocci 2004.

[9] *Diplomatico, S. Vigilio di Siena*, 1191/02/23 (6797, en 1192), 1201/07 (7604), 1205/04/27 (7966), 1208/10/13 (8262), 1221/08/05 (9705).

[10] Bloch et al. 1929, p. 62, souvent attribuée à M. Bloch à propos du Moyen Âge, l'expression «coq de village» est appliquée, dans cet article, à la figure d'un riche fermier d'Île-de-France du XVIIᵉ siècle, «un certain Sébastien de Villiers, marchand et laboureur, que tout le plan dénonce comme un acharné rassembleur de terres: probablement un de ces petits capitalistes ruraux, un de ces coqs de village, commerçants et usuriers, qui ont si souvent fait souche de grands propriétaires!» Au début des années 1960, l'expression, popularisée entre autres par G. Duby, était volontiers appliquée à la description du Moyen Âge, jugée «pittoresque» mais «lassante» par Perroy 1963, p. 158.

mentation, d'un *miles castri* typique des communautés animant les petites places fortifiées de l'Europe méditerranéenne[11]? La couleur qu'on donne à ce personnage n'est sans doute pas la même selon les mots employés et ce n'est pas la même chose de le situer dans une *gentry* évoluant aux marges de l'aristocratie[12] que de le définir comme un *medium owner*[13]. Il évoluait certainement dans un « groupe social intermédiaire [...] entre la paysannerie d'une part, et d'autre part l'aristocratie[14] » et appartenait au milieu qu'une historiographie s'est efforcée de saisir à travers l'expression d'élites rurales. C'est dans ce courant d'étude que s'inscrit cette recherche qui prend pour cadre un ensemble de territoires appartenant, aux XIIᵉ et XIIIᵉ siècles, à l'aire d'influence florentine.

Le rayonnement politique, artistique et intellectuel exercé par Florence à la fin du Moyen Âge et à la Renaissance – l'État territorial florentin contrôlant, en Toscane, certaines cités majeures ainsi que d'importantes agglomérations ou *castelli*[15] – ferait aisément oublier le dynamisme de la cité dans les premiers siècles de son expansion[16]. Au début du XIIᵉ siècle, Florence exerçait encore une bien faible attraction au sein du *comitatus* constitué des diocèses de Florence et Fiesole[17]. Pour Robert Davidsohn, cette période appartenait du reste à l'histoire des origines de la Commune et c'était seulement avec le XIIIᵉ siècle – auquel il consacrait deux volumes dans la version italienne de sa monumentale histoire de Florence – que commençait véritablement l'histoire de la cité[18]. Si le XIIᵉ siècle demeure associé aux dynamiques nées de la recomposition du Royaume d'Italie et de la Marche de Toscane[19], le *Duecento* sert davantage de *terminus a quo* à des récits se prolongeant jusqu'au XVIᵉ siècle[20]. C'est précisément à la transition entre une époque marquée par la seigneurie et ses hiérarchies et une époque organisée dans le cadre d'un nouvel État que s'intéresse ce livre. En Europe occidentale, le territoire florentin est sans doute l'un des mieux documenté pour les XIIᵉ et XIIIᵉ siècles, notamment

[11] Fournioux 1988, p. 256-258, on le distinguerait ainsi plus nettement des nouvelles élites, *burgenses*, qui font figure de parvenus du XIIIᵉ siècle.

[12] Delumeau 1996, vol. 1, p. 457.

[13] Wickham 1988, p. 16.

[14] Jessenne – Menant 2007, p. 8.

[15] La Roncière 2004.

[16] Boutier – Sintomer 2014, § 5 : « Florence a fait l'objet d'une multiplication exceptionnelle de travaux historiques, qui en ont fait la ville de la Renaissance la plus étudiée à l'échelle de l'Europe. »

[17] Faini 2010, p. 71-72.

[18] Première version, Davidsohn 1896b ; versions italiennes les plus usuelles, Davidsohn 1956 ; 1957 ; 1969.

[19] Voir ainsi Cortese 2017b.

[20] La Roncière 2004 ; Najemy 2006 ; Boutier – Sintomer 2014.

grâce aux importants chartriers monastiques conservés aujourd'hui par l'*Archivio di Stato* de Florence, dans le fonds *Diplomatico* et grâce aux importantes archives du *Notarile antecosimiano* pour la fin de la période. Au moment de commencer cette enquête, les recherches de Maria Elena Cortese et d'Enrico Faini[21] venaient de renouveler en profondeur la connaissance des aristocraties rurales et citadines des XIᵉ-XIIIᵉ siècles ; elles ont permis de naviguer avec plus d'aisance dans la vaste documentation du *Diplomatico* dont les chartes numérisées sont, quant à elles, devenues plus accessibles. Il a ainsi été possible de suivre l'évolution de sociétés d'interconnaissance en s'intéressant aux figures les plus *notables* qu'a fait ressortir la documentation. Le terme *notable* peut ici s'entendre comme adjectif autant que comme substantif, on s'est en effet efforcé de mettre en lumière les logiques qui font d'un personnage saisi dans le cadre d'une petite société locale, une figure remarquable aux yeux de l'historien et – on le suppose – aux yeux de ses contemporains. De la sorte, c'est moins le notable comme idéal-type qui est interrogé ici que la notabilité, c'est-à-dire les logiques fondant la distinction et la domination sociales au sein des populations rurales.

Cette enquête sur les sociétés rurales porte sur l'un des territoires et sur l'une des époques les plus profondément marqués par le fait urbain[22]. Dès la fin du XIIᵉ siècle, c'est-à-dire plus tard que dans de nombreuses autres cités, la petite république florentine s'attacha à soumettre et intégrer à son gouvernement les communautés évoluant à l'intérieur de son *comitatus* ou *contado*. Ce processus de métro-polisation à l'échelle du *comitatus* florentin devait aboutir, à la fin du XIIIᵉ siècle, à la formation d'une cité-État associant une ville et sa campagne[23]. Il eut d'importantes répercussions sur les territoires ruraux et contribua à la création d'une forme originale de domination citadine. À l'arrière-plan de ce livre, il importe de garder à l'esprit les interrogations que suscitent cette transformation territoriale majeure et ses conséquences à plus long terme. Aux XIVᵉ et XVᵉ siècles, un système de faire-valoir de la terre fonctionnant au profit d'un milieu de propriétaires citadins, la *mezzadria poderale*, s'était imposé dans les campagnes de Florence[24]. Pour Elio Conti, qui écrivait dans les années 1960, la mise en place de ce système résultait d'un profond

---

[21] Cortese 2007 ; Faini 2010.

[22] Sur l'Italie des communes, voir Maire Vigueur 2004 ; Crouzet-Pavan 2004 ; Menant 2005.

[23] Maire Vigueur 1988a ; 1988b ; Jansen 2002.

[24] Il s'agissait d'une forme de faire-valoir contraignant, dans lequel le métayer, généralement bénéficiaire d'un bail à court terme, devait verser à un propriétaire citadin la moitié de ses récoltes, voir Imberciadori 1951 ; Conti 1965a ; 1965b ; Cherubini 1979 ; 1991 ; Muzzi 1988.

bouleversement des structures de peuplement du *contado* florentin qui, d'un habitat organisé autour des villages castraux, aurait évolué vers une campagne ponctuée de métairies plus isolées[25]. Dans cette optique, la faible attractivité de ces *castelli* s'expliquait par la tendance à l'*inurbamento* des ruraux aisés qu'avait mise en évidence Johan Plesner[26]. Ces deux auteurs ont contribué à forger un modèle explicatif qui parcourt de nombreux travaux sur les campagnes de l'Italie communale. Dans ce schéma, la participation active de la frange aisée des ruraux aux dynamiques urbaines aurait entraîné, à terme, une dégradation des conditions de l'exploitation rurale au profit du marché citadin. Gérard Rippe, en s'intéressant au *contado* de Padoue, évoquait ainsi une «sorte de trahison des élites[27]».

L'enquête cherche à interroger ce modèle évolutif autour duquel se nouent problématiques urbaines et rurales, en prenant en considération un territoire situé dans le quart sud-est du comté florentin. Il s'agit d'une aire bien couverte par la documentation léguée par trois abbayes vallombrosaines. Les chartriers des abbayes de Santa Maria di Vallombrosa, de San Cassiano a Montescalari et de San Lorenzo a Coltibuono représentent un peu plus de 2 000 actes des XIIᵉ et XIIIᵉ siècles dans le fonds *Diplomatico* de l'Archivio di Stato de Florence, et permettent d'envisager des territoires légèrement différents : la moyenne montagne située à quelques kilomètres de Florence avec Santa Maria di Vallombrosa ; les basses collines du Valdarno Supérieur et du Chianti méridional avec les sources de Montescalari et de Coltibuono. Si la documentation notariale transmise hors de la médiation monastique ou ecclésiastique est parfois mobilisée, les informations que l'on tire de celle-ci croisent rarement celles que fournit la documentation ecclésiastique ; les deux documentations relevant de logiques archivistiques fort différentes et informant sur des sociétés coexistant sans trop interférer dans la seconde moitié du XIIIᵉ siècle. Ce livre, qui résulte de la ré-élaboration d'une thèse de doctorat soutenue en 2016, est né d'une recherche qui avait pour premier objectif l'établissement d'une sorte de dictionnaire prosopographique des notables ruraux que la documentation florentine des XIIᵉ et XIIIᵉ siècles aurait fait rencontrer. L'absence de critère indigène permettant l'identification d'un milieu de notables et les fortes évolutions sociales qui marquent la période ont très rapidement réorienté la recherche et la rédaction vers une étude croisée des trajectoires familiales et des formes de la distinction sociale. Après une présentation de l'historiographie propre aux élites rurales et des problèmes posés par la question de la notabilité dans

---

[25] Conti 1965a.
[26] Plesner 1934 ; Cherubini 2009.
[27] Rippe 2003, p. 630.

le *contado* florentin des XIIe et XIIIe siècles, on offre au lecteur un aperçu des limites et du potentiel de la documentation monastique. Ceci suppose de s'intéresser de près aux notaires ruraux et à leur position sociale. Les abbayes participaient, du reste, à une domination seigneuriale qui ouvrait certains espaces politiques aux populations soumises. Les trajectoires familiales se déployaient ainsi dans un cadre politique contraint qui connut de profondes évolutions entre le début du XIIe et les dernières années du XIIIe siècle. Dans les dernières années du XIIe siècle, de nouvelles institutions virent le jour, à l'image de la commune rurale, exerçant un poids majeur dans l'organisation des hiérarchies sociales. Ces institutions reposaient en définitive sur une sociabilité de rentiers qui côtoyaient la population des travailleurs agricoles. Loin des villes, cette situation permit à plusieurs générations de notables de se constituer un capital social et d'accumuler des capitaux économiques. L'ouvrage aborde de la sorte les notables ruraux et la question de la notabilité à travers différents angles : historiographique (chapitre 1) ; documentaire (chapitre 2) ; politique (chapitre 3) ; familial (chapitre 4) ; social (chapitre 5) et économique (chapitres 6, 7 et 8). S'il s'est avéré difficile de faire ressortir une figure particulière du notable rural, le lecteur magnanime jugera peut-être que ce travail sur la notabilité et ses manifestations aura au moins eu le mérite de placer la focale sur un niveau social et économique que d'autres approches auraient aisément relégué à l'arrière-plan. Figures secondes, ni pauvres, ni riches, participant même aux logiques de la domination aristocratique, ces notables sont apparus comme des acteurs essentiels de la transformation des campagnes florentines dans une période de profonds changements économiques, sociaux et institutionnels.

CHAPITRE 1

DE L'ÉLITE RURALE À LA BOURGEOISIE
DE VILLAGE, UN PARADIGME FLORENTIN

Les païsans qui sont riches sont fort malins et insolents[1].

Au XIIIe siècle, le territoire de Florence comptait de nombreuses agglomérations, fondations nouvelles ou *terre murate*, bourgs dynamisés par les marchés céréaliers ainsi que des fondations seigneuriales anciennes. C'était dans ces agglomérations intermédiaires, qu'en tout autre contexte historiographique on n'hésiterait pas à qualifier de villes, que résidaient la plupart des notables ruraux. Installés dans le *contado*, ces notables ne présentaient guère de différence avec leurs homologues citadins[2]. Tout semblait les appeler vers la ville et ils assuraient localement une fonction d'intermédiaire entre les sociétés paysannes et la société urbaine englobante. D'où venaient ces notables ? On pourrait songer à des paysans enrichis comme à des aristocrates déclassés ou voir dans ces derniers les descendants de ces propriétaires moyens que des documents plus anciens font connaître. Jusqu'au début des années 1990, les médiévistes ne se sont guère intéressés aux hiérarchies internes aux sociétés rurales. On n'ignorait pas l'existence «de divisions de classes assez tranchées» à l'intérieur des groupes paysans, mais ces hiérarchies intéressaient moins que les structures de l'exploitation de la force de travail des paysans[3]. Les études se sont longtemps concentrées sur le processus de standardisation des statuts juridiques paysans[4]. La multiplication des monographies régionales et les études de cas ont néanmoins fait ressortir des groupes intermédiaires impossibles à situer dans la société des dominants ou des dominés. Les ministériaux, hommes de pouvoir et hommes de corps, avaient ainsi retenu l'attention de Marc Bloch qui avait relevé l'incapacité de ce groupe à s'élever en une classe autonome[5]. L'émergence du thème des élites rurales est à considérer dans un mouvement plus général

---

[1] Furetière 1690, vol. 3, p. 11.
[2] Friedman 2004 ; Pirillo 2013.
[3] Bloch 1999, p. 215.
[4] Feller 2003.
[5] Bloch 1928.

d'un regain d'intérêt pour les élites, dans un contexte de recul des paradigmes marxistes[6]. À la différence de la classe dirigeante, l'élite se définit par l'excellence des éléments d'un groupe donné, mais le succès de la notion, souvent associée au nom de Vilfredo Pareto, doit certainement plus à sa plasticité qu'à une passion réelle pour une sociologie parétienne aux relents réactionnaires[7]. Souvent empruntée au français dans des langues étrangères, la notion d'*élite* demeure vague et appelle un travail de définition. Selon Fr. Menant et Jean-Pierre Jessenne, les élites rurales englobent, au Moyen Âge et à l'Époque moderne, les représentants des groupes sociaux intermédiaires entre la paysannerie et le monde des grands propriétaires, aristocrates ruraux ou citadins[8]. Entre seigneurs et paysans s'interposaient de nombreux individus dans lesquels on voit généralement des figures émergentes de la paysannerie : agents locaux du seigneur, *boni homines*, consuls ruraux, membres du bas clergé, artisans, négociants, notaires, fermiers, etc. On se saisit ici de la notion d'élite rurale, « concept historique opératoire », pour lui donner corps, la préciser et la faire dialoguer avec la notion plus ancienne de notabilité[9]. Moins précise qu'englobante, l'expression d'élite rurale a été choisie pour désigner de manière large la grande diversité des figures dominant la vie des communautés rurales et peut servir à établir des distinctions de rang et de fonction à l'intérieur de prétendues masses paysannes. Même dans les territoires urbanisés de la Toscane médiévale, la population des travailleurs de la terre continuait de représenter une très forte proportion de la population. Le tableau qu'on voudrait faire de l'Italie des communes ne saurait se passer de cet indispensable arrière-plan. Il s'agit de considérer le « processus de production des différenciations sociales et des hiérarchies à l'intérieur du monde rural » en s'efforçant de sortir d'une analyse ne mettant l'accent que sur le cadre seigneurial[10]. La succession de plusieurs publications consacrées aux élites rurales indique bien l'intérêt suscité par cette approche depuis le début des années 2000, confirmant la possibilité d'une histoire comparative de ces milieux intermédiaires. Venue d'une historiographie rurale centrée sur les communautés et sur les rapports entre seigneurs et paysans,

---

[6] L'émergence du terme d'élite est assez tardive dans la bibliographie et date essentiellement des années 1990, la notion plus fluide et moins empreinte de rigidité étant préférée à celle de classe dirigeante. En histoire médiévale, on peut ainsi retenir les rencontres de la SHMES consacrée aux élites urbaines, voir Gauvard 1997.

[7] Selon le sociologue, les membres de l'élite sont ceux qui disposent « des indices les plus élevés » dans leur branche d'activité, voir Pareto 1964, p. 1297.

[8] Jessenne – Menant 2007, p. 8-9.

[9] Leferme-Falguières – Van Renterghem 2001.

[10] Feller 2003.

l'expression est caractéristique d'un courant ruraliste bien représenté en France. Quelle résonance peut-elle avoir lorsqu'on s'intéresse à l'un des territoires de la péninsule italienne qui était aussi l'un des plus urbanisés du Moyen Âge ?

Terre d'élection de l'histoire communale, le *contado* florentin est aussi l'un des mieux documentés et, en conséquence, l'un des plus étudiés. Les recherches sur les campagnes florentines ont d'ailleurs fait ressortir, depuis longtemps, de nombreuses figures intermédiaires : petits propriétaires ruraux des XIᵉ et XIIᵉ siècles ; aristocrates au patrimoine resserré et divisé par les nombreux représentants de leur *consorteria* ; intermédiaires seigneuriaux des XIIᵉ et XIIIᵉ siècles ; paysans aisés et notaires émigrant en ville au XIIIᵉ siècle ; petits citadins ou habitants des petites agglomérations jouant auprès d'une communauté paysanne le rôle du notable dans les campagnes du *Trecento*. Les orientations très différentes des historiens et la constante redéfinition des hiérarchies locales par les mobilités sociales et géographiques des populations du *contado* empêchent de retirer de cette littérature une image idéale de ce milieu. D'autant que les historiens sont loin de s'accorder sur l'identité sociale des communautés d'habitants.

1.1. Petits propriétaires, intermédiaires seigneuriaux ou notables villageois

L'histoire du *contado* florentin ne manque pas d'allusions à des groupes sociaux qu'on se refuse à qualifier d'aristocrates ou de paysans. E. Faini, qui a contribué au renouvellement des études sur les rapports entre la ville et la campagne, parle ainsi d'individus « d'une élévation sociable non négligeable » ou de groupes à la « physionomie sociale fuyante »[11]. Saurait-on mieux dire la difficulté à caractériser socialement ces groupes sociaux ? Il sera ici question d'élites rurales, sans s'arrêter à une définition trop rigide. Si l'on entend par élites rurales, l'ensemble des individus formant le niveau intermédiaire entre aristocratie et paysannerie, la notion peut s'appliquer à de nombreuses figures qu'on rencontre dans l'histoire florentine[12]. Dans une phase correspondant essentiellement aux XIᵉ et XIIᵉ siècles, on peut suivre les agissements de communautés rurales encore très informelles dont se détache un groupe étendu de *medium owners*. Aux XIIᵉ et XIIIᵉ siècles, le cadre seigneurial se fait de plus en plus évident dans la documen-

---

[11] Faini 2008b, p. 107 ; Faini 2008a, p. 49.
[12] La typologie qui suit s'inspire de celle déjà proposée par Jessenne – Menant 2007, p. 30-31.

tation qui laisse apparaître un groupe d'intermédiaires entre seigneurs et communautés rurales, dans un cadre plus institutionnalisé. Dans les dernières années du XIIIe siècle enfin, une documentation laïque révèle une notabilité rurale exerçant essentiellement une fonction de médiation entre les communes rurales du *contado* et les élites citadines, à l'intérieur d'une société qu'on peut qualifier de post-seigneuriale.

1.1.1. *La rente foncière*

Dans ses recherches sur les structures agraires du territoire florentin, E. Conti s'était particulièrement attaché à souligner le contraste existant entre la situation des XIe et XVe siècles[13]. À la Florence du XVe siècle, dominée par la *mezzadria poderale*[14], s'opposait ainsi une situation marquée originellement par la discontinuité et le morcellement des patrimoines fonciers. Ce constat ne valait pas seulement pour les grands domaines, mais se vérifiait aussi dans le cas de foyers au patrimoine plus étroit. Il y a lieu d'être étonné par le nombre de propriétaires fonciers que font ressortir les sources du XIe siècle. Dans le territoire correspondant à celui d'une paroisse rurale de l'époque moderne, le *popolo* de Sant'Andrea a Poggio al Vento, E. Conti comptait ainsi deux cent soixante-six « propriétaires » ; des *possessores* dont le patrimoine se composait en réalité de biens tenus en emphytéose et de terres possédées de plein droit ; parmi ces propriétaires, un tiers environ appartenait à des parentèles dont les propriétés s'étendaient au-delà de ce territoire[15]. C'était parmi ces grandes *consortiere* qu'on comptait les membres des parentèles les mieux intégrées à la clientèle des grands, tels les *da Matraio*, seigneurs de plusieurs *castelli* et vassaux des comtes Alberti. Le milieu des petits et moyens propriétaires était quant à lui marqué par la présence d'un

---

[13] Le projet éditorial d'E. Conti était à la base très ambitieux et visait à couvrir l'ensemble de la période s'étendant de l'an Mil à aujourd'hui, l'idée étant de se servir de la documentation très fournie sur le territoire de Florence pour suivre l'évolution des structures agraires, comme M. Bloch l'avait souhaité dès les années 1930. À l'image de ces grandes cathédrales dont on soupçonne difficilement l'inachèvement, les quelques volumes publiés restent des références majeures, voir ainsi Conti 1965a ; Conti 1965b ; pour une mise en perspective historiographique, en préface à la réimpression de ces volumes, voir Francesconi 2014.

[14] La « mezzadria poderale » est le système d'exploitation foncière qui domine l'Italie centrale et septentrionale de la fin du Moyen Âge au milieu du XXe siècle ; il s'agit d'un métayage tenu en main par les propriétaires citadins, recevant la moitié des fruits et des récoltes, organisé autour d'exploitations compactes, *poderi*, louées pour des durées relativement courtes (de trois à six ans). Ce système conduisait fréquemment le métayer à emprunter à son propriétaire et à entrer dans une dépendance marquée vis-à-vis de son patron. Pour l'approche classique, voir Imberciadori 1951 ; Cherubini 1979 ; Muzzi 1988.

[15] Conti 1965a, p. 153-165.

grand nombre de clercs et de fils de clercs, cibles probables des sollici-
tations de l'abbaye de Passignano. Parmi ces petits et moyens propriétaires, on trouvait aussi les représentants de *consorterie* mineures qui
s'occupaient probablement de cultiver leurs terres. Il pourrait sembler,
à première vue, que la masse de ces propriétaires soit condamnée à
demeurer anonyme, la plupart des noms n'apparaissant qu'à l'occasion d'une seule transaction. Il n'était pas d'usage, pour les notaires,
de décliner une *profession* et il n'y avait que de rares spécialistes qui
fissent figurer un titre ou l'ombre d'une spécialisation artisanale. Les
cultivateurs ne sont pas connus comme tels dans les documents qui
subsistent aujourd'hui.

Les hiérarchies que font ressortir les transactions foncières
restent partielles, le patrimoine foncier n'étant qu'un élément parmi
d'autres du jeu de la distinction sociale et il est difficile de savoir dans
quelle mesure les *possessores* des plus petites parcelles pouvaient être
conduits à cultiver eux-mêmes leurs terres[16]. En l'absence de sources
aussi explicites que celles mises à jour par Pierre Bonnassie pour la
Catalogne, on ne peut jamais être parfaitement sûr d'avoir affaire
à des propriétaires-cultivateurs[17]. L'extrême dispersion des patrimoines fonciers et l'attestation d'un grand nombre de *possessores*
sont cependant des phénomènes massifs dans la documentation des
XIe-XIIe siècles ; difficile, dans ces conditions d'imaginer que tous ces
alleutiers aient pu se contenter de vivre en rentiers[18]. Dans les territoires les mieux documentés, qui ne sont pas rares en Toscane, les
patrimoines connus de certains petits *possessores* renvoient assez
clairement à des existences rythmées par les travaux agricoles et l'élevage[19]. On aura du reste l'occasion de s'en rendre compte au fil de ce
livre. Paysans, non paysans ? La caractérisation est aussi affaire de
choix idéologiques qu'il faut tenter de clarifier[20]. Il est certain qu'il existait une hiérarchie très graduelle entre les plus importants et les plus
humbles des propriétaires fonciers. Parmi ces propriétaires, il est rare
qu'on puisse deviner des cultivateurs, et pour peu qu'on ait quelque
information, ces petits propriétaires doivent souvent être rattachés
à de plus importantes parentèles[21]. Globalement, les hommes et les

---

[16] Feller 2005.
[17] Bonnassie 1990, p. 146 et suiv.
[18] La question a été débattue avec beaucoup de prudence par Delumeau 1996,
vol. 1, p. 81, si l'auteur conclut que la condition de tenancier concernait la masse
des paysans, il n'en exclut pas pour autant la possible présence de paysans-
alleutiers ; en revanche chez Wickham 2000, p. 305-310, la proximité des alleutiers
avec le monde paysan est davantage soulignée.
[19] Sur ce point voir Wickham 1988, p. 180.
[20] Duhamel-Amado 1990.
[21] Delumeau 1996, vol. 1, p. 81.

femmes qu'on voit agir sur le marché de la terre peuvent être rattachés à l'existence d'une classe étendue et contrastée de rentiers présente dès le haut Moyen Âge[22]. À l'intérieur de cette classe se distinguait une puissante aristocratie foncière qui conserva en Toscane certains des traits qu'elle avait acquis dès l'époque lombarde[23].

Dans le comté de Florence, les parentèles aristocratiques semblent en effet avoir conservé plus longtemps qu'ailleurs les caractéristiques des groupes dominants du haut Moyen Âge : quelques-unes, de rang comtal, dominaient une clientèle vaste et disposaient de patrimoines organisés à l'échelle du diocèse voire de la Marche de Toscane ; les cités de Fiesole et surtout de Florence, résidences des évêques, conservant leur centralité[24]. Au cours du XIe siècle, ces groupes aristocratiques eurent tendance à délaisser la cité et à opérer une réorganisation de leurs patrimoines. En concentrant leurs biens autour de certaines localités où elles travaillaient à l'érection de *castelli*, elles affirmaient leur prétention seigneuriale. Beaucoup de groupes n'avaient pas les ressources nécessaires à ce passage. Ce processus, loin d'être linéaire et systématique, ne fut pas toujours couronné de succès et M. E. Cortese insiste avec raison sur les nombreux « échecs » de cet *incastellamento*[25]. En considérant les groupes socialement dominants du XIe siècle, on découvre ainsi des signes de fragilité qui rappellent la situation des membres de l'élite rurale dans les pays de petite propriété[26] : faute de ressources suffisantes, il pouvait être difficile à ces dernières de s'intégrer durablement aux réseaux aristocratiques. Les membres de l'aristocratie secondaire étudiée par M. E. Cortese, ne disposaient le plus souvent d'aucun titre comtal qui les distinguât, dans les sources, d'autres propriétaires. Ils n'en appartenaient pas moins à un milieu bien identifié et solide. Leurs parentèles s'organisaient autour d'un important patrimoine tenu en propriété et souvent en copropriété par les membres d'une *consorteria*[27]. Pour pallier au défi que représentait l'héritage entre tous les descendants mâles, mais aussi pour manifester un statut et sauver leurs âmes, ces maisons établissaient un rapport privilégié avec une église ou un monastère dont elles étaient reconnues comme patrons et à qui elles cédaient d'importantes parts de leur patrimoine. Elles appartenaient enfin à la clientèle des marquis, des comtes et des évêques, participant ainsi à la féodalité du comté, mais

---

[22] Voir ainsi l'exemple de Gundaldo, petit clerc de la Garfagnana (Lucques), à la fin du VIIIe siècle, Wickham 1988, p. 42-51 ; à compléter par Cortese 2017b, p. 64-66.

[23] Cortese 2017b, p. 332-348.

[24] Ead. 2007, p. 249-258.

[25] *Ibid.*, p. 153-158.

[26] Bougard 1996 ; Feller – Gramain – Weber 2005 ; Feller 2012.

[27] Cortese 2007, p. 66-84.

entretenaient aussi des liens horizontaux, de haine ou d'amitié, avec d'autres parentèles de leur rang. En outre, et ceci devenait de plus en plus vrai à mesure qu'on s'avançait dans le XIᵉ siècle, elles détenaient tout ou partie de certains *castelli*[28]. Doit-on exclure ces aristocraties de l'élite rurale ou de la notabilité rurale[29]? On trouve, dans les sources relatives au Chianti, des parentèles importantes et reconnues comme telles par la population, mais qu'on ne peut pourtant associer à aucun site fortifié. Ainsi en allait-il des *Lambardi della Gerda*: malgré l'appellation typique de la petite aristocratie, on ne trouve aucun *castello* associé à ce groupe[30]. L'*incastellamento* du territoire florentin ne semble pas avoir entraîné un processus de rassemblement d'importantes populations à l'intérieur des nouveaux habitats fortifiés – assez étroits du reste – et n'a pas fait disparaître l'habitat dispersé[31]. Cette relative continuité dans les structures de l'habitat pourrait avoir été associée à une permanence de hiérarchies sociales préexistantes: des hiérarchies certes dominées par les seigneurs des *castelli*, mais laissant place à d'autres formes d'affirmation sociale. Dans le Chianti au moins, et probablement en d'autres lieux du territoire florentin, il y avait donc de la place pour des individus semblables aux propriétaires moyens mis en évidence par C. Wickham. Des individus qui possédaient assez de terres pour ne pas les travailler, qui pouvaient être liés aux clientèles aristocratiques, mais que rien ne permet de qualifier particulièrement d'aristocrates dans la mesure où l'on ne saurait fixer de différence évidente de statut entre aristocrates et non aristocrates[32].

Aristocrates, clercs de tous grades et membres d'une élite rurale aux contours assez difficiles à déterminer, avaient en commun de posséder des terres en propriété ou d'être tenanciers, en *livello*, d'un patrimoine important. On sait qu'il existait, à côté de cette population de libres, des travailleurs de la terre évoluant dans une condition inférieure. Les membres de l'aristocratie s'échangeaient, vendaient ou cédaient leurs serfs en même temps que d'autres biens[33]. Sur certains

---

[28] *Ibid.*, p. 153.

[29] Wickham 2005b, p. 153, la catégorie d'aristocrate peut s'appliquer à tout individu appartenant à l'élite politique, généralement doté de terres et exerçant le pouvoir en vertu de ce qu'il/elle est. La définition est certes circulaire, mais elle peut être complétée par des traits distinctifs: distinction par les ancêtres; fortune foncière; position dans une hiérarchie officielle; bénéfice de la faveur royale ou impériale, appartenance à la *Königsnähe*; reconnaissance par d'autres chefs politiques; style de vie.

[30] Conti 1965a, p. 192-201; Wickham 1989; voir aussi, l'annexe en ligne n° 11 «Les *Lambardi della Gerda*: illustres inconnus du Chianti», disponible à l'URL : https://books.openedition.org/efr/44614.

[31] Cortese 2010.

[32] Wickham 1988, p. 40-57; 2001, p. 32-43.

[33] Lefeuvre 2016a.

manses du XIᵉ siècle, le responsable de l'exploitation recevait le titre de *massarius* une dénomination qui, pour E. Conti, était dénué d'implications juridiques, mais qu'une longue historiographie rapproche statutairement du serf[34]. Il est difficile, sur la base de ces seuls indices, de déterminer ce qu'était exactement le statut des travailleurs de la terre. De la plupart des tenanciers on ne connaît souvent que le nom de baptême ou le surnom, sans autre qualificatif. Le fait de céder une terre en cédant son exploitant est toutefois un indice de la condition générale des tenanciers et l'on peut suivre C. Wickham lorsqu'il parle, pour le territoire de Florence et des territoires centraux de la Toscane, d'une population semi-servile. Et c'est peut-être le fonctionnement de la justice de compromis qui révèle le mieux le fonctionnement des hiérarchies sociales[35]. Les disputes conservées portent essentiellement sur la possession du sol, jamais sur les loyers. On avait jugé bon de transcrire et de conserver les arbitrages impliquant des propriétaires fonciers entre eux, jamais les querelles les opposant à leurs tenanciers. La justice, telle qu'on la connaît, était ainsi l'affaire d'un milieu étendu de propriétaires. Cette classe dominait et exploitait localement une population de tenanciers non-propriétaires dans le cadre de sociétés d'interconnaissance dont les limites sont difficiles à déterminer. Dans la seconde moitié du XIIᵉ siècle, le renforcement des hiérarchies sociales, l'existence de nombreux dépendants et la diffusion de plus en plus importante du droit romain auraient conjointement travaillé à l'extension de la catégorie de colon à une grande partie des hommes et des femmes travaillant l'alleu d'autrui: une catégorie unifiant artificiellement, une population vivant jusque-là dans des degrés de dépendance très variables, mais qu'on devait tenir pour la condition commune des travailleurs du sol[36]. C'était du moins ce point de vue que défendaient les plus grands seigneurs. Il n'est pas indifférent de savoir si l'on doit parler d'une *gentry* d'allure aristocratique ou d'une élite rurale pour désigner les figures sociales intermédiaires. Dans un cas on détache plus nettement les membres de ce groupe des intérêts de la paysannerie, dans l'autre on fait de ces derniers l'expression des dynamiques paysannes. De nombreuses études sur les communautés rurales semblent supposer la définition de cette communauté comme une collectivité de foyers organisant la mise en valeur agricole de

---

[34] Dans la documentation du haut Moyen Âge, le terme de *massarius* ne renvoie pas spécifiquement à une condition servile; au bas Moyen Âge et à l'époque moderne, le «massaio» est le nom donné au responsable d'une vaste exploitation plutôt qu'à un simple travailleur; peu d'éléments permettent en outre d'établir un pont certain entre les *massarii* du XIᵉ siècle et les *coloni* de la fin du XIIᵉ siècle, voir Paradisi 1937; Conti 1965a, p. 181-182; Collavini 1998a.

[35] Wickham 2000, p. 294-347, plus particulièrement p. 300.

[36] Collavini 1998a.

son territoire. Pour E. Conti, l'unité sociale de base était représentée par ce que les notaires désignaient généralement comme des *villae*: minuscules agrégats faisant cohabiter propriétaires et cultivateurs à l'intérieur d'un finage[37]. On se rapprocherait ainsi de la «collectivité locale» définie par le sociologue Henri Mendras comme «une totalité fournissant à tous ses membres [...] tout ce dont ils ont besoin[38]». Dans l'interprétation la plus classique, c'est l'existence originelle de ce cadre de vie qui aurait servi de support à l'affirmation des communautés rurales structurées et bientôt dotées d'institutions dans le cadre des communes ou *universitates* si nombreuses en Italie. Et c'est dans la confrontation avec les seigneurs laïcs ou ecclésiastiques que les communautés informelles auraient ressenti le besoin d'une organisation moins informelle[39]. Ce schéma développé notamment par Romolo Caggese dans son ouvrage *classi e comuni rurali* a longtemps dominé la pensée des historiens italiens jusqu'aux écrits, beaucoup plus récents, de C. Wickham[40]. Sans reprendre ici la longue histoire des communautés rurales et de l'affirmation des communes en Italie centrale et septentrionale, on peut s'interroger sur la situation précédant l'affirmation des communes rurales[41].

Quel était, en d'autres termes, le cadre dans lequel s'affirmaient les notables qu'on repère au haut Moyen Âge? Le problème est ici celui de la nature des villages du *contado* florentin avant l'*incastellamento* et des pôles autour desquels s'organisait la population. Doit-on voir dans les villages des structures fugaces et peu importantes? Il semble en tout cas qu'un grand nombre de questions – la justice, la délimitation des terres – tendaient à se régler, jusqu'au XIe siècle, à l'échelle des pouvoirs comtaux. La géographie des églises plébanes, les églises dotées de fonds baptismaux, viendrait confirmer l'impression d'une vie encore peu polarisée autour de petites localités: ces dernières, loin de quadriller le territoire, se présentaient comme de petites églises dispersées dans le territoire et ne constituaient pas le pôle de référence pour la constitution de petites agglomérations[42]. Il est de ce fait assez difficile de se représenter la notabilité avant «l'encellulement» des hommes autour de l'église paroissiale, du *castello* et du cimetière: individus et foyers isolés de toute vie collective et menant leurs carrières dans une autonomie relative? Strate supérieure d'une population s'organisant à des échelles plus vastes, celles des comtés ou de plus importantes fractions du territoire? En réalité, c'est ici la

---

[37] Conti 1965a, p. 37-40.
[38] Mendras 1976, p. 73-74.
[39] Caggese 1907 ; Volpe 1961.
[40] Wickham 2001 ; Taddei 2011.
[41] Huertas 2003.
[42] Ronzani 2005.

documentation qui fait défaut. Que les solidarités locales aient long-temps été peu formalisées et n'aient eu que des correspondances assez lâches avec d'autres formes d'organisation ne signifie pas, en réalité, qu'on puisse réellement penser ces époques sans recourir à la notion de communauté. On sait que des groupes d'habitants, des *homines* que les historiens ont souvent été tentés de définir comme des paysans, et que rien, à l'exception de la référence à une localité, ne distinguait particulièrement, pouvaient mener des actions collectives auprès des pouvoirs publics[43]. De tels indices suffisent à imaginer une vie locale déjà structurée.

1.1.2. *La seigneurie, matrice d'une élite ?*

Seigneuries et communes rurales se seraient développées aux XIe et XIIe siècles, comme deux réponses à la restructuration des pouvoirs : l'une reposant sur les solidarités verticales ; l'autre reposant sur les solidarités horizontales[44]. Avec la formalisation des cadres de la vie sociale et les progrès d'une vision devenue plus exclusive de l'or-ganisation collective, il devient plus facile de rattacher les notables à une réalité territoriale et institutionnelle déterminée. La structuration des clientèles aristocratiques, le renforcement de leurs hiérarchies et la réorganisation des patrimoines avaient commencé avant l'an Mil et se poursuivaient encore au XIIe siècle, mais ce n'est qu'à la fin du XIe siècle qu'on commence à trouver des références explicites au pouvoir seigneurial, attestations précédant de peu celles des premières communes rurales[45]. On pourrait discuter longuement du poids de la seigneurie laïque et ecclésiastique dans le *contado* florentin, certains historiens, notamment C. Wickham, évoquant pour ce territoire la forte présence de la seigneurie et la relative faiblesse de l'institution, d'autres, comme Simone M. Collavini, soulignant davantage la force de coercition que les *domini loci* pouvaient exercer sur les hommes évoluant à proximité de leurs villages castraux[46]. Débat qu'il serait diffi-cile de trancher et qui tient au cadre historiographique dans lequel on considère ces seigneuries. Dans le cadre d'une historiographie ayant longtemps minoré le poids des seigneuries rurales, on est fondé à parler de seigneuries fortes. Les comtes Guidi[47] et les Alberti[48] évoluant

---

[43] Larrea – Viader 2006 ; Lazzari 2012.
[44] Wickham 2001, p. 218.
[45] Wickham 1996 ; 2001, p. 267-269 ; Cortese 2007, p. 177 ; 2017, p. 267-332.
[46] Collavini 2009, dans cette direction voir aussi Fiore 2017.
[47] On a beaucoup écrit sur les comtes Guidi, en s'intéressant à leur rôle dans différents territoires de Toscane ou de Romagne et ces derniers sont l'objet de très nombreux articles, pour une première approche voir Rauty 1996 ; Canaccini 2009.
[48] Ceccarelli Lemut 1996.

dans le territoire de Florence et dans les diocèses voisins n'avaient rien à envier à leurs homologues septentrionaux. On peut en dire autant des puissants comtes Aldobrandeschi[49]. À l'échelle des *domini loci* et des seigneuries ecclésiastiques, la situation était plus complexe : si les hommes et les institutions prétendant à l'exercice de pouvoirs seigneuriaux étaient omniprésents, leur grand nombre et l'enchevêtrement de leurs droits offraient aux populations dominées des espaces de négociation[50]. Si le pouvoir individuel exercé localement par tel ou tel seigneur pouvait être discuté, ces derniers, en tant que groupe, exerçaient une influence considérable sur la vie sociale et économique des communautés rurales. Vivant près de la terre et de ses travailleurs, ils étaient probablement les mieux placés pour profiter des surplus et dégager les meilleurs profits[51]. Il faut toutefois attendre les années 1130 pour que les fonds offrent une image concrète du pouvoir exercé par parentèles aristocratiques sur le reste de la population[52]. Le processus conduisant à l'affirmation de pouvoirs seigneuriaux de la part de groupes de laïcs avait parfois été marqué par l'échec ; la ramification de certains groupes ne permettant pas toujours à ces derniers de conserver le contrôle d'un patrimoine étroit. Aux limites de l'aristocratie, au début du XIIe siècle, la mobilité sociale pouvait se traduire en un processus de déclassement[53]. Parmi les parentèles s'élevant en *domini*, il y eut toutefois d'importants succès : tandis que certaines affirmaient leur rang comtal établissant des aires de domination dépassant souvent un diocèse ; d'autres, tels des *Filii Ridolfi* dans les franges méridionales du Chianti, se constituaient une solide base patrimoniale à l'intérieur du diocèse[54] ; de nombreuses parentèles, à l'image des *da Cintoia* ou des *filii Truti*, s'affirmaient enfin comme seigneurs d'un seul ou de quelques *castelli*[55]. À partir des années 1110, les seigneurs les plus importants pouvaient exiger des populations dominées le versement de contributions. C'est alors qu'on observe les premiers conflits entre seigneurs laïques ou ecclésiastiques pour le contrôle des *homines* ou *coloni*. Tout un lexique, peu attesté auparavant, fait au XIIe siècle, son apparition dans la documentation : *seniores ; obedentia* ou *albergeria ; servitia*, etc.,

---

[49] Collavini 1998b.
[50] Collavini 2012b.
[51] Delumeau 2014 ; Lefeuvre 2016.
[52] Cortese 2007, p. 205 : « Le fonti cominciano a darci un'immagine più articolata e concreta dei contenuti dei poteri signorili esercitati dalle famiglie aristocratiche nel nostro territorio e della loro incidenza sulla vita quotidiana degli strati subalterni. »
[53] Delumeau 1996, vol. 1, p. 105-110.
[54] Cortese 2007, p. 312-320.
[55] Boglione 1997 ; Cortese 2008 ; Lefeuvre 2018b et, en annexe de ce livre, n° 10 « Des *filii Truti* et *filii Sardini* aux seigneurs de Tornano : la constitution d'une *consorteria* seigneuriale ».

tandis que les parentèles de l'aristocratie s'intéressent de plus en plus au contrôle des cours d'eau et à la construction ou l'acquisition des moulins. C'est dans un cadre complexe, fait de co-seigneuries et dans lequel la base patrimoniale des seigneurs connaît de fortes discontinuités, qu'on note la présence d'intermédiaires de la seigneurie[56].

Les seigneurs les plus importants avaient des agents chargés des questions judiciaires : *vicecomites* ou *castaldiones*. À un niveau inférieur, on trouvait les *scariones* à la tête des groupes de dépendants armés ainsi que les *ministeriales*, officiers destinés à s'occuper de l'administration patrimoniale. Venait enfin la *masnada* elle-même, la troupe des dépendants armés, employés pour les actions violentes et qu'on voit plus couramment désignée, dans la documentation, par des termes plus génériques : *familia* ou *homines*[57]. Les agents du seigneur étaient recrutés parmi ce même groupe d'hommes qui dominaient par ailleurs les communautés rurales : *maiores* ou *boni homines*. On retrouve, en Toscane, cette figure typique du Moyen Âge occidental qu'est le dépendant s'affirmant localement comme un petit seigneur[58]. Pour S. M. Collavini, on doit considérer l'institution seigneuriale comme l'un des cadres dans lequel s'affirma et se structura l'élite rurale des campagnes de Toscane, entre 1080 et 1225[59]. À la fin du XIIe siècle, les chanoines de Sienne se retournèrent ainsi contre l'un de leurs *castaldiones*, un *villanus* devenu riche par mariage, par le service accompli comme *gastald* et qui était devenu la pierre angulaire de leur seigneurie sur les hommes de Santa Colomba[60]. Le service dû au seigneur, s'il supposait une forme de dépendance et ne se confondait pas avec l'insertion dans les liens vassaliques, se distinguait des activités productives basiques et permettait à son détenteur de percevoir une partie des prélèvements seigneuriaux. La garde des portes, le contrôle des moulins et le service de *gastald* étaient rémunérés et valaient l'exemption de certaines charges[61]. Les tâches accomplies par ces agents, pour être mineures, n'en étaient pas moins stratégiques : administration de la justice mineure dans les plus grandes seigneuries ; répartition du *datium ;* nomination d'officiers subalternes ; gestion des magasins ; entretien des fossés et organisation des corvées. Ces activités en plus d'offrir un statut permettaient à certains

---

[56] Collavini 2012b.

[57] Cortese 2007, p. 191-201.

[58] Bloch 1994, p. 470-471 : « Ce rustre d'origine est, dans sa sphère, un maître. Sans doute ordonne-t-il, en principe, au nom d'un plus puissant que lui. Ce n'en est pas moins ordonner. »

[59] Pour la Toscane, voir Collavini 2012b, Cortese 2018 ; les exemples de ce type ne manquent pas au nord de l'Italie, voir Balda 1972 ; Castiglioni 2010 ; Provero 2012, p. 382.

[60] Collavini 2012b, p. 481-482.

[61] *Ibid.*, p. 483.

dépendants d'accumuler quelques capitaux pour acheter des terres et s'équiper en hommes d'armes. Un certain Mugnaio, «Meunier», était à Poppi l'un des hommes d'armes des comtes Guidi. À Monte di Croce, le puissant *castello* des Guidi, les vicomtes et gastalds étaient tous des hommes d'armes à en croire les dépositions de témoins de 1203[62]. L'exercice de la violence n'était pas le privilège des nobles, mais mobilisait une population étendue de dépendants. S. M. Collavini souligne ainsi une diffusion de surnoms indiquant probablement l'adhésion de nombreuses figures de la fin du XIIe siècle à un univers culturel valorisant l'exercice de la violence[63]. Ces élites rurales n'agissaient pas différemment des aristocrates face aux nouvelles opportunités commerciales de la fin du XIIe siècle. La vente des surplus et le crédit leur étaient ouverts et ils étaient les mieux placés pour profiter des revenus nouveaux que leur offraient ces activités; on sait, du reste, que l'adhésion aux valeurs de la *militia* n'excluait pas la participation à d'autres formes d'enrichissement[64]. On peut souligner l'importance que les institutions seigneuriales continuèrent de jouer comme cadre d'affirmation de l'élite rurale jusqu'au milieu du XIIIe siècle. Dans une thèse restée inédite, T. Casini met en avant le rôle joué par l'institution seigneuriale dans le nord-ouest de la Toscane aux XIIe-XIIIe siècles[65]. Dans la Val di Pesa, l'abbaye de Passignano exerçait son pouvoir sur les *castelli* de Poggio al Vento et de Passignano et sur les communautés de ces deux petits villages. Les hiérarchies ne doivent pas seulement être envisagées à l'échelle d'un seul de ces villages, mais à l'intérieur du cadre seigneurial lui-même. Considérée isolément, la petite commune de Poggio al Vento, apparaît ainsi comme une petite société peu différenciée, d'allure assez paysanne et égalitaire. Mais Poggio al Vento s'élevait non loin du *castello* de Passignano, une commune plus hiérarchisée, peuplée de *milites*, de notaires et de parentèles aisées[66]. Les hiérarchies sociales, pour être intelligibles, doivent être considérées à l'échelle de la seigneurie qui constituait le cadre englobant ces deux communautés. Si l'autorité des abbés pouvait être contestée, le cadre seigneurial lui, ne l'était pas et le *castello* de Passignano représentait, dans ce petit territoire, le lieu de «l'éminence sociale[67]». La force des seigneuries résidait alors moins dans leur capacité à faire plier les communautés qu'à s'imposer comme cadre institutionnel accepté et reconnu par ces mêmes communautés.

---

[62] *Ibid.*, p. 486-487 ; sur Monte di Croce et la dispute de Rosano, voir Nelli 1985 ; Bagnai Losacco 2010.

[63] Collavini 2008.

[64] Rippe 2003, p. 620-621 ; Maire Vigueur 2004, p. 215-283.

[65] Casini 2009a.

[66] Plesner 1934, p. 34-157.

[67] Casini 2009b, p. 191 : «Verso la fine del secolo XII, Passignano appare come il luogo dell'eminenza sociale di tutta l'area di Passignano-Poggioalvento.»

L'attitude de la Commune urbaine devenait toutefois déterminante. Dans l'histoire de Passignano, il faut souligner le rôle qu'a joué
la reconnaissance, par les Florentins, de l'autorité exercée par les
abbés sur les hommes des *castelli* voisins. Au milieu du XIIIe siècle,
la Commune avait désormais acquis l'avantage sur les pouvoirs
laïques traditionnels et rachetait aux comtes Guidi leurs seigneuries
les plus stratégiques de Montevarchi et Montemurlo[68]. L'évêque de
Florence[69], les abbés de Vallombrosa et de Passignano ou les comtes
Guidi conservaient cependant leur autorité sur une population
encore très nombreuse de *fideles*, des tenanciers coutumiers au statut
proche de celui des colons[70]. Cette importance du cadre seigneurial,
en plein *Duecento*, pourrait faire reconsidérer les ascensions sociales
mises à jour par le Danois J. Plesner, en 1934, dans *L'émigration de la
campagne à la ville libre de Florence au XIIIe siècle*[71]. En évoquant le
profil social des ruraux qui s'installaient à Florence dans la seconde
moitié du siècle, il soulignait l'aisance de ces derniers : membres
des foyers *milites* élevés dans la dépendance à l'abbaye, notaires
de confiance, paysans. L'étude constitue un classique et offre de
nombreux exemples d'ascension sociale et d'émigration à Florence
dans la petite société de ce *castello*. J. Plesner, s'était en revanche fort
peu attardé sur rôle joué par l'abbaye dans les trajectoires sociales
de ses dépendants. Il est pourtant probable que certains d'entre eux
aient dû une bonne partie de leur ascension au service qu'ils avaient
accompli pour leur abbé et seigneur. Dans les montagnes du Casentino, et dans le territoire voisin d'Arezzo, Giampaolo Francesconi a mis
en évidence le rôle d'amortisseur que pouvaient jouer les structures
seigneuriales et monastiques. Ainsi voyait-on, en plein XIIIe siècle,
des groupes de petits propriétaires s'attacher au statut que pouvait
leur conférer l'appartenance à la vassalité de Camaldoli[72]. À fin du
XIIe siècle, les sources font apparaître l'existence, dans tout l'Occident médiéval, de communautés rurales aux contours institutionnels
de mieux en mieux définis, hiérarchisées et fréquemment dominées
par un groupe de décideurs politiques plus ou moins étendu[73]. Une

---

[68] Santini 1952, p. 48-59 ; p. 59-62 ; p. 62-64 ; p. 65-75 ; Montemurlo est une
importante possession des Guidi dans le territoire de Pistoia.

[69] Dameron 1991 ; Casini 2009b, p. 161 : « Firenze legittima il potere signorile
[...] del vescovo proprio nel momento in cui la città sta intensificando il controllo
sul contado. »

[70] Salvestrini 1998, p. 171-193 p. 233-245.

[71] Plesner 1934 ; Cherubini 2009 ; Lefeuvre 2019.

[72] Francesconi 2005b, p. 244-256, un groupe assez dense de petits propriétaires
avait fait de son appartenance à la vassalité de Camaldoli l'un des éléments centraux
de son identité sociale.

[73] Dans une veine historiographique puisant souvent aux mêmes références,
les *universitates* rurales des derniers siècles du Moyen Âge ont été analysées

commune rurale, avant d'être une institution désignée comme une *universitas* ou une *comune* peut être décrite comme une « association collective structurée et explicite, fondée sur des unités de peuplement rural, et qui dispose normalement de dirigeants[74] ». La présence d'une notabilité aux contours relativement bien identifiés correspond, comme le note Chris Dyer, à des conditions économiques, sociales et politiques données[75]. Peut-on, en Toscane, identifier un groupe de « décideurs » plus actifs que d'autres au sein des institutions communautaires ? T. Casini, en s'intéressant au *castello* de Poggio al Vento au XIIIe siècle, donne d'intéressantes informations sur la sociologie politique de cette petite communauté qu'il décrit comme peu différenciée. Entre 1233 et 1280, sur soixante-trois foyers identifiés, quarante-six avaient ainsi été actifs dans les structures communautaires, trente-deux d'entre eux avaient fourni des recteurs. Dans ce petit *castello*, les trois quarts des chefs de famille avaient ainsi la capacité de participer aux décisions collectives qui étaient de la sorte tenues et gérées essentiellement par une population d'exploitants agricoles[76]. La sociologie du *castello* voisin de Passignano était bien différente, des différences de statuts existant entre les dépendants de la seigneurie abbatiale ; il est d'ailleurs plus facile d'y repérer des figures de notables. Borgnolino di Borgno, *castaldus* du monastère en 1173, à plusieurs reprises consul de la commune de Passignano et adversaire des moines en 1190 en constitue un bon exemple[77]. Ce dernier appartenait à l'une des grandes maisons du *castello* et ses descendants, émigrés à Florence à la fin du XIIIe siècle, figureraient dans la liste des grands Gibelins bannis de la Commune après le retour au pouvoir des Guelfes.

En tant qu'institutions, les communes rurales constituaient des protagonistes politiques actifs capables de s'opposer efficacement aux pouvoirs seigneuriaux. À l'intérieur de la vaste seigneurie épiscopale florentine, des communes extrêmement structurées s'étaient ainsi développées et surent s'opposer durant de longues années aux prétentions des prélats de Florence[78]. Au début du XIIIe siècle et dans la seconde moitié du siècle, les habitants du village de Passignano s'opposèrent à plusieurs reprises à la seigneurie de l'abbé[79]. Entre seigneurs

---

comme l'instrument d'une domination locale des petits tenanciers et des paysans dépourvus de terre par les gros tenanciers, voir Ault 1954 ; Fox 1996 ; Brunet 2007 ; Aparisi Romero – Royo Pérez 2014a et 2014.

[74] Wickham 2001, p. 6.
[75] Dyer 2014.
[76] Casini 2009b, p. 88.
[77] Sur les *da Vignola* voir Plesner 1934, p. 220.
[78] Dameron 1991, p. 90-118.
[79] Voir ainsi Pirillo 2009.

et communes, les rapports de force pouvaient s'établir de manière très différente. Dans la petite commune de Cintoia dans la Val d'Ema, il existait une étroite association entre structures seigneuriales et structures communales : les *domini* laïcs exerçant la charge de consuls. À l'intérieur même du petit *castello* de Trebbio, une dichotomie s'établit même à l'intérieur de la commune, et au cours du XIIIe siècle, entre représentants des *domini* et représentants du *popolo*, à l'image des divisions qui s'observaient en ville[80]. Dans ces conditions, on comprend aisément que l'affirmation d'une « élite rurale » autonome et n'appartenant pas aux milieux de l'aristocratie – selon la définition proposée par F. Menant et J.-P. Jessenne – dépend fortement du rapport entre les maisons seigneuriales et le reste de la communauté d'habitants. Dans le cas des grandes seigneuries, comme celle des Guidi qui s'étendait à plusieurs paroisses et dépassait le cadre du territoire florentin, il est possible de distinguer les dynamiques communautaires et locales des dynamiques seigneuriales[81]. Dans le cas des seigneurs et des *milites castri*, la distinction apparaît parfois plus théorique. À Figline, dans le Valdarno Supérieur, comme dans d'autres localités, on pourrait tenter de tracer une ligne séparant nettement les seigneurs du lieu – les Attingi, les Guineldi, l'abbaye de Passignano, la petite collégiale de Pavelli et l'évêque de Fiesole – et les autres habitants. Les seigneurs laïques, les Attingi et les Guineldi, avaient toutefois tissé tant de liens avec les *boni homines* locaux qu'une certaine confusion paraît s'établir entre seigneurie et commune. Dans le petit bourg de Figline, aristocrates et petits propriétaires participaient ainsi à l'assise institutionnelle de la commune[82]. Et c'est d'ailleurs dans cette zone grise de la seigneurie, un milieu formé par des parentèles de petits possesseurs fonciers, que s'élevèrent à la fin du XIIe et au cours du XIIIe siècle les *Franzesi della Foresta*, dont certains descendants devinrent les banquiers et les prêteurs favoris du roi de France[83].

1.1.3. *Notabilité rurale et commercialisation*

Les intermédiaires seigneuriaux suscitent parfois la perplexité et l'on s'interroge sur la définition qu'on doit donner de ces derniers : représentants politiques du seigneur ou entrepreneurs ruraux[84] ? La seigneurie fonctionnant comme l'association d'un pouvoir politique et d'un pouvoir économique autour d'un patrimoine foncier, il n'est pas surprenant de voir les deux fonctions cohabiter chez les agents

---

[80] Boglione 1997, p. 90.
[81] Taddeucci 2005.
[82] Wickham 1996a ; 2005a.
[83] Pirillo 1992.
[84] Benito i Monclús 2007.

seigneuriaux[85]. Ces derniers peuvent ainsi apparaître successivement comme de petits représentants du pouvoir seigneurial et comme des gestionnaires du patrimoine foncier. Au-delà des agents seigneuriaux, les notables ruraux apparaissent généralement comme les agents économiques les plus actifs, un trait qui devient de plus en plus évident quand on s'avance dans le temps. Jusqu'au XIIe siècle, les sources mettent en évidence la nécessité, pour les individus possédant des biens, de transformer leur capital foncier en un capital social par le jeu des échanges, des dons et des ventes[86]. On ne cesse pas, au XIIIe siècle, de mobiliser des richesses pour acquérir un capital social, mais ce capital a changé de nature. Les liquidités, les biens matériels jouent désormais un rôle plus important, plus direct. Sans doute l'acquisition d'un patrimoine matériel était-elle alors plus immédiatement associée à la reconnaissance sociale. Dans des termes quelques peu moraux, Robert Fossier associait ainsi dans un même mouvement, la transformation des rentes seigneuriales, le développement des marchés locaux et la fortune nouvelle des laboureurs à la diffusion d'un « esprit de profit » dans les campagnes[87]. On s'efforce aujourd'hui de saisir plus précisément les changements survenus en mobilisant la notion de *commercialisation* : entre les XIe et XIIIe siècles, la croissance des échanges commerciaux aurait conduit à l'intégration de marchés jusqu'alors tournés vers la subsistance, l'appoint de quelques denrées ou le luxe, à de plus importants échanges[88]. Cette intégration relative des économies locales aurait produit une modification profonde des économies locales. Les populations paysannes, loin de demeurer en marge de ces transformations, en furent le cœur même, en participant en tant que producteur et consommateur des matières premières ou des produits manufacturés[89]. Le cas de Florence résume bien, de ce point de vue, les acquis et l'évolution de l'historiographie. Tandis que les historiens s'étaient longtemps contentés de faire des marchands de Florence les seuls acteurs du renouveau économique, les études sur le *contado* florentin de la fin du XIIIe siècle et du XIVe siècle ont mis en évidence l'intégration de plus en plus complète de ce dernier à un réseau d'échanges centré sur la cité de Florence : les marchés aux grains des vallées servant de relais avec la cité[90].

De grands laïcs, tels les Firidolfi dans le Chianti, les Ubertini dans le Valdarno[91], entre Florence et Arezzo, ou encore les comtes Guidi, en

---

[85] Bloch 1960, p. 17.
[86] Feller 2005.
[87] Fossier 1984, p. 161, 190.
[88] Bailey 1998.
[89] Bourin – Menant – To Figueras 2014, p. 15.
[90] La Roncière 2005.
[91] Sur les Ubertini voir Cortese 2008 ; Scharf 2008.

Toscane et Romagne[92], continuaient d'exercer leur seigneurie sur d'importantes parties du territoire florentin. Nombreux étaient les villages dont les habitants dépendaient encore d'un seigneur ecclésiastique à la fin du XIIIᵉ siècle[93]. La persistance de ces pouvoirs et le renforcement de certains d'entre eux ne doivent pas faire perdre de vue la centralité croissante de Florence depuis le milieu du *Duecento*. C'était en ville que se réglaient les conflits entre les seigneurs ecclésiastiques et leurs dépendants et que se jouait la stratégie des grandes maisons[94]. Et c'est à cette période, documentée par les registres notariaux, que l'on voit apparaître la figure nouvelle du *bourgeois de village* : un individu détaché des fidélités seigneuriales et exerçant des activités non-agricoles[95]. On peut décrire le cadre politique et économique en reprenant quelques observations faites par Charles-Marie de La Roncière pour les territoires entourant l'abbaye de Settimo, dans le Valdarno Inférieur[96]. Autour de 1310, les abbés s'appuyaient encore sur leur clientèle de tenanciers et le système de la *mezzadria poderale*, loin d'avoir déjà transformé le paysage, était encore dans l'enfance. La plupart des tenanciers dépendaient cependant de plusieurs propriétaires et les terres louées à l'abbaye n'étaient souvent qu'une petite partie du fonds exploité. Dans la gestion qu'ils avaient de leurs terres, les moines ne se distinguaient pas d'autres propriétaires. La forte présence de propriétaires laïques limitait du reste les prétentions que les abbés pouvaient avoir sur leurs tenanciers[97]. Les conflits étaient réglés et la vie religieuse organisée sans intervention des abbés[98]. Parmi ces *laboratores* quelques-uns prospéraient tandis que les autres, note C. M. de La Roncière, devaient essentiellement travailler pour leur subsistance. Sur ces travailleurs au statut souvent précaire et sur d'autres habitants plus riches, l'abbaye continuait certes d'exercer une autorité spirituelle, mais de son autorité seigneuriale il ne restait, semble-t-il, plus rien[99]. Ce contexte «post-seigneurial» avait dû marquer très précocement des pans entiers du territoire florentin, mais ne signifiait pas nécessairement le

---

[92] La bibliographie sur les Guidi continue d'être régulièrement alimentée, voir Rauty 1996 ; Cortese 2003, 2005 ; Vannini 2004 ; Bicchierai 2005a, 2005b, 2011 ; Collavini 2007 ; Salvestrini 2008d ; Canaccini 2009 ; Bagnai Losacco 2010 ; Casini 2011.

[93] Le modèle général de l'évolution de ces institutions correspond encore à l'évolution dessinée par P. Jones pour les possessions du Chapitre de Lucques, Jones 1954 ; concernant les diocèses de Florence et de Fiesole, on peut se référer à Conti 1985 ; Nelli 1985 ; Dameron 1991 ; Salvestrini 1998.

[94] Dameron 1991, p. 115-125 ; Salvestrini 1998, p. 171-178 ; Scharf 2008.

[95] Pinto 2007.

[96] La Roncière 1990.

[97] *Ibid.*, p. 57-58.

[98] *Ibid.*, p. 59-60.

[99] *Ibid.*, p. 65-66.

retrait des maisons aristocratiques[100]. Les évêques de Florence avaient récupéré la seigneurie qu'exerçaient avant eux les comtes Guidi sur le *castello* de Monte di Croce, situé quelques kilomètres en amont de la cité, et dominaient, à la fin du XIIIe siècle le village et les hameaux environnants. La domination exercée par l'évêque n'avait pas empêché la constitution d'importantes propriétés aristocratiques. En 1311, un représentant de la puissante maison des Pazzi, s'était ainsi imposé comme l'un des principaux seigneurs fonciers[101]. Louant en métayage la plupart de leurs fermes, les Pazzi s'appuyaient sur place sur certains *mezzadri* de confiance. Un de leurs métayers était sur place leur *procurator*, représentant chargé pour eux d'établir les contrats de location et veillant à leur respect. La confiance qu'ils avaient dans ce métayer se manifeste par le rôle de *munduald* qu'il assure auprès d'une des héritières de la parentèle[102]. Les intermédiaires des Pazzi appartenaient par ailleurs pleinement à la communauté de la paroisse et l'on retrouvait ces individus parmi les magistrats du *Popolo*. La domination économique exercée par les Pazzi avait quelques échos du pouvoir seigneurial, le poids social et économique exercé par ces derniers ne laissait guère d'espace à d'autres formes de notabilité. En l'absence de ces grands, la situation pouvait cependant être différente.

Une documentation exceptionnelle et intelligemment exploitée par C.-M. de La Roncière, met en lumière les affaires de Lippo di Fede *del fu* Sega, changeur florentin de la première moitié du XIVe siècle[103]. Si ce petit changeur actif à Florence, outre-mer et en France ne s'était jamais imposé comme un grand homme d'affaires, il avait suffisamment gagné pour devenir le propriétaire le plus important de la localité de Pontanico dont ses parents étaient originaires[104]. C'était dans le village de Pontanico que Lippo di Fede devenait remarquable et pouvait s'imposer comme notable. Relais indispensable de la communauté, dispensateur d'argent sous forme de crédit et par l'embauche occasionnelle de manœuvriers, il offrait aux *mezzadri* des moyens de subsistance tout en les enfermant dans une forme étroite de dépendance économique[105]. Ce jeu social impliquait toutefois de faire passer

---

[100] Jessenne – Menant 2007, p. 33.

[101] Nelli 1985, p. 79.

[102] *Ibid.*, p. 97-100.

[103] La Roncière 1973, p. 11-21, Lippo di Fede a laissé à l'Archivio di Stato de Florence un « mémorial » original, sorte de document de gestion oscillant entre *ricordanze* et livre de comptes.

[104] La Roncière 1973, p. 113-117. Pontanico (commune de Fiesole) se trouve à moins d'une dizaine de kilomètres à l'Est de Florence ; en 1551, le hameau comptait 76 habitants, il n'en comptait guère plus au XIXe siècle, voir Repetti 1965, vol. 4, p. 516, « Pontanico ».

[105] *La Roncière 1973*, p. 161-174.

la logique clientéliste avant la logique économique. Sa prééminence sociale était évidente et se marquait notamment par la fête qu'on lui faisait le trois mai, à l'occasion de la saint Philippe[106]. C'était par le biais du crédit qu'il s'affirmait comme l'intermédiaire de cette communauté dans ses relations avec Florence[107]. En consentant des facilités de paiement à ses voisins et en prêtant à l'*universitas* de la paroisse, il permettait à ses voisins de s'acquitter de l'impôt ou des amendes qu'exigeait la Commune florentine. À l'occasion, Lippo di Fede agissait aussi comme un prédateur, acculant certains de ses voisins à la vente des terres qui lui servaient à arrondir sa propriété. Lippo di Fede et son foyer n'en demeuraient pas moins exclus de la communauté des hommes de Pontanico. Citadin de Florence, Lippo di Fede ne participait pas à l'*estimo* et était exclu des amendes collectives qu'on pouvait infliger à la communauté[108]. Lippo di Fede appartenait à la « piétaille » du monde des affaires et il n'y avait qu'à Pontanico qu'il pouvait se sentir l'égal des grandes maisons de Florence[109]. On a là un exemple très parlant de ces notables que G. Pinto dépeint comme des bourgeois de village[110]. Une notabilité bourgeoise fondée, en quelque sorte, sur la propriété foncière, l'argent, l'entretien de liens avec la cité et le prestige conféré par certaines fonctions. Les activités de Lippo di Fede étaient très détachées de l'agriculture et ses *poderi* avaient pour fonction essentielle de lui assurer une source stable de revenus et permettre la subsistance de son foyer. On ne manque toutefois pas d'exemples de notables plus directement intéressés au commerce des denrées agricoles, à l'image de ces habitants du *contado* engagés, au XIVe siècle, dans de petites compagnies destinées à assurer la commercialisation des blés, des olives, du vin, du bétail, des charcuteries et autres biens[111]. Ces négociants étaient, le plus souvent, inscrits dans les rôles des Arts de Florence[112] ; liés à la ville et à ses réseaux, ces agents économiques avaient une fine connaissance des terrains agricoles et étaient les notables de ces espaces périphériques[113].

---

[106] *Ibid.*, p. 203.

[107] *Ibid.*, p. 161-162.

[108] Barbadoro 1929, p. 124-125, l'*estimo* était levé sur les citadins et les habitants du *contado* jusqu'en 1315 où l'on décida sa suppression pour les citadins.

[109] La Roncière 1973, p. 210 : « Chef de ces paysans dont les besoins font des clients, il se sent l'émule de ces grandes familles dont, en ville, les affaires l'écrasent. »

[110] Pinto 2007.

[111] La Roncière 2005b, p. 219 et suivantes.

[112] À l'exception de gros bourgs comme Empoli ou Poggibonsi, l'inscription des professionnels exerçant dans le *contado* par les Arts florentins semble avoir été commune au XIVe siècle. En ce qui regarde les notaires, on sait que c'était loin d'être systématique toutefois, et à la fin du XIIIe siècle, de nombreux notaires exerçant dans le contado ne paraissent pas avoir été inscrit à l'Art des Notaires, voir Sznura 1998.

[113] Plesner 1934, p. 210-215.

1.2. NOTABLES ET SOLIDARITÉS PAYSANNES DANS LE *CONTADO* FLORENTIN
DES XIIe ET XIIIe SIÈCLES

Dans cette étude sur la notabilité rurale, il convient d'interroger la définition d'une société *paysanne*. L'expression d'*élites rurales* englobe « à la fois des agriculteurs aisés et des petits notables, marchands, notaires, agents seigneuriaux, curés ou aubergistes[114] ». La diversité des sociétés rurales paraît du reste évidente dans les campagnes de Florence où l'activité agricole proprement dite était loin d'absorber tous les efforts des populations habitant le *contado*. Dans ces sociétés rurales, ce sont en réalité les travailleurs de la terre qui sont les plus mal documentés.

1.2.1. *Qu'est-ce qu'un paysan?*

On aurait tort d'habiller le paysan d'une rustique simplicité : qualifier de paysan un agriculteur, un éleveur ou un habitant des campagnes est loin d'être une opération neutre. Revendiquée aujourd'hui par une partie du monde agricole, la qualification paysanne mobilise un arrière-plan politique et un imaginaire collectif difficile à synthétiser et souvent assez contradictoires. On s'intéresse en revanche assez peu à l'usage savant du terme de paysan. Pour les hommes cultivés du XVIIe siècle, il n'était pas si difficile, que l'on se place en France ou en Italie, de définir un paysan ou un *contadino* : c'était un homme ou une femme résidant en campagne et travaillant la terre. Une définition savante, tirée du dictionnaire de Furetière, mérite d'être citée tant elle synthétise en peu de mots, l'imaginaire immédiatement associé à l'idée de paysan. Par paysan on entend ainsi :

> [Le] roturier qui habite dans les villages, qui cultive la terre, et qui sert à tous les ménages de campagne. Les païsans sont ceux qui supportent les charges de l'Estat, qui payent la taille, qui font les corvées, etc. Les païsans qui sont riches sont fort malins et insolents[115].

Dans cette définition du XVIIe siècle, l'absence de noblesse, la roture, passe avant l'activité agricole et les exemples donnés révèlent d'emblée l'importance accordée à l'État et à sa domination dans la définition du paysan. Dans le terme de paysan, comme dans son équivalent italien de *contadino*, l'exclusion de la ville est un autre élément

---

[114] Jessenne – Menant 2007, p. 9.
[115] Furetière 1690, vol. 3, p. 11. Dans un équivalent de ce dictionnaire, on trouve une définition plus simple, voir ainsi Accademia della Crusca 1612, p. 215-216 : « huomo che sta in contado a lavorar la terra ».

central. Au XIVᵉ siècle, chez le chroniqueur florentin Giovanni Villani, le terme de *contadino* ne semble pas avoir pris encore le sens de paysan et renvoie avant tout à la résidence dans le territoire contrôlé par la cité, en dehors de ses murs, le vaste *contado*[116]. Malgré l'existence de définitions savantes, l'usage courant des historiens correspond davantage à cette simple définition. Alain Guerreau souligne bien l'absence de terme correspondant à la notion de paysan dans l'Europe qu'il qualifie de féodale, sans pour autant proposer de notion permettant d'envisager des travailleurs de la terre que les sources font tout de même rencontrer indirectement[117]. Quand la documentation évoque les travailleurs de la terre, c'est généralement en des termes précis, en renvoyant à un individu bien identifié dont on souligne, s'il y a lieu, la condition juridique de *colonus*. Les actes notariés ne font guère connaître de *comitatini*, de *rustici* ou même de *laboratores* qu'on pourrait davantage espérer trouver dans les sources narratives[118]. Dans des sociétés où travailler la terre était considéré comme un lot commun, il pouvait de fait paraître inutile de préciser ce qu'était l'activité de ceux que l'on qualifierait aujourd'hui de paysans. Une solution consisterait, comme le propose C. Wickham, à poser d'emblée une définition simple du paysan en entendant ainsi :

> Un cultivateur installé sur un fond ou, plus rarement, un pasteur, cultivant largement pour sa subsistance, qui accomplit lui-même une part au moins du labeur agricole et qui a le contrôle de son travail[119].

---

[116] Villani 1990, vol. 1, p. 272 (Livre 6, XLI), mention des *contadini* dans le titre, à propos des prestations serments demandées à tout le «contado» autrefois sous domination des Guidi, en 1218; vol. 2, p. 29 (Livre 9, XII), les grands de Florence entrent dans la cité, en 1295, avec leur suite de «contadini e d'altri masnadieri a piè in grande quantità», le terme renvoyant ici à des hommes armés du *contado*; vol. 2, p. 94, Mouchet et Biche, les deux financiers du roi Philippe IV de France, originaires de Figline sont décrits comme des «contadini», le terme se traduisant ici davantage par «concitoyens»; on retrouve le sens neutre d'habitant du *contado* un peu plus loin, vol. 2, p. 125 (Livre 9, LXVIII); de la même manière, «tra cittadini e contadini nobili e buoni popolani, sanza più altri, minuta gente e contadini», p. 288 (Livre 10, LXXXII). Le seul passage où le terme de *contadino* semble renvoyer à des familles d'exploitants se trouve dans le récit que l'auteur livre de l'envolée des prix de 1346, vol. 3, p. 467 (livre 13, LXXIII): «E ffu sì grande la nicissità, che lle più famiglie di contadini abandonarono i poderi, e rubavano per la fame l'uno all'altro ciò che trovavano, e molti nevennero mendicando in Firenze, e così di forestieri d'intorno, ch'era una piatà a vedere e udire.»

[117] Guerreau 1980, p. 183.

[118] Encore les résultats ne seront-ils pas beaucoup plus impressionnants, avec la mention d'un *quidam rusticus* dans la vie de Jean Gualbert rédigée par Andrea da Strumi, voir Baethgen 1934, p. 1091.

[119] Wickham 2005b, p. 386: «A stettled cultivator (or, more rarely, pastoralist), cultivating, largely for subsistence, who does at least some agricultural work personally, and who controls his or her labour on the land.»

Cette définition permet au moins de justifier l'emploi du terme paysan pour désigner ceux que les sources médiévales ne caractérisent généralement que très faiblement[120]. Elle permet aussi de comprendre pourquoi une bonne partie des débats sur l'alleu paysan ou sur l'inclusion ou non de l'élite rurale dans la paysannerie risquent de ne jamais aboutir à des conclusions satisfaisantes[121]. Comme le souligne bien C. Wickham, la notion de paysan est avant tout économique et s'articule en conséquence assez mal avec la notion d'aristocrate. On mobilise l'économie, les réseaux politiques, le style de vie et l'organisation familiale pour aboutir à la définition d'un aristocrate quand on se contente d'une condition économique pour définir le paysan. Toute participation d'un homme ou d'une femme travaillant la terre aux logiques d'affirmation sociale de l'aristocratie devient ainsi prétexte à en refuser l'inscription dans des sociétés paysannes. On a pourtant tout lieu de penser qu'en Toscane, beaucoup des petits propriétaires et même certains tenanciers devaient ressembler aux alleutiers étudiés par P. Bonnassie dans la Catalogne du XIe siècle. Des hommes qui pour être détenteurs d'un cheval de guerre et d'un armement sommaire, n'en avaient pas moins l'allure de riches paysans, possédant une exploitation rurale, quelques champs, un peu de cheptel et d'autres biens meubles ou numéraires. La question resterait anecdotique si elle ne touchait que la caractérisation de quelques individus, mais les historiens tirent généralement argument de l'inclusion ou non de telles figures intermédiaires pour livrer des versions très contrastées d'une même société. En caricaturant les positions de chacun, on pourrait dire que certains historiens devineront les dynamiques des sociétés paysannes là où d'autres se contenteront de suivre le jeu des élites rurales et de la petite aristocratie.

1.2.2. Consorterie *aristocratiques et collectivités d'exploitants*

Le choix des mots a moins d'importance dans l'étude que les historiens mènent des sociétés locales que dans l'analyse qu'ils livrent de cette étude et dans le tableau général qu'ils tendent à établir des sociétés rurales. En Toscane, la situation est de ce point de vue très complexe. La fragmentation des patrimoines était entretenue par des habitudes successorales consistant à diviser l'héritage entre l'ensemble des descendants de sexe masculin et par la constitution non seulement de dots, mais aussi de douaires[122]. Outre les donations à des institu-

---

[120] Duby 1994, p. 45.

[121] Duhamel-Amado 1990.

[122] Les douaires toscans, appelés *morgincap* dans nos sources, sont une des variantes du «don du matin» dû par le mari à son épouse. Dans les lois lombardes, il pouvait représenter le quart d'un patrimoine. Encore attestée aux

tions religieuses, les parentèles de l'aristocratie conservaient souvent une part importante de leur patrimoine en indivision, en *consorteria*. Seule une terre chargée d'une haute valeur pouvait tenir en *consorteria* sur plusieurs générations : il fallait en effet entretenir, protéger, défendre ce patrimoine, ce qui supposait des moyens ; il convenait enfin que les parentèles fussent suffisamment soudées et structurées. Pour E. Faini, dans les campagnes de Florence, les références à des *consortes*, à la différence de ce qui s'observait en ville dans le cas des sociétés de tours, ne concernèrent jamais que les membres d'une même parentèle à laquelle les plus étrangers étaient associés par des mariages[123]. Les références à des *consortes* sont cependant très fréquentes dans la documentation, révélant sans doute que la pratique de l'indivision n'était pas l'exclusivité de parentèles aristocratiques. La présence diffuse de ces *consorterie* dans les campagnes de l'Italie centrale a souvent servi de point de départ à l'étude des communautés rurales. C'est toutefois passer trop vite des logiques familiales aux logiques communautaires plus larges : dans le débat qui les opposait, c'était l'un des reproches les plus incisifs qu'adressait Gioacchino Volpe à son homologue R. Caggese[124].

Ces querelles trouvent un écho dans un dossier documentaire amplement étudié, relatif aux *castelli* de Cintoia et de Celle dans la vallée de l'Ema entre 1073 à 1192[125]. R. Davidsohn, qui avait repéré les quelques documents témoignant de ce conflit, y avait vu les traces d'une opposition entre deux communautés d'habitants dans la délimitation de leurs confins[126]. Le dossier, composé d'un *breve recordationis* daté de 1073 et d'une *diffinitio* établie en 1192, donne pourtant une vision contrastée des réalités sociales. Rédigé à l'occasion d'un plaid présidé par le marquis de Toscane, le bref le plus ancien émanait des *da Cintoia* qui y dénonçaient les violences commises par les *homines de Celle* et leurs seigneurs contre des terres qu'ils avaient données à l'abbaye de Montescalari au lieu-dit *Coniale*. Comme l'a noté M. E. Cortese, le conflit, qui dépassait sans doute les horizons des deux parentèles aristocratiques, s'inscrivait néanmoins dans la rivalité seigneuriale entre les *da Cintoia* et les seigneurs de Celle[127]. Bien étudié par C. Wickham, l'arbitrage de 1192, apparaît davantage comme un exemple du fonctionnement de la justice de compromis dans les conflits opposant deux

---

XIe et XIIe siècles, la pratique ne fit toutefois que décliner au cours du Moyen Âge. Voir Bougard – Feller – Le Jan 2002 ; pour un éclairage sur la situation aux derniers siècles du Moyen Âge, voir Lansing 1991, p. 46-63 ; et plus généralement Klapisch-Zuber 1990.

[123] Faini 2010, p. 217.

[124] Volpe 1961a, p. 155.

[125] *Diplomatico, Ripoli*, 1072 (1380, à dater de 1073), *S. Vigilio di Siena*, 1191/02/23 (6797, en 1192).

[126] Davidsohn 1956, p. 480.

[127] Cortese 2007, p. 363 ; 2008, p. 62-63.

communautés[128]. Ces communautés étaient alors encadrées dans des structures communautaires et seigneuriales. On s'y référait aux représentants, aux recteurs, *pro* [...] *dominis et fidelibus* des hommes de Celle et de Cintoia[129]. Les hommes impliqués dans le conflit de 1192 pouvaient, tous ou presque, être rattachés à deux parentèles : d'une part les *da Cintoia* ; d'autre part les *filii Griffi* dominant respectivement les *castelli* de Cintoia et Celle. Ce qui est remarquable, dans ce dossier, c'est le poids exercé, en cette fin du XIIe siècle, par deux *consorterie* extrêmement ramifiées sur les populations exploitant le massif forestier séparant les *castelli* de Celle et de Cintoia. Querelle de seigneurs, sans rapport avec les dynamiques paysannes ? La prise en compte de la toponymie conduit en effet à souligner l'enjeu proprement agraire du conflit. Les terres étaient vraisemblablement situées sur une ligne de crête séparant les deux petits villages et présentaient les caractéristiques d'« incultes » : forêts ou prairies sauvages laissées en repos, mises temporairement en culture et utilisées pour le pacage des bêtes[130]. La querelle aristocratique s'était ainsi cristallisée autour des conflits d'usage qui avaient opposé deux collectivités d'habitants et d'exploitants auxquels chacune des parentèles était fortement liée. L'un des éléments déclencheurs avait sans doute été le poids grandissant de l'abbaye de Montescalari sur cette partie du finage. Si par communauté rurale on entend une collectivité d'habitants participant à la mise en valeur agricole d'un territoire, il semblerait difficile d'exclure totalement de cette communauté les petites parentèles de *domini loci* implantées localement ainsi que les nombreux *milites* que la documentation fait connaître ailleurs. La seigneurie participait du reste à la définition des limites inhérentes à chaque communauté dans un processus d'encellulement qui ne se faisait pas, toutefois, sans l'active participation des sociétés paysannes.

1.2.3. *Ville et campagne dans la Florence du bas Moyen Âge*

La société à laquelle on s'intéresse ne saurait être décrite par l'image d'une « pyramide en forme d'angle très obtus, à la base très étendue et d'une assez faible hauteur » utilisée en son temps par Guy Fourquin pour l'ensemble des sociétés paysannes de l'Occident médiéval[131]. La présence diffuse d'une petite aristocratie, la présence importante d'un milieu de paysans aisés, d'artisans, la diversité extrême des condi-

---

[128] Wickham 2000, p. 302-305.
[129] *Ibid.*, p. 251.
[130] Un acte de 1099 évoquait ainsi les essarts situés dans cette zone, voir *Diplomatico, S. Vigilio di Siena*, 1099/10/30, (2818, *Le carte...*, n° 136).
[131] Fourquin 1972, p. 139.

tions juridiques et sociales cadrent il est vrai assez mal avec l'idée qu'on se fait volontiers de la paysannerie. Si l'on suit H. Mendras, et la sociologie paysanne en général, une société paysanne se définit moins par référence au travail du sol – qui concerne une large gamme de sociétés – que par sa subordination à une société englobante[132]. Une société paysanne se définit d'abord par une autonomie relative à l'égard de cette société englobante. Économiquement organisée autour du groupe domestique, elle repose sur une recherche toujours déçue de l'autarcie, selon le modèle développé par Alexandre Tchayanov[133]. C'est une société qui repose sur une collectivité locale marquée par des rapports d'interconnaissance. Dans cette société, les notables jouent un rôle de médiation décisif entre la collectivité et la société englobante. Cette définition opérante aux derniers siècles du Moyen Âge et à l'Époque moderne est plus difficile à mettre en œuvre pour le haut Moyen Âge.

Au XVe siècle, les basses collines situées au sud de Florence vivaient à l'ombre de la ville et des propriétaires citadins[134]. Dans le cadre de baux à court terme et moyennant une forte capacité d'adaptation, les *mezzadri* pouvaient survivre et maintenir une certaine dignité de vie supposant l'acquisition de vêtements, de certains objets manufacturés et le recours éventuel à un médecin[135]. Les produits commercialisables allaient cependant au *padrone* ou étaient directement vendus. La situation des *mezzadri* demeurait ainsi trop précaire – endettement initial vis-à-vis du propriétaire, nécessité d'acheter quelques objets – pour que les foyers eussent de véritables possibilités d'investissement[136]. Aussi l'économie, telle qu'on l'observe, était-elle organisée autour de la subsistance: les choix consistant à agrandir l'exploitation ou à diminuer la surface cultivée se faisant essentiellement en fonction de

[132] Mendras 1976, p. 12-13.
[133] Tchayanov 1990.
[134] Pinto 1983, p. 7-8, selon le *catasto* de 1427, dans le territoire de l'Impruneta, plus de la moitié de la population ne possédait en propre aucune terre évaluée à plus de cinquante florins et échappait à l'impôt; vingt pour cent des habitants avaient un fonds évalué entre 51 et 200 florins; dix-neuf foyers enfin, c'est-à-dire cinq pour cent des habitants, dépassaient ce niveau.
[135] Pinto 1983, p. 30, en évoquant une «dignità di vita», l'auteur ne cherche pas à enjoliver le décor de la *mezzadria*, mais montre un monde globalement dur et difficile dans lequel le statut de *mezzadro* n'était pas le plus précaire.
[136] La contradiction entre économie de marché et économie paysanne n'est qu'apparente, la recherche de l'autarcie, de la sécurité pouvant fort bien s'accompagner de la mise en œuvre d'une logique de profit sur les marges, dans les jardins, par l'artisanat. Le fait était qu'un investissement massif dans des cultures plus rentables et plus commercialisables représentait un risque trop important pour la plupart des *mezzadri*, les *padroni* ayant en outre la main sur les réseaux commerciaux, voir, en comparaison, le tableau dressé par l'anthropologie contemporaine de sociétés paysannes, Scott 1976, p. 35-55.

la force de travail disponible. Ceci n'empêchait pas de fragiles ascensions sociales ; à l'image de ce Benedetto, paysan des campagnes de Sienne de la fin du XVe siècle, qui savait lire et écrire, multipliait les contrats de *mezzadria* et qui réussit, pour un temps, à s'élever au rang d'un bourgeois de village[137]. La seconde moitié du XIIIe siècle joue un rôle central dans la formation de cadres territoriaux relativement stables et dans l'affirmation définitive de la Commune urbaine sur son *contado*[138]. Déjà, sous le Podestat Frédéric d'Antioche, vicaire impérial, entre 1245 et 1250, le *comitatus* avait été divisé en cinq ou six districts afin de mieux organiser la levée de l'impôt. Mais c'est sous le régime de *Popolo*, dans la décennie 1250, que Florence prit véritablement le contrôle de l'ensemble du territoire constitué par les diocèses de Florence et de Fiesole[139]. Grâce au *Libro di Montaperti*, étonnante épave archivistique élevée au rang de monument, on sait que chacun des *sestieri* de la cité était associé à un ensemble de *plebati* eux-mêmes divisés en paroisses disposant chacune d'un recteur. Les habitants du *contado* pouvaient savoir de quel *sestiere* ils relevaient pour tout ce qui concernait la justice et la fiscalité[140]. Le territoire florentin se présentait ainsi comme un ensemble de plébats, divisés en paroisses, dans lesquels les habitants pouvaient et étaient même appelés à s'organiser en petites *universitates* disposant chacune d'une certaine autonomie[141]. À Giogoli, dans la seconde moitié du XIIIe siècle, les foyers qui participaient à l'*estimo* et devaient l'impôt à la Commune de Florence participaient à l'élection du recteur, du camérier, du *massarius* et l'on pouvait, à l'occasion nommer un syndic pour mener des actions collectives en justice[142]. Les membres de cette petite institution rurale pouvaient donc envisager des entreprises communes[143]. En retour toutefois, ses membres étaient collectivement tenus de payer et

---

[137] Balestracci 1984.

[138] Les travaux sur Florence, ses institutions, sa vie politique ne manquent pas, mais le *contado* en constitue généralement un arrière-plan, voir ainsi Maire Vigueur 1988a ; Zorzi 2008b.

[139] *Ibid.*, p. 46-52, la démographie de la cité fait passer Florence devant Pise durant cette décennie ; les victoires militaires se succèdent, jusqu'à la défaite de Montaperti ; quant à l'économie, la frappe du florin initiée en 1252 et le succès assez rapide de la nouvelle monnaie sont un signe évident de l'avantage pris par la cité.

[140] Stopani 1979, p. 17-27, 76-84, les *sestieri* sont les divisions territoriales de la ville de Florence qu'on utilise, dans la seconde moitié du XIIIe siècle, pour la levée des dîmes pontificales.

[141] Dameron 2005, p. 18.

[142] Plesner 1934, p. 158-215.

[143] En 1308, les hommes de San Martino Lobaco, petite paroisse ou *popolo* dans l'actuelle commune de Pontassieve nommèrent ainsi un syndic pour régler le litige qui les opposait à l'évêque de Florence, voir Nelli 1985, p. 32.

répartir l'impôt et les communes les plus importantes étaient l'objet d'une surveillance plus étroite[144]. En cas d'infraction commise sur le territoire d'une *pieve*, les *universitates* étaient en outre tenues de verser le dédommagement[145].

Si les Florentins vivaient sur leur territoire et d'indispensables importations, le rapport hiérarchique entre la ville et la campagne qui s'établissait alors ne reposait pas sur une fermeture des citadins envers les *comitatini* et Piero Gualtieri montre bien que la Commune offrait la citoyenneté aux propriétaires moyens et aux artisans par le biais d'un processus assez informel : l'essentiel étant, semble-t-il, de figurer sur les registres fiscaux[146]. On explique par l'émigration importante et continue de ces populations aisées, l'état dans lequel se présentent les campagnes à la fin du Moyen Âge : des territoires qui sans être misérables n'en sont pas moins marqués par une forte prolétarisation de la population des sociétés paysannes. Des campagnes bien administrées, bien distinctes des villes et des bourgs intermédiaires, et marquées par des hiérarchies sociales toujours complexes, mais probablement plus simples à saisir qu'à l'époque communale[147]. Entre 1300 et 1500, les campagnes de Florence étaient largement dominées par les citadins et par un nombre important d'intermédiaires vivant en campagne de la vente des produits agricoles ou artisanaux sur les marchés intermédiaires ou sur le marché florentin[148]. Et c'est dans ces conditions qu'on voit la littérature développer l'image dépréciative du *contadino* dénué de tout et surtout de la finesse citadine[149].

1.2.4. *Une trahison des élites ?*

On serait facilement tenté d'opposer à un XIIe siècle, encore marqué par les solidarités des différents membres des communautés rurales, riches ou pauvres, *rustici* ou *milites*, un XIIIe siècle marqué par un processus de prise de distance progressive des élites rurales vis-à-vis de leurs communautés d'origine[150]. Georges Duby évoquait ainsi la crainte que pouvaient avoir les communautés rurales vis-à-vis des « entrepreneurs » du XIIIe siècle qui étaient parfois tout simple-

---

[144] Zorzi 2008b, p. 196.
[145] La Roncière 1973, p. 33.
[146] Gualtieri 2009, p. 8-10.
[147] La Roncière 2005b, p. 311-312, les paysans ont accès au marché citadin comme débouché, mais dépendent souvent de l'insertion dans la clientèle de grandes institutions, leurs ventes individuelles restent insignifiantes. La part la plus intéressante du prix va en réalité aux intermédiaires.
[148] Curtis 2012.
[149] Bec 1981.
[150] Rippe 2003, p. 161-189.

ment les plus entreprenants de leurs membres[151]. Plus claire encore était la division que R. Fossier décelait à l'intérieur de la communauté rurale du bas Moyen Âge. Les chartes de franchise, loin de servir l'émancipation de l'ensemble de la communauté, auraient ainsi été les instruments d'une domination exercée par une aristocratie foncière en retrait et d'une classe nouvelle de rentiers aux intérêts bien différents des plus petits paysans[152]. Elles étaient l'une des étapes dans l'affirmation de ceux qu'il appelait les « gros », renvoyant d'ailleurs à l'image dépréciative et traditionnelle du paysan enrichi[153]. En Toscane et dans le *contado* florentin, on estime généralement que l'affirmation d'une petite notabilité et l'émigration de cette dernière en ville auraient accompagné l'affaissement des sociétés rurales. Comme le souligne bien Giovanni Cherubini, les hypothèses de J. Plesner, renforcées par les travaux d'E. Conti, ont contribué à fournir la trame d'un paradigme historiographique exerçant une forte influence sur la compréhension des évolutions sociales[154]. On serait tenté de résumer ce paradigme en utilisant l'expression de « trahison des élites », en résumant, mais aussi en caricaturant, la trame principale du récit dominant l'histoire des campagnes de l'Italie communale. Dans son livre sur *L'émigration de la campagne à la ville libre de Florence au XIIIe siècle*, J. Plesner soulignait, à maintes reprises, la façon dont les notables villageois avaient progressivement la défense des intérêts communs. Il existait, au XIIIe siècle, une population de paysans ou artisans aisés, propriétaires ou tenanciers coutumiers de quelques terres qui dégageaient assez de revenus pour envisager l'installation à Florence et pouvaient, au besoin, sous-louer à d'autres leur patrimoine foncier. Ce faisant, ils laissaient leurs communautés d'origine désarmées face aux prétentions des institutions citadines ou de propriétaires qui, pareils à l'abbaye de Passignano, cherchaient à restructurer leur propriété. À Passignano, *castello* dépendant d'une seigneurie ecclésiastique, cette trahison était passée par l'acceptation de la politique foncière menée par l'abbé Ruggero dei Buondelmonti, procédant au rachat des

---

[151] Duby 1973, vol. 1, p. 268-272.

[152] Fossier 1984, p. 203: « On voit mieux à présent l'impérieux motif qui m'oblige à borner mon récit en ce début de XIVe siècle. Du monde paysan qui précédait, il ne reste pas grand-chose d'intact: le cadre seigneurial n'est plus qu'une coquille vide, le système de production seigneurial n'a plus sa raison d'être, la communauté villageoise est brisée en deux comme l'est d'ailleurs le groupe des maîtres, la ville a domestiqué les chaumières. »

[153] Fossier 1992, p. 237: « La mainmise des gros, des coqs comme on dira plus tard, est évidente sur tous les organes communautaires; les *meliores*, les *probi homines* se chargent de répartir eux-mêmes les sommes versées au curé du lieu, [...] ils bloquent entre leurs mains la charge de maire, détiennent les clefs de l'arche où reposent les privilèges villageois. »

[154] Cherubini 2009.

maisons du *castello* pour passer du *dominium* sur les dépendants à la propriété pleine et entière de l'ensemble du village fortifié. J. Plesner soulignait notamment la participation active des notaires, issus des parentèles de dépendants, et qui avaient activement contribué à ce remodelage foncier[155]. À Giogoli, petite paroisse « ouverte » située à quelques encablures de Florence, cette désolidarisation avait pris d'autres formes : les foyers les plus aisés cherchaient à se faire enregistrer sur les registres citadins pour échapper à l'impôt par répartition qui pesait collectivement sur l'*universitas* des hommes de la paroisse. Une fois installés en ville, ces émigrés ne formaient pas une classe sociale, mais, selon une métaphore géologique, une strate. Selon l'historien danois, la cité de Florence s'était ainsi peuplée, en grande partie, « de familles de propriétaires terriennes petites et grandes ayant émigré en ville à époques différentes, en vagues successives, gens qui continuent à être paysans ou nobles ruraux[156] ». Parmi ces « familles aisées » on trouvait des aristocrates bien connus comme les Montebuoni[157], mais l'essentiel était constitué d'une catégorie relativement aisée de riches paysans ; une catégorie, écrivait J. Plesner « qui caractérisait complètement la vie de la région et ses conditions de la propriété pendant le dernier tiers du XIII⁰ siècle[158] ». J. Plesner soulignait enfin que certains de ces émigrés, sans compter parmi les grands, devinrent parfois des « commerçants d'assez grande allure[159] ».

Ce récit d'une cassure interne aux communautés rurales parcourt l'histoire de l'Occident médiéval et se retrouve, pour la Toscane, sous la plume des historiens du bas Moyen Âge. Qu'il s'agisse de G. Pinto, de C.-M. de La Roncière ou de G. Cherubini, tous évoquent un certain affaissement des conditions sociales au cours du XIV⁰ siècle. Ces historiens se sont en revanche moins intéressés au XIII⁰ siècle qui sert essentiellement de point de départ à leurs enquêtes. Il est plus difficile, chez les spécialistes de la période précédente, de trouver des traces de ce paradigme historiographique, le XIII⁰ siècle constituant généralement le terme ultime de recherches plongeant leurs racines dans les premières décennies du XI⁰ siècle. C'est en regardant vers Padoue et un modèle plus consciemment développé par G. Rippe, qu'on trouve au final la meilleure expression de ce paradigme évolutif et c'est d'ailleurs

---

[155] Plesner 1934, p. 156-157 : « L'alliance intime entre les nouveaux *cittadini* et leur ancien maître a cependant trouvé son expression la plus vive dans les grands protocoles [...] ces registres furent la plupart établis par différents notaires originaires de Passignano même ! Leurs propres mains scellèrent la transformation définitive du castello en château privé et bien arrondi du monastère. »

[156] *Ibid.*, p. 214.

[157] *Ibid.*, p. 168-169.

[158] *Ibid.*, p. 170.

[159] *Ibid.*, p. 198.

à ce dernier qu'est empruntée l'expression d'une trahison des élites; une expression qu'il avait pour sa part employée avec une grande prudence[160]. C'est en s'intéressant à l'aliénation des communaux que G. Rippe a été conduit au récit du déclin des communautés paysannes, un déclin accentué par la désolidarisation des élites locales[161]. L'aliénation des communs fut d'abord une contrepartie de l'expansion des communautés rurales. Au milieu du XIIe siècle, les premières crises relatives à l'usage de ces terres furent l'occasion, pour les *domini* du village et les principales *consorteria* d'affirmer leurs prérogatives sur le sol. Les plus grands seigneurs, comme les évêques, purent ainsi se poser en défenseurs des surfaces boisées, devenues plus précieuses car plus rares, et sur lesquelles ils pouvaient revendiquer des droits. Le rapport de force et la position des alleutiers décidaient ainsi du sort des communaux. Autour de la gestion des alleux, on observe peu à peu, entre 1130 et le début du XIIIe siècle, une évolution des élites. Les membres les plus puissants des communautés de voisinage se désolidarisaient désormais du combat mené par la collectivité pour la défense des droits d'usage[162]. L'un des principaux facteurs de cette aliénation des communs fut, au XIIIe siècle, l'endettement des communes rurales, particulièrement important sous la domination d'Ezzelino da Romano entre 1230 et 1250. D'autres facteurs jouèrent en défaveur des communes rurales: la raréfaction de l'espace disponible; une volonté plus marquée d'appropriation des espaces par des particuliers; l'émigration des *milites* et des fils des anciennes élites arimanniques vers la ville[163]. C'est ainsi, selon G. Rippe, qu'un groupe de propriétaires citadins ou ruraux se serait constitué. Groupe devenu assez important, au XIIIe siècle, pour se trouver intéressé par un «remodelage des structures de propriété au détriment des anciens équilibres où les incultes avaient leur part[164]».

[160] Rippe 2003, p. 630.
[161] *Ibid.*, p. 626-637.
[162] *Ibid.*, p. 631: «Voici donc pourquoi les communautés rurales ne peuvent plus se faire entendre: l'ancienne unité entre les élites et la masse, maintenue par la tradition germanique, s'est rompue, tardivement au demeurant. Désormais les exploitants ruraux, petits et moyens alleutiers comme tenanciers dépendants, seront sans voix. »
[163] Rippe 2003, p. 632-637, les *arimanni*, groupes d'hommes libres se revendiquant d'un droit germanique et disposant d'une certaine liberté, sont un sujet ouvrant sur une interminable bibliographie. On trouverait leur équivalent, en Toscane, chez ces hommes et ces femmes qui, au début du XIIe siècle, se revendiquaient du droit lombard. À Padoue comme à Florence, la référence à ce droit semble avoir essentiellement fonctionné comme la traduction juridique et statutaire d'une certaine autonomie économique dans le groupe des propriétaires moyens et chez les aristocrates.
[164] Rippe 2003, p. 637; sur cette question, avec une attention plus grande aux rapports liant la Commune urbaine aux communes rurales, voir Menant 1993,

Il serait tentant d'adapter ce modèle à Florence et à son territoire. Dans les grandes lignes, la chronologie semble être la même
et on trouve assez aisément une correspondance entre les évolutions
du rapport ville-campagne. En changeant de perspectives et en insistant davantage sur les choix individuels, on pourrait interpréter en
termes stratégiques le choix fait par des élites appartenant au milieu
des propriétaires de s'appuyer tantôt sur des solidarités horizontales,
par l'insertion dans les clientèles aristocratiques, tantôt verticales, en
participant à la constitution de structures communautaires fortes[165].
Au XIIIe siècle, les perspectives commerciales s'élargirent, conduisant les ruraux à se faire les relais de l'influence citadine, avec ou sans
émigration[166]. La fin du XIIe siècle et le début du XIIIe siècle furent
ainsi une période d'opportunités pour la *militia* rurale et un moment
de redéfinition des échelles du jeu social de l'Italie communale[167] : dès
cette époque les hiérarchies ne se définirent plus à l'échelle d'un village
ou de quelques paroisses, mais à celle du territoire polarisé par la cité,
le *contado*. Ce changement d'échelle s'accompagnait d'une intégration de plus en plus poussée des campagnes aux structures d'encadrement de la Commune urbaine. Communautés rurales et seigneurs
en étaient bien conscients et c'était désormais à Florence, devant les
juges citadins ou le Podestat, qu'ils réglaient leurs différends[168]. Dans
le chant XVI du *Paradis*, l'aïeul de Dante soulignait ainsi la différence
entre la petite Florence de sa jeunesse, une cité de l'entre-soi, et celle du
temps de Dante, un assemblage d'hommes venus de toutes les parties
du *contado* et au-delà[169]. Mais alors qu'on sait ce qu'était l'orgueil des

p. 525-560, qui souligne le poids de plus en plus important acquis par les *onera
rusticana* au cours du XIIIe siècle et l'endettement chronique des communes rurales.

[165] Wickham 2001, p. 262-265.

[166] La Roncière 2005b, p. 253-267, malgré les efforts déployés par les marchands du *contado* pour vivre sur leurs propres fonds, la nécessité de l'emprunt
entraîne ces derniers vers le crédit des citadins.

[167] Maire Vigueur 2004, p. 230-231 : « L'un des grands mérites de Rippe est
aussi d'avoir démontré l'identité fondamentale des *cives* de la ville et des *arimanni*
du territoire et d'avoir souligné leur capacité, dans la très longue durée, à défendre
leurs droits et leurs biens, à commencer par leurs propriétés collectives, contre les
empiétements et les usurpations des seigneurs, évêque en tête. »

[168] Dameron 1991, p. 98-101 ; Casini 2009b, p. 153-161.

[169] *Paradiso*, chant XVI, 49-50 (Alighieri 2005c, p. 453), « Ma la cittadinanza,
ch'è or mista/ di Campi, di Certaldo e di Fegghine/ pura vediesi ne l'ultimo
artista », qu'on peut traduire ainsi « mais la communauté de cette ville, aujourd'hui faite d'un mélange d'hommes de Campi, Certaldo et Figline, était pure
en ce temps jusqu'au moindre artisan. » Les bourgs désignés correspondent aux
trois parties du *contado* florentin : Campi Bisenzio, au Nord-Ouest dans la plaine
menant à Prato et Pistoia ; Certaldo au Sud-Ouest dans la Valdelsa ; Figline au
Sud-Est dans le Valdarno Supérieur. Sur ce chant et la figure de Cacciaguida,
voir Milani 2018.

citadins aux XIIe et XIIIe siècles, on se trouve à peu près dépourvu d'informations similaires pour ces petites réalités qu'étaient les communes rurales. On pourrait, à l'instar de Massimo Della Misericordia, souligner les limites d'une approche « dévoilante » des communes rurales[170]. En soulignant le rôle de protagoniste des élites, en insistant sur les choix de ces dernières, ne risque-t-on pas, en effet, de transformer la communauté et ses institutions en un simple instrument[171] ? L'étude des communes rurales des Alpes italiennes de la fin du Moyen Âge montre que l'usage social de ces institutions n'était pas une exclusivité de leurs élites et que l'ensemble des chefs de foyer participaient à la vie des communautés rurales. Certes les sources mises à contribution sont plus tardives et les communautés des vallées alpines de la fin du Moyen Âge sont une réalité bien différente des communautés rurales des pays de collines ou des moyennes montagnes florentines. L'hypothèse que les communautés constituaient en elles-mêmes un acteur de la vie politique, sociale et économique ne saurait toutefois être rejetée sans un examen plus attentif et il n'est pas impossible que l'appartenance à une communauté d'habitants plutôt qu'à une autre, ait été très tôt déterminante dans les choix opérés par certains groupes sociaux. Certains documents permettent néanmoins de se faire une idée de la façon dont les institutions communautaires étaient vécues par les membres de la communauté.

En mettant à profit les nombreuses chartes de franchise et les auditions de témoins que livre la documentation piémontaise aux XIIe et XIIIe siècles, Luigi Provero a mis en évidence des éléments de la politique telle qu'elle était menée par les sujets de la seigneurie[172]. Ces derniers se montraient capables de mobiliser leur appartenance à une ou plusieurs seigneuries, leur rattachement à une parentèle et leurs liens avec des collectivités informelles d'habitants ou à des communes rurales pour défendre leurs propres intérêts. Les sujets de la seigneurie avaient une conscience assez nette des logiques de la domination et pouvaient s'en servir. Il en allait de même des formes de solidarité entre *vicini*. Ces institutions collectives étaient des réalités profondément enracinées dans l'imaginaire des populations rurales qui les investissaient de leurs valeurs. Les populations estimaient que les pouvoirs seigneuriaux devaient obéir à certaines normes et ils se définissaient eux-mêmes volontiers par référence à une seigneurie. En ce qui concerne les institutions villageoises, s'organisant à l'échelle de la paroisse, le village apparaissait de plus en plus, au XIIIe siècle, comme une forme associative unique assumant des fonctions de protection,

---

[170] Della Misericordia 2006, p. 51.
[171] *Ibid.*, p. 45.
[172] Provero 2012, p. 445-452.

d'échanges, de contractualisation des liens politiques et d'organisation du culte. L'exercice de ces fonctions tendait, au *Duecento*, à rendre exclusive l'appartenance à un village[173]. La seigneurie quant à elle, dont on ne nie pas le caractère oppressif, pouvait être vécue comme la source d'une protection et comme un élément fondamental dans l'organisation des identités locales. Que ces réalités sociales fussent profondément ancrées chez les différents acteurs de ces sociétés n'empêchaient toutefois pas des groupes internes à ces communautés de travailler essentiellement à l'amélioration de leur situation personnelle, obtenant l'exemption de certaines charges et des droits étendus sur les communs, aux dépens de leurs voisins[174].

1.2.5. *Les mobilités sociales*

Il est difficile de retirer des différentes figures de notables l'image d'une classe ou d'un ordre de la société correspondant précisément à cette situation sociale intermédiaire[175]. Ce que révèlent en revanche ces études, c'est l'importance des mobilités sociales à l'intérieur du territoire florentin. Face aux évolutions rapides de la société urbaine, les campagnes médiévales apparaissent marquées par de lentes évolutions que ne viennent accélérer que de grandes catastrophes : les guerres, les épidémies. L'étude des sociétés rurales médiévales a cependant permis, depuis longtemps, de mettre en valeur une mobilité sociale moins impressionnante peut-être que celle des cités, mais tout aussi structurelle. La mobilité sociale n'était pas à sens unique. Les règles du jeu successoral menaçaient ainsi constamment les assises des parentèles de la meilleure aristocratie. En déplaçant le regard plus au Nord, vers Bergame, on peut trouver dans l'évolution de la parentèle des *da Carvico*, étudiée par F. Menant, l'exemple de la trajectoire expérimentée par ces aristocrates ruraux qu'on voit peu à peu disparaître de la documentation[176]. Au XIIe siècle, les *da Carvico* déte-

---

[173] *Ibid.*, p. 364-365.

[174] *Ibid.*, p. 448 : « L'impossibilità di condurre studi prosopografici significativi sulla società contadina del Duecento ci impedisce di cogliere in pieno i comportamenti dell'élite locale, ma tutti gli atti di cui disponiamo convergono nel presentarci azioni politiche non communitarie : testimoni che depongono per il proprio signore ma al contempo sfruttano questa occasione per consolidare i propri privilegi ; gruppi interni alla comunità che operano per rafforzare la propria condizione fiscale o il proprio accesso a settori dell'incolto ; interventi di piccoli gruppi di vicini sulle strutture ecclesiastiche locali, e così via. »

[175] Aparisi Romero – Royo Pérez 2014, p. 25 : « The members of the rural elite composed a social group with blurry boundaries and have become the best example of social mobility. Rather than being stable members of a specific social order, the elites were involved in a process of constant change. »

[176] Menant 1976.

naient des pouvoirs de commandement sur les hommes de Calusco et avaient leurs alleux dans la localité de Carvico. Localement, ils étaient assez puissants pour étendre leur pouvoir sur des paysans dépendant juridiquement du chapitre de Milan. Dans la compétition qui les opposait aux chanoines de Milan et de Bergame, les *da Carvico* ne parvinrent toutefois pas à s'imposer durablement. Le monastère sur lequel la *consertiera* exerçait l'avouerie eut une existence trop brève pour permettre à la parentèle de défendre par ce biais sa base patrimoniale. Encore assez puissants au milieu du XIIᵉ siècle pour avoir quelques vassaux et lever le *fodrum*, les *da Carvico* n'avaient pas fait le choix de la ville. Les divisions successives et l'endettement de certains de ses membres aboutirent au rachat, par le chapitre de Bergame, de l'essentiel de leurs biens. On trouvera plus loin des exemples similaires dans le territoire florentin. Dans le diocèse voisin d'Arezzo, quelques parentèles atteignirent le rang des *capitanei* et s'organisèrent en une noblesse plus exclusive dès le XIIᵉ siècle, tandis que de nombreuses autres parentèles maintenaient à grand-peine leurs prétentions aristocratiques dans les montagnes du *contado*[177]. Au siècle suivant, la condition de ces petits aristocrates eut tendance à se rapprocher de celle des colons; colons dont la dépendance tendait, en parallèle, à s'exprimer de plus en plus dans les formes, probablement plus honorables, d'une *fidelitas* jurée au seigneur[178].

La mobilité ascendante laisse davantage de traces et se trouve pour sa part beaucoup mieux documentée: on ne manque pas d'exemples similaires à celui de l'Arétin Hugo de Sarna, un serf étudié par G. Tabacco et qui avait réussi, en dépit de sa condition supposée, à accumuler le patrimoine nécessaire à l'installation en ville et au maintien d'un style de vie «chevaleresque» ne laissant apparemment pas de doute sur son statut[179]. Dans le territoire florentin, le *castello* de Passignano, dans la Val di Pesa, devait ainsi apparaître comme l'un de ces *castelli* où se construisaient, au XIIIᵉ siècle, les trajectoires sociales réussies. Tolosano et Restauro, deux *milites* de la première moitié du XIIIᵉ siècle étaient ainsi issus des dépendants de l'abbaye[180]. Ces trajectoires ne se faisaient pas nécessairement, loin s'en faut, contre la volonté des seigneurs[181]. En 1200, Zucco, un

---

[177] Delumeau 1996, vol. 1, p. 428.

[178] *Ibid.* p. 257-271; Salvestrini 1998, p. 177-178; Casini 2009b, p. 199-201; les cas toscans se comprennent mieux à la lecture des évolutions qui s'observent, à la même époque, en Lombardie, voir Castiglioni 2010, p. 354 et suivantes; Menant 1993, p. 701-706.

[179] Tabacco 1974; Delumeau 1996, vol. 2, p. 942-943, p. 1203-1204; Faini 2010, p. 214-218; Collavini 2012b.

[180] Plesner 1934, p. 87 et 220.

[181] Lefeuvre 2018b.

habitant de la localité de Valle, située près de l'abbaye et du *castello* de Passignano, dans la Val di Pesa, avait gagné assez d'argent pour acheter sa liberté; mais il fit le choix de s'installer dans le *castello* de Passignano, comme colon, et d'acheter à l'abbé des droits sur d'autres dépendants tout en demeurant dans la seigneurie de l'abbaye[182]. Tout exceptionnelle qu'ait pu paraître la destinée des *Franzesi Della Foresta* de Figline, dans le Valdarno, leur trajectoire, étudiée par P. Pirillo, se révèle exemplaire de celle dont ont pu faire l'expérience de nombreuses parentèles du *contado* florentin[183]. Ces *masnaderii* – terme désignant des serfs se consacrant au service des armes, mais qui finit par avoir un sens plus large[184] – étaient d'abord liés au *castello* de Citinavecchia et à la puissante parentèle des Ardimanni ainsi qu'à l'abbaye de Coltibuono, dans le Chianti. Ils abandonnèrent peu à peu ces terres pour s'installer dans le *castello* de Figline[185]. Au milieu du XIIIᵉ siècle, on reconnaît aux descendants masculins de ce groupe, le rang de *milites*. De l'activité guerrière de ces *milites* on ne sait rien et la documentation les fait davantage connaître comme prêteurs et usurier, une lignée de «marchands-chevaliers[186]». À la fin du XIIIᵉ siècle, la parentèle s'était divisée en deux groupes dont le plus connu était représenté par Albizzo et Musciatto di Ranieri Franzesi Della Foresta, deux «Lombards» passés au service du duc de Brabant et du roi de France Philippe le Bel, et mieux connus, de ce côté des Alpes, comme Biche et Mouchet[187]. On retrouve, dans la trajectoire des *Franzesi Della Foresta*, les facteurs de l'ascension sociale mis en évidence par S. Carocci: l'intervention sur le marché foncier et le rôle du crédit; l'appartenance à des clientèles seigneuriales; l'intégration, à la fin du XIIIᵉ siècle, à une clientèle royale[188]. La destinée des *Franzesi Della Foresta* illustre en outre le rapide changement des échelles de la vie sociale. Ce n'était pas seulement pour eux que les choses se jouaient désormais à une échelle dépassant largement celle des quelques paroisses de leur voisinage, c'était le cas de toute la société évoluant dans le *contado* florentin.

[182] Collavini 2012b.
[183] Pirillo 1992, p. 19-67.
[184] Brancoli Busdraghi 1996, Wickham 2005a, à Figline, en 1198, les personnes qui se définissent comme *masnaderii* le font sans doute pour obtenir une exemption fiscale, le terme servait ainsi à encadrer la condition d'hommes libres qui, sans appartenir à l'aristocratie, présentaient une forme d'aisance.
[185] Ce déplacement signalait déjà une forme de progression dans «l'échelle» sociale, sur Figline, voir Wickham 1996a; 2005a.
[186] Pirillo 1992, p. 39.
[187] *Ibid.*, p. 51-67.
[188] Carocci 2010a.

1.3. Une généalogie du notable rural

Comment saisir un groupe socialement et géographiquement mobile ? L'étude des parentèles pourrait se présenter comme une solution, mais n'offre en réalité que des réponses partielles. Les hasards de la conservation documentaire, le déplacement des foyers et les évolutions de l'onomastique rendent difficile la multiplication des monographies familiales[189]. Insister sur les seules continuités héréditaires et sur les filiations biologiques peut en outre conduire à négliger des situations individuelles originales, sans conformité avec le profil social d'une parentèle donnée et peut en outre mener à laisser de côté le cas des prêtres ruraux, des frères convers et plus généralement des clercs ; des acteurs pourtant essentiels et quotidiens de la vie des sociétés rurales[190]. Les membres de l'élite rurale pouvaient exercer une multitude d'activités et posséder des titres très différents: ils pouvaient s'illustrer comme consuls de leur commune ; exercer une charge seigneuriale ; participer aux activités de crédit, sans s'intéresser davantage aux activités politiques ; profiter d'une autre manière de l'aisance relative que leur offrait leur appartenance à la classe des petits et moyens propriétaires ; exercer comme notaire ; comme négociant ; etc. En l'absence d'un critère précis permettant l'identification d'une élite rurale, la solution a consisté à revenir à l'analyse que faisait H. Mendras du notable[191]. On comprend fort bien le choix qui a été fait, ces dernières années de préférer à la notion quelque peu statique de notable, celle plus dynamique d'élite. S'il est vrai que l'analyse du sociologue tend à insister exagérément sur la collectivité villageoise et sur les solidarités paysannes, elle peut servir d'instrument utile à une étude plus générale portant sur une partie du territoire florentin[192]. Et ceci essentiellement parce que la notabilité – ce qui fait d'un individu une personnalité remarquable pour quiconque entre en contact avec une communauté donnée – et ses évolutions intéressent davantage que les notables eux-mêmes. La présence d'individus répondant à une définition très générique des élites rurales est un fait acquis. Difficile toutefois, d'établir des ponts assurés entre les différentes facettes

---

[189] Jessenne – Menant 2007, p. 28.

[190] Voir Bonnassie 1995.

[191] Mendras 1976, p. 88.

[192] Jessenne – Menant 2007, p. 24: «Ce faisant nous appelons à une sorte d'affranchissement à l'égard d'une science sociale des campagnes souvent très univoque. [...] Si les singularités de type communautaire, analysées par H. Mendras dans les sociétés paysannes ne peuvent qu'inspirer l'historien, elles ne doivent pas conduire à une vision essentialiste ou structuraliste, qui minimise les transformations, les conflits et l'insertion des ruraux à des degrés divers dans les changements de leur époque. »

de cette élite. Les parentèles de petits et moyens propriétaires de la fin du XIe siècle et des premières décennies du siècle suivant avaient-elles quelque rapport avec le milieu dans lequel se recrutaient, à la fin du XIIe siècle, les intermédiaires seigneuriaux ? Quel rapport peut-on établir entre ces milieux intermédiaires et l'émergence, au cours du XIIIe siècle, d'une strate étendue de rentiers ? On peut s'intéresser ici plus particulièrement à la situation à Florence, à la fin du XIIIe siècle, pour laquelle la documentation devenue abondante, fait ressortir de nombreux profils de ruraux aisés. On y retrouve une notabilité rurale semblable à celle qu'on peut observer à des époques plus proches[193]. Le régime fiscal florentin, comme celui d'autres cités, poussait ces élites rurales à un choix entre cité et *contado*. Rares étaient les foyers à faire le choix durable de la campagne. Ainsi s'explique le sentiment que les sociétés rurales du *contado* florentin au XIVe siècle aient connu un affaissement général de leur condition sociale. Dans le contexte de la fin du XIIIe siècle et du XIVe siècle, les agglomérations encore marquées par de fortes différenciations sociales étaient de plus en plus ces bourgs intermédiaires des vallées, les *quasi-città* du *contado*[194]. Dans le Valdarno Supérieur, on comptait plusieurs bourgs de vallée dynamisés par la tenue des marchés agricoles, comme Montevarchi, Leccio in Valdarno, des fondations nouvelles comme San Giovanni Valdarno, Incisa Valdarno ainsi que des *castelli* plus anciens, mais tout aussi dynamiques, Figline Valdarno ou Rignano Sull'Arno. Ces bourgs intermédiaires étaient plus nombreux encore dans la Valdelsa, on en comptait moins dans le Chianti. Loin d'être des *civitates* – aucun de ces bourgs n'étant le siège d'un diocèse et ne détenant d'importantes fonctions de commandement –, ces agglomérations étaient bien plus que des bourgs ruraux et il faut tout le contexte de l'historiographie italienne pour éprouver une réticence à parler de villes pour désigner ces centres habités. Ces petites villes qui fonctionnaient comme des relais de l'influence florentine étaient fortement liées à ses circuits commerciaux, abritaient une population d'artisans et des représentants des ordres mendiants[195].

---

[193] Scott 1985, p. 13-22, l'exemple développé par J. C. Scott du riche Haji Broom, un parvenu sans pudeur critiqué par tous, mais que personne ne souhaiterait froisser est certes extrême et choisi notamment pour cela, il n'en informe pas moins sur la façon dont se bâtissait une fortune foncière dans la Malaisie de la Révolution verte. Les armes utilisées par les notables villageois, les *hdaji*, étaient les mêmes que celles des notables ruraux de l'Italie communale : le prêt sur gage foncier notamment, l'usure, les multiples formes du crédit toutes utilisées à la fois pour se saisir de terres et arrondir ses biens, mais aussi pour obliger les voisins et tisser un réseau de solidarités et de clients.

[194] Sur ces centres urbains secondaires, voir notamment Pirillo 2004 ; Svalduz 2004 ; Taddei 2011 ; Pirillo 2013.

[195] La Roncière 2005a.

Un exemple offre une idée de ce que pouvait être un notable au début du XIVe siècle. Ficco di Benincasa *de Azzolinis* et son frère Nuccio étaient, dans les années 1300, des personnages influents d'une petite paroisse du Valdarno Supérieur. Ils étaient plus précisément associés à la petite localité qui portait leur nom, « A li Azzolini », et présentaient des signes d'aisance. Ils négociaient des terres au prix fort avec des intermédiaires de l'abbaye de Vallombrosa[196]. Ils figuraient parmi les principaux propriétaires fonciers de leur petite localité[197]. En 1260, Nuccio di Benincasa figurait parmi les individus mis à contribution pour le ravitaillement de l'armée florentine[198]. Nuccio et son frère Griffolo, surnommé Ficco, étaient connus : on nommait souvent les fils de Benincasa dans les confronts et leur maison servait de point de repère. À l'occasion, l'un des frères pouvait s'offrir comme garant de ses voisins. On a donc affaire à deux propriétaires fonciers, vivant sur leurs terres et présentant en même temps que des signes d'aisance, des indices d'une certaine reconnaissance sociale. Autant d'éléments qui en font des notables ruraux. À l'aube du *Trecento*, les notables des campagnes de Florence, présentaient ce profil d'individus dominant économiquement des communautés dont les contours institutionnels étaient désormais bien définis. Le territoire florentin, marqué par un habitat dispersé ne fonctionnait pas comme un aggloMérat de communautés fermées et exclusives. Dans la sociologie de H. Mendras, le notable est défini par sa situation de rentier et par le rôle de médiation qu'il assure entre la collectivité et la société englobante[199] : une définition qui rend bien compte de la position occupée par les ruraux aisés que la documentation de la fin du XIIIe siècle et du début du XIVe siècle fait connaître. Aussi ces notables se caractérisaient-ils par des activités se faisant à l'échelle d'une ou plusieurs paroisses du *contado*. C'était toutefois à l'échelle d'une communauté que se mesurait le mieux leur statut.

---

[196] *Diplomatico*, *Vallombrosa*, 1303/05/11 (28569), pour 90 florins, un convers de l'abbaye de Vallombrosa achetait au dénommé Ficco une terre située au lieu-dit *Ali Azzolini*. La somme considérable dépassait le montant de certaines dots et représentait plus du triple de ce qu'un couple vivant dans les montagnes voisines du Pratomagno avait pu tirer de l'hypothèque de l'ensemble de ses biens, y compris une habitation, voir ainsi *ibid.* 1278/01/27 (19748), 1286/07/31 (22160), 1291/04/21 (23553, le 24 avril), 1292/01 (23783).

[197] Cette maison était dite *de Azzolinis* et étroitement associée au lieu-dit *Ali Azzolini* près de Santo Stefano a Torri (Rignano sull'Arno). On connaît surtout Ficco/Griffolo et Nuccio, fils de Benincasa, qui, dans un petit dossier documentaire, collabore souvent avec les convers de l'abbaye, *ibid.*, 1285/10/23 (21895), 1286/01/30, (22002), 1286/12/15 (22273), 1289/01/09 (22830), 1297/05/16 (25532), 1303/05/11 (28569), 1308/04/06 (74935, *pergamene lunghe*).

[198] Paoli 1889, p. 273, le 12 août 1260, Nuccio di Benincasa promettait ainsi de verser une mesure ou un chargement de trois *salme* de pain pour l'ost florentin.

[199] Mendras 1976, p. 12, 101-108.

De nouveau, le cas de Lippo di Fede, bien mis en valeur par les recherches de C.-M. de La Roncière, apparaît exemplaire. Dans les années 1330-1340, ce petit changeur était, dans son village de Pontanico, le principal propriétaire et le premier employeur[200]. Sur place, il n'appartenait pas formellement à la commune rurale et sa domination politique était ainsi peu marquée. Sans être d'un niveau culturel exceptionnel, il savait écrire en langue vulgaire, une compétence qui n'était pas rare en Toscane, mais n'en distinguait pas moins son détenteur. La familiarité avec l'écrit était un instrument important de la maîtrise de ses affaires et lui conférait un avantage sur certains de ses clients ruraux. Citoyen de Florence, il tirait le principal avantage de sa capacité à s'interposer comme l'un des incontournables relais entre ses voisins et la cité[201]. À ces derniers, il consentait des prêts avantageux qui leur évitaient de se rendre à Florence ou d'avoir recours à d'autres prêteurs locaux. En contrepartie, ils constituaient sur place un réseau d'obligés. Ni hors-groupe, ni membre de la communauté, Lippo di Fede était inséré dans les cadres de la société englobante : il participait, quoique faiblement, aux structures politiques de l'État florentin ; il œuvrait sur la place commerciale florentine ; il avait là une résidence. Le notable rural, s'il fallait en proposer un idéal type, se définirait ainsi comme un individu auquel ses fonctions et son capital confèrent une situation d'aisance économique qui le distingue de la plupart des membres des communautés qui constituent, au moins en partie, son cadre de vie. Lié à ces communautés, il s'impose de façon souvent informelle – comme si cela allait de soi[202] – comme l'intermédiaire principal entre la communauté et la ville comprise ici comme cadre institutionnel et centre d'un réseau économique. Économiquement, il apparaît sur place comme un rentier, propriétaire ou possesseur foncier dégagé des contraintes que représente l'activité agricole. Dans une société ou les liquidités demeurent relativement rares et sont rapidement investies dans le foncier, il agit comme l'un des principaux créditeurs. Il apparaît plus comme l'expression d'une société citadine à laquelle il emprunte ses valeurs que le représentant de dynamiques paysannes.

---

[200] La Roncière 1973, p. 161-177.

[201] *Ibid.*, p. 170 : « Il n'est donc pas surprenant de trouver Lippo au centre d'un réseau de prêts qu'il étend sur le village. Bien d'autres bourgeois apparaissent comme lui aux paysans, et plus que lui, avant tout comme des prêteurs. Constatons en tout cas que son rôle économique est aussi important et continu comme prêteur que comme employeur. »

[202] Weber 2015, p. 54-55 : « Par *notables*, nous entendrons ici [...] les détenteurs d'une fortune [...] constituée de telle sorte qu'elle leur permet d'endosser des fonctions administratives à côté de leur activité professionnelle et qui [...] possèdent en vertu de cette situation économique une conduite de vie qui leur confère le *prestige* social d'un *honneur de statut* (Stand) et leur donne par-là vocation à la domination. »

Il n'en agit pas moins comme un connaisseur attentif des questions agraires et participe activement à la transformation de l'agriculture en montrant plus d'attention aux productions commercialisables. À la fin du XIIIe siècle, ce notable apparaît de plus en plus comme un individu exclu de la sociabilité aristocratique, celle des magnats : le notable ne demeurant tel qu'en tant qu'interlocuteur direct des exploitants du sol. Cette définition du notable rural pourrait servir à la description des activités déployées par bon nombre de paysans aisés ou de bourgeois ruraux des campagnes de l'Occident médiéval la fin du *Duecento*. La possession d'une fonction de prestige, fonction qui parfois absorbe l'essentiel des activités, ou d'une activité artisanale venant compléter le profil. On peut, dans cette situation, trouver des prêtres, des artisans, des notaires voire des paysans, un terme qu'on emploie à défaut d'autres qualifications. Il est évident en revanche que les notables, ainsi définis, ne constituent pas une réalité ayant existé de tout temps. À la fin du XIIIe siècle, dans les campagnes de Florence, certains traits spécifiques paraissent localement fonder la distinction sociale : le bénéfice de la rente foncière ; l'exercice de compétences spécifiques ; le prestige attaché à certaines fonctions religieuses ou administratives. La présence de ces notables se comprend aisément dans le cadre d'une campagne administrée depuis la ville, à l'intérieur de ce qu'il est loisible d'appeler l'État florentin[203]. Cette présence de notables est moins évidente lorsqu'on envisage, comme c'est ici le cas, la période de formation de ce territoire[204]. Quels étaient alors les critères de la notabilité, ou plus largement de la distinction sociale ?

Le territoire considéré ici est organisé par le cours supérieur de l'Arno, il est assez semblable, dans ses caractéristiques, à la Val di Pesa étudiée en leurs temps par J. Plesner et E. Conti[205]. Il s'agit moins de mettre en évidence la diversité sociale et économique du *contado* florentin – cette diversité peut désormais apparaître comme acquise – que de s'intéresser aux transformations des sociétés paysannes en les considérant comme des acteurs à part entière. Le sens qu'on peut donner aux notions de communautés rurales et de société englobante évoluant considérablement entre 1100 et 1300, l'enquête s'oriente vers le niveau immédiatement supérieur à celui des exploitants du sol et s'intéresse aux figures médianes que la documentation fait apparaître ; elle n'exclut ni les *domini loci* ni les représentants isolés de plus importantes *consorterie*. On cherche à établir le profil d'une élite ou d'un milieu de notables afin de comprendre le cheminement propre de ces sociétés. L'établissement d'une relation aussi déséquilibrée

[203] Zorzi 2008b.
[204] Boissellier 2011.
[205] Pinto 2005.

entre ville et campagnes peut probablement s'expliquer, comme le suggère Daniel R. Curtis, par l'absence d'un groupe dominant la vie locale et attachés aux intérêts du groupe dans l'essentiel du *contado* florentin des XIVe et XVe siècles[206]. Par contraste avec ce qui s'observait, à la même époque, dans les montagnes du Casentino, les communautés d'exploitants du *contado* semblaient relativement dépourvues d'institutions en mesure de les protéger[207]. Tandis que les communautés montagnardes évoluant à une certaine distance de Florence pouvaient résister longuement aux exigences fiscales de Florence, les territoires relevant de l'antique *comitatus* présentaient une structure sociale éclatée qui freinait considérablement l'expression du mécontentement paysan[208]. Cette situation, sans être absolument inédite à l'aube du XIVe siècle, correspondait toutefois à des évolutions dont il faut chercher les origines aux XIIe et XIIIe siècles. L'émergence d'une notabilité rurale essentiellement liée à la ville et à ses réseaux ne peut être tenue comme l'inévitable conséquence du développement urbain et il convient d'enquêter sur la participation active des habitants du *contado* à l'affirmation conjointe de la domination citadine et à l'essor économique de Florence.

[206] Curtis 2012.
[207] Bicchierai 2006.
[208] Cohn 1999.

CHAPITRE 2

ARCHIVES MONASTIQUES ET SOCIÉTÉS RURALES : LA MESURE D'UN BIAIS DOCUMENTAIRE

> Se la mia parola, in questa circonstanza, valesse qualcosa, ve la darei ad assicurarvi che in casa mia non troverete nessuna carta degna, per così dire, della vostra attenzione[1].

L'enquête s'appuie en grande partie sur les archives de trois abbayes qui permettent d'envisager l'étude d'une partie du *comitatus* florentin[2]. Les parchemins et les quelques *codices* considérés ici sont aujourd'hui conservés à Florence, à l'*Archivio di Stato* (ASFi). Il s'agit des fonds légués à l'institution par trois monastères de l'ordre vallombrosain. Passé le seuil des années 1250, les registres de notaires, les archives communales et les documents de gestion donnent l'image d'un territoire florentin aux campagnes riches, minutieusement administrées, peuplées et sillonnées de notaires, d'artisans et de négociants, mais où tout semble s'organiser autour des besoins de la ville et de ses habitants. Cette image contraste fortement avec ce que l'on sait des deux siècles précédents où les quelques sociétés villageoises connues évoluent dans l'ombre des seigneuries laïques et ecclésiastiques. Sans doute ce contraste tient-il à l'éclairage très différent que portent les sources ecclésiastiques et les sources produites et conservées dans un cadre laïque qui apparaissent au milieu du *Duecento*[3]. Les transactions foncières transmises par les grandes institutions ecclésiastiques constituent la base essentielle de la connaissance des sociétés rurales italiennes du XIᵉ-XIIIᵉ siècle[4] : conservées en grand nombre dans le

---

[1] Sciascia 2010, p. 126.
[2] Les documents des abbayes de Santa Maria di Vallombrosa, dans les montagnes du Pratomagno, de San Cassiano a Montescalari, au Nord du Chianti, et de San Lorenzo a Coltibuono, dans le Chianti siennois font connaître un territoire fortement organisé autour de l'Arno et qui avait pour particularité d'appartenir à la fois au *comitatus* de Florence et au diocèse de Fiesole. Aux séries archivistiques léguées par ces abbayes vallombrosaines, il faut ajouter la documentation issue de l'abbaye de San Michele Arcangelo de Passignano, dans la Val di Pesa sur laquelle on s'appuie plus occasionnellement.
[3] Par documentation laïque, on entend ici une documentation produite et conservée par une institution laïque ; sur ces questions documentaires, voir en priorité Cammarosano 1993.
[4] Une vue d'ensemble dans Faini 2009a.

territoire florentin, elles éclairent les liens qui unissaient un individu, une famille, un groupe social, voire une entière communauté, aux institutions religieuses. La première de ces institutions est l'abbaye de Santa Maria di Vallombrosa qui, aujourd'hui encore, demeure une importante église du territoire florentin. Au Moyen Âge, les propriétés de ses moines s'étendaient entre le Valdarno Supérieur et le massif du Pratomagno, dans le diocèse de Fiesole. L'abbaye de San Cassiano a Montescalari, quant à elle, a été quittée par les moines au XVIIIᵉ siècle ; institution secondaire dans le diocèse de Fiesole, située dans la vallée de l'Ema, elle dominait une vallée communiquant entre Florence et le Valdarno Supérieur, dans un paysage de hautes collines. L'abbaye de San Lorenzo a Coltibuono enfin était, au Moyen Âge, l'une des dernières institutions florentines aux confins des républiques de Florence et de Sienne[5]. L'approche critique de la documentation a fait d'importants progrès dans les dernières années[6]. Cette recherche sur la notabilité rurale et ses évolutions n'est certes pas une étude totalisante sur la société florentine, mais elle prend pour toile de fond les évolutions territoriales plus larges. En tentant de suivre les évolutions de l'élite rurale et les étapes conduisant à l'affirmation de notables ruraux, on rencontre des populations mobiles et aux statuts changeants dans un contexte documentaire soumis, lui aussi, à de fortes évolutions. Ces évolutions trouvent une manifestation documentaire dans ce que Jean-Claude Maire Vigueur n'a pas hésité à qualifier de « révolution[7] » ;

---

[5] Pour les fonds d'archive et les abréviations employées : *San Lorenzo di Coltibuono* (ici *Coltibuono*) ; *Siena, S. Vigilio, pergamene del monastero di Montescalari, vallombrosani* (ici *S. Vigilio di Siena*) ; *Santa Maria d'Acquabella, Vallombrosa* (ici *Vallombrosa*). Certains des parchemins les plus anciens légués par ces abbayes ont été édités. Pour Montescalari, les *carte* du XIᵉ siècle avaient d'abord été éditées dans plusieurs numéros de l'*Archivio storico italiano* (Camerani Marri 1962), mais ont récemment fait l'objet d'une réimpression (Camerani Marri – Santos Salazar 2014). Les parchemins de Coltibuono ont, pour leur part, fait l'objet d'une édition sous forme de régestes (Pagliai 1909) récemment republiée (Pagliai – Centro di Studi storici chiantigiani 2008). Une partie de la documentation se trouve dans d'autres fonds qu'on trouvera désignés comme *Conventi Soppressi* dans les recherches de la première moitié du XXᵉ siècle et dont le nom complet est *Corporazioni religiose sopresse dal governo francese* (*CRSGF*) : *CRSGF*, 224 (Badia di Ripoli), 260 (S. Maria di Vallombrosa), 263 (Badia di Montescalari). Sur l'histoire de Coltibuono, voir Majnoni 1981, avec quelques actes édités par les soins de P. Pirillo en annexe. Sur les débuts de la petite abbaye, on peut se référer aux recherches de don Luigi Pagliai (Pagliai 1911). Les connaissances sur Santa Maria di Vallombrosa sont mieux assurées grâce à l'ouvrage de F. Salvestrini (Salvestrini 1998). Sur l'abbaye de Montescalari enfin, un article d'Igor Santos Salazar a récemment fait le point des connaissances (Santos Salazar 2014) et complète utilement la seule et introuvable recherche dont on disposait jusqu'ici (Tarani 1932, introuvable en dehors de la *Biblioteca Nazionale* de Florence, comme tiré à part du *Faggio vallombrosano*).

[6] Chastang 2001.

[7] En discutant l'ouvrage de P. Cammarosano, J.-C. Maire Vigueur s'est efforcé de mettre l'accent sur la portée des changements documentaires observés au

si l'enquête se base sur la documentation ecclésiastique, elle intègre aussi des registres notariaux et prend en compte les informations qu'apportent les documents produits par les institutions florentines. L'intégration de ces sources rend assez évidente, comme le lecteur s'en rendra sans doute compte, le décalage constant qui s'observe entre une époque marquée par « l'hégémonie de la tradition ecclésiastique[8] » et le bas Moyen Âge qu'illustrent les travaux des ruralistes toscans. La question pourrait en réalité être posée assez sommairement. Les sources des années 1250, registres notariés et registres citadins conjugués aux sources ecclésiastiques classiques, se contentent-elles de révéler une situation antérieure de plusieurs décennies ? Dans quelle mesure l'image d'une société encadrée par les structures seigneuriales tient-elle à la matrice ecclésiastique et seigneuriale de ces mêmes sources ?

2.1. Les archives de Montescalari, Vallombrosa et Coltibuono

Du vaste *comitatus* formé depuis l'époque carolingienne par les diocèses de Florence et Fiesole, la partie méridionale est la mieux documentée. L'ensemble est composé de trois espaces, assez faiblement différenciés. En amont de Florence, on repère d'abord le Valdarno Supérieur que l'on envisage ici dans les limites du territoire florentin. Sur la rive droite du fleuve s'élève le massif montagneux du Pratomagno. C'est là, non loin du sommet du Monte Secchieta, que Jean Gualbert avait choisi d'établir le monastère de Santa Maria di Vallombrosa. Sur la rive gauche enfin et jusqu'à la Val di Pesa s'étendent les collines du Chianti[9]. Au Nord de ce massif, dominant la Val d'Ema, l'abbaye de San Cassiano a Montescalari était au contact entre cette

---

XIIIe siècle. De tels changements ne sauraient être considérés en dehors du cadre politique et culturel qui les a suscités et cette « révolution documentaire » peut ainsi être mise en parallèle avec l'affirmation, dans toute l'Italie communale, des régimes de *Popolo*, voir Maire Vigueur 1995.

[8] Cammarosano 1991, p. 49-111.

[9] Les limites strictes du Chianti ont été fixées par des maisons viticoles soucieuses de sauvegarder l'appellation *Chianti Classico* (appellation DOCG), le terme de Chianti désigne plus largement les territoires de collines séparant Sienne de Florence, bordés à l'Ouest par la Val di Pesa et à l'Est par le Valdarno Supérieur et qu'on ne rattache à aucune autre des petites vallées (Val d'Ema, Valdambra, Val d'Ombrone). Dans la documentation de Coltibuono, le Chianti semble s'identifier largement au *plebatus* de San Pietro in Avane, correspondant à peu près au cœur de la région du *Chianti Classico* autour de Gaiole in Chianti. Les *castelli* qui, au XIVe siècle, appartenaient à la Ligue du Chianti s'étendaient pour leur part sur la frontière entre le territoire de Florence et de Fiesole, voir Wickham 1996a, n. 8, Guidi 1981, p. 79-81, Parenti – Raveggi 1998.

petite vallée et la vallée de l'Arno. Plus au Sud, aux confins du territoire florentin, sur les dernières collines du Chianti dominant les basses collines siennoises, s'élevait l'abbaye de San Lorenzo a Coltibuono. Les sources léguées par ces trois abbayes offrent une bonne perspective sur ce territoire organisé par la vallée de l'Arno[10].

Les suppressions napoléoniennes et le transfert des archives à Florence eurent pour conséquence de mettre fin à des unités archivistiques qui s'étaient jusque-là conservées et à une histoire plus autonome de ces fonds. Entre 1811 et 1812, les parchemins rejoignirent la collection du *Diplomatico* tandis que la documentation livresque, les *codices* et les écrits documentaires plus usuels furent versés au Domaine français. Le transfert des parchemins au *Diplomatico* a entraîné une séparation durable de deux éléments d'une même documentation. Ces archives aboutirent toutes à l'*Archivio di Stato* de Florence, donnant naissance d'une part au fonds *Diplomatico* d'autre part au fonds *Corporazioni religiose soppresse dal Governo francese*. Deux fonds dont il faut dire ici quelques mots.

Plus qu'une série ou un fonds d'archives, le *Diplomatico* est un monument. Né en 1778 comme siège d'archives par décision du Grand-Duc de Toscane Pierre Léopold (1765-1790) qui souhaitait voir réunis les parchemins détenus par les différentes administrations et fondations pieuses du Grand-Duché[11], l'institution recueillit les parchemins des institutions religieuses supprimées en 1785 et en 1808, sous l'autorité grand-ducale puis française[12]. Les fonds du *Diplomatico* finirent par rejoindre l'*Archivio Centrale*, ancêtre de l'actuel *Archivio di Stato*[13], enrichis par d'autres suppressions et de nouvelles acquisitions, il réunit aujourd'hui plus de 140 000 parchemins dont les plus anciens – antérieurs à l'année 1400 – sont consultables en ligne. Le fonds est ainsi constitué de *pergamene sciolte*, des actes originaux, la plupart du temps, rédigés sur des parchemins non reliés. L'organisation en série chronologique domine encore la consultation et l'usage de ces sources, elle correspond à un classement qui préexistait souvent à l'intégration de ces archives au *Diplomatico*. Le travail de numérisation des parchemins s'est accompagné du souci de permettre l'interrogation de cette

---

[10] Pinto 2005.

[11] Pansini – Manno Tolu – Biotti 1983.

[12] Casanova 1928, p. 197 ; en 1852, l'*Archivio Diplomatico* fut intégré à l'*Archivio Centrale di Stato*, donnant naissance à l'actuelle série, contenant plus de cent mille parchemins, encore conservés enroulés, ces actes furent, au XIXe siècle, ordonnés chronologiquement, on conservait néanmoins le souvenir des provenances et c'est en fonction des provenances que furent réalisés les tomes de dépouillement voulus par Francesco Bonaini, à partir de 1852, voir Roselli 2006, p. 36-40. Pour un regard croisé sur le *Diplomatico* de Florence et celui de Pistoia, voir Huertas 2008, p. 14-17.

[13] Sanacore 2006.

documentation selon d'autres critères[14]. Le fonds des *Corporazioni religiose soppresse dal governo francese*, pour sa part, est une conséquence directe des suppressions napoléoniennes. Le 29 avril 1808, l'Administrateur Général de la Toscane, Édouard Dauchy, supprimait par décret les couvents de Toscane à l'exception de quelques ordres. Il donnait aux institutions concernées quinze jours pour déposer leurs archives à la préfecture pour qu'elles fussent réunies à celles du Domaine. Reginaldo Tanzini fut chargé de la documentation qu'on avait entreposée dans le local des archives générales, aux Offices. Ce transfert ne se fit pas sans heurts : pour obtenir le fonds de l'abbaye de Passignano, il fallut ainsi menacer l'abbé[15]. Ce fonds d'archives avait un but pratique et les agents du Domaine n'hésitèrent pas, à cette occasion, à éliminer les pièces d'archives qui n'intéressaient pas directement la défense du patrimoine acquis par le jeu de ces suppressions[16]. Les *Corporazioni religiose soppresse dal governo francese* (CRSGF) sont elles aussi un monument de l'érudition toscane. Ce fonds plus hétérogène, contenant nombre de pièces jugées peu prestigieuses, a été moins mis en valeur que le *Diplomatico*[17].

Les chartriers que l'on connaît aujourd'hui offrent, au premier regard, l'allure d'une vénérable accumulation de parchemins ordonnés dans une série chronologique dont la progression, au cours des siècles, offre l'apparence d'une évolution. Ils résultent néanmoins d'une succession de classements, de transferts et de réorganisations qui en ont considérablement modifié la nature. Pour s'en tenir à l'histoire récente de ces archives, celles de Santa Maria di Vallombrosa, une institution qui subit deux suppressions et deux rétablissements au cours des XIXe-XXe siècles, furent disputées par les intendants du Domaine et du nouvel *Archivio Diplomatico*[18]. Les documents de

[14] Ces classements commandent la citation de ces sources, quand il est question du *Diplomatico* on cite généralement le nom de l'institution de provenance, suivi de la date d'enregistrement qui n'est pas nécessairement la date réelle de l'acte, ne serait-ce qu'à cause du calendrier en usage à Florence.

[15] Panella 1911, p. 37-38, en novembre 1811, un amas de 350 « fogli antichi » appartenant à la Badia di Ripoli furent vendus pour 27 livres.

[16] Le préfet avait cédé dès 1809 aux demandes du Directeur de l'*Archivio Diplomatico* de récupérer les parchemins, mais ce second transfert fut en réalité difficile et mené par une commission entre 1811 et 1812. En 1829, ces archives évoluèrent en devenant l'*Archivio del Monte Comune e Demanio*, institution dont les fonds furent intégrés à l'*Archivio Centrale di Stato*, en 1852.

[17] L'essentiel est constitué de pièces inédites dont certaines ont malheureusement été endommagées par la crue de 1966, le siège de l'*Archivio* se trouvant alors au rez-de-chaussée des Offices, près de l'Arno.

[18] L'abbaye de Vallombrosa fut supprimée le 10 octobre 1810, lorsque les moines en furent chassés et que le Domaine récupéra leurs biens. À partir du 7 mars 1811, les parchemins quittèrent les montagnes pour rejoindre progressivement et partiellement l'*Archivio Diplomatico* en passant parfois par les archives du Domaine. Rétablie à la Restauration, l'abbaye fut à nouveau supprimée en 1866 et

San Cassiano a Montescalari, supprimée en 1775, naviguèrent longue-ment, quant à eux, entre Sienne et Florence[19]. Si les documents de San Lorenzo di Coltibuono semblent avoir connu une histoire moins mouvementée, la suppression de 1808 et le versement des archives au Domaine et à l'*Archivio Diplomatico* s'accompagna, on le sait, ici aussi, d'importantes déprédations et déperditions[20]. La mise en ordre chro-nologique des parchemins et l'établissement d'une collection des *perga-mene* sont un fait ancien de l'histoire archivistique de ces trois abbayes. Les documents disponibles résultent d'un lent et profond travail de sélection qui a contribué à donner aux fonds monastiques leur physio-nomie actuelle[21]. Lorsqu'on considère la répartition chronologique des parchemins transmis par les abbayes de Santa Maria di Vallombrosa, San Cassiano a Montescalari et San Lorenzo a Coltibuono, on rend davantage compte des réorganisations de leurs archives et de l'évolution des logiques de conservation que de leurs évolutions institutionnelles.

de nouveaux parchemins rejoignirent le *Diplomatico*. Siège de l'Office des forêts jusqu'en 1947, l'abbaye revint ensuite aux vallombrosains. L'institution conserve d'importantes archives, mais l'essentiel se trouve aujourd'hui à l'*Archivio di Stato*. Outre les 2 135 parchemins du *Diplomatico*, l'abbaye constitue l'une des prove-nances les plus importantes du fonds *Corporazioni religiose soppresse dal Governo francese*, au numéro de série 260. Pour la présente étude, on s'est limité à la consul-tation de quelques pièces des XIVe et XVIIIe siècles, notamment du *Liber privile-giorum*. Voir Volpini 1969, Roselli 2006.

[19] San Cassiano de Montescalari (parfois orthographiée Casciano) fut supprimée en 1775 par ordre de l'archiduc Pierre Léopold : les religieux furent alors transférés, avec leurs archives, au monastère siennois de San Vigilio, établissement abandonné par les Jésuites deux ans auparavant. L'abbaye de San Vigilio conserva momentanément son patrimoine originel, tout en contrôlant les biens de l'abbaye de Santa Maria di Serena de Chiusdino. Après la suppression définitive de 1808, les parchemins eurent un long cheminement vers Florence qui n'intervint qu'en 1822. En 1867, des archives de l'abbaye siennoise de San Vigilio furent versées à l'*Ar-chivio di Stato* de Sienne et une partie, relative à Montescalari, revint plus tard aux fonds de l'*Archivio di Stato* de Florence. Les archives de l'abbaye sont aujourd'hui divisées d'une part entre le *Diplomatico* où sont rassemblés les parchemins de l'ab-baye sous la provenance *San Vigilio di Siena* (Montescalari) et d'autre part dans les *Corporazioni religiose soppresse dal governo francese*, dans un fonds non inventorié qu'on désigne ici comme « Badia di Montescalari ». Madame Marina Laguzzi doit être remerciée d'en avoir permis la consultation.

[20] En 1808, l'abbaye de Coltibuono fut supprimée par ordre du gouverne-ment napoléonien. Les 919 parchemins de Coltibuono furent versés à l'*Archivio Diplomatico* le 15 février 1812. Dans cet intervalle, quelques parchemins furent perdus, notamment pour les décennies 1200, 1210 et 1220. Dès l'instant où ils rejoignirent le *Diplomatico*, les parchemins de Coltibuono connurent une destinée plus paisible, passant tranquillement à l'*Archivio Centrale* (devenu *Archivio di Stato* au milieu du XIXe siècle). La série consacrée à Coltibuono dans le fonds *Corporazioni religiose soppresse dal governo francese*, au numéro 52, contient des documents de la seconde moitié du XVIIIe siècle (1754-1808) qui ne fournissent guère d'informations sur l'histoire médiévale de l'abbaye.

[21] Morsel 2000.

Si l'on s'intéresse à la typologie des documents conservés pour les XIIe et XIIIe siècles, on constate la prépondérance des actes documentant, directement ou indirectement, l'histoire patrimoniale de ces trois monastères jusqu'aux années 1240. Jusqu'au milieu du siècle, les donations, achats-ventes, investitures et prêts sur gages fonciers l'emportent encore très largement, tandis que les actes de la seconde moitié du siècle répondent à une typologie plus variée : ils informent sur la vie interne des institutions monastiques, sur la politique locative des abbayes, sur les dettes contractées par ces dernières et sur les procès dans lesquelles les moines étaient engagés. Une telle répartition des actes conduit très aisément à faire du XIIIe siècle une période sombre de la vie de ces honorables institutions fondées ou refondées au XIe siècle par les moines réformateurs et les laïcs qui les soutenaient[22]. On les sait dès lors endettées, prises à partie dans les luttes de pouvoir entre Guelfes et Gibelins, alors même que le flot de donations et d'acquisition des premières décennies semble s'être définitivement tari[23]. Ce tableau contrasté tient en grande partie aux sources disponibles et offre surtout le reflet des logiques de conservation de la documentation. Les abbayes considérées conservèrent un patrimoine considérable jusqu'à la fin du Moyen Âge et on ne saurait évoquer ces derniers siècles en termes de déclin[24]. L'évolution des pratiques notariales et l'habitude désormais bien ancrée de conserver et transmettre soigneusement les registres contribuèrent à rendre superflue la conservation des originaux[25]. Les décennies pour lesquelles le patrimoine agricole de ces trois abbayes se trouve relativement moins documenté par les fonds issus du *Diplomatico* sont sans doute paradoxalement celles qui virent les transformations les plus profondes de leur régime foncier[26]. Il faut en tout cas conserver à l'esprit que nombre d'observations de ce livre sont basées sur une documentation patrimoniale et foncière dont la nature évolue profondément dans la seconde moitié du XIIIe siècle. Les logiques qui sous-tendent la conservation et la transmission de ces documents influencent largement la connaissance du *contado* florentin et font davantage connaître les dynamiques de l'appropriation foncière que celles de l'exploitation du sol. Dans sa quasi-totalité, cette documentation est le fruit du travail de notaires, spécialistes de l'écrit et du droit, dont la langue, la graphie,

---

[22] Lecture décliniste particulièrement sensible chez Majnoni 1981, p. 33-51.
[23] Vasaturo – Monzio Compagnoni 1994, p. 58-81.
[24] Salvestrini 1998, p. 98-103.
[25] Menant 2009.
[26] Non loin du Valdarno, à Passignano, la seconde moitié du XIIIe siècle est ainsi marquée par une politique d'achat systématique des tenures emphytéotiques, voir Plesner 1934, p. 156-157 ; à Vallombrosa, c'est à la fin du XIIIe siècle qu'on assiste à l'*appoderamento* des tenures, voir Salvestrini 1998, p. 79-80.

les formulaires et même les conceptions les plus personnelles peuvent conditionner l'appréhension des réalités sociales. Les abbayes vallombrosaines firent souvent appel à des notaires vivant à proximité, des scribes ruraux très nombreux aux XIIᵉ et XIIIᵉ siècles qui appartenaient au milieu dominant les sociétés villageoises. Les sources qu'on utilise ici sont en partie le produit de notables locaux.

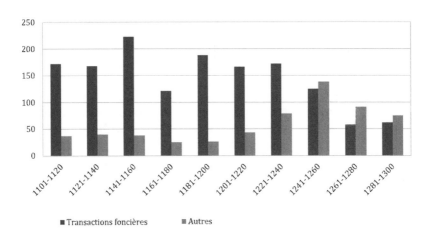

Fig. 4 – Types de transactions enregistrées dans les parchemins des abbayes de Vallombrosa, Montescalari et Coltibuono (XIIᵉ-XIIIᵉ siècles)

2.2. NOTAIRES ET ENVIRONNEMENT MONASTIQUE

Des XIIᵉ et XIIIᵉ siècles, les abbayes vallombrosaines ont essentiellement transmis des actes documentant leurs acquisitions foncières. On serait tenté d'évoquer la « sacro-sainte tétralogie » des tabellions du Latium pour reprendre l'expression de Pierre Toubert en distinguant les donations, les achat-ventes, les échanges, les baux emphytéotiques ou *livelli*[27] ; la typologie est en réalité plus complexe et subit même de profondes évolutions aux XIIᵉ et XIIIᵉ siècles.

2.2.1. *Un cadre formel peu novateur ?*

Les brefs de renonciation ou d'investiture dont le formulaire souple permet d'encadrer un grand nombre de transactions sont ainsi

[27] Toubert 1973, vol. 1, p. 96.

l'une des grandes nouveautés du XIIᵉ siècle. On voit en outre s'affirmer des formulaires spécialement conçus pour encadrer les prêts sur gages fonciers. On reste toutefois dans des typologies assez familières et couramment employées par les éditeurs d'actes des XIᵉ et XIIᵉ siècles : *cartula donationis ; cartula venditionis ; breve refutationis* ou *investitionis ; cartula pignoris ; scriptum commutationis ; libellum.* À la fin du XIIᵉ siècle, quelques notaires seulement commencent à employer un terme nouveau, *instrumentum*, pour désigner leurs actes, sans que cela soit associé à de profonds changements documentaires. Cette documentation, probablement conservée dans une logique patrimoniale, offre des perspectives certes biaisées, mais qui n'en restent pas moins instructives sur la vie des sociétés rurales. Elle informe directement sur les logiques qui organisaient le marché de la terre et révèle les hiérarchies sociales qui structurent ce marché[28]. À partir des années 1240, la documentation devient plus procédurière et les moines s'efforcent de conserver les actes enregistrant les élections, les procurations, les visites monastiques. Toutes ces procédures n'étaient pourtant pas nouvelles et rien n'indique un brusque changement des règles de vie du monastère. Il faut peut-être chercher l'explication du côté des pratiques documentaires. Avec la diffusion et la normalisation des registres notariaux, il devenait de moins en moins nécessaire de faire exécuter des copies authentiques[29]. Paradoxalement, et selon des logiques qu'il est plus difficile d'expliquer en termes généraux, on compte de plus en plus d'actes concernant l'intimité de certains laïcs : testaments et instruments de dot notamment, un processus particulièrement marqué dans le *Diplomatico* de Vallombrosa qui a en outre transmis de très nombreux dossiers d'archives hérités de familles de propriétaires laïques des XIIᵉ et XIIIᵉ siècles[30]. Dans les grandes lignes, la période qui s'étend du début du XIIᵉ siècle à la fin du XIIIᵉ siècle

---

[28] Feller 2005, p. 28 : « Pourquoi avoir voulu s'interroger sur le marché de la terre ? Simplement parce que la complexité de l'objet fait de lui un observatoire idéal des problèmes économiques et sociaux du monde médiéval. »

[29] Les documents conservés dans le *Diplomatico* sont des originaux, établis *in mundum* et comportant tous les signes de validation. Ces parchemins ne constituent pas nécessairement le témoignage le plus ancien d'une transaction, mais en portent en revanche la trace authentique. Avant même le XIIIᵉ siècle, des indices laissent penser que la rédaction de l'acte pouvait intervenir plusieurs années après la conclusion de l'affaire ; l'habitude de conserver les notices de ces originaux se formalisait et l'usage fut, pour les notaires, de tenir des cahiers de leurs *imbreviature*. Passé les années 1230, la mention explicite de ces registres de brèves ou minutiers devient d'ailleurs courante dans la documentation ; il est alors plus aisé de distinguer le moment de conclusion de l'affaire de celui de la rédaction de l'original, voir Kehr 1904 ; Menant 2009.

[30] Ces petits dossiers se trouvent aussi dans les fonds des abbayes de Montescalari et Coltibuono, mais concernent davantage le XIIᵉ siècle.

est marquée par l'évolution classique qui fait progressivement passer les actes produits par les notaires de la *carta* à l'*instrumentum*. Ce processus a été bien mis en évidence par une longue tradition diplomatique[31]. Pour Giorgio Costamagna, le passage d'un document appelé *carta* ou charte au XIe siècle à la forme dominante de l'*instrumentum* qui s'impose dans le *contado* florentin à partir de la fin du XIIe siècle, était bien plus qu'une évolution formelle. Tandis que la charte portait en elle-même et dans les rituels qui accompagnaient son exécution sa valeur probatoire, l'*instrumentum* était plutôt la forme la plus aboutie d'un enregistrement que le notaire conservait dans ses écritures[32]. La *fides publica* était ainsi passée, du document lui-même et des cérémonies qui avaient entouré sa composition, à la compétence reconnue de son producteur. Dans cette perspective, *carta* et *instrumentum* fonctionnent comme deux pôles idéaux représentant deux extrêmes de l'évolution qu'avait connue le travail des notaires. Cette perspective évolutionniste aide certes à comprendre les évolutions générales de la documentation, mais ne doit pas trop influencer l'approche d'une pratique souvent plus conservatrice et dans laquelle l'emprunt des termes nouveaux, tel celui d'*instrumentum*, ne semble pas nécessairement s'accompagner d'une profonde évolution des pratiques[33].

En prenant comme point de départ le milieu du XIe siècle et en considérant le travail accompli à cette époque par les notaires, on constate la longue survie des pratiques et des cadres théoriques mis en œuvre par ces notaires jusqu'aux premières années du *Duecento*. Le XIIIe siècle présente en revanche de fortes ruptures, particulièrement sensibles autour des années 1220-1230. Une rupture qui tient probablement autant à l'évolution des logiques de conservation qu'à l'évolution des formes documentaires et des typologies. Ce parcours met en lumière la forte continuité émanant de la documentation notariale. Malgré les évolutions incontestables de la pratique, et au prix de probables malentendus, les notaires de la fin du XIIIe siècle trouvaient chez leurs prédécesseurs du XIe siècle les formes et les formules qui continuaient de leur être familières. La pratique nota-

---

[31] Dans la tradition diplomatique italienne, ce processus a été envisagé d'un point de vue plus conceptuel. Le notaire, au départ rédacteur d'une *cartula*, c'est-à-dire d'un acte dont la validité reposait sur l'exécution devant témoins d'une série de rituels, avec le temps, devient le seul garant de la *fides publica* dont les nouvelles formes documentaires – l'*instrumentum* – sont l'expression, voir Costamagna 1977, p. 12 : « è il secolo XII che vede la fase decisiva per il passaggio al nuovo tipo di documento rappresentato dall'*instrumentum*, in cui la credibilità non è più legata a formalità poste in opera nello spedire il documento, in altre parole alle cerimonie della *traditio* e della *roboratio testium*, ma tutta affidata alla *fides publica* del rogatorio. »

[32] Costamagna 1977 ; Meyer 2000, p. 111-112.

[33] Bartoli Langeli 2006a, p. 11-12.

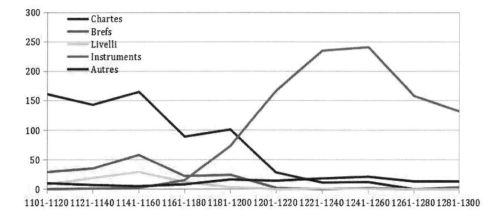

Fig. 5 – Formes des actes conservés dans le *Diplomatico* des abbayes de
Vallombrosa, Montescalari et Coltibuono (XIIe-XIIIe siècles)

riale rappelle ici assez fortement celle qui s'observe ailleurs, jusqu'au
Latium ou aux Abruzzes[34]. Il faut attendre la fin du XIIe siècle pour
voir la pratique évoluer sensiblement et l'introduction du terme
d'*instrumentum* n'apparaît au départ associée à aucune innovation
majeure, la documentation continuant de s'organiser autour du trip-
tyque *carta-breve-livello*, avec une tendance marquée des notaires à se
conformer au modèle de la *carta*[35].

L'usage consistant à rédiger l'acte en plusieurs étapes était très
probablement antérieur aux dernières années du XIIe siècle[36]. Ce qui est
inédit, dans la documentation des années 1180-1190 et qui va s'accen-
tuant et se généralisant au siècle suivant, c'est le progrès évident d'une
pratique et la mise en place de normes partagées par l'ensemble des
notaires exerçant à Florence et au-delà : tout notaire ayant accès aux
registres de brèves d'un autre notaire serait désormais capable d'établir la grosse notariale ou l'*instrumentum* correspondant à cet enregistrement. La ville joua probablement un rôle central dans le processus
d'uniformisation des usages et les mentions les plus anciennes des
registres de notaires évoquent généralement les autorités citadines. Au

---

[34] Toubert 1973, p. 95-131 ; Feller 1998a, p. 34-46.
[35] On conserve de ce notaire un *instrumentum venditionis*, voir *Diplomatico*,
S. Vigilio di Siena, 1186/11/30, (6553), *(SN) Ego Arloctus judex predictas mulieres
in|terrogavi nec minus notarius huic instrumento comple|tionem inposui.* Le juge
et notaire Arlotto, actif de 1173 à 1200, est l'un des premiers à employer le terme
pour qualifier certaines de ses *cartulae* ; pour la documentation de ce notaire, voir
les séries *Passignano* et *S. Vigilio di Siena* du *Diplomatico*.
[36] Kehr 1904.

XIIIᵉ siècle, le cadre dans lequel les notaires exerçaient avait été complètement réorganisé. La valeur de l'acte tenait toujours à l'aspect rituel que revêtait la répétition de certaines formules. Les notaires s'adossaient toutefois à un ensemble de décisions émanant de la Commune urbaine et à un *corpus* juridique plus cohérent. Les notaires Renuccino di Isaaco (1239-1287) et Bonaparte di Ammonito (1245-1276) appartenaient vraisemblablement à deux milieux très différents : l'un travaillant pour l'aristocratie gibeline de Florence et œuvrant parfois pour les abbayes du *contado*[37] ; l'autre, étroitement associé à l'abbaye de Coltibuono et exerçant ses talents entre le Chianti et les environs de Montevarchi[38]. Tous deux produisirent une grande variété de documents qu'ils qualifiaient avec une plus grande liberté, la plupart des actes conservés par les institutions ecclésiastiques se définissant par ailleurs comme des *instrumenta* mais relevant en réalité d'une typologie beaucoup plus variée : procurations ; donations ; oblations ; dots ; renonciations ou cessions ; ventes ; échanges ; compromis ; locations ; reconnaissances de dettes ; enregistrement de procédures judiciaires ; attestations diverses ; quittances ; serments, promesses. Ces objets se retrouvaient déjà dans la documentation précédente, mais devaient se conformer davantage à la forme des actes les plus classiques. Le notaire Bonaparte di Ammonito utilisait ainsi avec une grande facilité la forme de la *pasgina inspecturis* qui lui servait à la rédaction d'actes dont le fond était très différent : un acte attestant de la levée des sanctions contre le moine d'une abbaye vallombrosaine[39] ou des locations impliquant la reconnaissance du bail par les exploitants[40].

2.2.2. *La centralité des registres de brèves*

À partir des années 1220-1230, l'évolution conjointe des pratiques notariales et des habitudes de conservation fait de plus en plus apparaître l'importance prise par l'enregistrement direct des actes dans les registres des notaires. Au XIIᵉ siècle déjà, les notaires avaient probablement pris l'habitude de conserver et de transmettre des résumés de

---

[37] Renuccino di Isaaco, actif de 1239 à 1287, attesté dans les séries *S. Vigilio di Siena*, *S. Bartolomeo di Ripoli*, *Badia fiorentina*, *Polverini*, *S. Maria degli Angioli*, *S. Caterina de' Covi*, *Riformagioni Atti pubblici* et *S. Frediano in Cestello* du *Diplomatico*. Sur ce notaire, voir aussi Lefeuvre 2018c.

[38] Bonaparte di Ammonito *da Montegonzi*, actif de 1245 à 1276, attesté dans les séries *Coltibuono*, *Dono Barbetti*, *Badia Fiorentina*, *S. Trinita* et *Passignano*. Quelques actes sont connus par des transcriptions modernes, un acte du 17 avril 1255, voir *CRSGF*, 224.237, n° 595, p. 202-203, un acte du 12 septembre 1259, *ibid.*, n° 758, p. 589-590, ainsi qu'un acte daté de 1260, *ibid.*, n° 761, p. 596-599, sur ce notaire voir aussi Lefeuvre 2019.

[39] *Diplomatico*, *Passignano*, 1276/06/29 (19356).

[40] *Ibid.*, *Coltibuono*, 1259/09/30 (16281), 1270/04/03 (18048).

leurs actes, des *imbreviature*[41]. La documentation révèle la diffusion de pratiques relativement normées dans la seconde moitié du XIIᵉ siècle. L'une des allusions les plus anciennes à un registre de brèves, ou *imbreviature*, se trouve dans un acte daté de 1184[42]. Cet acte était l'expédition *in mundum* d'une transaction enregistrée à cette date par le notaire Orlandino. Le notaire qui avait rédigé l'*instrumentum* et avait transformé le résumé que son prédécesseur s'était contenté de coucher sur un cahier l'avait fait bien plus tard, plus de soixante-dix ans après l'enregistrement de l'acte, probablement sur demande de l'abbaye de Vallombrosa qui a par la suite transmis ce document[43]. Sans doute de telles pratiques existaient-elles auparavant, et l'on trouve, dès le XIᵉ siècle, des actes qu'on soupçonne d'être des copies tardives. Les notaires eux-mêmes ne devaient pas rédiger sur-le-champ les actes tels qu'on les découvre et disposaient très certainement de brouillons. On sait qu'il était courant, aux XIᵉ et XIIᵉ siècles, d'écrire des résumés des actes au dos du parchemin sur le recto duquel serait rédigée la forme authentique et valable de la *cartula* ou du *breve*[44]. Les registres ont dû exister avant les premières mentions explicites qu'on trouve aujourd'hui. Ce qui devient évident, dans les sources de la fin du XIIᵉ siècle et du XIIIᵉ siècle, c'est l'existence de procédures et de règles communes à tous les notaires. On conserve le plus souvent des actes réussis – le notaire ayant pu passer d'un brouillon initial ou de l'éventuelle brève notariale à l'expédition *in mundum* du document authentique[45]. Les instrumentations ratées peuvent, à l'occasion, renseigner sur la difficulté qu'un notaire pouvait avoir à utiliser le matériel légué par l'un de ses prédécesseurs. Un acte daté du milieu du XIIᵉ siècle témoigne ainsi de l'écart qui avait pu se créer dans les pratiques d'un notaire des années 1180 et au-delà avec celles d'un de ses prédécesseurs dans les années 1150[46].

[41] Autour de Lucques, la pratique était déjà systématique dans les premières années du XIIᵉ siècle, voir Meyer 2011.

[42] *Diplomatico, Vallombrosa*, 1184/09/19 (6426).

[43] *Ibid.*, 1184/09/19 (6426), Ricevuto di Cognoscente, auteur de l'instrument et travaillant d'après les *imbreviature* d'un de ses prédécesseurs, Orlandino *da Magnale*, affirmait tenir le droit d'expédier des actes de ce registre de brèves de Dainese de Crevello, podestat de Florence en 1259, sur ce magistrat voir Andenna 1985.

[44] Au XIᵉ siècle, de nombreux notaires avaient pour pratique d'inscrire au verso du parchemin, sur un bout de parchemin à part ou sur une partie de la page destinée à recevoir la *completio*, un résumé succinct de l'acte et dépourvu des formules composant l'acte final, sur cette pratique attestée chez le notaire Vitale, voir aussi Kehr 1904.

[45] Cárcel Ortí – Bautier 1997, p. 23, n° 9 : « acte établi dans les formes requises et pourvu des marques de validation nécessaires pour donner pleine foi au contenu ».

[46] *Diplomatico, Coltibuono*, 1156 (5247, *RC* 442). Cet *instrumentum pignoris* est insolite et correspond à une production postérieure à la date de la transaction.

Au XIIIe siècle, et notamment à partir des années 1220, les procédures consistant à rédiger un *instrumentum* en s'appuyant sur les brèves d'un autre notaire répondaient désormais à des normes précises, très liées à l'encadrement du gouvernement citadin. Dans nos sources, les premiers instruments explicitement rédigés d'après des registres de brèves datent en effet des années 1220-1230[47]. Il en existe de plus anciens, remontant aux années 1170[48]. Le notaire plaçait généralement cette autorisation à copier l'acte sous l'autorité du Podestat[49].

> (Seing du notaire) Moi Bernardo, fils de Piero de Caserali, notaire, ces choses autrefois ratifiées (*rogata*) et mises en brèves par Buono, juge et notaire, fils de feu Ricevuto de Campi dei Figli Rachi, par la commission que j'ai reçue du seigneur et comte Guido Novello, Podestat de Florence, je les ai complétées telles que je les ai trouvées abrégées[50].

Les brèves étaient tenues comme dignes de foi et pouvaient, à l'occasion, servir à attester d'une transaction. Les notaires n'hésitaient plus à se référer à leurs brèves ou à celles de leurs collègues sans fournir d'exemplaire de l'acte. Cette évolution ne pouvait qu'entraîner, à terme, un changement dans le rapport des monastères à leurs archives, dans la mesure où il devenait moins nécessaire de

---

L'écriture du juge Giuseppe, dont on ne trouve pas d'autres traces, est une gothique et il s'agit d'un *instrumentum* (un terme encore très rare dans les années 1150) rédigé à la forme objective. Composé dans la seconde motié du XIIe siècle ou les premières années du XIIIe siècle, il manque à ce document des éléments importants : le nom de l'abbé en charge ; la surface de la parcelle gagée et ses limites ; le nom de plusieurs intervenants. Ces lacunes faisaient de l'*instrumentum* une pièce peu probante, pour le composer, le juge s'était vraisemblablement servi de la notice d'une autre main qui se trouve encore au verso. L'acte avait été composé soigneusement, avec une certaine emphase (chose rare un exposé des motifs avait été intégré au formulaire), mais il était vide de contenu, ce dont le notaire s'était semble-t-il amusé en rédigeant quelques admonestations au *verso* du parchemin.

[47] *Ibid.*, 1237/06/03 (12161), 1244/01/28 (13176), 1268/10/14 (17745) ; *S. Vigilio di Siena*, 1224/06/06 (10057), 1228/07/27 (10680, possible exemplaire de 00010681), 1229/06/03 (10802), 1230/03/13 (10917) ; *Vallombrosa*, 1206/02/26 (8043), 1217/10/19 (9258), 1218/05/08 (9318), 1225/02/06 (10149), 1235/03/28 (11727), 1241/08/26 (12767), 1242/06/15 (12894).

[48] Santini 1895, p. 7, n° V, le 23 février 1173 (1172 en style florentin) ; cité dans De Rosa 1995, p. 15, 28, note 40.

[49] Un formulaire composé dans la première moitié du XIIIe siècle prévoyait divers cas de figure d'un notaire devant souscrire les actes émanant d'un autre notaire, parmi lesquels l'instrument fait sur mandat du podestat, voir Scalfati 1997, p. 101, *de subscriptione instrumenti facti ex mandato potestatis*.

[50] *Diplomatico, Vallombrosa*, 1242/06/15 (12894), *(SN) Ego Bernardus filius Pieri de Caserali notarius| hec omnia olim rogata et imbreviata a Buono| judice et notario filio quondam Ricevuti de Campi filiorum| Rachis, ex comissione michi facta a domino comite| Guidone Novello potestate Florentie complevi prout| in ejus imbreviaturis inveni, feliciter.*

conserver l'acte authentique, pour lequel il fallait de surcroît, payer un supplément[51]. L'écrit des notaires pouvait désormais faire l'économie de certains aspects rituels qu'on retrouvait encore à la fin du XIIᵉ siècle, dans l'énoncé de certains gestes et la répétition de formules précises. Leur travail s'adossait désormais à l'existence de plusieurs institutions, dont la Commune florentine, et sur un *corpus* juridique qui était loin d'être unifié mais auquel ils pouvaient se référer. Les références précises au droit romain étaient renvoyées aux clauses, ou à des formules insérées à l'intérieur de l'acte, laissant paradoxalement une plus grande latitude au notaire dans l'énoncé précis de l'action juridique. Ces évolutions sont bien connues. P. Toubert a déjà fait remarquer la grande variété des questions que pouvait traiter un notaire dans la rédaction d'un document en apparence aussi simple qu'une procuration[52]. L'écrit notarial était déjà fort accessible au milieu du XIIᵉ siècle – un notaire se faisant payer quelques deniers pour l'établissement d'un document original[53] – et les prix de la fin du XIIIᵉ siècle paraissent encore plus bas[54]. Omniprésents dans la vie sociale et numériquement très nombreux, les notaires voyaient peut-être, au même moment, leur fonction perdre de son prestige[55]. Ces scribes étaient nombreux dans la Toscane médiévale. À la fin du XIIIᵉ siècle, un *castello* aussi mineur que celui de Montegonzi dans le Valdarno Supérieur, avait vu grandir sept individus rattachés à l'Art des Notaires de Florence[56]. Pour le seul *castello* de Passignano, dans la Val di Pesa, J. Plesner notait la présence d'au moins une trentaine de notaires au cours du XIIIᵉ siècle[57]. Pour la période 1115-1200, le fonds de l'abbaye Coltibuono permet de dénombrer soixante-six notaires différents intervenant sur 331 actes. Pour le XIIIᵉ siècle, malgré une documentation globalement moins importante, cent vingt notaires peuvent être comptés tandis que l'on retrouve ailleurs les indices d'une croissance du nombre de notaires[58]. À Florence, en 1291, alors que l'Art des notaires était loin de pouvoir enregistrer les noms de l'ensemble des scribes exerçant dans la cité et le *contado*, on comptait près de trois cents notaires et plus de soixante juges et notaires dûment enregis-

[51] *Ibid.*, *Vallombrosa*, 1239/03/02 (12432).
[52] Toubert 1973, vol. 1, p. 99.
[53] *Diplomatico, Coltibuono*, 1146 (4812, *RC* 400), *iiii denarii scriba...*
[54] *Ibid.*, 1291/10/15 (23696), le notaire avait inscrit la somme de 15 deniers au bas de l'acte, montant qui correspondait probablement au prix de l'instrumentation.
[55] Barbieri 1990 ; Bartoli Langeli 2006a, p. 10-11.
[56] Sznura 1998.
[57] Plesner 1934, p. 146.
[58] Dans le fonds de Montescalari, en prenant en compte les notaires intervenant sur les actes, mais aussi ceux qui sont mentionnés dans le dispositif, on identifie 62 notaires au XIIᵉ siècle (sur 344 parchemins) et 126 au XIIIᵉ siècle (sur 196 parchemins).

trés dans les livres de la corporation[59]. Ces notaires intervenaient à la demande des auteurs, mais ne se contentaient probablement pas, surtout dans les actes les plus anciens, d'agir comme prestataires d'un service[60]. L'étude précise du travail des notaires dont on retrouve les noms dans les archives des abbayes de Vallombrosa, Montescalari et Coltibuono aux XIIᵉ et XIIIᵉ siècles, justifierait une recherche en soi. Aussi serait-il inconsidéré, dans la présentation de la documentation, de taire l'influence décisive de scribes qui ont donné aux écrits disponibles une forme dont on ne peut faire abstraction. D'autant que ces scribes, par la maîtrise manifeste et ostentatoire de l'écrit qui les caractérisait, jouaient probablement un rôle central dans la construction de l'ordre social et politique[61]. Les évolutions perceptibles sont les suivantes. Au XIᵉ siècle, les notaires sans être rares, semblent encore peu nombreux et exercent le plus souvent dans un rayon d'action assez large; tels que la documentation les fait connaître, ils paraissent liés aux plus grandes familles du *contado* et de la cité. Au cours du siècle suivant, les notaires deviennent plus nombreux et leurs compétences qui demeurent prestigieuses, sont devenues moins rares, mais plus que jamais indispensables. Au XIIIᵉ siècle, les institutions communales tendaient à affirmer leur contrôle sur ces notaires et on assiste à la formation d'un notariat mieux structuré dans les horizons de la cité.

2.2.3. *Quelques scribes*

Les notaires du XIᵉ siècle et des premières années du XIIᵉ siècle étaient globalement moins nombreux et souvent liés à une institution ou à l'une des grandes familles du territoire florentin. Le notaire Lamberto, actif de 1087 à 1113, est un bon exemple de ces scribes travaillant au service des plus grandes institutions et des parentèles les plus influentes, sans véritables limites entre la cité et le reste du comté de Florence. Le travail de ce notaire est connu par une trentaine d'actes qui témoignent de l'étendue de son réseau[62]. Il avait œuvré pour le

---

[59] Sznura 1998.

[60] On considère la personne demandant la production d'un acte notarial comme l'auteur de cet acte. Dans les chartes les plus communes, au XIIᵉ siècle, les *signa manuum* des auteurs, qui manifestaient leur accord, étaient suivis de la formule «Signes des mains (des auteurs) qui m'ont prié de faire (ce document)», voir ainsi *Diplomatico, Coltibuono*, 1136/07/19 (4333, *RC* 363), *Signa* (SM) (SM) *manuum Bernardini et Alamanni qui| hanc cartulam pignoris nomine fieri rogaverunt.| Singna* (SM) (SM) (SM) (SM) *manuum Gerardi filii| Guerinuzi et Lamberti filii Adami et Ugolini filii Petri et| Manivili filii * * * * * * rogati testes.*

[61] Anheim – Chastang 2009, § 10, les deux auteurs soulignent le «rôle précoce de l'écriture dans la construction de l'ordre social et politique» en Italie.

[62] L'acte, le plus ancien, date, de 1067. Il s'agit de deux versions d'un même acte qui se distinguent assez nettement du reste de la production de ce notaire,

compte d'institutions ecclésiastiques rurales et urbaines : les abbayes de San Michele Arcangelo di Passignano dans la Val di Pesa ; de Santa Maria di Vallombrosa sur le Pratomagno ; l'ermitage San Salvatore di Camaldoli, dans le Casentino ; ainsi que pour les monastères de Florence ou de ses faubourgs, comme San Pier Maggiore ; Sant'Apollonia ou encore la *Badia Fiorentina*[63]. Plus qu'à ces institutions, le notaire Lamberto semble avoir été lié à certaines familles de Florence, notamment aux ancêtres des Donati[64]. C'était depuis Florence ou de ses environs immédiats qu'il émettait ses actes. C'était sans doute là qu'il vivait, fréquentant, dans le cadre de son activité de scribe, des individus appartenant aux milieux dominants de Florence et de son territoire[65]. Ce notaire exerçait ses fonctions à l'échelle des réalités politiques et patrimoniales typiques de la fin du XIe siècle. S'il se distinguait des notaires de l'époque par quelques innovations, comme l'adoption d'une écriture clairement inspirée de la minuscule caroline, il continuait d'œuvrer à l'échelle du comté florentin.

Dès la fin du XIe siècle, on identifie, par contraste, des notaires au rayon d'action extrêmement localisé. C'était peut-être le cas du notaire Leone, particulièrement présent dans le fonds de l'abbaye de Passignano, au milieu du XIe siècle[66], mais dont on trouve le seing sur des actes ratifiés quelques dizaines de kilomètres plus loin, dans la Val d'Ema ou le Chianti[67]. Certains de ces notaires donnent même

notamment dans le formulaire. Le seing renvoie indubitablement à Lamberto et l'acte n'apparaît pas comme une copie. La façon dont se présentent en revanche les souscriptions manuelles des contractants fait davantage penser à une copie et ne se présente pas avec l'ampleur qu'on trouve dans d'autres actes de la même période, voir *Diplomatico*, *S. Pier Maggiore*, 1066/02/27 (1137, 1138). Le second acte le plus ancien, daté de novembre 1070, est explicitement la copie d'un acte ratifié par Rodolfo, copie authentique réalisée avec le contrôle de trois juges, voir *Diplomatico*, *S. Maria della Badia*, 1170/11 (1294, 1298). Les autres actes ratifiés par ce notaire semblent davantage correspondre à des enregistrements contemporains, voir les séries *S. Pier Maggiore*, *S. Apollonia*, *S. Donato e S. Ilarino*, *Vallombrosa*, *S. Vigilio di Siena*, (*Le carte…* 109 et 112).

[63] Pour cette période, il n'est pas certain que la distinction rural/urbain ait véritablement quelque sens, voir Faini 2010, p. 162.

[64] On retrouve, dans plusieurs des actes portant le seing de Lamberto, le nom de Fiorenzo di Barone ou d'individus probablement liés à ce même Fiorenzo, *Diplomatico*, *S. Apollonia*, 1088/12/18 (2300), 1105/03/15 (3118), 1096/04 (2634) ; *S. Vigilio di Siena*, 1096/10/06 (2658, *Le carte…* 112), 1106/05/16 (3162), 1107/01/07 (3178, en 1108), 1109/01/11 (3238, en 1110), 1113/11/03 (3447) ; *S. Donato e S. Ilarino*, 1111/05/28 (3341). Sur les Donati, voir Faini 2009d.

[65] Rien n'indique précisément que Lamberto résidait à Florence ; il travaillait dans la cité, y datait ses actes, et, dans les archives de Montescalari, son nom était associé à des terres situées à proximité de Florence.

[66] Pagliai 1909, p. 254 ; Oulion 2013, p. 543-546.

[67] *Diplomatico*, *S. Vigilio di Siena*, 1047/11 (756, *Le carte…* 3), *Coltibuono*, 1059/10 (970, *RC* 50).

le sentiment d'être liés de très près à ceux dont ils enregistrent les donations. À l'exception de quelques déplacements à Florence ou dans d'autres *castelli* du territoire, le notaire Vitale, actif entre 1080 et 1120 semble avoir cantonné son activité aux *castelli* de la Val d'Ema[68]. Dans ce même territoire, le notaire Enrigo (actif de 1132 à 1155) avait lui aussi un périmètre d'action plutôt exigu et était sans doute apparenté aux *da Cintoia*[69]. Il figurait probablement parmi les auteurs du bref de pacification établi en 1143 par lequel les *da Cintoia* s'engageaient à respecter les biens de l'abbaye de Montescalari[70]. Au milieu du XIIᵉ siècle, les notaires, vraisemblablement devenus plus nombreux, ne se recrutaient pas uniquement dans les parentèles les plus influentes. Les informations dont on dispose sur le notaire Rustichello, actif au milieu du XIIᵉ siècle dans les environs de l'actuel bourg de Rignano sull'Arno, permettent de le situer à l'intérieur d'une fratrie aux prétentions chevaleresques, mais que rien ne paraît distinguer nette- ment du reste de la population locale[71]. Ce notaire qui intervenait entre Rignano, Marciano, Cognano et Volognano, dans un territoire corres- pondant à quelques paroisses modernes, était en même temps lié aux moines vallombrosains et appartenait sans doute à la petite commu- nauté de frères convers chargés de gérer et d'accroître la propriété détenue par l'abbaye de Coltibuono dans le *castellare* de Marciano et ses environs. Les praticiens de l'écrit et du droit du XIIᵉ siècle inscri- vaient ainsi leur activité dans un cadre territorial relativement limité

---

[68] Attesté dans les séries *S. Vigilio di Siena*, *Passignano*, *Coltibuono* et *S. Bartolomeo di Ripoli*, le notaire Vitale aurait pu être apparenté aux Montebuoni/ Buondelmonti ; on sait qu'il habitait dans les environs de Santo Stefano a Tizzano, dans la Val d'Ema, voir notamment *Diplomatico, S. Vigilio di Siena*, 1132/10/23 (4205).

[69] Le notaire Enrigo signait ses actes comme « juge et notaire », il exerçait dans un rayon d'action relativement limité et l'image qui ressort de sa documentation est celle d'un professionnel de l'écrit implanté à Cintoia et travaillant pour les foyers et les institutions localement influents : l'abbaye de Montescalari ; les *da Cintoia* ; les *filii Griffi* du *castello* de Celle. Les transactions que l'on conserve de sa main concernaient toutes ce territoire, mais elles pouvaient le conduire à en sortir. Entre 1133 et 1134, pour enregistrer les acquisitions de l'abbaye de Montescalari au lieu-dit *Pescaia di Falculo*, le long de l'Arno, Enrigo seconda un intermédiaire de l'abbaye, Zacharia, pour démarcher cinq propriétaires différents situés de part et d'autre de l'Arno, jusqu'au *castello* de Cascia situé à une quinzaine de kilomètres, à vol d'oiseau, de l'abbaye. De même, en 1159, ce fut encore l'acquisition d'une terre située dans les environs immédiats de l'abbaye qui conduisit l'abbaye, par le biais du notaire Enrigo, à solliciter un couple vivant de l'autre côté de Florence, à Ugnano. À la différence de certains de ses contemporains et de ses prédécesseurs, Enrigo ne semble pas avoir gravité autour de Florence, mais avoir cantonné ses activités aux environs de Cintoia. Sur ce notaire, voir dans les série *S. Vigilio di Siena* et *Coltibuono* du *Diplomatico* de l'avec une série d'actes datés d'entre 1132 et 1156.

[70] *Ibid.*, *S. Vigilio di Siena*, 1143/04/29 (4646).

[71] Lefeuvre 2018a.

et étaient fortement attachés, sans que ce fût un lien exclusif, aux institutions ecclésiastiques et aux aristocraties laïques. On ignore tout de la formation de ces scribes, qui avaient probablement appris aux côtés d'autres notaires et avaient, pour certains d'entre eux, peut-être suivis des études plus poussées. Sans doute la présence diffuse du notariat et la multiplicité des églises et des abbayes que comptait le *contado* florentin offraient-elles à certains la possibilité de recevoir rapidement les premiers rudiments d'une formation de scribe[72]. Il n'est du reste pas certain que l'ensemble de ces *notarii, scriptores* ou *tabelliones* se soit toujours préoccupé de recevoir d'une autre autorité que celle de leurs clients et de leurs pairs l'autorisation d'exercer comme notaire. Les informations sur ce point demeurent extrêmement rares, en l'absence de recherches plus approfondies, on ne peut que supposer le rôle joué par la mosaïque politique du XIIᵉ siècle dans les processus d'homologation de ces notaires. Dans le dernier tiers du XIIᵉ siècle, alors que la présence impériale se faisait concrète en Toscane, il devint courant, pour les notaires, de se réclamer de l'autorité impériale[73].

Quelle était l'indépendance des notaires vis-à-vis de l'institution ecclésiastique et seigneuriale ? L'abbaye de Vallombrosa avait commencé à fidéliser certains de ses notaires dès la fin du XIIᵉ siècle, mais de plus anciennes institutions disposaient sans doute de scribes qui leur étaient particulièrement liés avant ces années. R. Oulion a ainsi remarqué la forte présence d'un dénommé Gherardo dans les sources de l'abbaye de Passignano et noté que la plupart des actes rédigés par ce dernier – dans l'un des fonds les plus riches de Toscane – non contents de servir à régler le quotidien de l'abbaye, étaient le plus souvent établis à Passignano même[74]. Au XIIIᵉ siècle, ces logiques clientélistes se perpétuent et se renouvellent. Certains notaires, tels Bonaparte di Ammonito *da Montegonzi*[75], au sein de la petite abbaye de Coltibuono ou Bonfrade di Benedetto *da Passignano*[76], dans l'im-

---

[72] Plesner 1934, p. 146-147.

[73] Avant 1150, dans les parchemins de S. Maria di Vallombrosa, on ne trouve qu'un seul acte mentionnant un notaire « de l'empereur » – *Diplomatico, Vallombrosa*, 1128/09/03 (4005) –, cette mention devient beaucoup plus fréquente dans la seconde moitié du siècle, notamment dans les années 1180-1190 où elles dominent la documentation de la même abbaye.

[74] Il s'agit du notaire que R. Oulion désigne plus précisément comme Gherardus V (1037-1079), rédacteur d'un grand nombre d'actes renvoyant, pour la plupart, aux intérêts de l'abbaye, voir Oulion 2013, p. 267 : « Seule une poignée de documents échappe donc, en partie, à la sphère d'influence du monastère. »

[75] Le notaire Bonaparte di Ammonito *da Montegonzi* (sur ce dernier voir aussi Lefeuvre 2019) a laissé une trace importante dans la documentation de l'abbaye de Coltibuono (cinquante-quatre actes entre 1245 et 1276).

[76] Sur Bonfrade di Benedetto, voir Plesner 1934, p. 146-150, *Ser* Bonfrade *da Passignano* est un cas exceptionnel dans le fonds de Passignano, on retrouve sa

portant monastère du même nom, paraissent avoir lié leur carrière à l'institution ecclésiastique. Les deux abbayes figuraient très probablement parmi leurs principaux clients et il est très probable que la collaboration avec ces institutions ait souvent dépassé le travail d'écriture. Il s'agit d'un phénomène intéressant et qui révèle à la fois la force des seigneuries monastiques et leur besoin croissant des professionnels de l'écrit et du droit. Certains de ces notaires travaillaient à l'intérieur même de la clôture monastique, devenant vraisemblablement l'un des rouages essentiels de l'administration monastique[77]. Sans doute les moines tendaient-ils de plus en plus à se reposer sur les registres de ces notaires dans leur logique d'archivage. Il devenait moins nécessaire d'extraire les originaux sur de coûteux et encombrants parchemins. L'une des conséquences de cette forte présence de spécialistes de l'écrit dans le cœur même de l'administration monastique est paradoxalement la perte d'une source importante d'informations, dans la mesure où ces registres ont rarement été conservés. Le *Diplomatico* offre sans doute une pâle idée de ce qu'était le panorama archivistique dans lequel évoluaient les moines et leurs administrateurs qui s'appuyaient en même temps sur des coffres de parchemins et savaient pouvoir compter sur un ou plusieurs registres tenus par *leurs* notaires.

2.3. Parchemins et registres notariaux : deux visions discordantes d'un même territoire ?

À partir de la fin du XIIe siècle, au moins, les parchemins que l'on conserve ne représentent jamais que l'appendice de la production notariale. Andreas Meyer rappelle qu'à Lucques, le taux d'actes enregistrés dans un registre donnant lieu à une instrumentation était très faible[78]. De ces actes instrumentés, une minorité seulement a en outre été conservée et transmise par les institutions religieuses. Ces documents existent toutefois et sont, pour une bonne partie de la

---

main et son seing sur plusieurs centaines d'*instrumenta* du *Diplomatico* et l'on sait qu'il a composé un registre sur papier consacré aux loyers de l'abbaye et un cartulaire consacré aux visites monastiques de l'abbé de Passignano sur une abbaye siennoise (*CRSGF*, 179.36).

[77] Dans la documentation laissée par le notaire Bonaparte di Ammonito *da Montegonzi* (57 actes au total) : sept actes avaient été établis « auprès du monastère de Coltibuono » (apud/prope [...] *monasterium Cultusboni*) ; sept actes avaient été établis dans l'église de Coltibuono ; cinq à l'occasion d'un chapitre de l'abbaye, dans la salle du chapitre (*in capitulo*) ; vingt actes à l'intérieur du cloître (*in claustro* [...] *monasterii*). On retrouve le seing de ce notaire dans les séries, *Coltibuono*, *S. Trinita* et *Passignano* du Diplomatico.

[78] Meyer 2011, p. 10-11.

période envisagée, l'une des seules sources écrites disponibles. L'archéologie, de son côté, apporte de précieuses informations, sans qu'il soit pour autant aisé, faute d'une formation suffisante, mais aussi en raison de la diversité des temporalités étudiées, de faire dialoguer ces deux types de témoignages[79]. Il y aurait lieu de s'étonner de la faible place accordée par cette recherche aux sources notariales de première main dont A. Meyer précise qu'il faudrait toujours les préférer aux sources ecclésiastiques[80]. L'étude des registres notariaux aurait toutefois conduit à une recherche totalement différente de celle que l'on présente ici : une recherche basée sur des documents dans lesquels « les transactions abondent et surabondent » et où se note une surreprésentation des affaires « spéculatives […] ou usuraires » centrées sur la ville[81]. Les livres d'*imbreviature* eux-mêmes induisent un biais documentaire tout aussi difficile à mesurer : « Les transactions courantes échappant tout à fait aux notaires qui par ailleurs laissent toujours ignorer qu'ils travaillent adossés à l'étal d'un boucher, ou à l'éventaire d'un marchand de légumes, dans l'odeur de la viande, des fruits et des fromages[82]. » Lorsqu'elles sont filtrées par les institutions ecclésiastiques, ces mêmes sources notariales éloignent sans doute plus de la coloration du quotidien.

2.3.1. *Registres notariaux et attraction urbaine*

De la soixantaine de registres de notaires du XIIIe siècle à être conservés à l'*Archivio di Stato* de Florence, rares sont ceux qui informent directement sur le territoire envisagé, la plupart viennent en effet de notaires florentins donnant incidemment des informations relatives aux territoires ruraux dont ils étaient originaires. Ces registres, le plus souvent, remontent aux dernières années du XIIIe siècle et la forme composite de ces *codices* dont on simplifie largement la nature en les qualifiant simplement de registres notariaux, suscite l'intérêt des codicologues florentins. Il existe certes des registres plus profondément ancrés dans les réalités seigneuriales et rurales comme les registres du notaire Vigoroso di Paradiso, un notaire proche des comtes Guidi, actif à Loro et Montevarchi dans la seconde moitié du XIIIe siècle. Ce document composite, bien étudié par Antonella Ghignoli, apparaît comme une exception dans le paysage qu'offrent les registres de notaires du *Duecento* et du siècle suivant[83]. Le cas des registres laissé par le notaire Guido di Bandino, actif sur le marché de Leccio, est

---

[79] Carocci 2010b ; Cortese 2010.
[80] Meyer 2011, p. 22.
[81] La Roncière 1982, p. 15.
[82] La Roncière 1976, vol. 3, p. 993.
[83] Voir Casini 2011 ; Ghignoli 2012.

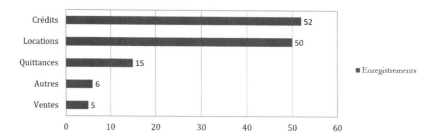

Fig. 6 – Les affaires de Malaccho di Gianni dans les registres
de Guido di Bandino de Leccio (1294-1307)

plus représentatif[84]. Les pièces considérées ne couvrent que quelques
mois d'activité. Si le premier volume couvre avec un peu de continuité
l'activité du notaire de mai 1294 à novembre 1296, le second est plus
composite[85]. Le notaire est revenu sur certains de ses enregistrements
jusqu'en 1309 au moins[86]. Dans ce volume, on retient surtout la figure
de Malaccho di Gianni, *factotum* des Mozzi sur le marché rural. Si
les entrées concernant cet individu ne sauraient refléter l'ensemble du
volume, elles offrent une belle illustration de l'ambiance économique
qui baigne ces registres notariaux de la fin du XIIIe siècle.

Dans ces volumes, le crédit dominait de deux façons. Les crédits
et les quittances représentaient tout d'abord la majorité des transactions enregistrées, comme on l'observe à plus large échelle dans

---

[84] *NA*, 10896 et 10897, « Guido Bandini da Leccio, 1295-1296 » : sous ces deux
cotes sont conservés deux registre de brèves, sur papier, de reliure moderne. Le
premier volume est plus homogène que le second et ne contient rien d'autre que
les enregistrements de Ser Guido di Bandino *da Leccio*. Ce volume de dimensions maniables (24,2 × 33 cm) compte 128 folios numérotés au crayon papier, sur
8 cahiers. Il s'ouvre sur un enregistrement du 31 décembre 1294, au marché de
Leccio (fol. 1r) et contient vraisemblablement l'ensemble des enregistrements du
notaire pour l'année 1295 (en style moderne) et une partie de l'année 1296. Le second
volume (10897) est plus composite. Le volume est composé de 105 folios divisés en
7 cahiers de 15 folios chacun. Les six premiers folios sont de grandes dimensions
(39,8 × 30 cm) et sont attribuables au notaire Andrea di Lippo dei Gherardini, actif
à Florence en 1294 (premier acte du 22 mars 1294, le dernier du 6 octobre 1295),
le folio 5 est laissé vierge et porte une annotation du 21 février 1644 : « S'è messo
quattro fogli dinanzi di un'altro nottaio 1294-1295, Andrea Lippi de Gherardini. »
Le folio 6 est vierge, et le registre de Guido Bandini *da Leccio*, de plus petites
dimensions (38,5 × 28 cm), commence au folio 7 avec un acte du 11 avril 1306 et se
finit à la date du 29 novembre 1307. Des interventions plus tardives ont eu lieu sur
le registre (1309 au moins).
[85] *Ibid.*, 10897, fol. 9r.
[86] *Ibid.*, fol. 77v.

d'autres sources de ce type[87]. Les locations elles-mêmes, répondant à des modalités nouvelles ou jusqu'alors peu documentées, incluaient très couramment un prêt concédé par le propriétaire ou par son intermédiaire au locataire qui se chargeait de l'exploitation d'un *podere*. L'étude des registres notariaux a permis de comprendre l'importance jouée par le crédit dans ces sociétés d'Ancien Régime et conduit à mettre au premier plan les relations sociales et économiques que font connaître les relations de crédit dans l'étude des sociétés rurales ou citadines[88]. On voit d'emblée que l'angle est très différent de celui offert par les sources monastiques dans lesquelles prêts, quittances et reconnaissances de dettes restent discrètes, même en s'approchant des dernières décennies du *Duecento*.

On peut ainsi considérer le registre composé au début du XIVe siècle par le notaire Chiarozzo di Balduccio *da Verrazzano*, demeurant à Florence, mais conservant d'importants liens avec son *castello* d'origine. Ces enregistrements donnent d'intéressantes informations sur les progrès de la propriété urbaine dans les alentours de Rignano sull'Arno[89]. Exerçant dans les années 1310-1314, Chiarozzo pouvait se vanter d'avoir une clientèle huppée : du côté des ecclésiastiques on comptait l'évêque de Florence[90], le prieur des Camaldules[91], la puissante abbaye de San Miniato ; institution pour laquelle il ne ménageait pas des efforts, datant plusieurs de ses actes depuis le cloître même de l'abbaye[92]. Du côté des laïcs, outre la compagnie des Bardi, on trouve incidemment le testament d'un membre de la famille Della Tosa, et les testaments permettent de constater la confiance qu'avaient en lui de riches familles florentines[93]. Les locations de terre concernaient le plus souvent les paroisses voisines de Rignano sull'Arno, ainsi que celles de Santa Maria di Settignano de Greve[94], des environs de Vertine[95] dans le cœur du Chianti, de San Bartholo a Cintoia[96], dans les environs immé-

[87] Meyer 2011, p. 11.
[88] Nobili 2012, p. 45-130.
[89] *NA*, 5212 : ce registre en papier (1310-1314), composé de 122 folios répartis en huit cahiers et auquel il manque probablement une vingtaine de feuillets est l'œuvre de *Claroçcus filius quondam Balducci de Veraççano*.
[90] *Ibid.*, fol. 40r-41v.
[91] *Ibid.*, fol. 115r-116r.
[92] *Ibid.*, fol. 78r-v.
[93] *Ibid.*, fol. 48r-49r, testament ou codicille de *Monna* Giovanna di Jacopo di Boninsegna di Galigaio cédant à diverses personnes ou institutions religieuses des centaines de florins d'or.
[94] *Ibid.*, fol. 48v-49r ; 54r.
[95] *Ibid.*, fol. 51r-52r, il s'agit sans doute de l'une des plus anciennes mentions de l'existence de la Ligue du Chianti.
[96] À ne pas confondre avec Cintoia dans la Val d'Ema, un *castello* dont il sera par la suite plusieurs fois question.

diats de Florence et de San Michele a Gignoro[97]. Si quelques actes du registre correspondent à des séjours de Chiarozzo à Rignano, pour le reste il était plus en contact avec la population originaire de ces environs qu'avec le territoire lui-même. Originaire de Verrazzano dans le Chianti, il conservait des liens avec son *castello*[98], mais vivait de son côté dans le quartier de San Niccolò Oltrarno. On ne retrouvait pas dans les registres de Chiarozzo *da Verrazzano* la même ambiance de marché rural. Dans les deux cas toutefois, le crédit jouait un rôle de premier plan. Les ventes, elles-mêmes, étaient souvent des cessions de crédit[99]. Les transactions foncières étaient rares et l'on ne voyait guère de prêts gagés sur la terre[100]. L'arrière-plan de ses activités était plutôt judiciaire comme en témoignent les nombreuses procurations. À la différence de son collègue exerçant sur un marché rural et s'occupant en grande partie des locations de terres, Chiarozzo avait, à Florence, une importante clientèle féminine. Une présence dont témoigne le nombre élevé d'actes de transfert du *mundum :* des actes correspondant, pour ces femmes, à la désignation d'un garant, un *munduald* dans le droit lombard, détenteur de l'autorité juridique sur leur personne. Ce qui s'observe ici s'inscrit dans un cadre bien exploré par une historiographie qui regarde davantage vers le *Trecento* et se fonde en grande partie sur l'étude de ces registres notariaux. On aurait pu prolonger longuement l'enquête en consultant les registres d'autres notaires. Il est ainsi probable que les exceptionnels registres d'Attaviano di Accorso, déjà étudiés par J. Plesner, n'aient pas révélé toutes leurs potentialités et puissent encore apporter beaucoup sur la vie de la paroisse de Giogoli, située non loin de Florence[101]. Il y aurait beaucoup à retirer d'une étude du registre d'Ildebrandino di Accatto, actif

---

[97] *NA*, 5212, fol. 88r-v.

[98] *Ibid.*, fol. 102v-103r, en 1314, on le voyait ainsi enregistrer un acte concernant un homme de Verrazzano, *Ser* Bene di Jacopo, résidant à Florence, et dans lequel ce dernier concédait une remise de dette à Corsello di Cambizo *da Verrazzano*, résidant désormais dans la paroisse de San Niccolò Oltrarno.

[99] *NA*, 5212, fol. 7r, *Donna* Luppa, veuve de Rinaldo di ser Janni, juge ordinaire et notaire, après avoir pris Cambio di Salimbene pour *munduald*, cédait à Ciano di Cigliore le crédit de 142 livres, en florins, que lui devait Cambino di Nero, contre un prix de 182 livres en florins; fol. 8r; fol. 25r où l'on cède le crédit sur toute la paroisse plébane de Decimo. L'acte enregistré au fol. 25v est plus rare chez ce notaire, il s'agit de la cession par Vanna di Ugolino à Jacopo, de la paroisse de Verrazzano, dans le Chianti, d'un crédit de 20 muids de grains que lui devait Feo di Govannuccio de la paroisse de Radda in Chianti (Santa Cristina) pour le prix de 48 livres en florins et 13 petits florins. Verrazzano est un petit village situé entre Passignano et Greve in Chianti.

[100] On pouvait aussi gager un prêt sur du bétail, ou réaliser une vente fictive pour couvrir un prêt. Dans un enregistrement, un créancier se saisissait ainsi d'un porc pour rembourser une dette de trois livres (*ibid.*, fol. 6r).

[101] *NA*, 996 et 997.

dans le plébat de l'Antella à la fin du XIIIe siècle[102]. Dans ses travaux, C.-M. de La Roncière a tiré un grand profit des registres notariés et de nombreuses autres sources pour dresser le tableau d'un territoire florentin du *Trecento* dominé par la ville qui drainait vers ses murs toutes sortes de richesses. Quand on s'intéresse au siècle précédent, la situation documentaire est, d'une certaine manière, dominée par l'écart entre deux types de sources.

De leur côté, les fonds monastiques restent quantitativement significatifs, mais tendent à donner un autre point de vue sur la société. Tournée vers l'administration et la défense du patrimoine, la documentation répond à de nouveaux critères de sélection, les actes plus communs demeurant très probablement dans les registres des notaires. Le patrimoine des abbayes étudiées était déjà largement formé au milieu du XIIe siècle. Il était moins essentiel, pour ces dernières, de conserver une preuve supplémentaire des nouveaux achats fonciers, des échanges ou même des ventes. Leur patrimoine foncier et juridique n'était toutefois pas immobile comme on s'en rend souvent compte au détour d'un parchemin. Il est en outre remarquable que le processus d'aliénation échappe en grande partie à la documentation[103]. *A contrario*, on voit ces mêmes abbayes exercer, à la fin du XIIIe siècle, des droits que la documentation plus ancienne ignore complètement[104]. En somme si les abbayes conservent beaucoup d'*instrumenta* pour la période 1220-1300, ces derniers privent des informations relatives au marché foncier qui offre tant de perspectives dans la connaissance des campagnes. Les actes normatifs deviennent en revanche plus nombreux. Ils sont le produit d'une ambiance documentaire plus seigneuriale, comme les serments collectifs prêtés par les hommes des *castelli* de Ristonchi et Magnale à l'abbé de Vallombrosa[105]. Il est probable que l'extraction d'*instrumenta*, même lorsque le phénomène était massif, répondait alors, plus qu'auparavant, à des besoins très spécifiques[106].

---

[102] *NA*, 11252. Sur ce registre, voir Causarano 2008 ; Pirillo 2008.

[103] C'est le cas pour les possessions de l'abbaye de Coltibuono autour de Rignano sull'Arno. Si les acquisitions du XIIe siècle sont bien documentées, il est plus difficile de reconstituer le processus conduisant à leur aliénation dans la seconde moitié du XIIIe siècle.

[104] Ainsi en allait-il des droits de nomination du desservant de l'église urbaine de San Firenze que revendiquait l'abbaye de Montescalari contre les hommes de la paroisse et probablement contre les Ubertini. L'essentiel des parchemins conservés pour les années 1240 dans le *Diplomatico* de S. Vigilio di Siena/Montescalari tournent autour de ce conflit.

[105] Salvestrini 1998, p. 177.

[106] Ainsi, à Passignano, ce n'est probablement pas un hasard si l'abbatiat de Ruggero dei Buondelmonti – abbé de Passignano (1266-1301), abbé de Vallombrosa (1301-1316), mort en 1316 – correspond au pic documentaire observé dans le *Diplomatico* de cette abbaye ; voir Vasaturo – Monzio Compagnoni 1994, p. 79-83.

Les registres notariaux du XIIIᵉ siècle qui ont survécu apparaissent pour leur part marqués par l'empreinte citadine. Ainsi les registres de Guido di Bandini *da Leccio*, d'Attaviano di Accorso, ou d'Ildebrandino di Accatto informent-ils sur un monde dominé par les citadins. L'intérêt qu'auraient pu avoir quelques grandes familles florentines à conserver cette documentation pourrait avoir joué en faveur de la transmission de ces pièces d'archives[107]. Sans doute les *quaterni* du notaire Vigoroso di Paradiso font-il exception et l'on sait, grâce à l'édition du registre de Ser Palmerio di Corbizo qu'il existait des notaires évoluant dans une société rurale et dans un environnement laïque[108]. La société qui se révèle à travers de telles sources est déjà, sur bien des points, semblable à celle que les sources plus tardives font connaître : un environnement économique bien décrit par des historiens comme G. Pinto ou C.-M. de La Roncière et sur lequel on ne reviendra guère ici. Les sociétés rurales qu'on découvre alors étaient de petites sociétés peu marquées par l'influence des aristocraties laïques et dans lesquelles les seigneuries n'avaient guère de poids. Localement dominées par des artisans, des commerçants ou de grands gestionnaires agricoles, ces sociétés vivaient déjà au rythme de Florence.

2.3.2. *Les codices notariaux en contexte monastique : une tradition perdue ?*

Sans doute les abbayes de l'Italie communale avaient-elles depuis longtemps pris l'habitude de conserver les actes authentiques sur parchemins et furent moins promptes que leurs homologues septentrionales à établir des cartulaires[109]. Si le regard se porte immédiatement au sud du territoire florentin, vers le *contado* siennois, on trouve, avec le cartulaire rédigé pour l'abbaye de San Salvatore a Fontebona dans les premières décennies du XIIIᵉ siècle, l'exemple d'une production monastique présentant des traits communs avec les ouvrages plus septentrionaux[110]. À partir des années 1250, à Lucques, l'abbaye de San Salvatore a Sesto avait pris l'habitude d'obtenir des actes authentiques rédigés directement, *in extenso* ou *in mundum*, sur des fascicules de papier en s'appuyant pour cela sur ses notaires

---

[107] *NA*, 10896, 10897, 11252, 996 et 997.

[108] *Ibid.*, 21108, 21109, 21110 ; pour Palmerio di Corbizo, voir Mosiici – Sznura 1982.

[109] La pratique n'est du reste pas absente, loin s'en faut, en Italie méridionale, voir Feller 1993 ; l'École française de Rome a accueilli un programme de recherche sur les cartulaires de l'Italie médiévale, voir Carbonetti *et al.* 2015.

[110] Casanova 1927, le cartulaire a été publié en plusieurs fois dans le *Bullettino Senese di Storia Patria*, entre 1914 et 1922, sur ce cartulaire et cette édition, voir aussi Cammarosano 1974, p. 11-18.

de confiance[111]. Le *contado* florentin n'échappe pas à cette tendance des institutions ecclésiastiques à conserver davantage de *codices* ou de cahiers de parchemins ou de papier. L'exemple le plus connu est sans doute le *Bullettone*, important cartulaire produit par les vidames du chapitre florentin au début du XIVe siècle qui transmet le résumé de nombreux documents par ailleurs disparus[112], mais on trouve, dans les archives de Passignano, de remarquables exemples d'une production très diversifiée sur cahiers et *codices*[113]. On ne conserve rien de tel pour les abbayes de Montescalari et de Coltibuono, mais il n'est pas exclu que de telles pièces aient existé. Pour la période envisagée ici, l'abbaye de Santa Maria di Vallombrosa a toutefois transmis quelques cahiers de copies notariales qui apprennent beaucoup sur le rapport liant certains notaires à l'abbaye[114].

La pièce d'archive dans laquelle se trouvent aujourd'hui ces cahiers a surtout retenu l'attention pour la présence du *Liber privilegiorum* de l'abbaye de Vallombrosa composé vers 1322, et contenant les copies des diplômes impériaux, des bulles pontificales et diplômes des comtes de Toscane délivrés aux abbés de Vallombrosa ainsi que les exemplaires de quelques serments prêtés collectivement par les hommes des *castelli* de Magnale et de Ristonchi dans la seconde moitié du XIIIe siècle[115]. On a moins relevé la présence, il est vrai plus discrète, de quelques cahiers de parchemin contenant les copies des actes du notaire Deodato di Jacopo de Magnale faites par le juge et notaire Guido di Domenico[116] qui s'appuyait sur le registre du défunt notaire pour établir des copies des actes intéressant plus particulièrement l'abbaye entre 1249 et 1276[117]. Ici, et contrairement à ce qui s'observe lorsqu'on s'intéresse directement aux registres notariaux, les transactions foncières dominaient largement le paysage documentaire et l'on constate que l'abbaye continuait d'acquérir des terres encore tenues en propriété par les populations des alentours. Ces acquisitions corres-

---

[111] Meyer 2011, p. 15-16.

[112] Sur le *Bullettone*, voir aussi Dameron 1989, deux versions en sont conservées à l'*Archivio di Stato, Manoscritti*, 48 et 48 (bis), « Libro intitolato Bullettone dell'Arcivescovado fiorentino », le premier est une copie du XVIIe siècle de l'exemplaire 48 (bis), quant à lui daté du XIVe siècle (1384). L'exemplaire le plus ancien se trouve toutefois à l'*Archivio Arcivescovile* de Florence : AAFi, *Bullettone*. Le document a été publié en notes infrapaginales par Lami 1758.

[113] *CRSGF*, 179.34 et 179.36, les huit volumes contenus sous ces deux cotes mériteraient une étude approfondie.

[114] *Ibid.*, 260.126, voir aussi Salvestrini 1998, p. 282.

[115] Volpini 1969.

[116] Guido di Domenico n'est connu que par deux autres instruments enregistrés à la fin du XIIIe siècle, *Diplomatico, Vallombrosa*, 1286/07/31 (22160), 1297/11/06 (25691).

[117] *CRSGF*, 260.126, fol. 93r-116v.

pondaient le plus souvent à des terres déjà entourées sur plusieurs côtés par les terres de l'abbaye et ne semblent pas avoir représenté un apport considérable au patrimoine de l'abbaye. Avec ces copies du XIIIe siècle, on retrouve à peu près ce à quoi les sources plus anciennes ont habitué, signe qu'une partie de la documentation traditionnelle se trouve désormais enregistrée sous forme de simples brèves dans les registres des notaires. On est toutefois frappé, lorsqu'on considère les registres évoqués précédemment, par la discrétion des institutions religieuses. Malgré quelques enregistrements les concernant, elles apparaissent, au vu de ces sources, comme des acteurs mineurs de la vie économique et sociale de la seconde moitié du XIIIe siècle. On doit toutefois considérer avec prudence cette mise en perspective. Les registres qui sont parvenus paraissent, en quelque sorte, être marqués par l'empreinte citadine. Qu'en était-il du registre aujourd'hui perdu d'un notaire comme Dato di Jacopo? A. Meyer relève l'habitude qu'avait le notaire de confiance, le notaire « de la maison » pour reprendre l'expression séduisante, mais ambiguë de *Hausnotar*, de réserver à ses meilleurs clients un registre spécialisé[118].

On hésite sur la qualification exacte de ces copies: brèves ou exemplaires? Certaines de ces brèves étaient très développées et les clauses, quoique très abrégées, étaient souvent présentes. En outre, le notaire avait eu soin d'apposer son seing et la formule de souscription sous plusieurs de ces actes et à défaut sur chacun des folios qui contenaient ces copies. Il est probable que Guido di Domenico ait travaillé à partir du registre d'*imbreviature* de son prédécesseur Dato di Jacopo *da Magnale*, et qu'il ait eu en face de lui un registre soigné et directement utilisable. Il n'est du reste pas rare de trouver, dans des registres moins anciens et où les enregistrements répondent généralement mieux à leur désignation comme brèves, des actes plus développés et présentant une forme proche de l'*instrumentum*: souvent des actes importants ou peu communs dont le formulaire n'était pas habituel au notaire[119]. On était toutefois bien éloigné de la tradition de la charte. L'enregistrement et le seing du notaire comptaient autant que les témoins, souvent réduits à deux individus. Les abbayes rurales veillaient à conserver un œil sur les registres des notaires auxquels elles avaient le plus recours. Plus au nord, à Pavie, l'abbaye de San Pietro in Ciel d'Oro conservait dans ses archives les registres de certains notaires[120]. Les efforts de l'Art des Notaires et du gouvernement citadin

---

[118] Meyer 2011, p. 18-19.
[119] *NA*, 5212, fol. 33r-v: on trouve à la date du 10 mars 1313 (1312 en style florentin) une procuration particulièrement développée et que le notaire avait par ailleurs expédiée en *instrumentum*.
[120] Barbieri 1990.

pour exercer un contrôle plus strict sur le parcours des notaires et la circulation des *imbreviature* n'empêchaient l'existence de circuits parallèles de ces écritures[121]. Sûrement avait-il fallu, pour qu'on sentît la nécessité d'établir par statut le droit exclusif des notaires à conserver des registres notariaux, que la conservation par d'autres institutions ou individus fût une pratique diffuse[122]. Les abbayes, en recrutant les notaires dans leur clientèle ou en les y intégrant, pouvaient certainement se donner les moyens d'exercer un contrôle social sur certains d'entre eux.

2.3.3. *Une parentèle de notaires*

Aussi est-il intéressant de se pencher plus précisément sur le notaire dont l'abbaye de Vallombrosa avait fait recopier quelques brèves. Dato ou Deodato di Jacopo *da Magnale* était un notaire actif entre 1243 et 1289 si l'on s'en tient à la vingtaine d'instruments que l'on conserve de sa main dans la série *S. Maria di Vallombrosa* du *Diplomatico* de Florence[123]. Il habitait le *castello* de Magnale et figurait à ce titre parmi les dix premiers individus d'une liste de dépendants qui, en 1263, avaient dû jurer fidélité à l'abbé de Vallombrosa[124]. «Feudataire», Dato di Jacopo n'en appartenait pas moins au monde des dépendants et s'était en même temps déclaré «attaché à la glèbe», selon des modalités semblables à celles d'autres territoires de l'Italie communale[125]. L'indépendance d'un notaire vis-à-vis de son seigneur ne pouvait être totale et l'abbaye devait exercer sur ce notaire d'importantes formes de contrôle. D'autant que Dato di Jacopo n'était pas le premier à travailler pour l'abbaye. En se penchant sur la généalogie du notaire Dato da Magnale, on se rend vite compte qu'il appartenait à une parentèle qui s'était particulièrement employée au service de l'abbaye de Vallombrosa. Dato, juge et notaire, était le fils du juge ordinaire et notaire Jacopo di Giovanni di Galizio[126], et surtout le petit-fils du notaire Giovanni di Galizio. Du père de Dato, Jacopo, on ne

---

[121] Barbagli 2013, p. 138-139, la norme statutaire faisant du Podestat et des conseils florentins l'autorité légitime pour procéder au transfert des *imbreviature* d'un notaire décédé à un autre serait antérieure à 1285 ; en 1344, les statuts de l'Art des notaires prévoyaient la conservation des *imbreviature* par un autre notaire, dûment inscrit dans son Art.

[122] Meyer 2000, p. 157 : l'auteur évoque le cas d'un statut de Pise de 1286.

[123] Tous transmis dans la série *Vallombrosa* du *Diplomatico* de l'ASFi.

[124] *CRSGF*, 260.126, on relève dans la liste la présence d'un certain *Datus domini Jacobi* (fol. 55r) tous les présents déclarent être *feudatorios de monasterii Vallisumbrose ac ipsius monasterii glebe ascriptos* (fol. 55v).

[125] Castiglioni 2010, p. 305-322.

[126] *Diplomatico, Vallombrosa*, 1237/12/11 (12227), 1239/10/24 (12541), 1241/08/16 (12761), 1241/08/25 (12766), 1241/08/25 (12765), 1241/08/26 (12767).

conserve que quelques parchemins, correspondant du reste à l'expédition d'actes enregistrés par Giovanni di Galizio. Tout au plus peut-on
se demander si ce Jacopo n'était pas un prêtre – un peu léger sur les
interdits – cité comme témoin dans deux actes des années 1240[127].
Giovanni di Galizio a en revanche laissé un grand nombre de parchemins expédiés entre 1193 et 1243 essentiellement pour le compte de
l'abbaye de Vallombrosa. Sans doute fut-il le premier à établir des
relations privilégiées avec l'abbaye. Le premier membre de la parentèle qu'on puisse identifier est Galizio, un notaire dont on ignore les
origines, mais qui paraît avoir joui d'une bonne réputation dans la
Florence du XIIe siècle. Ses documents se démarquent dans la masse
des parchemins qui ont été conservés, et en premier par l'élégance de
son écriture dont les hastes allongées évoquent l'influence des chan-
celleries. On le sait en contact avec un grand nombre d'abbayes ou
d'églises et il expédie, au profit de ces dernières, un nombre conséquent d'actes datés d'entre 1139 et 1190[128]. Dans son travail, il était
en dialogue avec d'importantes familles de la société citadine[129]. Rien
n'indique en revanche l'existence d'un lien particulier l'unissant à l'abbaye de Vallombrosa. Son fils Giovanni, en revanche, semble s'être
davantage consacré au service de l'abbaye.

De Giovanni di Galizio, *Judex Henrici imperatoris idemque notarius*[130], un juge et notaire formé au temps de l'empereur Henri VI
(1191-1197), on conserve un grand nombre d'instruments qui attestent
d'une activité continue entre 1193 et 1243. La majorité d'entre eux
a été transmise par l'abbaye de Vallombrosa et l'on sait que cette
dernière figurait parmi ses bons clients. Dans la chronologie de sa
production documentaire, les actes établis pour l'abbaye prennent une
place croissante et il est possible de relever les indices d'une proximité de plus en plus grande entre le scribe et les moines vallombro-

---

[127] *Ibid.*, 1241/06/17 (12752, 12753), on trouve parmi les témoins *Dato filius
presbyteri Yacobi* ; l'identification de ce Dato di Yacobo avec le juge et notaire Dato
di Jacopo, quoiqu'hypothétique, semble raisonnable. Dans la liste de 1262, Dato
était le fils de *dominus* ou *donnus* Jacopo, un titre qui pourrait correspondre à la
qualification de prêtre comme à celle de notaire. Difficile de savoir ce qui relèverait
ici du surnom ou du titre.

[128] On retrouve des actes de sa main dans les fonds de plusieurs institutions
prestigieuses et de tous ordres dans les séries *S. Salvatore di Camaldoli, S. Pietro,
Luco di Mugello, S. Marco di Firenze (domenicani), Passignano, S. Vigilio di Siena,
S. Bartolomeo di Ripoli, S. Maria degli Angioli, Firenze, S. Maria Novella, Firenze
(domenicani), S. Trinita, Firenze (vallombrosani)* du *Diplomatico* de l'ASFi.

[129] Ainsi une charte de vente conservée par l'abbaye de Montescalari et
expédiée depuis Florence émanait-elle de la famille des Caponsacchi, *Diplomatico,
S. Vigilio di Siena*, 1143/04/29 (4646).

[130] *Ibid., Camaldoli, S. Donato e S. Ilarino (ospizio)*, 1193/10/28 (6975), *Ego
Johannes Galitii judex Henrici imperatoris*.

sains. Celui-ci par exemple, figurait parmi les témoins de sentences ou de transactions majeures et enregistrait pour l'abbé et le chapitre de Vallombrosa des actes aussi importants que l'élection du vicomte des *castelli* de Magnale et Ristonchi depuis la salle du chapitre du monastère[131]. Les lieux retenus pour dater ses actes sont un indice intéressant du périmètre d'action de Giovanni di Galizio qui apparaît comme un habitué du Pratomagno et fréquente les *castelli* de Magnale, de Ristonchi ou l'abbaye de Vallombrosa elle-même. Il continuait toutefois de travailler à Florence, dans l'église de Santa Trinita notamment et n'entretenait probablement pas, malgré la masse de documents qu'il avait produits pour l'abbaye, de rapport exclusif avec Santa Maria di Vallombrosa. Il est très probable, en revanche, que son sort ait été lié, dans ces mêmes années, à celui de l'ordre vallombrosain : l'église de Santa Trinita jouait, au début du XIIIe siècle, un rôle notable dans l'organisation locale de la congrégation. À peu près dans les mêmes années, et pour des transactions plus usuelles avec les communautés voisines ou au sein de ces dernières, l'abbaye disposait, avec Orlandino de Magnale, d'un professionnel de l'écrit local. Elle eut souvent recours à ses services dans les années 1180-1210[132]. Ce n'est donc qu'à partir des années 1240, à l'époque du notaire Dato di Jacopo – petit-fils de Giovanni di Galizio – qu'un membre de cette famille paraît avoir fait le choix de s'installer à proximité de l'abbaye, à Magnale, pour consacrer une bonne partie de son travail à l'abbaye. Comment décrire les liens entre Dato di Jacopo et l'abbaye ? Du rapport clientéliste qu'on devine chez ses prédécesseurs, on passe à un rapport qu'on serait davantage tenté de décrire en termes vassaliques[133]. Pour une institution comme Vallombrosa, comme pour n'importe quel laïc du reste, il était essentiel de conserver une assez longue mémoire des faits. En 1240, lors d'un procès tenu à Florence, dans la cour des Trois Portes, le syndic de l'abbaye, Benincasa di Borgognone, avait ainsi obtenu de la cour qu'un certain Simone di Gherardo cédât une terre à l'abbaye. La décision des juges florentins était motivée par la consultation de trois « écritures publiques » de la main des notaires Giovanni di Galizio, Jacopo di Giovanni di Galizio et Diotiguerio. Benincasa di Borgognone avait en outre dû exhiber une procuration établie par le notaire Giovanni di Galizio pour prouver qu'il était en droit de plaider

---

[131] *Ibid.*, *Vallombrosa*, 1212/03/01 (74208, *pergamene lunghe*, en style moderne 1213), 1219/03/14 (9405, en 1220).

[132] Voir à ce propos les nombreux *instrumenta* expédiés par le notaire Orlandino de Magnale dans le *Diplomatico* de Vallombrosa.

[133] On repère les *instrumenta* de Giovanni di Galizio dans les séries suivantes *Camaldoli, S. Maria Novella (Dominicani), Camaldoli, S. Donato e S. Ilarino (ospizio), Passignano, S. Caterina detta de' Covi (commenda), Firenze S. Pancrazio (vallombrosani), Strozziane Uguccioni (acquisto), Vallombrosa.*

la cause du monastère[134]. Sans avoir besoin de conserver directement les registres, une abbaye aussi importante que Santa Maria di Vallombrosa, devait s'efforcer d'exercer un contrôle social sur les notaires qui héritaient des registres susceptibles de lui servir. Il est probable que la tradition de ces registres produits dans une ambiance ecclésiastique ait plus longtemps résisté à l'attraction florentine, sans toujours retenir l'attention des archivistes de l'Époque moderne, plus attentifs aux antiques *monumenta*, et il est de même possible que ces registres, ayant parfois subi une plus forte déperdition, accentuent aujourd'hui l'impression d'un recul des institutions religieuses.

Ces tonalités relèvent-elles d'un ressenti et d'une subjectivité du chercheur ? Dans l'ensemble, la documentation du XIIe siècle offre, et ce jusqu'aux premières années du XIIIe siècle, un sentiment de proximité avec les communautés rurales dont paraissent émaner les notaires. C'est plus vrai encore dans la seconde moitié du XIIe siècle, lorsque les notaires, moins souvent florentins, paraissent exercer à l'intérieur de deux ou trois paroisses. La fin du XIIe siècle et le début du XIIIe siècle se présentent comme l'âge d'or d'une documentation aux accents plus souvent seigneuriaux et qui emprunte volontiers au lexique féodal. Au XIIIe siècle toutefois, le notariat change, de même que le rapport des institutions monastiques à la documentation notariale. Les actes conservés émanent désormais de notaires urbains ou exerçant dans les bourgs intermédiaires, ou encore de notaires qu'on devine de plus en plus proches de l'administration monastique. D'où un sentiment d'éloignement des communautés rurales et de recentrage administratif des abbayes. Le contraste entre cette documentation monastique en retrait et les registres notariaux qu'on conserve pour la même période n'en apparaît que plus frappant, ces derniers faisant connaître les jeux complexes du crédit, les transactions multiples et les actions juridiques de la population rurale et citadine florentine de la seconde moitié du XIIIe siècle. L'écart entre ces deux traditions documentaires est sans doute renforcé par des dynamiques ayant favorisé la transmission des registres intéressant spécifiquement l'entourage économique et social des grandes familles citadines. Tandis que le monde ancien des abbayes se repliait sur une gestion étroite de son patrimoine, les magnats de la ville étendaient leur influence sur les territoires les plus proches de Florence. Si ces dynamiques sont réelles, et bien visibles dans la documentation, ce qui échappe aujourd'hui c'est peut-être le lot commun des villages de *castello*, de petites seigneuries laïques ou ecclésiastiques qui ne disparurent pas brutalement dans la seconde moitié du XIIIe siècle, ni se

---

[134] *Diplomatico, Vallombrosa*, 1240/09/10 (12670).

vidèrent de leurs populations, mais poursuivirent leur existence dans un cadre étatique et social nouveau qui leur faisait certes perdre une grande partie de leur attractivité. En somme, tout se passe comme si les territoires les plus communs, que documentent bien les sources de la fin du XIIe siècle, passent temporairement dans l'ombre à la fin du XIIIe siècle. Ce que l'étude des sources monastiques fait apparaître, au moins dans le cas des trois monastères étudiés, c'est la force de ces institutions et leur longue durée. Il est étonnant, dans les paradigmes dominant la compréhension des évolutions sociales entre XIIe et XIIIe siècles, qu'une attention plus grande n'ait pas été accordée au rôle joué par les couvents, les abbayes, les églises, les hôpitaux et ces multiples fondations dans l'organisation et l'encadrement des mobilités sociales et géographiques. Les deux livres les plus influents, ceux de J. Plesner et d'E. Conti, ont appuyé leur démonstration sur des sources ecclésiastiques, et notamment sur la gigantesque série de parchemins, mais aussi de *codices* – ou «grimoires» pour reprendre le terme pittoresque employé par la traductrice française de J. Plesner – transmise par l'abbaye de Passignano[135]. Ce choix des sources monastiques invite à interroger plus précisément le rôle joué par l'institution seigneuriale et religieuse dans la transformation des sociétés rurales.

[135] Cherubini 2009.

CHAPITRE 3

SEIGNEURS ET MOINES
DANS LE TERRITOIRE FLORENTIN :
LA FORMATION D'UN ORDRE POLITIQUE

> Padre Cricco lo fermò di un gesto. Disse : « Mi pare di conoscerla :
> lei è della mia parrocchia ? » « Ma che parrochia ? Io non ho parrocchia »
> disse l'uomo ; e uscì con gioiosa furia[1].

Les femmes et les hommes qui peuplent les campagnes florentines
des XIe et XIIIe siècles sont aujourd'hui saisis dans le cadre documentaire d'une relation avec l'une des institutions ecclésiastiques quadril-
lant le territoire. Il s'agit, pour l'essentiel, de transferts patrimoniaux
– donations, ventes de terres, mises en gage – qui, dans le meilleur des
cas, font connaître des individus en des moments précis de leur cycle
de vie. Parmi les nombreux exemples possibles, qu'on considère ainsi
le cas des quelques acquisitions qui renseignent sur un même individu, un dénommé Corbulitto di Petro (1098-1119) qui a vécu dans le
Chianti et a cédé l'essentiel de son patrimoine à ses voisins, les moines
vallombrosains de Coltibuono[2]. Au premier acte, Corbulitto était
mentionné en compagnie de son frère Ranieri ; suite à la mort de leur
père, ils avaient décidé de donner au monastère une terre qu'ils avaient
près de la rivière Massellone. L'année suivante, il participait avec le
même Ranieri à la vente d'une terre des environs de leur *castello* de
Castagnoli. Les deux frères figuraient ensuite parmi les témoins d'une
transaction intéressant des biens cédés à Coltibuono. Quelques années
plus tard, Corbulito di Petro *da Castagnoli* établissait ce qui ressem-
blait déjà à un testament : s'il mourrait sans héritier légitime, toutes
ses terres devaient aller à l'abbaye de Coltibuono à laquelle, en attendant, il offrirait un cens annuel de douze deniers à la saint Laurent.
Une promesse qu'il renouvela en 1116, en compagnie de son épouse
Matildina dont c'était la première apparition. En 1119, Corbulito était
probablement décédé et l'abbé de Coltibuono préparait la reprise de
ses terres en ménageant les susceptibilités de son vieux frère Ranieri
di Petro *da Castagnoli* qui obtenait l'investiture en fief des biens de

---

[1] Sciascia 1989, p. 65.
[2] *Diplomatico, Coltibuono*, 1098/06 (2731, *RC* 208), 1101/07/25 (2955, *RC* 224),
1113/05/28 (3429, *RC* 279), 1119 (3695, 3694, *RC* 304)

Corbulitto et qui devaient revenir à l'abbaye si lui-même mourait sans
héritier. À l'image de ce qu'illustre ce petit dossier, ce qu'on prétend
savoir des groupes étudiés dans le présent ouvrage épouse partiellement, le point de vue de moines qui ont récupéré et transmis des
actes servant, pour l'essentiel, de titres de propriété. Il faut avoir à
l'esprit l'ordre hiérarchique dont se réclamaient ces religieux aux XIIe
et XIIIe siècles et le type de pouvoir que leurs abbés s'étaient efforcés
d'exercer sur les hommes et les terres qui entouraient leurs monastères. Ces humbles serviteurs de Dieu se faisaient une haute idée de
leur fonction : ils étaient en charge d'un patrimoine spirituel, matériel et humain pesant aussi bien sur les terres et les biens matériels
que sur les femmes et les hommes. En Toscane, le développement des
seigneuries rurales fut un phénomène tardif et que vint rapidement
limiter l'ascendant pris par les pouvoirs citadins[3]. Cette seigneurie se
révèle dans le détail difficile à saisir et les sources des XIe et XIIe siècles
rappellent à l'historien tout ce que ce mot porte en lui de théorie. Au
XIIIe siècle en revanche, les institutions monastiques étaient au centre
de constructions institutionnelles bien ancrées dans un territoire. Quel
était le degré de contrôle qu'exerçaient les abbés et les moines sur les
différentes communautés qui les entouraient ?

Pour être classique, l'étude des formes de la domination monastique, ou du *dominium*[4], est un élément incontournable de la compréhension des sociétés du *contado* florentin. Les abbayes de Montescalari, Vallombrosa et Coltibuono étaient des institutions dont le pouvoir
politique était fondé sur le rapport privilégié des moines comme inter-
cesseurs entre Dieu et qui reposait en même temps sur des rapports
de force économiques. Le pouvoir, tel qu'on l'entend ici, c'est la capacité reconnue à contraindre les individus et les communautés, en laissant de côté les formes d'influences plus tacites et discrètes. Il s'agit
ici de poser les cadres de l'enquête et de donner une première idée
de la latitude d'action dont disposaient les individus et les communautés qui entretenaient des relations avec les moines vallombrosains.
Il était bien rare, dans ce territoire, que le pouvoir d'une institution
monastique s'étendît à l'ensemble d'une communauté villageoise et
les abbayes fonctionnaient davantage comme des pôles de cohésion
que comme des structures d'encadrement[5]. Les traditions historiographiques et la documentation disponible ont conduit à mettre en avant
la place des institutions ecclésiastiques dans la stratégie de domination des élites laïques, en négligeant parfois les dynamiques propres à
ces institutions. L'attention légitime aux origines de ces fondations ne

---

[3] Wickham 1996b.
[4] Guerreau 1980, p. 179-184.
[5] Francesconi 2005b, p. 8.

doit pas faire considérer les communautés monastiques comme des émanations inertes d'un pouvoir qui serait par essence laïque.

Dans le contexte italien, et plus particulièrement toscan, il est néanmoins difficile de se faire une idée des prérogatives exercées concrètement par les abbés et leurs représentants avant la fin du XIIe siècle. Communautés d'ascètes, de *pauperes*, les communautés monastiques étaient les centres d'une vie aristocratique. En 1148, le notaire Rustichello, sans doute très lié aux vallombrosains de Colti-buono et de Vallombrosa, assimilait l'abbé Gualdo de Vallombrosa et le prieur Ranieri aux chérubins et aux séraphins du ciel, reconnaissant implicitement aux moines une place équivalente sur terre, à celle des anges au ciel[6]. Les règles de la vie monastique, consacrée aux prières et au salut collectif, participaient aussi, et sans que cette constata-tion épuise bien entendu les analyses possibles de ces pratiques, au renforcement d'une conception élitiste de l'ordre social[7]. L'histoire des premiers vallombrosains est du reste inséparable du processus très large de réorganisation des pouvoirs qui marque le XIe siècle. Si Jean Gualbert et ses disciples avaient souhaité revenir à la simplicité de la règle de saint Benoît, les fondations rattachées à la congrégation n'en récupérèrent pas moins les habitudes de gouvernement propres au milieu dont les moines étaient eux-mêmes issus, habitudes auxquelles s'ajoutaient les formes d'influence propres à leur état.

3.1. MOINES ET ABBÉS DANS LA RÉORGANISATION DES POUVOIRS ARISTOCRATIQUES (XIe-XIIe SIÈCLES)

Le territoire florentin fut, au XIe siècle, l'un des foyers les plus vifs de la réforme. Rapidement révérés pour la rigueur de leur vie céno-bitique, les disciples de Jean Gualbert furent les acteurs essentiels d'une lutte plus large pour l'indépendance des moines et contre des pratiques désormais jugées simoniaques. À Florence, cette lutte trouva son paroxysme dans l'opposition à l'élection de l'évêque Pietro Mezza-barba († 1071)[8]. Sans être systématique chez les vallombrosains, l'op-position à l'épiscopat florentin devait certainement constituer un trait

---

[6] *Diplomatico, Vallombrosa*, 1148/07 (4895), *Item indignus ego Rustichellus te felicissimum Gualdum patrem et| pissimum Rainerium priorem atque omnes commissos et vestros fratres qui in trono| et in ordine cherubini* (le notaire a écrit *hcerubini*) *atque serafin ante cospectum veri Dei stare habe|tis.* Sur le sens politique que peut avoir cette hiérarchie céleste et sur son utilisation par un notaire, sans doute passé dans le groupe des convers de l'abbaye, voir Iogna-Prat 2008.

[7] Sergi 1994, p. 17.

[8] Vasaturo – Monzio Compagnoni 1994, p. 14-18.

saillant, difficilement accepté certes, mais qui ne paraît pas avoir nui au succès des moines réformateurs. La progressive reconfiguration du territoire florentin fut marquée par la construction de nouvelles fondations: *castelli*, établissements monastiques, élévations de nouvelles chapelles; toutes choses qui relevaient du désir marqué d'inscrire plus localement la source du pouvoir et les formes de dévotion qu'on avait envisagées jusque-là à l'échelle du comté, du diocèse ou des territoires encore très vastes qu'organisaient les églises plébanes[9].

3.1.1. *Réforme spirituelle et réorganisation des pouvoirs*

L'action des disciples de Jean Gualbert, comme celle d'autres contestataires, s'inscrivait dans un processus de renouvellement des liens «entre l'institution ecclésiale et l'aristocratie[10]». Dans le combat qu'ils entendaient mener pour la réforme du clergé séculier et de la vie monastique, les vallombrosains avaient besoin de soutiens séculiers. La tradition hagiographique et les premières règles connues manifestent du reste une certaine ouverture de la jeune congrégation aux clercs et aux laïcs[11]. C'est dans ce contexte général qu'on assista, dans le territoire retenu pour la présente étude, à la naissance de trois nouvelles abbayes.

La naissance de Santa Maria di Vallombrosa est la plus facile à dater. Tout commença en 1039, avec la donation faite par Itta, abbesse de Sant'Ilario di Alfiano, à Jean Gualbert. Le moine réformateur et ses disciples avaient trouvé dans les montagnes du Pratomagno, dans un lieu d'abord appelé *Acquabella*, le lieu idéal de leur retraite. L'emplacement était bien celui d'un de ces «déserts» vantés par l'hagiographie monastique, offrant de bonnes liaisons de communications tout en permettant, en même temps, une mise à distance des moines. La montagne était sans doute relativement peu fréquentée, mais les moines y disposaient d'une source d'eau. Elle était proche des voies de communication qui longeaient l'Arno, dominant même un emplacement stratégique du Valdarno, et située à proximité de Florence, en dehors toutefois de son diocèse et du rayon d'action de ses évêques[12].

---

[9] Il serait difficile de résumer ici tout le travail déjà accompli, et toujours en cours, pour rénover la vision des bouleversements religieux et sociaux du XIe siècle. Sur les manifestations territoriales des évolutions du XIe siècle, voir Lauwers 2005; 2012; 2014. En Italie, la double hiérarchie de la *plebs* et des paroisses nouvelles des Xe-XIIe siècles a conduit les historiens à s'interroger sur les progrès réalisés par l'encadrement ecclésiastique durant cette période, voir Ronzani 2005 et d'autres travaux du même auteur.

[10] Mazel 2008a, p. 203.

[11] Boesch Gajano 2012, p. 60-63.

[12] Salvestrini 1998, p. 44; Citter 2017.

Si F. Salvestrini souligne avec raison le soutien probable des comtes Guidi à la fondation de Vallombrosa[13], il ne subsiste rien, dans les archives de l'abbaye, qui pourrait faire songer à quelque contrôle institutionnel exercé par ces derniers. Le premier document conservé permet de décrire le premier ermitage comme une dépendance de l'abbaye de Sant'Ilario di Alfiano, mais les actes successifs, tel que se présente aujourd'hui le chartrier consciencieusement réorganisé par les moines, marquent la renonciation des moniales à un contrôle direct exercé sur la nouvelle fondation[14]. À la différence des *Eigenklöster* des IXe-XIe siècles, l'abbaye vallombrosaine paraît avoir bénéficié assez tôt du soutien assez large d'un milieu étendu de *milites*[15]. Le premier ermitage fondé par ce dernier était construit avec la protection de l'abbesse de Sant'Ilario in Alfiano[16]. Il n'est pas impossible que l'abbesse Itta ait elle-même été issue de la famille des comtes Guidi avec qui les rapports demeurèrent excellents jusqu'aux premières années du XIIe siècle[17]. Leur soutien se prolongea du moins jusqu'en 1103, avec l'acte de donation conjoint de la comtesse Mathilde de Canossa et du jeune Guido Guerra. Une donation qui avait peut-être été contrainte et qui correspondait en réalité à la mise en gage d'un important patrimoine. L'abbé de Vallombrosa recevait ainsi la moitié du *castello* de Magnale et les droits sur l'ensemble d'un petit cours d'eau s'écoulant du Pratomagno jusqu'à l'Arno. Cette donation résultait probablement du soutien apporté par la grande comtesse aux moines

---

[13] Salvestrini 2008d, p. 313-315.

[14] Boesch Gajano 2012, p. 74.

[15] Dans les vies de Jean Gualbert, les hagiographes se montraient extrêmement discrets sur l'ascendance du saint. Hatton se contentait de décrire son père comme un noble, un *miles* de Florence. L'Anonyme affirmait quant à lui que le bienheureux Jean, quoique né d'une illustre lignée par son père, n'en ajoutait pas moins à la noblesse de son sang les plus nobles des mœurs. Formules élégantes, mais économes et qui témoignent probablement de l'appartenance de Jean Gualbert à ce milieu déjà amplement décrit de moyens propriétaires, mais qui ne vont pas dans le sens d'une illustre naissance. Une ascendance notable aurait permis aux hagiographes de plus grands développements, voir Baethgen 1934, p. 1080, *quidam nobilis Gualbertus nomine, vir militaris, patria Florentinus* ; p. 1104, *Beatus igitur Johannes ex nobili prosapia patre Gualberto genitus est, sed nobilitatem generis nobilioribus nichilominus adornavit moribus.*

[16] Böhmer 1870, p. 594-595, n° 881, pour l'original, *Diplomatico, Vallombrosa*, 1039/07/03 (74035) ; à en croire la notice qui accompagnait l'acte de fondation, l'empereur Conrad, son épouse Ghisla et leur fils Henri avaient présidé la donation et, en l'absence d'un évêque sur le siège de Fiesole, l'autel de la petite église avait été consacré par l'évêque Rodolphe de Paderborn. La nouvelle église dédiée à la Vierge naissait donc avec l'accord des plus hautes autorités.

[17] Salvestrini 2008d, la fondation continua de bénéficier du soutien de la famille, Guido di Guido et son épouse Ermellina, fille d'Alberto, initiant en 1068, une série d'importantes donations dotant l'abbaye sur les « alpes » du Pratomagno, voir ainsi *Diplomatico, Vallombrosa*, 1039/07/03 (74035) ; 1068/05 (1209).

réformés ; elle devait, par la suite, constituer la pierre angulaire des revendications patrimoniales et juridiques des abbés de Santa Maria di Vallombrosa[18].

Dans les dernières décennies du XIe siècle, les successeurs de Jean Gualbert, suivant en cela les traces du réformateur, avaient cependant fait rentrer les abbayes réformées dans un ordre pleinement accepté par Rome. Les années qui suivirent la mort du saint († 1073) furent marquées par un effort d'organisation et de centralisation d'un vaste réseau de monastères réformés, à l'intérieur même des diocèses de Fiesole, Florence et dans toute l'Italie centrale et septentrionale[19]. Les vallombrosains n'avaient pas toujours eu le soutien des hautes autorités de Toscane, sans être seuls dans la lutte menée contre l'évêque Pietro Mezzabarba, ils avaient eu contre eux le comte Godfroid II (1069-1076) et le pape Alexandre II (1061-1073)[20]. L'avènement de Grégoire VII (1073-1085) avait été une chance pour les réformateurs toscans qui trouvaient cette fois un soutien franc de la papauté, encourageant les successeurs de Jean Gualbert à poursuivre dans la voie tracée par ce dernier[21]. Sous les pontificats de Grégoire VII et d'Urbain II (1088-1099), la prise en main de la réforme vallombrosaine était toutefois entamée. Les tensions qui marquèrent le début du pontificat d'Urbain II n'empêchèrent pas ce dernier d'instituer une véritable congrégation, pleinement soutenue par la marquise Mathilde de Canossa (1072-1115)[22]. Le privilège de 1090, confirmé en 1115 par Pascal II, établissait en théorie une congrégation hiérarchisée autour de l'abbaye de Vallombrosa[23]. Si les *consuetudines* établies dans ces années allaient dans le même sens, dans la pratique les différentes fondations conservèrent longtemps une certaine indépendance. C'est ce qui ressort du moins lorsqu'on considère l'histoire de deux petites fondations monastiques progressivement rattachées à la congrégation vallombrosaine.

L'abbaye de Montescalari peut en effet être définie comme « une fondation privée promue par un groupe parental de l'aristo-

---

[18] Salvestrini 2008d, p. 323 ; Boesch Gajano 2012, p. 49-51.

[19] Vasaturo – Monzio Compagnoni 1994, p. 61.

[20] Boesch Gajano 2012, p. 76-77, si l'on suit l'historienne, la tentative d'enlèvement de Jean Gualbert par une troupe d'hommes d'armes qu'aurait tentée Béatrice de Toscane, épouse de Godfroid II et détentrice officielle de la Marche de Toscane, sans relever d'une franche hostilité, témoignerait de l'ennui que provoquait dans les milieux dirigeants l'activité de ces moines.

[21] *Ibid.*, p. 1-2, le moine Hildebrand avait du reste soutenu les vallombrosains lors de l'ordalie qui avait opposé Pietro Mezzabarba et Pietro Igneo à Settimo, à l'entrée du Carême 1068 (le 13 février) ; sur cet épisode voir Miccoli 1960.

[22] D'Acunto 1993, 2010 ; Ronzani 2007 ; Golinelli 2008 ; les tensions étaient liées à l'opposition des vallombrosains à l'élection de l'évêque de Pise ; Mathilde de Canossa était présente en Italie à partir de 1072.

[23] Boesch Gajano 2012, p. 45-51.

cratie moyenne[24] ». Le monastère semble avoir vu le jour dans les années 1040, sur le patrimoine d'une famille d'aristocrates locaux sur l'un des sommets méridionaux du Chianti permettant un contrôle de la Val d'Ema, aux confins du diocèse de Fiesole avec celui de Florence. Par cette fondation, la famille connue sous le nom des *da Cintoia* affirmait ainsi le contrôle qu'elle entendait exercer sur cette zone et l'influence qui était la sienne dans le territoire des églises plébanes de Cintoia et Gaville. Sans qu'il s'agît d'un acte d'hostilité envers l'évêque de Florence, la famille continuant d'évoluer dans la clientèle épiscopale, cette fondation participait à l'implantation de la famille dans une aire précise du *contado* florentin. Dans ce contexte, il paraît très vraisemblable, comme la tradition hagiographique le laisse penser, que les religieux et les *da Cintoia* aient établi très tôt des rapports avec Jean Gualbert dont l'influence était alors à son apogée. On sait qu'en 1077, le monastère avait rejoint l'ordre des vallombrosains et connaissait d'ailleurs, si l'on en croit les actes conservés, sa première phase d'expansion patrimoniale : les donations dépassant le cadre de la famille des fondateurs[25]. À la différence de ce qui s'observe pour Vallombrosa ou pour l'abbaye de Coltibuono, il n'existe guère d'exemples attestant d'une reconnaissance ou d'un soutien de la fondation par une autorité supérieure. Inclus dans les privilèges destinés à Vallombrosa et aux autres monastères de l'ordre, l'abbaye n'a laissé aucun diplôme[26]. Le privilège d'immunité accordé par Henri VI en 1187 et conservé dans le fonds de l'abbaye de Ripoli peut être retenu comme un faux[27]. Né sous l'influence des *da Cintoia*, le monastère était en revanche destiné à devenir le pôle de référence de nombreuses autres familles de propriétaires locaux.

L'histoire de l'abbaye de Coltibuono diffère quelque peu dans la mesure où cette dernière paraît avoir été rattachée plus tardivement à l'ordre vallombrosain. Cette fondation nouvelle, qui s'appuyait probablement sur l'existence d'une église plus ancienne, répondait au désir de deux parentèles, les *nepotes Rainerii* et les Firidolfi d'enraciner leur pouvoir dans le Chianti[28]. Les deux groupes promurent ainsi l'élévation d'une église des environs au rang de communauté collégiale et acceptèrent par la suite la transformation de cette communauté en une communauté de moines vallombrosains. Oratoire appartenant

---

[24] Santos Salazar 2014, p. 408 : « Montescalari fu dunque una fondazione privata promossa da un gruppo parentale della media aristocrazia del contado fiorentino. »

[25] *Ibid.*, p. 406.

[26] *Ibid.*, p. 433, la première pièce à peu près fiable est un privilège d'Innocent III.

[27] Böhmer – Baaken 1972, p. 24-25.

[28] Pagliai 1911, p. 10-20.

vraisemblablement à l'ancêtre des *nepotes Rainerii*, Geremia, la petite église fut ainsi transformée en un monastère entre 1051 et 1053. Si la nouvelle fondation servait à sceller une alliance entre les *nepotes Rainerii* et la famille locale de *Filii Ridolfi*[29], plus connue sous le nom usuel des Firidolfi, elle obtint très rapidement la reconnaissance de hautes autorités de l'Église. Le cardinal de Silva Candida, Humbert de Moyenmoutiers, consacra en personne l'autel dédié à saint Laurent[30]. Si L. Pagliai datait des années 1051-1053 le rattachement de l'abbaye à la mouvance vallombrosaine, il faut en réalité attendre 1095 pour trouver une attestation plus évidente de l'appartenance de l'abbaye à la nouvelle congrégation[31]. L'hypothèse d'une identification du premier abbé Rustico (1061-1084), aussi dit Omizo, avec le premier abbé général de la congrégation vallombrosaine, en 1073, n'est pas invraisemblable[32]. Reste que l'abbaye de Coltibuono n'apparaît pas dans la Bulle émise par Urbain II en 1090 et qu'il faut attendre la date de 1095 pour dater plus certainement le rattachement officiel de l'abbaye à la congrégation.

La naissance de petits monastères comme Coltibuono ou Montescalari était fortement liée aux stratégies mises en œuvre par de puissantes parentèles, les abbayes conservant très longtemps un lien avec leurs patrons[33]. Le lien unissant les Guidi ou d'autres aristocrates à l'abbaye de Vallombrosa était, quant à lui, plus ténu. La réforme vallombrosaine, si elle avait su s'attirer le soutien de certains grands, n'était en rien un courant consensuel. La plus ancienne vie de Jean Gualbert a été rédigée dans la dernière décennie du XIe siècle par Andrea, abbé de Strumi[34]. Ce moine lombard avait activement participé à la *pataria* milanaise, un mouvement réformateur qui s'était opposé, jusqu'à l'émeute, à la simonie des prêtres[35]. Alors qu'il avait livré d'Ariald l'image d'un réformateur extrêmement turbulent, il peignit Jean Gualbert sous des aspects plus feutrés[36]. Les deux mouvements

---

[29] Cortese 2007, p. 39, 67.

[30] *Diplomatico, Strozziane Uguccioni (acquisto)*, 1037/03 (550, *RC* 27, en 1038); *Coltibuono*, 1051/02/27 (817, *RC* 42 et 43); l'évêque est connu pour avoir consacré l'autel de l'église de Santa Maria di Vallombrosa, Boesch Gajano 2012, p. 68.

[31] *Diplomatico, Strozziane Uguccioni (acquisto)*, 1095/09/29 (74071, *RC* 200), *Coltibuono*, 1095/09/30 (74072, *RC* 201), les fondateurs de l'abbaye reconnaissaient l'appartenance du monastère à l'ordre vallombrosain.

[32] Majnoni 1981, p. 15.

[33] *CRSGF*, 224.129, cahier de 5 feuillets numéroté 85, le 10 mars 1500 du calendrier florentin, une sentence confirmait le patronage de l'abbaye de Coltibuono aux Ricasoli et Firidolfi; une autre précisait que ce patronage n'avait d'autres conséquences qu'une prééminence en certaines occasions.

[34] Lamma 1961.

[35] Violante 1955, p. 182-184.

[36] Dans la patrologie latine Migne 1853, vol. 146, col. 765-812; Baethgen 1934; Boesch Gajano 2012.

ne sauraient être décrits comme les menées de velléitaires isolés, les patarins et les vallombrosains s'étaient montrés capables de mobiliser au-delà du milieu des clercs et avaient reçu le soutien de membres de l'aristocratie, de *milites* et de petites foules plus difficiles à caractériser. Faire de la réforme vallombrosaine l'expression religieuse d'un mécontentement de classe serait certainement une erreur. Une autre erreur consisterait à faire de la réforme un épiphénomène ne touchant que quelques disciples[37]. Il est difficile d'évaluer l'angoisse que pouvait susciter chez les fidèles l'idée d'un clergé indigne distribuant des sacrements dépourvus de validité. La Toscane était, au XIe siècle, un territoire déjà très peuplé et dans lequel la densité des églises témoigne d'une forte et déjà très ancienne acclimatation de la foi chrétienne. Le *contado* florentin était alors animé, entre autres, par une population nombreuse de clercs aux statuts indéterminés. Ces derniers et ceux qui les fréquentaient ne pouvaient manquer de se sentir concernés par les attaques lancées contre le clergé simoniaque ou nicolaïte. Dans la tradition hagiographique et la documentation du XIe siècle, les vallombrosains paraissent soucieux d'impliquer les laïcs dans leur lutte contre la simonie[38]. Dans cette même tradition hagiographique, Jean Gualbert comptait des nobles laïcs des environs de Figline parmi ses amis et soutiens[39]. Il avait été l'auteur de quelques coups d'éclat, l'exposant à la vindicte des puissants, dénonçant en place publique et à Florence, l'élection simoniaque de l'abbé de San Miniato[40]. Tout en soulignant la conformité des vallombrosains avec la règle de saint Benoît, les premiers hagiographes mirent moins en avant la rigueur de leur règle et de leur observance que les combats accomplis par ces moines réformés contre les maux de l'Église. Le processus de redéfinition des pouvoirs locaux que révélait la fondation de ces abbayes ne touchait pas la seule aristocratie comtale et les vallombrosains avaient pour eux une relative ouverture à la participation des laïcs à la sainteté de leur vie régulière[41].

3.1.2. *Les pôles d'une sociabilité aristocratique élargie*

Toutes les figures évoquées jusqu'ici appartenaient à une aristocratie bien insérée dans la hiérarchie politique. C'était sans conteste le cas des évêques, des grands abbés et des membres des familles de rang comtal qui, à l'image des comtes Guidi, possédaient un patri-

---

[37] Racine 1985, p. 40-42.
[38] Boesch Gajano 2012, p. 60, Pierre Damien reprochait notamment à Jean Gualbert et à ses disciples leur trop grande proximité avec les laïcs.
[39] Baethgen 1934, p. 1092.
[40] Boesch Gajano 2012, p. 62.
[41] Henriet 2000, p. 241-243.

moine dépassant les limites d'un diocèse[42]. Les *nepotes Rainerii*, les Firidolfi et les *da Cintoia* appartenaient, pour leur part, à une aristocratie intermédiaire, avec des patrimoines dispersés dans l'ensemble du *contado* ou dans les alentours immédiats d'un seul *castello*[43]. Au XIe siècle, les membres de ces familles assistaient toutefois aux plaids de la marquise Mathilde de Canossa et manifestaient leur capacité à commander par la possession de petites places fortifiées. Si les fondations des monastères et les donations solennelles aux églises pouvaient à terme affaiblir le patrimoine familial, elles permettaient d'assurer la cohésion interne de familles étendues dont la richesse était structurellement menacée par les pratiques successorales[44]. Au-delà de ces familles, et en continuité avec ces dernières, les fondations vallombrosaines paraissent avoir eu les mêmes fonctions pour des groupes familiaux moins influents ou moins connus. Que l'on regarde du côté de la Vallombreuse, de Montescalari ou de Coltibuono, les fonds révèlent la participation d'une classe étendue de propriétaires à la constitution des patrimoines monastiques. Parmi les donateurs on trouve des propriétaires aisés, capables d'offrir à l'abbaye un *castello* et l'ensemble d'une *curtis* mais aussi des artisans florentins[45]. Les donations de petites unités foncières, des *sortes* et, de plus en plus souvent de simples parcelles, paraissent toutefois trop nombreuses pour qu'on puisse rattacher l'ensemble des donateurs à l'aristocratie[46]. Sans emboîter le pas à l'enthousiasme de F. Majnoni pour le soutien « populaire » dont auraient bénéficié les premiers vallombrosains, on peut tout de même souligner la capacité des moines à attirer les donations de figures subalternes[47]. Le processus conduisant à la participation d'une population importante peut être mis en évidence dans les quelques localités où le processus d'acquisition est le mieux documenté.

On peut ainsi s'arrêter sur le cas de *Marciana*, aujourd'hui petit hameau de la commune de Rignano sull'Arno[48]. Sur place, les moines

---

[42] Pour une définition de l'aristocratie, voir Wickham 2005b, p. 154-155.

[43] Boglione 1997 ; Cortese 2007, p. 36-43, 45, et 294-305.

[44] Cortese 2007, p. 94.

[45] Salvestrini 1998, p. 49: «Durante il secolo XI tali donatori eran principalmente allodieri e coloni residenti sul Pratomagno o nei centri del Valdarno. Talora si configuravano come agiati proprietari, in grado di cedere al monastero, al contrario dei Guidi, interi nuclei curtensi ed anche alcuni castelli.»

[46] Salvestrini 1998, p. 50-51.

[47] Majnoni 1981, p. 18.

[48] Repetti 1965, vol. 3, p. 58: «Marciano o Marciana nel Val d'Arno sopra Firenze » ; Francovich 1973, p. 151-152, *Marciana*, Marciano sur les cartes de l'*Istituto Geografico Militare*, est actuellement une *frazione*, de la commune de Rignano sull'Arno (à ne pas confondre avec la localité de Marciano, dans le Casentino). Appelée systématiquement *Marciana* dans les sources médiévales, la localité était organisée autour d'un *castrum* mentionné dans les sources du XIe siècle qu'on

de Coltibuono avaient acquis un patrimoine qu'ils organisèrent en une *curtis* gérée par des frères convers au cours du XIIᵉ siècle[49]. Dans la seconde moitié du XIᵉ siècle, le *castello* de Marciano, rapidement privé de ses attributs militaires, dépendait encore des *nepotes Rainerii* et passa à l'abbaye de Coltibuono par le jeu des donations[50]. Les parchemins de Coltibuono permettent de suivre, sur près d'un siècle, les étapes de l'acquisition de ce patrimoine très périphérique dans la géographie foncière de l'abbaye. On sait, grâce à un échange interne à la parentèle, que ce groupe d'aristocrates contrôlait le *castello* de Marciano en 1035. Conservé parmi les *munimina* de l'abbaye de Coltibuono, l'acte est aujourd'hui un indice du transfert progressif des droits des *nepotes Rainerii* sur ce patrimoine. En 1066, une première donation émanant de trois frères et descendants de *Rainerius* mentionnait une première fois Marciano dont les terres commençaient à grossir le patrimoine monastique. Dès la fin du XIᵉ siècle, les donations s'élargissaient au-delà de la parentèle. En 1075, Bonizo di Stefano surnommé *Ghizo*, agissant avec Alberto di Andrea, offrait à l'abbaye trois setiers d'une terre située à Marciano. Si le surnom *Ghizo* appartenait au stock onomastique des *nepotes Rainerii*, rien ne permet de rattacher à ce groupe de consanguins Alberto di Andrea et ses frères qu'on retrouvait l'année suivante dans une autre donation. Les donations de ces aristocrates ne concernaient pas la seule abbaye de Coltibuono. En 1086, Serafino *da Barbischio*, faisait le choix de la Badia Fiorentina pour céder sa part du *castello* de Marciano. La dernière attestation des *nepotes Rainerii* est cependant assez tardive. En 1150, contre un prêt de 50 sous, Baglione, petit-fils de Serafino engageait ce qui représentait vraisemblablement son patrimoine autour de Marciano, quelques terres et, surtout, un ensemble de droits sur les hommes et les chapelles des environs[51]. Aux donations des *nepotes Rainerii* font suite celles d'un groupe plus étendu de *milites* sans le titre ou de clercs qui paraissaient agir de leur propre initiative[52]. La volonté ou l'obligation d'inscrire leur action dans la fidélité des *nepotes Rainerii* pourrait, bien entendu, expliquer l'orientation que ce groupe plus étendu donnait à ses offrandes. L'un des moments les plus révélateurs des

---

désigne rapidement, dès la fin du siècle, comme un *castellare*, c'est-à-dire un *castrum* ayant perdu sa vocation défensive.

[49] Delumeau 1996, vol. 1, p. 146, vol. 2, p. 936, 945 et 1381.

[50] Cortese 2007, p. 341-355.

[51] *Diplomatico, Coltibuono*, 1035/11 (524, *RC* 25), 1065/12 (1124, *RC* 60), 1066/05 (1145, *RC* 63), 1075/10/26 (1511, *RC* 99), 1076/04 (1553, *RC* 102), 1085/02/02 (2029, *RC* 71, en 1086), 1096/03/21 (2626, *RC* 203, l'un des auteurs, Albizo di Corbizo était lié par mariage aux *nepotes Rainerii*), 1144/01 (4661, *RC* 389, en 1145), 1150/112/18 (4979, *RC* 412).

[52] *Ibid.*, 1075/05 (1502, *RC* 97), 1075/10/26 (1511, *RC* 99), 1076/04 (1553, *RC* 102), 107. (1758, *RC* 131).

logiques de ce petit groupe de propriétaires fut, en juin 1100, la renonciation collective à un ensemble de dîmes au profit d'une église dédiée
à saint Nicolas et dont l'abbaye de Coltibuono recevait le patronage.
Cette récupération des dîmes, pour n'être point conforme à l'esprit de
la réforme gualbertienne, n'en fut pas moins une chose courante dans
la vie des abbayes vallombrosaines. L'acte émanait d'un petit groupe
que dominaient huit figures, ceux dont les noms apparaissaient dans
l'acte comme témoins ou comme auteurs. On relevait, dans ce groupe,
deux fils de clercs – Giorgio fils du prêtre Petro; Martino fils du clerc
Erminaldo –, représentatifs de ces groupes de clercs que visaient particulièrement les moines réformateurs et plusieurs laïcs mal connus[53].
Les parentèles qui participaient à cette donation avaient des horizons
locaux; le souci qu'avait Guido di Guido *Imize* – cité en premier – de
ne pas renoncer à la dîme qui pesait sur les oliviers renvoyait peut-être
à la volonté qu'avait ce dernier de se réserver une partie de la rente
foncière. Les *filii Guidi Imize* figuraient parmi les possesseurs des environs[54]. Ils étaient considérés par le notaire comme une petite collectivité d'*homines* agissant de concert et se plaçant par cette renonciation dans une position déférente vis-à-vis de l'abbaye de Coltibuono.
Ce n'est point nier les motivations pieuses que de s'interroger sur la
raison qui ont pu pousser ce petit groupe à préférer une abbaye relativement lointaine aux églises voisines et il est légitime d'étudier les
donations pieuses sous l'angle des reconfigurations d'alliances qu'elles
permettent d'opérer[55]. Des indices existent pour situer cette petite
communauté dans une sociabilité de *milites* ruraux. Un peu plus de dix
ans après la renonciation de 1100[56], un habitant des environs, Atizo di
Giovanni, surnommé *Spatiavillanus* (littéralement tranche-villain), et
son épouse Sterminza, fille du notaire Corbaccione, engageaient une
terre contre un prêt de vingt sous de Lucques et promettaient de verser
six setiers de blé par an à l'abbaye de Coltibuono. Atizo obtenait en
retour deux privilèges: il serait accueilli par les moines pour servir
Dieu de son vivant s'il le souhaitait et serait, dans tous les cas, ense-
veli à Coltibuono. En 1127, un certain Ugo, dit *Malatesta*, désireux de

---

[53] *Ibid.*, 1100/06 (2851, *RC* 220), l'un des protagonistes, Martino di Erminaldo,
descendait probablement d'un Erminaldo, cité comme clerc en 1063 et acquéreur
de biens situés non loin du *castellare* d'Olmeto près de Rignano sull'Arno, le long
d'un cours d'eau désigné comme le Truoghi, l'endroit même où devaient par la
suite se concentrer les biens dépendant de la *curtis* de Marciano, *ibid.*, 1063/12
(1057, *RC* 56).
[54] *Ibid.*, 1102/04 (2999, *RC* 237).
[55] Wickham 1988, p. 180-190.
[56] *Diplomatico, Coltibuono*, 1113/04/17 (3423, *RC* 278); à rapprocher de
1113/06 (3433, *RC* 280), les notaires évoluent aux côtés d'individus que leur
onomastique permet d'associer au monde des *milites*, deux des proches parents
interrogeant Sterminza étaient ainsi des notaires.

se rendre en Terre Sainte, avait obtenu en ce même lieu, de l'abbé de Coltibuono, le prêt de vingt sous de Lucques gagés sur une parcelle de terre[57]. Le surnom d'un des témoins de cette *cartula pignoris*, Azzo di Guinizolo, dit communément *Cavalero*, renvoyait lui aussi aux représentations des *milites*[58].

En considérant l'ensemble de la documentation tournant autour du *castellare* de Marciano, on est frappé par le nombre de propriétaires ou *possessores* que les sources font connaître. Les actes informant sur le transfert de biens situés dans le territoire relevant du *castellare* de Marciano dans les années 1035-1150 font ainsi ressortir les noms de soixante-sept individus qui, à des titres divers, exerçaient un contrôle sur le sol de ce territoire[59]. Certains, moins d'un tiers, appartenaient à des parentèles clairement identifiables, les *nepotes Raineri*, les fils d'un certain *Morando*, les descendants d'un certain *Rosso*. Malgré les importantes donations faites à l'abbaye, on observe, au XIIᵉ siècle, une certaine conservation de ce paysage et les confronts font ressortir le nom des mêmes groupes qui continuent, comme propriétaires ou comme bénéficiaires de baux emphytéotiques, à fréquenter cette localité et à associer leur nom au maillage du parcellaire[60]. Il faut avoir en tête, lorsqu'on veut qualifier socialement les multiples *possessores* de Marciano, que ceux-ci se répartissaient des droits sur un finage relativement exigu : les actes de la période successive évoquant un terroir réparti entre la vallée de Marciano et le sommet où se situait le *castellare*[61]. Les données sur ce petit village confirment ce qui s'observe en d'autres lieux et renvoient la même image d'une propriété foncière morcelée, très progressivement récupérée par l'abbaye[62]. Loin de subir passivement les initiatives de quelques grands et des institutions ecclésiastiques, les communautés locales étaient un élément essentiel et actif de la constitution du patrimoine monastique.

---

[57] *Ibid.*, 1127/04 (3962, *RC* 329).

[58] Collavini 2008.

[59] Les 43 actes conservés pour la période 1035-1150 sont en majorité des donations (16 actes), des prêts sur gage (10 actes), des ventes (6 actes), des investitures et des renonciations (4 actes) ou des baux livellaires (4 actes), tandis qu'on ne conserve qu'un exemple d'autres typologies (promesse, échange, prêts sur gage). Dans ce *corpus*, agir en tant qu'auteur suppose toujours un contrôle exercé sur la terre à des titres divers. Les 67 auteurs qu'on retrouve dans ces documents peuvent être qualifiés de *possessores*.

[60] On retrouve les mêmes familles, les Rossi ou Pazzi, ancêtres possibles de l'importante famille du *Trecento*, les fils de Morando, bientôt associés au nom de Gottolo, les fils de Brunetto Malcorio.

[61] Depuis 1127, au moins, le *castello* de Marciano était décrit comme un *castellare*, voir *Diplomatico, Coltibuono*, 1127/04 (3962, *RC* 329).

[62] Conti 1965a, p. 152.

Que récupéraient les abbayes lorsqu'elles acquéraient une terre ? Les
références explicites aux pouvoirs de commandement sur les hommes
sont relativement rares dans une documentation par ailleurs importante ; celles à la dîme ne sont guère plus nombreuses. Ces revenus,
que l'on aurait aussi pu considérer comme relevant de domaines différents, contribuaient tous ensemble à définir les hiérarchies locales et
faisaient des moines vallombrosains des figures incontournables de la
hiérarchie politique et économique. Dans les territoires considérés, à
l'instar de ce qui s'observait à la même époque dans le Casentino, les
droits seigneuriaux circulaient avec les terres et étaient aussi dispersés
que les patrimoines fonciers[63].

3.2.1. *La participation des moines au pouvoir seigneurial*

Les moines étaient, rappelons-le, issus des familles de l'aristocratie
laïque[64] et ne renonçaient pas, en quittant le siècle, à la prétention de
ces grands à exercer le pouvoir[65]. La tradition fait du bienheureux
Benedetto Ricasoli, moine et ermite de Coltibuono entre 1100 et 1120,
un membre des Firidolfi. Les érudits modernes ont pu faire des erreurs
d'identification en rattachant tel ou tel abbé à une grande famille de
l'aristocratie ; ils ne se sont sans doute pas trompés en les associant à la
meilleure aristocratie. La figure de Ghisla di Rodolfo, une laïque ayant
œuvré à l'accroissement patrimonial du monastère urbain de San Pier
Maggiore est caractéristique de ces rapprochements nombreux entre
laïcs et ecclésiastiques et des confusions historiques. Longtemps identifiée comme appartenant à la parentèle des Firidolfi, elle doit, selon
M. E. Cortese, être considérée comme appartenant aux Suavizi. Cette
même Ghisla plaça sa fille homonyme à la tête de l'abbaye de San Pier
Maggiore. Loin de freiner les moines dans cette voie, la réforme du
XIᵉ siècle avait encore accentué la prétention de ces derniers à l'autonomie[66]. Il est toutefois difficile de se faire une idée précise des
prérogatives exercées par les abbés sur les communautés d'habitants
du voisinage et de leur capacité à commander. Les conflits de juridiction et leurs règlements, lorsqu'ils existent, éclairent l'imbrication
des droits seigneuriaux. Les donations ou les ventes portant sur l'en-

---

[63] Wickham 1988, p. 315-317.
[64] Soldani 1731, p. 176 ; Davidsohn 1956, p. 428-430 (à propos de Bernardo
degli Uberti) ; Majnoni 1981, p. 19 ; Cortese 2007, p. 356-365.
[65] Sansterre 1999.
[66] Mazel 2013.

semble d'une terre, d'un foncier ou même d'une parcelle sont en réalité assez rares[67]. Avant même d'évoluer en une abbaye, l'église de Coltibuono avait reçu une part des droits détenus par un laïc sur les murs et la tour des *castelli* voisins de Campi et de Vertine avec sa part de douze manses dépendants du *castello* de Vertine[68]. Dire ce que représentait cette part, en dehors de toute autre précision, est une entreprise hasardeuse. D'autres donations se révèlent fort heureusement plus explicites, exprimant par une fraction l'étendue de propriété que les moines devaient récupérer. En 1084, les *filii Tebaldi* avaient offert à la même abbaye une maison située près de leur tour, dans le *castello* de Lucignano[69], en y associant plus précisément le quart de la *curtis* de Monterotondo, à quelques encablures de l'abbaye, et le quart ou la moitié, c'était à chaque fois précisé, d'un grand nombre d'exploitations situées dans les plébats de Cavriglia, San Pietro et San Marcellino in Avane[70]. Si ce document retient l'attention au milieu de tant d'autres évoquant une propriété morcelée et témoignant de la dispersion des patrimoines aristocratiques, c'est parce qu'il invite à s'interroger sur la part de domination seigneuriale qu'incluait la possession pour les moines de certains biens stratégiques : maisons dans les *castelli*, tours, droits sur les murs, parts des *curtes* ou des terres *indomnicati*. Les actes mentionnent si peu ces droits qu'on pourrait être tenté de faire des abbayes les simples bénéficiaires de la propriété foncière. Si l'abbaye de Coltibuono semble avoir hérité très tôt d'importantes portions du patrimoine seigneurial détenu par les *nepotes Rainerii* et, dans une moindre mesure, de portions détenues par les Firidolfi, on conserve beaucoup moins de traces de tels transferts dans le cas de l'abbaye de Montescalari dont les actes sont dans ce domaine moins explicites[71]. Certains droits, comme les *commendationes*, sont fréquemment évoqués sans que leur contenu soit aisé à déterminer[72]. Dans le cas des archives de Vallombrosa, la fréquence de ce terme peut ainsi s'expliquer par le formulaire employé par un seul notaire[73].

[67] Si les donateurs étaient parfois très précis sur l'étendue des droits concédés, exprimés en fractions d'une *terra et res*, le notaire se contentait le plus souvent d'évoquer le transfert d'une *pars* dont le contenu précis n'était pas spécifié.
[68] *Diplomatico, Coltibuono*, 1149/09/04 (795, *RC* 40), le document émanait de deux représentants des *nepotes Rainerii*, voir Cortese 2007, p. 109, 351.
[69] Lucignano (commune de Gaiole in Chianti), *castello* situé au contact du Chianti avec les basses collines siennoises, dans la Val d'Arbia.
[70] *Diplomatico, Coltibuono*, 1084/03/20 (1956, *RC* 155, en 1085).
[71] *Ibid., S. Vigilio di Siena*, 1105/04/29 (3120), 1109/06/16 (3260), 1117/02/05 (3571, en 1118), 1118/03/04 (3654, en 1119), 1150/06/04 (4962), 1185/01/28 (6445, en 1186), 1223/03/07 (9890, en 1224).
[72] Cortese 2007, p. 198-199.
[73] *Diplomatico, Vallombrosa*, 1128/05 (3996), 1138/06 (4439), 1139/08 (4481), 1140/01 (4503), 1140/03 (4508), 1141/05 (4562), 1144/05 (4672), 1145/08 (4736),

Il est toutefois probable que les moines aient souvent reçu, en même temps qu'une terre, un ensemble de droits : droits de prélèvements, droits seigneuriaux dépassant certainement la matérialité de l'écrit pour s'imposer sur le champ des exploitants. La crainte qu'avaient certains laïcs de perdre avec un patrimoine foncier les fidélités personnelles qui y étaient attachées fournit ici de précieux indices. À l'issue d'un prêt non honoré, Ranieri di Guido des Firidolfi avait dû céder à l'abbaye de Coltibuono sa part de la cour et du *castello* de Stielle[74]. Soucieux de ne pas tout perdre, il demandait une exception pour ce qu'il associait le plus directement à sa domination personnelle, à savoir le *castello* lui-même, le bourg, les *feora de li boni ohmi et illo de le masnade*[75]. Sans doute entendait-il concéder, à titre provisoire, les revenus qu'il tirait de ce *castello*, sans perdre pour autant la fidélité des populations dominées. Quelques années plus tard, à Vallombrosa, Ildibrando di Ugo, membre d'une parentèle du Valdarno, avait offert à l'abbé Bernardo ses possessions dans les *castelli* ou les cours de Ristonchi, Altomena, *Vertille*, Montelungo et Valvigne[76]. Ici encore une exception venait préciser le sens de cette donation. Si Ildibrando cédait tout ce qu'il avait et tenait *vel a ligio omines per me proprietario nomine* il conservait pour lui le *castello de Monte Logo sicut est circundato a fossa omnibus*. Dans les deux cas, les notaires avaient dû sortir de leurs formules habituelles, voire de leur latin, pour s'efforcer de saisir ce qui faisait pour ces hommes la réalité de leur pouvoir seigneurial : la détention symbolique des murs ; l'ascendant sur une petite société d'hommes liges, de bons hommes ou d'hommes de *masnada*[77]. La précision n'aurait aucun sens si l'on avait jugé les moines incapables de s'emparer des symboles du pouvoir ; issus du même milieu que les donateurs, les moines participaient à toutes les formes de la domination personnelle. C'est ainsi qu'on vit l'abbaye de Santa Maria di Vallombrosa s'affirmer tranquillement comme une seigneurie, en s'in-

---

1146/03 (4770), 1147/04 (4833), les actes émanent tous du notaire Pietro, actif de 1127 à 1147 dans le Valdarno et sur le Pratomagno, qui recourt automatiquement à une même formule dans la rédaction des brefs de renonciation, formule qui n'est pas propre à l'environnement social du Pratomagno ; du même notaire, on trouve ainsi, dans un acte relatif aux environs de Marciano, sur l'autre rive de l'Arno, une formule similaire, *Coltibuono*, 1146/04 (4775, *RC* 398), *omne jure et actione et requisitione| et omnes precarias et commendationes et| omne usu.*

[74] Commune de Gaiole in Chianti.

[75] *Ibid.*, 1124/11 (3876, *RC* 320).

[76] *Ibid.*, Vallombrosa, 1102/11 (3019), *integris casis, cascinis terris et vineis| et eclesiis, sortis et donicatis et castella| de Restuncli cun curte et pertenentia sua et| curte d<'>Altomina et curte da Vertille et cur|te da Monte Longo et curte da Val Vigne* ; sur cette parentèle voir Cortese 2007, p. 51, n. 201. On ne sait à quelle localité correspond exactement *Vertille*, il pourrait s'agir de Vertelli dans le Casentino.

[77] Brancoli Busdraghi 1996.

sérant progressivement dans le *condominium* des Guidi, des *da Quona* et des seigneurs de Ristonchi et Altomena[78].

Il est certes moins surprenant de voir les vallombrosains récupérer les dîmes, un prélèvement qu'une longue tradition historiographique conduit à envisager hors du champ de la seigneurie. S. Collavini, dans l'article qu'il consacre aux dîmes dans la Toscane septentrionale des XIe et XIIe siècle, souligne la faible participation des *decimae* à la construction des grandes puissances seigneuriales[79]. La question se pose toutefois en des termes différents lorsqu'on s'intéresse aux puissances ecclésiastiques. Si les attestations concernant les églises et les dîmes sont fréquentes, elles restent toutefois peu nombreuses jusqu'au XIIe siècle, suscitant un contraste saisissant avec une situation plus tardive. Que la dîme relevât ou non de leur puissance seigneuriale, la détention d'un tel impôt ne pouvait que contribuer à faire des monastères les lieux d'un pouvoir sur les hommes et sur leur production. Au XVIe siècle, on sait que l'abbaye de Vallombrosa exerçait un droit de patronage sur de nombreuses églises du Pratomagno, dans le diocèse de Fiesole. Quant à l'abbaye de Montescalari, on la voit, au milieu du XIIIe siècle, s'opposer aux hommes de la paroisse citadine de Florence – San Firenze – à propos de la nomination du desservant[80]. Pour l'abbaye de Coltibuono, les mentions d'églises les plus nombreuses relèvent de *munimina* conservés par l'abbaye, sans qu'on connaisse la part échue aux moines[81]. Par la suite, l'abbaye acquit une

---

[78] Salvestrini 1998, p. 171-191.

[79] Collavini 2012a.

[80] *Diplomatico, S. Vigilio di Siena*, 12. (26640, vers 1248 ?), 12. (27440, vers 1248 ?), 12. (27441), 12. (27443), 1220/11/06 (9598), 1225/10/11 (10253), 1228/12/11 (10732), 1230/03/13 (10917), 1241/09/07 (12774), 1241/09/07 (12776), 1241/10/09 (12783), 1242/04 (12868), 1242/07/10 (12901), 1242/10/10 (12943), 1242/10/20 (12947), 1243/03/11 (13008), 1244/01/12 (13165), 1244/01/13 (13166), 1244/03/08 (13202), 1244/03/11 (13204), 1244/09/07 (13306), 1244/10/09 (13309), 1246/04/10 (13641), 1248/01/21 (13942), 1248/04/09 (13987), 1248/11/07 (14053), 1271/11/20 (18375), XIIIe siècle (27442, vers 1248 ?), *CRSGF*, 224.233, p. 13-14, 1248/01/21 (13942).

[81] Le tiers de l'église de San Martino de Stielle (Gaiole in Chianti) aurait pu revenir à l'abbaye plus d'un siècle après son acquisition par le prêtre Petro, fils de Rottrada, *Diplomatico, Coltibuono*, 963/05/25 (42, *RC* 3) et 1136/08 (4341, *RC* 366). On ne sait rien de l'église de San Giorgio dans le plébat de Santa Maria Novella in Chianti, peut-être l'église de San Giorgio in Piazza (Castellina in Chianti) ou San Giorgio a Grignano que mentionnent des actes plus tardifs; *ibid.*, 1090 (2398, novembre 1011, *RC* 12). Plus mystérieuse est l'église de San Martino à Tulino, dans le plébat de San Giusto in Salcio (Gaiole in Chianti) qu'un prêtre avait acquis en partie avec la « dîme des morts », *ibid.*, 1059/10 (970, *RC* 10). Les églises de Sant'Andrea dans le *castello* de « Siano » et de San Margherita à « Campi Fichi » ne sont pas beaucoup plus faciles à localiser et sont toutes deux mentionnées dans un acte émanant de la *Badia fiorentina*; *ibid.*, 1076/01 (1536, *RC* 105, en 1077), édité dans Schiaparelli 1990, n° 113. Il n'a pas été possible de rattacher les destinataires à l'une des familles identifiées par M. E. Cortese (les Suavizi ou les Montebuoni).

église située à Marciano, près de Rignano sull'Arno, le quart de l'église de San Martino dans le *castello* de Monterotondo, l'église de Vigna-vecchia et celle de Santa Maria *a Mandriale*. L'existence d'une impor-tante documentation relative à la localité de Marciano permet de suivre – ce qui est rare – la façon dont s'est organisé le prélèvement local des dîmes au profit de l'abbaye de l'église contrôlée par l'abbaye. On peut suivre ce même processus autour de Montescalari, pour les localités les plus proches – la *villa* de Mezzano ou le bois de Capeme – dont les dîmes passèrent progressivement des fondateurs à l'abbaye au cours du XIIᵉ siècle. Mais c'est en somme dans le dernier tiers du XIIᵉ siècle, une période assez conflictuelle, que les dîmes semblent avoir été le plus disputées. Avant cette période, les dîmes ne semblent pas être une grande préoccupation des moines, pas plus qu'on ne devine une préoc-cupation particulière de ces derniers sur la question du ressort territo-rial de leur pouvoir. On les trouve avant tout soucieux d'augmenter un patrimoine conséquent fait de droits sur les *castelli*, de la possession d'églises, de la possession d'importantes propriétés agricoles, on les voit s'affairer pour organiser leurs plus grandes propriétés autour de centres de prélèvements et les faire fructifier par la construction de moulins ou la fondation de petits hospices ruraux. Dans tous les cas, le pouvoir de ces abbayes ne se configurait pas, au XIIᵉ siècle, comme une domination exclusive sur un territoire délimité. Dans certaines localités toutefois, ces institutions ecclésiastiques s'imposaient comme le pôle de référence de la vie politique, sociale et économique. À l'oc-casion des règlements internes aux grandes familles ou d'un accord avec des couches plus larges de la population, une abbaye pouvait ainsi devenir localement une véritable petite puissance. En 1121, deux membres des *da Cintoia*, Feralmo et Ugo di Giovanni, cédaient ainsi à Azzo et ses fils la moitié d'un ensemble de terres disséminées dans le Chianti[82]. La transaction intéressait particulièrement les moines de Coltibuono qui avaient sans doute intercédé auprès des deux familles pour le règlement d'un conflit. Il était prévu que les bénéficiaires parta-geraient cette moitié avec l'abbaye qui y gagnait au passage le droit de prélever, comme *datium*, la dîme de toutes ces terres. Le rapproche-ment fait ici entre le *datium* et la dîme, deux prélèvements indirects et pesant directement sur la production, est révélateur de la façon dont

---

On n'a pas davantage d'indice que l'abbaye de Coltibuono ait possédé quelque part du *castello* et de l'église de Riofino, site disparu situé dans le plébat de San Giovanni di Cavriglia ; *ibid.*, 1092/08 (2461, *RC* 193), voir Cortese 2007, p. 352. Il en va de même d'un acte de la fin du XIᵉ siècle, très fragmentaire, et mentionnant des biens dispersés dans les comtés d'Arezzo, Fiesole et Florence, avec les églises de « La Licia » et « Montegua [...] » qu'on pourrait éventuellement identifier avec Montevarchi, le long de l'Arno ; *ibid.*, 1095/10 (2608, *RC* 202).

[82] *Ibid.*, 1121/02 (3731, *RC* 309) ; 1124/06/01 (3858 ; *RC* 319).

la dîme pouvait apparaître comme le signe manifeste d'une prééminence politique. Dans des seigneuries plus importantes comme l'était celle des comtes Guidi, c'était le *datium* qui devait, quelques années plus tard, servir de critère essentiel à la définition de la domination exercée par les comtes[83] et quoique la domination exercée par l'abbaye de Coltibuono n'ait jamais atteint les proportions de celle exercée à la fin du XIIe siècle par les comtes Guidi, il faut bien considérer que cette abbaye était au même siècle le siège d'une importante seigneurie.

Dans cette partie de la Toscane, la seigneurie se présentait toutefois comme une réalité plurielle et construite sur l'entrecroisement de liens entre seigneurs et fidèles[84]. On serait tenté de définir les abbayes de Vallombrosa, Montescalari et Coltibuono comme les participantes à une seigneurie qu'il faut concevoir ici comme un fait collectif, fonctionnant avec l'accord et parfois au prix de désaccords avec d'autres coseigneurs. S. Collavini relève du reste la fréquence de la coseigneurie dans la Toscane des XIIe et XIIIe siècles : une coseigneurie horizontale, organisant le partage à parts égales des droits seigneuriaux cohabitant avec une hiérarchie verticale[85]. Le niveau des pouvoirs que l'on envisage ici, à l'exception notable de la seigneurie de Vallombrosa, est bien inférieur à celui des grandes constructions politiques de l'époque. Jusqu'aux premières années du XIIIe siècle, il fallait aux moines l'accord d'une part importante des populations voisines pour prendre des décisions majeures. S'il est vrai qu'on ne trouve aucune indication renvoyant explicitement à l'existence d'une coseigneurie nettement institutionnalisée et reposant sur la conservation de biens tenus en commun avec d'autres seigneurs[86], les conflits de la fin du XIIe siècle, les partages effectués avec les familles de l'aristocratie et la façon dont on voit les abbayes s'emparer progressivement de terres marquées par des usages communautaires renvoient pourtant bien l'image de moines participant à l'exercice collectif du pouvoir sur les hommes. Difficile toutefois de savoir ce que représentait, du point de vue des moines, cette forme d'autorité sur les communautés environnantes. Sans doute mettaient-ils à plus haut prix l'autorité qui s'exerçait sur leurs pairs ou sur les églises. En dépit des recommandations visant à assurer, depuis le début du XIIe siècle, une certaine centralité de l'abbaye de Vallombrosa à l'intérieur de la congrégation, en dépit du refus initial de Jean Gualbert de voir ses disciples s'occuper de la gestion de chapelles et d'églises, ces formes de contrôle constituaient, aux XIIe et XIIIe siècles, un pan important de la vie monastique vallombrosaine[87]. L'abbaye de

---

[83] Collavini 2007.
[84] Débax 2012, p. 13.
[85] Collavini 2010, p. 38.
[86] Débax 2012, p. 241.
[87] Boesch Gajano 2012, p. 47-50.

Coltibuono renvoie à première vue l'image d'une petite institution. Dans les années 1230, ses abbés jouissaient pourtant d'une grande autorité dans le diocèse de Fiesole et au sein même de la congrégation. Ils étaient en droit d'effectuer des visites sur un certain nombre d'abbayes qu'il faudrait idéalement prendre en compte pour envisager, dans sa totalité, les formes de l'influence monastique. Depuis le XIIe siècle, les abbés de Coltibuono contrôlaient ainsi la communauté des moines de la Santissima Trinità de Spineto, dans le diocèse de Chiusi[88]. Dans le diocèse de Sienne[89], l'abbaye disposait, ou avait temporairement disposé, d'une forme d'autorité sur le monastère de Sant'Andrea di Ardenga, à Montalcino[90]. Sans doute en allait-il de même vis-à-vis de la *Badia Nuova* de Sienne[91]. À partir des années 1240, et jusqu'à la fin du XIIIe siècle, les prétentions des abbés de Coltibuono furent d'ailleurs régulièrement contestées par les recteurs de plusieurs paroisses des diocèses de Fiesole, Florence et de Sienne sur la question des dîmes[92]. On sait que l'abbaye de Montescalari prit aussi le contrôle de la petite église canoniale de San Miniato a Celle. Alors même qu'une importante documentation a été conservée autour de la localité de Varlungo ou Bassirica, aux portes de Florence, les informations concernant l'église de San Pietro in Varlungo dont l'abbaye exerçait encore le patronage à l'Époque Moderne restent assez maigres. Pour Vallombrosa, enfin, une abbaye qui contrôlait plusieurs églises des environs, il est tout aussi difficile de suivre le détail des acquisitions.

---

[88] *Ibid.*, p. 49, n. 103, voir aussi *Diplomatico, Ripoli*, 1112/05/17 (3387).

[89] *Ibid.*, *Coltibuono*, 1230/08/03 (10954), l'abbaye de Coltibuono envoyait un procurateur pour régler une affaire de *soccida* (mise en commun d'un troupeau), 1238/04/19 (12286), l'abbé de Coltibuono visitait l'abbaye de Spineto et rappelait les moines à leur règle de vie ; sur cette visite monastique, voir Marrocchi 2018.

[90] *Diplomatico, Coltibuono*, 1258/06/10 (15967), 1275/09/27 (19216).

[91] On trouve dans le fonds de Coltibuono des documents relatifs à la vie de cette abbaye, *CRSGF*, 224.237, n° 545, p. 112-113 ; n° 594, p. 201-202 ; n° 599, p. 214 ; *Diplomatico, Coltibuono*, 1240/01/26 (12583) ; 1243/01/29 (12983) ; 1253/01/18 (14656).

[92] *Ibid.*, 1267/06/22 l'acte apprend que le conflit portait sur plusieurs églises du Chianti, la *plebs* de San Marcellino in Avane, l'église de San Pietro a Argenina, l'église de Santa Cristina de Lucignano, celle de San Tommaso (non identifiée), l'église San Giacomo de Montegrossi et de Santa Margherita de Castelvecchio, toutes situées dans l'actuelle commune de Gaiole in Chianti, à l'exception de l'église de Castelvecchio située dans la commune de Radda in Chianti. Sur cette question des dîmes, d'autres conflits généralement réglés par des envoyés du Saint-Siège voir *ibid.*, *S. Trinita*, 1221/11/26 (9741) ; *CRSGF*, 224.237, n° 660, p. 352-353 ; 1256/06/18 (15439) ; 1256/10/11 (15516). Un seul acte donne plus de détails : en 1284, plusieurs hommes travaillant les terres de l'abbaye refusaient de verser la dîme au recteur de l'église de San Silvestro de Marciano, autrefois aux mains de l'abbaye, en arguant des privilèges dont bénéficiait la congrégation vallombrosaine, *Diplomatico, Coltibuono*, 1284/04/26 (21722).

3.2.2. *Les vallombrosains et la gestion des conflits*

Dans le Valdarno Supérieur et le Chianti, se reconnaissent, à quelques nuances près, les phases mises en évidence dans l'Arétin par J.-P. Delumeau dans le processus qui conduit les institutions monastiques à s'imposer comme d'incontournables institutions seigneuriales[93]. Dans ce pays marqué dès la fin du XIe siècle par une disparition des grands plaids de justice comtaux et par le recours de plus en plus fréquent à des arbitrages pour régler les conflits, rien de très surprenant à ce que le pouvoir exercé par ces moines ne se soit pas davantage traduit par l'exercice de la justice[94]. Les abbayes de Coltibuono et Montescalari participaient au règlement des conflits dans le cadre d'une justice de compromis qu'elles étaient loin de maîtriser. Dans le cas de l'abbaye de Vallombrosa, on conserve en revanche les traces d'une basse justice essentiellement destinée à régler les litiges fonciers. Il ne faudrait pas réduire à une vision étroite la façon d'envisager la participation de ces abbayes au processus de déclenchement et de règlement des conflits. Les abbayes vallombrosaines, à l'instar d'autres institutions, participaient aux alliances qui organisaient la vie politique de leur territoire[95]. Il est probable qu'une partie des biens récupérés par ces abbayes, notamment lorsqu'ils étaient chargés d'une forte valeur symbolique, aient été donnés aux moines à l'occasion de litiges opposant des familles de propriétaires. L'abbaye de Coltibuono avait d'importantes propriétés dans et autour du *castello* de Lucignano dans le Chianti. Parmi les documents informant sur ce patrimoine, il s'en trouvait un qui n'intéressait pas directement l'abbaye et que les archivistes modernes avaient d'ailleurs jugé sans valeur : une *nota bonorum* non datée qui donnait le nom des tenanciers, *per feudum*, d'un laïc, Bernardo di Benno[96]. Attesté au début du XIIe siècle, ce personnage appartenait à la famille des *nepotes Rainerii* et possédait de nombreux biens à l'intérieur du *castello* de Lucignano[97]. Il est probable que le

---

[93] Delumeau 1996, vol. 1, p. 694-735.

[94] Wickham 2000, p. 279-364.

[95] Delumeau 1996, vol. 2, p. 1004.

[96] *Diplomatico, Coltibuono*, 114(*) (4945, *RC* 409), au verso *Nota bonorum| Nil valet*.

[97] Cortese 2007, p. 352-353, l'identification de ce Benno et de ses parents n'est pas des plus simples. Bernardo di Benno est cité à plusieurs reprises dans les actes de Coltibuono, voir *Diplomatico, Coltibuono*, 1103/07/01 (3054, *RC 241*), témoin à l'occasion d'un plaid présidé par un représentant de la Mathilde de Canossa, 1117/02 (3508, *RC 293*), destinataire avec son frère Ubaldo d'une *cartula pignoris* émanant des Attingi, 1130/03 (4086, *RC 343*), acheteur d'une terre située à Lantica, 1150/12/18 (4979, *RC 412*), cité dans les confronts d'une vaste *cartula pignoris* adressée à un convers de l'abbaye de Coltibuono par un membre des *nepotes Rainerii*; son patrimoine se concentrait autour du *castello* de Lucignano dans le Chianti.

transfert d'une partie des biens de ce Bernardo di Benno se soit fait à l'occasion du règlement d'un conflit opposant les *nepotes Rainerii* aux *filii Tebaldi*[98]. Moins puissants que les *nepotes Rainerii*, les *filii Tebaldi* disposaient tout de même de liens solides avec l'abbaye de Coltibuono et s'étaient distingués par d'importantes donations en faveur du monastère[99]. Institution de référence pour les deux parties, l'abbaye finit sans doute par récupérer un bien qu'elles s'étaient contesté. S'il n'est guère surprenant de voir les abbayes jouer le rôle d'agent de pacification, ces dernières ne se trouvaient pas nécessairement en position d'arbitres. Bien loin d'exercer la justice sur les campagnes alentours à l'image de certains grands seigneurs ecclésiastiques, les abbés de Coltibuono pouvaient, à l'occasion, se soumettre à l'arbitrage d'une communauté voisine. À la fin du XIIe siècle, dans le cadre d'un conflit les opposant au prêtre de la *plebs* de San Giovanni di Cavriglia, les moines de Coltibuono et le prêtre avaient ainsi soumis leur cause aux consuls du *castello* voisin de Montaio[100].

Faire de ce plaid le signe d'une impuissance des vallombrosains à transformer leur position éminente dans le Chianti serait certainement une erreur. L'abbaye de Passignano, certainement plus riche, ancienne et puissante, n'agissait pas différemment et dépendait, pour la résolution de certains conflits, du plaid des consuls de communautés que des sources postérieures font apparaître comme relevant elles-mêmes de la seigneurie abbatiale[101]. Dans cette minuscule agglo-

[98] Cortese 2007, p. 85, n. 55, p. 345, n. 376 et p. 352 p. 85, note n. 55, p. 345, n. 376 et p. 352. En 1103, une branche des *nepotes Rainerii* vivant à Lucignano, dans le Chianti, avait cédé à l'abbé Omizo de Coltibuono tout ce qu'elle pouvait exiger du patrimoine d'Adalasia et de son fils Ugo. La transaction résultait d'un plaid comtal au cours duquel on avait réglé la question opposant les *nepotes Rainerii* aux *filii Tebaldi*. Une première union avait lié une certaine Adalasia à la famille des Tebaldi, en la personne d'Azzo di Tebaldo dont elle avait eu un fils, Ugo. À la mort d'Azzo di Tebaldo, Adalasia s'était remariée avec Uberto di Ugo des *nepotes Rainerii*, un remariage qui avait dû poser la question du sort à réserver à la dot et au douaire d'Adalasia.

[99] Le nom donné ici est repris des enquêtes de M. E. Cortese ; les fonds ne désignent jamais les membres de cette parentèle comme des «descendants de» dans leur ensemble, on trouve les *filii Chiarize* au début du XIe siècle, signe probable de l'importance de la famille dont était issue Chiariza, puis on trouve les *filii Tebaldi*, du nom d'un des fils de Chiariza, et enfin, à la génération suivante, les *filii Unganelli*. Cette variation dans l'onomastique, l'absence de référence constante à un ancêtre sont aussi des signes que la parentèle n'était pas fortement structurée autour d'un ancêtre comme l'étaient, à la même époque, les *nepotes Rainerii*. Le fils d'Azzo et d'Adalasia, Ugo, avait reçu un prénom qui n'appartenait pas au patrimoine onomastique de la branche paternelle, mais à celle d'Adalasia di Ugo, voir *Diplomatico, Coltibuono*, 1084/03/20 (1956, *RC* 156) ; 1084/03/20 (1957, *RC* 157).

[100] *Ibid.*, 119(*) (7397, *RC* 538).

[101] Wickham 2000, p. 298-299, 310-316.

mération de Montaio[102], à l'image de ce qui se passait dans les plus grandes cités, les consuls agissaient d'abord en qualité de juges tout en représentant très vraisemblablement, une forme d'autorité locale. Ces consuls, *Schettino*, *Papa*, *Guido*, *Orlandino* et *Cittadino*, pour avoir des noms et des surnoms suggestifs, ne sont du reste guère connus et les chartes de l'abbaye de Coltibuono sont jusqu'à la fin du XIIe siècle, extrêmement discrètes sur les possessions de l'abbaye dans le *castello* de Montaio. Les moines participaient, bon gré mal gré, aux logiques d'affrontement qui dépassaient le cadre de leur communauté. Leur intervention, si elle pouvait contribuer à la pacification des conflits, était difficilement neutre et se faisait dans le respect des intérêts de l'institution. Plus au nord, dans la Val d'Ema, un conflit portant sur les confins de Cintoia et de Celle aux XIe et XIIe siècle, illustre ainsi la capacité des abbés de Montescalari à jouer de leur position d'arbitre pour trancher en leur faveur un conflit que la présence de la propriété monastique n'avait peut-être pas contribué à apaiser. Les dernières décennies du XIIe siècle et les premières années du XIIIe siècle furent, comme on le sait, des années de grande conflictualité pour l'Italie centrale et septentrionale. Le Chianti et le Valdarno n'échappèrent pas aux luttes entre opposants et partisans de l'empereur Barberousse. Ce dernier dominait le sud du *contado* florentin, avec l'érection de l'imposant *castello* de Semifonte et disposait, tout près de Coltibuono, de la stratégique forteresse de Montegrossi. Des Florentins tenaient pour lui cette *rocca* qui n'était qu'un lieu parmi d'autres servant la conflictualité endémique de l'Italie communale de cette fin de XIIe siècle. La documentation n'avait pas vocation à conserver une trace de ces conflits dont on aperçoit parfois les effets. Les tensions étaient structurelles dans le *contado* florentin entre les groupes aristocratiques et étaient alimentées par les pratiques successorales. Les guerres impériales et la présence de plus en plus évidente des communes urbaines ou de communes de moins grandes dimensions n'avaient fait qu'exacerber les tensions. Ce contexte contribue probablement à expliquer la multiplication, à partir de ces années, de ces *diffinitiones* qui contribuaient à éclaircir en termes territoriaux et exclusifs l'écheveau des patrimoines et des pouvoirs. Un exemple des tensions que pouvait alimenter la proximité des patrimoines monastiques et laïques est offert par la plainte, bien connue, qu'adressèrent dans la décennie 1170 les moines de Coltibuono contre leurs patrons et amis, les Firidolfi[103].

---

[102] Repetti 1965, vol. 3, p. 277-278, « Montajo, Montaja », en 1551, la population de la paroisse de San Silvestro comptait 575 habitants.
[103] *Diplomatico*, *Vallombrosa*, 11(**) (7427), XIIIe siècle (27478), sur ces documents et leur interprétation, voir, Davidsohn 1956, p. 737-738 ; Majnoni 1981, p. 149-150 ; Boglione 1993, p. 46-47, avec une édition de la *querimonia* ; Delumeau 1996, vol. 1080-1092 ; Wickham 2000, p. 354-355 ; Collavini 2012b ; Fiore 2017,

Des violences seigneuriales, ciblées et démonstratives, servaient avant tout à marquer, les contours d'une domination[104]. Le conflit s'inscrivait certainement dans les luttes plus larges qui opposaient Frédéric Barberousse au pape Alexandre III et aux villes du nord de l'Italie[105] ; il n'en portait pas moins sur des intérêts beaucoup plus localisés. Les accusations lancées en la présence de plusieurs abbés de la congrégation vallombrosaine et en présence des évêques de Fiesole et Florence par les moines de Coltibuono étaient précises et circonstanciées. Les religieux énuméraient une liste impressionnante de méfaits qui avaient visé, précisaient-ils, à instiller la terreur et à les faire fuir de leur abbaye pour se réfugier à Sienne. Maintes fois étudiée, la *querimonia* fait état d'une violence ciblée visant autant à humilier les moines et leurs intermédiaires qu'à miner les bases de leur puissance seigneuriale. À Montegrossi, le *castello* dont la tour servait de point d'ancrage à la puissance impériale, Spinello di Malapresa avait chassé le clerc desservant l'église locale, l'un des frères de Coltibuono qui avait protesté et avait été frappé. Les biens d'un clerc avaient été saisis. Des hommes de main – menés par un *scutiferus* et un *villanus* – s'en étaient pris à ceux qui représentaient localement l'autorité des moines de Coltibuono : on avait attaqué le cellerier de l'abbaye ; on avait coupé la barbe d'un frère convers[106] ; un autre avait été roué de coups. Un certain Giovanni Arrone, ou Marrone, avait été la cible d'une agression fortement mise en scène : lié et promené sur une longue distance – une punition démonstrative – il avait reçu des coups de la poignée d'une épée. Comme le note Alessio Fiore, ces violences publiques étaient destinées à exprimer les rapports de force locaux ou correspondaient, tout au moins, à l'idée que s'en faisaient leurs auteurs[107]. L'agression était démonstrative, publique en quelque sorte, mais maîtrisée. Elle ne visait pas seulement les hommes, mais aussi les

---

p. 240-241 traduit et commente une large partie du document ce qui permet au passage de corriger un article écrit dans les mêmes années, Lefeuvre 2018a, sans avoir eu connaissance du livre de Fiore : « Zaccone », que je décris comme un « homme de main », est en réalité une masse d'armes ! Il faut comprendre que Spinello attaque les moines et leurs hommes avec une masse d'armes. Giovanni (M)arrone n'est en outre pas frappé « avec le tranchant » comme je l'ai écrit, mais avec la poignée de l'épée (ce qui paraît plus raisonnable et rentre mieux dans l'idée de violences ciblées).

[104] Fiore 2017, notamment p. 69 et suivantes.

[105] Sur les rapports de l'empereur avec les villes et l'aristocratie de Toscane, voir Cortese 2017a.

[106] Les frères convers étaient, au XIIIe siècle, tenus d'arborer une « barbe franciscaine », voir Vasaturo 1985, p. 72.

[107] Fiore 2017, p. 242 : « Si trattava di veri e propri rituali pubblici di violenza, compiuti al fine di esprimere le relazioni di potere locali, o almeno quelle che dovevano essere le relazioni di potere secondo coloro che li effettuavano. »

ressources économiques qui n'avaient pas été épargnées. Un moulin géré par un ministériel de l'abbaye avait été détruit. Le forgeron de l'abbaye (*faber*) n'avait pas été remboursé de ses dettes. Les œufs et le fromage conservés dans une *curtis* de l'abbaye avaient été laissés aux chiens du seigneur. Les Firidolfi et leurs hommes avaient saisi le froment du champ d'un certain Salomone[108] et avaient emporté deux tonneaux de vin[109]. Ces violences, selon la *querimonia* des moines, avaient un objectif : contraindre les frères convers à jurer les *mandata* des seigneurs de Montegrossi. Il s'agissait vraisemblablement d'arracher aux dépendants de l'abbaye un serment par lequel ils auraient reconnu l'autorité de l'empereur, du Pape soutenu par celui-ci et des seigneurs laïques qui défendaient l'honneur de l'empire[110]. Dans toute cette affaire, les liens unissant les Firidolfi aux moines n'avaient pas été oubliés. Les moines accusaient les fils de Malapresa de vouloir revenir sur les donations faites au XIIe siècle par leurs ancêtres[111]. On pourrait voir dans la prose des moines de Coltibuono le signe que les méfaits des Firidolfi s'inscrivaient dans le cadre d'une lutte entre deux légitimités seigneuriales. Ils s'en étaient pris spécifiquement aux représentants du pouvoir monastique en évitant, si possible, de lever la main sur les moines eux-mêmes, mais sans épargner les frères convers. L'épisode de la barbe taillée à l'un des frères convers est de ce point de vue assez révélateur de la volonté de ridiculiser l'individu et de s'en prendre à un attribut qui marquait très vraisemblablement son statut aux yeux de ses voisins. Les fils de Malapresa ne s'en étaient pas pris qu'aux symboles du pouvoir, ils avaient aussi opéré des destructions sur les leviers du prélèvement seigneurial, en saccageant un moulin et les provisions de deux *curtes*. Ce que les moines décrivaient comme une rapine pouvait, aux yeux des seigneurs de Montegrossi, passer pour des saisies de biens qui leur revenaient de droit. En laissant ses chiens dévorer les réserves des moines, Spinello di Malapresa ne semait pas une terreur aveugle et agissait à l'inverse d'un voleur. Rien d'inédit dans tout ceci, et l'on retrouve, dans tout l'Occident des XIe et XIIe siècles, des conflits opposant moines et seigneurs faisant se succéder voies de fait et plaintes[112]. Dans ce processus, les moines et

---

[108] Sur ce dernier on ne sait rien, mais on trouve, dans les sources relatives au *castello* de Montaio dans les années 1240-1250 la mention d'un certain Salomone di Ubaldino et il ne serait pas surprenant qu'il s'agisse ici d'une parentèle des environs.

[109] *Diplomatico, Vallombrosa*, XIIIe siècle (27478), *item de Casanova abstulerunt nobis unam vegetem, unam archam et totum vinum quod ibi erat.*

[110] *Ibid., Item cum expereret quod nos refutaremus id quod Senis adepti fueramus et quod conversos nostros sua| mandata jurare cogerimus.*

[111] *Ibid.*, la *querimonia* évoquait ici les donations faites par Ranieri di Guido (1095-1137) et Rolandino di Ugo (1095-1159).

[112] Geary 1986 ; Wickham 2000, p. 323 et suivantes ; Fiore 2017, notamment p. 240-253.

les seigneurs n'agissaient pas seuls. L'action n'avait de sens que parce qu'elle visait un ensemble de spectateurs, certains passifs d'autres pleinement impliqués. C'était le cas des *scutiferi* et des *villani* qui accompagnaient les Firidolfi. C'était aussi celui des frères convers dépendants de l'abbaye. Les subalternes étaient à la fois protagonistes, victimes et constituaient en même temps l'un des enjeux de ce petit drame[113].

La documentation qui montre les églises dans la situation de victimes ne doit pas faire perdre de vue les armes dont les moines disposent eux-mêmes. Les moines ne pouvaient n'avoir eu aucune part aux conflits plus localisés qui opposaient dans les mêmes années les Firidolfi à une famille montante de l'aristocratie. En 1167, à l'époque des triomphes impériaux, Frédéric Barberousse avait ordonné à Christian de Mayence de faire remettre à son fidèle Ranieri de Ricasoli, des Firidolfi, les *castelli* de Campi et Tornano. Situées sur les confins méridionaux du Chianti ces deux places étaient aux mains de Guarnellotto, lié par sa mère aux *nepotes Rainerii*[114], et qui s'était distingué en faisant arrêter et frapper Trotta Minutu, messager de l'antipape Calixte III[115]. Les liens de la parentèle de Guarnellotto avec l'abbaye de Coltibuono remontaient au moins aux premières décennies du XIIe siècle[116] et l'attaque des Firidolfi contre Coltibuono aurait fort bien pu s'insérer dans le cadre de représailles exercées contre les ennemis de l'empereur[117]. On ignore, dans cette affaire, la nature des liens unissant les Florentins au représentant impérial du *castello* de Montegrossi, un certain Sanzanome, connu comme une figure d'autorité du comté florentin de ces mêmes années[118]. Les Annales rapportaient la destruction de cette forteresse en 1172 : sans doute les moines de Coltibuono avaient-ils trouvé chez les Florentins une oreille attentive à leurs plaintes[119]. Reste que l'influence des moines de Coltibuono, pour ce que l'on en sait, semble avoir toujours fortement dépendu de l'équilibre local des

---

[113] Collavini 2012b, § 27 : « Del resto non solo l'attività giudiziaria e poliziesca, ma anche molti altri compiti dei gastaldi comportavano l'uso della violenza : non si può dubitare che il prelievo di censi e dazi avvenisse attraverso l'intimidazione da parte di chi li riscuoteva nei confronti di chi li doveva pagare. »

[114] Cortese 2007, p. 85, n. 55, p. 317 et table 11/II, 355 ; Lefeuvre 2018b.

[115] Appelt – Herkenrath – Koch 1979, p. 461-462, n° 521.

[116] La première mention de cette parentèle remonte à la fin du XIe siècle, mais ce n'est en 1123 qu'on voit le père de Guarnellotto entrer en relation directe avec les moines de Coltibuono, *Diplomatico, Coltibuono*, 1085/03 (2053, *RC* 160), 1095/09/30 (74073, *RC* 201), 1123/05. (3804, *RC* 315), 1133/02 (4214, *RC* 355), 1133/02 (4213, *RC* 355), actes à dater de 1133 selon L. Pagliai. On retrouve en 1201 les fils de Guarnellotto toujours en relation avec Coltibuono, *CRSGF*, 224.237, p. 106-107, n° 541.

[117] Delumeau 1996, vol. 2, p. 1083.

[118] Chellini 2017.

[119] Davidsohn 1956, p. 787.

pouvoirs, dans un jeu social et politique laissant le champ libre aux notables ruraux. Cette situation était sans doute commune dans les pays de collines du territoire florentin. Il en allait sans doute autrement dans les environs des seigneuries les plus fortes, comme dans la Val di Pesa aux alentours de Passignano[120], ou encore dans les montagnes du Pratomagno, dans les *castelli* dominés par l'abbaye de Vallombrosa.

3.2.3. *Santa Maria di Vallombrosa : une seigneurie conquérante*

L'élevage pastoral suppose une organisation et une coordination des efforts qui peut permettre à un pouvoir de prendre l'ascendant. Dans la Savoie étudiée par N. Carrier, les moines n'avaient pas été les initiateurs des défrichements permettant l'exploitation extensive des terres d'altitude[121]. Leur arrivée s'accompagna cependant d'une mise en valeur accrue et plus systématiques des *alpes*. En s'installant sur le Pratomagno, le « Grand Pré », les moines vallombrosains trouvèrent sans doute un paysage déjà mis en valeur, avec des espaces ouverts se distinguant de la forêt où avait été fondée la première église de l'ordre, en 1039. Les actes des XIIᵉ et XIIIᵉ siècles attestent, dans tous les cas, d'une mise en valeur concertée de ces espaces montagnards ; les moines vallombrosains jouant un rôle d'encadrement et de coordination qui semble avoir été globalement accepté. La tradition hagiographique faisait de Jean Gualbert le protecteur des populations et des troupeaux de montagne. Certains des récits de miracles avaient pour objet le rapport du saint avec la population des éleveurs[122]. Le saint avait assuré la protection des *rustici* des alentours, guérissant un enfant malade. Près de l'abbaye de Razzuolo, dans les montagnes au Nord de Florence, il avait protégé le bétail et aidé un berger à tuer l'ours qui dévastait les troupeaux. Sur le temps long, ce récit de la triste mise à mort du roi des animaux participait au processus de désacralisation de la figure animale mis en évidence par Michel Pastoureau[123], ce *topos* hagiographique s'inscrivait en même temps dans un nouveau dessin des rapports politiques. Le saint protégeait les alpages contre les fauves, mais il commandait aux hommes et attendait des contreparties. Un autre récit était édifiant. Avisant des vaches grasses qui paissaient sur les alpes, Jean Gualbert avait prié saint Paul de lui en offrir une

---

[120] Collavini 2009.

[121] Carrier 2004, p. 225.

[122] Baethgen 1934, p. 1091-1092, n° 50-55 dans son édition, F. Baethgen a arbitrairement omis une partie d'un des récits dont on peut trouver une édition plus complète quoique plus vieille dans la patrologie latine. Il est en outre possible de se référer à la traduction italienne de la même vie, voir Spinelli – Rossi 1984.

[123] Pastoureau 2007, p. 123-146.

pour nourrir les pauvres. La prière fut exaucée et la bête abattue[124]. Le miracle se répétant à plusieurs reprises, les bergers commencèrent à se faire menaçants. Jean Gualbert, en réponse, leur assura qu'en échange de ce prélèvement, la protection des saints s'étendrait désormais à tout le troupeau. Il serait intéressant de savoir à qui ces récits étaient exactement destinés. Sans doute n'étaient-ils pas destinés à demeurer dans l'enceinte du cloître. Au XIIe siècle, les frères convers étaient les principales autorités des alpes et de leurs usages. L'abbaye décidait au-delà de ses propriétés directes et le grand pré constituait un enjeu de taille dans les rapports entre les communautés laïques et la communauté monastique du Pratomagno[125]. Signe qu'il s'agissait d'une prérogative distinctive, on associait à la possession des murs d'un des *castelli* de Magnale et de Ristonchi, le droit d'exercer une forme de contrôle sur le pré[126]. Entre 1150 et 1152, dans le cadre d'un accord entre l'abbaye et plusieurs habitants du *castello* voisin de Monte di Croce, dominé par les comtes Guidi, l'abbaye récupéra plusieurs droits sur le *castello* de Magnale, avec des droits sur le *castrum* et d'autres sur le *cultus* et sur les alpes : *et in alpe et in culto*[127]. Les alpages étaient appropriés, leur usage demeurait commun et concerté. À la différence de ce qui se passait pour d'autres terres, les limites entre les parcelles pouvaient être changeantes. En 1184, Orlando di Giratto renonçait solennellement à sa part de trois parcelles du pré du Monte Secchieta, situé près de l'abbaye[128]. Ces trois parcelles étaient situées à différentes hauteurs et entourées par les terres d'autres *possessores* laïques et par les terres de l'abbaye. Ces terres étaient dites *ad latus mutandum* ; une expres-

---

[124] Baethgen 1934, p. 1091.

[125] Ce que les textes désignent très tôt comme les « alpes » de Vallombrosa relève d'un statut particulier. Dans deux *livelli*, l'abbé Gualdo confiait ainsi des terres appartenant à l'abbaye, en faisant une exception des alpages, *Diplomatico, Vallombrosa*, 1134/11/08 (4277 et 4276) et 1141/11 (4584 et 4586).

[126] *Ibid.*, 1143/06/02 (4650), l'abbé Gualdo donnait à Ugo di Vitale, pour qu'il les travaillât, les maisons, terres et vignes que ce dernier tenait déjà de l'abbaye dans la cour du *castello* de Ristonchi en se réservant les terres des alpes et tout ce qui se trouvait sous les murs et dans le *castello* que nul ne devait aliéner dans les trente jours, en attendant qu'on fixe les limites de ces biens, le tout contre une pension annuelle de six deniers de Lucques à verser dans la semaine de Noël, une poule, un poussin, trois corvées et quatre œufs.

[127] *Ibid.*, 1150/11/23 (4978), 1152/01 (5023), 1152/04/17 (5038), le premier acte est une charte de vente assez insolite dont le bénéficiaire principal semble avoir été le convers Berardo, surnommé Cona, et qui appartenait probablement à la parentèle des seigneurs de Quona.

[128] *Ibid.*, 1184/09/25 (6427), *videlicet meam partem integram de tribus petiis| de terra quid est pratum positum ad Siccletam* [...] *et sunt prefate tres petie ad latus mutendum*. Orlando di Giratto appartenait à une importante parentèle du Pratomagno, sur cette dernière voir, en annexe de ce livre, n° 6 « Les *filii Giratti*, de petits seigneurs du Pratomagno ».

sion qui renvoyait certainement à un processus de redéfinition pério-
dique des limites. L'existence de ces communs, loin d'empêcher le
développement de la seigneurie sur le Pratomagno fut sans doute l'occasion d'un développement du *dominium* monastique[129]. La présence
de ces terres communes explique sans doute l'omniprésence, dans
les sources de l'abbaye, de frères convers, portant le titre de *massarii*,
et qui agissaient à tous les niveaux des petites sociétés entourant le
cloître des vallombrosains.

En 1168, à Magnale, dans le cadre du règlement d'un conflit qui
avait opposé Renuccino di Orlando au *faber* Martino, quinze habitants
du *castello* de Magnale, tous tenanciers de l'abbaye, menés par Broncio
et un dénommé *Magnale*, s'étaient collectivement engagés à accomplir
les *servitia* dus au camérier de l'abbaye[130]. La surveillance de la bonne
exécution de ce serment était confiée à un vicomte, un *vicecomes*, dont
c'était la première mention, susceptible, en cas de manquement, de
saisir les récoltes de certaines parcelles dont les tenanciers avaient dû
donner les limites précises[131]. C'était à la même époque, à la fin du
XIIe siècle, qu'on trouvait, dans cette documentation, les premières
mentions de dépendants, des *homines et colonos atque sedentes* s'engageant à payer leurs loyers et susceptibles d'être vendus ou échangés
en même temps que leur exploitation[132]. Ce fut probablement à la
fin du XIIe siècle, à une époque marquée par l'appesantissement du
contrôle sur les dépendants, qu'on vit se développer une basse justice
confiée aux vicomtes et aux frères convers de l'abbaye. On peut ici
s'arrêter sur le rôle justicier d'un des frères convers de l'abbaye: le
massarius de Palco. Le terme de *massarius* renvoyait, au XIIe siècle,
à une fonction d'encadrement d'une *curtis* monastique et ces *massarii*
étaient recrutés parmi les frères convers. De la fin du XIIe au début du
XIIIe siècle, celui que les sources désignaient comme le *massarius de
Palco* détenait, autour de Vallombrosa, l'essentiel de l'autorité sur les
hommes du *castello* de Magnale. En 1181, Broncio, *Magnale* et d'autres
hommes du *castello* eurent à traiter d'une cause entre l'abbaye de
Vallombrosa et les descendants d'Orlandino. À l'issue de cet arbitrage,
offrant un espace aux hommes de Magnale qui agissaient comme

---

[129] Carrier – Mouthon 2010, p. 228-245.

[130] *Diplomatico, Vallombrosa*, 1167/01/23 (5577, en 1168).

[131] Salvestrini 1998, p. 178.

[132] *Diplomatico, Vallombrosa*, 1196/12/07 (7216), Serraiolo di Serrallio et
Forese di Buriano, vivant à Compiobbi, non loin de Florence, s'engageaient à verser
annuellement, le 15 août, un muid de blé qu'ils apporteraient à l'envoyé de l'église
de Popigliano. Le caractère très particulier de cette location, dans un territoire peu
contrôlé par l'abbaye et avec le versement du loyer en nature à une autre église
(Popigliano se trouve dans la province de Pistoia), explique probablement que les
moines se soient préoccupés de conserver une trace écrite de ce serment. Pour la
vente des *coloni, ibid.*, 1188/04/04 (6646). Cadre général dans Collavini 1998a.

laudatores, il fut décidé qu'une amende de 100 sous serait versée au *massarius* de Palco[133]. Dans les mêmes années, l'accord de ce *massarius* était susceptible de peser sur toute transaction portant sur des maisons du *castello* de Magnale[134]. Un texte remontant au milieu du XIIIᵉ siècle, mais susceptible d'avoir subi des interpolations tardives offre une image très étendue des prérogatives de cet agent seigneurial dans le domaine de la basse justice[135]. L'une des figures les mieux documentées s'appelait Carnelevare. Actif entre 1191 et 1222, il fut chargé de surveiller les transferts fonciers opérés par les tenanciers de l'abbaye dans la *curtis* de Magnale[136]. Il était fréquemment témoin des transactions foncières de l'abbaye[137] et apparaissait souvent comme le bénéficiaire immédiat des acquisitions[138]. C'était sur lui que reposait la surveillance des loyers et l'abbé lui-même n'agissait, dans ces domaines, qu'avec l'accord et le conseil de ce *massarius*[139]. Cette figure locale n'était pas dénuée de prestige. En 1213, il fut désigné comme arbitre, avec d'autres ecclésiastiques, d'une controverse opposant les abbés de Ripoli et de Vallombrosa[140]. Dans ces années, l'abbaye de Vallombrosa semble avoir fonctionné sur le schéma assez classique d'une seigneurie disposant sur ses dépendants de la basse justice. Elle suivait là un processus d'institutionnalisation des seigneuries ecclésiastiques bien mis en évidence par T. Casini qui souligne, à juste titre, le rôle joué par la commune florentine dans cette phase de développement de la puissance seigneuriale[141]. L'action des abbés de Vallombrosa ne se cantonnait pas à ces opérations de basse justice. Les montagnes du Pratomagno n'échappaient pas à la conflictualité ambiante. C'est d'ailleurs dans les archives de l'abbaye de Vallombrosa que l'on trouve l'une des références les plus explicites à une guerre locale, une *werra*[142]. Ces conflits qui déchiraient habituellement les campagnes de

---

[133] *Diplomatico, Vallombrosa*, 1181/11 (6281).

[134] *Ibid.*, 1191/10/02 (6830); 1191/01/31 (6787, en 1192).

[135] Bonaini 1851, p. 63-65.

[136] Voir les deux actes cités précédemment, on le voit, en 1214, assister comme témoin à un acte définissant la dot de Donnadibene, femme de Magnale apportant à son époux la moitié de deux maisons du *castello* et de nombreuses terres, *Diplomatico, Vallombrosa*, 1224/02/04 (10010).

[137] *Ibid.*, 1202/06/21 (7692).

[138] *Ibid.*, 1202/01/19 (7645, en 1203), 1209/10/17 (8365), l'instrument de vente avait été composé en deux temps, dans un premier temps les fils de Baroncello vendaient à l'abbé Benigno un important *podere* pour dix-sept livres en deniers de Pise, on avait ensuite été requérir l'accord de la veuve de Baroncello, Ciolittina, et celui de l'épouse de Borgognone, l'aîné des fils, qui s'adressaient cette fois au *massarius* Carnelevare.

[139] *Ibid.*, 1200/03 (7448, des éléments de datation manquent).

[140] *Ibid.*, 1212/03/01 (74208, en 1213).

[141] Casini 2009b.

[142] Toubert 1973, p. 357-358; Delumeau 1996, vol. 2, p. 1089-1094.

l'Italie centrale s'inséraient généralement dans des conflagrations plus importantes. Les conséquences de ces guerres sur les structures des habitats et sur la démographie furent sans doute limitées[143]. Pour ceux qui en étaient les acteurs et les victimes, il en allait tout autrement. La violence endémique que ces guerres alimentaient participait à la redéfinition des hiérarchies sociales en distinguant des autres, ceux, visiblement nombreux, qui s'arrogeaient le droit d'exercer la violence[144].

La documentation révèle la participation des abbés de Vallombrosa à l'exercice de cette violence. Il est certain, comme le note A. Fiore, qu'on ne saurait trouver, dans ces «*querimoniae* monastiques (ou religieuses) visant de puissants laïcs, le souvenir des actes de violence perpétrés par les moines eux-mêmes contre leurs ennemis[145]». On sait ainsi qu'en 1146, en réparation des torts qu'il avait fait subir à l'abbaye, *Villo* di Rolandino Guineldi, de la famille des Finigueldi, avait cédé à l'abbé de Vallombrosa toutes les terres, vignes, les biens et les *commendationes* qu'il avait acquis sur la *curtis* et le *castello* de Magnale au début de la guerre contre Rodolfino di Carboncello[146]. Dans un acte émanant de l'entourage des Guidi *da Battifolle*, le notaire s'était référé à une guerre menée par les comtes contre la *militia* du Casentino[147]. L'un des documents qui illustre le mieux les petits conflits qui ensanglantaient ces montagnes est une composition entre l'abbaye de Vallombrosa et les *filii Liccesis*[148]. En janvier 1218, un accord avait été trouvé entre ces derniers et le frère convers Morello, procurateur de l'abbaye

[143] Delumeau 1996, vol. 2, p. 1090-1091 : «Il est difficile de faire le départ entre la guerre et le méfait de droit commun.»

[144] Collavini 2012b, § 28 : «Nelle signorie toscane circolavano anche idiomi politici molto diversi, basati sull'esaltazione della violenza, sul suo uso per inferiorizzare il dipendente (mettendone in questione la piena umanità).»

[145] Fiore 2017, p. 253 : «Certo non troveremo nelle *querimoniae* monastiche (o religiose) rivolte contro potenti laici il ricordo degli atti di violenza effettuati da quegli stessi monaci contro i loro nemici, anche quando sappiamo che questi erano effettivamente avvenuti.»

[146] Wickham 1996a; Cortese 2007, p. 305-310, voir *Diplomatico, Vallombrosa*, 1146/12 (4811), *et commendationiis quas| aquisivi vel alii per me infra curte et castello de Ma|gnale a principio jus litis et guerre a Rodulfi|no Carboncelli*, à mettre en relation avec *ibid.*, 1146/03 (4770, en 1146 ou 1147), 1144/11/30 (4697); Rodolfino di Carboncello appartenait à une parentèle qui semble avoir été active autour de Rignano sull'Arno et qui était peut-être liée au *da Cintoia*.

[147] *Ibid.*, *Vallombrosa*, 1199/09/04 (7381), le parchemin, contenant un double enregistrement, serait plutôt à dater des années 1189-1194, il s'agissait de la donation d'un dépendant des comtes Guidi, avec toutes ses corvées et redevances en nature (pain, fromage, demi-jambon, châtaignes, etc.) à l'abbaye de Vallombrosa et de la confirmation, cinq années plus tard, de cette donation faite en temps de troubles.

[148] Sur les *filii Liccesis* voir le chapitre 4 de ce livre et l'annexe n° 4, «Les *filii Liccesis*: une influence seigneuriale entre montagnes et vallée (milieu XIIᵉ-milieu XIIIᵉ siècle)».

de Vallombrosa[149]. Il s'agissait d'un acte par lequel les *filii Liccesis* renonçaient, contre une compensation de 16 livres, en deniers de Pise, à toutes représailles contre l'abbaye de Vallombrosa et les hommes de Magnale. Cet acte mettait un terme à la guerre qu'avaient menée l'abbé Benigno et les *homines* de Magnale contre le monastère de Sant'Ilario et les *homines* de ce dernier et qui s'était soldée par la mort d'un certain Rustichello di Chiavello *de Fontisterra*[150]. Figure connue et respectable, il s'agissait d'un *magister* qui avait été capable, des années auparavant, d'établir les conditions d'une composition entre deux autres parties. Cette guerre trouvait paradoxalement son origine dans les liens étroits qui unissaient les *filii Liccesis* à l'abbaye. Au début de l'année 1172, Liccese di Orlandino di Frugerio et son épouse Jubergana avaient vendu à l'abbé Jacopo de Vallombrosa, l'ensemble de leurs droits sur le *castello* et la cour de Ristonchi. Les propriétés dépendant du *castello* de Ristonchi s'étendaient sur le territoire de quelques paroisses de la rive droite de l'Arno. La vente comprenait une partie de ces alpages, si difficiles à délimiter et qu'on décrivait en termes quantitatifs, avec lesquels on cédait, en bloc, un ensemble de droits sur le *castello*, les différentes *curtes*, les droits de patronage sur les églises et l'ensemble des redevances seigneuriales[151]. Dans l'investi-

[149] *Ibid.*, 1217/01/11 (9154, en 1218).

[150] Ce Rustico di Chiavello *de Fontisterra* n'est guère connu, mais il ne s'agissait sans doute pas d'une figure mineure. Il est possible de risquer quelques hypothèses sur l'identité de son père, Chiavello. Sans doute était-ce le même Chiavello di Pazzo qui figurait, en 1209, parmi les témoins de qualité d'une renonciation établie à Fontisterra, sous l'autorité du vicomte Ottaviano *da Quona*, au profit de l'abbaye; *ibid.*, 1209/08/10 (8349). Chiavello di Pazzo apparaissait dans les témoins d'une renonciation très similaire à l'acte mentionné précédemment, et établi en 1209 à Melosa et Fontisterra dans la *curtis* de Magnale, en présence du vicomte Ottaviano, d'un prêtre et avec comme destinataires le frère convers et *massarius* Benincasa et le maître et frère convers Tozo. C'était sans doute le même Chiavello, qu'on retrouvait quelques années plus tard dans le personnel des comtes Guidi, où il était cette fois qualifié de *magister*, à l'occasion d'un arbitrage entre l'église plébane de Petriolo ou Galatrona, près de Bucine (province d'Arezzo), sur la rive gauche de l'Arno, et l'hôpital de Seprina (probablement Ponte a Valle, commune de Laterina et province d'Arezzo, au niveau de la *Valle dell'Inferno*). Ce Chiavello prononçait alors une sentence qui bénéficiait de l'accord du vicomte de Tienamenta et qui aboutissait à la définition des droits des deux parties sur un moulin construit au niveau de la tour et du pont de Santa Reparata; *ibid.*, 1215/03/29 (8961). Le rapprochement avec un dénommé Tedesio di Chiavello mentionné comme témoin d'un acte de fondation de 1170 apparaît beaucoup plus incertain, s'agissant cette fois de la fondation de l'église de San Pietro di Erbamala (province de Pavie), en Lombardie, sur la route de Lomello; *ibid.*, 1170/04/01 (5702). Sur cette église, voir Salvestrini 2011, p. 98-100. Pour l'identification des localités et des éléments de contexte, voir Repetti 1965, vol. 2, p. 374-375, « Galatrona », vol. 4, p. 672, « Ponte a Valle », vol. 4, p. 563, « Popigliano, Pupigliano »; Bonaini 1851, p. 11.

[151] *Diplomatico, Vallombrosa*, 1171/03/04 (5738, en 1172), *et de jugo de alpe quanta est Ristunclise [...] et castello, et curtibus et patronibus et ecclesiis et pensioni-*

ture qui suivait la vente, le notaire avait relevé l'exclusion de ce que les *filii Liccesis* tenaient en fief de Renuccino *del Monaco*, dans le *castello* de Ristonchi ainsi que celle des loyers qu'eux-mêmes possédaient sur une *villa*. La vente situait Liccese et son épouse Jubergana au niveau des seigneurs dont les transactions avaient des conséquences pour une communauté étendue. Des témoins de qualité entouraient les époux : les quatre « consuls » de Leccio, dont l'un au moins était originaire de Ristonchi ; cinq autres *boni homines*[152]. Difficile, dans cette partie du Valdarno, de tracer une ligne de rupture nette entre la seigneurie et la commune. Il s'agissait de deux facettes d'une même réalité, celle d'un pouvoir exercé dans les deux cas par un milieu militarisé et engagé dans d'autres réseaux de fidélité. Les consuls ne figuraient pas en qualité de simples témoins, ils avaient reçu une part, certes minime, du prix de vente : cinq sous plus précisément ; autant que Jubergana[153] ! La vente de 1172 préparait une organisation plus hiérarchisée de la possession sur le *castello* de Ristonchi : l'abbaye devenait propriétaire des droits sur le *castello* et dominait théoriquement la communauté de ses habitants. Liccese continuait toutefois de détenir des terres en *livello*, et la vente de ses droits sur Ristonchi n'avait pas éteint les liens qu'il entretenait avec le *castello* montagnard[154].

Avant la guerre de 1218, Liccese di Orlandino et ses fils paraissent avoir entretenu de bonnes relations avec les abbés de Vallombrosa. En 1201, ils étaient présents comme témoins d'une transaction entre les abbayes de Vallombrosa et de Tagliafuni[155]. Quelques années plus tard, Liccese participait en personne au règlement d'un conflit entre les moines de Vallombrosa et des exploitants du Pratomagno[156]. Liccese

---

bus| *et omnibus obedientiis et servitiis et comandisis et comestionibus et aquis et aeris et omnes redditus ejusdem terre.*

[152] Wickham 2001, p. 251, n. 50.

[153] *Diplomatico*, Vallombrosa, 1171/03/04 (5738, en 1172), *de predicto pretio habuerunt consules solidos V| et item predicta Jubergana aliis quinque*, la somme n'était certes pas majeure, mais les biens cédés relevaient explicitement de l'héritage de Liccese et les cinq sous pouvaient correspondre à la part que Jubergana perdait par cette transaction sur son *morgincap*.

[154] *Ibid.*, 1177/02/29 (6015).

[155] *Ibid.*, 1201 (7635), l'abbaye de Tagliafuni était une abbaye vallombrosaine située dans les environs de Figline, elle est, dans cet instrument, désignée sous l'antique nom de Santa Maria di Nerana. Pour régler leurs dettes, les moines de Tagliafuni vendaient à l'abbaye de Vallombrosa une parcelle de terre située à Piscina Nera, contre neuf livres en deniers de Pise, avec l'autorisation, pour les Vallombrosains, de déboiser cette parcelle. Il n'est pas impossible que Liccese et ses fils aient eu quelque intérêt au remboursement des dettes de Tagliafuni, voir aussi Repetti 1965, vol. 1, p. 195 : « Badia di Ponte Rosso, di Tagliafuni, di Nerana (S. Maria della Neve). »

[156] *Diplomatico*, Vallombrosa, 1214/11/14 (8921), 1217/07/24 (9227), dans le premier acte conservé sur ce parchemin, Liccese di Orlandino était le premier des

di Orlandino se définissait lui-même comme l'un des *fideles* de l'abbaye voisine de Sant'Ilario. Lors d'un procès tenu à Florence, les moines de Vallombrosa avaient obtenu la confirmation des corvées dues par certains de leurs *coloni*. À cette occasion, Liccese di Orlandino et sa seconde épouse Berta renoncèrent, en même temps que leurs fils, aux droits qu'ils pouvaient exercer sur ces terres et ces mêmes dépendants[157]. C'était dans le cadre de cette transaction qu'il avait dû préciser la nature de ses liens avec l'abbesse de Sant'Ilario[158]. Agnese, abbesse de Sant'Ilario renonçait aux droits sur Gianni *Peccatore* et son fils Truffetto ainsi que sur leur fief. Liccese di Orlandino était sans doute bénéficiaire des redevances ; en compensation, les moines vallombrosains lui avaient offert des droits sur un dénommé Lambardo *de Cetina* de la cour de Ristonchi. Loin d'être éteints, les liens des *filii Liccesis* avec le *castello* de Ristonchi continuaient de s'approfondir. La petite guerre de 1218 entre Sant'Ilario et Vallombrosa s'inscrivait dans le contexte des conflits opposant fréquemment les détenteurs de pouvoirs seigneuriaux. L'omniprésence des conflits internes aux milieux citadins de la fin du XIIe siècle aux premières décennies du XIIIe siècle avait son équivalent dans les petits *castelli* du Pratomagno[159]. En ce début du XIIIe siècle, les abbayes de Vallombrosa, Montescalari et Coltibuono pouvaient, dans tous les cas, apparaître comme d'importants pôles de la vie politique et sociale des campagnes florentines. Sans être les principaux maîtres des *castelli* et des *curtes* du Chianti, du Valdarno Supérieur et du Pratomagno, les moines vallombrosains n'en participaient pas moins à l'ordre politique. En ce siècle, il leur fallait toutefois compter avec le pouvoir croissant de la commune citadine qui commençait à se définir dans ses contours territoriaux[160].

3.3. De l'Empire à l'État florentin

La documentation rend sensible une évolution politique plus large qui affecte peu à peu la façon dont le pouvoir s'exerce et s'exprime localement. La Toscane était terre d'empire et l'empereur demeurait,

---

arbitres d'une cause opposant l'abbaye de Vallombrosa et les fils de Tancredo, aux côtés de Guido di Restauro et d'un frère convers nommé Gennaro. Plus tard, le même Liccese figurait parmi les arpenteurs (sans le titre) donnant les limites du pré sur lequel portait le conflit, aux côtés de frères convers et d'autres laïcs.

[157] *Ibid.*, 1195/05/19 (7101), 1195/05/20 (7102).

[158] *Ibid.*, 1195/05/20 (7103), *meam fidelitatem quam mo|nasterio Sancti Illari fecimus.*

[159] Faini 2006.

[160] Faini 2010, p. 132 et suivantes.

aux côtés du Pape ou contre ce dernier, une figure de la définition des hiérarchies légitimes. Dès la fin du XIᵉ siècle, il arrivait que des notaires actifs dans des parties reculées du *comitatus* florentin se déclarassent notaires « de l'empereur[161] », cette titulature devint toutefois plus fréquente dans les dernières décennies du XIIᵉ siècle, notamment dans les années 1180[162]. Ces références plus ou moins précises à la personne de l'empereur, à la cour ou à l'*auctoritas* impériales soulèvent nombre d'interrogations[163]. Elles rappellent toutefois que l'ordre émanant de l'empereur, cet « unique principe[164] », loin d'être une abstraction, intervient dans des actes du quotidien à la fin du XIIᵉ siècle.

3.3.1. *Des pouvoirs territorialisés*

Comme l'écrit F. Menant, « l'époque où l'empreinte impériale s'efface en Italie est précisément celle où se développe un système de références politiques fondé sur l'attachement à l'empire ou à la papauté[165] ». Dans l'histoire des rapports entre l'empire et les villes d'Italie, la Toscane se distingue toutefois. Les politiques de l'empereur Frédéric Iᵉʳ Barberousse (roi de 1152 à 1190) et de son fils Henri VI (1190-1197) y rencontrèrent moins d'opposition qu'au nord et les guerres s'accompagnèrent de violences moindres à celles déployées

---

[161] Voir ainsi, *Diplomatico*, *Coltibuono*, 1075/09 (1506, *RC* 98), *Petrus notarius domini imperatoris*, pour l'identification, voir Pagliai 1909, p. 254.

[162] Dans la série *Vallombrosa* du *Diplomatico*, on ne compte guère que deux scribes à se déclarer notaire « de l'empereur » avant les années 1180 et chacune de ces mentions renvoie à des documents particuliers : voir ainsi *Diplomatico*, *Vallombrosa*, 1128/09/03 (4005), acte relatif à une église sarde et *CRSGF*, 260.8, fol. 106r-v (acte daté du 7 mars 1170 dans notre style dont on ne connaît qu'une copie moderne). Dans la décennie 1180, en revanche, les références à l'empereur dominent. Le juge et notaire Orlandino, actif entre 1184 et 1226, a laissé de nombreux actes dans le *Diplomatico* de Vallombrosa: dans sa titulature, on ne trouve pas de références à d'autres empereurs que Frédéric, très certainement Frédéric Iᵉʳ Barberousse (empereur de 1155 à 1190), en 1196, après le décès de ce dernier il continuait ainsi de souscrire ses actes comme *ibid.*, 1196/11/30 (7211), *Orlandinus domini Frederici Romanorum imperatoris et semper augusti notarius*.

[163] Il est difficile de savoir à quel point ces titulatures correspondent à une investiture réelle Dans ces années, l'usage courant semble de revendiquer un lien explicite avec l'empereur régnant au moment de son entrée dans le métier. Quelques notaires travaillant dans les années 1190 se déclarent ainsi notaires de l'empereur ou du roi Henri, voir *Diplomatico*, *Vallombrosa*, 1194/06/14 (7022), 1198/10/05 (7330). Il arrive aussi que le scribe mentionne, sans préciser davantage, la « cour » impériale, *Diplomatico*, *Vallombrosa* 1189/07/27 (6719) ou encore l'*auctoritas* de l'empereur, 1216/09/25 (9106).

[164] Alighieri – Vinay 1950, p. 8, Livre 1, chap. 2, *Est ergo temporalis Monarchia, quam dicunt Imperium, unicus principatus et super omnes in tempore vel in hiis et super hiis que tempore mensuratur.*

[165] Menant 2005, p. 195-196.

dans la lutte contre la Ligue lombarde[166]. Cette période n'en fut pas moins marquée par une transformation remarquable des rapports hiérarchiques classiques[167]: l'effort de rétablissement de l'autorité impériale accentua et accéléra probablement la transformation qui touchait alors les conceptions et les expressions locales du pouvoir[168]. Les diplômes concédés par l'empereur à des membres de la haute aristocratie ou aux représentants des communes urbaines, dans les années 1160, révèlent la conception d'un pouvoir plus fermement ancré dans un territoire, mieux borné et plus institutionnalisé[169]. Dans ces décennies, l'empire n'était pas une autorité lointaine; si l'empereur n'était pas toujours présent physiquement, légats – Rainald de Dassel et Christian Buch[170] – et officiers subalternes – *Amstgrafen* et *castellani*, devenus nombreux dans les années 1180-1190 [171]– y eurent une action durable. Les actes de cette fin de siècle témoignent de la présence de l'empire et de ses représentants dans les transactions du quotidien[172]. Au lendemain de la Paix de Constance (1183), les acteurs pouvant se targuer d'une légitimité impériale s'étaient multipliés.

C'est le sentiment que laissent certains témoignages de la fin du XIIe siècle ou du début du XIIIe siècle. Vers 1203-1204, une enquête avait été menée dans le cadre d'une dispute opposant le comte

[166] Pour un aperçu historiographique classique, voir Fasoli 1974.

[167] Delumeau 1996, vol. 2, p. 1071-1094, notamment p. 1092: «Ce qui prédomina dans les années 1160-1185 fut donc non pas de l'ordre, mais un état de guerre quasi-endémique.»

[168] Tabacco 1970; à compléter avec la récente mise au point de Cortese 2017a pour la Toscane.

[169] Cortese 2017a, p. 67, à propos des Guidi, l'auteure voit dans le diplôme de 1164 le résultat d'une tentative visant «a ottenere la sanzione in forma pubblica e il coordinamento su base territoriale […] di una serie di diritti esercitati in modo eterogeneo e più o meno strutturato sulle varie località elencate».

[170] Sur ces points, voir Delumeau 1996, vol. 2, p. 1022-1028, ainsi que Cortese 2017a.

[171] Il existe plusieurs attestations concernant la présence d'officiers allemands (*teutonici*) dans les campagnes toscanes de la fin du XIIe siècle, autour de *castelli* plus particulièrement attachés à l'empire, San Miniato (al Tedesco) dans le Valdarno Inférieur, le *castello* de Montegrossi dans le Chianti, le *castello* de Serre. L'un des cas les mieux connus est celui du *castellanus* de Montegrossi, un certain *Federicus*, voir Boglione 1993; Cortese 2017a, p. 58.

[172] *Diplomatico*, *Vallombrosa*, 1195/05/20 (7103), cette composition entre Liccese di Orlandino di Frugerio – seigneur local, fidèle de l'abbaye de Sant'Ilario – et les représentants de Vallombrosa, avait été ratifiée par Orlandino, notaire «de l'empereur Frédéric Ier» (*Orlandinus domini Federici Romanorum imperatoris et semper augusti notarius*) et était placée sous l'autorité du duc Philippe de Souabe (1177-1208), frère de l'empereur Henri VI, qui venait juste d'être nommé en Toscane ou sous l'autorité des recteurs de Florence (*sub obligo ducis Philippi et eius nuntiorum vel rectorum Florentie*). Il est intéressant de noter la concomitance de ces références aux autorités citadines et impériales.

Guido VII Guerra à la Commune de Florence à propos du patronage de l'abbaye féminine de Santa Maria di Rosano[173]. Il s'agissait de savoir qui décidait de la nomination de l'abbesse et surtout de déterminer qui avait droit de demander le *datium* aux moniales. L'un des témoins, favorable aux comtes, affirmait le droit des Guidi puisqu'il avait entendu dire « que le comte Guido avait protégé le monastère de tous ses opposants à savoir du châtelain de Montegrossi, des autres Allemands et des Florentins[174] ». Agnese, l'une des moniales de Rosano – elles-mêmes divisées – prenait le parti du comte en rappelant que ce dernier les avait libérées des consuls de Florence, parmi lesquels elle ne connaissait qu'Uberto di Bernardo *degli Adimari*, venus « pour exiger le *datium* et la *libra*[175] ». Quelques années plus tard, depuis les collines du Chianti qui marquaient la limite méridionale du comté de Florence, l'abbé Ugo demandait à l'empereur Otton IV d'accorder sa protection aux moines de Coltibuono et d'empêcher « qu'aucune commune, aucune cité ou qu'aucune personne grande ou petite, pourvue de charge ou privée, qu'aucun duc ou marquis[176] » n'exigeât de paiement. Il s'agissait de défendre une richesse humaine et foncière – les moulins et les colons dépendant du monastère étaient cités en premier – contre l'appétit d'une foule bigarrée de *potentes*. Adressée à l'empereur, à l'occasion de son passage en Toscane, la requête fut, semble-t-il, sans effet[177]; par la suite, le malheureux candidat guelfe

---

[173] Passerini 1876 ; Davidsohn 1898 ; pour une édition des dépositions, voir Strà 1982, p. 242-274 ; une édition plus récente, dans Bagnai Losacco 2010.

[174] *Ibid.*, p. 22, § 15, *Alcherinus de Alpignano* [...] *dicit se audisse quod comes Guido defendit monasterium de Rosano ab omnibus suis inpugnatoribus, et nominatim a castellano de Montegrossoli et aliis Teutonicis et a Florentinis.*

[175] *Ibid.*, p. 28, § 26, *Agnessa, monialis que fuit de Rosano, jurata dixit* [...] *quod, alio anno transacto, consules de Florentia, et nominatim Ubertus Bernardi et alii de quibus non recordatur, quia nec cognoscit, iverunt ad monasterium de Rosano, pro datio et libra, et abatissa Tedora dixit, presente ista et aliis monialibus, habitito consilio cum eis, quod non daret aliquid sine licentia comitis.*

[176] Kehr 1907b, p. 366, *Ugo sancti Laurentii de Cultubuoni humilis abbas, quatinus monasterium ipsum sub Dei et vestra protectione suscipiatis, prohibentes, ut nullum commune, nulla civitas, nulla denique magna sive minor, honorata seu privata persona, nullus dux sive marchio nullusque qualibet potiens dignitate a dicto monasterio faciat aliquam munerum exactionem. Molendina etiam gualcherias et colonos et villanos et possessiones et bona et jura dicti monasterii, monachos etiam et oblatos et omnes personas ibidem Deo famulantes sub dextera vestre protectionis suscipite*; aussi *CRSGF*, 224.237, n° 558, p. 134-135.

[177] En 1209 ou 1210, l'abbé Benigno de Santa Maria di Vallombrosa avait obtenu de l'empereur Otton IV, alors à Poggibonsi, la confirmation des privilèges impériaux accordés par ses prédécesseurs aux monastères de l'ordre vallombrosain, *Diplomatico, Vallombrosa*, 1209 (8388), Böhmer – Ficker – Winkelmann 1881, p. 98, 99, n. 310 ; Volpini 1969, p. 326 ; Vasaturo – Monzio Compagnoni 1994, p. 62, n. 366, on retrouvait dans le diplôme un texte très proche de la supplique adressée par l'abbé de Coltibuono.

au trône impérial devait se révéler bien incapable de porter secours à
une abbaye italienne. Au début du *Duecento*, l'abbé de Coltibuono se
voyait comme le garant d'un patrimoine constitué inséparablement de
biens matériels et d'hommes – une *familia* étendue de la communauté
des moines jusqu'aux *coloni* – et attendait la protection de l'empereur
face aux exigences fiscales de ses puissants voisins. Les abbés avaient
autant à craindre de l'instabilité politique et du chevauchement des
prérogatives que de la fiscalité elle-même. Le décès d'Henri VI et la
constitution de la Ligue de San Genesio (1197) mirent fin à la tentative
de «restauration souabe»[178]. Si la politique Frédéric Barberousse et
de son fils avait localement visé à assurer le passage des troupes impériales à travers les Alpes et dans les territoires de l'Italie centrale[179],
elle eut pour conséquence la mise en place accélérée d'un cadre politique structurant, pour plusieurs décennies, les oppositions politiques
et définissant en même temps les modalités du contrôle territorial[180].
Ce n'est sans doute pas un hasard si l'on décèle, dans les *diffinitiones*
de cette époque, un souci plus marqué de distinguer localement les
droits, les propriétés et le pouvoir de chacun[181]. Ce sont en effet des
procédures mobilisant en nombre les hommes et les femmes – les auditions de témoins[182] ou encore les serments collectifs – que les pouvoirs
concurrents semblent privilégier pour forger des compromis[183].
L'enquête était, au Moyen Âge, un outil de gouvernement et l'instrument d'une mise en scène du consentement[184], et permettait aux popu-

---

[178] Delumeau 1996, vol. 2, p. 1011.

[179] Tabacco 1970, p. 173.

[180] Cortese 2017a, p. 74-80.

[181] Voir plus haut pour la *diffinitio* de 1217, à Vallombrosa. Dans le fonds de
Montescalari, on trouve un arbitrage présidé par l'évêque de Fiesole et l'abbé de San
Salvi pour établir les compensations que les abbés doivent verser au prêtre de l'église
de San Miniato a Robbiano pour les dîmes qu'il ne perçoit pas sur certaines localités
et la *diffinitio* des limites entre les terres relevant du castello de Celle et de Cintoia
sur le massif sud-est de l'abbaye de Montescalari, *Diplomatico, S. Vigilio di Siena*,
1184/06/12 (6416 et 6417), 1191/02/23 (6797, en 1192). Dans le fonds de Coltibuono,
on trouve une déposition à propos des droits respectifs des abbés de Coltibuono et du
prêtre de Cavriglia, ainsi qu'un jugement des évêques d'Arezzo et de Fiesole contraignant la remise de la moitié de certains *castelli* à Adalasia, ex-épouse d'Albertino.
Quelques documents des années 1210-1220 informent sur les désaccords qu'avaient
deux Firidolfi sur leurs propriétés du *castello* de Vertine, *Diplomatico, Coltibuono*,
119(*) (7397, *RC* 538), 119(*) (7398, *RC* 539), 121(*)/11/16 (9499), *CRSGF*, 224.232,
p. 204-210, n° 596 et p. 230-233, n° 606 (documents de 1225 et 1230).

[182] Sur l'enquête au Moyen Âge voir Gauvard – Bougard – Chiffoleau 2008;
notamment l'article de Provero 2008; plus récemment, et pour la France, voir
Dejoux 2014a.

[183] C'est ainsi que le Pape Alexandre III entend régler la question des limites
entre les diocèses de Sienne et d'Arezzo vers 1177-1180, Pasqui 1899, n° 389,
p. 519-573; Delumeau 1982; Redon 1994, p. 84-87.

[184] Dejoux 2014b, p. 271-272.

lations dominées d'intervenir dans le jeu politique[185] ; dans l'enquête diligentée par le Pape Alexandre III pour déterminer les limites des diocèses d'Arezzo et de Sienne, la parole d'un individu travaillant aux champs pouvait être prise en compte en même temps que celle des puissants[186]. Ces procédures servaient à la prise en main des communautés par de nouveaux pouvoirs politiques et participaient à la création de nouveaux territoires[187].

3.3.2. *L'influence des grandes seigneuries laïques*

On a jusqu'ici considéré la place des seigneuries monastiques de Vallombrosa, Montescalari et Coltibuono sans envisager d'autres constructions politiques. Les chartes du *Diplomatico* ont été essentiellement transmises par des seigneuries ecclésiastiques et offrent peu d'informations sur les pouvoirs laïques qui comptent pourtant tout autant au XIIIe siècle. La puissance atteinte par les comtes Guidi à la fin du XIIe siècle et au XIIIe siècle a cependant laissé assez de traces pour que le rôle d'encadrement de leur vaste seigneurie soit rappelé ici. En 1164, l'empereur Frédéric Ier avait reconnu au comte Guido VII dei Guidi une confirmation du *dominium* qu'il exerçait sur une vaste portion du comté de Florence, sur le territoire de Pistoia et sur les Appennins, le document mentionnait, entre autres possessions, de nombreux *castelli* du territoire florentin[188]. On trouvait, entre autres localités, le nom des villages fortifiés de Ristonchi, de Magnale *cum curte sua*, celui d'Altomena près de Vallombrosa ainsi que les *castelli* de Barbischio, Montaio, Montegonzi, Ricasoli, pour moitié, et de Montevarchi dans le Chianti et le Valdarno Supérieur. Ce privilège ne donne pas une photographie du pouvoir exercé réellement par les Guidi, mais donne une idée assez nette de leurs prétentions et de l'influence exercée par les comtes au milieu des années 1160. En 1164, ils maîtrisaient théoriquement la route reliant Florence à Sienne et Arezzo et laissaient aux seigneurs locaux – les *filii Truti*, les Firidolfi/Ricasoli dans le Chianti – le contrôle de localités moins stratégiques, dans l'ombre des comtes et de l'empe-

---

[185] Sur ce thème voir Provero 2012, p. 161-171.

[186] Pasqui 1899, no 389, p. 519-573, 530, (11) *Froncio de S. Quirico juratus dixit : Nescio quot annorum eram ; scio tamen quia jam bene laborabam in campo ; et cum die quadam essem in campo, ecce episcopus Gualfredus [...] et abstulit unam strichiam de porta plebis, et dixit quod portavit illam pro investitione quam fecerat ei nuntius domini Pape.*

[187] Boissellier 2011.

[188] Appelt – Herkenrath – Koch 1979, no 462, p. 369-371 ; Rauty 2003, 226, p. 298-301 ; des doutes avaient été émis sur l'authenticité de cette version, connue par une copie notariale de 1295, voir ainsi Delumeau 1996, vol. 2, p. 1068, n. 269 ; depuis, l'original a été retrouvé et édité par Kölzer 2003.

reur. L'épisode des violences faites par les Firidolfi/Ricasoli aux moines de Coltibuono et, à l'arrière-plan, les luttes d'influence opposant probablement ces mêmes Firidolfi aux *filii Truti* rappellent le caractère relatif de l'ordre impérial et c'est à la lumière de tels épisodes qu'il faut considérer la prise réelle des comtes sur les communautés du Chianti, du Valdarno Supérieur et du Pratomagno. Le diplôme reflète toutefois un projet cohérent de mise en ordre du territoire et renvoie sans doute l'écho fidèle de l'ambition des comtes[189].

Les dépositions de témoins enregistrées lors de la dispute opposant Florentins et Guidi pour le contrôle de l'abbaye de Rosano apportent de nouvelles informations et offrent l'image d'un pouvoir basé sur des liens de fidélité et de dépendance qui semblent se croiser sans former de structures hiérarchiques clairement identifiées[190]. Les conflits révèlent toutefois, aux yeux des historiens, la capacité des acteurs politiques à dessiner et discuter les fondements de l'ordre qu'ils jugent légitime. Pour affirmer les prétentions des comtes sur l'abbaye, leurs partisans martelaient que le monastère avait été fondé sur un terrain appartenant directement aux comtes Guidi : Menco *de Romena* – « homme » des Guidi en vertu d'un serment de fidélité – avait ainsi entendu dire, à la mort du comte Guido VI († 1154), que le monastère de Rosano avait été construit sur son *allodium*[191]. Dans ces mêmes années, les comtes Guidi, en concurrence avec le pouvoir croissant des Florentins, avaient développé une hiérarchie assez précise les unissant par degré aux communautés qui leur étaient soumises. Dans le Valdarno Supérieur, Marco Bicchierai souligne ainsi l'habitude qu'avaient les comtes de se faire représenter sur place par un vicomte[192]. La Commune florentine, loin d'abolir les pratiques du gouvernement souabe ou héritées des seigneurs laïcs, tendit à les laisser en place et à les reprendre à son compte, en rigidifiant et en affermissant les contours d'un pouvoir qui avait été pensé en des termes plus personnels. En 1236, alors que le pouvoir florentin était désormais mieux assuré dans le Chianti et que la Commune y disposait de relais directs, la seigneurie des Guidi continuait formellement de s'y exercer : ce n'était pas un représentant de Florence, mais du vicomte Guido qui avait été chargé de présider

---

[189] Sur la puissance des comtes Guidi dans le territoire florentin du XIIIe siècle, voir Casini 2020.

[190] Francesconi 2005a ; Bagnai Losacco 2010.

[191] Bagnai Losacco 2010, p. 20, *Menco de Romena juratus dixit, quod est homo comitis et juramento fidelitatis ei tenetur* […] *dicit quod est LX annorum, et recordatur a L annis. Et dicit quod, post motam litem, audivit publice dici quod monasterium de Rosano est in alodo comitis.*

[192] Bicchierai 2005a, p. 95-96, c'est aussi sûrement à l'un de ces vicomtes que se réfère un parchemin de la série Vallombrosa, voir *Diplomatico, Vallombrosa,* 1215/03/29 (8961, en 1216).

une *diffinitio* de terres menées par des représentants de l'abbaye[193].
Dans les années 1260, une partie des territoires entourant la même
abbaye dépendaient encore du comte Simone dei Guidi[194] et de son
vicomte, à l'intérieur d'un territoire défini comme la *villa* de l'Arno[195].
Le pouvoir dont le comte Simone *da Battifolle* hérita au lendemain de
sa victoire contre les Guelfes et le *Popolo* de Florence était une réalité
que la Commune florentine avait profondément transformée et redé-
finie[196]. Non loin de là, dans la Valdambra arétine, les Guidi étaient
maîtres d'une vicomté bien administrée[197] et qui se présentait, dans
la seconde moitié du XIIIe siècle, comme le résultat d'un compromis
avec la Commune d'Arezzo : une réalité institutionnelle relativement
neuve dans les faits, appuyée sur une mince base foncière et subissant
la concurrence directe de la commune[198]. De même dans le Valdarno,
ce ne fut que par à-coups que les Guidi renoncèrent peu à peu aux
centres majeurs de leur seigneurie. En 1254, à l'occasion d'une division, les fils de Guido Guerra III vendaient à Florence le gros *castello*
de Montevarchi, siège d'une vicomté et important nœud de communication de la vallée de l'Arno[199]. Dans l'histoire de leur passage d'un
ordre dominé par la figure lointaine de l'empereur à la constitution
d'un État dominé par la cité, les seigneuries rurales du comté de
Florence durent sans doute passer par une domination laïque moins
connue, mais sans doute influente au XIIIe siècle.

3.3.3. *Vallombrosa : une seigneurie administrée*

À Vallombrosa, des intermédiaires seigneuriaux portant le titre de
vicomtes sont particulièrement présents au XIIIe siècle, dans un rôle
qui fait songer à ce qui s'observe dans la seigneurie des Guidi. À la
différence de ce qui s'observe à Coltibuono ou Montescalari, abbayes
moyennes du *contado* florentin, Santa Maria di Vallombrosa jouis-
sait de l'immunité que lui avaient reconnue plusieurs empereurs[200].

---

[193] *Ibid., Coltibuono*, 1236/10/21 (12021), Cencio di Petro avait donné des
terres à l'abbaye, deux convers s'engageaient, sous l'autorité du représentant, à en
délimiter l'étendue.

[194] Bicchierai 2004.

[195] *Diplomatico, Coltibuono*, 1263/02/06 (16854).

[196] Pirillo 2005.

[197] Bonaini 1851.

[198] Bicchierai 2011, p. 100 : « Ma doveva essere una realtà istituzionale e
signorile non solo più *nuova*, ma anche più debole di quanto si è finora pensato.
Sia per un minor peso di proprietà e potere guidingo nella zona rispetto ai nuclei
di Val di Sieve, Casentino, Romagna [...] sia per la soggezione dei vari castelli [...]
rispetto ad Arezzo. »

[199] Santini 1952, n° 16, p. 48-49 ; n° 18, p. 62-64, voir aussi Casini 2020.

[200] *CRSGF*, 260.126, fol. 7r-72v, les folios indiqués ici correspondent au *liber
privilegiorum* de l'abbaye (Volpini 1969), cartulaire du début du XIVe siècle conte-

Si aucun document du XIIIe siècle n'atteste de la mainmise directe des Florentins sur le puissant monastère, l'influence de ces derniers est évidente dans le choix du vicomte de Magnale, influent intermédiaire dont F. Salvestrini fait avec raison une figure clef des relations de la seigneurie abbatiale avec la commune florentine[201]. Depuis la fin du XIIe siècle, les abbés disposaient d'un officier les représentant dans leurs relations avec les hommes des *castelli* de Magnale et de Ristonchi. La première mention de ce *viscunte* remonte à 1168 sans que ses attributions soient connues et sans qu'il soit possible de rattacher ce dernier à l'une des grandes parentèles du Valdarno Supérieur[202]. Figure d'autorité, ce vicomte apparaît d'abord comme l'un des officiers subordonnés à l'abbé de Vallombrosa. Dans ces mêmes années, l'officier le plus actif était toutefois le «*massarius* de Palco», agent seigneurial recruté parmi les frères convers qui se chargeait des conflits que suscitaient les exigences de l'abbé. Si un document de 1209 faisait ainsi apparaître le vicomte Ottaviano *da Quona*, membre d'une grande parentèle aristocratique, c'était comme témoin d'une renonciation faite au profit du frère convers Benincasa, *massarius* de Palco[203]. Les vicomtes intervenaient pour affirmer l'autorité de l'abbaye sur les communautés de Magnale ou de Ristonchi. Il s'agissait de laïcs, extérieurs à la communauté et à la *familia* des moines, mais servant officiellement à relayer l'autorité de ces derniers. C'est du moins ce que laissent penser les *instrumenta electionis* qui ont été conservés. Par le premier de ces actes connus, daté de 1226[204], l'abbé

nant la copie des diplômes impériaux ou pontificaux concédés à Santa Maria di Vallombrosa depuis sa création. Au dernier folio, Opizo di *Ser* Pipino de Pistoia et Giovanni di Dino de Montevarchi, tous deux notaires de l'évêque de Fiesole, le notaire Paolo di Migliore de Careggio attestent de l'authenticité de ces copies réalisées par Cante di Bonaventura de Florence. Ce dernier, juge et notaire, déclare avoir rédigé ces copies sur soixante-trois folios contigus en respectant les originaux, voir fol. 71r.

[201] Salvestrini 1998, p. 174-180.

[202] *Diplomatico, Vallombrosa*, 1167/01/23 (5577), à l'issue d'un conflit, une quinzaine d'individus de Magnale, liés entre eux comme *sociis* ou *sacramentariis*, devaient promettre d'obéir à don Paolo, camérier de l'abbaye ainsi qu'à Beliotto di Sinibaldo et au vicomte, Sinibaldo di Renucciolo, dernier à être cité; ils acceptaient de placer quelques terres en gage de leur obéissance qui, le cas échéant, pourraient être saisies en réparation des dommages subis. Sinibaldo di Renuccio, ou Renucciolo, est mentionné à d'autres reprises. En 1171 et 1172, il figurait ainsi parmi les témoins de la vente concédée par les seigneurs de Leccio, les *filii Liccesis*, de leurs droits sur le *castello* de Ristonchi à l'abbaye de Vallombrosa; *ibid.*, 1170/02/27 (5696, en 1171), 1171/03/04 (5738, en 1172).

[203] *Ibid.*, 1209/08/10 (8349); sur les *da Quona* voir Cortese 2005.

[204] *CRSGF*, 260.8, fol. 256r-257v, le premier juillet 1226, à Florence, en l'église de San Jacopo *tra' i Fossi*, don Benigno, abbé de Vallombrosa avec l'accord du convers Bianzano et du chapitre, faisait de Ruggero *da Quona* le vicomte des *castelli*, des hommes, des colons de tout le monastère, dans le *districtus* de

don Benigno et Ruggero *da Quona* s'accordaient sur la vicomté des *castelli* de Magnale, Ristonchi et Altomena. On ignore ce qu'était exactement la tâche du vicomte; il est assuré qu'il obtenait la moitié des amendes levées par les représentants de l'abbaye sur les *homines* et les *coloni* de ces différentes communautés. Cet accord, qui en rappelait de plus traditionnels liant une abbaye à son vidame, permettait de formaliser une forme de coseigneurie à un moment de renégociation des assises patrimoniales[205]. C'était, dans le même temps, une porte ouverte à l'influence florentine: les *da Quona* avaient bâti leur pouvoir dans le voisinage de Florence et étaient liés aux consuls de la Commune[206]. Quelques années plus tard, la vicomté fut attribuée à Schiatta di Uberto des Ubertini[207], dans des conditions très favorables à ce dernier et qui confirmaient les liens entre Florence et l'abbaye. la scène s'était déroulée à Florence, au parloir du monastère de San Salvi où don Benigno avait concédé à Schiatta di Uberto « la vicomté des *castelli*, hommes et colons du monastère dans tout le *districtus* de Florence[208] ». Cette vicomté, attribuée pour un an, consistait moins en un territoire qu'en un ensemble de droits sur les hommes des *castelli* de Ristonchi, Magnale et Altomena. Craignant sans doute son influence sur leurs dépendants, l'abbé et le chapitre avaient en revanche interdit à Schiatta di Uberto de profiter de sa position pour forcer les dépendants de l'abbaye à entrer dans sa fidélité[209], tout en l'autorisant à percevoir ce qui relevait du ban de l'abbé. Les Ubertini n'étaient pas seuls à occuper la vicomté; au gré des fluctuations politiques, les bénéficiaires pouvaient changer. En 1232, la charge échut ainsi à Ottaviano Acerbi, membre d'une parentèle à la fois liée au groupe consulaire florentin et qui avait tissé des liens avec l'abbaye de Vallombrosa[210]. Parmi les principaux bénéficiaires, il faut relever la place occupée par

Florence, à partir du 15 août et pour un an, il garderait le *castello*, la tour et les hommes du *districtus* de Magnale, de Ristonchi et d'Altomena. Il devait percevoir la moitié des droits de ban, des peines et de l'*amasciamento*, l'autre moitié allant à l'abbé, en 1227, Ruggero *da Quona* renouvelait ces conventions.

[205] *Diplomatico*, *Vallombrosa*, 1226/06/06 (10355), 1226/08/18 (10380), dans ces mêmes années, les seigneurs de Quona firent de nombreuses donations à l'abbaye de Vallombrosa,

[206] Faini 2009d, p. 33.

[207] Schiatta di Uberto des Ubertini pourrait avoir participé à l'assassinat de Buondelmonte en 1203, il s'agit d'un personnage influent dans la vie politique florentine.

[208] *Diplomatico*, *Vallombrosa*, 1229/03/20 (10780), *Donnus Beningnus* [...] con|cessit Skiatte filio olim Skiatte Uberti vicecomitatum castellorum et hominum et colonorum omnium dicti monasterii ubicumque sunt vel extant in districtu Florentie.

[209] *Ibid., non recipiet aliquem eorum uel eos ad fidelitatem seu in comandatum et quod non faciet et facere faciet| per se vel per alium aliquem acquistum ab eis uel aliquo eorum.*

[210] *Ibid.*, 1231/02/01 (11029, en 1232), sur les Acerbi, voir Faini 2009d, p. 12-13.

les *da Quona*, petits seigneurs d'un *castello* des environs, liés aussi bien aux Guidi qu'à Florence et tout disposés à se charger des relations lucratives entre Florence et la puissante abbaye[211]. En 1226, 1227 et en 1235, Ruggero puis Filippo *da Quona* furent ainsi vicomtes des *castelli* dépendants de l'abbaye de Vallombrosa[212].

Ces élections, comme le suppose F. Salvestrini, représentaient sans doute une forme de compromis entre le monastère de Vallombrosa, l'aristocratie locale et la Commune de Florence qui disposait ainsi d'un droit de regard indirect sur les populations dépendantes des abbés. Quelles étaient concrètement les obligations des vicomtes ? On ne voit guère ces derniers en action, on constate simplement l'intérêt de deux grandes parentèles pour une fonction qu'on devine lucrative[213]. Il n'y avait du reste rien d'étonnant à ce que de bons représentants de la *militia* florentine s'attribuassent ainsi une source de prestige et de revenus en s'appuyant d'une part sur les liens traditionnels qui les unissaient à l'institution monastique – les Ubertini et les *da Quona* étant originaires des territoires situés de part et d'autre de l'Arno, à la confluence avec la Sieve – et en utilisant d'autre part toutes les ressources que pouvait leur conférer la participation au gouvernement de Florence. Lorsqu'on considère la documentation d'empreinte seigneuriale produite et conservée par l'abbaye au XIIIe siècle, la présence constante des Florentins est sensible. Le développement de seigneuries rurales aux assises territoriales bien définies se faisait sans grande contradiction avec le nouvel ordre qui s'installait peu à peu depuis Florence. À s'en tenir à cette documentation : la seigneurie exercée par les abbés de Vallombrosa sur les *castelli* de Magnale, Ristonchi et Altomena semblerait figée dans d'immuables procédures. Élections de vicomtes et serments collectifs se répétèrent ainsi assez régulièrement au cours du *Duecento* ; témoignage du développement d'une nouvelle culture seigneuriale dans l'ombre de Florence.

Les serments collectifs sont l'un des rituels les mieux documentés au XIIIe siècle : on conserve dix-huit documents, assez imposants dans leur forme, et qui reprennent souvent les mêmes termes et émanent des *homines* des *castelli* et des cours dépendant directement de l'abbaye à Magnale et Ristonchi. L'une des attestations les plus anciennes d'un serment prêté collectivement par un petit groupe de dépendants remontait ainsi à l'année 1219[214]. À Magnale, devant le *porticus de*

---

[211] *Ibid.*, 1235/03/19 (11690, en 1236), Filippo *da Quona* prenait la suite, comme vicomte, de Schiatta di Uberto, à des conditions cette fois plus favorable à l'abbaye.

[212] Les élections de 1226 et 1227 ne sont connues que par des copies du XVIIIe siècle, *CRSGF*, 260.9, fol. 256r-257v.

[213] Salvestrini 1998, p. 176-179.

[214] *Diplomatico, Vallombrosa*, 1214/11/14 (8921), le deuxième acte rédigé sur ce même parchemin est daté du 13 mai 1219.

Palco, en présence de deux prêtres, le *massarius* Carnelevare, agissant au nom de l'abbé Benigno, faisait prononcer à Gianni *da Chiasso*, Gianni *da Monte*, Rodolfino *da Fiesso* et Bonaccurso di Ildibrandino. Un serment leur interdisant de vendre ou de donner aucun de leurs biens, les contraignant à demeurer dans la fidélité de l'abbaye, contre tout autre seigneur, homme ou femme ; ils s'engageaient en outre à ne donner ni promettre aucune *comanditia*[215]. Le conflit qui opposait l'abbaye aux fils de Liccese ainsi qu'aux hommes de Sant'Ellero explique probablement ce besoin qu'on avait alors éprouvé de réaffirmer et de renforcer les fidélités, en se saisissant, au moins par la parole – et dans ce cas par l'écrit – des familles évoluant dans la dépendance des petits seigneurs locaux. La nature de ces documents change après 1250, lorsqu'ils deviennent plus nombreux et mettent en scène la fidélité directe des *homines* des *castelli* de Magnale et Ristonchi vis-à-vis de l'abbé de Vallombrosa[216]. On tirerait difficilement de ces documents l'image d'une hiérarchie très articulée entre les différents *castelli* et foyers soumis à l'abbaye. Seul l'ordre des listes laisse ici supposer une plus ou moins grande honorabilité. Dans leur ensemble, ces documents peuvent apparaître comme une manifestation d'une volonté d'associer au pouvoir seigneurial les dépendants de l'abbaye en mettant en place des formes honorables de la dépendance. Dans un serment plus tardif, prononcé en 1262 par les hommes de Magnale, et conservé en double exemplaire, ces dépendants juraient, sur les Évangiles, de demeurer fidèles de l'abbaye et de défendre, avec ou sans armes, leurs possessions et la personne de l'abbé[217]. Le reste du serment était plus usuel, les *fideles* s'engageant à accomplir les services coutumiers, à payer leurs pensions et à ne pas aliéner les biens qu'ils tenaient de l'abbaye.

3.3.4. *Des seigneuries monastiques dans l'ombre de Florence*

Il est difficile de ne pas faire un lien entre la teneur du serment de 1262 et les événements qui, quelques années auparavant en 1258, avaient conduit à la décapitation de l'abbé Tesauro Beccaria, à Florence et en place publique. Cette décapitation politique, voulue

[215] *Ibid.*, Carnelevare [...] *jussit Johanni| de Classo filio olim * * * * ut non daret nec subiceret se neque aliquid de suis bonis mo|bilibus vel immobilibus alicui persone uel loco nec faceret fidelitatem nec acquireret| dominum neque dominam, nec daret neque promitteret comanditiam alicui pro se vel per alium aliquo modo vel ingenio.*

[216] En distinguant les serments prononcés par les hommes de chacun des *castelli*, on en dénombre une vingtaine qui concernent les *castelli* de Magnale, Ristonchi ainsi que les *villae* de Caticciano et Sant'Andrea a Tosi dépendantes du *castello* de Magnale ; certains de ces serments collectifs sont conservés en deux ou trois exemplaires entre le *Diplomatico* et le *liber privilegiorum* de l'abbaye.

[217] *CRSGF*, 260.126, fol. 68r-69r, avec un renvoi explicite aux *instrumenta* copiés sur le cahier de parchemin désigné ici par la cote moderne D7 ; *ibid.*, fol. 94v.

par les Anciens, dans un contexte d'affirmation du *Popolo*, s'explique par les liens qu'entretenaient l'abbé et le parti impérial. E. Faini a bien expliqué qu'il fallait voir dans cette exécution politique, un indice des relations depuis longtemps tissées entre les familles de l'aristocratie gibeline et les abbayes de Passignano ou Vallombrosa[218]. Depuis les années 1220 au moins, par la nomination de vicomtes, les consuls de Florence intervenaient indirectement dans la seigneurie monastique vallombrosaine[219]. Dès les années 1230, à l'issue d'un long conflit contre Sienne, la Commune florentine faisait directement établir les listes des *fideles* dépendant de l'abbé de Passignano ou de Coltibuono aux confins méridionaux du *comitatus*[220]. Dans les années 1250, sous l'autorité du *Popolo*, il y avait donc plusieurs décennies que les affaires d'une seigneurie monastique aussi importante que Santa Maria di Vallombrosa intéressaient de très près les autorités florentines. Le ressentiment du gouvernement des Anciens et du *Popolo* était sans doute alimenté par le vieux conflit opposant les vallombrosains aux moniales de Sant'Ilario di Alfiano. Contre le pape Alexandre IV et contre son légat en Toscane, Ottaviano degli Ubaldini, le gouvernement du *Primo Popolo* avait en effet refusé l'expropriation des moniales au profit des moines[221]. Rien de ce qui pouvait regarder l'abbaye de Vallombrosa n'échappait, au XIIIe siècle aux dynamiques florentines. Les églises de l'ordre vallombrosain servaient à construire l'espace liturgique de Florence et il était naturel que ces dernières eussent part à la vie politique de la cité[222]. Cette présence de la ville voisine pouvait toutefois conduire les abbés à renforcer leur prise sur les populations dominées, tout en reformulant les conditions de la domination exercée sur ces derniers. Dans certains des serments prononcés par les hommes de Ristonchi et de Magnale, en 1263, le lexique s'enrichissait et les *fideles* devenaient cette fois *feudatarios* et *glebe ascriptos*[223].

---

[218] Faini 2009b.

[219] Salvestrini 1998, p. 176-179, voir aussi *CRSGF*, 260.9, fol. 256r-257v, les vicomtes responsables des *castelli* de Magnale et Ristonchi sont recrutés parmi les membres de l'aristocratie consulaire.

[220] *Diplomatico*, *Coltibuono*, 1232/04/26 (11210); *Passignano*, 1233/05/04 (11362), voir aussi Plesner 1934, p. 224.

[221] Raspini 1982, p. 175-179, c'est sous l'abbatiat de Dionisia (1228) que le monastère fut officiellement supprimé et réuni à l'abbaye de Vallombrosa par la Bulle du 28 décembre 1253. La résistance des moniales et de leur abbesse, soutenue par les Florentins, explique en partie l'interdit prononcé sur la cité de Florence le 9 décembre 1255. Malgré les confirmations pontificales de la suppression, ce n'est qu'en 1268-1269 qu'un accord fut finalement trouvé, les moniales devant se rendre au monastère urbain de San Pancrazio de Florence et y vivre aux frais des moines vallombrosains.

[222] Salvestrini 2012.

[223] *CRSGF*, 260.126, fol. 55r-v, le 14 janvier 1263 (1262 en style florentin) serment des hommes de Magnale.

Feudataires, car bénéficiant d'une tenure qualifiée de fief et liés par un serment aux abbés, mais toujours liés à la glèbe comme colons. Ces feudataires juraient d'accomplir les services et de payer les pensions et s'engageaient, surtout, à faire tenir le même serment à leurs fils. Plutôt qu'interpréter cette fidélité rustique comme une dégradation des relations vassaliques, ces formes mineures de la vassalité, bien étudiées par Bruno Castiglioni pour la Vénétie, paraissent résulter de l'effort déployé par les abbés pour préserver une forme de contrôle sur les communautés qu'ils dominaient juridiquement, mais qui tendaient à s'émanciper économiquement du poids exercé par l'abbaye[224]. Sans doute s'agissait-il aussi d'empêcher ou de freiner l'affirmation locale de communes rurales autonomes ou directement soumises à Florence.

Les statuts publiés en 1253 sous l'abbatiat de Don Tesauro, à l'époque même où l'on faisait prononcer aux dépendants de l'abbaye leurs serments d'hommes et de fidèles, ont été édités par F. Bonaini, ils donnent une image très précise d'une seigneurie fonctionnant comme une institution bien ordonnée[225]. Dans ces vingt-cinq statuts, les abbés reconnaissaient, en la plaçant sous une double autorité, l'*universitas* des hommes de Magnale. Cette dernière était d'une part soumise aux abbés et à la congrégation vallombrosaine, et obéissait d'autre part à la Commune de Florence, c'est-à-dire au Podestat, au Capitaine du Peuple et aux Anciens. Si les statuts confirmaient des pratiques déjà anciennes à cette date – l'exercice d'une justice par le *massarius de Palco*[226] et l'autorité supérieure du vicomte – c'était sans doute le voisinage florentin qui avait poussé à la rédaction de ces statuts inscrivant la seigneurie dans un cadre dominé par le *Popolo* florentin. L'un des statuts insistait sur la nécessité de respecter les intérêts de la Commune urbaine[227]. Ces statuts étaient conformes à la vie d'une communauté soumise à la seigneurie d'une abbaye ne contredisaient pas les valeurs des nouveaux conseils urbains et du collège des Anciens[228]. Les *univer-*

---

[224] Castiglioni 2010, p. 130-131, le langage féodal s'imposait dans le cadre de services particuliers et bien individués se distinguant des habituelles corvées. Il s'agissait à la fois de conserver le contrôle sur les élites et de donner un cadre à leur croissance.

[225] Bonaini 1851, p. 63-65.

[226] *Ibid.*, p. 63-65, dans les statuts de 1253, les prérogatives du *massarius* allaient jusqu'aux amendes pour le viol des femmes (60 sous de Pise), le vol, les coups et ce qui relevait d'une police agraire et d'une police des mœurs, les deux insultes interdites étant *meretrix* (prostitué) et *bozza*, il était de même défendu de jouer aux *tassilos*, d'être *jusor*, de manger dans une taverne ; les dépendants étaient bien entendu tenus d'accomplir leurs services et ne devaient pas aliéner leurs terres. Les amendes étaient prioritairement payées par une mise en gage des terres.

[227] Bonaini 1851, p. 65, *salva semper in omnibus jurisdictione et dominatione Comunis Florentie.*

[228] Diacciati 2011, p. 183-191.

sitates de Ristonchi et de Magnale étaient désignées comme des collectivités légitimes : rien ne laissait toutefois supposer une plus grande ouverture des seigneurs-abbés aux décisions de ces communes dont les statuts ne disaient rien. Au-delà du personnel directement soumis à l'abbé, le *massarius* de Palco, et d'un vicomte servant de lien entre Florence et la Vallombreuse, nul espace institutionnel n'était théoriquement prévu pour donner une expression aux dynamiques et hiérarchies internes aux communautés d'habitants de ces *castelli*[229]. Dans les décennies qui suivirent, ces *universitates* firent néanmoins la preuve de leur capacité de résistance aux abbés[230]. À partir des années 1230, qu'on regarde vers les montagnes de Vallombrosa ou dans le Chianti, les seigneuries monastiques ne songent plus à la protection impériale pour défendre l'intégrité de leur patrimoine. Bon gré, mal gré, les acteurs politiques locaux entrent dans une partie politique qui se joue désormais à l'échelle d'un territoire dominé par la cité. En 1239, en l'église urbaine de Santa Trinita, le Conseil des Quatre-vingt entérinait la protection, par la Commune, des moines de Coltibuono et déclarait, dans les jours suivants, la mise au ban de tout individu qui attenterait aux biens de l'abbaye[231]. Le poids des consuls florentins dans le quotidien des abbayes s'était fait sentir dès la fin du XIIe siècle. En 1195, l'abbé Martino de Vallombrosa avait fait reconnaître à un tribunal florentin siégeant dans la cour de San Michele in Orto le statut d'*homines et colonos* pesant, selon lui, sur les dénommés Petro, Compagno et Restauro[232]. Le juge n'avait pas entièrement donné raison aux moines et s'était contenté de contraindre les personnes incriminées à payer chacun un quart des sept deniers de pension, les libérant des corvées. Si les tribunaux florentins ne donnaient pas systématiquement tort aux colons contre les seigneurs ecclésiastiques, ces derniers prirent rapidement l'habitude, par choix ou par nécessité, de soumettre ces questions aux tribunaux citadins[233]. L'insertion des communautés rurales et des seigneuries les encadrant se faisait par le biais des tribunaux ; elle se faisait aussi par le biais des exemptions fiscales qui pouvaient, de manière paradoxale, renforcer l'encellulement seigneurial dans un cadre dominé politique dominé par la Commune. En 1220, l'abbaye de Vallombrosa obtint ainsi de magistrats florentins la recon-

---

[229] Taddei 2011.

[230] Salvestrini 1998, p. 191-194.

[231] *Diplomatico, Coltibuono*, 1239/08/25 (12507), édité dans Santini 1895, p. 466, *CRSGF*, 224.237, n° 659, p. 352, acte du 17 septembre 1239.

[232] *Diplomatico, Vallombrosa*, 1195/05/19 (7101), l'abbé réclamait de ses dépendants une *pensio* annuelle de 7 deniers et des redevances annuelles consistant en une certaine quantité de figues (*pigna ficum*), trois corvées de bœufs, autant de corvées de bats avec un âne, deux poulets, deux poules, un *staiale* de vin et deux pains.

[233] C'était aussi le cas des évêques de Florence, voir Dameron 1991, p. 98-100.

naissance des liens de dépendance qui l'unissaient à sept individus[234]. Pour bénéficier d'une exemption fiscale, ces individus, qui étaient pour certains d'entre eux d'importants rouages de la seigneurie abbatiale, avaient accepté de reconnaître leur condition de colon en présence de magistrats citadins[235]. Les juges avaient en effet le droit de considérer l'exemption de personnes relevant de certaines catégories, les hommes d'un autre homme, les alleutiers, les citoyens d'une autre cité ou les chevaliers non nobles du *contado* florentin[236]. On retrouvait parmi les magistrats citadins, Ottaviano Acerbo *da Quona*, qui devait par la suite exercer la charge de vicomte de l'abbaye et confirmait ici sa position double ; à la fois membre du groupe dirigeant citadin et pleinement seigneur rural. Toute anodine qu'était cette décision, elle contribuait à faire du tribunal citadin le lieu où se jouait une partie des critères définissant le statut social des familles d'un petit territoire de montagne.

Au XIIIᵉ siècle, les institutions vallombrosaines se mirent à fonctionner de plus en plus comme des relais institutionnels de la Commune[237], près de Vallombrosa et dans le Valdarno Supérieur, c'était déjà sensible dans les premières années du *Duecento*, dans les années 1230, c'était le cas dans toute la partie méridionale du *contado*. L'affirmation d'un régime de *Popolo* ne fit sans doute que renforcer cette tendance. En 1255 ou 1256, d'une manière qui était peut-être plus systématique, les Florentins affirmèrent ainsi leur contrôle des hôpitaux destinés à l'accueil des pauvres et des malades[238]. Les exigences militaires conduisaient la Commune à envisager un contrôle direct des places fortes voisines des abbayes. Près de Coltibuono, dans le Chianti, les autorités florentines se mirent d'accord avec les seigneurs des *castelli* de Tornano et de Lecchi in Chianti pour transformer les collines entourant l'abbaye en un confin militarisé contre Sienne. Il faut supposer que la Commune ait en même temps exercé un contrôle sur l'abbaye de Coltibuono, relais essentiel de la maîtrise d'une ligne de colline entre le

---

[234] *Diplomatico, Vallombrosa*, 1219/03/10 (9404, en 1220), publié dans Santini 1897, n° 6, p. 297-298, dans un acte de l'année précédente, Orlandino di Cacciaguerra avait donné tous ses biens à l'abbaye de Vallombrosa, *ibid.*, 1214/11/14 (8921, le quatrième acte est de mai 1219) ; voir plus loin chapitre 4.

[235] *Ibid.*, 1214/11/14 (8921), *se esse homines et colonos atque sedentes ipsius monasterii Vallisumbrose*.

[236] *Ibid.*, *residebant pro comunis Florentie super inpo|sita datii et accaptus hominum alterius et allod(eriorum) atque civium salvaticorum et militum non nobilium comitatus Florentie tollenda*. Le *cives selvaticus* pourrait renvoyer au citoyen d'une autre cité plutôt qu'au citoyen installé florentin résidant en campagne. Il s'agissait très probablement des cas où les juges avaient à statuer sur d'autres critères que le simple statut, les *nobiles* étant, à en croire W. R. Day, déjà exempté du *datium*, voir Day 2000, p. 106, n. 173.

[237] Il en va de même à Sienne, à la même époque, voir Redon 1994, p. 194-208.

[238] Diacciati 2011, p. 630-631.

Valdarno Supérieur et la Val d'Ombrone. L'abbaye eut d'ailleurs à souffrir de sa situation frontalière : une Bulle du Pape Grégoire IX témoigne en effet des dommages infligés par les Siennois aux *curtes* d'Argenina et de Monteverdi à l'occasion des guerres entre Florence et Sienne[239].

Au regard du pouvoir exercé à la même époque par certains de leurs homologues, les abbés de San Cassiano a Montescalari et de San Lorenzo a Coltibuono n'étaient certainement pas de grands seigneurs. Les abbés de Vallombrosa, en revanche, exerçaient, aux XIIe et XIIIe siècles, une autorité sur plusieurs *castelli* et n'avaient rien à envier à d'autres ecclésiastiques. S'il faut qualifier plus précisément la domination exercée par les abbés, les moines et leurs représentants, il paraît difficile de parler d'une seigneurie forte ou faible sans tomber dans le piège d'une impossible comparaison. À l'échelle européenne, et à l'échelle même de la Marche de Toscane, il est permis de suivre C. Wickham lorsqu'il fait du territoire florentin un pays de seigneurie faible[240]. Le *comitatus* florentin n'en était pas moins un pays de seigneurs : une foule de protagonistes de rangs et d'états très divers se partageant les instruments légitimes de la domination sur les hommes. Ces instruments qualifiés de *légitimes* sont ceux sur lesquels l'ensemble des acteurs semblent alors s'accorder et qui servent à déterminer la place du seigneur : le droit, dans des conditions précises, de saisir les biens ; l'obligation consistant en retour à exercer une protection ; la capacité à mener les hommes à la guerre ; la prestation des serments ; la propriété des murs et des tours des *castelli ;* la perception de certaines redevances[241]. Ces instruments de la domination seigneuriale sont connus en Toscane et sont ceux qu'on retrouve en d'autres régions d'Italie. Loin d'être étrangers à l'ordre seigneurial, les moines se saisissaient de ces instruments et participaient aux mêmes logiques de domination. De ce point de vue, la distinction proposée par S. Carocci entre la force d'une seigneurie et sa *pervasività*, c'est-à-dire sa capacité à peser quotidiennement sur la vie des populations, pourrait s'avérer intéressante[242]. Les trois pouvoirs monastiques considérés ne se présentèrent jamais, à l'exception de l'abbaye de Vallombrosa, comme des seigneuries fortes. Leurs prérogatives judiciaires et militaires reconnues étaient très limitées et l'abbaye de Vallombrosa ne développa pleinement sa puissance territoriale qu'à l'ombre généreuse, mais vigilante de la Commune florentine.

---

[239] ASSi, *Diplomatico, Riformagioni*, 1234/09/24, n° 0488 (528000986).
[240] Wickham 1996b.
[241] Collavini 2009 ; 2012b.
[242] Carocci 2014, p. 61-62.

CHAPITRE 4

PARENTÉS ET MOBILITÉS AUX XIIe-XIIIe SIÈCLES : LES ÉVOLUTIONS DE LA DISTINCTION SOCIALE

> L'ultimo Salina era lui, il gigante sparuto che adesso agonizzava sul balcone di un albergo. Perché il significato di un casato nobile è tutto nelle tradizioni, nei ricordi vitali ; e lui era l'ultimo a possedere dei ricordi inconsueti, distinti da quelli delle altre famiglie[1].

À la fin du XIVe siècle, le Florentin Lapo di Castiglionchio considérait avec orgueil les origines de sa propre famille[2]. N'était-il point le descendant des seigneurs de Volognano et des *da Quona* connus avant le XIIIe siècle et évoqués dans les chroniques ? Peu nombreux étaient ses contemporains qui pouvaient en dire autant[3]. Si les Florentins du bas Moyen Âge reconnaissaient volontiers le rôle que pouvaient jouer la bonne et la mauvaise fortune et ne s'étonnaient pas outre mesure de voir évoluer la condition sociale d'un individu, ils continuaient de tenir l'origine en haute estime. C'était en vertu de l'appartenance à une parenté prestigieuse que se définissait d'abord la grandeur. Dino Compagni, chroniqueur des années 1290-1300 pourtant peu favorable aux grands et à la morgue de l'aristocratie florentine, témoignait de la considération qu'on avait pour les grandes parentèles. Si *messer* Bonacorso degli Adimari était un « grand », cela tenait d'abord à son appartenance à une grande « maison » et à l'étendue de ses possessions[4]. Ses mérites personnels n'enlevaient rien, bien au contraire, au prestige dont il était paré. Et si l'on acceptait les changements de la Fortune et ses caprices, nul ne se retenait de moquer les parvenus qu'elle avait élevés au-dessus de leur condition[5]. Naître donnait des droits. La naissance de Baschiera Tosinghi, autant que sa participation aux luttes guelfes auraient dû lui valoir une récompense : privé de ce qui lui revenait de droit, il avait pris les armes contre son parti et sa

---

[1] Tomasi di Lampedusa 2010, p. 241.
[2] Pour la parentèle vécue et assumée comme telle, on parle ici de famille, en suivant les usages des spécialistes de la période, voir ainsi Chabot 1999.
[3] Klapisch-Zuber 1998 ; Sznura 2005 ; Chabot 2012.
[4] *Cronica*, livre 1, chapitre 3 (Compagni 2000, p. 6) : « Perché uno nobile cittadino cavaliere, chiamato messer Bonaccorso degli Adimari, guelfo e potente per la sua casa, e ricco di possessioni, montò in superbia con altri grandi. »
[5] Crouzet-Pavan 2010.

consorteria[6]. L'idée commune de mobilité sociale est celle d'un dépla-cement dans un cadre qu'on suppose relativement fixe, une ascension ou une régression de l'échelle sociale et de ses différents paliers[7]. Il est aisé d'apercevoir les limites de cette métaphore *scalaire*. Maniée sans précautions, elle risque de naturaliser les hiérarchies sociales et fonc-tionne en outre moins bien dès lors qu'on s'intéresse à une période de transformation des critères servant à définir l'ordre hiérarchique légi-time. En l'absence d'un cadre institutionnel fixe, l'une des façons d'éva-luer une mobilité sociale demeure néanmoins la comparaison, pour ainsi dire spontanée, entre la position sociale atteinte par un individu en un moment donné et celle de ses parents, entendus au sens large. Cette comparaison ne saurait épuiser l'analyse d'une position sociale : elle permet néanmoins d'esquisser une trajectoire familiale, une para-bole, qui dit toujours quelque chose de l'évolution d'une société. C'est en dessinant de telles trajectoires qu'on met en évidence les mobilités géographiques et sociales qui, en un demi-siècle, font passer les paren-tèles de *domini loci* de leurs *castelli* aux enceintes des villes[8] ; elles permettent, ce faisant, un renouvellement local des élites, les paren-tèles seigneuriales, liées à l'aristocratie, laissent place à des parentèles de notables locaux dont les descendants finissent par émigrer en ville, en différentes strates de populations. Le schéma d'une émigration par « strates » est celui qu'a d'abord mis en évidence J. Plesner : il paraît trouver une illustration dans les recherches menées par P. Pirillo sur les *Franzesi Della Foresta* de Figline et trouve un écho plus large dans les études sur l'Italie communale[9]. La composition de ces trajectoires sociales sert lorsqu'elle permet de mettre en évidence les évolutions sociales, elle ne saurait toutefois se substituer au travail sur l'évolution des formes de la domination. Des parentèles ou des individus sont ainsi rapportés à une essence aristocratique ou plébéienne qui ne les abandonne que progressivement à mesure qu'ils se déplacent dans un espace social supposé fixe[10].

---

[6] *Cronica*, livre 24, chapitre 112 (Compagni 2000, p. 73) : « Baschiera Tosinghi era uno giovane figliuolo d'un partigiano cavaliere, nominato messer Bindo del Baschiera, il quale molte persecuzioni sofferì per parte guelfa, e nel castello di Fucecchio perdé uno occhio per uno quadrello gli venne, e nella battaglia cogli Aretini fu fedito e morì. Questo Baschiera rimase dopo il padre : dovendo avere degli onori della città, come giovane che 'l meritava, ne era privato, però che i maggiori di casa sua prendevano gli onori e l'utile per loro e non li accomunavano. »

[7] Sur la mobilité sociale, voir Carocci 2010, ainsi que les différents volumes issus d'un programme de recherche Tanzini – Tognetti 2016 ; Gamberini 2017 ; Carocci – De Vincentiis 2017 ; Carbonetti Vendittelli – Vendittelli 2017 ; Carocci – Lazzarini 2018 ; Collavini – Petralia 2019.

[8] Cammarosano 1997.

[9] Plesner 1934 ; Pirillo 1992.

[10] Pareto 1980, p. 942, « Il progresso della feudalità ha alcunché di simile al progresso dei sindacati nostri ; lo studio di questo, che segue sotto i nostri occhi, giova,

La première question à se poser est celle du nom. Qu'était-ce qu'une famille et pourquoi lui préférer, ici, la notion de parentèle? Que doit-on aujourd'hui englober sous ce terme? La Maison, la vaste *consorteria* ou encore le foyer domestique? Dans la langue usuelle du *Trecento*, le terme de *famiglia* servait à désigner la parentèle qu'on appelait aussi *casa* ou *casata* (maison). Le plus souvent, le mot de *famiglia* désignait néanmoins le groupe domestique qui organisait la vie d'un foyer[11]. La parentèle, terme de l'historien, englobe, plus précisément, «un ensemble de personnes unies par des liens reconnus de consanguinité et d'alliance[12]». C'est le terme qu'on emploie ici pour décrire les groupes de consanguins en préférant celui de foyer pour désigner l'unité de base de ces parentèles, celle qui organisait la subsistance. Sans exagérer l'ampleur des obstacles, il faut souligner un écueil majeur. Les difficultés se font jour lorsqu'on cherche à identifier les liens de consanguinité existant entre individus, quoique les auteurs de la documentation n'aient pas eu à cœur de masquer ces liens, il faut aujourd'hui les reconstruire, les supposer en s'appuyant sur un faisceau de présomptions. Et cette difficulté croît à mesure qu'on s'intéresse aux populations dominées. On se trouve ici confronté, à un triple décalage : entre les usages des historiens et ceux des anthropologues ; entre les désignations des historiens et celles de la documentation ; entre les habitudes historiographiques française et italienne. Ces dernières années, les historiens français ont pris le parti d'un usage prudent et limité de la notion de lignage, préférant celui de lignée pour décrire les parentèles aristocratiques fondées sur la filiation indifférenciée, cognatique ou, c'est-ce qui l'emporte dans les territoires étudiés ici, sur la filiation agnatique[13]. Les historiens italiens

per meglio intendere quello, più remoto e meno noto ; viceversa, il poco che del fenomeno passato sappiamo non è inutile per acquistare chiari concetti del moderno», la comparaison établie par V. Pareto entre la montée des syndicaux ouvriers et la progression de la féodalité dans le bel ordonnancement carolingien témoigne de sa vision de l'histoire comme une grande répétition. Sans qu'on puisse toujours établir une filiation directe, cette appréhension de l'histoire paraît assez typique de celle que l'on retrouve dans plusieurs travaux d'historiens italiens de l'entre-deux-guerres.

[11] On trouve un exemple de cet usage dans une nouvelle de Sercambi, *De vidua libidinosa* (Novella LXX). Orsarella degli Strozzi, jeune veuve encore pleine d'appétits, vit avec son frère Matteozzo Strozzi, homme marié, et ils forment ensemble une «famille» dans la mesure où ils mettent toute chose en commun et vivent sous le même toit ; voir Sercambi 1995, vol. 1, p. 593 : «faccendo insieme una famiglia ; et a una mensa mangiavano e tutte cose acomunecavano innella vita.»

[12] Guerreau-Jalabert – Vauchez 1997, vol. 1, p. 579-580.

[13] La lignée est un groupe de filiation dont les membres se rattachent à un ancêtre peu éloigné. Le lignage, plus vaste, suppose la conscience de descendre d'un même ancêtre et la capacité des membres du groupe de filiation à composer leur généalogie. Rien n'est moins certain pour les familles aristocratiques des XIᵉ et XIIIᵉ siècles au vu de la complexité des schémas de filiation.

continuent en outre d'avoir un ample recours aux dérivés de l'adjectif latin *consors :* les substantifs *consorteria* ou *consorzio.* Une pratique qui renvoie à la fréquence des patrimoines indivis et qui permet de décrire en termes suggestifs les fratries et leurs clients, très actifs dans la vie politique et sociale des communes italiennes. Pour évoquer les parentèles dominantes, les Florentins de la fin du XIIIᵉ siècle parlaient souvent de grandes « maisons » en évoquant des réalités sociales dépassant les individus et qui organisaient les groupes de filiation autour de la transmission d'un patrimoine matériel et immatériel[14]. Parler de « sociétés à maison » pour le territoire florentin ouvrirait toutefois la porte à d'autres problèmes et ferait croire, à tort, à des sociétés fixes où le patrimoine commanderait la structure familiale. Les siècles envisagés sont au contraire caractérisés par des évolutions constantes et parfois contradictoires. Dans ces décennies marquées par une forte compétition entre différents regroupements d'individus, deux logiques de transmission cohabitaient : l'une où la transmission des patrimoines matériels et symboliques commandait la structure des *consorterie* – élargissant au besoin ces dernières au-delà de la parenté – ; l'autre où le groupe s'organisait fortement autour de la lignée agnatique. Ce qui paraît l'emporter, en somme, c'est « la soumission des pratiques et discours parentaux aux impératifs de domination sociale et de reproduction de cette domination[15] » et ces pratiques changent à mesure qu'évoluent les règles de la domination sociale. Si certaines parentèles s'affirmèrent localement en construisant un statut seigneurial, d'autres développèrent précocement les formes d'une domination fondée sur la médiation. La distinction si évidente entre groupes dominants et subalternes peut du reste se trouver brouillée par l'étude des territoires les mieux documentés.

4.1. D'UNE ÉLITE À L'AUTRE : *DOMINI CASTELLI* ET NOTABLES VILLAGEOIS

La comparaison entre une parentèle aristocratique du XIIᵉ siècle et un groupe de notables du siècle suivant offre une illustration, en forme de confirmation, d'un schéma évolutionniste classique. En abandonnant leurs *castelli* pour les horizons plus larges que leur offrait la cité, les parentèles dominantes laissèrent le champ libre à des groupes demeurés dans l'ombre et s'affirmant localement selon de nouvelles modalités.

---

[14] Pour la définition classique de « maison », voir Lévi-Strauss – Lamaison 1987 ; à Florence, à la fin du Moyen Âge, les grandes maisons ou *casate* étaient des institutions sociales liant au-delà de la parenté et qui était loin de se rattacher à une seule habitation, sur ces aspects voir Klapisch-Zuber 1990 ; une synthèse permet de revenir sur la notion de maison et surtout de « société à maison », voir Haddad 2014.

[15] Morsel 2004, p. 249.

4.1.1. *Les* da Cintoia: *du* castello *à la ville (XIᵉ-début XIIIᵉ siècle)*

Au XIᵉ siècle, les *da Cintoia* entretenaient des liens avec les pouvoirs politiques, ici l'évêque, ils possédaient un important patrimoine et affirmaient leur capacité à agir en groupe lors d'événement symboliquement important – comme la fondation d'une abbaye – et associaient leur pouvoir à une localité fortifiée : le *castello* de Cintoia. M. E. Cortese a montré comment les représentants de la petite et moyenne aristocratie du territoire florentin se sont impliqués, à la fin du XIIᵉ siècle, dans d'importantes activités d'emprunt et de crédit[16]. Bien étudiés par A. Boglione et M. E. Cortese et documentés par la documentation de Montescalari[17], les *da Cintoia* constituent un ensemble d'individus dont les liens de parenté ou d'alliance matrimoniale sont assurés ou très probables. L'un des moments qui éclaire le mieux leur unité est la fondation de l'abbaye de Montescalari, sur une colline dominant la Val d'Ema. Les critères retenus ici sont ceux qui reviendront sans cesse lorsqu'on cherchera, par la suite, à identifier des dynamiques « familiales » en repérant des groupes de parenté : coprésence dans un acte ; évolution dans un même territoire ; mention explicite de liens de parenté. Les onze individus mâles qui participent à ces premières donations sont liés par la consanguinité ou des alliances, partagent un patrimoine foncier et participent à des décisions communes : ils peuvent être rattachés à une parentèle consciente d'elle-même et mettent en œuvre des processus d'auto-représentation. Cinq d'entre eux seulement étaient dits *de Cinctoria*. Les possessions de ces individus se concentraient, au XIᵉ siècle, dans le territoire relevant des *plebs* de San Pietro a Cintoia et San Romolo a Gaville[18]. C'est là que s'élevait le *castello* de Cintoia : construction voisine de Montescalari et qui était probablement leur fait. Au milieu du XIᵉ siècle, certains de ses membres figuraient parmi les témoins de l'évêque de Florence, Pietro Mezzabarba (1063-1068) et il est probable que les *da Cintoia* aient en outre possédé quelques biens dans les environs immédiats de Florence[19]. Les individus désignés ici s'affirmaient en tant que parents liés à une localité et constituaient de ce point de vue une topolignée. Pour de tels groupes, la fondation d'une abbaye pouvait jouer un rôle évident dans la conservation et la cohésion du patrimoine familial ainsi que dans l'entretien de la mémoire des ancêtres[20]. Alors même qu'ils étaient bien insérés dans la clientèle de l'évêque florentin, plus

---

[16] Cortese 2019.
[17] Boglione 1997 ; Cortese 2007, p. 45-47 et 294-305 ; 2008.
[18] Santos Salazar 2014.
[19] Cortese 2007, p. 295.
[20] *Diplomatico, S. Vigilio di Siena*, 1040/01 (612, 0613, *Le carte...* 2), 1047/11 (756, *Le carte...* 3).

encore que dans celle de l'évêque de Fiesole, les *da Cintoia* avaient fait le choix d'un territoire situé aux confins des deux diocèses et échappant à l'autorité immédiate du prélat florentin[21]. Les travaux sur l'aristocratie florentine font bien connaître l'évolution de ce groupe du XIe au XIIIe siècle. Si les *da Cintoia* quittèrent la Val d'Ema dans les premières années du XIIIe siècle, ils ne perdirent pas tout lien avec leur *castello* d'origine et continuèrent, jusqu'à la fin du siècle, d'y entretenir quelques propriétés. À l'issue de la prise de pouvoir par les gibelins, en 1260, ils eurent même à subir des destructions sur leurs tours, maisons et *castelli*[22] : des destructions qui témoignaient, en négatif, de l'influence que l'on reconnaissait à cette maison guelfe. Le cheminement des *da Cintoia* étant connu dans les grandes lignes, l'attention peut se porter sur le processus conduisant peu à peu cette parentèle à s'éloigner de la vallée de l'Ema.

La documentation conservée par l'abbaye de Montescalari se révèle précieuse. Les abbés avaient mené dans les environs immédiats du cloître, une politique patiente et systématique d'acquisition des terres. On voit ainsi progressivement passer des *da Cintoia* aux moines, des parts importantes du patrimoine familial[23]. L'une des terres les plus intéressantes est à ce titre un ensemble désigné, dans les sources de la fin du XIIe siècle, comme l'alleu de Capeme, et qui est plus généralement décrit comme un bois[24]. Ce bien était situé dans

---

[21] La situation de l'abbaye, sur un mont dominant la Val d'Ema, axe de communication entre la conque florentine et le Valdarno était fort avantageuse. C'est aujourd'hui l'axe suivi par l'autoroute reliant Florence à Arezzo et par la ligne à grande vitesse : nul doute que les voyageurs aient depuis longtemps préféré cette voie droite au détour par la boucle que fait plus au nord la vallée de l'Arno.

[22] Brattö 1956, p. 34, n° 140, en 1269, Totto di Brinuccio di Beliotto et son frère Balduccio étaient dédommagés pour la destruction du sixième de deux tours et d'une demeure de leur *castello* de Cintoia, patrimoine estimé à 50 livres. Ils possédaient à la même poque d'autres biens, plus importants et estimés à 200 livres, dans le *castello* d'Uzzano (commune de Greve in Chianti).

[23] Les parchemins de Montescalari ont ceci d'intéressant que le tri effectué dans les sources ne s'est pas fait aux dépens des apparentes répétitions que celles-ci semblaient présenter. Si les moines et les notaires ont éliminé certains documents, ils semblent avoir privilégié ce qui concernait les biens périphériques, conservant en revanche de longues séries de parchemins relatifs aux environs de l'abbaye : le contraste est assez évident avec les sources de Coltibuono où une seule charte est parfois conservée pour les patrimoines les plus conséquents.

[24] Capeme est le toponyme d'un ancien *casale* situé près de l'ancien *castello* de Cintoia et de la *plebs* de San Pietro a Cintoia, au fond de la vallée de l'Ema (un notaire du XIe siècle écrivait d'ailleurs *Caput Ime*, « tête » ou « source de l'Ema »). L'abbaye de Montescalari y eut un *podere* et une vigne. Au XIe siècle, les biens de cette zone ne sont pas décrits comme un bois, mais c'est une désignation qui devient courante au siècle suivant, voir *Diplomatico, S. Vigilio di Siena* 1174/04/08 (5876) où Gianni di Renuccino di Gottolo et Federico *de Cintoia* cèdent la moitié de la terre située, selon le notaire, oublieux du latin, *nel bosco di Capeme che noi*

le fond de la vallée formée par l'Ema, au pied de l'abbaye de Montescalari, non loin du *castello* de Cintoia et de la *plebs* de San Pietro a
Cintoia. Rien d'étonnant à ce que la parentèle dominante du lieu ait
particulièrement investi ce petit patrimoine. À mesure toutefois que la
parentèle s'étendit en se divisant en rameaux, il devint plus difficile et
moins intéressant de contrôler cette terre en indivision. Il est frappant
de constater l'importance prise par ce bien-fonds dans l'identité de
certains membres de la parentèle. Cette terre avait peut-être gagné en
valeur, ce qui se présentait comme une terre soumise à l'essartage au
début du XIIᵉ siècle se présentait davantage, à la fin du siècle, comme
un espace volontairement boisé et exploité comme tel[25]. Sans doute la
terre y était-elle susceptible de procurer d'importants revenus et le bois
représentait-il dans son ensemble un bien plus aisément divisible dans
ses revenus qu'une simple terre de labour : pour les mêmes raisons, il
se prêtait probablement bien à l'investissement collectif[26]. Il est toutefois remarquable de noter l'importance croissante prise par la *curtis* et
le bois de Capeme pour certains membres de la parentèle substituant
l'appellatif *de Capeme* au *de Cintoia* qui caractérisait les membres les
plus éminents du groupe depuis la seconde moitié du XIᵉ siècle. Cet
investissement identitaire d'un patrimoine foncier rappelle que ce
dernier pouvait avoir autant d'importance qu'une tour ou que les murs
d'un *castello*[27]. Propriété tenue en indivision, puis divisée au moins
théoriquement pour passer en partie aux abbés de Montescalari, le
bois de Capeme fut à la fois l'instrument et l'enjeu de la cohésion du
groupe. En 1143, neuf membres de la parentèle s'engageaient ainsi,
en un bref solennel, à conserver et garantir les biens et les personnes
dépendants de l'abbaye de Montescalari et de l'abbé Bernardo[28]. Le
travail de M. E. Cortese permet de savoir que tous ces individus étaient
liés par un ancêtre. Les degrés qui les séparaient étaient toutefois fort
nombreux et il n'est pas certain que les intervenants eussent alors une
connaissance claire d'une filiation aussi complexe que buissonnante.
Ce qui faisait le groupe et qui formait la parentèle, c'était sans doute
la conscience diffuse de partager un ancêtre – les liens du sang pour

avemo a donicato modo. Sans doute ce bois s'étendait-il entre les sources du Cesto
et de l'Ema. Ce bien est très lié à l'histoire des *filii Griffi/Berardi* du *castello* de Celle,
ibid., 1078/01/10 (1630, *Le carte...* 23, en 1079); 1182/02/27 (6300, en 1183), ainsi
que Tarani 1932, p. 74.

[25] *Diplomatico*, S. *Vigilio di Siena*, 1174/02/09 (5864, en 1175).

[26] Les *da Cintoia* n'agissaient pas différemment des lignées de la Florence
basse médiévale et renaissante, sur ce point voir Lansing 1991.

[27] Delumeau 2014.

[28] *Diplomatico*, S. *Vigilio di Siena*, 1143/04/29 (4646), les auteurs étaient
Guicciardo, Francolo et Bernardo fils de Teuderico, Enrico di Albertino, Bernardo
et Guido fils de Bernardo, Teuderico di Ugo, Renuccino di Gottolo et Ughiccione
di Orlandino.

ainsi dire – mais c'était surtout la détention de terres communes et les actions impliquant l'ensemble de ceux qu'unissaient les mêmes obligations et le partage des mêmes bénéfices. Ce jour-là, Renuccino di Gottolo et Teuderico di Ugo, cousins au cinquième degré et qui hantaient le même *castello* de Cintoia, prononcèrent ainsi le même serment, mettant en œuvre, au-delà des liens probables de parenté, une action regardant le groupe des *da Cintoia*[29]. Il faut se représenter ce que pouvait signifier cette solidarité du groupe parental comptant, au milieu du XIIe siècle plus d'une dizaine de chefs de foyers dans un hameau qui ne devait guère compter plus de deux cents habitants. Un tel comportement devait nécessairement peser localement sur la structuration sociale du *castello* de Cintoia et illustre la capacité de certaines parentèles de la petite aristocratie à confondre leur destinée avec celle d'un lieu et, au-delà, d'une communauté d'habitants. En anticipant sur les observations du chapitre suivant, il faut relever ici la forte influence exercée par les membres de la parentèle sur les premières institutions connues à la fin du XIIe siècle, à Cintoia, la commune rurale semble se développer dans le cadre de la seigneurie, sans opposition entre les deux institutions. On ignore à quelle forme d'autorité était localement associée la présence des *da Cintoia ;* leur présence sur place et l'unité de la parentèle permettaient sans doute à ces derniers d'exercer leur pouvoir sur le *castello* et ses habitants. La présence d'une autre parentèle dans le voisinage, les *filii Griffi/Berardi*, servait sans doute à structurer les oppositions et les alliances en distinguant plus nettement les seigneurs des *fideles*. À Cintoia, l'émergence précoce d'une petite commune rurale – une institution basée sur l'élection de représentants portant le titre de consuls – s'explique sans doute par des nécessités politiques « familiales » autant que locales. À la fin du XIIe siècle, les *da Cintoia* n'étaient pas des seigneurs lointains de leurs *fideles* et ne se contentaient de participer de loin au prélèvement seigneurial. Entre le *castello* de Cintoia, le bois de Capeme et le petit hameau de Mezzano, il existait même une adéquation frappante entre l'organisation du finage et la structure de la parentèle dominante, dans un espace comprenant des terres boisées soumises aux usages concertés, des incultes laissés au pacage des bêtes et des terres de culture plus directe[30]. De ce point de vue, la situation des *da Cintoia* contraste avec celle des seigneurs de plus haut rang, par la proximité que ces derniers entretenaient avec

---

[29] Cortese 2007, p. 302, 304, Teuderico di Ugo (attesté entre 119 et 1143) apparaît en 5/I et Renuccino di Gottolo (attesté en 1143) en 5/III. En adoptant le comput germanique, on peut faire de ces deux individus des cousins au cinquième degré.

[30] Repetti 1965, vol. 2, p. 54-55, « Ema (S. Giusto a) ossia a Mezzana », vol. 3, p. 200-201, « Mezzana ». Certains documents décrivent cette localité comme une *curtis*, *Diplomatico*, *S. Vigilio di Siena*, 1164/07/31 (5515).

le milieu des exploitants[31]. En 1211, Beliotto et Ravignano, les fils d'Alberto *da Cintoia* vendaient à l'abbaye de Montescalari les droits qu'ils avaient sur deux colons[32]. Ils cédaient ainsi les personnes et les foyers de Perino et Gianni di Guiduccio *da Pianoro* et concédaient au monastère les terres exploitées par ces derniers, leurs habitations de Mezzano et une fraction du bois de Capeme. Cette part congrue des droits (un dix-huitième) correspondait à ce qu'avaient les deux descendants d'Alberto *da Cintoia* sur le bois détenu par l'ensemble des membres de la parentèle. Dans ce document, ces représentants des *da Cintoia* cédaient en même temps droits d'usage et exploitants. Il est probable que la gestion du bois de Capeme ait en réalité davantage reposé sur l'accord entre les dépendants que sur les *da Cintoia* plus intéressés par les rentes et le surplus de ce bien commun. La parentèle, organisée en *consorteria*, fonctionnait ici comme une institution organisant localement la redistribution de ces rentes.

Alors que de très nombreux actes concernent le toponyme de Capeme, les notaires qui s'exécutent, d'ordinaire si scrupuleux pour donner les limites du parcellaire, ne donnent ici nulle précision de cet ordre. Cette absence apparente de parcelles témoigne sans doute d'usages communautaires. Dans cette partie de la Val d'Ema, il existait sans doute une différence assez nette entre le niveau des petits seigneurs locaux – les *da Cintoia* ou les *filii Berardi* –, bénéficiaires essentiels des rentes et désignés parfois comme *seniores* et une population plus large de *fideles*, dépendants, peut-être exploitants directs, mais qui recevaient une partie de ces rentes. Les interactions de ces deux niveaux, qui se distinguaient à peine dans les rapports de production, étaient quotidiennes. En 1143 les *da Cintoia* s'étaient engagés à respecter les biens de l'abbaye de Montescalari en prenant à témoin quelques représentants de cette population locale[33]. Quelques décennies plus tard, leurs voisins les *filii Berardi* assistaient à une transaction concernant certaines rentes de la cour de Capeme dont ils étaient *seniores*[34]. Dans l'ombre de ces

---

[31] Sur ce point voir Carocci 2004.

[32] *Diplomatico, S. Vigilio di Siena*, 1210/01/04 (8392, en 1211).

[33] *Ibid.*, 1143/04/29 (4646), les témoins étaient Orlandino di Filippo, Ugolino di Guido Cornalfumino, Ubertello di Gherardino, Gherardino di Teberto, Enrico et Gualtieri di Giovanni.

[34] *Ibid.*, 1182/12/29, (6342), Martino di Gherardino et ses fils Gherardino et Moliardino renonçaient à la menue pension qu'ils percevaient sur ces terres : un demi pain et un denier et six sous par an. Ces petits rentiers avaient sans doute bénéficié d'une forme d'inféodation ou de sous-location de la part des seigneurs de la *curtis* de Capeme qui étaient mentionnés dans l'acte et qui devaient, précisait le notaire, continuer de percevoir leurs redevances. Parmi les témoins, on notait la présence de Pilacharo *de Cintoia* (sans doute lié aux *da Cintoia* par un mariage) et d'Aliotto di Griffolo des *filii Berardi* ainsi d'un certain Martino di Ciuffolo qui appartenait probablement à cette classe de petits seigneurs ; *ibid.*, 1177/11/18 (6064).

petites *consorterie*, certains dépendants participaient eux aussi aux profits que générait une domination familiale et seigneuriale[35]. Il est essentiel de conserver à l'esprit la profondeur des liens tissés entre les *da Cintoia* et les populations vivant autour du *castello* homonyme avant d'envisager la question de leur transfert à Florence dans les premières années du XIIIe siècle. Pour J. Plesner, qui soulignait à l'envi le poids conservé par la *civitas* dans les territoires de l'Italie médiévale, l'émigration des petits aristocrates locaux du *castello* de Passignano à Florence était une chose naturelle dans la mesure où ces derniers avaient eu « des siècles durant, des points de contact nombreux avec la vie urbaine[36] ». À bien les observer cependant, les petits seigneurs qui par leur omniprésence tenaient fermement les rênes de la vie locale avaient beaucoup à perdre en prenant les distances avec leur *castello* d'origine. Si les *da Cintoia* firent le choix de quitter la Val d'Ema et d'y abandonner peu à peu leurs possessions, c'est probablement qu'ils espéraient gagner beaucoup plus ou qu'ils n'avaient pas d'autres choix. En 1211, au moment où ils vendaient à l'abbaye les droits qu'ils détenaient encore sur deux colons, les fils d'Alberto *da Cintoia* semblaient durablement installés à Florence. Les horizons de la parentèle avaient commencé à s'étendre dans les décennies précédentes. Dès 1172, Francolo *da Cintoia* avait ainsi été impliqué dans de grands emprunts usuraires[37]. Au début du XIIIe siècle, Alberto *da Cintoia* et ses fils s'étaient imposés comme de grands financiers du *contado* florentin[38]. Capables de fournir, en peu de temps, plusieurs centaines de livres aux abbayes de Passignano ou à la *Badia* de Florence, au cœur de la cité, ils opéraient à des échelles qui dépassaient nécessairement les limites de leur *castello* d'origine : il leur fallait des alliés à Florence ou dans d'autres *castelli*. Pour eux, l'abandon du patrimoine détenu dans la Val d'Ema impliquait probablement de renoncer à des formes locales

---

[35] Sur ce point voir Collavini 2012b.

[36] Plesner 1934, p. 131.

[37] *Diplomatico, Coltibuono*, 1172/04/22 (5788, *RC* 483).

[38] Voir Plesner 1934, p. 101-102 et *Diplomatico, Passignano*, 1204 (7938). Le document est une célèbre déposition de témoins concernant les dettes accumulées par l'abbé Uberto degli Ubertini au début du XIIIe siècle. Le frère convers Rignano affirmait que l'abbé Uberto avait trouvé, après son investiture, une dette de 640 livres et avait eu recours à Alberto *da Cintoia* pour obtenir un prêt de 500 livres destiné à rembourser cette dette. Le témoin suivant, le frère convers Rodolfo, affirmait à peu près la même chose, selon lui Uberto avait trouvé en entrant un déficit de 700 livres et avait emprunté à Alberto *da Cintoia* la somme de 600 livres. C'était le même Alberto *da Cintoia* qu'on retrouvait dans les mêmes années, à propos de prêts similaires accordés à la *Badia fiorentina* qui avait dû fournir la totalité de son *castello* de Vico l'Abate pour garantir son emprunt, voir Santini 1895, n° XXII, p. 240-244 ; *Diplomatico, Badia*, 1218/01/01 (74224, en 1219) ; ainsi que Francovich 1973, p. 143-144.

de distinction sociale. Les droits détenus par la parentèle étaient désormais si fractionnés qu'il était difficile d'en tirer profit sans une présence attentive et quotidienne[39]. Le développement de l'État florentin ouvrait un territoire nouveau et des perspectives de profit plus intéressantes à ces descendants des *da Cintoia*. La trajectoire des *filii Berardi/Griffi*, leurs voisins, offre, en négatif, l'image du repli sur un patrimoine devenu trop étroit pour servir de support à des ambitions aristocratiques. En 1182, Aliotto di Griffolo *da Capeme*, son épouse Imilda et leur fils Berardo abandonnaient leurs biens et leurs personnes à l'abbé de Montescalari[40] : l'oblation avait tout de la dédition honorable et les donateurs se contentaient d'une offre annuelle d'une livre de cire. Elle concernait toutefois l'ensemble d'un foyer avec tout son patrimoine, Aliotto renonçait, selon les mots du notaire, à ce qui constituait son « alleu » et s'en remettait, dans une forme de dépendance, au pouvoir des abbés qui dominaient désormais les localités de Celle et de Cintoia. Voici, dans les grandes lignes, deux trajectoires possibles de la petite et moyenne aristocratie ; dès lors que s'épuisent les possibilités d'un patrimoine indivis, les *domini* sont conduits à s'ouvrir à de nouveaux horizons, à d'autres risques ou sont au contraire conduits à se replier sur un patrimoine plus étroit.

4.1.2. *Forte* da Montaio *et sa descendance : nouveaux notables d'une commune rurale ?*

Qu'on se déplace maintenant de la Val d'Ema aux collines du Chianti, en avançant de quelques décennies : l'ambiance qu'on y découvre contraste singulièrement. Le *castello* de Montaio, situé aux confins des territoires de Florence et de Sienne, est bien documenté dans les sources de l'abbaye de Coltibuono qui donnent l'image d'un village que ne paraît dominer aucune maison aristocratique[41]. Cette localité, qui était le siège d'une importante commune rurale, était une place sans présence directe et envahissante des seigneurs. C'est dans cet environnement que l'on peut suivre, sur trois générations, les descendants de Forte *da Montaio* : une petite parentèle dont les assises sociales et les activités paraissent assez représentatives des évolutions qui s'observent dans la documentation du XIIIᵉ siècle[42]. Si l'on se trouve

---

[39] Sur ce point voir Cortese 2017b, p. 291-292.

[40] *Diplomatico, S. Vigilio di Siena*, 1181/03/14 (6250, en 1182), la donation concernait aussi Giovanni, le deuxième fils d'Aliotto, sans doute trop jeune pour participer à l'acte juridique, le document a été édité dans Lefeuvre 2021, p. 251-252.

[41] Actuellement dans la commune de Cavriglia, petit *castello* à l'histoire tourmentée et particulièrement marqué, au XIIIᵉ siècle, par le passage des armées florentines et siennoises, on y revient au chapitre cinq de ce livre.

[42] Sur cette parentèle et ses voisins voir, en annexe de ce livre, n° 13 : « Les

assez bien renseigné sur les activités de Gianni di Forte *da Montaio* (1236-1274), on ignore presque tout de son père et l'on possède moins d'informations sur son fils. La trajectoire de cette parentèle peut être résumée en quelques lignes. Né d'un père qu'on devine bien inséré dans le petit milieu de Montaio au début du XIIIe siècle, Gianni di Forte fut, sa vie durant, un homme assez actif à Montaio et au-delà, construisant, en quelques décennies, un patrimoine respectable autour du *castello* et de la petite localité de Cavriglia. Son fils, actif à la fin du XIIIe siècle et au début du XIVe siècle, le suivit dans cette voie en s'investissant notamment dans la vie politique de la petite commune rurale. Un parcours que rien ne signale particulièrement, sinon une certaine et apparente linéarité et qui permet de faire quelques observations sur ces petits notables du XIIIe siècle.

Dans les années 1220, le père de Gianni di Forte, Forte di Bucanco, était une figure assez importante dans le village de Montaio pour être le premier témoin cité à l'occasion du règlement d'un litige[43]. On songe à l'un de ces consuls qu'on voit, à la fin du XIIe siècle, assister des juges ou des figures appartenant à la haute aristocratie pour l'établissement de leurs jugements. Quand son fils Gianni est connu, il apparaît d'emblée comme un homme de confiance, un individu qu'on charge d'importantes procurations et à qui l'on s'adresse, en cas de besoin, pour obtenir un crédit. L'un des actes les plus significatifs de la position occupée par Gianni di Forte, surnommé Straccia, dans la petite société de Montaio, est le rachat de crédits qu'il consentit au notaire Tedesco di Ranuccino *da Montaio*. Ce dernier se trouvait dans une position délicate, fait prisonnier et retenu à Sienne, victime probable de la défaite florentine de Montaperti (septembre 1260)[44], il s'était trouvé dans l'obligation d'obtenir une somme importante, au moins dix-neuf livres[45]. On ignore tout des circonstances précises de la vente et des intermédiaires mobilisés à cette occasion, mais il faut supposer que Gianni di Forte était l'une des personnalités sur lesquelles on savait pouvoir compter dans le besoin de liquidités. Sans être impressionnants, les achats fonciers réalisés par cet individu au cours de sa carrière témoignent de sa bonne insertion dans le bourg voisin de Cavriglia, dominé par l'abbaye féminine de Santa Maria, et dans le *castello* de Montaio. Dans les années 1240-1250, il débboursa un peu plus de dix livres en deniers de Pise, pour acquérir quelques parcelles de terre à quelques kilomètres de Montaio et une habita-

---

fils de Forte et les fils de Barfalo *da Montaio* : dépendants des abbayes et notables villageois (XIIIe siècle). »

[43] *CRSGF*, 224.237, n° 598, p. 211-214, le 14 février 1226 (1227 de notre calendrier).

[44] Sur Montaperti, voir Gros 2017.

[45] *Diplomatico, Coltibuono*, 1260/11/13 (16482), 1261/02/06 (16515, en 1262).

tion dans le bourg de Cavriglia. Dans les années 1260, il acheta une nouvelle demeure à Cavriglia, pour le prix de quatre florins. Dans les années 1270, il arrondissait ses propriétés en achetant quatorze florins de terres situées autour du *castello* de Montaio[46]. Les sommes déboursées par Gianni di Forte le plaçaient dans la frange supérieure des villageois. Dans les années mêmes où on le voyait effectuer ses derniers achats, s'élevant à un peu plus de dix livres ; au même moment, l'abbé de Coltibuono interdisait aux moines du cloître de San Jacopo de Sienne de contracter, sans autorisation une dette supérieure à dix livres de Sienne[47]. L'aperçu des affaires de Gianni di Forte n'est intéressant que pour ce qu'il dit de son aisance relative. Il achetait essentiellement à des propriétaires de Montaio ou des environs, il était en relation avec l'abbesse de Cavriglia, et unit sa fille et son fils avec des habitants de Montaio[48]. Si la parentèle paraît à première vue relativement isolée, ses alliances locales, les activités de Gianni di Forte et celles de son fils Nuto di Gianni témoignent *a contrario* de l'attraction exercée sur cette parentèle de propriétaires locaux par les institutions politiques de la commune rurale. Quoiqu'on n'ait pas de trace directe d'un rôle exercé par Gianni di Forte à l'intérieur de ces institutions, on sait qu'il a loué un *podere* dépendant directement de la commune[49]. En 1306, Nuto di Gianni, le fils de Gianni di Forte fut élu recteur de la commune de Montaio[50] ; une charge qui n'avait rien d'exceptionnel, mais qui faisait écho au statut acquis et conservé par une même parentèle, du début du XIIIᵉ siècle aux premières années du XIVᵉ siècle.

La comparaison avec les *da Cintoia* éclaire bien les éléments qui permettent de distinguer assez rapidement une parentèle aristocratique d'une parentèle *notable* et il faut espérer que la différence faite par l'historien entre ces deux groupes rejoigne ici la distinction qu'opéraient les contemporains. Les différences entre ces notables locaux et une *consorteria* aristocratique sont d'abord évidentes dans les traces laissées par les uns et les autres : tandis que les *da Cintoia* ont laissé des traces dans les sources de plusieurs abbayes et que leur nom apparaît dans les confronts des actes de notaires et dans les chroniques, le

[46] *Ibid.*, 1246/09/02 (13722), 1247/02/25 (13806, en 1248), 1253/12/22 (14811), 1259/02/03 (16118, en 1260), 1260/06/14 (16419), 1274/10/02 (19030).

[47] *Ibid.*, 1282/06/04 (20849), quelques années auparavant, la reddition des comptes faite par le camérier de l'abbaye de Sant'Andrea di Ardenga, à Montalcino, apprend qu'une institution de ce type, et qui n'était certainement pas parmi les moins importantes, pouvait dépenser, en une année, 90 livres de Sienne pour subvenir aux besoins d'une dizaine de moines et aux multiples obligations fiscales qui pesaient à cette époque sur les institutions ecclésiastiques (avec des rentrées d'argent de 63 livres en deniers de Sienne).

[48] *Ibid.*, 1268/10/14 (17745) et 1270/01/18 (18002, en 1271).

[49] *Ibid.*, 1261/08/07 (16598).

[50] *Ibid.*, 1306/05/29 (29592).

groupe formé par Forte *da Montaio* et sa descendance constitue un objet plus problématique et plus évidemment constitué *a posteriori* par l'enquête historique. On ne croit pas qu'il n'y ait là qu'un effet de la documentation dans l'apparente étroitesse du socle familial sur lequel les fils de Forte avaient bâti leur position sociale. La même observation pourrait être faite à propos de la seconde génération de parentèles étudiées par J. Plesner dans le *castello* de Passignano au XIIIᵉ siècle, l'étude mettant en évidence la destinée d'une poignée d'individus saisis sur deux ou trois générations[51]. Dans ce même *castello* de Passignano, les individus évoluant au XIIIᵉ siècle apparaissent en revanche enserrés dans une multiplicité de liens les unissant non seulement aux parents, mais aussi aux voisins et à une communauté plus large d'habitants dans des relations de voisinages, d'entraide, de crédit. Autour d'un individu, Gianni di Forte, se dessinent ainsi des liens d'entraide et de dépendance se perpétuant d'une génération à l'autre. Ce qui est remarquable, c'est le rôle prépondérant que paraissent jouer les institutions ecclésiastiques. Les liens de Gianni di Forte avec l'abbaye de Cavriglia furent sans doute essentiels pour l'acquisition de son patrimoine foncier. Les relations entretenues avec ces seigneurs attentifs et scrupuleux qu'étaient les moines ou les moniales pouvaient cependant se transformer en de pesantes chaînes. L'abbaye de Coltibuono s'efforça ainsi de faire valoir le statut de colons dont relevaient, selon elle, certains voisins de Gianni di Forte, les descendants de Barfalo, qui appartenaient vraisemblablement au même milieu[52]. Ces *coloni* avaient assez de respectabilité économique et sociale pour qu'une de leurs filles épousât le fils de Gianni di Forte. Issu du même milieu de tenanciers – Gianni di Forte avait probablement procédé au rachat de sa tenure dans les années 1250[53] – il faisait sans doute partie d'une population que les anciens maîtres étaient susceptibles de rappeler à sa condition en cas de conflit[54]. Malgré les opportunités qui s'offraient à eux à la fin du XIIIᵉ siècle, ces tenanciers aisés constituaient une population fragile. La stabilité toute relative des tenanciers ne mettait pas ces derniers à l'abri des aléas climatiques ou encore politiques qui ne manquaient pas de perturber la vie du *castello*. Il est difficile d'intégrer à ce travail ce que l'on sait par ailleurs des vicissitudes poli-

---

[51] Plesner 1934, p. 222-225.

[52] Sur les descendants de Barfalo voir *CRSGF*, 224.237, n° 598, p. 211-214, n° 588, p. 190-191, *Diplomatico, Coltibuono*, 1255/05/13 (15154), 1268/10/14 (17745).

[53] *Ibid.*, 1246/09/02 (13722).

[54] Plesner 1934, p. 223, «Généalogie H», J. Plesner considérait le notaire Monaco di Giovanni comme un colon en vertu de la clause qu'il remarquait dans un acte par lequel il vendit une terre à l'abbaye de Passignano et s'affranchit, en même temps, de ses liens serviles, *Diplomatico, Passignano*, 1295/08/07 (24908), *liberationem et absolutionem de omni vinculo et conditione colonaria*.

tiques du XIIIe siècle, mais il est manifeste que la violence politique et la guerre venaient régulièrement perturber la vie sociale des plus petites localités. Selon le chroniqueur Giovanni Villani, le *castello* de Montaio et l'abbaye de Coltibuono furent le théâtre d'une importante bataille dans les mois d'hiver 1251-1252, opposant les Guelfes florentins aux Gibelins de Sienne et de Pise qui avaient investi le *castello* de Montaio. Au terme d'une rapide bataille livrée sur les collines enneigées de Coltibuono et du siège du *castello* de Montaio conduit au mois de janvier 1252, la place forte fut prise, les défenseurs emprisonnés et le *castello* « disfatto e abattuto[55] ». Face à des éléments que rien ne permettait de prévoir, les groupes les plus fragiles devaient pouvoir compter sur quelques certitudes.

Il existait ainsi une différence assez nette entre les *notables* que pouvait produire une commune rurale aussi dynamique que Montaio et les *milites* de la fin du XIIe siècle. L'une et l'autre des parentèles envisagées n'avaient pas la même position vis-à-vis de la communauté villageoise. Cette position n'était pas réductible à un individu et s'organisait, dans le cas des *da Cintoia*, sur une parentèle vaste et ramifiée qui permettait d'assurer un contrôle étendu de la vie communautaire. La parentèle de Forte et de ses descendants ne fut, semble-t-il, jamais assez étendue pour pouvoir se passer des structures communautaires. Il reste toutefois la possibilité que la documentation relative au *castello* de Montaio fasse simplement perdre de vue la trame des liens de sang qui pouvait soutenir ces mêmes structures communautaires. À Montaio, l'anthroponymie est parfois trop répétitive pour qu'on ne soupçonne pas l'existence de liens de parenté dont la documentation ne dit du reste rien. En 1306, le poste de recteur de la commune échut au petit-fils de Forte *da Montaio*: Nuto (Benvenuto) di Gianni di Forte. Au même moment, sans qu'on puisse établir de lien de parenté, un certain Neri di Nuto *da Cavriglia* s'activait à Montaio et s'occupait de prendre de grosses exploitations en fermage après avoir, lui aussi, exercé la charge de recteur[56]. Dans ce petit village dominé par quarante-neuf chefs foyers au début du XIVe siècle, la récurrence de certains prénoms peut certes s'expliquer par la mode dont bénéficient certains noms de baptême (Benvenuto ou Tedesco par exemple), mais on ne saurait exclure de possibles liens de parenté. Que ces liens aient ou non existé, il n'en reste pas moins que les individus étudiés ne paraissent guère s'en être réclamés.

---

[55] Villani 1990, p. 341-342, livre 7, chapitre 48.
[56] Neri di Nuto est attesté dans quelques actes de l'extrême fin du XIIIe siècle et du début du XIVe siècle, c'est assez pour le voir développer trois activités remarquables: le crédit; l'achat de terres; l'exercice de la charge de recteur, voir ainsi *Diplomatico, Coltibuono*, 1299/01/03 (26208, en 1300), 1301/06/21 (27791), 1301/07/16 (27809).

4.2. La construction d'identités familiales
aux XIIe et XIIIe siècles

Les comportements qui se répètent d'une génération à l'autre témoignent de la mise en œuvre de stratégies de distinction permettant à certains groupes d'asseoir leur domination qui passait souvent par le contrôle des ressources et l'établissement de rapports durables avec les institutions locales. Ces éléments organisaient fortement la parentèle et supposaient une revendication consciente des liens unissant les différents membres de la *consorteria*. Cette *consorteria* qu'on saisit ici comme un simple effort contre la désagrégation des liens familiaux peut parfois être envisagée comme le résultat d'une construction plus complexe. Les notables villageois qui *surgissent* au XIIIe siècle d'un vide documentaire font figure de parvenus et il n'est pas trop difficile de mesurer, en ce siècle, les effets d'une mobilité ascendante. Il est plus difficile, en revanche, de saisir les étapes permettant à une parentèle seigneuriale de s'imposer comme maîtres d'une localité où quelques décennies auparavant ils n'évoluent que comme tenanciers. Les *domini* ont été repérés depuis longtemps par l'érudition et il n'est pas si facile, aujourd'hui, de dénaturaliser le pouvoir seigneurial et de rendre compte des étapes ayant permis sa construction. Deux exemples permettent de suivre une construction familiale étendue sur plus d'une génération.

4.2.1. *Les* domini *de Tornano : construction d'une identité seigneuriale*

Les *filii Truti* et les *filii Sardini* sont documentés à la fin du XIe siècle, autour de Tornano, dans la vallée de l'Arbia, dans une zone de confins entre les diocèses siennois, florentins et arétins[57]. Les premiers documents qui les font connaître contrastent singulièrement avec ce que l'on sait de leurs descendants dans la seconde moitié du XIIe siècle[58]. Pour autant qu'il soit possible de le deviner, ces deux parentèles se présentent, jusqu'aux années 1120-1130, comme l'un des groupes de *possessores* que font connaître les documents du XIe siècle : des petits groupes d'individus liés entre eux par des liens de parenté et par d'autres formes de solidarités auxquels on suppose des possessions

---

[57] Delumeau 1996, vol. 2, p. 1069 (n. 290), p. 1081 (n. 322), généalogie 8 ; Lefeuvre 2018b ; voir enfin, en annexe de ce livre, n° 10 « Des *filii Truti* et *filii Sardini* aux seigneurs de Tornano : la constitution d'une *consorteria* seigneuriale. »

[58] Les documents permettant de suivre les débuts de ce groupe sont les suivants, *Diplomatico, Coltibuono*, 1085/03 (2053, *RC* 160), 1090/12/29 (2399, *RC* 187), 1095/09/30 (74073, *RC* 201), 1123/05 (3804, *RC* 315), 1111/06/25 (3347, *RC* 270), 1116/09 (3566, *RC* 291), 1128/05 (3994, *RC* 335), 1133/02 (4213, *RC* 353), 1133/02 (4214 *RC* 355), 1133/05 (4228, *RC* 356).

communes. Les *filii Truti* et les *filii Sardini* n'en étaient pas moins en contact avec des parentèles de plus haut rang, les Firidolfi du Chianti, et avec d'autres groupes aux contours plus évanescents, les *Longobardi* de Prisciano[59], ils appartenaient, en somme, à ce que M. E. Cortese décrit efficacement comme la «constellation de petits aristocrates locaux documentés dans le Chianti[60]». Une description efficace, mais qui conduit à situer dans l'aristocratie des parentèles ne présentant d'autre signe de distinction que l'insertion dans le milieu des tenanciers livellaires et des propriétaires. Il n'est pas possible d'associer les *filii Truti* et leurs compères les *filii Sardini* à un *castello* du Chianti et leur rayon d'action, tel qu'on le connait, se limite à deux kilomètres autour de Tornano. Le lieu-dit s'élève au-dessus du Massellone, un minuscule affluent de l'Arbia, qui s'écoule plus au sud dans le territoire siennois. C'était d'ailleurs autour de la gestion d'un ou de plusieurs moulins que les deux parentèles organisaient une partie de leurs activités au début du XIᵉ siècle[61]. Les moulins à pales horizontales qui se multiplièrent aux XIᵉ et XIIᵉ siècles sur les cours d'eau secondaires étaient des sources de revenus et des instruments par lesquels s'affirmait le contrôle des ressources hydriques[62]. La possession même indirecte et partielle d'un de ces édifices était déjà le signe d'une certaine participation au pouvoir, mais ne suffisait pas à élever ce groupe au rang des Firidolfi, des *da Cintoia* ou d'autres parentèles du Chianti. L'absence de *castrum* auquel associer un nom était, au final, assez caractéristique du statut de ces habitants de Tornano[63]. Il s'agissait

---

[59] Cortese 2007, p. 85, 316, n. 250, l'historienne désigne ces seigneurs comme les *ff. Corbizi*, dans la documentation, on se réfère aux mêmes en les désignant comme les *Longobardi de Prisciano*, ce qui renvoie bien au caractère composite du groupe dominant le site de Prisciano; groupe formé de deux parentèles, les *ff. Mazzi* parmi lesquels domine un certain Saraceno di Mazzo et les *ff. Albizi* auxquels peuvent être rattachés les *ff. Corbizi*. Il est vrai que c'est à ces derniers que paraît se rattacher la transformation du site en un *castello*. On trouve aussi, dans un acte de 1090, une référence explicite aux *filii Corbizi de Prisciano*, voir *Diplomatico, Coltibuono*, 1073/09 (1423, *RC* 84), 1090/07/15 (2384).

[60] Cortese 2007, p. 85: «Per i *nepotes Rainerii*, infine, si rileva una fitta serie d'unioni con membri di famiglie che facevano parte della costellazione di piccoli aristocratici locali documentati in area chiantigiana.»

[61] *Diplomatico, Coltibuono*, 1090/12/29 (2399, *RC* 187), 1123/05 (3804, *RC* 315), 1133/05 (4228, *RC* 356). En 1090, l'abbaye de Coltibuono avait obtenu d'un groupe d'individus les droits pour la construction d'un moulin sur le Massellone, aucun des ancêtres des *ff. Truti* et *Sardini* ne sont cités. Plus tard, en 1123, les *filii Truti*, peut-être par le biais de l'alliance avec Ermellina di Guido, comptent, parmi leurs tenanciers, un dénommé Guido del Molino. En 1133 enfin, les *filii Sardini* cèdent un moulin sur le Massellone à l'abbaye de Coltibuono. Sur ces derniers, voir, en annexe de ce livre, n° 10 «Des *filii Truti* et *filii Sardini* aux seigneurs de Tornano: la constitution d'une consorteria seigneuriale».

[62] Papaccio 2004, p. 3.

[63] Wickham 1989.

toutefois de deux groupes avec lesquels il fallait compter. L'importance locale des *filii Truti* et des *filii Sardini* justifia deux mariages unissant chacun d'entre eux à l'une des parentèles aristocratiques du Chianti : les *nepotes Rainerii* et les Firidolfi.

La suite n'est pas précisément documentée ; au terme de plusieurs décennies, certains descendants des *filii Truti* disposaient d'une situation avantageuse dans le Chianti. Ce qui est sûr, c'est qu'au milieu du XIIe sièce, Guarnellotto di Truto agissait pleinement en seigneur. En 1167, il avait pris parti contre l'empereur et contre l'antipape Calixte III en molestant un légat pontifical et en se rangeant, au passage, du côté des moines vallombrosains de Coltibuono[64]. D'emblée, et pour les années suivantes, le cadre dans lequel évoluait la parentèle paraissait transformé. Même s'il condamnait l'acte, l'empereur, en ordonnant la restitution des *castelli* de Campi et de Tornano à Beringhieri dei Ricasoli, reconnaissait dans les faits le contrôle qu'exerçait sur les deux fortifications le dénommé Guarnellotto di Truto[65]. Le document donne d'emblée l'image d'un pouvoir militarisé et fortement ancré dans le territoire. La documentation des années qui suivent donne l'image d'une parentèle s'identifiant clairement au milieu des *milites*. Les surnoms portés par plusieurs descendants de Guarnellotto sont de ce point de vue révélateurs : Mezzolombardo, « demi-Lombard » et son épouse Altamura ; Mattafellone, « Tue félon » ; Chianti, un nom qui évoque bien l'ancrage territorial et qui tranche avec les Fiorentino ou Cittadino que l'on rencontre habituellement dans le *contado*. En deux documents adressés aux *domini de Tornano*, l'abbé de Coltibuono avait résumé les continuités qu'on observait dans l'organisation de ce groupe et la mue qu'il avait en même temps effectuée[66]. Ces *domini* formaient alors une *consorteria* que dirigeait le dénommé Mezzolombardo. Leur rang seigneurial était reconnu, de même que le pouvoir qu'ils exerçaient sur Monteluco a Lecchi et Tornano. L'enjeu de l'échange entre les seigneurs de Tornano et l'abbé de Coltibuono révélait toutefois la centralité qu'avait conservé le contrôle des eaux du Massellone ; il s'agissait en effet de reconnaître aux seigneurs de

---

[64] Appelt – Herkenrath – Koch 1979, n° 521, p. 461-462.

[65] Plusieurs documents permettent de reconstruire la trajectoire de cette parentèle durant cette seconde période, *Diplomatico, Vallombrosa*, 1191/01/06 (6783, en 1192), *Coltibuono*, 119(*) (7396, *RC* 537), *Vallombrosa*, 1191/01/06 (6783, en 1192), 1197/12/31 (7278), 1210/08/11 (8456), 1211/01/03 (8493, en 1212), 1227/11/02 (10582), 1229/04/23 (10791), 00012612, 1240/03/28 (12608, en 1241), 1245/12/31 (13570), 1246/04/24 (13652) ; *CRSGF*, 224.237, n° 541, p. 106-107, le 21 août 1201, n° 545, p. 112-113, le 16 février 1203 (1204 dans notre *comput*) ; *Manoscritti*, 48, (*Bullettone*), p. 165, régeste de 1217 ; mention de Guarnellotto dans, Santini 1895, n° 45, p. 114-121, le 23 mai 1203, p. 118, aussi édité dans Redon 1994, p. 216-220.

[66] *CRSGF*, 224.237, n° 541, p. 106-107, le 21 août 1201, n° 545, p. 112-113, le 16 février 1203 (1204).

Tornano les droits relatifs à la construction d'un moulin. La *consorteria* avait beau s'être muée en une parentèle militarisée, sa prospérité continuait de reposer sur l'union de deux ou trois foyers, les descendants des *filii Sardini*, les descendants des *filii Truti* et les membres qui s'étaient ajoutés à ces deux groupes par le jeu des alliances ou des échanges fonciers. Le coup d'éclat de 1167 ne doit pas conduire à surévaluer l'influence de ces *domini* qui se trouvait toujours confinée dans les limites de Tornano et de Monteluco a Lecchi et Campi ; un territoire étroit, mais essentiel dans la guerre qui opposait Sienne à Florence et dont ces seigneurs surent visiblement tirer parti[67]. À partir des années 1230 et surtout dans les années 1240 toutefois, les différents membres de la *consorteria* et leurs descendants renoncèrent peu à peu à l'essentiel des propriétés qu'ils avaient dans les environs.

Des années 1160 aux années 1240, ces seigneurs de Tornano firent des efforts remarquables pour affirmer leur identité seigneuriale. Chez les *filii Truti* le choix des noms ou des surnoms donnés aux enfants révèle un véritable souci de distinction. Les ancêtres de Guarnellotto, en ligne agnatique, s'appelaient Gerardo ou Truto. D'autres noms existaient, mais c'étaient ceux qu'on donnait aux figures dominantes. Le mariage avec une fille des *nepotes Rainerii* ne fut peut-être pas pour rien dans la rupture qui s'observe par la suite dans cette courte tradition anthroponymique. Désormais, le stock onomastique était renouvelé – d'une manière assez originale il faut bien le dire – les descendants des *filii Truti* ne se contentèrent pas de céder à la mode des surnoms guerriers qui s'observe dans la Toscane des années 1170-1200, mais conservèrent un stock de désignations très caractéristiques sur trois générations[68] : chacun des noms de Guarnellotto, Mezzolombardo et Chianti furent ainsi portés par deux individus entre 1133 et 1246. La moins bonne connaissance des autres branches de cette *consorteria* rend plus hasardeuse l'étude de figures qu'on hésite souvent à rattacher aux Firidolfi-Ricasoli. Les liens avérés des *filii Sardini* avec ces derniers pourraient expliquer la tendance qu'on observe plus précocement dans cette parentèle, à la transmission de noms fréquemment employés chez les Firidolfi ; l'adoption de cet usage se faisant, ici encore aux dépens des noms typiques du groupe. L'impression qui se dégage, en suivant la trajectoire de cette vaste *consorteria*, n'est pas seulement celle d'une mobilité ascendante, mais celle de la constitution, probablement consciente, d'une identité seigneuriale que la détention d'un *castello* et des liens de consanguinité permettent progressivement

---

[67] Santini 1895, n° 25, p. 394-395, pour l'original voir *Diplomatico, Vallombrosa*, 1229/10/04 (10843), la commune de Florence se saisit ainsi des tours de Monteluco a Lecchi et de Campi.

[68] Collavini 2008.

d'affirmer. Au milieu du *Duecento*, les descendants de Guarnellotto maintenaient encore un style aristocratique. Diana, fille de Ranieri di Ildibrandino des *filii Sardini*, fut, au milieu du XIIIe siècle, une veuve aisée vivant entre Sienne et le Chianti. Son mariage avec Guido di Guarnellotto des *filii Truti* avait sans doute constitué un événement important de l'histoire des deux parentèles unies dans une *consorteria* et qui réunissaient ainsi un patrimoine en voie de dispersion. Sa place dans des stratégies matrimoniales sans doute pensées par ses parents la mit en position d'exercer un contrôle sur le patrimoine détenu par les deux groupes à Monteluco a Lecchi et dans les environs de Tornano. Avant son décès, son premier mari, en présence de ses fidèles, lui avait cédé l'ensemble de son patrimoine[69]. Diana s'était ensuite remariée à Bonagrazia di Simonetto *da Brolio* qui devint, par ce bon mariage, Bonagrazia *da Brolio* et *da Monteluco* a Lecchi[70]. Au sein du couple, Diana continuait de jouir d'une position devenue rare au XIIIe siècle, les notaires la désignaient par le nom de son père et son rôle était au minimum égal à celui de son époux[71]. Alors même qu'elle avait émigré à Sienne en même temps que les autres seigneurs de Tornano, elle fut sans doute la dernière à maintenir quelques droits sur le *castello* de Monteluco a Lecchi, ne cédant qu'en 1264 et pour la coquette somme de 100 livres, les terres, les droits sur les incultes et sur les églises du *castello*[72]. Diana de feu Ranieri *da Tornano* fut sans doute la dernière représentante des seigneurs de Tornano à conserver un contrôle sur l'héritage familial. Il est difficile, pour ces siècles reculés, d'être aussi précis que Christiane Klapisch-Zuber lorsqu'elle s'intéresse aux évolutions des noms de famille dans la Florence du *Trecento* et de saisir l'intentionnalité des acteurs dans la construction d'identités familiales[73]. Les études consacrées aux parentèles de l'aristocratie du haut Moyen Âge mettent en évidence la grande rareté des lignées agnatiques. Alors que les *filii Truti* et les *filii Sardini* apparaissent, au début du XIIe siècle comme deux groupes faiblement structurés et hiérarchisés, les noms de baptême choisis par certains de leurs descendants révèlent l'affirmation d'une parentèle, les *filii Truti*, structurée par la filiation agnatique et d'un groupe plus vaste qui s'organise parallèlement en une *consorteria* pour conserver le contrôle du patrimoine détenu au début du XIe siècle par les deux parentèles.

---

[69] *Diplomatico, Vallombrosa*, 1229/04/23 (10791).

[70] *Ibid.*, 1240/04/01 (12612).

[71] *Ibid.*, 1240/03/28 (12608, en 1241).

[72] *Ibid.*, 1264 (17117), l'acte avait été établi à Florence, résidence de *Ser Drudolo da Cacchiano*, le destinataire du document, mais Diana ne s'y était pas rendue en personne, elle se trouvait représentée sur place par deux procurateurs qu'elle avait sans doute mandatés depuis Sienne.

[73] Klapisch-Zuber 1998.

4.2.2. *Les descendants de Malcristiano*

La domination sociale pouvait se matérialiser dans une éminente *rocca* signalant visuellement aux populations alentour la position de ses occupants. Il ne faut toutefois pas attendre le XIIIᵉ siècle pour voir fonctionner des formes de distinction se construisant en dehors de toute référence à un site fortifié ou à une localité donnée. C'est du moins ce que suggère l'histoire des *filii Guidi Bittoli* qu'on voit évoluer pendant plusieurs décennies entre le Valdarno Supérieur et la cité de Florence[74]. Difficile, à dire vrai, d'attribuer pleinement ce nom des *filii Guidi Bittoli* à une succession de fratries qui paraît ne s'être identifiée à aucun nom, aucun lieu particulier ou ancêtre avant le XIIIᵉ siècle. C'est plutôt la constatation objective des liens de parenté unissant entre eux ces différents individus et l'inscription de leur action et de leur propriété dans un même territoire qui permettent d'en parler comme d'un groupe : une «famille», en somme, dans laquelle n'apparaît le nom d'aucune femme et dont se détachent deux figures. La première est celle Malcristiano di Albertuccio qui était, dans la seconde moitié du XIIᵉ siècle, un détenteur de terres au statut incertain et qui évoluait autour de la *curtis* de Marciano, dans les environs de Rignano sull'Arno. Attesté à plusieurs reprises entre 1145 et 1186, il s'agissait d'un homme assez courtisé pour figurer parmi les témoins de transactions importantes impliquant les représentants locaux de l'abbaye de Coltibuono[75]. La seconde de ces figures est Boninsegna di Malcristiano, l'un des trois fils de Malcristiano, très présent dans la documentation conservée par les abbayes de Coltibuono, Vallombrosa et Montescalari. Il continua, dans la lignée de son père, d'œuvrer comme intermédiaire des affaires liant ou opposant les institutions monastiques aux parentèles de l'aristocratie locale[76]. Ce que l'on sait du reste du groupe permet de préciser le profil de ces deux individus.

---

[74] Sur cette trajectoire, voir l'annexe de ce livre : 1. «Des *filii Guidi Bittoli* aux descendants de Malcristiano : intermédiaires privilégiés entre Rignano sull'Arno et Florence (XIIᵉ-XIIIᵉ siècle)».

[75] *Diplomatico, Vallombrosa*, 1145/08 (4736), *Coltibuono*, 1159/02/06 (5331, *RC* 452, en 1160), 1136/07/03 (4330, *RC* 362, en réalité en 1166), 1148/04 (4887, *RC* 489, le deuxième acte présenté sur ce parchemin date du 13 février 1175, style moderne), 1185/03/15 (6450, *RC* 507, en 1186), *Vallombrosa*, 1171/12/27 (5764), 1193/06 (6947), voir aussi Strà 1982, n° 36, mars 1140, acte du notaire Rustichello.

[76] *Ibid.*, *Vallombrosa*, 1217/09/03 (9241), 1217/09/19 (9239), *Coltibuono*, 1219/09/07 (9458), *Vallombrosa*, 1219/11/04 (9473), 1219/11/20 (9482), 1221/12/22 (9751), 1225/12/11 (10270), *Coltibuono*, 1236/06/03 (11937), 1236/09/30 (12011), 1236/10/20 (12019), *S. Vigilio di Siena*, 1219/01/31 (9387, en 1220), dans le fonds des *conventi soppressi*, *CRSGF*, 224.237, n° 592, p. 198-200, le 9 mars 1224 (en 1225 de notre calendrier), copie d'un acte originellement présent dans les archives de l'abbaye de Coltibuono.

En 1127, les *filii Guidi Bittoli*, dont faisait partie Albertuccio, père de Malcristiano et grand-père de Boninsegna, figuraient parmi les *possessores* du *castellare* de Marciano et de ses environs[77]. Il est difficile de déterminer s'ils étaient tenanciers ou détenteurs de leurs terres *jure proprio*, ce que l'on sait en revanche, c'est qu'en qu'en 1145, le frère d'Albertuccio, Bruscolo, avait cédé à l'abbaye de Vallombrosa la terre qu'il tenait de l'abbé dans les alentours de Rignano[78]. Ce qui interpelle dans cette transaction, c'est l'importance de la somme reçue à cette occasion par Bruscolo et son épouse Donzella : six livres. Ces six livres correspondaient peut-être à l'importance matérielle et symbolique de la parcelle, mais la terre elle-même aurait aussi pu servir de support à des échanges plus complexes liant l'abbé Attone de Vallombrosa aux *filii Guidi Bittoli*. S'agissait-il d'un échange symbolique, servant à la libération d'un statut de dépendant ? Du dédommagement auquel aurait pu conduire un processus de pacification ou encore d'une opération de crédit[79] ? La vente témoigne, dans tous les cas, de la bonne insertion des *filii Guidi Bittoli* dans le tissu des relations unissant l'abbé de Vallombrosa aux parentèles des environs, sans permettre d'exclure l'appartenance de cette parentèle à une population de tenanciers.

Aux XIIe et XIIIe siècles, Malcristiano et ses descendants ne paraissent pas avoir entretenu des liens de parenté directe avec les parentèles de l'aristocratie locale. Il s'agissait toutefois d'individus aisés et qui disposaient localement d'une forme de reconnaissance. Malcristiano di Albertuccio, l'ancêtre, intervient trop souvent comme témoin des affaires liant le frère convers de Marciano aux parentèles de propriétaires locaux pour n'apparaître que comme un simple tenancier. Il appartenait sans doute, d'une manière ou d'une autre, à la clientèle qu'entretenaient sur place les abbés de Coltibuono. Malcristiano fut plusieurs fois en contact avec le notaire Rustichello, très actif dans la *curtis* de Marciano, très lié au sort des vallombrosains[80]. Il fréquentait également le représentant local de l'abbaye de Coltibuono, le frère convers Albertinello di Marciano[81]. Il occupe, dans la documentation du XIIe siècle, une place semblable à celle d'autres tenanciers *respectables*, en ce sens qu'ils sont pris en considération par les pouvoirs environnants[82]. Les fidélités de Malcristiano, telles qu'elles appa-

---

[77] *Diplomatico, Coltibuono*, 1127/04 (3962, *RC* 329), c'est d'ailleurs la première mention de Marciano comme un *castellare* et non plus comme un *castello*.

[78] *Diplomatico, Vallombrosa*, 1145/08 (4736).

[79] Sur ces questions, voir Feller 2005.

[80] Lefeuvre 2018a.

[81] *Diplomatico, Coltibuono*, 1159/02/06 (5331, *RC* 452), 1136/07/03 (4330, *RC* 362, en réalité en 1166), voir aussi Strà 1982, n° 36, mars 1140.

[82] Ainsi peut-on par exemple se référer au cas de Martino di Alberello et de ses fils, cités comme tenanciers, cités dans les confronts et intervenant fréquemment comme témoins, *Diplomatico, Coltibuono*, 1144/05 (4670, *RC* 390), 1153/12/29

raissent, le montrent lié aux moines vallombrosains, il est probable
cependant qu'elles se soient en réalité partagées entre les moines de
Coltibuono et d'autres seigneurs des environs. Il existait, autour de
Rignano et même à Marciano, d'importants propriétaires fonciers.
Parmi eux, les fils de Giallo Russi et Martino, surnommé *Pazzo* – et qui
pourraient être les ancêtres des Pazzi du Valdarno – étaient fréquemment cités dans les confronts[83]. L'autre grande parentèle était celle des
Ubertini, très présents à Marciano et dans les environs de Rignano[84].
En 1185, Malcristiano di Albertuccio avait fait office de témoin lors
d'un échange de terres entre Venerello di Venerello des Ubertini et son
épouse Adalasia avec l'abbé Cesare de Coltibuono[85]. Il existe d'autres
indices permettant d'évoquer l'existence d'un lien solide entre le fils
de Malcristiano et les Ubertini et il est probable que Malcristiano et
ses descendants aient entretenu à la fois des relations d'amitié avec
les moines vallombrosains et avec des laïcs connus pour leur attachement à la congrégation[86]. En 1219, les Ubertini avaient accepté
de s'en remettre au témoignage de Boninsegna di Malcristiano pour
reconnaître à l'abbaye de Coltibuono la possession de deux moulins
sur l'Arno[87]. En 1219, il était présent lorsque la parentèle au grand
complet vendait au camérier de Vallombrosa une parcelle située près
de Santo Stefano a Torri[88]. Plus généralement, les fils de Malcristiano
paraissent s'être souvent trouvés en position de médiation entre les
moines vallombrosains et les grands laïcs du Valdarno et de Florence :
les *filii Liccesis* dont il a déjà été question[89], les Avogati de Florence[90] ou
encore les Firidolfi[91]. Cette capacité de médiation doit être mise en relation avec les déplacements qu'effectuent les fils de Malcristiano entre
Rignano sull'Arno, la *curtis* et le *castellare* de Marciano, et la cité de
Florence[92]. Une circulation typique du territoire de Rignano sull'Arno

(5114, *RC* 425), 1136/07/03 (4330, *RC* 362, en 1166), 106(*) (1264, *RC* 448, en
1158), 1158/04/26 (5303, *RC* 446), 1164/04/27 (5509, *RC* 464), 1155/01/28 (5173,
RC 437), 1158/04/26 (5303, *RC* 446).

[83] *Ibid.*, 1148/04 (4887, *RC* 406).

[84] Cortese 2011 ; Pirillo 2011.

[85] *Diplomatico, Coltibuono*, 1185/03/15 (6450, *RC* 507, en 1186).

[86] Boesch Gajano 1964 ; Volpini 1967.

[87] *Diplomatico, Coltibuono*, 1219/09/07 (9458), *Vallombrosa*, 1225/12/11 (10270).

[88] *Ibid., Vallombrosa*, 1219/11/20 (9482).

[89] *CRSGF*, 224.237, n° 592, p. 198-200, le 9 mars 1224 (en 1225 de notre calendrier).

[90] *Diplomatico, Vallombrosa*, 1225/12/11 (10270).

[91] *Ibid., Coltibuono*, 1236/06/03 (11937), pour éteindre une dette contractée
auprès de Boninsegna di Malcristiano lui-même, un moine était chargé de souscrire un prêt auprès d'un descendant des Firidolfi de Montegrossi vivant à Florence,
Jacopo di Biliotto di Albertesco.

[92] Documents ratifiés dans les environs de Rignano, *Diplomatico, Vallombrosa*,
1145/08 (4736), à San Niccolò al Prato (Marciano), *Coltibuono*, 1159/02/06 (5331,

qui contraste avec ce qui s'observe dans d'autres parties du *contado*. Au terme de cette trajectoire, quelques indices laissent supposer une installation en ville des descendants de Boninsegna di Malcristiano[93]. Ces déplacements fréquents avaient-ils quelque lien avec les activités de ces individus ? C'est fort probable même si leur nature reste difficile à déterminer. Une chose paraît certaine : les membres de cette parentèle maniaient de l'argent et vivaient dans une société déjà très monétarisée. D'une manière ou d'une autre, les biens dont ils avaient le contrôle présentaient quelque valeur. Comme on l'a vu, l'abbaye de Vallombrosa avait versé six livres pour acheter une terre à Bruscolo di Albertuccio[94]. En 1217, la même abbaye payait rien moins que quarante-trois livres pour acheter à un habitant de Florence les droits qu'il avait sur une terre de Rignano en même temps que ceux qu'il exerçait sur Rinaldo et Ricovero di Bernardo et sur Bencivenne di Malcristiano[95]. Dépendants ou non, les fils de Malcristiano valaient la peine que l'abbé dépensât des sommes insolites.

Il est probable que Malcristiano et ses descendants aient pratiqué le prêt à intérêt. On ne trouve, il est vrai, qu'une seule attestation de cette activité, mais elle ne laisse en revanche planer aucun doute : en 1236, pour éteindre la dette qu'ils devaient à Boninsegna di Malcristiano, les moines de Coltibuono avaient envoyé l'un des leurs souscrire un nouveau crédit auprès des Firidolfi de Montegrossi, alors résidant à Florence[96]. Comment expliquer la disponibilité en numéraire de cette parentèle par ailleurs discrète ? Peut-être Malcristiano et ses fils servaient-ils simplement d'intermédiaires. Il est probable qu'ils aient activement participé à la gestion des moulins dépendant en partie des abbayes vallombrosaines : une activité rémunératrice et qui pouvait apporter le numéraire dont on manquait partout ailleurs. Plusieurs indices permettent d'avancer cette hypothèse[97]. En 1219

RC 452, en 1160), 1136/07/03 (4330, RC 362, en réalité en 1166), *Vallombrosa*, 1171/12/27 (5764), au *castello* de Rignano, 1219/11/04 (9473), à Rignano. Florence ou dans les environs, *Diplomatico, Coltibuono*, 1148/04 (4887, RC 489, le deuxième acte présenté sur ce parchemin date du 13 février 1175, style moderne), 1185/03/15 (6450, RC 507, en 1186), *Vallombrosa*, 1193/06 (6947), 1217/09/03 (9241), 1217/09/19 (9239), 1219/09/07 (9458), à Florence, en l'église Santa Maria Maddalena, *Coltibuono*, 1236/09/30 (12011), Vallombrosa, 1236/10/20 (12019), en la cour de Santa Maria a Ughi. On ignore où se trouvait exactement Colle, lieu d'établissement d'un acte de 1219, il pourrait s'agir de Celle, plutôt que Colle Val d'Elsa, *ibid.*, 1219/11/20 (9482). Bien entendu, on pouvait trouver des membres de la famille dans d'autres lieux, comme Leccio dans le Valdarno, *CRSGF*, 224.237, n° 592, p. 198-200, le 9 mars 1224 (en 1225 de notre calendrier).

[93] Paoli 1889, p. 36, le 28 février 1260 (style moderne).

[94] *Diplomatico, Vallombrosa*, 1145/08 (4736).

[95] *Ibid.*, 1217/09/03 (9241).

[96] *Ibid., Coltibuono*, 1236/09/30 (12011).

[97] *Ibid., S. Vigilio di Siena*, 1219/01/31 (9387, en 1220), *Vallombrosa*, 1225/12/11 (10270).

Boninsegna di Malcristiano avait été une pièce essentielle dans la composition d'un compromis passé entre les abbayes de Coltibuono et Vallombrosa d'une part, et les Ubertini d'autre, à propos des moulins dépendant de l'hôpital de Memugnano[98]. En 1220, c'était le frère de Boninsegna – Buonafede di Malcristiano – qui assistait comme témoin au règlement d'un litige opposant plusieurs églises de Florence et de ses environs[99] : il s'agissait d'établir les droits de chacun sur une retenue d'eau de l'Ema. En 1236, Boninsegna di Malcristiano était le premier témoin cité lors d'une instance judiciaire dirigée par les moines de Coltibuono contre un certain Unganello qui réclamait à l'hôpital de Memugnano d'être payé d'une certaine quantité de blé[100]. Ce n'est sans doute pas un hasard si les fils de Malcristiano interviennent à chaque fois dans des affaires liées à la gestion des moulins et aux partages des revenus que procurent ces derniers. Les deux moulins de l'hôpital de Memugnano, que se partageaient à grand-peine les vallombrosains et les Ubertini étaient probablement très rémunérateurs et attisaient les appétits. Ses propriétaires laïques ou monastiques étaient de leur côté tentés de s'en servir pour couvrir certains emprunts. En 1225, les abbés de Vallombrosa et de Coltibuono avaient ainsi dû payer quarante-et-une livres aux Avogati de Florence pour se libérer du crédit de vingt-cinq muids de blé que ces derniers détenaient encore sur les moulins de Memugnano et qu'ils avaient acquis des Ubertini, plus de cinq ans auparavant[101]. Boninsegna di Malcristiano, qui figurait parmi les témoins, avait sans doute joué un rôle dans la conclusion de cette affaire. Du milieu du XIIᵉ siècle aux années 1230, cette petite parentèle de tenanciers ou de *possessores* – on ne peut pas exclure qu'ils aient par ailleurs été propriétaires de certaines de leurs terres – parvient à se maintenir au centre des relations entre les moines de Coltibuono et les nombreux propriétaires de Marciano, entre l'abbé de Vallombrosa et

[98] *Ibid.*, *Coltibuono*, 1219/09/07 (9458).
[99] *Ibid.*, *S. Vigilio di Siena*, 1219/01/31 (9387, en 1220).
[100] *Ibid.*, *Coltibuono*, 1236/09/30 (12011).
[101] *Ibid.*, *Vallombrosa*, 1225/12/11 (10270), dans cet acte établi à Florence, on apprend qu'Avogado et Ormanno frères et fils de Guido *degli Avogati* – grande famille consulaire – avait cédé au convers Barluzzo, agissant pour les abbés Benigno et Guido de Vallombrosa et de Coltibuono, et pour l'hôpital de Memugnano, tous les moulins, terres et droits que leur père avait acquis de Guido di Ubertino dans le *plebatus* de Rignano, le long de l'Arno, en gage de 250 muids de blé. Ils recevaient 21 livres de la part de l'abbaye de Vallombrosa et 21 livres de la part de Coltibuono. L'acte était confirmé en mars 1227 et organisait la gestion tripartite de l'hôpital de Memugnano entre les Ubertini, les moines de Coltibuono et de Vallombrosa. Il confirme le rôle de Boninsegna di Malcristiano, présent parmi les témoins et illustre la façon dont un bien de ce type servait à couvrir les emprunts de ses propriétaires. Le muid florentin moderne, dont se rapproche peut-être le muid du XIIIᵉ siècle, équivalait à environ 586 litres.

les parentèles de l'aristocratie locale, entre la population de Rignano et l'élite florentine. La conscience familiale du groupe paraît évidente pour les deux générations qui sont connues. L'onomastique pittoresque, quoique très contrastée, qui oppose Malcristiano à ses fils Bencivenne, Bonafede et Boninsegna ne saurait résulter du hasard et il faut sans doute compter parmi les représentants de cette parentèle le florentin Jacopo di Boninsegna di Malcristiano, habitant le sestier d'Oltrarno, élu capitaine des hommes de Pontorme en 1260[102].

L'évolution onomastique qui s'observe entre ces deux générations est assez typique des mutations qui s'observent entre XIIe et XIIIe siècles. À la fin du XIIe siècle, l'exercice de la violence était probablement un critère assumé dans la définition des hiérarchies et pouvait être valorisé dans les surnoms[103]. Les populations n'en étaient pas moins sensibles aux caractéristiques physiques, à la beauté ou à la laideur[104], elles valorisaient volontiers le savoir[105] et pouvaient, à l'occasion, se livrer, autour des surnoms, à des formes d'humour moins glorieuses[106]. En exagérant le trait, l'évolution onomastique des descendants de Malcristiano offre une parabole d'évolutions plus larges faisant passer du « mauvais chrétien » à la « bonne foi ». Malcristiano (1136, 1186) avait eu pour frère un dénommé Tignoso (« Teigneux », 1152, 1169) et pour cousin Vittolo (attesté une seule fois en 1145). La destinée de ses fils fait supposer l'usure comme l'une des activités de ce « Mauvais Chrétien » actif au milieu du XIIe siècle. Une pratique qui donnait probablement lieu à une dénonciation aussi ambiguë que celle qu'on faisait de la guerre. Il fallait être roublard et rusé pour participer aux coups de main des *milites*, il fallait ces mêmes qualités pour se livrer au prêt à intérêt. C'était de bonne guerre en somme[107]. À Padoue, dans les premières années du XIIIe siècle, les Mangiavillano (« Mange-villain ») étaient une famille de « nouveaux riches » dont la fortune s'était très clairement construite sur l'usure[108]. L'usure ou la petite guerre ? Les deux activités étaient conciliables et l'un des neveux de Malcristiano était prénommé Guerruzzo. Quelques décennies plus

---

[102] Paoli 1889, p. 36, le 28 février 1260.

[103] Collavini 2008.

[104] On trouve ainsi les noms, toujours dans le fonds de Coltibuono, de Bellafante (1229, 1294), Bellaimbracchio (1153), Belletta (1236, 1243), Bellino (notaire de 1230 à 1246), Belnero (1256).

[105] Cognoscente (1216, 1224), notaire très présent dans le fonds de Vallombrosa.

[106] Cacczo (1253), Cazzalacqua (1232).

[107] Dans la Kabylie des années 1950-1960, on distinguait nettement les pratiques commerciales condamnables avec ceux de sa communauté, mais qui étaient valorisées dès lors qu'elles s'adressaient au monde extérieur, Bourdieu 1980, p. 196.

[108] Rippe 2003, p. 620-621.

tard, les fils de Malcristiano portaient des noms dont la résonance était diamétralement opposée: Bonafede («Bonne Foi», 1206, 1219); Bencivenne (1206, 1221); Boninsegna (1206, 1236). Les noms de ses fils correspondaient mieux aux valeurs dominant le XIIIe siècle et dont les gouvernements de *Popolo* devaient, quelques années plus tard, être une bonne incarnation[109]. La nature des activités de cette famille n'en fut en revanche guère modifiée.

À Florence, de tels personnages qui ne pouvaient être associés à aucun des antiques groupes du *contado* ou de la cité faisaient sans doute figure de parvenus: leur fortune résultait en réalité d'une situation acquise dès le milieu du XIIe siècle et liée de très près à la collaboration avec les institutions monastiques et les grandes parentèles laïques. En plus petit et en suivant une trajectoire moins impressionnante, cette parentèle du Valdarno fait songer aux Franzesi della Foresta étudiés par P. Pirillo dont la fortune foncière se construisit à la fin du XIIe siècle dans l'ombre des grandes abbayes et des parentèles de la vieille aristocratie et qui devinrent, au XIIIe siècle, de grands noms du *contado* florentin[110]. Dans le territoire qui s'organise de plus en plus en une périphérie rurale du centre urbain, une campagne, s'observent les signes d'une révolution que G. Rippe a qualifiée de «gattopardienne[111]». Comme dans l'Italie du *Risorgimento*, on assisterait ainsi à une mutation sociale conduisant à l'extinction d'un milieu dont les membres ne peuvent survivre qu'à condition de se convertir aux normes comportementales imposées par la classe montante et en perdant, en somme, leur identité. Cette évolution faisant succéder au temps des *milites* et des communautés locales le triste temps des usuriers peut toutefois être considérée sous un autre angle[112]. On peut, comme le fait C. Wickham lorsqu'il cherche à remonter aux origines des communes rurales, considérer en termes de stratégies et de ressources disponibles, les choix opérés par le milieu des *possessores* aux XIIe et XIIIe siècles. Le choix consistant à s'insérer dans la fidélité vassalique des grands ne s'opposait pas nécessairement au développement des solidarités avec des égaux dans le cadre des communes rurales. Les deux choix paraissent même relever de formes complémentaires d'insertion dans des réseaux de pouvoir[113].

---

[109] Sur le *Primo Popolo* comme rupture voir Diacciati 2011, p. 159.
[110] Pirillo 1992.
[111] Rippe 2003, p. 643.
[112] *Ibid.*, p. 773.
[113] Wickham 2001, p. 265-269.

4.3. Trajectoires seigneuriales brisées ?

Alimenté par une émigration constante depuis les *castelli* d'altitude vers ceux de la plaine, du Valdarno Supérieur et du Chianti aux cités de Florence ou de Sienne, le renouvellement des élites fut un phénomène généralisé à l'ensemble d'un territoire. Dans une petite société d'aristocrates comme dans une commune rurale plus institutionnalisée, le contrôle exercé sur la vie locale était lié aux processus par lesquels certaines parentèles construisaient leur identité. La réitération, d'une génération à l'autre, de pratiques économiques et sociales déterminées ou d'une même géographie du pouvoir, conduit à envisager les pratiques de ces parentèles comme de véritables stratégies familiales. Les trajectoires ascendantes, qu'on tend à juger réussies à l'aune du modèle évolutionniste « plesnerien », dominent la documentation[114] et ne doivent pas empêcher d'envisager d'autres situations plus complexes, mais qu'on ne peut se contenter d'expliquer et de décrire en termes d'échecs. Les archives de Vallombrosa livrent une image assez différente du *contado* florentin et font écho à ce que l'on sait d'autres *castelli* évoluant dans l'ombre d'une institution ecclésiastique, comme Passignano ou Poggio al Vento dans la Val di Pesa[115] ou Montaio dans le Chianti. Ce qui s'observe dans les montagnes du Pratomagno rappelle du reste la situation décrite dans le Casentino voisin par G. Francesconi[116]. Dans ces territoires de montagne, particulièrement bien documentés, la domination locale d'une constellation de parentèles semble s'être construite sur une dépendance assumée vis-à-vis du prieuré camaldule[117]. On suit ici les trajectoires divergentes de trois groupes familiaux saisis entre le milieu du XIIᵉ siècle et le milieu du XIIIᵉ siècle dans les *castelli* de Magnale, Ristonchi et Leccio, dans le Valdarno : les descendants d'Albertinello *da Melosa*, les *filii Liccesis* et les descendants de Cacciaguerra.

4.3.1. *Une dépendance heureuse ?*

La documentation léguée par l'abbaye de Vallombrosa illustre le poids exercé par la hiérarchie issue de l'abbaye. La forte institutionnalisation de la seigneurie abbatiale rend plus sensible qu'ailleurs le poids de la contrainte dans la destinée des groupes sociaux du *contado*. Dans ce contexte d'opportunités limitées, les choix faits par certains individus orientèrent, semble-t-il de façon décisive, l'évolution de

---

[114] Cherubini 2009.
[115] Casini 2009a ; Collavini 2009 ; Pirillo 2009.
[116] Francesconi 2005b.
[117] *Ibid.*, p. 244-271.

l'identité de leur parenté. C'est dans les années 1130 qu'on trouve les premières traces de la parentèle d'Albertinello, implantée dans le hameau de Melosa, à quelques kilomètres du *castello* de Magnale[118]. En 1168, un certain Albertinello *da Melosa* figurait parmi les quatorze tenanciers contraints par le camérier de l'abbaye à placer en gage l'une de leurs terres[119]. En menaçant de saisie sur leurs terres l'ensemble des *sacramentariis* dépendant de deux individus dénommés Broncio et Magnale, le représentant de l'abbaye affirmait la capacité des moines à imposer une pacification et plaçait *de facto* le groupe sous son autorité[120]. Le document ne faisait guère ressortir cet individu, placé en fin de liste et disposant pour seul gage d'une parcelle située dans un terrain probablement soumis à des usages communs[121]. La situation de l'un de ses descendants semble déjà plus remarquable.

À la fin du XIIe siècle, Bonaiuto di Albertinello et son épouse Berta détenaient des droits importants sur les alpages du Monte Secchieta : le sommet qui dominait le Pratomagno et auquel s'adossait l'abbaye de Vallombrosa[122]. Bonaiuto di Albertinello ne se contentait pas de tenir des terres de l'abbaye, mais participait à la domination seigneuriale et à ses profits[123]. À vrai dire, les *pensiones* et les *servitia* qu'il pouvait exiger de deux tenanciers n'étaient guère impressionnants : deux pains et deux poules chaque année pour l'un des tenanciers, le quart d'une poule, un denier de pension et le quart d'une corvée de bœufs pour l'autre. Mais le bénéfice symbolique n'était pas négligeable et la renonciation à ces petites pensions n'en valut pas moins à la parentèle un jardin situé sur le fossé de Magnale, compensation elle aussi chargée d'une certaine valeur symbolique. Cette branche paraît avoir connu une certaine ascension sociale, par l'agrégation à une parentèle plus riche et peut-être liée aux *nepotes Lucarelli* qui dominaient les alpages du Pratomagno. C'était sans doute parce qu'il avait épousé Berta di Guglielmino que Bonaiuto possédait quelques droits sur les alpages du Monte Secchieta. Dans l'acte de 1192, le notaire Orlandino avait ainsi précisé que ces terres, tenues en commun avec les descendants de Lucarello, venaient de la dot de Berta di Guglielmino di Orlando.

---

[118] Sur cette parentèle, voir aussi, en annexe de ce livre, n° 7 « Albertinello *da Melosa* et ses descendants : grands tenanciers ou petits seigneurs ? » ; *Diplomatico, Vallombrosa*, 1137/07 (4396), 1134/11/08 (4277, 4276), 1142/04/24 (4606).

[119] *Ibid.*, 1167/01/23 (5577, en 1168).

[120] Les mises en gage concernaient des terres précises et l'on obtient ainsi un tableau précieux des quatorze individus, des noms que l'on retrouve souvent par la suite, évoluant dans une forme mal définie de fidélité vis-à-vis des abbés de Vallombrosa.

[121] *Ibid.*, 1167/01/23 (5577, en 1168), Albertinello plaçait en gage deux setiers du *Culto a Melosa*.

[122] *Ibid.*, 1192/06/15 (6879).

[123] *Ibid.*, 1213/12/08 (8820).

Le scribe appartenait vraisemblablement à la parentèle de Berta, les *filii Giratti*, un groupe influent, doté de nombreuses terres et dont l'histoire se confondait peut-être avec celle des *filii Lucarelli*[124]. Il était donc fort bien placé pour livrer les détails concernant ce patrimoine et savait ce que Bonaiuto di Albertinello devait à l'alliance avec les *filii Giratti*. C'est à la génération suivante qu'on se rend d'ailleurs compte de la place immédiatement prise par la parentèle de Berta : le fils qu'elle avait eu avec Bonaiuto portait ainsi le nom de son grand-père maternel, Guglielmino[125]. Dans les années qui suivirent, le groupe des descendants de Bonaiuto devait du reste se distinguer comme l'un des plus aisés du Pratomagno.

En suivant cette branche, on découvre, dans les années 1220-1230, un foyer bien installé dans le *castello* de Magnale, riche, mais dont les caractéristiques seigneuriales se font de plus en plus évanescentes à mesure que l'on progresse dans le XIIIe siècle. La dot apportée à son mari Porcellino par Donnadibene, fille de Guglielmino di Bonaiuto, est une belle illustration de l'influence exercée par sa parentèle dans les années 1220 sur la population villageoise[126]. Fort bien nommée, Donnadibene disposait théoriquement de la moitié de deux maisons situées dans le *castello* de Magnale, de plusieurs parcelles de terre et de vignes, d'une part sur plusieurs pièces de terre et de pensions dues par de nombreux tenanciers. On retrouvait l'organisation générale du finage, avec des terres situées près du *castrum*, des droits sur le pré du Monte Secchieta, la part d'une châtaigneraie. En épousant Donnadibene, Porcellino acceptait une alliance avec toute la maison des descendants de Bonaiuto et ne disposait pour l'essentiel que de droits partagés sur les biens de son épouse. L'acte faisait la part belle à la population de Magnale et faisait ressortir une cinquantaine de noms, parmi les témoins, dans les confronts et dans la désignation des tenanciers. Le document ne faisait ressortir qu'une exploitation, un *podere*, relativement isolé et autonome. Pour le reste, la dispersion du patrimoine dans le parcellaire villageois continuait d'être la règle. Il fallait donc que les descendants de Bonaiuto acceptassent, bon gré mal gré, de coopérer avec leurs voisins parmi lesquels figurait leur seigneur : l'abbé de Vallombrosa. La documentation d'empreinte seigneuriale produite dans ces années par les vallombrosains reflétait d'ailleurs la place éminente accordée aux descendants de Bonaiuto

---

[124] Sur ces deux parentèles voir, en annexe de ce livre, n° 5 « Les *nepotes Lucarelli* : maître des alpages de Vallombrosa », n° 6 « Les *filii Giratti*, de petits seigneurs du Pratomagno » ; pour l'acte mentionné, voir *Diplomatico, Vallombrosa*, 1191/12/02 (6840).

[125] *Ibid.*, 1213/12/08 (8820), Ammanato di Guglielmino di Bonaiuto était témoin d'un acte en compagnie de son père.

[126] *Ibid.*, 1224/02/04 (10010, en 1225).

dans l'organisation communautaire et hiérarchique promue par les abbés. Les fils de Guglielmino, nommés Ammanato, Pruova et Fuccio, figuraient en bonne place dans les grands serments collectifs établis et conservés régulièrement à partir de 1253[127]. Ils continuaient de détenir d'importantes propriétés et Pruova, l'un des fils de Guglielmino, était un homme pleinement intégré dans le *castello* voisin de Ristonchi[128]. À partir des années 1240, les descendants d'Albertinello *da Melosa* étaient présents la vie institutionnelle de Magnale[129]. C'était à eux qu'on s'adressait – et peut-être était-ce aussi d'eux qu'on se méfiait – au moment de dicter ses dernières volontés[130]; c'était, de même, Gugliel-mino di Bonaiuto di Albertinello qu'on citait systématiquement en tête des *fideles* de Magnale[131]. Ces fidèles n'en étaient pas moins tenus aux mêmes pensions que les autres tenanciers et connaissaient les mêmes interdits concernant l'aliénation de leurs tenures. Aussi est-il intéres-sant, au moment de quitter les descendants d'Albertinello *da Melosa* de souligner que leur ascension sociale réelle dans le territoire et le milieu s'organisant autour de Vallombrosa n'avait pas conduit à une évolution singulière de leur statut. Quoique ces derniers n'aient jamais été décrits comme des *coloni*, la condition des membres de cette paren-tèle ne se distingue pas fondamentalement de celle des descendants du *colonus* Orlandino di Cacciaguerra dont il est question plus loin. Au milieu du XIIIᵉ siècle, les descendants d'Albertinello renouvelèrent plusieurs fois le serment de fidélité les liant aux abbés de Vallombrosa et qui était le même serment que prononçaient les descendants des colons. On relève ailleurs la tendance des seigneurs ecclésiastiques à exprimer en termes honorables la dépendance rurale[132]. Tout hono-rable que fût la dépendance des descendants d'Albertinello *da Melosa*, les abbés étaient toujours susceptibles de se servir contre eux d'une sorte de suspicion servile. Le colonat était très diffusé au XIIIᵉ siècle, mais ne présentait pas un aspect massif. La condition était soumise à un « usage instrumental » qui fait songer à ce qui s'observe ailleurs, dès le XIᵉ siècle[133]. Ce que les seigneurs craignaient par-dessus tout, c'était de perdre la main sur une partie de leur patrimoine. En regard de cet enjeu, le reliquat des corvées et les redevances représentaient sans

---

[127] *CRSGF*, 260.126, fol. 110v, le 15 août 1253, fol. 94v, le 12 décembre 1262, fol. 56v-57v, le 23 février 1274 (style moderne).

[128] *Ibid.*, fol. 96v, 98 r, 99v, 110v.

[129] *Diplomatico, Vallombrosa*, 1243/06/15 (13045).

[130] *Ibid.*, 1241/08/25 (12766), 1247/05/19 (13850), Guglielmino di Bonaiuto cité dans les confronts, dans le dernier acte, le *faber* Martino di Gagliardo de Magnale faisait d'Ammanato di Guglielmino le garant de son testament.

[131] *CRSGF*, 260.126, fol. 55v-56v le 7 février 1273 (style florentin).

[132] Menant 1993, p. 703-706.

[133] Carrier 2012, p. 189.

doute un faible enjeu économique au XIIIᵉ siècle[134]. La transformation lexicale des *coloni*, en «feudataires» était certes un moyen, pour le seigneur, d'accompagner et d'encadrer les mobilités sociales ascendantes[135]. Pour une parentèle évoluant depuis longtemps à la marge du monde seigneurial, comme c'était le cas d'Albertinello *da Melosa* et de ses descendants, une telle transformation signait tout au plus la reconnaissance d'un statut déjà acquis et s'accompagnait, en revanche de l'institutionnalisation de leur statut de tenanciers attachés à la terre[136].

4.3.2. *L'indépendance des* filii Liccesis

La trajectoire des *filii Liccesis* apparaît plus insolite dans ce paysage documentaire[137]. Ces derniers peuvent d'ailleurs plus franchement être qualifiés de seigneurs. Il s'agissait d'influents personnages dont le patrimoine et les intérêts s'organisaient, aux XIIᵉ et XIIIᵉ siècles, d'une part autour du *castello* montagnard de Ristonchi, non loin de Vallombrosa, et d'autre part autour de la fondation de Leccio dans la plaine de l'Arno[138]. En 1172, Liccese di Orlandino, son épouse et ses fils dominaient la commune de Leccio[139]. Le nom même de Liccese révélait probablement l'idée qu'on se faisait des liens entre la parentèle et le *castello* qui avait dû voir le jour quelques décennies auparavant[140]. Par deux actes assez solennels, une donation pieuse assortie d'un acte de vente, Liccese di Orlandino di Frugerio, sa mère Jubergana, ainsi qu'un certain Vuotascutello di Azzolino di Rustichello, en présence des consuls de ce que le notaire nommait emphatiquement l'*oppidum* de Leccio, abandonnaient à l'abbaye de Vallombrosa l'ensemble de leurs propriétés sur le *castello* de Ristonchi et dans ses environs. On sait que Liccese et sa parentèle avaient de nombreuses propriétés dans

---

[134] *Ibid.*, p. 193-194.

[135] Castiglioni 2010, p. 360-366.

[136] *CRSGF*, 260.126, fol. 55r-v, *se|feudatorios de monasterii Vallisumbrose ac ipsius monasterii glebe ascriptos <v>olentes debitam fidelitatem recongnoscere,|juraverunt*.

[137] Sur les *filii Liccesis* voir, en annexe de ce livre, n° 4 «Les *filii Liccesis*: une influence seigneuriale entre montagnes et vallée (milieu XIIᵉ-milieu XIIIᵉ siècle).»

[138] Sur Leccio, voir Repetti 1965, vol. 2, p. 670, «Leccio, Casa Castello (a SE)». Les premières attestations faisant de cette localité un *castello* sont relativement tardives et insistent davantage sur la tenue régulière d'un marché que sur l'aspect défensif de la fondation située, comme Vallombrosa, Magnale et Ristonchi, sur la rive droite de l'Arno, *Diplomatico, Vallombrosa*, 1157/02/21 (5253, en 1158), 1169/10/26 (5675), *Coltibuono*, 1176/02 (5975, *RC* 492, en 1177), 1187/12/30 (6621, *RC* 509), *Vallombrosa*, 1171/03/04 (5738, en 1172), 1171/03/04 (5739, en 1172).

[139] *Ibid.*, 1171/03/04 (5738, en 1172), 1171/03/04 (5739, en 1172), un commentaire de ces documents dans Wickham 2001, p. 251, n. 50.

[140] Dans les grandes lignes, l'idée développée par J. Plesner d'un investissement assez tardif des vallées communicantes par l'habitat semble encore valable, voir Plesner 1979; à compléter avec Szabó 1992.

les montagnes et l'on peut même supposer qu'ils venaient de la localité de Grassina, située près du *castello* de Pelago, au Nord du Pratomagno[141]. On a le sentiment, en suivant les traces laissées par les *filii Liccesis* de suivre pas à pas une émigration progressive du groupe et de ses intérêts depuis les hauteurs du Pratomagno, où ils s'étaient peut-être installés relativement récemment, à l'image des parentèles étudiées par M. E. Cortese, jusqu'à la plaine de l'Arno. Les actes conservés permettent de suivre le processus conduisant les membres de ce groupe à renoncer à leurs propriétés, aux maisons et aux liens de fidélité et d'amitié qu'ils avaient autour de Ristonchi. Sans doute les *filii Liccesis* avaient-ils dès les années 1160 des liens avec des parentèles évoluant de l'autre côté de l'Arno et vers la plaine, à Figline notamment[142]. Dans le Pratomagno, les *filii Liccesis* avaient dû côtoyer les *filii Griffi de Licignano*, eux aussi originaires de Ristonchi, et qu'on vit s'installer à Figline dans les années mêmes où les *filii Liccesis* faisaient de Leccio le centre autour duquel s'organisaient leurs intérêts[143]. La forte présence de Liccese di Orlandino dans les transactions majeures liant l'abbaye de Vallombrosa aux parentèles du Pratomagno ou à d'autres institutions témoigne du rôle important joué par ce dernier dans le fonctionnement de la seigneurie abbatiale. C'était toutefois à l'abbaye voisine de Sant'Ilario qu'allait en priorité sa fidélité[144]. Si lui-même et ses fils avaient renoncé à leur propriété sur le *castello* de Ristonchi, ils continuaient de détenir des terres comme vassaux des moniales de Sant'Ilario. C'était à ce titre qu'ils exerçaient le contrôle sur un tenancier et son fief et percevaient les pensions dues par ce dernier. Le patrimoine de ce groupe, loin d'être figé, continuait par ailleurs d'évoluer, et ses membres n'avaient pas renoncé, au début du XIIIᵉ siècle, à l'acquisition de nouvelles terres sur les pentes du Pratomagno[145].

L'allure seigneuriale de ce groupe tient à l'étendue et à la nature de leur patrimoine ; un patrimoine composé de droits sur les communs, de pensions dues par des dépendants et comprenant, jusqu'à la fin des années 1210, une maison dans le *castello* de Ristonchi[146]. On recon-

---

[141] *Diplomatico, Vallombrosa*, 1184 (6443, date hypothétique), 1188/05/07 (6651), 1210/12 (8488), 1229/05/21 (10801).

[142] L'existence de ces liens correspond davantage à une suspicion qu'à une relation avérée, sur Figline, gros *castello* et *quasi-città*, il existe du reste une bibliographie importante, voir Pirillo 1992 ; Wickham 1996a ; Pirillo – Zorzi 2012.

[143] On peut au minimum supposer l'existence de liens d'interconnaissance. Liccese di Orlandino était présent comme témoin lors des actes visant à la pacification des relations entre l'abbaye de Vallombrosa et les *filii Griffi da Licignano*, *Diplomatico, Vallombrosa*, 1184 (6443, date hypothétique), 1187/12/06 (6615).

[144] *Ibid.*, 1195/05/20 (7102).

[145] *Ibid.*, 1200/09/03 (7469).

[146] *Ibid.*, 1195/05/20 (7102), 1200/09/03 (7469), 1210/12 (8488), 1211/11/15 (8585), 1224/01/23 (9999, en 1225), 1233/05/08 (11363).

naissait, aux *filii Liccesis*, une place à part dans l'ordre social, assortie d'une forme d'autorité[147]. La participation de ces derniers à une guerre opposant les hommes de Sant'Ellero aux hommes de Magnale semble d'ailleurs avoir mis l'abbaye de Vallombrosa en difficulté[148]. Dans les années suivantes, les abbés et leurs représentants cherchèrent à couper définitivement les ponts existant entre les *filii Liccesis* et les hommes de Ristonchi. L'acte le plus intéressant de ce point de vue est celui par lequel Ardimanno di Rinovardo put obtenir le renouvellement d'une concession dans le bourg castral[149]. Ardimanno était lié par un mariage aux *filii Liccesis*, il avait épousé Giuliana, fille de Liccese ; en échange du droit qu'il avait en indivision sur l'une des maisons centrales du *castello*, il obtint de l'abbaye de Vallombrosa la moitié d'une autre demeure, ainsi qu'une parcelle située près de sa réserve, mais il dut promettre, pour obtenir cette concession, qu'il ne ferait pas revenir à Ristonchi les parents de son épouse[150]. La présence d'une parentèle influente et davantage liée aux moniales de Sant'Ilario qu'aux vallombrosains dans les environs immédiats de l'abbaye et de ses *castelli* représentait un risque difficilement acceptable. La crainte que pouvaient susciter les *filii Liccesis* pour les abbés de Vallombrosa et les efforts constants déployés pour écarter ses représentants hors des *castelli* soumis à l'influence des moines sont des éléments qui conduisent à voir dans les *filii Liccesis* un pouvoir concurrent de celui des abbés. La position occupée par les membres de ce groupe dans la deuxième moitié du XIIe siècle n'était probablement pas si différente de celle d'autres *fideles* du Pratomagno. Il ne semble pas qu'il faille établir une ligne de partage infranchissable entre les *filii Liccesis*, les descendants de Cacciaguerra et ceux d'Albertinello *da Melosa*. Dans les années 1160, Orlandino di Frugerio, Cacciaguerra di Altaguerra et Albertinello *da Melosa* occupaient probablement des positions assez semblables dans l'édifice social ; la fidélité qui les liait à telle ou telle institution monastique ou à tel seigneur laïc n'était peut-être pas aussi

---

[147] *Ibid.*, 1217/07/24 (9227), le rôle d'arpenteur joué par Liccese di Orlandino était représentatif de la place qu'on accordait à cette figure dans la pacification des conflits portant sur les limites foncières et de la connaissance qu'il était supposé avoir du territoire (le conflit portait sur les alpages du massif de Remole). Il fallait bien, dans les *diffinitiones* que des hommes fussent en mesure de départager les propriétés, les possessions et les droits d'usage. On devait reconnaître cette capacité à certains notaires et probablement à certaines figures locales.

[148] Sur cette petite *werra*, *ibid.*, 1217/01/11 (9154, 1218).

[149] *Ibid.*, 1221/04/13 (9664).

[150] Sans doute l'interdit pesait-il davantage sur une éventuelle inféodation ou sous-location que sur la présence physique des *filii Liccesis* : cette dernière interdiction n'est toutefois pas à exclure et on aurait ainsi le cas d'un bannissement d'une commune rurale, sur le mariage entre Giuliana et Ardimanno, et sur le devenir des époux, voir *ibid.*, 1202/09 (7717), 1229/05/21 (10801).

contraignante et formalisée qu'elle le deviendrait par la suite. En 1195, Liccese di Orlandino vendait à l'abbaye de Vallombrosa une série de terres situées autour du *castello* de Ristonchi. Vivant et demeurant, en partie du moins, dans le *castello* de montagne, il se déclarait dans cet acte «fidèle de Sant'Ilario». Ses possessions le mettaient nécessairement en contact avec d'autres seigneurs du lieu, l'abbaye de Vallombrosa et le Chapitre de Fiesole qui se partageaient, sur ce *castello*, sur les terres alentour et sur les communs, une série de droits difficile à distinguer[151]. L'évolution presque *naturelle* qui paraît conduire de petits seigneurs entreprenants comme Liccese di Orlandino et ses fils vers le *castello* de Leccio peut aussi être lue comme la conséquence d'un choix déterminé en amont par de fortes contraintes politiques, sociales et économiques. Les *filii Liccesis* quittèrent les hauteurs du Pratomagno et rejoignirent le dynamique *castello* de Leccio en abandonnant peu à peu, et probablement sous contrainte, les prérogatives qu'ils auraient pu exercer sur les alpes de Ristonchi et de Magnale et en coupant en partie les liens qui les unissaient aux habitants de ces deux *castelli*. Suite au conflit qui avait opposé les *filii Liccesis* aux moines vallombrosains, il est probable que leurs alliés, comme Ardimanno qui avait épousé une fille de Liccese di Orlandino, aient eu à choisir un fil dans le nœud des fidélités qui les liaient à plusieurs pouvoirs locaux[152].

4.3.3. *Stratégies familiales contraintes: la descendance de Cacciaguerra*

En miroir des choix opérés par les *filii Liccesis*, il est intéressant de considérer la tendance de Cacciaguerra di Altaguerra et de ses descendants à renforcer leurs liens de fidélité avec les abbés de Vallombrosa en suivant, pour ainsi dire, une trajectoire seigneuriale brisée[153]. Attesté en 1168, Cacciaguerra di Altaguerra possédait une terre située près du *castello* de Magnale et exerçait des droits sur une terre arable située près de Ristonchi; il possédait en outre quelques parcelles au milieu des terres de l'abbaye[154]. Son fils, Orlandino di Cacciaguerra, possédait de plein droit la part d'un pré et était souvent cité dans les confronts de la documentation[155]. Il ne figurait probablement pas parmi les plus gros propriétaires et possédait, sur les alpages de Ristivinieri, une part qui était bien inférieure à celle de son plus proche voisin, mais qui

---

[151] *Ibid.*, 1214/05/28 (8883).
[152] *Ibid.*, 1221/04/13 (9664).
[153] Sur cette parentèle voir aussi, en annexe de ce livre, n° 9 «Les descendants de Cacciaguerra ou le choix de la dépendance».
[154] *Diplomatico, Vallombrosa*, 1184/01 (6390, en 1185), 1191/09/18 (6828), 1200/03 (7448).
[155] *Ibid.*, 1235/12/30 (11837), 1241/08/25 (12765), 1247/04/02 (13822).

égalait celle détenue par l'un des petits-fils d'Albertinello *da Melosa*[156].
Il fallait toutefois qu'il eût assez de patrimoines pour se porter garant,
en 1227, d'une vente de douze livres portant sur les services et les
terres dus par plusieurs colons[157]. Témoins souvent sollicités, figures
bien connues du *castello* de Magnale, Orlandino di Cacciaguerra et
ses fils figuraient toutefois parmi les dépendants de l'abbaye. En 1219,
en présence du magistrat florentin, Orlandino di Cacciaguerra avait
solennellement reconnu les attaches qui le liaient, comme *colonus*, à
l'abbaye de Vallombrosa[158]. Et l'on a de bonnes raisons d'identifier ses
fils parmi les *fideles* tenus de prêter serment aux abbés dans la seconde
moitié du XIIIᵉ siècle[159]. On peut ici s'interroger sur les implications
qu'avait pour Orlandino di Cacciaguerra l'aveu de sa condition de colon
devant les autorités florentines. Le notaire Beringhieri di Cacciaguerra
da Leccio et le dénommé Griffolo di Cacciaguerra *da Pelago*, attestés
dans les années 1220-1230, partageaient-ils des liens de parenté avec
Orlandino di Cacciaguerra[160]? Si l'on hésite tant sur l'identification,
c'est que l'aveu d'une dépendance change radicalement l'idée qu'on
se fait des descendants de Cacciaguerra. Sans ce document, l'onomastique conduirait probablement à faire de Cacciaguerra et de ses
descendants des hommes de guerre, proches en cela de l'aristocratie
guerrière et partageant ses valeurs. Cela était-il inconciliable avec la
condition de *colonus* et avec des liens très forts, et contraignants, avec
l'abbaye de Vallombrosa? À la fin du XIIᵉ siècle et dans les premières
années du XIIIᵉ siècle, les descendants de Cacciaguerra avaient peut-

---

[156] *Ibid.*, 1241/08/25 (12766), 1242/11/24 (12958), Salimbene di Remberto
vendait sa part du même pré à 4 livres et 10 sous en deniers de Pise, soit quatre
fois plus qu'Orlandino di Cacciaguerra. On peut supposer que la vente des alpages
par Salimbene ait d'ailleurs entraîné la vente d'Orlandino. Parmi les autres
propriétaires de ces alpages, on notait la présence de Bonaiuto di Guglielmino,
descendant d'Albertinello *da Melosa*, précision qui confirme l'impression d'une
longue continuité dans la répartition du finage, les descendants des tenanciers
cités en 1168 continuant de disposer de terres réparties de la même façon entre
vallées et sommets.

[157] *Ibid.*, 1227/04/26 (10480), parmi les biens cédés, ceux qui classaient le plus
le vendeur étaient les pensions coutumières que lui devaient Guglielmo *da Rosso*
et Ricovero di Rampa *da Caticciano* (deux coqs et un denier par an) et Gottolo *da
Favale* (une poule et deux ou trois deniers par an, à la veille de Noël). Il fut payé
douze livres en deniers de Pise et reçut en outre deux fromages.

[158] *Ibid.*, 1219/03/10 (9404, en 1220), voir Santini 1895, p. 297-298, nᵒ VI, sur
ce document voir aussi Lefeuvre 2018b.

[159] *CRSGF*, 260.126, fol. 60r-61r, serment de fidélité des hommes de Magnale,
le 22 février 1273 (1274 style moderne); fol. 68r-69r, serment de fidélité des hommes
de Magnale, le 12 décembre 1262; fol. 106r, location du 3 mars 1275 (1276 en style
moderne) d'une terre au lieu-dit La Fossa contre un loyer d'une mine de blé chaque
année; fol. 110v, serment de fidélité des hommes de Magnale, le 15 août 1253.

[160] *Diplomatico, Vallombrosa*, 1229/11/22 (10867), 1239/07/15 (12490).

être dû arbitrer l'alternative qui se présentait à eux : faire leur vie en dehors des cadres contraignants de l'abbaye, en renonçant au patrimoine dont ils pouvaient disposer comme tenanciers ; ou accepter, par sécurité, les contraintes imposées par les abbés.

L'analyse des conditions sociales ne peut ainsi se réduire à l'étude de trajectoires familiales linéaires et envisagées selon un modèle conduisant la plupart des parentèles de nantis à diriger progressivement leurs intérêts vers Florence. Dans les trajectoires de ces groupes, les décisions prises par les individus – décisions qu'on ne peut concevoir autrement que fortement contraintes – comptent autant que les orientations prises depuis plusieurs générations. Ceci n'interdit pas d'évoquer les profils « familiaux » ou de recomposer la cohérence de certains choix répétés sur plusieurs générations. Parentèles et individus pouvaient trouver, dans l'ombre d'une seigneurie monastique un élément de cohésion leur permettant d'affirmer une forme de domination sociale[161]. Il est très difficile de juger des aspirations qui pouvaient, à la fin du XIIᵉ siècle, être celles du groupe de ces tenanciers qui font songer aux *arimanni* de l'Italie septentrionale ou aux hommes *masnada* d'autres territoires toscans. On pourrait proposer d'intituler les trois trajectoires évoquées autour d'une taxinomie de l'échec ou de la réussite : on aurait ainsi une trajectoire seigneuriale réussie, chez les *filii Liccesis ;* une trajectoire seigneuriale déviée et contrôlée par l'abbaye de Vallombrosa, dans le cas des descendants d'Albertinello *da Melosa ;* une aspiration seigneuriale bloquée pour les descendants de Cacciaguerra. Ce faisant on suppose justement une aspiration de ces groupes à des formes seigneuriales de domination. L'un des indices en ce sens serait, pour la seconde moitié du XIIᵉ siècle, la diffusion des noms évoquant la guerre ou de ceux qu'on emprunte aux groupes dominants[162]. On aurait en réalité pu décrire l'ensemble du processus en mettant au centre de l'analyse un terme fort populaire des études sur l'Italie médiévale, celui de *masnada*, un terme servant à désigner des groupes de dépendants particulièrement employés aux combats[163]. À une occasion au moins, les abbés de Vallombrosa avaient défini les *homines* de Magnale comme formant dans leur ensemble une *masnada*[164]. Faut-il placer ce terme au centre de l'analyse en faisant de la communauté villageoise un groupe de serfs œuvrant à la

---

[161] Francesconi 2005b, p. 211-271.

[162] Voir Collavini 2008, le cas de *Cacciaguerra* est toutefois un bon exemple de la difficulté à juger du sens de ces surnoms. Qu'était-ce, pour les hommes du Pratomagno, que ce « Chasseguerre » ? Celle d'un petit combattant belliqueux ou d'un pacificateur ?

[163] Brancoli Busdraghi 1996.

[164] *Diplomatico, Vallombrosa*, 1196/11/30 (7211).

défense de l'abbaye ? Le nœud des relations unissant ces « hommes » de Magnale au seigneur et à l'abbé était sans doute plus complexe. La saveur archaïque du terme de *masnada* ne doit pas égarer, il surgit au moment même où le contrôle de l'abbaye paraît s'appesantir. Dire des *homines* de Magnale qu'ils constituaient dans leur ensemble une *masnada* était peut-être pour l'abbé une manière de faire accepter une domination qui restait difficile à digérer.

L'étude de trajectoires intergénérationnelles permet de souligner l'étonnante mobilité sociale et géographique qui s'observe dans le territoire florentin. Au XIIe siècle, Otton de Freising avait relevé la propension des Italiens à placer aux postes de commandement des hommes de toute condition[165]. Il n'y a donc rien de fondamentalement surprenant à voir les descendants de grands tenanciers s'organiser en une *consorteria* seigneuriale, rien d'étonnant non plus à voir des parentèles au rang indéterminé gagner peu à peu la ville pour y faire des affaires et y obtenir les meilleures positions. Au-delà des trajectoires déjà bien mises en évidence par J. Plesner et conduisant les parentèles de la petite aristocratie et de grands tenanciers à gagner peu à peu une bourgade importante ou la ville de Florence, on constate l'existence de trajectoires plus insolites. Des descendants de grandes *consorterie* purent choisir une dépendance honorable vis-à-vis du monastère familial ; les descendants de parentèles évoluant dans la clientèle d'une grande abbaye acceptèrent de reconnaître une dépendance pesante. Il ne suffirait sans doute pas de multiplier à l'infini l'étude des monographies familiales pour saisir l'ampleur réelle des évolutions sociales[166]. Les trajectoires mises en évidence par J. Plesner pour le *castello* de Passignano se vérifient dans d'autres *castelli* et d'autres localités du *contado* florentin avec une étonnante synchronie et l'existence de trajectoires plus insolites ne remet pas en cause le modèle général d'un renouvellement des élites. L'analyse de ces changements en termes de renouvellement par des strates successives ne rend toutefois pas compte des évolutions d'identité : comme on l'a vu, ces évolutions semblent marquer les parentèles suffisamment documentées pour être suivies sur deux siècles. Si les groupes sociaux sont mobiles dans l'espace social et géographique, c'est aussi que cet espace social est lui-même mobile et subit de profondes évolutions. P. Bourdieu a défini comme « champ de pouvoir » l'espace dans lequel des agents, dotés

---

[165] Otton de Freising 1912, p. 116, si l'auteur consentait à déceler dans la diffusion des armes quelque trace d'une vertu républicaine toute romaine, il y voyait surtout le résultat de la compétition féroce que se livraient les cités-États naissantes.

[166] Le genre constitue un classique de l'histoire médiévale, et on emploie ici des méthodes mises en œuvre par les historiens depuis la seconde moitié du XXe siècle, on peut citer ici Cammarosano 1974 ; Menant 1976 ; Ceccarelli Lemut 1996 ; Collavini 1998b.

du capital suffisant pour occuper des positions similaires, s'affrontent dans des stratégies destinées à conserver ou transformer le rapport de force sur lequel se fonde la répartition des positions[167]. Ici le plus difficile consiste sans doute à saisir cet espace social et ses évolutions, les transformations des groupes tenant aussi aux évolutions progressives des règles du jeu social et à l'évolution générale des critères locaux de la distinction sociale.

[167] Bourdieu 1989, p. 375 : « Le champ du pouvoir est un champ de forces défini dans sa structure par l'état du rapport de force entre des formes de pouvoir, ou des espèces de capital différents. Il est aussi inséparablement, un champ de luttes pour le pouvoir entre détenteurs de pouvoirs différents, espace de jeu où des agents et des institutions ayant en commun de posséder une quantité de capital spécifique (économique ou culturel, notamment) suffisante pour occuper des positions dominantes au sein de leurs champs respectifs, s'affrontent dans des stratégies destinées à conserver ou à transformer ce rapport de force. »

CHAPITRE 5

L'AFFIRMATION ET LE CONTRÔLE
DES SOLIDARITÉS LOCALES

Ce n'est pas un voisin, son cheval est trop fier
pour être de ce coin[1].

Les évolutions sociales des XIIe et XIIIe siècles s'insèrent dans
une transformation globale et profonde du cadre politique. Dans une
période d'affirmation des grandes communes urbaines, on assiste
partout à une redéfinition des critères définissant localement la position
des individus dans la hiérarchie politique. L'émergence des communes
rurales est l'un des indices les plus évidents, parmi tant d'autres, d'une
transformation générale de la culture politique[2]. Dès la seconde moitié
du XIIIe siècle, les communautés structurées en *comunia* ou *universitates* étaient en effet devenues la norme de l'organisation du territoire
florentin ; les plus insignifiants *castelli* étaient le siège d'une organisation fondée sur des pratiques et une mémoire dépassant la vie des
individus et le cadre des rapports interpersonnels. En tous lieux, les
homines étaient désormais susceptibles de se rassembler au son de
la cloche paroissiale pour accomplir des rituels politiques semblables

---

[1] Brel 1968.

[2] Il est plus aisé de donner quelques jalons sur l'historiographie des
communes rurales que d'en livrer une revue exhaustive. L'intérêt pour le sujet
était vif au début du XXe siècle, comme en témoignent les discussions entre
Caggese 1907 et Volpe 1961a (édition originale antérieure). L'étude des communes
rurales perdit une partie de son aspect polémique à la fin du XXe siècle, avec
Castagnetti 1983 ; Schneider 1990. De bonnes synthèses chez Wickham 2001,
p. 1-11 et Feller 2001 (préface du même ouvrage), voir aussi Crouzet-Pavan 2004,
p. 315-320 ; Menant 2005, p. 41-46 . Plus récemment, on s'est davantage intéressé
à la transformation des hiérarchies spatiales et la lente formation de réalités institutionnelles, voir Taddei 2011 ; Huertas 2003 ; Huertas 2018 ; Morsel 2018a. En
Toscane, une question centrale est celle des rapports entre communes urbaines
et rurales, voir Poloni 2007a, l'histoire des communes rurales ne peut du reste
être envisagée indépendamment de celle des communes urbaines, pour le cadre
général voir Milani 2005, p. 159-168 ; Zorzi 2008a ; les questions suscitées par
les approches complémentaires, mais divergentes, du phénomène communal
chez Maire Vigueur 2004 et Wickham 2015 valent aussi lorsqu'on s'intéresse aux
communes rurales.

à ceux de leurs voisins[3]; ces institutions liaient ces *homines* en les soumettant à des obligations communes et servaient de cadre à l'affirmation de leur statut social. Un exemple parmi d'autres, au début du XIVe siècle, l'abbaye de Santa Maria di Vallombrosa exerçait en apparence une seigneurie sans partage sur les *castelli* de Magnale et Ristonchi, et pourtant les communautés de ces mêmes villages étaient assez organisées pour opposer aux moines et à aux abbés une résistance têtue et procédurière[4]. En 1310, les «hommes» de Ristonchi avaient élevé une protestation contre les moines pour défendre leurs droits d'usage sur les alpages[5]. Quelques années plus tard, les villageois du *castello* voisin de Magnale tentèrent de s'émanciper du cadre seigneurial en adressant aux autorités citadines une requête visant à les faire passer sous l'autorité directe de la Commune florentine. En cette occasion, ils montrèrent qu'ils formaient une communauté autonome, mobilisant une mémoire archivistique et dotée d'une personnalité juridique[6]. La commune rurale, entendue ici comme une «organisation collective structurée et fondée sur des unités de peuplement rural[7]» est-elle l'aboutissement institutionnel de dynamiques déjà présentes dans les sociétés rurales? L'historiographie dessine généralement une évolution en deux phases: dans une première phase, cette organisation émerge comme une forme originale d'association et de défense d'intérêts locaux; dans la suivante, elle s'impose comme une institution organisant pleinement la vie des communautés[8]. Dans toute l'Italie, des hommes relativement libres de leurs personnes et de leurs biens eurent la possibilité de «faire commune[9]»: ce processus de formalisation de pratiques politiques collectives ne fut pas spéci-

[3] Dans les actes enregistrant les décisions des assemblées communales, le formulaire renvoyait généralement «au son de la cloche» convoquant les chefs de famille, ainsi, *NA*, 10896, fol. 121r, le 20 janvier 1296 (1297) ou encore *Diplomatico, Coltibuono*, 1306/05/29 (29592).

[4] Salvestrini 1998, p. 175-194.

[5] *CRSGF*, 260.126, fol. 66r, le conflit fut résolu dans le cadre de la seigneurie abbatiale, les deux parties se plaçant sous l'autorité d'un frère convers élu comme arbitre et «ami commun», voir Salvestrini 1998, p. 192.

[6] *Ibid.*, 260.123, fol. 14r-18v, les *homines* de Magnale présentaient 38 documents attestant de rapports entretenus par la Commune urbaine avec les paroisses de la *curtis* – quittances ou avis d'impôts, prêts forcés, etc. –, on trouvait, entre autres actes, l'ordre de réquisition des *homines* pour la construction d'un pont sur l'Arno au niveau de Montevarchi (fol. 15v). À l'exception d'un document de 1255, la plupart des *instrumenta* étaient postérieurs à 1289. Sur la tradition archivistique des communes rurales voir Redon – Bourin 1995; Huertas 2018, p. 318.

[7] Wickham 2001, p. 5.

[8] Taddei 2011, § 12 et 13.

[9] Volpe 1961b, p. 135: «A molte categorie di persone, che godessero di una certa libertà, di una certa disponibilità del possesso, era possibile creare una organizzazione, fare comune, come dicon tante volte i documenti e le cronache.»

fiquement urbain et se vérifia dans les plus petites agglomérations. Ces transformations touchant les modalités de l'action politique locale accompagnaient une évolution plus large de la culture politique. Si les premières associations collectives participaient aux logiques d'une distinction aristocratique, les communes rurales de la fin du XIIIᵉ siècle œuvraient sans doute davantage à un nivellement relatif des statuts et des ambitions. Dans quelle mesure les communes rurales furent-elles un instrument d'affirmation d'une notabilité nouvelle?

5.1. La domination sociale : une affaire collective

L'historiographie s'est beaucoup intéressée aux premières apparitions de *consules*, aux premières mentions de *comunia* et aux occurrences précoces des *universitates*, autant de termes attestant l'existence de communes qu'on se représentait comme des réalités déjà très institutionnalisées[10]. Dans le panorama politique du XIIᵉ siècle, les communes rurales étaient sans doute des nouveautés, mais ces formes nouvelles d'organisation s'appuyaient sur des dynamiques collectives qui n'étaient pas inédites.

5.1.1. *Les* homines, *maîtres de la sociabilité publique*

De la fin du IXᵉ siècle aux premières décennies du Xᵉ siècle, le processus d'*incastellamento* eut bien lieu, mais n'eut pas pour conséquence un encellulement complet des populations au sein de seigneuries bien délimitées. Nombre de *castelli* s'imposèrent comme un habitat aristocratique qui ne fit point disparaître l'habitat dispersé[11]. C'est dans ce cadre mêlant habitat concentré et dispersé qu'apparaissent les mentions d'actions collectives de groupes unis par des intérêts productifs et dont la cohésion ne repose pas sur les seuls rapports de parenté, pour reprendre l'une des définitions récemment proposées par J. Morsel pour qualifier les communautés d'habitants[12]. Avant que les communautés institutionnalisées ne fussent documentées par

---

[10] Caggese 1907 ; Volpe 1961a ; Wickham 2001, p. 1-7.
[11] Wickham 1989 ; Cortese 2010.
[12] Morsel 2018a, p. 28 : « L'avènement des communautés d'habitants correspondrait ainsi à celui d'une morphologie sociale spécifique : un ensemble de feux (plus ou moins aggloméré) dont la cohésion ne reposerait pas sur des rapports de parenté (même s'il peut y avoir une certaine endogamie), mais sur l'idée d'appartenance commune à un même lieu ; l'articulation des feux correspondrait essentiellement à l'organisation productive, dont la reproduction à long terme serait assurée par la fixation accrue des populations à l'espace habité. »

l'écrit, des dynamiques locales étaient déjà à l'œuvre et se signalaient notamment par l'action collective d'*homines*[13].

> Par quels mots identifie-t-on, dans la documentation publique des IXe et Xe siècle [...] les entités collectives capables de mettre en place des actions communes ? Ce qui vient d'abord à l'esprit c'est le terme d'*homines* au pluriel. Dans les diplômes, le lemme est toujours accompagné d'un génitif : les *homines* dans cet apparat lexical sont toujours ceux de quelqu'un, d'une église, d'un monastère, d'un puissant laïc. Dans les plaids en revanche, on trouve de fréquentes mentions des *homines de* et ce *de* introduit non seulement une qualification personnelle de provenance [...], mais trouve ses attestations les plus fréquentes dans des listes d'anthroponymes regroupant par localité ceux-là mêmes qui interviennent à l'assemblée judiciaire[14].

Tiziana Lazzari rappelle à juste titre la présence sensible des communautés informelles dans la documentation du haut Moyen Âge. Ces entités communautaires demeuraient sans doute informelles et leurs actions collectives ponctuelles. Le contexte politique de la Marche de Toscane – caractérisé par la bonne tenue des institutions royales, du pouvoir des marquis jusqu'à la fin du XIe siècle – explique sans doute le développement plus tardif qu'ailleurs de pouvoirs locaux fortement structurés[15]. Lorsqu'ils apparaissaient dans la documentation, ces *homines* étaient présentés comme une collectivité relativement autonome. L'expression n'est pas neutre toutefois et rappelle la domination exercée par une frange étroite de la population : les *homines* ne désignant jamais l'ensemble des habitants d'un territoire donné. Cette expression d'*homines* est du reste une constante qui permet de relier les communautés informelles du haut Moyen Âge aux communes bien institutionnalisées des premières années du XIVe siècle. C'était toujours une frange réduite d'hommes qui exerçait l'essentiel de l'activité politique publique légitime et prétendait représenter la collectivité comme un sujet politique. Ce phénomène est sensible dans les

---

[13] Zadora-Rio 1995 ; 2003 ; Watteaux 2003 ; Morsel 2018b.

[14] Lazzari 2012 : « Con quali parole nelle fonti pubbliche dei secoli IX e X [...] si identificano entità collettive in grado di promuovere azioni concordi ? In primo luogo occorre tenere presente il termine *homines*, al plurale. Nei diplomi il lemma è sempre accompagnato da un genitivo : gli *homines* in questo apparato lessicale sono sempre di qualcuno, di una chiesa, di un monastero, di un laico potente. Nei placiti invece ricorrono frequentemente *homines* de e quel de introduce non solo una qualifica personale di provenienza, cioè un elemento specifico volto a identificare con maggiore precisione un soggetto in un sistema onomastico in cui prevale il semplice nome proprio, ma trova piuttosto le sue attestazioni più frequenti in elenchi di antroponimi che accorpano per località, appunto, coloro che intervengono all'assemblea giudiziaria. »

[15] Wickham 1996b ; 2001, p. 249 ; Cortese 2017b, p. 345-346.

nombreuses listes faisant état des participations collectives aux rituels politiques des *universitates* rurales. Un *instrumentum electionis* du 29 mai 1306, relatif à la commune de Montaio, dans le Chianti, a été conservée par les moines de Coltibuono, il offre un exemple du formulaire employé par les notaires en ces occasions[16]. Au « son de la cloche » et à la demande du recteur, l'ensemble des hommes du *castello* de Montaio et de la paroisse de San Silvestro s'étaient réunis sur la place du village. Ces hommes avaient prêté serment au nouveau recteur, en touchant les Évangiles. Cet acte collectif, sans être fonda-teur d'une commune bien attestée dès la fin du XIIe siècle, permet-tait d'en affirmer l'existence. L'institution était formée par l'ensemble, *universitas*, des *homines* ayant pour lieu de référence ou d'habitat le *castello* de Montaio et son église. Le notaire Dino di Jacopo avait été assez précis sur ces « hommes » : ils étaient cinquante et étaient âgés d'entre quinze et soixante-dix ans. La grande majorité d'entre eux étaient les enfants d'un père défunt et cet élément avait dû contribuer à asseoir leur statut de chefs de foyers[17].

L'*homo* dont il est ici question est avant tout conçu comme le chef de foyer, chaque personne représentant implicitement un feu de la paroisse du *castrum* de Montaio. Ici comme dans le *contado* sien-nois étudié par O. Redon : « Ceux qui prennent position, c'est-à-dire les membres responsables de la commune, sont les hommes majeurs représentant eux-mêmes et les femmes et enfants de leur famille[18]. » Combien d'habitants comptait du reste la paroisse ? Au XVIe siècle, Montaio comptait six cents habitants et c'était au XIIIe siècle un petit *castello* très dynamique[19]. Les *homines* de Montaio représentaient, dans tous les cas, moins de la moitié d'une population composée de femmes adultes, d'enfants des deux sexes, mais aussi, très probable-ment, de fils déjà âgés non émancipés par leurs pères[20]. À l'image de ce qui s'observe dans la Florence renaissante[21], les inégalités reposant

---

[16] *Diplomatico, Coltibuono*, 1306/05/29 (29592).

[17] Sur l'importance de l'âge dans la Florence du bas Moyen Âge, voir Taddei 2006, la majorité politique fut fixée à 18 ans au XIVe siècle, on voit, à travers ces documents que cette pratique trouvait des précédents.

[18] Redon 1979b, p. 621.

[19] Repetti 1965, vol. 3, p. 277-278, « Montajo, Montaja ».

[20] On est mal informés sur les limites que trouvait l'autorité paternelle sur les descendants mâles. Au XIIIe siècle, les fils pouvaient être émancipés de la tutelle familiale avant leur mariage et cet acte était un document fréquemment demandé aux notaires. Voir par exemple *Diplomatico, Vallombrosa*, 1241/01/27 (12709, en 1242). Cette tutelle s'étendait sans doute bien au-delà des quinze ans. Au XIVe siècle, un tisserand de la paroisse citadine de Santa Lucia dei Magnoli qui n'avait pas encore atteint ses 25 ans avait dû prononcer un serment spécial pour obtenir le droit de vendre une parcelle située près de Rignano.

[21] Voir à ce propos Taddei 2006.

sur le sexe, l'âge et la position à l'intérieur du foyer étaient naturali-
sées dans la langue des notaires et structuraient fortement la position
sociale dans les sphères domestique et publique.

5.1.2. *Épouses et veuves : la place des femmes dans la vie publique*

Au haut Moyen Âge, les hommes adultes étaient seuls ou presque
« à avoir pleine capacité juridique, à posséder les offices publics, à
exercer l'activité militaire et à se tailler la part du lion lors des divisions d'héritage[22] », mais n'en exerçaient pas moins un pouvoir qui
se fondait largement sur les femmes. Dans son travail sur Lucques,
Paolo Tomei souligne le rôle central joué par les épouses dans la structuration des groupes aristocratiques et l'orientation des stratégies
patrimoniales. Au seuil du XIIe siècle, l'aristocratie lucquoise ne se
déploie pas en groupe que domine nettement la lignée agnatique. Dans
le territoire florentin, comme l'a montré M. E. Cortese, les femmes
de l'aristocratie jouent un rôle majeur au XIe siècle et continuent, au
cours du XIIe siècle, de disposer d'un poids important dans la structure des parentèles. Ce n'est qu'à l'issue de cette période qu'elle note un
recul durable d'une présence féminine active dans les sphères aristocratiques de la société florentine[23]. Comme le suggère un travail mené
par Alberto Luongo sur Gubbio au bas Moyen Âge, les femmes, notamment celles qui appartenaient aux milieux populaires, ont sans doute
été plus présentes dans la vie publique que ce que la documentation
suggère à première vue[24]. À Florence et dans son territoire, l'action
des femmes en dehors du cadre domestique restait toutefois soumise
à une série de rituels et de procédures qui les maintenaient formellement dans la position d'éternelles mineures[25]. Il était fréquent que les
deux époux, homme et femme, fussent les acteurs principaux d'une
donation, d'une vente ou d'une aliénation de biens[26]. Les témoins
demeuraient des hommes[27], un proche ou un juge devait faire déclarer
aux épouses qu'elles n'avaient subi aucune violence et agi sans pres-

---

[22] Tomei 2019, p. 401 : « Ad avere piena capacità giuridica, a possedere uffici
pubblici, a esercitare l'attività, militare, a fare la parte del leone al momento di
una spartizione ereditaria, salvo eccezioni, erano i maschi adulti, ciononostante
l'esercizio del potere si fondava largamente sulle donne. »

[23] Carocci 1994 ; Cortese 2007, p. 80.

[24] Pour la situation documentaire du bas Moyen Âge, voir Luongo 2019.

[25] Lett 2013, p. 133-138, on reprend à cet ouvrage l'expression « éternelle
mineure », p. 133.

[26] En parlant d'affaires publiques, on entend les affaires faites au vu de tout
le monde et qui intéressent la communauté informelle des voisins, des connaissances. C'est plus dans une opposition au secret, qu'au privé que l'expression paraît
le mieux fonctionner, voir Giordanengo 2000.

[27] Lansing 1991, p. 35-40.

sion de l'entourage[28]. Face au notaire, les femmes devaient en outre agir en présence d'un garant : un homme appartenant généralement à leur parentèle d'origine, leur mari ou les héritiers mâles[29]. Le veuvage et le remariage donnaient aux femmes l'occasion de saisir une part du patrimoine commun ou de ressaisir la part qui leur revenait de droit. Quelques figures influentes s'affirmaient en de telles occasions. Ainsi, en 1205, non loin de Montaio, une certaine Beccaia, veuve de Pietro *da Cagnano*, et habitante de Monteluco a Lecchi dans le Chianti, avait offert sa personne et une partie de ses biens à l'abbaye de Coltibuono[30]. La donation devait peut-être autant à la nécessité qu'à la piété et témoignait de la position acquise par Beccaia dans le *castello* de Monteluco : sans appartenir à l'une des parentèles de l'aristocratie locale, elle y avait accumulé assez de biens pour faire un testament devant notaire et avait eu assez d'ascendant pour obtenir l'accord de son fils. Beccaia, dont le surnom signifiait « Bouchère », était probablement une figure connue du petit *castello*[31]. Cet acte d'oblation qui constituait sans doute l'équivalent d'un testament demeurait cependant une affaire d'hommes : du notaire au destinataire en passant par les témoins ou les noms des personnages cités dans les confronts, Beccaia était la seule femme citée. En cette occasion, son fils Trebbiolo avait fait office de garant. Au XIIIe siècle, la présence du *munduald*, nom donné au garant, était souvent une simple formalité ; elle n'en demeurait pas moins indispensable et toute femme agissant devant notaire devait se doter d'un *munduald*[32]. Dans l'ensemble, ces normes résultaient d'une

[28] *Diplomatico, S. Vigilio di Siena*, 1094/07/18 (2547, *Le carte...* 101), *set ego quidem |Guitta interrogata sum a duobus filii mei, hic sunt nomina eorum Hen|rigo et Rodulfo, si ego per cuique hominis virtutem hanc cartam fecis|sem aut non, qua propter ego dixi quod per nullam districtione hominum neque| de ipso viro meo patiente violentia non sum passa, set certa mea| voluntas decrevi.*

[29] *Ibid., et ipse vir meus mihi consensit et conmiatum dedit.*

[30] *CRSGF*, 224.237, n° 548, p. 116-117, en février 1204 (1205 de notre style), Beccaia était nommée en référence à son époux, sans aucune référence à son ascendant paternel ; cette évolution propre au *contado* florentin contraste avec ce qui s'observe ailleurs, dans les Marches notamment, et témoigne du privilège attribué par les Florentins à la parenté agnatique, voir Faini 2009c ; Lett 2013, p. 58-59.

[31] Le surnom de « bouchère » n'a sans doute rien d'infamant dans un contexte qui valorisait plutôt cette activité ; sur le rôle politique des bouchers dans la vie politique voir notamment Faugeron 2006 ; Costantini 2016, 2018 ; Troadec 2016, p. 231-241 ; Costantini 2018.

[32] Les registres de notaires contiennent de nombreux actes de procuration émanant de femmes se dotant d'un *munduald*, voir ainsi, en 1306, *NA*, 5212, fol. 5r-v : le 20 juin 1306, Vanna di Ugolino du popolo de San Niccolò de Florence, en présence du juge Bene di Jacopo *da Verrazzano*, faisait de Niccolò di Lippo, originaire lui aussi de Verrazzano, son munduald ; le même jour et dans l'enregistrement suivant du même notaire, elle vendait à *Ser* Vanuccio di Jacopo *da Verrazzano* le crédit de 20 muids de grain que lui devait un homme de Radda in Chianti et rece-

double exigence : l'une consistant à garantir aux épouses et aux veuves un accès à leur dot et à leur douaire ; l'autre visant à la conservation du patrimoine de la parenté agnatique[33].

Sans doute des femmes de toutes conditions étaient-elles davantage présentes dans la vie sociale, par une parole et des actes que ne saisissaient point les écrits des notaires[34]. Ce que les écrits des notaires permettent de suivre, c'est en revanche l'exclusion progressive des épouses de leur droit à hériter d'une part substantielle du patrimoine foncier de leurs parents. E. Faini a mis en évidence la tendance à exclure plus nettement les femmes de l'héritage au cours du XIIIe siècle[35]. Au bas Moyen Âge, cette évolution conduisit à la conversion des dots et des douaires en numéraire bien mise en évidence par C. Klapisch-Zuber et Isabelle Chabot[36]. Dans les actes du XIe siècle, la *donatio propter nuptias*, appelée *morgincap* dans la vieille langue des Lombards, était encore un élément capital de la position de l'épouse, au même titre que la dot[37]. Selon la coutume, ce « don du matin » (*Morgen Gabe*) devait représenter un quart des biens de l'époux[38]. Dans les faits cependant, ce patrimoine ne se présentait pas comme un ensemble foncier facilement saisissable et que l'épouse aurait pu gérer, donner, vendre ou mettre en gage et la *morgincap* demeurait une « assignation générale » sur le patrimoine du couple[39]. Cette réserve pouvait, au besoin, servir à négocier la position de l'épouse ou de la veuve ou alimenter les exigences de sa parentèle. La monétarisation des dots et des douaires fit probablement perdre aux épouses un des

---

vait 48 livres et 13 sous en petits florins. Dans ce cas, comme dans de nombreux autres, la prise de *munduald* se faisait *ad hoc* et sans cérémonie, elle n'en marquait pas moins une nette différence entre hommes et femmes et nécessitait un enregistrement supplémentaire. Si un *munduald* avait déjà été désigné, les auteurs devaient être capables de prouver que l'enregistrement de cette prise de garant avait été fait en présence d'un notaire ou d'un juge.

[33] Klapisch-Zuber 1990, p. 185-213 ; Feller 2002.

[34] Luongo 2019.

[35] Faini 2009c.

[36] Voir Klapisch-Zuber 1982 ; sur le haut Moyen Âge, on se référera à Bougard – Feller – Le Jan 2002 ; concernant les dots et douaires des Florentines au bas Moyen Âge, voir Chabot 2011.

[37] Au XIe siècle, il était possible d'exclure d'une transaction foncière les droits potentiels exercés par l'épouse sur les terres négociées. En 1060, Giovanni et Azzo di Teuzo et son épouse Alberga di Giovanni vendirent à Teuzo di Bonizo, auxquels ils étaient sans doute apparentés, une série de biens situés dans le Chianti, en faisant exception de ce qu'Alberga tenait en *morgincap*, voir *Diplomatico*, *Coltibuono*, 1064/03/07 (1070, *RC* 52, le 4 mars 1060/61), l'onomastique fait penser aux *nepotes Bonizi* ; voir, en annexe de ce livre, n° 12 « Les *nepotes Bonizi* d'Albareto : *possessores* et *fabri* du Chianti (XIe-XIIe siècle) ».

[38] Oulion 2013, p. 302-307.

[39] Feller 2002.

leviers leur permettant d'accéder à une part de l'héritage foncier[40]. En 1247 encore, Bernardo di Sacco *da Montegrossi*, des Firidolfi, offrait ainsi à Acconcia di Bencivenne di Aveduto dix-huit livres en deniers de Pise en *donatio propter nuptias* et recevait de cette dernière une dot de trente-six livres en monnaie et en biens[41]. Dans cet échange monétaire offrant à chacun des époux la somme de dix-huit livres, les biens fonciers des Firidolfi, une grande maison, demeuraient préservés. Les épouses étaient des actrices importantes des transactions foncières passées devant notaires – manifestations publiques de la vie familiale –, en tant que descendantes ou sœurs, les actes notariés faisaient en revanche beaucoup moins apparaître les femmes. Il n'est pas rare, dans la documentation disponible, de voir agir des groupes de frères sans que leurs sœurs éventuelles ne soient jamais mentionnées. En 1148, dans le Valdarno, les trois fils du notaire Ghiberto de Rignano offraient à l'abbaye de Vallombrosa une terre pour l'âme de leur frère Pigliacornachia[42]. En 1253, l'un des fils de Piccolino *da Carnano* avait dû obtenir l'accord de ses trois autres frères pour pouvoir se donner en oblation aux moines de Coltibuono avec sa part des terres tenues en indivision[43]. Les *homines* issus d'un même sang jouaient souvent le rôle principal sur une scène laissant peu de place à leurs épouses, et moins encore à leurs filles ou à leurs sœurs[44]. C'était aux descendants mâles qu'il revenait fréquemment de gérer le patrimoine indivis dont ils avaient hérité. En Italie, comme dans le Languedoc et d'autres territoires occidentaux, les femmes subissaient ainsi une exclusion croissante des affaires publiques[45].

5.1.3. *Au-delà du cercle domestique : la* consorteria

Sans être d'essence aristocratique, l'indivision supposait l'existence d'un patrimoine apportant un revenu matériel ou symbolique à la collectivité qui l'avait en partage. Le fractionnement des droits sur

---

[40] Klapisch-Zuber 1990, p. 190, le douaire se maintint formellement au bas Moyen Âge et fut redoublé par de petits cadeaux, essentiellement des vêtements. sur les dots et les douaires, voir Bougard – Feller – Le Jan 2002 ; notamment Bartoli Langeli 2002. La documentation de Coltibuono témoigne de la conservation formelle de la tradition de la *morgincap*. Dans les actes du XIe siècle, on relève onze occurrences de cette donation, neuf encore dans les actes du XIIe siècle et six occurrences de *morgincap* ou *donatio propter nuptias* au XIIIe siècle.

[41] *Diplomatico*, *Coltibuono*, 1246/02/05 (13588, en 1247).

[42] *Ibid.*, *Vallombrosa*, 1148/07 (4895), sur cette fratrie, voir Lefeuvre 2018a.

[43] *Ibid.*, *Coltibuono*, 1252/02/22 (14515, le 16 février 1253).

[44] Faini 2009c, p. 138-139.

[45] Bourin 1987, p. 185 : « L'exclusion des femmes des affaires publiques est si nette qu'elle influence même parfois les serments de fidélité où elles devraient figurer en tant que chefs de famille. »

certains biens particulièrement importants est bien documenté dans les actes florentins des XIIe et XIIIe siècles. Les tours, les murs des *castelli* ou certains terrains incultes se prêtaient fort bien à des formes collectives d'appropriation et à un héritage en indivision. Au XIIe siècle, les seigneurs du *castello* de Stielle, dans le Chianti, associaient à la possession d'une part de la tour, le droit d'opérer des prélèvements sur la *curtis* correspondante[46]. Au siècle précédent, Unganello di Tebaldo avait offert aux moines de Coltibuono ce qui était sans doute sa part ou la part d'un héritage acquise par un mariage : une maison située près d'une tour à Lucignano in Chianti, ainsi que le quart de la tour de Monterotondo, dans les environs de l'abbaye[47]. Dans l'historiographie italienne, le terme de *consorteria* sert souvent pour décrire les groupes aristocratiques[48] : le cas des tours de l'Italie médiévale tenue par les membres d'une même parentèle est bien connu[49]. Il s'agissait, dans les cas de ces tours et de ces murs, d'une forme d'investissement dans une réalité aussi symbolique que matérielle : la seigneurie et ses profits. La construction et l'entretien d'un *castello* représentaient un investissement coûteux et que tous les héritiers n'étaient pas capables de soutenir[50]. Les *consortes* gérant chacun une part d'héritage, ou *sors*[51], pouvaient avoir à gérer des biens plus rentables qu'un *castello* comme un moulin. L'une des *consorterie* seigneuriales les mieux documentées a déjà été évoquée au chapitre précédent, c'est celle que compose l'union au début du XIIe siècle des *filii Sardini* avec les *filii Truti* dans les franges méridionales du Chianti. Cette *consorteria*, attestée en tant que telle dans les premières années du XIIIe siècle, ne tirait pas son origine d'un investissement dans la pierre d'un *castrum* mais s'était d'abord appuyée sur la construction et l'entretien des moulins construits sur la rivière Massellone qui comptaient sans doute autant que les fortifications des *castelli* voisins de Tornano ou Monteluco a Lecchi. Il faut en effet attendre 1170 pour trouver la première mention d'un *castello* à Tornano et attendre 1205 pour que la localité de Monteluco a Lecchi soit à son tour décrite comme un *castello*[52]. Avant ces deux dates, les références explicites aux moulins du petit torrent de la Val d'Arbia sont, quant à elles, fréquentes et accompagnent la vie des deux parentèles de la fin du XIe siècle aux premières décennies du XIIIe siècle.

[46] *Diplomatico, Coltibuono*, 1136/08 (4341, *RC* 366).
[47] *Ibid.*, 1084/03/20 (1956, *RC* 155, en 1085).
[48] Provero 2010.
[49] Faini 2014.
[50] Delumeau 2014.
[51] Débax 2012, p. 65-66.
[52] *Diplomatico, Coltibuono*, 1090/12/29 (2399, *RC* 187), 1170/06 (5716, *RC* 479); CRSGF, 224.237, n° 346, *RC* 192, en avril 1092, n° 548, p. 116-117, en février 1204 (1205).

La construction et la gestion des moulins étaient en effet des affaires collectives qui dépassaient rapidement le cadre de la parenté et impliquaient plusieurs foyers la première attestation du moulin de Tornano remonte à 1133, avec la vente aux moines de Coltibuono, par Uberto di Sardino et Tedora di Guido, des *filii Sardini*, d'un moulin situé près de Monteluco a Lecchi[53]. Cette aliénation, loin de traduire une renonciation complète des laïcs marquait le début d'une longue coopération entre un groupe de laïcs et les moines vallombrosains autour de certains moulins. L'entretien d'un de ces édifices mobilisait de larges pans des communautés d'habitants : il fallait surveiller et entretenir l'édifice, maintenir le flux de l'eau et protéger l'approvisionnement de la construction en empêchant notamment qu'un barrage en amont ne vînt en perturber le cours[54]. Dans ce contexte, les *filii Truti* et les *filii Sardini* n'étaient qu'un groupe parmi d'autres des laïcs particulièrement intéressés à la construction et à l'entretien des moulins : à leurs côtés, on relevait ainsi la place importante des *filii Ursi*[55]. La *consorteria* des *domini* de Tornano, composée de sept foyers au début du XIIIᵉ siècle, devait sa position solide aux choix politiques opérés par Guarnellotto *da Tornano* dans la seconde moitié du XIIᵉ siècle. Les seigneurs de Tornano n'en renonçaient pas pour autant à l'investissement dans les moulins : en 1204, l'abbé de Coltibuono concédait ainsi à Guarnellotto *da Tornano*, à ses frères et à ses *consortes*, le droit de faire construire un ou plusieurs moulins entre la localité de Dudda et

---

[53] *Diplomatico, Coltibuono*, 1133/05 (4228, *RC* 356).

[54] Sur ces questions voir Wickham 1996a; Papaccio 2004; 2009; Lapi 2009. Les dénominations des cours d'eau sont assez fluctuantes aux XIIᵉ et XIIIᵉ siècles, les notaires se référant souvent au cours d'eau le plus connu pour désigner de plus petits affluents. Sans doute pour protéger le moulin de Tornano, l'abbé de Coltibuono, en 1138, avait obtenu du prêtre de l'église plébane de San Pietro qu'il renonçât à toute prétention sur les moulins du monastère et qu'il laissât ses fidèles aller vers les vallombrosains s'ils le souhaitaient. En 1162, c'était pour prévenir le risque de nouvelles installations que les moines procédaient à l'achat, à bon prix, de parcelles stratégiques sur l'Arbia, la grande rivière que le Massellone rejoignait au niveau d'Argenina. Le contrôle sur les eaux était étroitement associé à l'autorité sur les hommes, voir *Diplomatico, Coltibuono*, 1138/05/12 (4432, *RC* 377), 1162/02/13 (5440, *RC* 460).

[55] En 1090, un groupe de laïcs avait offert à l'abbé de Coltibuono les terres nécessaires à la construction d'un moulin : Urso et Domenico, frères et fils de Domenico et Ranieri di Bruculo avaient d'abord fait don de certaines terres à l'abbaye. Deux ans plus tard, un certain Ormanno confirmait leur donation et qualifiait de *massarii* les deux donateurs de 1090. Ce moulin correspond certainement à l'actuelle localité du Molino a Sesto. Au milieu du XIIᵉ siècle, la famille de Domenico et Ranieri exerçait toujours un contrôle partiel de la petite construction : ainsi, en 1156, Guido di Ugo et son épouse Massarina, accompagnés de Brunaccio di Urso, probable descendant d'Urso di Domenico, donnaient la terre nécessaire à l'abbé de Coltibuono pour le moulin de Tornano ; *ibid.*, 1090/12/29 (2399, *RC* 187); 1155/02/15 (5176, *RC* 438, en 1156); *CRSGF*, 224.236, n° 346, *RC* 192, en avril 1092.

le *castello* de Tornano[56]. La *consorteria* se composait alors de Guarnellotto et de ses frères, et comprenait en outre de nombreux descendants
des *filii Sardini*, dont certains, à l'image de Martinuzzo, devaient être
très âgés à cette date. La *consorteria* des *filii Truti* et *Sardini* avait certes
un caractère familial et seigneurial : elle ne s'en présentait pas moins
comme une petite association d'entrepreneurs s'associant avec les
moines de Coltibuono dans la construction et la conservation d'un ou
de plusieurs moulins[57]. C'était tout l'intérêt de ces liens unissant entre
eux des *consortes* que de permettre un investissement commun sur des
installations lucratives, mais coûteuses à entretenir et nécessitant à la
fois le contrôle de la vie locale et l'existence de relais politiques plus
lointains. La limite entre les *consorterie* et de plus larges communautés
ne se laisse pas toujours immédiatement saisir, mais les difficultés d'interprétation que soulèvent certains textes reposent peut-être sur la réticence à associer dynamiques seigneuriales et communautaires.

5.1.4. *Biens communs et communes*

« Que faire du *saltus*, du sol non dominé, des vastes espaces de
steppe, de garrigue, de maquis, de forêts qui encerclent les paquets
d'hommes ? », question fondamentale pour les communautés agricoles
comme pour les seigneurs, elle constitua souvent un nœud crucial
de l'institutionnalisation des rapports entre les deux pouvoirs[58]. Plus
encore que celles étudiées par R. Fossier, les campagnes florentines des
XIIe et XIIIe siècles donnent l'impression d'un monde plein dans lequel
le *saltus* en question alimente les appétits[59]. Si les espaces soumis aux
usages communautaires paraissent relativement rares ou peu documentés dans le *contado* florentin du XIIe siècle, c'est sans doute que

---

[56] *CRSGF*, 224.237, n° 545, p. 111-112, le 16 février 1204 (en 1205).

[57] Débax 2012, p. 154 : « Le jeu des parts, des ventes et des achats, semble
encore plus vif lorsqu'on s'intéresse à des objets tels que les moulins, les eaux, les
maisons ou le bétail. L'interrogation sur la légitimité de dénommer ces associations coseigneuries se fait encore plus incisive. La construction de moulins et le
creusement de canaux supposent pourtant la maîtrise des eaux vives qui étaient au
haut Moyen Âge un attribut de la puissance publique. »

[58] Fossier 1992b, p. 254-255.

[59] Conti 1965a, p. 211-212, le propos d'E. Conti mériterait toutefois d'être largement nuancé, surtout dans la vision catastrophique qu'il donne de la vie agraire
d'avant l'*appoderamento* et de l'instauration de la *mezzadria*, il faut toutefois se
rendre compte du contraste entre le paysage actuel qu'offrent les montagnes du
Pratomagno et les collines du Chianti, aujourd'hui couvertes de bois et de forêts, et
la vision qu'on retire de ces mêmes zones aux XIIe et XIIIe siècles, souvent ouvertes
aux cultures céréalières, des *castelli* aujourd'hui réduits à des hameaux abandonnés
ou d'une dizaine d'habitants comptent généralement plus d'une centaine d'habitants à la fin du XIIIe siècle ; sur ces questions, voir aussi Salvestrini 1994 ; 2008a.

la main des seigneurs y est omniprésente. Loin de se désintéresser des espaces ouverts aux usages collectifs et concertés, les parentèles laïques de *domini* et les seigneurs ecclésiastiques intervenaient pesamment dans les activités agricoles, créant d'une part les conditions du prélèvement d'une part substantielle de la rente foncière[60] et participant d'autre part au contrôle collectif des communs. C'est du moins ce que suggère l'histoire d'un conflit qui opposa aux XIe et XIIe siècles, les communautés de Celle et de Cintoia, dans la vallée de l'Ema, qui illustre le rôle joué par une parentèle seigneuriale dans la structuration d'une communauté rurale en commune. Le développement de cette institution ayant souvent à voir avec le souci d'appropriation et de gestion d'un bien commun[61].

Ce conflit trouve l'une de ses origines dans la seconde moitié du XIIe siècle, avec la donation par les *da Cintoia* d'incultes exploités conjointement par les populations de Celle et de Cintoia aux moines de Montescalari. Selon un bref de la fin du XIe siècle, une première plainte aurait été élevée par les seigneurs de Cintoia contre les *homines de Celle* lors d'un plaid présidé par le marquis de Toscane Godfroid († 1069) sans que la justice des marquis sût calmer les griefs que les *da Cintoia* exprimaient de nouveau en 1073, en présence de plusieurs *boni homines*[62]. Un siècle plus tard, en 1192, un texte faisait apparaître l'une des plus anciennes attestations d'organisations communautaire dotées de consuls dans le territoire florentin[63]. Il s'agissait d'un compromis par lequel *Cellenses* et *Cintolenses* entendaient mettre fin aux violences nées de ce vieux conflit d'usage[64]. La solution était

---

[60] Barcelò Perello 1996.

[61] Rippe 2003, p. 382, « Car la commune rurale implique l'existence de biens communs » affirmait l'auteur, il existe sans doute un lien évident entre le développement de l'institution et la défense de biens communs, l'étude du *contado* florentin conduit toutefois à nuancer considérablement cette affirmation.

[62] *Diplomatico*, S. Bartolomeo di Ripoli, 1072 (1380), Ranieri di Benzo, Tederico di Giovanni et Bernardo di Tederico *da Cintoia* – qu'A. Boglione et à sa suite M. E. Cortese ont rattaché à la parentèle homonyme – avaient fait rédiger ce bref pour affirmer la nullité des protestations élevées par les *homines* de Celle sur la terre qu'ils avaient donnée à l'abbaye de Montescalari. Ils prétendaient s'appuyer sur un jugement prononcé lors d'un plaid tenu par le marquis Godfroid de Toscane (1025; 1069). Les notes dorsales du parchemin font supposer que ce dernier a longtemps fait partie des actes conservés par l'abbaye de Montescalari, la mention du marquis de Toscane aurait pu susciter l'intérêt moderne pour le document. Sur les *da Cintoia*, voir Boglione 1997; Cortese 2007, p. 294-305.

[63] Davidsohn 1956, p. 479-480; Wickham 2000, p. 302-305; Cortese 2008.

[64] *Diplomatico*, S. Vigilio di Siena, 1191/02/23 (6797, en 1192), *homicidiis, feritis, rapinis*, l'absence de précision sur la nature de ces violences pourrait faire songer à une simple formule, son emploi révèle néanmoins un passé sans doute proche de violences assez pesantes dans la vie des deux communautés.

dans l'air du temps[65], les deux parties avaient nommé quatre arpenteurs – Albertino *del Roso* et Pilacharo di Griffolo pour Cintoia, Perino
de Gagna et Giovanello di Gerardino *de Faciano* pour Celle – chargés
de conduire une délimitation, une *diffinitio*, des confins passant entre
les deux territoires[66]. L'abbaye de Montescalari, bâtie sur la colline qui
séparait les deux villages, avait dû travailler tout particulièrement à
l'obtention de ce compromis qui réservait ses droits. Le travail de délimitation, dont les résultats occupaient l'essentiel du document avait
été soumis aux représentants des deux parties qui avaient accepté le
compromis des arpenteurs. Guidalotto avait été nommé recteur des
« hommes de Celle, les seigneurs et leurs fidèles », Rodolfo di Guicciardo, « alors consul », représentait pour sa part les hommes de
Cintoia, « seigneurs et fidèles[67] ». Cette simple mention attestait-elle
l'existence d'une commune rurale ?

Selon A. Boglione, ce document constitue la trace explicite d'une
commune rurale déjà bien institutionnalisée et fonctionnant sur la
double hiérarchie des *domini* et des *fideles*[68]. Cette vision qui plonge
ses racines dans une histoire institutionnelle n'est pas la seule possible.
Comme le souligne Hélène Débax, les termes de consul ou de recteur
ne sont pas en eux-mêmes significatifs : à la fin du XIIᵉ siècle, en
Languedoc, il était courant de désigner ainsi les représentants d'une
consorteria ou d'un groupe de coseigneurs[69]. Parmi les *homines* du
castello de Cintoia, on comptait de nombreux membres de la parentèle
homonyme. Le recteur ou consul des hommes de Cintoia, Ridolfo di
Guicciardo[70], était des *da Cintoia* et partageait de lointains ancêtres
avec Orlando di Rigolo, fils d'Enrico di Alberto *da Capeme*[71], ainsi
qu'avec Gualfredo di Francolo[72], tous deux présents parmi les témoins.

---

[65] Mazel 2008b, p. 269.

[66] *Diplomatico, S. Vigilio di Siena*, 1191/02/23 (6797, en 1192), *omnia diffin-
ienda et terminanda sub debito sacramenti*.

[67] *Ibid.*, *hec omnia facta et diffinita sunt a prenominatis quatuor hominibus
presente et consentien|te Guidalato filius ***** qui tunc erat rector pro omnibus illis
de Celle dominis et fidelibus et presente et consentiente Ridolfo filius Guiciardi qui
tunc erat consul et |rector pro omnibus illis de Cintoia dominis et fidelibus.*

[68] Boglione 1997, p. 90.

[69] Débax 2012, p. 286-287.

[70] Cortese 2007, p. 305,5/III, Ridolfo pourrait être le fils de Guicciardo *da
Cintoia* (attesté entre 1127 et 1143).

[71] *Ibid.*, p. 302, I/, Enrico (attesté entre 1131 et 1143).

[72] *Ibid.*, 5/III, Francolo ou Lanfranco (attesté entre 1127 et 1143) ; pour l'identification des différents acteurs, voir *Diplomatico, S. Vigilio di Siena* 1159/04/30
(5350), 1160/09/08 (5408), 1166/03/28 (5556), 1174/02/09 (5864, en 1175),
1176/01/30 (5968, en 1177), 1182/12/29 (6342), 1186/02/16 (6512, en 1187), 1187/03
(6574, en 1187 ou 1188), 1187/03/08 (6571, en 1188), 1187/03/16 (6572, en 1188),
1188/03/29 (6642), 1191/05/23 (6812), 1194/03/02 (7004, en 1195), 1210/12/30
(8487), 1211/05/21 (8546), 1215/06/08 (8982).

Parmi les *homines* de Cintoia, on relevait en outre la présence de Pilacharo di Griffolo, des *filii Berardi/Griffi*, qui s'était sans doute lié aux *da Cintoia* par un mariage[73]. Le conflit revêtait ici une dimension familiale et aristocratique qui n'excluait pas, néanmoins, la dimension communautaire. Les *da Cintoia* et dans une moindre mesure les *filii Griffi/Berardi*, avaient d'autres possessions en indivision dans les environs. C'était notamment le cas du bois de Capeme, qui avait sans doute été hérité et tenu en indivision et dont l'usage était en revanche soumis à des pratiques collectives. C'est une configuration similaire qui semble régner sur les terres contestées entre les *Cellenses* et les *Cintolenses*. À l'arrière-plan du conflit, il y eut peut-être les exigences de l'aristocratie locale, mais aussi sans doute la pression exercée par une population plus large d'exploitants soumettant la colline à des usages collectifs. Les toponymes rencontrés sont à ce titre suggestifs[74]. Il y avait d'abord la *Stupia castaldo* – le « Chaume du *castald* » –, la *Selva Maiore* ou « Grand Bois », la *Vacarobia* dont le nom évoquait la *robbia selvatica* typique des zones boisées... Dans une donation de 1099, les lieux dits *Stupia Castaldo et Selva Maiore* étaient déjà décrits comme des aires consacrées au bois et à l'essartage[75]. Dans le système agricole de ces hautes collines, les incultes entourant Montescalari offraient sans doute des espaces de respirations pour les éleveurs et agriculteurs de Celle et de Cintoia. La pression foncière, liée au développement d'une économie sylvo-pastorale, les désaccords sur l'usage de ces terres périphériques, le lent processus d'appropriation de ces terres par les moines et leurs frères convers, les exigences des différents ayants-droits, qu'il s'agisse d'aristocrates laïcs, des moines vallombrosains, du clergé de San Pietro a Cintoia ou de San Miniato a Celle... Ces terres avaient tout le potentiel pour déclencher un ou plusieurs conflits. Le règlement élaboré en 1192 n'impliquait pas, du reste, les seuls *domini*, c'était un compromis dans lequel s'étaient engagées deux communautés de « seigneurs et fidèles », comme l'avait bien indiqué le notaire. Les *castelli* de Celle et Cintoia abritaient à la fin du XIIᵉ siècle deux communautés fortement structurées, dotées de leurs

---

[73] Cortese 2008 et en annexe de ce livre, n° 2 « Les *filii Griffi/Berardi* de Celle et Capeme (Val d'Ema, XIIᵉ siècle) ».

[74] *Diplomatico*, S. Vigilio di Siena, 1191/02/23 (6797, en 1192).

[75] *Ibid.*, 1099/10/30 (2818, *Le carte...* 136), Bernardo di Tederico et Albertino di Rolando offraient à l'abbaye une terre *posita in loco qui dicitur Stupla Castaldi| (et Silvamaiore* suscrit) *de loco Monte Scalarium, que fuit bosco et stirpito*, sur l'identification des auteurs voir Cortese 2007, p. 303-305. En Toscane, notamment dans les zones de montagne ou de hautes collines, il était courant de faire paître le bétail dans les bois et les statuts communaux de la fin du Moyen Âge protégeaient fréquemment ces espaces qui servaient à marquer les limites entre les territoires communaux, Bicchierai 1995, p. 28-29.

propres lieux de culte (l'église de San Pietro a Cintoia, par ailleurs église plébane, et la petite collégiale de San Miniato a Celle), capables, le cas échéant, de se doter de représentants. Les *homines* de Cintoia n'avaient guère eu besoin de discuter le nom de leur représentant et c'était celui qui exerçait alors la charge de consul qui avait été désigné. Rien n'indiquait en revanche l'existence d'une charge de ce type chez les *homines* de Celle. La présence d'une parentèle aristocratique à Cintoia, la présence de lieux de cultes et d'un habitat castral à Celle et Cintoia et enfin la nécessité pour les uns et les autres de défendre et d'organiser l'accès aux ressources communes n'étaient pas pour rien dans l'émergence d'une organisation calquée sur un modèle qui connaissait alors un pic de diffusion en Toscane[76]. Que le consul des *homines* de Cintoia fût issu de la parentèle des *domini* locaux allait sans doute de soi et il était de même dans l'ordre des choses que ce consul défendît en même temps les intérêts de ses *consortes*[77]. Le règlement établi entre les *homines* de Celle et de Cintoia s'inscrivait, dans tous les cas, dans un processus d'institutionnalisation et de sépa-ration des deux communautés. Comme le remarque C. Wickham, la résolution du conflit avait pris un tour à la fois solennel et formel en 1192[78]. Les clauses ajoutées à la *diffinitio* établissaient pour les années suivantes les modalités de résolution du nouveau conflit, dans une perspective qui ne se limitait pas aux seules personnes présentes, mais devait toujours valoir pour les deux communautés. Si une partie devait enfreindre ces règles, elle s'engageait à une peine de quarante livres, si une autre discorde devait naître, on prévoyait à nouveau de faire élire deux hommes de part et d'autre pour se livrer à un même travail d'arpentage[79]. Les solutions adoptées dépassaient largement les personnes présentes à la *diffinitio*, elles engageaient l'ensemble des deux communautés en prévoyant, et par la même en les institu-tionnalisant, les rituels de résolution d'un futur litige.

L'éclipse du pouvoir marquisal et son recul définitif de la scène politique à la mort de Mathilde de Canossa († 1115) avaient sans doute accéléré l'évolution des pouvoirs locaux de Toscane[80]. Dans les siècles précédant l'affirmation de ces nouveaux pouvoirs – communes urbaines ou rurales, seigneuries territoriales – les populations rurales n'avaient, pour autant, pas vécu atomisées dans un espace ignorant toutes formes de hiérarchies et n'ayant que la *Tuscia* et le royaume

---

[76] Provero 1999, p. 197-200.

[77] *Diplomatico, S. Vigilio di Siena*, 1191/02/23 (6797, en 1192), la précision *qui tunc erat consul* laisse penser à une charge temporaire, sans doute annuelle.

[78] Wickham 2000, p. 304.

[79] *Diplomatico, S. Vigilio di Siena*, 1191/02/23 (6797, en 1192), *et semper de omnibus causis de quibus inter eos na|sceretur aliqua discordia sint addictum et diffinitionem duorum hominum ex uno latere et duorum ex alio prout ipsi elegerint.*

[80] Wickham 1996b.

d'Italie pour seul horizon. Les notaires florentins du XIe siècle, même lorsqu'ils opéraient loin de la cité, se référaient volontiers au *territorium* ou à la *judicaria* de Florence, désignant vraisemblablement une aire de juridiction laïque[81] et ils savaient situer la moindre parcelle dans un espace qu'organisait le maillage des églises baptismales rurales, les *plebes*. Dans les années 1040, lorsque les seigneurs de Cintoia avaient fait don aux moines de Montescalari de l'ensemble de parcelles que devaient plus d'un siècle plus tard se disputer les deux communautés de Celle et de Cintoia, ces terres de confins avaient été localisées par le notaire dans les «territoires» des églises plébanes de San Pietro in Cintoia et de San Romolo *in Cortule* (Gaville)[82]. Probablement ces *plebes* restaient-elles trop éloignées les unes des autres pour s'intégrer au quotidien des populations d'un hameau ou d'un *castello*. La *pieve* de San Pietro a Cintoia, citée pour la première fois dans un document de 989, se distinguait des églises «villageoises» qui devaient plus tard se multiplier: il s'agissait de la seule église dotée de fonds baptismaux dans un rayon de deux à trois kilomètres. Elle n'en était pas moins un pôle de référence d'une vie locale. Au XIe siècle, pour défendre leur accès aux terres communes contre leurs voisins, les seigneurs de Cintoia en appelaient encore au pouvoir marquisal[83], un siècle plus tard ils s'appuyaient en revanche sur les structures locales en coopération et en confrontation avec la communauté voisine dans un jeu se déployant à une autre échelle. Plus tard, dans la seconde moitié du XIIIe siècle, au terme du lent processus de construction des territoires ecclésiastiques et des diocèses[84], le *plebatus* de Cintoia se trouvait en revanche divisé en huit *populi*, ou paroisses, dotées chacune d'une église et d'institutions locales[85]. Le cadre était désormais fixé pour une gestion locale des

---

[81] La mention de *judicaria* est très fréquente dans la documentation la plus ancienne, on la trouve ainsi dans l'*actum* d'un parchemin rédigé dans le Chianti, au début du XIe siècle, *Diplomatico, Coltibuono*, 1027/12 (391, *RC* 21), *actum Valvingne judicaria florentina*; la notion de *territorium* utilisée par les notaires de ces mêmes décennies semble un équivalent, *ibid.*, 1066/04 (1143, *RC* 62), *actum Cultuboni territorio Florentie*; ce *territorium* et cette *judicaria* ne préfigurent nullement le diocèse, l'abbaye de Coltibuono et les églises environnantes dépendaient en effet des évêques de Fiesole. Sur ce point voir Davidsohn 1896a, vol. 1, p. 27-28; Davidsohn 1956, p. 129.

[82] *Diplomatico, S. Vigilio di Siena*, 1040/01 (613, copie du XIIIe siècle 0612, *Le carte... 2*), sur le territoire de Gaville et sa *pieve*, voir Pirillo – Ronzani 2008.

[83] Wickham 2000, p. 303, n. 43; Cortese 2008, *Diplomatico, S. Bartolomeo di Ripoli*, 1072 (1380), copie postérieure, mais qui pourrait être la trace vraisemblable d'un ancien conflit.

[84] Repetti 1965, vol. 1, p. 738-739, «Cintoja (Pieve), Cintoia Alta», pour la première mention, voir *Diplomatico, Passignano*, 989/10 (83), sur la construction des territoires ecclésiastiques et notamment du diocèse voir Mazel 2008b.

[85] Pour une évolution parallèle avec de sensibles différences sur l'évolution du rôle de la *plebs*, voir Bourin – Durand 1994, p. 104.

affaires dans un cadre territorial organisé par l'Église, mais dominé, comme on le voit plus loin, par la Commune florentine.

5.2. Dans l'ombre du seigneur

La prise de décisions regardant la vie collective ne reposait-elle que sur l'aristocratie avant l'affirmation des communes rurales ? Certaines décisions mobilisaient de larges pans des sociétés rurales, bien au-delà des groupes aristocratiques. La documentation met en avant le rôle politique et social joué par les représentants des parentèles les mieux connues et les plus durables. Les actes les plus prestigieux ou les plus solennels illustraient les initiatives des aristocrates dans une mise en scène à laquelle participait aussi la rédaction de l'acte notarié[86]. Ces actes solennels prenaient leur sens véritable dans la présence d'un chœur de témoins, d'un public, dont la qualité de certains *boni homines* était parfois soulignée.

5.2.1. *Les* boni homines *: une forme élémentaire de respectabilité ?*

Ces *boni homines* ne constituent pas, à proprement parler, une catégorie juridique bien définie[87]. L'expression mérite toutefois d'être analysée, dans la mesure où elle offre l'une des rares portes d'entrée sur la taxinomie sociale des XIIe et XIIIe siècles. Elle est en effet suggestive et sa fréquence dans la documentation explique qu'elle ait souvent été employée pour essayer de saisir un groupe social évoluant aux marges de l'aristocratie. Dans le Latium étudié par P. Toubert, les *boni homines castri* sont une catégorie de dépendants militarisés qui participent aux dynamiques seigneuriales[88]. Ce sont des figures semblables que J.-P. Delumeau décrits lorsqu'il évoque les *boni homines* du *contado* arétin : ces derniers devant, selon lui, être distingués de la masse des dépendants ruraux[89], y compris des *masnaderii*[90]. Ne pourrait-on pas

---

[86] Bartoli Langeli 2006b, p. 49.

[87] Brancoli Busdraghi 1996 ; Wickham 2005a ; Lefeuvre 2018b.

[88] Toubert 1973, p. 1292-1303 ; Feller 2003 ; Jessenne – Menant 2007, p. 11.

[89] Delumeau 1978, p. 565-566 ; Delumeau 1996, vol. 1, p. 457, « Les *milites* des *ff. Berardi*, mentionnés en 1048 ne sont pas, semble-t-il, de simples *masnaderii* et sont assimilés à des *boni homines*. Ceux-là appartenaient-ils, sinon à l'aristocratie, du moins à la *gentry* ? Aux yeux des *massarii*, tenanciers coutumiers sans grande autonomie face à leur maître, certainement, même s'il ne s'agissait que de propriétaires qui n'avaient <qu'>un nombre réduit de tenanciers : ils vivaient en effet manière partiellement noble. »

[90] Brancoli Busdraghi 1996, le terme de *masnaderii* sert d'abord à désigner les dépendants prêtant un service militaire, mais le terme englobe, plus largement,

employer l'expression de *boni homines* pour désigner avec un terme indigène bien commode, les figures notables des sociétés rurales encadrées par la seigneurie[91] ? Il faut se souvenir que ces *boni homines* demeurent avant tout, et pour ainsi dire, des êtres de parchemin, une catégorie héritée des formulaires lombards et carolingiens, qu'on retrouve dans les notices de plaid de toute l'Europe occidentale[92]. À cette époque et dans les suivantes, l'adjectif *bonus* renvoyait aussi bien à la reconnaissance d'un certain statut social qu'à la détention d'une compétence donnée[93]. Ainsi, à Sienne, au XIIIᵉ siècle, les *boni homines* qui intervenaient au conseil étaient avant tout des experts, des hommes « convenables » et dotés d'un certain savoir-faire[94]. Les *boni homines* se présentent avant tout comme des « personnes respectables », sans que l'expression renvoie nécessairement à une catégorie juridique donnée[95]. Dans d'autres contextes, les bons hommes ou les prud'hommes étaient les personnes justes et idoines à l'exécution d'une tâche précise consistant à estimer, mesurer, expertiser[96]. C'était à de petites assemblées de « bons hommes » que les grands se remettaient parfois pour aboutir à des solutions équilibrées et acceptées par toutes les parties en présence[97]. Dans le Languedoc des XI-XIIIᵉ siècles, ces *boni homines* intervenaient fréquemment dans les affaires judiciaires[98]. On les retrouvait ailleurs et leur mention, qu'ils eussent un rôle actif ou passif, était en même temps un rappel du caractère public de l'assemblée judiciaire[99]. Leur participation valait assentiment et donnait un surcroît de légitimité aux décisions prises en leur présence. Ce sont les chartes de Vallombrosa qui offrent le plus grand nombre d'attestations de *boni homines* qui sont généralement mentionnés dans des brefs de renonciation résultant visiblement de difficiles négociations avec les populations[100]. L'abbaye de Vallombrosa avait tenu

---

les milieux aisés se confondant avec la petite aristocratie, voir Wickham 2005, on a ailleurs eu l'occasion de montrer la porosité entre les catégories de *boni homines* et de *masnaderii* dans la documentation florentine du XIIᵉ siècle, Lefeuvre 2018b.

[91] Des attestations de cet usage dans Nobili 2006 ; Berardozzi 2017.

[92] Bougard 1995, p. 75, pour le bas Moyen Âge, voir Lefebvre 2002a ; 2002b.

[93] Davies 2018, p. 63.

[94] Redon 2003, p. 187, « Très souvent le conseil convoque des experts : *boni homines* sans autres spécifications » ; sur la figure de l'expert, voir Denjean – Feller 2014.

[95] Davies 2018, p. 61 : « They are used as a general term to refer to respectable people from whom oath-takers might be selected or in the presence of whom judicial proceeding were heard. »

[96] Ainsi Boutoulle 2014 ; Benito i Monclús 2014 ; Minvielle-Larousse 2017, vol. 1, p. 296, vol. 2, p. 723.

[97] Bowman 2006 ; Szabó 2012 ; une bonne synthèse dans Davies 2018.

[98] Bourin 1987, p. 315.

[99] Lemesle 2008, p. 39 et suivantes.

[100] *Diplomatico*, *Vallombrosa*, 1127/08/17 (3966), 1138/04 (4429), 1138/02

à conserver dans ses archives, les traces des arbitrages qui lui avaient peu à peu permis d'affirmer son contrôle des terres du Pratomagno. Le niveau social de ces *boni homines* dépendait bien entendu du type d'affaire traitée. Lorsque les moines de Coltibuono avaient porté aux évêques de Florence et de Fiesole, ainsi qu'à l'abbé de Vallombrosa qui conserva par la suite le document, la plainte qu'ils entendaient élever contre les attaques et les saisies que leur faisaient subir les Firidolfi, ils l'avaient fait en présence de *boni homines* recrutés dans l'entourage des abbayes les plus prestigieuses du territoire florentin et dans le milieu des évêques[101] : l'acte offrait ainsi une photographie de l'entourage aristocratique des évêques de Fiesole. C'est une photographie de ce genre que semble offrir, à l'échelle du Pratomagno et de l'entourage laïque de Vallombrosa, un acte de renonciation rédigé en 1184 par le juge et notaire Orlandino qui était sans doute lui-même l'auteur de ce document[102]. La renonciation s'était faite en présence de trois *boni homines*. Parmi ceux-ci on identifie un dénommé Galgano, le premier des *vicecomes* de l'abbaye ; Broncio di Lucarello, dont les parents avaient d'importants droits sur les alpages[103] ; un dénommé Albertello di Griffolo *da Orgiale*, sans doute apparenté aux aristocrates du Pratomagno[104]. Il s'agissait ici d'un niveau social évoquant la petite aristocratie, mais dont les représentants ne se confondaient guère avec la population des petits tenanciers des environs. Le terme de *boni homines*, employé par un notaire appartenant lui-même à ce milieu avait sans nul doute une valeur sociale dont le scribe était bien conscient.

L'expression ne s'appliquait pas exclusivement aux membres des parentèles participant aux dynamiques aristocratiques. Quelques décennies plus tôt, dans les environs du *castello* de Magnale, Aimerigolo di Rodolfo et son épouse Donzella di Martino avaient ainsi vendu à l'abbé Gualdo une série de parcelles dans les terres avoisinant l'abbaye[105]. Cette renonciation avait été négociée pour un bon prix, quarante sous versés en argent et en biens meubles et s'était faite en

---

(4418, en 1139), 1141/10 (4580), 11(**) (7427, entre 1167 et 1179), 1155/06 (5192), 1171/03/04 (5739, en 1172), 1184 (6443, date hypothétique), 1184/09/25 (6427), 1185/05/10 (6410), 1191/12 (6848), 1196/11/30 (7211), 1198/11 (7337). Cette présence des brefs de renonciation pourrait être le simple résultat du choix de conserver de préférence ce type de documentation, plutôt que les ventes qui accompagnent parfois la renonciation.

[101] *Ibid.*, 11(**) (7427, entre 1167 et 1179).

[102] *Ibid.*, 1184/09/25 (6427).

[103] Sur cette parentèle voir, en annexe de ce livre, n° 5 « Les *nepotes Lucarelli* : maître des alpages de Vallombrosa ».

[104] Il pourrait s'agir d'un membre de la parentèle des *filii Griffonis*, sur ces derniers voir, en annexe de ce livre, n° 8 « Les *filii Griffonis* de Magnale : seigneurs ou dépendants ? ».

[105] *Diplomatico, Vallombrosa*, 1141/10 (4580).

présence de *boni homines* qui n'appartenaient pas, cette fois, à des parentèles aussi aisées à identifier. Les cinq témoins que le notaire Petro qualifiait de *boni homines* se nommaient Berarduccio di Berardo, Rolando di Petro, Ugo di Giovanni, Giovanni di Jocolo et Giovanni di Remberto Murico. Aucun d'entre eux n'était une grande figure du *contado* florentin. Berarduccio di Berardo, plusieurs fois cité comme témoin[106], vivait à Melosa, non loin de Magnale, dans une *villa* qui abrita au moins l'une des parentèles influentes du Pratomagno. Son frère avait épousé la fille de Giovanni di Jocolo, un autre des *boni homines* de 1141[107]. Rolando di Petro, était un homme habitué aux compromis qui avait la confiance d'hommes proches de l'abbaye. En 1138, il avait servi comme témoin d'une vente, aux côtés d'un homme de Rignano et du fils du notaire Petro, vraisemblablement le même qui exerçait alors à Marciano, Rignano et Vallombrosa[108]. C'était sans doute le même Rolando di Petro qui avait agi, en 1141, comme exécutant testamentaire d'un laïc désireux de faire don de plusieurs de ses terres aux abbayes de Florence et de ses alentours[109]. Ugo di Giovanni était un homme probablement âgé en 1141. En 1118 déjà, il était intervenu comme garant d'une donation[110]. En 1137, il était témoin d'une vente émanant d'Ildibranduccio di Berardo, un autre des *boni homines* de 1141[111]. On a déjà dit quelques mots de Giovanni di Jocolo qui avait épousé la fille d'Ildibranduccio di Berardo. En mai 1141, peu de temps avant la vente servant de point de départ à cette petite enquête, il avait participé à une première renonciation impliquant aussi les auteurs de l'acte de vente. Premier des donateurs cités, il était sans doute celui qui avait pris l'initiative de cette donation et la vente d'octobre correspondait probablement au règlement de questions laissées en suspens par cette première donation[112]. Du dernier de ces *boni homines*, Giovanni di Remberto, on ne sait presque rien. C'était sans doute le même individu qu'on retrouvait en 1158 parmi les témoins d'une donation faite, depuis Florence, à l'abbaye de Vallombrosa[113]. Comme dans un des actes cités plus haut, le fils du notaire Petro assistait à la donation. Sans que la documentation disponible soit particulièrement dense, elle fait bien apparaître l'existence de liens forts entre les individus composant ce

---

[106] *Ibid.*, 1138/02 (4417), 1140/01 (4503, en 1141), 1144/09 (4690), 1146/09 (4797).

[107] *Ibid.*, 1144/09 (4690).

[108] *Ibid.*, 1138/07/17 (4441), voir Pagliai 1909, à l'index « Petro (not.) 1113-1147 ».

[109] *Diplomatico, Vallombrosa*, 1141/07/08 (4568).

[110] *Ibid.*, 1118/04 (3617).

[111] *Ibid.*, 1137/07 (4396).

[112] *Ibid.*, 1141/05 (4562), Giovanni di Jocolo, Roizo, les fils de Rodolfo, Alberto et Amerigolo cédaient à Santa Maria di Vallombrosa une terre située près du monastère et délimitée par les terres de Vallombrosa et de l'abbaye féminine de Sant'Ilario.

[113] *Ibid.*, 1158/04/16 (5300, en février 1158/9).

groupe de *boni homines*: plusieurs d'entre eux, notamment, étaient liés par des mariages. Ce qui les caractérisait sans doute le mieux, c'était leur appartenance à un milieu étroit d'interconnaissance. Il serait sans doute possible de multiplier longuement ces enquêtes minutieuses sur les *boni homines*, au désespoir du lecteur. On n'a peut-être pas assez souligné que l'expression n'est pratiquement employée qu'au pluriel. Moins qu'une vertu personnelle, reconnue à un homme de bonne réputation, le terme semble s'être appliqué aux membres d'une collectivité d'individus qui se reconnaissaient une forme de respectabilité. L'élasticité de la catégorie reflète, finalement, la capacité reconnue à une large part de la population adulte masculine à intervenir dans la vie publique. Comme l'a souligné L. Provero, il existait, au sein même d'une seigneurie envahissante, un espace ouvert à une vie politique de basse intensité[114]. Il n'y avait donc pas une grande distance à franchir pour transformer ces *boni homines* et ceux qui, sans le titre, jouaient le rôle d'intermédiaires et de conciliateurs, en représentants de communautés mieux définies et plus institutionnalisées.

Leur présence et leur participation comme témoin comptait dans la mesure où ils se considéraient tous comme des interlocuteurs valables. Quelques années auparavant, le notaire Albertino, très actif autour de Rignano et dans les environs de Vallombrosa, avait pour sa part utilisé l'expression de *boni homines* dans un contexte évoquant davantage le premier essor d'une commune rurale[115]. Il s'agissait de l'acte par lequel Liccese di Orlandino renonçait à ses droits sur le *castello* de Ristonchi, un acte établi dans le jeune *castello* de Leccio, en présence de deux «consuls» et «d'autres bons hommes». La distance n'était pas non plus infranchissable entre ces figures et les intermédiaires de la seigneurie. En 1196, le notaire Orlandino avait d'ailleurs associé les *boni homines* aux *masnadieri*[116]: par ce document, les deux auteurs, Jonatto di Ardimanno et Alberto di Sasso, avaient renoncé à leur droit de patronage sur l'église de San Miniato in Alpe, obtenant, en contrepartie, la garantie d'intégrer la communauté des *boni homines et masnadieri* du *castello* de Magnale. L'expression était ambiguë et soulignait à la fois le prestige qu'on attachait au *castello* de Magnale, peuplé de *boni homines*, tout en situant ces mêmes *homines* dans la *masnada* de l'abbaye[117], dans un rapport d'étroite subordination à Vallombrosa[118].

---

[114] Provero 2012, p. 55-64.

[115] *Diplomatico, Vallombrosa*, 1171/03/04 (5739, en 1172).

[116] *Ibid.*, 1196/11/30 (7211).

[117] Une autre hypothèse pourrait être avancée, celle d'une division de la communauté entre *boni homines* et *masnadieri*; on voit mal toutefois, pourquoi le notaire aurait employé les deux termes, sans assigner les auteurs à l'une de ces deux catégories.

[118] Brancoli Busdraghi 1996.

5.2.2. *L'abbé de Vallombrosa et la commune de Ristonchi*

On a souvent noté le caractère précoce du mouvement communal dans les campagnes. Dans les territoires ruraux, il fut souvent nécessaire de formaliser, plus tôt qu'en cité, l'existence d'une collectivité reconnue par le seigneur local[119]. Si la seigneurie ne constituait pas un obstacle au développement d'institutions locales, elle pouvait néanmoins représenter un frein à leur plein épanouissement ; c'était surtout vrai lorsqu'elle jouait un rôle économique central[120]. Les *castelli* de Magnale et de Ristonchi étaient peuplés de deux solides communautés dont la fidélité aux abbés de Vallombrosa pouvait néanmoins être vacillante. Dans ces alpages, le développement d'une économie sylvo-pastorale avait sans doute favorisé l'affirmation d'un pouvoir seigneurial exerçant une fonction de coordination, mais le fonctionnement de cette économie supposait en même temps un fort degré d'organisation des collectivités rurales. Dans un contexte institutionnel contraint, il est intéressant de suivre la discrète affirmation d'organisations collectives locales. Les abbés de Vallombrosa avaient rencontré de grandes difficultés à imposer leur seigneurie sur le petit *castello* de Ristonchi. Mentionné dès les premières années du XIIᵉ siècle dans le cadre de grandes donations destinées aux moines de Vallombrosa[121], le site ne fut véritablement contrôlé par l'abbaye que dans les années 1220[122]. À cette hauteur chronologique, le contrôle était devenu relativement strict ; sur place les abbés pouvaient conditionner le renouvellement des baux fonciers à l'acceptation de leur domination exclusive et déléguer le contrôle de l'ensemble du *castello* et de ses habitants à un vicomte nommé pour un an[123]. Ce contrôle des *castelli* de Ristonchi, Magnale et Altomena par des vicomtes devait certes entraîner d'autres difficultés, mais cette solution de compromis entre moines vallombrosains, seigneurs locaux (Ubertini ou *da Quona*) et la Commune florentine fonctionnait sur une conception territoriale relativement tardive du pouvoir seigneurial[124]. Ce contrôle des populations que se disputaient les divers acteurs de la vie politique et sociale du Pratomagno, s'exerçait sur des communautés d'habitants partageant en théorie la même condition de *fideles* ou de *coloni* ; c'était du moins ce que faisaient ressortir les listes soigneusement établies et conservées par

---

[119] Rippe 2003, p. 383.
[120] Voir ainsi Mouthon 2011.
[121] *Diplomatico, Vallombrosa*, 1103/06/30 (3050), 1123/08 (3817).
[122] Salvestrini 1998, p. 171-174.
[123] *Diplomatico, Vallombrosa*, 1221/04/13 (9664) ; *CRSGF*, 260.9, fol. 256r-257v, on ne conserve pas l'original de cette élection de 1226 destinée au *dominus* Ruggero *da Quona* ; sur ces derniers voir Cortese 2005.
[124] Salvestrini 1998, p. 178-181.

l'abbaye dans la seconde moitié du XIIIe siècle unissant les *homines* des *castelli* de Magnale et de Ristonchi dans la prononciation d'un même serment[125]. Il avait cependant fallu de lents et patients efforts aux moines vallombrosains pour parvenir à ce résultat.

Du milieu du XIIe siècle aux premières décennies du XIIIe siècle, les moines vallombrosains et leurs représentants réussirent à mettre la main sur les instruments du pouvoir politique et économique. Dans les années 1140, quelques documents témoignent ponctuellement d'une politique d'acquisition qu'on devine plus systématique, consistant d'une part à réserver les droits de l'abbaye sur les alpages et les murs du *castello* au moment de renouvellement des *livelli*[126], et d'autre part à obtenir la restitution des dîmes perçues sur les terres de Ristonchi[127]. Au terme de plusieurs décennies d'acquisition de ce type, les abbés de Vallombrosa se trouvaient en mesure de négocier avec l'aristocratie locale, la reconnaissance de leurs prérogatives sur le *castello* de Ristonchi, ses églises et son territoire[128]. À la fin du siècle, les représentants de Vallombrosa exerçaient un rôle prépondérant dans le règlement des conflits locaux tout en impliquant les *boni homines* de Ristonchi et en prenant en considération l'arbitrage de Florence et de ses envoyés[129]. Les abbés disposaient à Ristonchi d'un représentant local, un frère convers, en la personne du *massarius de Palco* et possédaient une « maison » à l'intérieur des murs de Ristonchi[130]. À la fin du XIIe et au début du XIIIe siècle, les *homines* de Ristonchi vivaient dans l'ombre d'une seigneurie abbatiale devenue hégémonique, mais à laquelle ils pouvaient opposer des résistances en se tournant notamment vers d'autres autorités. Ce fut sans doute pour se garantir des pressions vallombrosaines que Liccese di Orlandino et ses fils mirent en avant, dans ces mêmes années, la fidélité qui les liait à l'abbaye féminine de Sant'Ilario ; cette prise de parti devait toutefois susciter de vives tensions et dégénérer en une petite guerre dans les premières

[125] Sur ces listes voir le chapitre 3.

[126] *Diplomatico*, *Vallombrosa*, 1143/06/02 (4650), 1144/06 (4680).

[127] *Ibid.*, 1144/05 (4672).

[128] *Ibid.*, 1171/03/04 (5738, en 1172), 1171/03/04 (5739, en 1172), 1177/02/29 (6015), XIIe siècle (7551, vers 1184 ?) et 1184 (6443, date hypothétique).

[129] *Ibid.*, XIIe siècle (7551, vers 1184 ?), 1184 (6443, date hypothétique), dans le cadre d'un conflit l'opposant à l'abbaye de Vallombrosa ou à des *homines* de Ristonchi, Griffo di Orlandino de Figline avait accepté de céder les terres qu'il avait à Ristonchi en acceptant le prix de composition fixé par Giordano de Florence, le règlement du conflit se faisait dans le *castello* montagnard, en présence de *boni homines*, mais passait en même temps par des formes plus autoritaires de saisie de terres par les abbés de Vallombrosa.

[130] *Ibid.*, 1195/05/20 (7103), *actum aput castellum de Ristonkio in casa Vallisumbrose, ibique interfuit cum donno Orlando, Benencasa massarius| de Palco et Guilielmus mularius*.

années du XIIIᵉ siècle[131]. En 1214, la domination des abbés vallombrosains n'était pas exclusive et s'insérait dans le panorama d'une coseigneurie à laquelle participait aussi le chapitre cathédral de Fiesole[132]. Un document qui délimitait les tenures dépendant directement ou indirectement des chanoines de San Romolo mentionnait près de trente personnes ou institutions susceptibles d'en appeler sur place à ce seigneur lointain. Parmi ces tenanciers on retrouvait des représentants des grandes parentèles du Pratomagno – les *filii Liccesis*, les fils d'Orlandino di Opitino, les *filii Griffi* –, les institutions ecclésiastiques – l'abbaye de Vallombrosa, le monastère de Sant'Ilario, l'église plébane de San Gervasio – et d'autres individus évoluant, par ailleurs, dans la dépendance de l'abbaye[133]. Au début du XIIIᵉ siècle, la dispersion du *dominium* sur le *castello* de Ristonchi et la proximité de Florence ouvraient encore aux *homines* de Ristonchi des espaces de négociation dans leurs rapports avec les abbés de Vallombrosa[134]. En 1210, dans la localité de Garpoli, un hameau situé non loin de Ristonchi, les trois fils d'un dénommé Rigolo (diminutif très commun d'Enrico ou Arrigo) s'étaient engagés à délimiter les terres détenues par trois de leurs voisins et déterminer les services et les corvées dus par tenanciers à l'abbaye de Vallombrosa[135]. En 1214, dans une négociation inté-

---

[131] *Ibid.*, 1188/04/04 (6646), 1195/05/20 (7103), 1217/01/11 (9154, 1218), c'est dans ce dernier document qu'est mentionnée la guerre opposant l'abbé et les *homines* de Magnale aux *homines* du couvent de Sant'Ilario, *ibid.*, *occasione vel facto guerre quam dictus Benignus| donnus abbas vel eius monasterium seu homines de Magnale habuerunt cum monaste|rio et hominibus de Sancto Yllaro*.
[132] *Ibid.*, 1214/05/28 (8883).
[133] Parmi les tenanciers directs des chanoines de Fiesole mentionnés en 1214, on trouvait ainsi Nomaio di Losco, mentionné à plusieurs reprises dans les actes relatifs aux intérêts de l'abbaye autour des *castelli* de Magnale et Ristonchi et qui, en 1220, fit partie des *coloni* reconnaissant leur condition servile devant les autorités florentines. Nomaio di Losco était sans doute une figure importante des *castelli* de Magnale et de Ristonchi dans les années 1180-1220 et un homme de confiance des abbés vallombrosains. Souvent mentionné dans les confins, il fut sans doute l'un des tenanciers les plus importants des montagnes vallombrosaines. *Ibid.*, 1214/05/28 (8883), ainsi que 1184/09/19 (6426, le 16 octobre), 1191/10/02 (6830), 1202/01/19 (7645, en 1203), 1207/01/19 (8108), 1215/08/16 (8992), 1217/07/24 (9227), 1227/04/26 (10480), 1223/08/25 (9953), 1224/02/04 (10010, en 1225), 1236/07/02 (11945), 1236/03/02 (11879, en 1237), 1236/03/18 (11894, en 1237), il apparaît enfin parmi les auteurs dans l'acte de 1219/03/10 (9404, en 1220).
[134] *Ibid.*, 1204/04/06 (7929), dans les premières années du XIIIᵉ siècle, la politique d'acquisition des abbés de Vallombrosa portait à Ristonchi sur le *dominium* et la pleine propriété des parcelles.
[135] *Ibid.*, 1210/11/22 (8475), les trois arpenteurs occasionnels étaient les fils de Rigolo di Bucarello, Cilone, Guascone et Giunta, cités dans les confins d'une délimitation établie quatre ans plus tard, et menés par Cilone, mentionné comme témoin dans un acte de 1199; *ibid.*, 1199/08/22 (7378); les corvées semblent avoir joué un rôle capital dans les négociations des Vallombrosains avec leurs dépendants tout au long du XIIIᵉ siècle.

ressant les chanoines de Fiesole et l'abbaye de Vallombrosa, on avait de nouveau eu recours à des arpenteurs recrutés parmi les *homines* de Ristonchi pour délimiter les droits de chacun[136] : Bonaccurso di Trullo et Boncio d'Orgiale avaient ainsi travaillé avec le représentant de l'abbaye pour délimiter l'étendue des terres que tenaient les *domini* de Ristonchi au nom du chapitre de Fiesole.

Dans les dernières années du XIIe siècle et les premières années du *Duecento*, les principaux tenanciers du *castello* – qui n'étaient pas tous des habitants de Ristonchi – se concevaient sans doute comme une communauté de seigneurs. À l'image de ce qui s'observe dans le Languedoc de la même époque, on est frappé en Toscane par « la multiplication des parcelles de pouvoir sur un même château[137] ». Les documents du XIIIe siècle font ressortir une seigneurie abbatiale unitaire qui était sans doute loin d'être assurée dans les décennies précédentes. Les remaniements archivistiques opérés par les moines au début du *Trecento* ont sans doute contribué à la création d'une sorte de fiction historique masquant la complexité des rapports de force dominant les dernières années du XIIe siècle. Rédigé en 1199, l'un des *munimina* conservé parmi les parchemins de Vallombrosa mentionnait ainsi l'existence d'une « place commune » aux seigneurs de Ristonchi. Il s'agissait de la vente, entre laïcs, d'un *colonus* et de son habitation située à l'intérieur du village, entre la muraille du *castrum* et la *platea comunis dominorum*[138]. « Place commune des seigneurs », « Place de la commune des seigneurs » ? La traduction donnée à cette indication fugace peut sensiblement changer la vision qu'on se fait du *castello* de Ristonchi à la fin du XIIe siècle. Il existe toutefois de nombreux indices plaidant l'existence d'une organisation communautaire forte impliquant quelques figures majeures du village et de ses environs. S'il est difficile de tracer, dans ces années, une ligne de démarcation évidente entre *domini* et sujets de la seigneurie, dans le cadre d'une coseigneurie ouvrant de nombreuses possibilités aux tenanciers majeurs, les évolutions sociales allaient toutefois aboutir à une clarification des hiérarchies politiques locales.

Au début du XIIIe siècle, les abbés et leurs représentants étaient en mesure d'exercer sur les communautés de Magnale et Ristonchi une forte pression économique, doublée d'une influence sociale et politique qui manquait sans doute aux communautés de ces *castelli* dont s'éloignaient les parentèles les plus influentes. Ristonchi se configurait,

---

[136] *Ibid.*, 1214/05/28 (8883).

[137] Débax 2003, p. 221.

[138] *Diplomatico, Vallombrosa*, 1199/08/22 (7378), *fines predicti resedii et case posi|te in castello de Ristonkio hii vero sunt, a primo latere currit via, a secundo est ei resedium et casa Griffonis et classatellum| in medio, a tertio est murus dicti castri, et a quarto latere est quadam platea comunis dominorum de Ristonkio.*

au XIIIᵉ siècle, ainsi comme l'une des communes que l'historiographie des années 1930 décrivait comme « demi-libres[139] ». Les abbés s'efforcèrent de couper les liens unissant les *filii Liccesis* à la communauté de Ristonchi[140]. En 1229, avec l'accord de ses frères, Giuliana di Liccese se donnait en oblation à l'abbaye, suivie par son fils Romeo di Ardimanno en 1234 ; l'abbaye récupérant les pensions que lui devaient quelques *coloni* et les droits que ces derniers représentants locaux de la parentèle exerçaient encore sur le *cassero* de Ristonchi[141]. Dans ces années, les abbés voyaient s'éloigner les seuls opposants de poids du *castello*[142]. Ils pouvaient désormais contraindre ou inciter les figures les plus influentes à reconnaître formellement la prééminence d'une abbaye qui disposait, dans le voisinage, du soutien des *homines* de Magnale et était appuyée par la puissante Commune florentine[143]. En 1217, ce fut devant un tribunal florentin et en compagnie d'autres habitants des *castelli* de Magnale et Ristonchi qu'un dénommé Zanghio di Rodolfuccio se déclara « l'homme, le colon et le résident » de Santa Maria di Vallombrosa[144]. Reconnaissant être né à Ristonchi, sur une terre et dans une habitation dépendant de l'abbaye[145], il s'engageait à demeurer sur ce fonds, à verser régulièrement ses loyers en argent ou en nature, à verser le *datium* quand il serait exigé et à accomplir annuellement vingt-quatre corvées[146]. On reconnaissait ici l'ensemble des obligations qui servait à définir le *colonus* à Florence ou son équivalent siennois, le *villanus*[147]. En contrepartie, Zanghio se voyait reconnaître la possession d'une exploitation constituée d'un clos, un jardin, deux terres, deux châtaigneraies sur les hauteurs et d'une terre de labour. Cet aveu

---

[139] Plesner 1934, p. 61.

[140] Sur ce point, voir les pages consacrées aux *filii Liccesis* du chapitre précédent.

[141] *Diplomatico, Vallombrosa*, 1229/05/21 (10801), 1234/11/24 (11615).

[142] Une évolution similaire dans le village de Passignano dont s'éloigne au début du XIIIᵉ siècle, la parentèle de Borgnolino, principal opposant local de poids à la politique des abbés, voir Plesner 1934, p. 62.

[143] La majorité des *homines* qui se reconnaissent *coloni* de Vallombrosa en 1220 semblent plutôt appartenir à la communauté de Magnale, *Diplomatico, Vallombrosa*, 1196/11/30 (7211), 1219/03/10 (9404, en 1220), édité dans Santini 1895, réédition de 1897, p. 297-298, n° VI.

[144] *Diplomatico, Vallombrosa*, 1217/05/16 (9202), *Zanghius filius| Rodolfucci fuit confessus se esse hominem et colonum et sedentem Ecclesie et mona|sterii Sancte Marie Vallisumbrose*, à comparer avec un acte similaire, daté de 1220, et analysé dans Barbadoro 1929, p. 36-37 ; Day 2000, p. 266-267 ; Lefeuvre 2018b, p. 364, n. 4.

[145] *Diplomatico, Vallombrosa*, 1217/05/16 (9202), *et se natum fuisse in resedio dicti monasterii posito| in castello de Ristonkio*.

[146] *Ibid.*, *et annuatim in mense decembris dare duos denarios et duas| gallinas et annuatim unam spallam porcinam et in Nativitate Domini annuatim octo ova et medium| et viginti quattuor operas manuales annuatim et datium pro tempore prout placuerit Domino abbati| Vallisumbrose et in mense Augusti annuatim unum pullum*.

[147] Redon 2000, p. 805.

avait peut-être des motivations fiscales, il permettait d'échapper aux impôts que Florence désirait lever sur le *contado*, mais il ne s'agissait pas pour autant d'un acte anodin. Admettre une condition de « colon » c'était engager sa personne, son foyer, ses biens et ses descendants dans une relation verticale de dépendance. Quelques années plus tard, alors même que les corvées tendaient à être rachetées[148], l'abbaye de Vallombrosa obtint d'un tribunal florentin l'expropriation et la saisie d'un *antiquo resedio* tenu par des « hommes et colons » en raison de manquements à des obligations rappelant fortement celles de Zanghio au début de ce même siècle[149]. À cette date, il ne semble pas que les moines aient encore eu un grand besoin des corvées – leur économie fonctionnant probablement sur d'autres bases[150]–, mais ces dernières jouaient sans doute un rôle important dans un « usage instrumental de la servitude[151] ». À quel point la condition de colon était-elle diffusée dans les *castelli* dépendant de l'abbaye ? La documentation conservée par les moines donne en effet le sentiment d'un nivellement général des conditions juridiques, les *homines* de Ristonchi entrant collectivement dans les cadres d'une dépendance dont les formes, plus que le lexique, évoquent le nouveau servage du *Duecento*[152]. Comme l'ont remarqué Monique Bourin et Paul Freedman, « c'est l'effort constant de défini-tion du statut servile [...] qui caractérise cette période[153] ». À partir des années 1220, les abbés et les moines de Vallombrosa firent d'une part produire des actes destinés à l'encadrement des communautés de Magnale, Ristonchi et Altomena n'établissant dans le texte aucune distinction entre les différentes composantes de ces communautés ; dans la seconde moitié du siècle, ils firent d'autre part prêter des serments collectifs aux *homines* de Magnale et Ristonchi unissant ces derniers dans une série d'obligations vis-à-vis de leur seigneur et abbé. À dessein ou non, ces serments collectifs laissaient au second plan les statuts personnels pour établir un rapport fondé sur un serment collectif qui ne fondait pas nécessairement la liberté du groupe[154]. Au printemps 1230, l'abbé de Vallombrosa concédait à messer Schiatta di Schiatta degli Ubertini la vicomté des *castelli* de Magnale, Ristonchi et Altomena avec le *districtus* sur les *castelli* de Magnale, Ristonchi et Altomena[155]. Le document établissait une gradation du contrôle exercé

---

[148] Feller 2009a, p. 8-9.

[149] *Diplomatico, Vallombrosa*, 1263/04/07 (16881).

[150] Tabarrini 2019, p. 109 et suivantes, voir aussi Tabarrini 2016.

[151] Barthélemy 1992 ; Carrier 2012, p. 157-175 ; 2019 ; Feller 2015.

[152] Panero 2000 ; à mettre en perspective avec Carrier 2012 ; plus récemment, voir aussi Panero 2018, p. 54-55.

[153] Bourin – Freedman 2000, p. 1055.

[154] Redon 2000, p. 806.

[155] *Diplomatico, Vallombrosa*, 1229/03/20 (10780, en 1230), Benigno abbé et économe de l'église et du monastère de Santa Maria di Vallombrosa, avec l'accord

sur ces trois *castelli* : Schiatta degli Ubertini devait défendre l'ensemble du *castello* de Magnale, terres, hommes et personnes, mais assurait le contrôle des hommes et personnes qui dépendaient de l'abbaye dans les territoires des *castelli* de Ristonchi et Altomena, ouvrant la possibilité que tous les *homines* de Ristonchi et Altomena ne dépendissent pas directement de Vallombrosa. Le texte nommait en outre différents types de dépendants, les *homines*, les *personas* et les *colonos* de l'abbaye dans le *districtus* de Florence, sans donner le sentiment qu'une différence de condition vînt distinguer ces derniers[156].

À partir de 1253, les abbés étaient du reste en mesure d'exercer un contrôle plus direct sur les *homines* de Magnale et Ristonchi, l'envahissante figure du vicomte passant à l'arrière-plan des relations entre Vallombrosa et les communautés de ces deux *castelli*[157]. Ces serments collectifs, comme l'a noté F. Salvestrini, s'ils n'étaient pas destinés à une collectivité de *coloni*, n'en insistaient pas moins sur les devoirs économiques et patrimoniaux des *homines* soumis à l'abbaye. Ils évoquent indubitablement l'ordre hiérarchique de la seigneurie, mais sont toutefois les premiers à renseigner explicitement sur l'existence de communes rurales dans les *castelli* de Magnale et Ristonchi. Si l'organisation communautaire d'une collectivité villageoise était sans doute la norme dans la Toscane du XIIIᵉ siècle, la reconnaissance par le seigneur du pouvoir exercé localement par l'*universitas* était une autre affaire, comme l'a bien montré Emmanuel Huertas dans le cas des rapports entre la puissante abbaye du Monte Amiata et la commune de Montepinzutolo ; il n'était donc pas indifférent que le texte mentionnât explicitement l'existence d'une commune ou d'une *universitas*[158]. Pour le *castello* de Ristonchi, le plus ancien des serments qui soit parvenu date du 20 août 1253. Adressé à l'abbé Tesauro Beccaria, il faisait paraître les noms de trente-cinq chefs de famille du *castello*[159] qui s'engageaient à ne pas vendre, aliéner, échanger, donner en longue pension ou concéder à quelque personne ou institution les terres et les biens qu'ils tenaient de l'abbaye de Vallombrosa[160]. Comme l'a bien

---

de l'abbé de San Salvi et d'autres moines, faisait de Schiatta di Schiatta degli Ubertini le vicomte des *castelli* de Magnale, Ristonchi et Altomena pour l'année 1230 (d'avril 1230 à mars 1231 dans notre style). Schiatta degli Ubertini était une figure influente de la vie politique florentine de ces années. En 1215, notamment, il avait activement participé à l'attentat contre Buondelmonte dei Buondelmonti dans le cadre de la faide aristocratique à laquelle les chroniqueurs florentins faisaient remonter la division entre guelfes et gibelins (les Ubertini étant, à Florence, les principales figures du parti dit gibelin), voir Faini 2006, p. 118-119.

[156] *Diplomatico, Vallombrosa*, 1229/03/20 (10780, en 1230).

[157] Salvestrini 1998, p. 177-180.

[158] Huertas 2018, p. 334.

[159] *CRSGF*, 260.126, fol. 64r.

[160] *Ibid.*, «*non vendere nec alienare aut permutare in longam pensionem dare seu concedere| alicui persone vel loco.*»

souligné F. Salvestrini, les obligations que se reconnaissaient les *fideles* de Ristonchi et leurs voisins de Magnale vis-à-vis de l'abbaye restaient limitées aux questions patrimoniales[161]. Ces serments ne permettaient guère de relever des différences de statuts entre les *homines* mais établissaient, dans leur forme et sans doute dans le rituel qui les accompagnait, la fiction d'une condition unique partagée par les tenanciers de l'abbaye[162]. Les termes de l'engagement font écho aux limites d'une condition servile; ils s'appliquaient aux *homines* présents, à leurs descendants et à tous les habitants « du *castrum*, de la cour et du district »[163]. Dans leur ensemble, les habitants de Ristonchi en venaient à être considérés comme tenanciers de l'abbaye. Ils n'étaient toutefois pas désignés comme ses *coloni* et la prestation de serment elle-même reposait sur la reconnaissance d'une collectivité organisée en commune. Le serment engageait en effet l'ensemble « de la commune de Ristonchi », selon des modalités qui révélaient le respect d'un certain formalisme[164]. La responsabilité collective l'emportait sans doute sur l'engagement personnel des *homines*. Ces derniers s'interdisaient de vendre une terre, une possession, leur part de pré ou des biens relevant de leur exploitation à quelqu'un qui fût extérieur à la commune. Les membres de la commune avaient en revanche droit de réaliser de telles transactions, mais devaient passer par un acte écrit qui mentionnât le droit exercé par l'abbaye[165]. Ce premier texte mentionnait très explicitement la commune rurale en l'établissant comme interlocutrice du seigneur[166] : l'institution jouait probablement un rôle dans l'organisation des communs et l'encadrement local des ventes[167]. Tous les

---

[161] Salvestrini 1998, p. 180 et suivantes.

[162] *Ibid.*, p. 181-182 : « L'espansione della proprietà fondiara vallombrosana favoriva la loro progressiva identificazione in quanto censuari, nonché affittuari o, in seguito, mezzadri dipendenti dall'istituto. »

[163] *CRSGF*, 260.126, fol. 64r, *quilibet eorum insolidum et in totum se et suos et heredes filios et descendentes perpetualiter obligantes pro se ipsis et quilibet ipsorum et vice et nomine totius curie et universitatis et omnium aliorum hominum et personas dicti castri et curie et districtus.*

[164] *Ibid.*, les hommes de Ristonchi juraient en leur nom et celui *totius curie et universitatis et omnium aliorum hominum et personas dicti castri et curie et districtus* en promettant d'observer leurs engagements *per eos vel aliquem eorum aut aliquem alium hominem| vel personam dicti comunis et universitatis castri de Ristonchio.*

[165] *Ibid.*, fol. 64r-v, *possint tamen predicti homines et omnes alii homines et persone de dicto comuni et universitate talem vendictionem| alienationem eu permutationem inter se ad invicem celebrare ponendo ex pacto expresse apposito et scribi faciendo| in contractu talis vendictionis alienationis seu permutationis.*

[166] Menant 2004.

[167] *Ibid.*, fol. 64r-v, le texte se réfère aux *domesticas*, aux *pascuas* et aux *palustras*, on peut voir dans cette liste l'évocation de possessions directement appropriées et exploitées par un foyer, dans le cadre domestique, et celles qui relevaient des usages communautaires, les prés et les zones humides.

serments n'étaient pas si explicites sur l'existence d'une commune et visaient davantage à l'établissement d'un rapport direct de fidélité entre la communauté de Ristonchi et les abbés de Vallombrosa. En 1256, à la fin de l'hiver, les *homines* du *castello* s'étaient ainsi assemblés, en présence du prieur de l'église locale, d'un frère convers et de deux laïcs, pour jurer, sur les Évangiles, de maintenir leur fidélité à l'abbé don Tesauro et au vicomte, Schiatta di Ser Cavalca, en s'engageant à demeurer dans l'obéissance et à accomplir les *servitia* qu'eux-mêmes et leurs prédécesseurs avaient accomplis[168]. Il n'est pas exclu que l'abbé Tesauro di Beccaria ait senti le besoin de resserrer les liens l'unissant aux communautés voisines au moment où s'appesantissait sur lui la menace florentine[169]. Quelques années plus tard, en décembre 1262, les *homines* de Ristonchi s'engageaient même à défendre avec ou sans armes leurs possessions et celles de l'abbaye et à lui donner ses *servitia*, ses *datia* et ses *pensiones*[170]. En dépit des différences de forme importantes et d'une place plus ou moins importante accordée à l'organisation communale, ces serments conçus dans un cadre seigneurial, ne prenaient sens que dans la reconnaissance, par le pouvoir seigneurial, d'un collectif formé par les *homines* de Ristonchi[171].

Ce rituel seigneurial et communal qui impliquait spécifiquement les hommes d'un certain âge, les *homines*, était, dans sa répétition au-delà des générations, un élément constitutif de l'identité politique du *castello* de Ristonchi[172]. Ces assemblées seigneuriales pouvaient réunir moins de vingt à plus de cinquante individus ; il serait sans doute vain de prétendre y lire une évolution globale de la population :

---

[168] *CRSGF*, 260.126, fol. 112r, le 20 mars 1256 (en 1257), *ad sancta Dei evangelia ipse et dicte abatie [...] fidelitatem fecerunt domno Tesauro.*

[169] Originaire de Pavie, l'abbé Tesauro di Beccaria fut considéré comme traître à la Commune florentine qui lui fit trancher la gorge en 1258, sur cet épisode voir Benvenuti Papi 1988, p. 72-73 ; Salvestrini 1998, p. 188-189 ; Faini 2009a, p. 129-131 ; l'épisode est évoqué dans l'Enfer de Dante, *Inferno*, chant XXXII, 118-120 (Alighieri 2005a, p. 967), « Se fossi domandato altri chi v'era/ tu hai dallato quel di Beccheria/ di cui segò Fiorenza la gorgiera. »

[170] *CRSGF*, 260.126, fol. 95r.

[171] Il est toutefois un document qui fait apparaître des *femine* mises sur le même plan que les *homines* de Ristonchi, dans un cadre collectif, mais il s'agit cette fois d'un acte dont la portée est moins politique et qui documente les loyers dus par les tenanciers de plusieurs exploitations du *castello*, plusieurs de ces tenanciers étant des femmes, voir *CRSGF*, 260.126, fol. 93r, *infrascripti sunt homines et femine q(ui) sunt de Ristonchio.*

[172] Sept documents de ce type ont été conservés, voir *CRSGF*, 260.126, fol. 64r-v, le 20 août 1253 ; *ibid.*, fol. 112r, le 20 mars 1256 (en 1257) ; *ibid.*, fol. 95r, le 13 décembre 1262 ; *Diplomatico, Vallombrosa*, 1263/03/24 (16877 en 1264) ; *ibid.*, 1273/02/07 (18678, en 1274), copie dans *CRSGF*, 260.126, fol. 58r-v ; *ibid.*, fol. 52r-53r, le 8 juin 1298.

si cinquante-deux personnes participèrent à l'assemblée de 1274, il y en eut beaucoup moins en 1253, 1262 et 1298[173]. Tous les chefs de famille n'étaient pas présents au moment de ces serments et l'affluence dépendait sans doute, entre autres facteurs, de la qualité des rapports entretenus par la communauté de Ristonchi avec le seigneur abbé[174]. En 1264, au moment de s'engager en leur nom et celui de la commune, au respect des pactes établis avec l'abbaye sur l'usage des alpages, leurs rangs étaient même très clairsemés[175], possible indice d'une sourde opposition aux menées de l'abbé et de ses hommes[176]. Dans les dernières décennies du XIIIe siècle, l'abbaye déploya des efforts évidents pour maintenir son contrôle sur Magnale et Ristonchi. Deux actes établis à la fin de l'année 1273 témoignent ainsi d'une politique consistant à faire reconnaître leurs pensions à chacun des locataires de l'abbaye, dans une démarche qui trouve des équivalents à Passignano[177] ou au Monte Amiata[178]. L'année suivante, les abbés de Vallombrosa réussirent à faire prêter leur serment à cinquante-deux chefs de famille de Ristonchi, une affluence assez exceptionnelle, l'assistance représentant, selon le notaire, *plus quam tres partes* de l'assemblée des hommes de Ristonchi[179]. Le document, dans sa formulation, pouvait servir à affirmer l'existence d'une communauté villageoise formée de *fideles* soumis aux commandements de l'abbaye[180]. Deux ans plus

[173] *CRSGF*, 260.126, fol. 64r-v, le 20 août 1253, fol. 95r, le 13 décembre 1262, fol. 52r-53r, le 8 juin 1298.

[174] Si l'on se concentre sur les seuls villageois présents à la prestation de serment de 1253, on n'en retrouve plus que quatorze en 1257 et vingt et un en 1262, signe que nombre d'entre eux avaient décidé d'échapper au rituel de 1257.

[175] *Diplomatico, Vallombrosa*, 1263/03/24 (16877, en 1264).

[176] On n'a pas d'autres indications concernant directement ce conflit, dans ces années toutefois, l'abbé, en faisant intervenir la justice florentine, avait fait saisir les terres de *coloni* qui refusaient de s'astreindre à leurs corvées et pensions ; *ibid.*, 1263/04/07 (16881), deuxième enregistrement.

[177] *Ibid.*, 1273/12/31 (18901), 1273/12/31 (18902), sur la documentation produite à Passignano dans les années 1260, voir Casini 2009b, p. 61 et suivantes ; Lefeuvre 2019.

[178] Redon 1979a ; 1979b ; Huertas 2018, p. 338.

[179] *Diplomatico, Vallombrosa*, 1273/02/07 (18678, en 1274), copie dans *CRSGF*, 260.126, fol. 58r-v, *qui omnes sunt plus| quam tres partes hominum curie et universitatis castri et curie et districtus de Ristonchio*. Ces expressions, comme l'a aimablement expliqué Carole Mabboux, figurent dans le formulaire des assemblées communales ; il faut sans doute comprendre que l'assistance représentait « plus que trois parties des hommes de la cour et de l'ensemble du castello, de la cour et du district de Ristonchi », c'est-à-dire plus des trois quarts de l'assemblée totale des *homines* de Ristonchi.

[180] *Ibid., pro ipsorum et cuiuslibet eorum et ipsorum descendentium animarum salute, promiserunt et convenerunt […] ab hac hora in antea non| vendere, nec alienare aut permutare in longam pensionem dare seu concedere alicui persone vel loco| aut aliquibus personis vel locis nisi personis que fuerint de dicto comuni et*

tard, 1276, l'abbé de Vallombrosa obtenait d'un tribunal florentin une sentence interdisant aux *fideles* du monastère de vendre leurs tenures sans autorisation de leur seigneur, décision renforcée par la copie d'un chapitre de Florence interdisant à tout *colonus* de vendre sans autorisation de son seigneur[181]. Les juges avaient sans doute vu dans la fidélité jurée aux abbés un lien contraint qui assimilait les tenanciers aux *coloni*. Assimilation d'autant plus aisée que certains de ces *fideles* descendaient de *coloni* dont la condition était connue et documentée : Giunta et Martino, les fils de Zanghio di Rodolfuccio qui avait officiellement reconnu sa condition de *colonus* en 1217, figuraient ainsi dans plusieurs des serments prêtés entre 1253 et 1274 sans précision de leur propre condition[182]. Il n'est pas aisé de se représenter la place qu'occupait le *castello*, son église, sa communauté pour les *homines* qui en dominaient ce petit territoire montagnard. Comme l'a bien souligné M. Della Misericordia, l'approche classique des institutions collectives des institutions médiévales pousse plutôt à leur analyse comme instrument politique aux mains de quelques groupes, en passant sous silence la cristallisation des identités que permettaient ces dernières[183]. La documentation disponible pour les XIIe et XIIIe siècles offre peu d'informations sur les habitants des petits *castelli* de montagne et encore moins sur leurs sentiments. À Ristonchi, l'attachement au territoire se marquait toutefois dans un détail onomastique, plusieurs habitants du lieu portant au XIIIe siècle le nom de leur propre *castello*[184]. L'attachement des *homines* à leur propre communauté se mesure mieux, quant à lui, dans l'activité déployée par ces derniers pour la défense de leurs intérêts communs. Si les actes conservés témoignent surtout des victoires remportées par l'abbaye, ils documentent aussi quelques résistances opposées à cette dernière par la commune de Ristonchi. En 1278, les *homines* de Ristonchi s'étaient ainsi « assemblés, comme à leur habitude, au son de la cloche, auprès de l'église de Sant'Egidio »,

---

universitate castri de Ristonchio| vel eius curie et districtu et que fuerint de hominibus et personis subiectis dicto monasterio et de fidelibus| monasterii.

[181] *Diplomatico, Vallombrosa*, 1276/10/26 (19426), à la sentence émanant d'un tribunal citadin était cousue une copie du statut *Quod nullus colonus vendat sine licentia domini.*

[182] Giunta, qui était sans doute l'aîné et était cité avant son frère, apparaît dans l'ensemble des serments collectifs prêtés entre 1253 et 1274. Martino n'est absent qu'à l'occasion du serment de 1263. Voir *CRSGF*, 210.126, fol. 109r, le 14 septembre 1246 et fol. 93r, le 16 janvier 1261 (en 1262 de notre style), dans la documentation les concernant, Giunta ou Martino ne sont jamais décrits comme des *coloni.*

[183] Della Misericordia 2006, p. 45.

[184] Dans le serment de 1253, parmi les *homines* de Ristonchi on relevait ainsi Ristonchi di Chiaratino et Ristonchi di Aldobrandino, voir *CRSGF*, 260.126, fol. 64r-v, le 20 août 1253.

pour protester contre la nomination d'un desservant d'église qui ne fût pas prêtre[185]. Pour être usuelle, la formule n'en participait pas moins à l'inscription de cette assemblée dans la tradition politique des communes italiennes[186]. Quelques mots suffisaient à caractériser une institution bâtie sur une collectivité formée par les chefs de foyers (*homines*), fondée sur la récurrence de rituels politiques (*more solito*), sur l'existence d'un paysage sonore (*ad sonum campane*) et d'un lieu auquel identifier la communauté politique (*apud ecclesiam*). Que représentaient ces différents éléments pour les habitants d'un village castral du *Duecento*? À quel point la commune rurale était-elle vécue par ses membres? L'assemblée de vingt-neuf *homines* rassemblait les «paroissiens et patrons de l'ensemble (*universitas*) des paroisses (*populus*) de San Giorgio et Sant'Egidio de Ristonchi» qui s'étaient réunis pour contester une nomination une décision de leur seigneur, l'abbé de Vallombrosa.

Le rassemblement n'était pas la simple réunion *ad hoc* de l'*universitas* des fidèles d'une seule église, comme il s'en trouvait dans la documentation émanant de Florence à la même époque[187], le cadre était celui de la commune et du village castral de Ristonchi, avec ses deux églises, et d'une communauté dont on connaît par ailleurs les contours. Les murs de Ristonchi abritaient une *domus* seigneuriale dont l'encombrante présence limitait l'horizon physique des habit-ants qui ne disposaient pas d'un bâtiment séculier disponible pour leurs rassemblements. Située à l'intérieur du *castrum*, l'église de Sant'Egidio, leur maison commune, avait servi à cristalliser l'iden-tité collective de la communauté[188]. C'était le lieu de formation d'une communauté politique et spirituelle que dominaient collectivement les *homines*. C'était la cloche de Sant'Egidio qui servait au rassemble-ment des fidèles et avait servi à signaler l'assemblée extraordinaire[189]. Au XIXe siècle, les cloches constituaient l'un des marqueurs forts de l'identité villageoise[190]; il en allait sans doute de même au Moyen Âge et ces instruments servaient aussi à l'appropriation sonore de l'espace par la communauté. Le document, dans le fil d'une tradition scrip-turale mettant en scène le collectif, ne mettait en valeur aucun *leader*

---

[185] *Diplomatico, Vallombrosa*, 1278/07/15 (19866), *Congregatis hominibus et par|rocchianis et patronis universitatis populorum Sancti Giorgii et Egidii| de Ristonchio more solito sono campane apud ecclesiam Sancti| Egidii*.

[186] Sbarbaro 2005, p. 18-19.

[187] Sur l'organisation du territoire par le pouvoir florentin, voir Stopani 1979.

[188] Bourin – Durand 2000, p. 57.

[189] Le rassemblement s'était tenu un vendredi, mais ne semble pas avoir corre-spondu à un moment fort de la liturgie.

[190] Corbin 1994, p. 79-86, sur les cloches au Moyen Âge, voir Arnold – Goodson 2012; Neri 2016.

et insistait sur la communauté de vue des *homines* et paroissiens de Ristonchi, présentés comme patrons collectifs de leur église. Aucun élément de statut ne venait les différencier les uns des autres et rien ne permettait de distinguer un *leader*. Il s'agissait d'une volonté collective, non pas d'une incapacité institutionnelle : en 1260, les représentants de la Commune florentine avaient pu trouver un « recteur » du *populus* de Sant'Egidio de qui obtenir la promesse du versement de six setiers de blé destinés à leur armée[191]. Pour rédiger l'acte de 1278, le notaire avait rangé les noms des participants en deux colonnes de quinze et quatorze noms, en regroupant ensemble les fratries[192]. L'ordre avait-il une importance? Le premier nom à apparaître était celui de Migliore di Ugolino, attesté dans les serments de 1253, 1257 et 1264[193]. Ce dernier descendait d'un petit propriétaire des environs[194] : à deux reprises, en 1246 et 1275, il était intervenu comme simple témoin des renouvellements de baux concédées par l'abbaye à d'autres habitants de Ristonchi; il s'agissait vraisemblablement d'une figure bien insérée dans la sociabilité du petit *castello* et qui entretenait, en règle générale, de bonnes relations avec les hommes de l'abbaye[195]. Rien ne le distinguait fondamentalement d'autres participants. En cette occasion, il s'était associé à des tenanciers coutumiers, comme Giunta et Martino di Zanghio, descendants d'un *colonus* bien identifié de l'abbaye, pour opposer une résistance ferme à une décision de l'abbé[196]. Si des différences économiques existaient sans nul doute entre les

---

[191] Paoli 1889, p. 168, le 9 août Rinaldo di Piero promettait le versement de six setiers à un envoyé de Florence. Rinaldo di Piero di Ruffolo, à l'exception du serment de 1257, apparaît par ailleurs dans l'ensemble des serments prêtés par les *homines* de Ristonchi entre 1253 et 1298, voir *CRSGF*, 260.126, fol. 64r-v, le 20 août 1253; *ibid.*, fol. 95r, le 13 décembre 1262; *Diplomatico, Vallombrosa*, 1263/03/24 (16877 en 1264); *ibid.*, 1273/02/07 (18678, en 1274), copie dans *CRSGF*, 260.126, fol. 58r-v; *ibid.*, fol. 52r-53r, le 8 juin 1298.

[192] *Diplomatico, Vallombrosa*, 1278/07/15 (19866).

[193] *CRSGF*, 260.126, fol. 64r-v, le 20 août 1253; *ibid.*, fol. 112r, le 20 mars 1256 (en 1257); *Diplomatico, Vallombrosa*, 1263/03/24 (16877 en 1264).

[194] *CRSGF*, 260.126, fol. 111r, le 5 décembre 1253, la vente, *jure proprio*, s'était faite dans le bourg de Magnale, Migliore et Bellincione di Ugolo de Ristonchi avaient vendu à Bernardo, convers de Vallombrosa, treize parcelles comprenant une vigne et un *casolare* dans la paroisse de Pitiana pour la somme de vingt-deux livres en florins. Il s'agissait d'une vente importante, occupant une page entière du petit cartulaire.

[195] *CRSGF*, 260.126, fol. 109r, le 14 septembre 1246, fol. 104v, le 11 août 1275, le premier de ces baux était destiné à Giunta di Zanghio dont il a été question plus haut, ce dernier recevait une parcelle au lieu-dit *Nei Bancholi* et s'engageait à verser chaque année six setiers de blé et un setier de seigle en la maison tenue par l'abbaye dans le *castello* de Ristonchi.

[196] *Diplomatico, Vallombrosa*, 1278/07/15 (19866), leurs noms apparaissaient en vingt-et-unième et vingt-deuxième positions dans la liste (en comptant d'abord la colonne de gauche).

différents participants de l'assemblée, le document lui-même mettait en scène une égale condition des *homines* constituant l'*universitas* de Ristonchi. Ils montraient ainsi qu'ils opposaient un front uni à l'abbé de Vallombrosa et rendaient un peu plus complexe l'identification d'un meneur. Agir contre le seigneur n'était pas sans risque. Dans la seconde moitié du XIIIᵉ siècle, il arrivait aux abbés d'en appeler aux tribunaux florentins pour saisir les biens de *fideles* manquant à leurs obligations de *coloni*[197], ou bien encore de prononcer plus directement des peines contre ceux qui commettaient des infractions à la loi que voulait imposer l'abbaye sur les alpages de Magnale et Ristonchi.

Par le biais de leurs frères convers, les abbés exerçaient une surveillance quotidienne des alpes du Pratomagno et de ses usagers. Prévue dans les statuts de l'abbé Tesauro de 1253, la police de l'abbé passait par des gages forcés et des amendes, elle permettait aux frères convers d'exercer un rôle central dans la vie économique et sociale des *castelli* de Magnale et Ristonchi[198]. L'abbé et ses hommes étaient sans doute plus présents dans le quotidien des *homines* de Ristonchi que ce que laisse supposer la seule documentation conservée. En 1286, une décision relevant de cette surveillance quotidienne avait fait l'objet d'une instrumentation notariale : suite à une dénonciation du frère convers Ruggerio, l'abbé Valentino avait prononcé une amende de dix petits florins contre Nero di Migliore et Tura di Benintendi[199]. Leur délit ? Ils avaient coupé des hêtres sur les hauteurs de Ristonchi et avaient, avec leurs bœufs et en utilisant des ornières, emporté le bois hors des alpages. L'amende était élevée et susceptible de mettre en difficulté les foyers incriminés[200]. Cette sanction de 1286 est l'une des rares pièces qui soit parvenue et qui vienne documenter le conflit d'usage, sans doute long, qui opposa les *homines* de Ristonchi et l'abbaye de Vallombrosa. Il ne s'agissait vraisemblablement pas d'une opposition entre l'abbaye et deux foyers : Nero di Migliore et Tura di Benintendi n'étaient pas des figures isolées dans la vie institutionnelle de Ristonchi. L'un et l'autre étaient, en 1286, d'une génération relativement nouvelle. Nero di Migliore avait prêté serment aux abbés en 1274 et avait fait partie des protestataires de 1278. Tura di Benintendi n'était pas présent en ces deux occasions, mais apparaît dans des documents postérieurs. Ils descendaient tous deux de tenanciers coutumiers et leurs pères avaient, avant eux, participé aux serments collectifs des années 1250-1260[201].

---

[197] *Ibid.*, 1276/10/26 (19426).

[198] Bonaini 1851, p. 63-65.

[199] *Diplomatico, Vallombrosa*, 1285/01/27 (21645, en 1286).

[200] Pour cinquante petits florins, il était alors possible d'acquérir, en *livello*, une maison et deux parcelles dans la riche vallée de l'Arno, *ibid.*, 1285/10/23 (21895).

[201] Nero di Migliore était le fils de Migliore di Azzo, comme on le comprend dans le serment de 1274 où il était présent avec son frère Villa ; son père, Migliore

Leurs deux noms figuraient en tête du serment collectif prêté en 1298 par les *homines* de Ristonchi à l'abbé Ruggero dei Buondelmonti[202]. À cette occasion, l'abbé avait sans doute voulu réaffirmer son autorité sur Ristonchi. Cités *in primis* d'une liste de trente-cinq *homines*, Nero et Tura avaient juré, sur les Évangiles, de remplir leurs devoirs d'*homines* et de *fideles* de l'abbaye. Ils s'étaient engagés à défendre les biens de l'abbaye et de sa *familia*, à remplir leurs obligations *in angariis et perangariis*, selon un formulaire évoquant fortement la servitude[203] et à présenter à l'abbé (le texte n'était pas explicite ici) les querelles internes à la communauté. Dans un lexique plus vassalique, ils promettaient de protéger le *castrum* contre les ennemis de l'abbé, si nécessaire les armes à la main, et juraient de lui offrir leur *consilium*. Ils se reconnaissaient comme sujets de l'abbé, en promettant de respecter ses ordres, ses règles et son droit de ban et s'interdisaient de sous-louer, inféoder ou aliéner leurs tenures à des membres extérieurs à la communauté[204]. L'abbé prévoyait une amende maximale de deux cents petits florins pour les contrevenants, une somme qui se voulait sans doute dissuasive. Ruggero dei Buondelmonti († 1316) qui venait tout juste d'être élu abbé général de l'ordre vallombrosain et demeurait abbé de Passignano, n'était pas un abbé débonnaire et le serment de 1298 portait clairement l'empreinte de ses méthodes autoritaires[205]. Il s'agissait bien de rappeler ses devoirs à une collectivité en visant spécialement les meneurs de la contestation. Les habitants de Ristonchi avaient dû jurer « en tant qu'hommes et fidèles », pas comme les membres d'une commune.[206]

L'existence d'une commune rurale fut sans doute un atout majeur dans la lutte des habitants de Ristonchi pour la défense de leurs droits d'usage. En 1310, plus de dix ans après ce rappel à l'ordre, les *homines*

---

avait participé aux serments collectifs de 1253, 1262 et 1274 ; Tura di Benintendi descendait de Benintendi di Senne, présent aux serments collectifs de 1253, 1257 et 1262, voir *CRSGF*, 260.126, fol. 64r-v, le 20 août 1253 ; *ibid.*, fol. 112r, le 20 mars 1256 (en 1257) ; *ibid.*, fol. 95r, le 13 décembre 1262 ; *Diplomatico, Vallombrosa*, 1273/02/07 (18678, en 1274), copie dans *CRSGF*, 260.126, fol. 58r-v.

[202] *Ibid.*, fol. 52r-53, le 7 juin 1298.

[203] *Ibid.*, *facient et prestabunt| omnia et singula obsequia redditus et servitia realia et personalia in angariis et perangariis*.

[204] *Ibid.*, *Item quod neque in comuni neque indiviso| omnes generaliter vel singuli singulariter dabunt vel facient feudum vel fidelitatem alicui persone loco| vel universitati* […]. *Item quod| neque domos neque plateas sive casolaria neque possessiones terras vineas castangneta culta vel inculta neque| jura neque actiones super ipsis alicui persone loco vel universitati aliquo titulo vel modo alienabunt extra| castrum et curiam et homines et fideles curtis istius terre sive castri de Ristonchio*.

[205] Plesner 1934, p. 125-126 ; Davidsohn 1965, p. 34-37 ; Casini 2009b, p. 72, n. 173 ; Pirillo 2009 ; Brilli *et al.* 2014, p. 28, n. 113.

[206] *CRSGF*, 260.126, fol. 52r.

de Ristonchi réussirent en effet à obtenir une victoire au cours d'un arbitrage qui mettait clairement en jeu la commune rurale et ses représentants[207]. L'arbitrage avait été conclu dans une dépendance de l'église de Santo Stefano de Florence, l'abbé Ruggero s'y était fait représenter par le frère convers Francia tandis que « les hommes de la commune, de la paroisse et de l'université de Ristonchi » avaient pour représentants Scarabello di Alberto et Tura di Benintendi, le même qui avait été condamné en 1286 et s'était retrouvé en tête des *homines* de Ristonchi lors du serment de 1298. Si l'abbé obtenait la reconnaissance de ses droits sur l'une des forêts d'altitude et interdisait l'usage commercial de la forêt, il concédait aux habitants du *castello* leur droit à y faire du bois dans le cadre quotidien de leur vie agraire, notamment pour la construction de leurs cabanes[208]. Il s'agissait d'un enjeu crucial sur lequel les négociateurs revinrent lors d'une seconde phase de négociations, le frère convers reconnaissant aux habitants le droit d'utiliser le bois pour la construction de leurs meubles (*archas*) et pour toutes leurs nécessités (*pro omnibus suis neccessitatis et massaritiis*)[209]. Sans que la victoire fût immense, elle ne tenait sans doute qu'à la ténacité, à l'organisation dont avaient su faire preuve les foyers de Ristonchi contre un seigneur alors puissant. Le *laudum* de 1310 était une pacification destinée à rétablir l'*amicitia* entre le seigneur et ses fidèles, le frère convers Francia étant présenté comme « l'arbitre et ami commun » de l'abbaye et des *homines* de Ristonchi[210]. Si ces derniers disposaient sans doute de *leaders*, ces derniers ne s'imposaient sans doute pas, à l'image des *milites* de la fin du XIIe siècle, comme des chefs naturels : c'était par le biais d'une institution fondée sur une apparente égalité de traitement entre ses membres. Instrument de défense d'une collectivité rurale dominée par quelques chefs de foyers, la commune rurale constituait aussi une école de la vie publique et collective.

---

[207] *Ibid.*, fol. 66r-v, le 9 septembre 1310, voir aussi Salvestrini 1998, p. 192-193.

[208] *Ibid.*, fol. 66r-v, *salvo quod si aliquis ex dictis hominum comunis* [...] *de Ristonchio voluerit incidere lingnamina in dicta silva pro hedificanda domum vel capannam* [...], *prius habeat licentiam et adsensum predicti domini abbatis seu camerarii.*

[209] *Ibid.*, *Frater Francia conversus monasterii| Sancte Marie Vallisumbrose arbiter supradictus volens corrigere laudum supradictum et in melius reformare|* [...] *laudavit quod in dicta silva* [...] *nullus de comuni et populo de Ristonchio possit* [...] *incidere* [...] *salvo quod si* [...] *voluerit incidere lingnamina in dicta silva pro hedificanda domo vel capanne ipsius propria| vel vegetibus seu archis propriis facendi possit et debeat libere licite et impune incidere*; il faut noter qu'en 1286, Nero di Migliore et Tura di Benintendi avaient été condamnés pour la taille ou l'abattage d'un hêtre, mal adapté à la charpente, mais très utile pour la construction de meubles ou d'instruments divers.

[210] *Ibid.*, *arbitrator et comunis amicus electus.*

5.3. DES COMMUNES RURALES DANS L'ORBITE FLORENTINE

5.3.1. *Les agglomérations nouvelles de la vallée de l'Arno*

Au XIIIᵉ siècle, c'était assurément un air assez différent qui se respirait dans les communautés nouvelles qu'animaient les échanges de la vallée de l'Arno[211]. Les *castelli* qui firent leur apparition au XIIᵉ siècle et se développèrent au XIIIᵉ siècle rassemblaient des populations nombreuses qui eurent peut-être plus vite la possibilité de s'organiser de manière autonome. Tandis qu'un *castello* de montagne affirmait son identité collective dans une interaction pesante avec son seigneur, des communes très institutionnalisées s'organisèrent dès la fin du XIIᵉ siècle dans la vallée de l'Arno dont les villages présentèrent précocement l'allure de petites villes[212]. À la fin du XIIᵉ siècle, au bord du grand fleuve, Figline était une agglomération comptant peut-être 1 000 habitants au moment où les *homines* formant son *universitas* jurèrent fidélité à Florence. Bien étudiée par C. Wickham, la commune reposait sur un collectif de 167 foyers que les juges et notaires florentins avaient divisés entre une minorité active composée de *milites* (treize) et *pedites* (cinq) et une large majorité de *masnaderi* (cent-quarante-huit)[213]. Selon C. Wickham ces *masnaderi* avaient « échappé aux extrémités de la dépendance personnelle[214] » et se distinguaient, à ce titre, des *masnaderi* qui évoluaient dans la dépendance de Vallombrosa. Des années 1170 jusqu'au milieu du XIIIᵉ siècle, les populations vivant dans les environs de Figline furent véritablement gouvernées par une organisation collective[215] que ne dominaient pas les aristocraties locales, mais un cercle de notables, des *milites* aux patrimoines trop étroits pour contrôler une place forte et y développer des droits seigneuriaux, mais assez importants, dans le cadre de cette organisation locale pour exercer le statut de meneurs locaux[216]. C'était sans doute une configuration similaire qu'on retrouvait plus en amont du fleuve, à Pianalberti (aujourd'hui San Giovanni Valdarno). À l'instar de ce que l'on

---

[211] Pinto 2005, p. 24.

[212] Pirillo 2013.

[213] Wickham 1996a, p. 31, il s'agissait, pour ces hommes, de jurer les accords de la Ligue de Toscane, il faut ajouter aux 166 noms de la liste celui du podestat de Figline, Verde *da Figline*, le document est édité dans Santini 1895, p. 43-46, nᵒ XXV (15 avril 1198).

[214] Wickham 1996a, p. 31 : « Masnaderii could be rich or poor, but in Figline they had escaped the extremes of personal dependence. »

[215] *Ibid.*, p. 36 : « It was, more and more explicitly, the commune that ran Figline. »

[216] *Ibid.*, p. 42 : « The social pattern of these notables should be reasonably clear. They were (nearly all) *milites*, of military status ; too small-scale to aspire to 'true' aristocratic status as controllers of castles or signorial rights, but important enough inside Figline, from their landowning to have had a strictly local status as leaders. »

sait des bourgs de Leccio et de Figline, le développement de cette petite agglomération du Valdarno est sans doute lié à la présence du marché attesté dès la fin du XIIe siècle[217]. Dans les premières années du XIIIe siècle, Pianalberti, était le siège d'une *universitas* très structurée qui regroupait plus d'une centaine d'*homines*, élisait ses représentants et possédait ses registres[218]. Les membres de cette commune étaient jaloux de leur indépendance et cherchaient à s'affranchir de toute prétention seigneuriale extérieure. Vers 1201, l'ensemble des *homines* de l'*universitas* avaient nommé deux syndics chargés de procéder au rachat des propriétés, du droit de patronage sur les églises et l'hôpital et surtout des droits exercés sur les tenanciers locaux par Ranieri di Gherardo *da Figline*[219]. Cette petite agglomération avait probablement vu le jour au cours du XIIe siècle[220] et ses habitants étaient sans doute accoutumés à la gestion commune de certaines terres[221]. Pianalberti était une commune constituée d'individus qui entendaient certes s'affranchir de tout lien seigneurial, mais qui en avaient aussi les moyens ; ils étaient prêts à débourser des sommes considérables pour parvenir à leurs fins[222]. Les premières communes rurales à être documentées se présentent comme de solides institutions implantées dans des localités relativement importantes. Au début du XIIIe siècle, on en repérait plusieurs dans le Valdarno Supérieur : le petit *castello* de Montaio dans le Chianti, les grands bourgs de Pianalberti et de Figline sur la rive gauche de l'Arno, le *castello* de Leccio, sur la rive opposée, étaient tous les sièges d'organisations communautaires dotées de représentants[223].

---

[217] Day 2000, p. 462, voir *Diplomatico, Passignano*, 1188/06/15 (6657).

[218] *Ibid.*, 1201/02/02 (7572, en 1202), 12(**) (26729), documents cités, commentés et mis en perspective par Wickham 2001, p. 251-252, n. 51.

[219] *Diplomatico, Passignano*, 12(**) (26729).

[220] La première mention de la *curtis* de Pianalberti se trouve, à notre connaissance, dans un document de 1134. Conservé par l'abbaye de Passignano cet acte tranche dans le panorama documentaire des années 1130 : il est qualifié d'*instrumentum* à une période où le terme est peu usité et son formulaire est insolite. Sachant qu'il porte sur la donation d'une dîme, on pourrait songer à un faux. On trouve en revanche, à la date de 1145, une mention moins suspecte de la *curtis* de Pianalberti. *Ibid.*, 1134/06 (4266), 1145/05 (4723).

[221] *Ibid.*, 1191/01/31 (6788, en 1192), dans les confronts, une parcelle située près de Pianalberti est décrite comme la terre de « nombreuses personnes », *ab aliis| lateribus est circumdata a terra multorum hominum videlicet a terra Albertuzi et Che|richi et Martini Caparozi et Meruli et Baroculi et Clerici Ubaldinuzi et Al|dobrandini Orsi et aliorum.*

[222] *Ibid.*, 12(**) (26729), dans l'acte de procuration qu'ils établissaient, les *homines* de Pianalberti s'engageaient, dans les clauses comminatoires, à la somme considérable de mille livres en deniers de Pise ; par ailleurs, sans qu'on connaisse le prix de cette transaction, ils étaient chargés d'acheter à Ranieri di Gherardo *da Figline* les rentes qu'il recevait de vingt-sept foyers et de l'hôpital des Ubaldini.

[223] À Montaio, petit, mais dynamique *castello* des franges méridionales du Chianti, les consuls apparaissent dans leur rôle traditionnel de juges, leurs décisions

Comme l'a montré William R. Day ces localités étaient, à la même époque, de petites places commerciales : la tenue d'un marché est attestée à Figline dès 1153, à Leccio en 1177, à Pianalberti en 1188 et à Montaio en 1239[224]. Quel seigneur contrôlait ces marchés ? Pour Figline, W. R. Day hésite entre l'abbaye de Passignano et l'évêque de Fiesole, pour Montaio il songe aux Guidi, mais ne donne aucune affiliation seigneuriale aux marchés de Leccio et Pianalberti. Selon M. E. Cortese, Pianalberti avait été fondée par les Attingi qui continuaient, au milieu du XIIIe siècle, à exercer d'importants droits sur le *castello*. Il est probable que le marché et la commune aient vu le jour sous la protection bienveillante de cette parentèle de l'aristocratie médiane[225]. Au-delà des questions que soulèvent les fonctions ponctuelles des *consules* attestés dans chacun de ces *castelli*, la relative synchronie des mentions témoigne de la diffusion d'un même modèle, bien installé dans les grandes cités et qui fonctionnait pleinement dans les gros bourgs de Pianalberti et Figline. Ce modèle semble avoir rencontré un succès précoce dans les fondations nouvelles et les bourgs marchands qui concentraient les richesses. Les seigneurs qui acceptaient un effacement relatif de leur présence et un affaiblissement de leurs prérogatives politiques le faisaient dans un cadre dynamique qui leur ouvrait des perspectives prometteuses. Si le développement d'une commune reposait souvent sur un désir de distinction très aristocratique, son existence et son bon fonctionnement supposaient un partage de la reconnaissance sociale et politique au sein d'un groupe large d'*homines*.

5.3.2. *La liberté loin des villes : la commune de Montaio au XIIIe siècle*

N'y avait-il que l'air de la ville qui rendît libre[226] ? À l'intérieur même d'un *castello* peuplé, en partie du moins, de serfs, ou plutôt de *coloni*,

---

faisaient autorité au-delà des murs de ce petit village et les moines de Coltibuono pouvaient, le cas échéant, accepter de se soumettre à leurs jugements, voir *Diplomatico, Coltibuono*, 119(*) (7397, *RC* 538), 1218/04/26 (9313). Pianalberti, dans le fonds de la vallée, semble une fondation nouvelle de la seconde moitié du XIIe siècle, dans les premières années du XIIIe siècle, la commune semble pleinement fonctionner avec une assemblée, un collège de conseillers, un podestat et des représentants, voir *Diplomatico, Passignano*, 12(*) (26729), 1201/02/02 (7572, en 1202). La commune de Figline, toujours dans le Valdarno, a été étudiée par C. Wickham qui souligne le caractère aristocratique de ce gros *castello* de fond de vallée, Wickham 1996a ; 2005a ; Pinto – Pirillo 2005. Les consuls de Leccio apparaissent à la fin du XIIe siècle, dans un contexte documentaire très proche du cas évoqué plus haut de Cintoia, voir *Diplomatico, Vallombrosa*, 1171/03/04 (5738, en 1172), voir aussi Wickham 2001, p. 251.

[224] Day 2000, p. 450, 453, 455, 462, 471, voir aussi *Diplomatico, Coltibuono*, 1176/02 (5975, *RC* 492, en 1177), *Passignano*, 1188/06/15 (6657), 1239/06/01 (12476) où l'on cite la présence d'un *mercatale* se tenant près de Montaio.

[225] Cortese 2019, p. 33.

[226] C'est à l'historiographie allemande du XIXe siècle qu'on doit la relative notoriété de l'expression « Statdtluft macht frei nach Jahr und Tag », Schneider 1990, p. 13.

il était sans doute possible de construire un espace social et politique autonome. Perché sur l'une des premières collines du Chianti à l'Ouest du Valdarno Supérieur, le hameau de Montaio se réduit aujourd'hui à quelques maisons et à une église dédiée à San Silvestro qui forment ensemble l'une des *frazioni* de la commune de Cavriglia. La silhouette militaire de ce *castello* se dessine nettement et semble dominer encore la plaine de l'Arno lorsqu'on l'observe de nos jours depuis l'abbaye de Coltibuono. Il était au XIIIᵉ siècle le siège d'une communauté solidement organisée en commune et qui avait sans doute bénéficié de conditions idéales pour se développer[227]. Les habitants de Montaio ne paraissent pas avoir vécu la domination seigneuriale exercée directement par un ou plusieurs seigneurs. En 1164, l'empereur avait reconnu aux Guidi le *castello* de Montaio[228] qui apparaissait encore dans les diplômes de 1191, 1220 et 1248, et qui formait, avec les localités voisines de Montegonzi et Barbischio[229], l'une des places revendiquée par les puissants comtes. En dépit de ces attestations, leur pouvoir n'a guère laissé de traces dans le Chianti, au contraire de celui qu'y exercèrent les Firidolfi, les Ricasoli, les Pazzi ou les *domini* de Tornano. Le *castello* de Montaio ne servait toutefois de résidence à aucune de ces parentèles seigneuriales qui n'avaient par conséquent pas l'occasion d'y exercer quotidiennement la démonstration de leur influence. Les Firidolfi-Ricasoli vivaient non loin de là, à Montegrossi, un *castello* prestigieux et qui avait même servi de siège aux légats impériaux. Les *domini de Tornano* avaient, de leur côté, élu résidence un peu plus loin dans leurs *castelli* de Tornano et de Monteluco a Lecchi. Il n'y avait pas non plus un seul seigneur qui imposât particulièrement sa prépondérance comme propriétaire foncier. À la fin du XIIᵉ siècle, l'abbé de Coltibuono et le prêtre de l'église plébane de San Giovanni di Cavriglia se disputaient le contrôle de nombreuses maisons. Leur influence rencontrait, à Montaio, celle des Pazzi du Valdarno, des Firidolfi[230], sans oublier les parentèles locales qui exerçaient un contrôle direct sur leurs patrimoines fonciers[231]. Non loin de Montaio s'élevait l'importante abbaye féminine de Santa Maria di Cavriglia,

[227] *Diplomatico, Coltibuono*, 119(*) (7397, *RC* 538).
[228] Kölzer 2003.
[229] Repetti 1965, vol. 3, p. 277-278, « Montajo, Montaja ».
[230] *Diplomatico, Coltibuono*, 1210/06/13 (8434), Ugo Pazzo di Ughiccione Pazzo vendait à Pepo di Spinello dei Firidolfi tout ce qu'il avait dans le *castello* de Montaio, c'est-à-dire un ensemble de droits sur les personnes de Jacopo di Buono, Bicco, Guidone *da Pilato*, Guglielmo di Beldomanda, Troiano et Renuccio, tous de Montaio.
[231] *Ibid.*, 1194/06/03 (7020, *RC* 526), Dono et son épouse Firia se donnaient à l'abbé Guido de Coltibuono, en s'offrant, eux et leurs fils comme oblats, avec leur maison située dans le bourg de Montaio et avec les deux coffres qu'elle contenait, en l'église de Coltibuono et en présence de nombreux moines et frères convers.

peu documentée, mais qui figurait très probablement parmi les principaux propriétaires du *castello*[232]. Ces différents propriétaires étaient aussi les seigneurs directs de nombreux habitants du petit *castello*: les abbés de Coltibuono cherchaient à conserver le contrôle sur certains *coloni* de Montaio[233], mais ils n'étaient sans doute pas seuls.

Cet enchevêtrement des dépendances, loin d'entraver les hommes de Montaio, leur avait permis de développer une commune respectée; ce dont témoigne un document établi à la fin du XIIᵉ ou au début du XIIIᵉ siècle. Il s'agit d'un arbitrage contenant quelques annotations qui donnent l'image d'une institution déjà bien stabilisée. Les consuls de Montaio avaient arbitré une cause opposant les moines de Coltibuono et le prêtre de l'église plébane de Cavriglia[234]. Leurs noms étaient donnés à la fin du document.

> Dit devant la porte de Montaio, en présence de Renuccino di Gianni, et Bruno fils de Notto et plusieurs autres qui ont été requis comme témoins. Les consuls étaient Cittadino et Orlandino, Guid [...], Papa et Schitino[235].

Qui étaient ces consuls? Des juges nommés *ad hoc* ou des élus occupant leur fonction en vertu de rituels politiques déjà bien fixés par la coutume? On ne dispose pas d'une documentation surabondante pour faire l'histoire du *castello* de Montaio, mais ces magistrats ne semblent pas avoir été recrutés dans les parentèles les plus influentes du *castello*. Malgré sa brièveté, la formule employée suggère l'existence d'une charge élective temporaire exercée par un collège de cinq consuls[236],

---

[232] On manque malheureusement de documentation sur l'abbaye de Cavriglia qui vit ainsi dans l'ombre du monastère voisin de Coltibuono.

[233] *CRSGF*, 224.237, n° 598, p. 211-214, n° 588, p. 190-191, *Diplomatico, Coltibuono*, 1255/05/13 (15154), 1268/10/14 (17745).

[234] *Ibid.*, *Coltibuono*, 1218/04/26 (9313), Albertesco di Leone présentait Rafulino di Rinaldo et Ugolino *da Paterno* à un juge du *castello* de Figline pour déclarer qu'un compromis avait été trouvé en sa présence et avec l'appui des consuls de Montaio. Albertesco pourrait être apparenté aux Firidolfi, il était, dans ces années, l'un des grands juges du *contado* florentin, reconnu à Figline et dans le Chianti; dans les années 1220, il figurait parmi les deux arbitres qu'avaient choisis Biliotto di Albertesco et Pepo di Spinello dei Firidolfi pour déterminer leurs droits respectifs sur le *castello* de Vertine, voir *CRSGF*, 224.232, n° 596, p. 204-210, acte daté de 1225 par les copistes du XVIIIᵉ siècle. Le document est dans tous les cas postérieurs à 1221 puisqu'on y fait référence à une amende imposée par le Podestat pérugin Bombarone.

[235] *Diplomatico, Coltibuono*, 119(*) (7397, *RC* 538), *Hoc dictum est ante portam Montarii, in presentia Renucini filii Gani |et Bruno filii Nocti et alii quam plures [* * *] qui rogati sunt testes.| [Hec sunt* avec une autre encre] *Consules erant Cittadino et Orlandino, Guido| [et Papa* avec une autre encre] *et Schitino.*

[236] Dans l'historiographie moderne, on n'avait pas songé que ces consuls pussent être ceux d'un petit village et une main a écrit au verso de l'acte, *testes*

elle renvoie à l'existence de procédures fixes et bien connues. Le descendant d'un de ces consuls, le fils de Cittadino, apparaît en 1242 parmi les tenanciers d'un gros propriétaire local[237]. Un acte de 1247 mentionne vraisemblablement l'un des fils du dénommé Papa, cité parmi les consuls de la fin du XIIe siècle[238]. Ces indices fugaces donnent l'image d'une relative stabilité onomastique. Montaio, au XIIIe siècle, était peuplé par de petites parentèles dont les membres devaient être accoutumés à l'exercice ritualisé et répétitif des charges. Le titre de consul qui était attribué à certains habitants et la position d'arbitres qu'ils étaient conduits à occuper dans des causes opposant les églises et les aristocraties locales leur conféraient sans doute une certaine assise politique. Au début du XIIIe siècle, les consuls de Montaio étaient des arbitres respectés au-delà du *castello* et de ses environs immédiats. En 1218, le juge Albertesco di Leone, sans doute apparenté aux Firidolfi, s'était rendu à Figline pour communiquer à un autre juge les termes du compromis auquel avaient travaillé les consuls de Montaio pour mettre fin au litige courant entre deux individus. L'affaire impliquait des parentèles relativement lointaines et agitait vraisemblablement la sociabilité aristocratique du *contado*; mais elle avait en même temps impliqué les consuls de Montaio qui avaient agi « en leur nom, au nom de leur commune et de tous les autres hommes du *castello* de Montaio[239] ». On ignore tout des procédures d'*élection* de ces consuls, mais il existait dans ce *castello* de quelques centaines de foyers, un cadre politique structuré et une commune dotée de magistrats exerçant consciemment un rôle de représentation du corps politique formé par l'ensemble des *homines*. Sans doute la commune rurale avait-elle créée à Montaio « un cadre politique à l'intérieur duquel [certaines] personnes obtenaient la capacité d'être véritablement neutres face aux revendications de leurs seigneurs[240] ». C'était

examinati coram consulibus civitatis Florentie, voir *Diplomatico, Coltibuono*, 119(*) (7397, *RC* 538).

[237] *Ibid.*, 1245/03/17 (13400).

[238] *Ibid.*, 1247/10/20 (13905), le témoin était Papa di Papa, qui était peut-être le descendant du *Papa* mentionné comme consul dans les années 1190, s'il ne s'agissait pas tout simplement de la même personne.

[239] *Ibid.*, 1218/04/26 (9313), *Redolfinum Landi et Ugonem Coccki consules de Montaio eorum nomine et| nomine ipsius comunis et nomine aliorum omnium hominum ipsius castri de Montaio comuniter| et divisim et nomine Johannis Minconis camarlinghi et nomine Rafulini, arbitri*. Ce document apporte les seules attestations connues de ces consuls, les personnes impliquées en revanche avaient des horizons plus lointains, l'un était Ugolino *da Paterno*, d'un *castello* du Prato-magno, l'autre était Rafulino di Rinaldo dont on ne sait rien. Parmi les témoins figurait un certain Orlandino di Malapresa dei Firidolfi.

[240] Wickham 2000, p. 340: « C'era, cioè, un quadro politico all'interno del quale queste persone *potevano* essere decisamente neutrali di fronte alle rivendicazioni

parce qu'ils pouvaient s'appuyer sur l'existence d'une commune que les *homines* de Montaio avaient été en mesure, dans les années 1230, d'opposer un front commun aux moines de Coltibuono dans le cadre d'un petit conflit mal documenté[241]. Le tableau se distingue nettement de ce qui s'observe à la même époque dans les *castelli* relevant de la seigneurie des abbés de Vallombrosa évoqués plus haut ou des *castelli* dépendant, à la même époque, des abbés de Passignano[242]. Quoique la vie de ce *castello* peu contrôlé ne soit guère documentée, ce que l'on sait des consuls de Montaio et de leur environnement proche suggère un haut degré d'indépendance de la population rurale.

Dans le *Dictionnaire géographique, physique et historique de la Toscane* d'Emanuele Repetti, composé dans la première moitié du XIXe siècle, on apprenait pourtant que la commune de Montaio avait vu le jour sous «la protection de la République florentine», après la conquête par les armes de cette partie du *contado*[243]. Les chroniques du XIVe siècle informent en effet d'un «soulèvement» de la population de Montaio, en 1251, contre la domination des Florentins et de la Commune du *Primo Popolo*. Dans un geste de défi à l'autorité de la Commune, et plus vraisemblablement en soutien aux Souabes et aux Gibelins dont plusieurs habitants du *castello* se sentaient sans doute proches, Montaio aurait accueilli des Gibelins[244]. La situation du *castello* autorisait le contrôle d'une zone stratégique et les Florentins ne semblent guère avoir hésité à y mettre le siège, en plein milieu d'un hiver rigoureux, à la fin de l'année 1251[245]. En janvier 1252, ils

dei loro signori, e i problemi che allora aveva Passignano avrebbero reso questa neutralità ancora più plausibile. »

[241] *Diplomatico, Coltibuono*, 1230/02/19 (10909, en 1231), le prieur de l'église florentine de San Michele Bertelde avait obtenu la délégation du pouvoir papal pour trouver un compromis entre l'abbé de Coltibuono et les hommes de Montaio menés par un certain Giovanni di Nerlo, il confiait le jugement au prêtre de la *plebs* de Borgo San Lorenzo. La qualité des juges et l'appel à la cour pontificale font supposer qu'il s'agissait d'un conflit sur les dîmes. Sur cette affaire, voir aussi, *CRSGF*, 232.224, n° 580, p. 170-171, à une date inconnue, le prieur de San Michele Bertelde de Florence condamnait Giovanni di Nerlo *da Montaio* à restituer 12 sous à Provinciano, syndic du monastère de San Lorenzo de Coltibuono et le condamnait pour ne pas s'être présenté à une autre instance.

[242] Plesner 1934, p. 34 et suivantes; Casini 2009a; Collavini 2009.

[243] Repetti 1965, vol. 3, p. 277-278, «Montajo, Montaja»: «Dopo questo avvenimento pertanto i conti Guidi dovettero perdere ogni giurisdizione in Montajo, tostochè vi fu stabilito un regime a comune sotto la protezione della Repubblica Fiorentina. »

[244] Marchionne di Coppo Stefani – Rodolico 1903, p. 40 (rubrique 97a).

[245] Villani, livre VII, chapitre 48 (Villani 1990, p. 341): «I Fiorentini per comune, popolo e cavalieri, co' Lucchesi e loro amistade del mese di gennaio v'andaro ad oste, e non lasciarono per lo forte tempo e grandissime nevi ch'erano allora che non tenessono l'assedio intorno al castello, per modo che non potea entrare né uscire persona, gittandovi dentro più difici. »

auraient défait une armée de secours envoyée par les Siennois et pris
le contrôle de Montaio dont les murs auraient alors été rasés. Pour
l'auteur du *Dictionnaire*, c'était la victoire florentine qui expliquait
la présence d'une commune après les années 1250. Dans le fil d'une
historiographie qui dissociait nettement les sociétés militarisées des
castelli, dominée par l'aristocratie guerrière, de la nouvelle société des
communes; l'auteur soulignait que la localité de Montaio avait cessé
dans le même temps de revêtir des fonctions défensives. En contradiction évidente avec ces observations, on constate, non seulement
l'existence d'une commune de Montaio avant la conquête florentine, mais on se rend en outre compte que la localité continue d'être
décrite comme un *castello* dans les années successives au siège de
1251-1252[246]. L'événement militaire n'a guère laissé de traces directes
dans les chartes de Coltibuono, à l'exception, peut-être, de la remarquable disparition, pendant près de dix ans, de la main du notaire
Tedesco di Ranuccino *da Montaio*, « notaire par autorité impériale »,
très actif jusqu'en octobre 1251, qui ne semble reprendre du service
qu'en 1259 et dont la « captivité » est évoquée incidemment dans un
acte de 1262[247]. Un acte conservé parmi les parchemins de l'abbaye de
Santa Trinita, daté d'octobre 1251, témoigne par ailleurs de la présence
siennoise dans le Chianti et des tensions politiques qui traversaient
alors les environs de Montaio[248]. Pour le reste, il faut accepter le récit
des chroniqueurs en rappelant que la domination florentine était loin
d'être acquise dans le Chianti au début du XIIIe siècle. À partir de 1252
en revanche, la communauté de Montaio fut sans doute soumise aux
regards plus vigilants des autorités florentines, elle n'en continua pas
moins de fonctionner de manière apparemment autonome. Dans la
seconde moitié du XIIIe siècle, on sait qu'il existait un trésorier « de

---

[246] *Diplomatico, Coltibuono*, 1268/10/14 (17745), *actum in castro Montai in
loco dicto Castellatto*.

[247] *Ibid.*, 1237/05/23 (12153), 1237/05/25(12156), 1237 (12240), *S. Trinita*,
1237/11/04 (12217), *Coltibuono* 1238/05/10 (12296), mentionné dans 1239/01/23
(12411, en 1240), 1241/02/05 (12712, en 1242), 1241/02/28 (12719, en 1242),
1242/05/03 (12870), 1243/07/30 (13059), 1243/02/12 (12988, en 1244), 1246/09/02
(13722), 1247/02/25 (13806), 1251/10/20 (14436), ici les actes rédigés par Tedesco se
font plus rares jusqu'au document suivant 1259/02/03 (16118, en 1260), 1260/06/14
(16419), 1260/11/13 (16482), 1261/02/06 (16515, en 1262), dans le dernier acte
établi à Mercatale Valdarno (Torre Santa Reparata, Mercatale, au sud de Montaio),
le notaire Tedesco di Ranuccino *da Montaio* reconnaissait avoir cédé des actions à
Gianni, Straccia di Forte *da Montaio*, lorsqu'il était en captivité, sans qu'on sache
où et quand.

[248] *Diplomatico, S. Trinita*, 1251/10/04 (14429), le podestat de Sienne enjoignait
à l'abbé de Coltibuono d'accueillir les gibelins de Pise et de Pistoia et garantissait
l'abbaye des dommages qu'elle pourrait subir à cette occasion; il faut déplorer la
mauvaise qualité du document qui rend difficile son déchiffrement.

la commune, du *Popolo* et des hommes de Montaio[249] » qui inscrivait régulièrement les rentrées de l'institution dans le registre des factions de la commune[250]. La place centrale du village était décrite comme la place de la commune et du *castello* de Montaio; ses *homines* élisaient leur propre recteur[251]. Sans doute la Commune de Florence était-elle en revanche bien plus présente dans la vie quotidienne des populations du *castello*. C'était désormais à Florence que se réglaient les conflits locaux, l'abbaye de Coltibuono recourant aux tribunaux florentins pour régler ses litiges avec les *homines* de Montaio, sans qu'on trouve la trace de résolution locale des conflits comme c'était encore le cas dans les premières décennies du XIIIe siècle[252]. Dans le Chianti comme dans le reste du territoire, la Commune citadine s'appuyait sur l'existence d'institutions locales et sur le découpage territorial ecclésiastique pour adresser ses exigences fiscales. En préparation du siège de Montalcino, les représentants de Florence avaient ainsi demandé au recteur élu de la paroisse de San Silvestro de Montaio de s'engager sur la livraison de vingt-quatre setiers de froment[253]. Dans les premières années du XIVe siècle, le serment que devaient prononcer les *homines* de Montaio vis-à-vis de leur nouveau recteur les engageait en même temps vis-à-vis de la Commune florentine dont le nom revenait à plusieurs reprises[254]. Dans ces années, la commune de Montaio était une organisation vieille de plus d'un siècle; ses rituels devaient désormais faire partie d'une sociabilité qui était héritée autant qu'elle était construite par les *homines* du lieu. Plus d'une génération avait grandi en se conformant aux rituels qui fondaient l'existence d'une collectivité politique associée à la place, au *castello* et à l'église de Montaio. Quelles qu'aient été les prétentions des comtes Guidi ou des Firidolfi, qui localement exerçaient probablement une forte influence, les premières décennies du XIIIe siècle furent sans doute celles d'une relative indépendance. Il en alla autrement avec les Florentins. Après avoir

---

[249] *Diplomatico, Coltibuono*, 1261/08/07 (16598), *camerarius comunis et populi et hominum de Montaio*, le *populus* est probablement à entendre au sens du *Popolo* qui dominait la vie florentine des années 1250, voir Poloni 2007b; Diacciati 2011.

[250] *Diplomatico, Coltibuono*, 1268/09/13 (17731, le 12 septembre).

[251] *Ibid.*, 1299/01/03 (26208, en 1300), 1306/05/29 (29592).

[252] *CRSGF*, 224.232, n° 761, p. 596-599, daté de 1260.

[253] Paoli 1889, p. 121, le 22 juillet 1260, cette livraison confirme la taille moyenne de Montaio; cela représentait davantage que ce qui était demandé au minuscule *castello* de Montegonzi, c'était en revanche la moitié moins de ce qu'on demandait à la grande commune de Pianalberti, située dans la vallée, et qui regroupait alors deux communautés paroissiales.

[254] *Diplomatico, Coltibuono*, 1306/05/29 (29592), à côté des officiers de Florence, le texte prévoit l'intervention d'officiers du *plebatus*, la paroisse antique au ressort plus large que le *populus*, présenté dans ce document comme une circonscription supérieure de l'encadrement des communautés villageoises par la cité.

pris de force le *castello* de Montaio, la Commune du *Primo Popolo* ne défit pas les institutions locales, mais s'efforça en revanche de les intégrer à un système de pouvoir visant à transformer leurs représentants en de simples courroies de transmission de l'ordre qu'elle entendait imposer aux habitants du *contado*. À long terme, l'intégration de ces communes à un système économique et politique centré sur Florence devait avoir de lourdes conséquences sociales. Au XIIIᵉ siècle cependant, et bien au-delà[255], les communes demeuraient encore un cadre essentiel d'une vie locale centrée sur un réseau dense de petites agglomérations.

À la fin du XIIIᵉ siècle, la moindre paroisse rurale était, dans le territoire florentin, le siège d'une assemblée qui disposait de représentants élus exerçant des compétences reconnues. Ces petites institutions étaient l'interlocuteur privilégié des autorités florentines dans des missions relevant de la police locale[256], dans la levée et la répartition de l'impôt[257] ainsi que dans la réquisition de ressources matérielles et humaines[258]. Dans la seconde moitié du XIIIᵉ siècle, la documentation illustre surtout la fonction coercitive de ces cadres territoriaux que Florence emploie en fonction de son agenda politique. Ces structures d'encadrement des populations rurales correspondaient davantage aux besoins de la cité qu'à ceux des habitants[259]. La tendance des notables de la fin du *Duecento* et des premières années du *Trecento* à se soustraire aux obligations collectives des petites *universitates* en jouant d'une citoyenneté florentine que leur aisance et leurs liens

---

[255] La commune de Cavriglia (province d'Arezzo), à laquelle fut intégrée la commune de Montaio à l'époque moderne, conserve encore, dans son *Archivio storico*, dans un *codex* intitulé *Statuti del Comune di Montaio ristaurati al tempo di Oratio Biagio di Niccodemo Neri dalla Pieve a Cavriglia Gonfaloniere l'anno MDLXXXIII*, les statuts de Montaio composés en 1583. Une version plus ancienne de ces statuts est conservée à Florence, *Statuti delle comunità autonome e soggette*, 453 (statut de 1387) et 454 (statuts de 1486-1678). Le site de la commune de Cavriglia apprend qu'avant l'imposition d'un cens, en 1763, tous les hommes adultes avaient droit d'être conseillers, voir <http://www.comune.cavriglia.ar.it/gli-antichi-statuti> (url contrôlée le 8 décembre 2019). Il faut remercier la commune de Cavriglia, plus spécialement l'archiviste et l'assesseur à la culture qui ont facilité l'accès à leurs archives.

[256] La Roncière 1973, p. 169.

[257] Plesner 1934, p. 161-163.

[258] *CRSGF*, 260.123, fol. 10r-32v, les *instrumenta* présentés par les *homines* des paroisses formant la *curtis* de Magnale sont pour l'essentiel des quittances d'impôts et de réquisitions imposées par la Commune à chacune de ces paroisses, jamais à la commune de Magnale dans son ensemble.

[259] L'un des enjeux de l'instance judiciaire présentée par les *homines* de Magnale était ainsi la reconnaissance, par Florence, d'une commune correspondant à la *curtis* seigneuriale et regroupant les différentes paroisses qui la constituaient, il est probable qu'ils n'aient pas obtenu gain de cause.

réels avec la cité et sa population leur avaient fait obtenir est probablement révélatrice de l'affaiblissement des plus petites de ces structures politiques[260]. Cette tendance est peut-être plus marquée dans les
universitates les plus récentes et les moins investies par les populations
locales. À Ristonchi et Magnale, sous la domination vallombrosaine,
les *homines* semblent s'être fortement investis dans la vie institutionnelle des *castelli* et de la seigneurie. Sans doute en allait-il de même
à Montaio, où la commune était plus ancienne encore et bien vivante
depuis la fin du XIIᵉ siècle. À la fin du XIIIᵉ siècle cependant, dans
le cadre d'un territoire nouveau, mieux intégré aux dynamiques de
la cité dominante, la défense du statut social des figures locales les
plus aisées se jouait sans doute moins sur place qu'en ville même ou
se jouaient aussi les affaires les plus importantes. Sans l'existence de
ces institutions locales, actives de la fin du XIIᵉ siècle jusqu'à la fin du
XIIIᵉ siècle et au-delà, la vie politique de la cité dominante n'aurait
sans doute pas été la même. Pendant des décennies, les communes
rurales avaient obéi à des pratiques institutionnelles dépassant le
cadre des expériences individuelles ; plusieurs générations s'étaient
formées aux décisions locales et c'était dans ce cadre que des réputa-
tions s'étaient construites et que d'autres avaient été défaites, dans un
modèle qui s'éloignait de plus en plus des représentations sociales de
l'aristocratie rurale.

---

[260] Plesner 1934, p. 161 et suivantes ; La Roncière 1973, p. 161-162.

CHAPITRE 6

LA RENTE FONCIÈRE ET SES BÉNÉFICES

> Questo è dunque un paese di galantuomini! Non potevo ancora precisare le mie impressioni, né penetrare ancora tutti i segreti della politica e delle passioni paesane; ma mi avevano colpito il sussiego, le maniere dei signori sulla piazza e più ancora il tono generale di astio, disprezzo e diffidenza reciproca nella conversazione[1].

Dans les premières décennies du XXe siècle, les notables que découvrait Carlo Levi dans son village de confinement étaient aisément identifiables et répondaient parfaitement à la définition proposée par le sociologue H. Mendras : il s'agissait de propriétaires échappant au travail de la terre, vivant de la rente et exerçant un travail d'encadrement de la société paysanne. C'étaient ces derniers qu'il appelait ironiquement les *galantuomini* du pays. Quelles étaient les modalités du contrôle exercé sur la terre et les hommes de la fin du XIe siècle aux années 1250 ? Tout en souscrivant à l'affirmation selon laquelle « les protagonistes des actes notariés sont bien rarement ceux qui cultivent la terre[2] », on ne peut que relever l'extrême attention de ces acteurs aux potentialités du sol : tel propriétaire se réservant l'usage d'un bois ; tel autre insistant pour conserver les droits sur un olivier[3]. Il ne faudrait en outre pas se montrer dupe du *style* aristocratique des actes notariés. Existait-il, aux XIIe et XIIIe siècles, un milieu constitué de rentiers, vivant indirectement de la production agricole ? « Les cultivateurs n'étaient point seuls, et [...] une partie du produit de leur travail était consommée par des gens qui, sans ces cultivateurs, eussent été incapables de se nourrir du fruit de leur activité propre[4] ». Ces bénéficiaires de la rente constituent le cœur de l'enquête. L'étude des parentèles et des institutions n'a pas toujours fait ressortir des critères distinguant nettement les *domini* – qui contrôlent les instruments et les symboles les plus évidents du pouvoir politique local – d'une population plus

---

[1] Levi 1946, p. 23.
[2] Delumeau 1996, vol. 1, p. 77.
[3] En 1100, à Marciano, Guido di Guido di Imiza excluait de sa donation à l'abbaye de Coltibuono les oliviers qu'il avait dans le territoire de l'ancien *castello*, voir *Diplomatico, Coltibuono*, 1100/06 (2851, *RC* 220).
[4] Guerreau 1980, p. 179.

large de notables participant à la vie politique locale. Les *universitates* qui organisaient le territoire florentin du XIIIe siècle étaient du reste tenues par une population de notables excluant largement les seigneurs du XIIe siècle. Pour décrire le *continuum* permettant de passer des *domini* aux *boni homines* qu'ils associaient à leurs actions solennelles, il serait tentant de parler d'une société de petits propriétaires ruraux que définissait d'abord le partage de la rente foncière. Les individus et les parentèles qui dominaient la vie locale devaient *a priori* disposer de plus de temps que certains de leurs voisins pour pouvoir développer des activités les distinguant de ceux-ci. Pour tenter de saisir la réalité de la rente foncière, il convient toutefois de préciser ce que l'on sait des modalités du contrôle foncier. Du XIe siècle au XIIIe siècle, le territoire florentin semble subir une transformation le faisant passer d'un agrégat de sociétés dominées par de petits *possessores* à un ensemble divisé entre propriétaires et tenanciers[5]. Ce modèle reste fortement lié aux travaux d'E. Conti et de J. Plesner mais pourrait résulter d'une simple illusion documentaire[6] : l'affaiblissement des dominations seigneuriales et la compétition de différents pouvoirs révélant tardivement les structures du *dominium* seigneurial et ecclésiastique s'exerçant aussi bien sur la terre que sur les hommes[7]. L'étude de J. Plesner a transformé l'histoire du *castello* de Passignano en un cas exemplaire de la transformation d'une société d'alleutiers en une société de dépendants ; sa thèse a le mérite de rendre compte de l'impression première qu'on retire de la documentation florentine. Les historiens qui s'intéressent à la Toscane des XIe et XIIe siècles soulignent la vitalité qu'y manifestent les « sociétés paysannes[8] ». Cette vitalité des sociétés paysannes rend difficile l'application à l'étude du territoire toscan des hypothèses de travail développées par Alain Guerreau ; si l'on partage avec ce dernier l'exigence d'un raisonnement conçu « en termes de pouvoir et non de droit[9] », il est toutefois néces-

---

[5] Les termes du débat sont résumés par Feller 1997, sur la question de l'alleu, aussi bien comme terme attesté dans les sources et comme thème historiographique, on renvoie aux travaux menés actuellement par D. Barthélemy et N. Carrier, proposant, par une série de rencontres, une nouvelle recension des attestations d'*allodium* et d'*allodieri* dans les sources occidentales et un travail de réflexion sur les réalités auxquelles renvoyaient ces notions.

[6] Cherubini 2009.

[7] Cortese 2007, p. 201-208.

[8] Wickham 1987 ; Cortese 2007, p. 208 : « Va poi ricordato che nella nostra area molto difficilmente le famiglie aristocratiche potevano contare su nuclei di proprietà compatti, per via della vasta presenza di beni monastici ma soprattutto della piccola e media proprietà allodiale contadina, che rimase diffusa e vitale fino al basso Medioevo. »

[9] Guerreau 1980, p. 179-180, on ne peut tenir pour acquis « l'assimilation totale du pouvoir sur la terre et du pouvoir sur les hommes » dans une Toscane inégalement marquée et transformée par le fait seigneurial.

saire de tenir compte du travail effectué par les notaires pour préciser les degrés de la possession foncière. Les actes font connaître un marché foncier portant tantôt sur des exploitations entières, avec les droits sur les hommes et la terre, tantôt sur des parcelles de terre – des *petie terre* – et sur les droits qui leur sont associés. Plus qu'une parcelle nue ouverte à l'acquéreur, ce qu'on cédait avec une terre, c'était le droit de la travailler et faire fructifier, et plus encore celui de la faire travailler. La définition moderne de la rente – ce que l'on paie au propriétaire du sol pour la jouissance de ses facultés productives – suppose une société ayant pour base un régime bien défini de la propriété et un État capable d'imposer le respect de cette propriété[10]. Rien de tout cela aux XIe et XIIe siècles. La *proprietas* est bien attestée, mais les droits sur le sol sont très fragmentés. En dépit de cette fragmentation, les terres circulent, ainsi que les revenus, sans toujours entraîner une modification immédiate de l'organisation des parcelles. E. Huertas a ainsi montré la capacité des notaires à faire circuler les loyers[11]. Ceci supposait une capacité des acteurs à concevoir très précisément les différentes formes de participation aux bénéfices du travail agricole ou artisanal. S'il faut parler de rente foncière, dans ce territoire, c'est moins en renvoyant précisément au loyer versé au propriétaire qu'en désignant l'ensemble des prélèvements sur le travail paysan par les seigneurs, les propriétaires et d'autres *possessores* au statut mal défini. C'est sur cette base qu'il faut concevoir le cercle des rentiers.

6.1. LES STRUCTURES D'UNE VIE AGRAIRE

Les campagnes de Florence offrent aujourd'hui au regard, un paysage moins marqué par l'*incastellamento* et la présence des petits villages d'altitude, que par l'habitat dispersé des *case coloniche*, héritage de plusieurs siècles de métayage. Sans doute les collines de la Toscane n'avaient-elles jamais vu disparaître l'habitat dispersé; les *castelli* ne servant jamais à rassembler d'importantes populations et fonctionnant essentiellement comme lieux du prélèvement seigneurial[12]. La question du statut et des fonctions des petites agglomérations fortifiées reste un problème central. Quelle était la proportion, dans ces petits habitats, des cultivateurs vivant quotidiennement aux côtés de leurs seigneurs ? L'archéologie des cimetières pourrait fournir d'intéressantes informations sur le mode de vie des habitants des

---

[10] Ricardo 1977, p. 58, selon l'économiste classique, la rente foncière est « ce que l'on paie pour la jouissance des facultés productives du sol ».
[11] Huertas 2008, p. 294-295.
[12] Cortese 2010.

castelli et des *villae* environnantes[13]. Dans le cimetière de Monte di Croce, *castello* dépendant directement des comtes Guidi, non loin de Florence, les habitants étaient ainsi habitués à la pratique équestre : une donnée qui confirmerait, par exemple, la vocation militaire de la fortification[14]. La documentation n'offre que des réponses indirectes aux questions simples qu'on peut se poser sur le mode de vie des habitants. Que mangeaient-ils ? Quelles étaient leurs conditions de vie ? Quelle était la part de la population qui exécutait les travaux de peine ? Il est en revanche possible d'étudier les patrimoines fonciers. En s'intéressant de près aux patrimoines les plus modestes et à ceux qui en étaient les maîtres, on peut se faire une idée des rapports qu'entretenaient certains foyers avec les travaux agricoles et les activités artisanales. Ce n'est qu'au prix de ce détour qu'on peut éviter le défaut qui consiste à qualifier de paysans les individus et les groupes qu'on n'a pas réussi à qualifier autrement. Avant le XIIIe siècle, il est difficile de se représenter ce qu'est une exploitation rurale, la connaissance de parts des patrimoines fonciers, propriétés ou tenures, n'offrant qu'un reflet déformé des unités de production agraire. C'est pourtant de là qu'il faut partir pour identifier les éléments structurants la vie agraire.

6.1.1. *Les produits de la terre*

C'est par le biais des prélèvements réalisés sur les terres et par l'entremise d'une documentation de l'appropriation que l'on connaît les campagnes florentines : ce qui relève de la subsistance et du quotidien le plus banal et nécessaire échappe en revanche à l'investigation. Et tout d'abord que produisait-on ? Ce qui préoccupait les propriétaires et qui apparaissait le plus dans la documentation, c'étaient les céréales. Les mentions explicites de versements en nature restent rares avant le XIIIe siècle et ne sont pas même si nombreuses au *Duecento*[15]. Le plus souvent, le notaire se contentait d'une mention plus vague, *granum*, en ne désignant explicitement aucune céréale[16]. Que le terme choisi fût *granum* ou *bladum*, il s'agissait sans doute d'un ensemble de céréales

---

[13] Carocci 2010b.

[14] Giusiani – Vitiello – Fornaciari 2007.

[15] L'un des documents les plus anciens remonte à la fin du XIe siècle, voir *Diplomatico, Coltibuono*, 1078/09 (1670, *RC* 116), un couple offrait à l'abbaye de Coltibuono une exploitation, une *sors*, située dans le territoire dit *Avanano* et que géraient déjà un prêtre et son frère, par l'entremise de représentants, des *custodes* écrivait le notaire, en demandant le versement aux pauvres des blés et des rentes, *blada et redditus*.

[16] Il est rare qu'on trouve la mention précise du blé (*bladum*) et quand on la trouve, c'est souvent en association avec d'autres « grains », comme l'orge ou d'autres céréales.

bien différentes du froment[17]. Au XIIIe siècle, il devint plus courant de mentionner explicitement les versements de froment, le plus souvent à l'occasion de prêts dont les intérêts étaient versés en blé ou encore dans les baux fonciers d'un type nouveau qui venaient parfois s'échouer dans la documentation ecclésiastique[18]. On se contentait plus régulièrement du terme de grain pour désigner l'ensemble des céréales, orge, avoine, épeautre, blés de diverses sortes ou froment[19]. Dans certains espaces périphériques, sur les bords de l'Arno, on cultivait le millet dès la fin du XIIIe siècle[20]. Les références à la vigne peuplaient les actes des XIe-XIIIe siècle. À Coltibuono, on compte des dizaines de références explicites à la vigne[21]. Les mêmes proportions se vérifient en montagne, dans les environs de Vallombrosa[22]. Cette forte présence des vignobles dans le patrimoine des églises n'a rien qui puisse surprendre. La place majeure occupée par les châtaignes et les châtaigniers est un fait plus spécifiquement toscan[23]. La documentation indique d'ailleurs que cet aliment, loin d'être cantonné à la subsistance des pauvres, figurait en bonne place sur la table des élites[24]. E. Faini a trouvé les indices d'une spécialisation agricole précoce dans des territoires bien caractérisés : les montagnes du Pratomagno, aisément accessibles et ouvertes sur la vallée de l'Arno ; les environs immédiats de la cité[25]. Sans doute les terres vierges étaient-elles très rares. Les pièces de châtaigniers et les bois que la documentation fait connaître sont, aux XIe et XIIe siècles, des espaces entretenus[26]. Les incultes étaient ouverts aux essarts ou

---

[17] *Diplomatico, Coltibuono*, 1273/04/24 (18744), le camérier de la commune de Montaio faisait quittance à Ventura di Accorso *da Montaio* des seize setiers de « blé » – orge et avoine – qu'il devait pour la terre de Micco.

[18] *Diplomatico, Coltibuono*, 1194/09/25 (7041, *RC* 527), 1199/04/08 (7368, *RC* 535), 1213 (8830), 1215/09/21 (9011), 1250/08/06 (14277), 1255/06/08 (15168), 1259/04/01 (16165), 1298/02/02 (25808, en 1299), *CRSGF*, 224.237, n° 600, p. 215-218, le 19 octobre 1226.

[19] Les mentions de « grains » sont, pour leur part, beaucoup plus fréquentes.

[20] Le terme est *panicale* et il s'agit certainement du millet (*panicum italicum*), ou d'un petit mil résistant aux zones humides ; *NA*, fol. 15r-v, bail du 26 mars 1294 (en 1295), Corso Malaccho di Gianni loue, pour le compte de Tommaso di Spigliato dei Mozzi, une exploitation pour quatre ans contre huit muids et 18 setiers de *granum* par an, 24 *sirquas d'œufs* et la moitié du *panicale* récolté sur les terres de l'*insula* des Mozzi ; sur le mil et le millet, voir FAO 1995.

[21] Dans les actes de Coltibuono, la vigne est mentionnée à 149 reprises pour la période des XIe-XIIIe siècles.

[22] Salvestrini 1998, p. 201-203.

[23] *Diplomatico, Coltibuono*, 1083/07 (1893, *RC* 141), 1097 (2712, *RC* 207), 1100/02/22 (2828, *RC* 219).

[24] Montanari 2011, vol. 1, p.425-434.

[25] Faini 2010, p. 24 et suivantes.

[26] Conti 1965a, p. 146-147, les toponymes renvoyant aux incultes – Cerrito, Felcito, Lama, Petricio, Quercito, Scopito, Silva de Callebona, Silva Pictula

dédiés au pacage du bétail et étaient des espaces convoités[27]. On retrouvait, dans la Toscane de cette époque, l'image d'un monde plein, d'une campagne peuplée et largement soumise à l'exploitation humaine. Les terres les plus difficiles, peu favorables à la vigne et éloignées des vallées – aujourd'hui gagnées par les forêts – demeuraient des espaces habités et disputés[28].

Le bétail, lui, est essentiellement connu par le biais des prélèvements. Ainsi apprend-on incidemment, on s'en serait douté, que les habitants des campagnes élevaient des porcs[29], de la volaille[30], et possédaient quelques animaux de bât ou de trait[31]. Les prés de la Vallombreuse étaient ouverts au pacage des vaches, on élevait des chèvres et on y confectionnait des fromages dont on ignore la forme, la composition et le goût[32]. Les moines vallombrosains et d'autres seigneurs avaient l'habitude de demander ces fromages comme redevances. On produisait ailleurs ces fromages et c'était sûrement parce que ces derniers représentaient, avec les œufs, le poids du prélèvement seigneurial que les Firidolfi avaient laissé leurs chiens dévorer le fromage et les œufs des moines de Coltibuono[33]. Les données glanées sur la production des campagnes florentines restent dérisoires quand on les compare à celles dont on dispose pour les derniers siècles du Moyen Âge[34]. Elles n'en confirment pas moins la complexité de la vie agraire. Dès les premières années du XIIIe siècle, les Florentins s'ac-

---

et Sodo – décrivent des terres dont on attend des rendements céréaliers, dès le XIe siècle.

[27] *Diplomatico, S. Vigilio di Siena*, 1099/10/30 (2818, *Le carte...* 136).

[28] Perrin 2011.

[29] On sait qu'on élevait des porcs, à Marciano, près de Rignano, l'abbaye de Coltibuono faisait payer à un grand tenancier l'*expensis porcorum*, voir *Diplomatico, Coltibuono*, 1257/03/02 (15630, en 1258); dans le Chianti, à la fin du XIIIe siècle, on demandait au tenancier d'offrir un porc chaque année, *ibid.*, 1289/09/07 (23054); dans les montagnes du Pratomagno, l'habitude s'était déjà prise de transformer le porc, on serait du moins tenté de considérer que le versement coutumier d'une « épaule de porc » consistait au don annuel d'un jambon, *Diplomatico, Vallombrosa*, 1217/05/16 (9202), 1299/12/04 (26590), 1299/05/10 (26363, le 10 mars).

[30] Les paiements en œufs, à plusieurs moments de l'année, et en poulets sont les mieux attestés, voir *Diplomatico, Vallombrosa*, 1143/06 (4653), 1143/06/02 (4650), 1153/04 (5086), 1188/05/07 (6651), 1189/04/24 (6709), 1191/10/07 (6831), 1195/05/19 (7101), 1202/05/26 (7689), 1210/11/22 (8475), 1216/12/17 (9136), 1243/11/22 (13136).

[31] On trouve quelques références aux ânes, voir Lefeuvre 2018c, p. 72.

[32] Baethgen 1934, p. 1091-1092, n° 50-55; dans la *vita* de Jean Gualbert, on relève la présence des vaches sur les alpages, ainsi que de chèvres, voir *Diplomatico, Vallombrosa*, 1219/01/23 (9385, en 1220); on sait en outre qu'on produisait des fromages, notamment en montagne, *Diplomatico, Vallombrosa*, 1202/05/26 (7689), 1203/08/09 (7805), 1219/03/14 (74208), 1227/04/26 (10480).

[33] *Diplomatico, Vallombrosa*, XIIIe siècle (27478), Lefeuvre 2018b, § 11.

[34] La Roncière 1982, p. 69-222.

cordaient avec des pouvoirs extérieurs pour l'élevage de grands troupeaux : sans un document conservé par l'abbaye de Coltibuono, on
ignorerait ainsi l'existence, dès les années 1230, de contrats de *soccida*
entre cette institution du territoire florentin et l'évêque de Chiusi pour
l'élevage de centaines de têtes d'ovins[35]. Le bourg voisin de Montaio
avait probablement développé, dès le XIIIe siècle, la spécialisation dans
le commerce des viandes qui devait le caractériser au siècle suivant[36].

6.1.2. *L'exploitation rurale, une réalité difficile à saisir*

Les données sur la structure agraire sont plus nombreuses et ne
font du reste que confirmer le constat solidement établi par E. Conti.
On observe, du XIe au XIIe siècle, une diminution rapide des références
aux exploitations complètes, *mansi* ou plus souvent *sortes*, et la disparition progressive des allusions aux structures du grand domaine,
la bipartition entre le *mansus indominicatus* et la part de l'exploitation en faire-valoir indirect[37]. On peut du reste souscrire au propos
d'E. Huertas lorsqu'il explique cette évolution par la progressive disparition « d'un système d'écriture conçu pour les riches et les puissants
propriétaires fonciers[38] ». Dans le dernier tiers du XIe siècle et jusqu'au
XIIIe siècle, les échanges portaient, le plus souvent, sur des parcelles
de terre soigneusement délimitées : ce nouveau système d'écriture était
certainement mieux adapté aux besoins de l'époque, mais il complique
singulièrement la connaissance des structures de base de la production agricole[39]. Il arrivait, en plein XIIe siècle, qu'on échangeât encore
des parts importantes d'une même exploitation. On retrouvait alors
le lexique du *mansus* généralement tombé en désuétude. En 1149,
Briccolo di Ugo et son épouse Mingarda di Gherardo donnèrent à
l'abbé de Coltibuono plusieurs parcelles issues d'un même *mansus*[40].
Le cœur de ce manse, appelé Camarina du nom d'un exploitant ou
d'un ancien propriétaire, était situé au lieu-dit *Tana*. Une parcelle se
trouvait sur la route menant à un moulin, une deuxième, entourée
par les terres de Coltibuono, était au lieu-dit *Orto*, une troisième, au
lieu-dit *Salcita*, la troisième, enfin, était au lieu-dit *Culto de Casa*. L'acte

---

[35] *Diplomatico, Coltibuono*, 1237/05/25 (12155), Pisano, évêque de Chiusi,
établissait une *soccida* avec Buono, abbé de Coltibuono, du 29 septembre de 1237
et pour trois ans, lui confiant l'élevage de 280 têtes de bétail, *pecudes cum arietibus*.

[36] La Roncière 2005b, p. 340-341.

[37] Conti 1965a.

[38] Huertas 2008, p. 204.

[39] Dans la grande majorité des cas, on ignore la surface de ces exploitations,
ceci n'empêche pas, comme le montre le travail d'E. Huertas, de se faire une idée
du parcellaire, Huertas 2008, p. 168-173.

[40] *Diplomatico, Coltibuono*, 1149/02/24 (4916, *RC* 408).

avait été ratifié à Argenina, un hameau de la vallée de l'Arbia, non loin de Lucignano dans le Chianti. C'est, dans ce document, le seul lieu qu'on puisse identifier avec certitude. L'une des parcelles se trouvait certainement entre le hameau et l'endroit où se trouve aujourd'hui encore un moulin[41]. Dans tous les cas, le manse ne se présentait pas lui-même comme une exploitation d'un seul tenant, mais comme une exploitation organisée autour d'un patrimoine dispersé. La dispersion des terres servait de garantie à une population agricole tournée vers la subsistance : la diversité des terroirs offrant aux exploitants et à leurs maîtres une protection, certes relative, contre les hasards climatiques et biologiques. On retrouve au milieu du XIIe siècle, des éléments déjà mis en évidence par E. Conti pour le XIe siècle[42]. Ailleurs, dans le territoire de Pistoia, les manses organisés et d'un seul tenant constituaient aussi l'exception[43].

On peut supposer que la mise en culture des terres agricoles ait par la suite continué d'être organisée autour de finages dispersés. Au XIIIe siècle, les propriétés qui se présentent comme de petits ensembles cohérents étaient composées d'un ensemble de parcelles dispersées. C'est du moins l'impression qu'on retire de la lecture de certains actes. En 1245, par un instrument de division, les membres d'une fratrie de Montaio se partagèrent ainsi un patrimoine assez représentatif de ce qu'on trouvait habituellement[44]. Il se composait d'une maison dans le *castello* de Montaio, de deux parcelles situées à Linari, à presque huit kilomètres de distance, d'une pièce de terre située à *Piscinesecche* (lieu-dit non identifié) et de la part d'un bois situé *A La Nebbiaia* (non identifié)[45]. Bien entendu, on peut toujours douter d'avoir affaire à des exploitants directs. Les trois frères en question se partagèrent le même jour les pensions que leur devaient deux tenanciers. Ce qu'on sait du patrimoine de petits tenanciers à la même époque et l'impression massive que renvoie la documentation permettent toutefois d'envisager une assez grande correspondance entre la structure générale de la propriété et celle des exploitations rurales. À la fin du XIIIe siècle et au début du XIVe siècle, les *poderi* d'un gros propriétaire rural pouvaient encore se présenter comme des unités dont les différentes parcelles restaient dispersées dans tout le finage[46]. Dans la seconde moitié du XIIIe siècle, l'effort constant des propriétaires consistait toutefois à regrouper davantage les propriétés

---

[41] Il y a, sur l'Arbia, au niveau du Borgo Argenina, un lieu-dit Molino di Piermaggiore.

[42] Conti 1965a, p. 128.

[43] Huertas 2008, p. 168-172.

[44] *Diplomatico, Coltibuono*, 1242/05/03 (12870).

[45] Le hameau de Linari est situé dans la commune de Gaiole in Chianti.

[46] La Roncière 1973, p. 23, 116-117.

pour former des unités plus compactes : aux nécessités et à la sécurité que représentait la dispersion, du point de vue des producteurs et de ceux qui en dépendaient le plus directement, on substituait ce faisant une logique plus risquée mais plus rentable pour les propriétaires désireux de simplifier les modalités du prélèvement. À quel titre les protagonistes du marché de la terre pouvaient-ils vendre, céder ou donner les parcelles qu'on voyait sans cesse circuler dans les sources des XIe et XIIe siècles ? Propriétaires, tenanciers ? Au terme encombrant de propriétaires, on a substitué celui de possesseur. La différence entre propriétaires et tenanciers n'est pas du reste essentielle si l'on s'intéresse essentiellement aux éléments qui garantissent l'indépendance économique. P. Bonnassie a ainsi souligné qu'avec les alleutiers et les tenanciers, « on accède à une couche sociale qui possède les moyens matériels indispensables à un commencement d'exercice de cette liberté[47] ».

6.2. CULTIVATEURS OU RENTIERS ?

On sait tout l'attrait qu'a pu représenter, dans l'historiographie médiévale, la figure de l'alleutier paysan – paysan maître de lui-même et de sa terre – et l'on sait a contrario toute la méfiance qui entoure aujourd'hui l'évocation de ces petits alleutiers[48]. Comme on a eu l'occasion de le dire en un autre lieu, le terme d'allodium est assez rare dans la documentation toscane : en s'en tenant aux mots, il serait facile de conclure à l'absence d'alleutiers dans la Toscane médiévale. En réalité, il suffit de substituer au mot d'alleu celui de propriété – beaucoup plus courant en Toscane – pour retrouver toutes les données du problème. Avant d'en venir aux concepts, on désire toutefois parler des hommes. Les sources des XIe et XIIe siècles permettent de faire ressortir quelques-unes de ces figures de petits propriétaires ou possessores. Dans quelle mesure ces derniers pouvaient-ils être qualifiés de propriétaires ? La structure de leur possession révélait-elle un statut de cultivateur ou de rentier vivant du travail d'autrui ? Ce sont ces questions que l'on posera en envisageant d'abord le cas d'une parentèle de massarii du Chianti de la fin du XIe siècle et de la première moitié du XIIe siècle, avant d'évoquer le cas d'une parentèle de petits propriétaires de la Val d'Ema évoluant dans un environnement davantage marqué par la seigneurie rurale.

---

[47] Bonnassie 1990, p. 145.
[48] Duhamel-Amado 1990.

6.2.1. *Survivances d'un « mode de production paysan »*

Les groupes qui dominent, aux XIe et XIIe siècles, le petit territoire correspondant aux localités alors appelées *Omne* ou *La Gerda* offrent une bonne illustration de la grande difficulté qu'on ressent lorsqu'il s'agit de situer socialement les individus rencontrés dans les sources d'un long XIe siècle. Ces parentèles développèrent très tôt des caractéristiques les rapprochant de certains *domini castelli*, sans jamais attacher leur pouvoir à une construction seigneuriale. Le Chianti est de ce point de vue exemplaire. Ce n'est qu'au prix d'hypothèses hasardeuses qu'on a pu reconstituer les contours de la parenté des *Lambardi della Gerda* ou des *nepotes Bonizi* de Campocorto ou d'Albereto[49]. Dans la première moitié du XIe siècle, les *nepotes Bonizi* vivaient non loin de l'abbaye de Coltibuono et certains membres de la parentèle étaient qualifiés de *massarii*[50]. On a donc affaire à une parentèle qu'on serait tenté, en se référant à ce terme de *massarius*, de situer dans la dépendance vis-à-vis de l'aristocratie locale. On ne saurait toutefois tirer de ce document un argument suffisant pour faire de ces *nepotes Bonizi* un groupe particulièrement subordonné dans la société qui gravitait au XIe siècle, autour des détenteurs locaux du pouvoir; l'abbaye de Coltibuono, les *nepotes Rainerii* et les Firidolfi. Les membres de ce groupe, aisément identifiables par la fréquence des noms de Bonizo et de Teuzo qu'on donnait aux enfants mâles, étaient déjà présents dans ce territoire dans les premières décennies du XIe siècle et étaient liés à un autre groupe, les *filii Sizi*, dont ils sont en réalité très difficiles à distinguer[51]. Exploitants, *fabri*, notaires? Il est probable que des représentants de cette parentèle aient consacré, au moins une partie de leur temps, à ces diverses activités. On ignore l'identité du notaire Teuzo, mais il n'est pas indifférent d'observer

---

[49] Sur ces deux parentèles, voir, en annexe de ce livre, n° 11 « Les *Lambardi della Gerda* : illustres inconnus du Chianti » et n° 12 « Les *nepotes Bonizi* d'Albareto : *possessores* et *fabri* du Chianti (XIe-XIIe siècle) ».

[50] *Diplomatico, Coltibuono*, 1043/05 (685, *RC* 35), en mai 1043, Alberico et Giovanni, les fils de Chiariza, vendaient à Petro et Bonizo, les fils de Bonizo, un manse situé à Valescana (non loin d'Albereto et de Compocorto), manse que tenaient les *massarii* Bonizo et Giovanni di Bonizo; il est probable que l'acheteur, Bonizo di Bonizo, et le *massarius* Bonizo di Bonizo, aient été une seule et même personne.

[51] *Ibid.*, 1019/06 (299, *RC* 16), Teuzo di Bonizo vendait à Guido di Sizo le quart des terres, des vignes et des *domnicatis* qu'il avait dans le territoire de San Giovanni di Cavriglia au lieu-dit « Sublicito »; à l'instar des *filii Bonizi*, les *filii Sizi* apparaissent à la fois comme bénéficiaires et concessionnaires des *livelli*; ici Teuzo di Bonizo vendait à Guido les terres dont il était déjà tenancier; on aurait pu tenter avec les *filii Sizi* le même travail qu'avec les *filii Bonizi* mais la construction aurait été tout aussi hypothétique, plusieurs mentions de ce groupe sont faites dans les confronts, *ibid.*, 1078/08/23 (1662, *RC* 113, le 18 août).

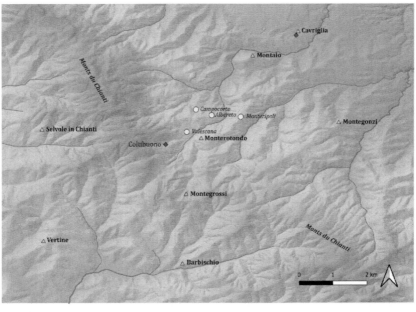

Fig. 7 – Le territoire des *nepotes Bonizi*

l'ancrage de ce notaire dans le territoire entourant immédiatement l'abbaye et sa participation aux affaires de cette famille[52]. Plusieurs membres des *nepotes Bonizi* furent en outre qualifiés de *fabri*. C'était même cette activité, liée à la métallurgie, qui servait à les distinguer en 1082, lorsque le notaire Petro évoquait la « terre des forgerons de Campocorto[53] ». Exploitants enfin ? On sait que plusieurs membres de la famille étaient qualifiés de *massarii*. Le territoire des *nepotes Bonizi*, s'il ne fit l'objet d'aucune création politique, n'en était pas moins une réalité tangible, limité à quelques localités situées immédiatement au Nord-Est de l'abbaye de Coltibuono. Dans un acte de la fin du XIe siècle, un des membres les plus importants de cette parentèle, Remberto di

---

[52] Teuzo a écrit trois actes conservés dans le fonds de Coltibuono, *ibid.*, 1019/06 (299, *RC* 16), 1024/09 (365, *RC* 20), 1033/04 (457, *RC* 22); dans le premier acte, il ratifiait un acte émanant de Teuzo di Bonizo, dans le second il écrivait un acte pour le compte d'Alberico di Sizo (auteur) ou du destinataire Gerardo di Alberga.

[53] *Ibid.*, 1082/09/02 (1857, *RC* 135), *est terra deli fabri de canpo Curtuli.*

Petro d'*Albareto*, avait racheté à un diacre un ensemble de biens et de terres situés à Albereto, à *Sublicito* et autour d'autres toponymes des environs[54]. Cet achat s'était fait dans les environs immédiats de ce territoire et renforçait la prise exercée par la famille sur les terres agricoles des environs. Remberto officiait ici comme intermédiaire du groupe et revendait à ses cousins germains l'ensemble de ces biens dont il avait été investi « en propriété ». Les actes légués par cette petite parentèle du Chianti informent généralement sur des opérations de rachat de terres tenues d'autres *possessores* locaux.

Que l'on considère maintenant le cas des voisins et des alliés des *filii Bonizi*, les *Lambardi della Gerda*. C. Wickham relève le paradoxe apparent que représente cette parentèle[55]. Aux historiens accoutumés à associer les familles majeures à une construction symbolique forte, un *castrum* ou une fondation pieuse, cette famille oppose une situation apparemment insolite. Rien ne distingue à première vue les *Lambardi della Gerda* ou les *nepotes Bonizi* des familles de l'aristocratie locale. C'est plutôt l'absence d'un *castello* qui frappe, sans pour autant empêcher ces groupes de s'imposer, pendant plusieurs décennies, comme les acteurs majeurs de la vie locale. Au milieu du XIIe siècle, alors que la propriété de l'abbaye avait désormais pris le dessus, les derniers représentants connus des *nepotes Bonizi* ou des *Lambardi della Gerda* figuraient parmi les témoins des transactions concernant le territoire de Campocorto et d'Albereto[56]. Ils intervenaient comme intermédiaires des échanges effectués dans ces territoires par d'autres familles[57], sans cesser d'apparaître comme les responsables directs ou les exploitants des terres que ces mêmes parentèles cédaient à l'abbaye de Coltibuono[58]. Tenanciers donc, dans la mesure où ils tenaient et géraient leurs terres, ces groupes n'en étaient pas moins actifs sur le marché de la terre et exerçaient localement une influence que leur inclusion dans les listes de témoins et la familiarité qui entoure les dénominations usuelles de ces groupes laissaient bien deviner. Des actes nombreux qui citent les « forgerons de Campocorto », les « descendants de Bonizo », les « Lombards de la Gerda », on retire en effet le sentiment que ces parentèles disposent sur place d'une relative notoriété. Rien n'exclut pourtant que l'activité

---

[54] *Ibid.*, 1082/02 (1833, *RC* 137, en 1083).

[55] Wickham 1989.

[56] *Diplomatico*, *Coltibuono*, 1111/05 (3346, *RC* 269), 1140/12 (4536, *RC* 385).

[57] *Ibid.*, 1118/05/17 (3621, *RC* 296), Martino di Remberto agissait comme intermédiaire d'un prêt sur gage foncier réalisé par un membre des Firidolfi, Cortese 2007, p. 97, n. 101.

[58] *Ibid.*, 1112/11 (3404, RC 276), les auteurs de cette vente appartenaient certainement à la famille de petits seigneurs du *castello* de Lucignano, les *filii Tebaldi* ; sur ces derniers voir Cortese 2007, p. 352.

principale de ces figures locales n'ait tourné autour de l'agriculture ou de l'artisanat. Cette sociabilité de petits *possessores* n'est pas particulière au Chianti et se retrouve en d'autres lieux. À quelques kilomètres de Florence, à Varlungo, les actes de Montescalari font ainsi connaître le dynamisme local de familles aisément identifiables dans une vue d'ensemble, mais difficiles à situer socialement et à reconstituer dans le détail[59]. On observe le même phénomène autour de la localité d'Altare, près de Montescalari[60]. Il s'agit, plus généralement, d'une situation semblable à celle qui s'observe dans l'ensemble de la Toscane du haut Moyen Âge et que C. Wickham et d'autres ont mis en évidence[61]. Au XIe siècle, il n'était toutefois plus question d'une sociabilité paysanne, peu différenciée et marquée par la constante recomposition des hiérarchies sociales typique du «mode de production paysan[62]». Les liens clientélaires s'étaient affirmés dès l'époque lombarde et avaient été renforcés sous les Carolingiens, conduisant à une hiérarchisation plus nette des sociétés locales autour de pôles géographiques, matériels et symboliques mieux caractérisés (églises, cimetières, fortifications, etc.). C'était à ce modèle qu'empruntaient encore bien des territoires de la Toscane[63] : des sociétés villageoises non exclusives et peu encadrées par les seigneurs ; des liens de clientèle déjà bien marqués au niveau du comté mais peu structurés localement ; à l'échelle des sociétés d'interconnaissance enfin, des hiérarchies peu affirmées entre les différents usagers du sol.

6.2.2. *Petits* possessores *ou grands exploitants :*
le cas des filii Nerbotti *(fin XIIe siècle)*

La situation qu'on découvre dans la Val d'Ema, à quelques décennies d'intervalle, présente des différences significatives : l'ambiance est plus nettement seigneuriale, et la possession des propriétaires locaux

---

[59] Varlungo est une localité située à l'est de Florence, sur l'Arno, c'est un gué où s'élève aujourd'hui un pont et qui se trouve désormais intégré au tissu urbain de la métropole ; on compte une trentaine d'actes relatifs à cette localité dans les archives de l'abbaye de Montescalari, essentiellement dans les actes du XIIe siècle ; au début du XIIe siècle, les affaires étaient dominées par les descendants de Giovanni *da Basirica* et une famille où dominait le nom de Fiorenzo, Ermingarda et Martino.

[60] Faini 2008b.

[61] De nombreuses références ont déjà été faites au travail de C. Wickham sur ce point, on se contentera ici de renvoyer à Wickham 2005b, p. 383-393 ; une évocation suggestive de ce milieu chez Andreolli 1983.

[62] Da Graca 2015.

[63] L'une des thèses de C. Wickham est celle d'une longue durée de l'ordre politique carolingien dans la Toscane ducale, une longue durée qui expliquerait le retard pris sur place par le développement des seigneuries, voir Wickham 1996b, approche reprise et renforcée par Cortese 2017b.

les plus remarquables apparaît plus étroitement enchâssée dans celle des seigneurs. Les similitudes qui s'observent permettent toutefois d'envisager des solutions de continuité entre les groupes de *possessores* peu hiérarchisés du XIᵉ siècle et les petites clientèles vassaliques – ou qu'on juge telles – de la seconde moitié du XIIᵉ siècle. Une petite série d'actes transmis par l'abbaye de Montescalari illustre la difficulté de l'entreprise. Dans le dernier tiers du XIIᵉ siècle, Guido di Nerbotto, son épouse et ses fils, vendirent à l'abbaye de Montescalari un ensemble de terres situées autour de Cintoia qui pourrait faire songer à une petite exploitation. En 1153, Bernardo di Guido avec son épouse Giulietta, Mattafellone et Guido di Nerbotto avaient déjà donné à l'abbaye de Montescalari une terre située près du monastère, au lieu-dit Fonte Gualberto[64]. Quelques années plus tard, Guido di Nerbotto et son épouse vendaient, pour 100 sous en monnaie de Lucques et de Pise, leurs propriétés aux lieux-dits Capeme et Frassina[65]. En 1179, c'était l'un des fils de Guido di Nerbotto, appelé lui-même Nerbotto, qui vendait à l'abbaye l'ensemble des terres et des services qu'il avait aux lieux-dits *Nella Capella di* Lucolena, Frassina, Dudda, Altare, Capeme et Mezzano, pour le prix de dix livres[66]. La vente était confirmée, en 1187, par l'ensemble de ses autres frères et leurs épouses qui renonçaient à tous leurs droits sur les terres, les vignes, les forêts, les maisons, les châtaigniers et autres biens situés dans le *plebatus* de San Pietro a Cintoia, dans la *villa* de Mezzano[67]. Deux conclusions s'imposent en considérant la répartition géographique des biens cités dans ces sources. Les terres cédées en quelques années par les *filii Nerbotti* se présentaient comme un ensemble relativement cohérent et concentré dans la Val d'Ema, de part et d'autre du *castello* de Cintoia et de la colline de Montescalari. Nerbotto et ses fils étaient liés aux *da Cintoia* et l'on retrouvait parmi les témoins de la vente de 1177, plusieurs représentants de l'influente parentèle[68]. Sans doute les *Nerbotti* appartenaient-ils, eux aussi, au milieu des petits seigneurs des environs. En 1153, c'était une terre avec ses dépendants que Guido di Bernardo et les fils de Nerbotto avaient vendus à l'abbaye de Montescalari[69].

[64] *Diplomatico, S. Vigilio di Siena*, 1152/03/16 (5033, en 1153).
[65] *Ibid.*, 1176/01/30 (5968, en 1177).
[66] *Ibid.*, 1179/12/05 (6173).
[67] *Ibid.*, 1187/03/16 (6572, en 1188), une vente précédée par celle d'un membre des *da Cintoia, ibid.*, 1187/03/08 (6571, en 1188).
[68] *Ibid.*, 1176/01/30 (5968, en 1177), parmi les témoins, on compte notamment Gualfredo di Francolo, Alberto et Rolando di Enrico (Rigolo), de même que Federico di Gottolo et son *nepos*.
[69] *Ibid.*, 1152/03/16 (5033, en 1153), on ignore la nature exacte des liens entre Guido di Bernardo, son épouse Giolitta d'une part, et Mattafellone et Guido di Nerbotto d'autre part, mais le fait qu'ils offrent ensemble une terre à l'abbaye de Montescalari suggère l'existence de liens de parenté.

Parmi les témoins de leurs transactions, certains personnages appartenaient plus certainement au milieu de leurs dépendants. Un dénommé Petro, communément appelé *Pisciainvia* (Pisse-en-voie!), et Guido di Domenico *da Ala*, avaient ainsi assisté à la vente de 1153. Plusieurs années plus tard, on retrouvait le fils de ce *Pisciainvia* parmi les témoins de l'acte par lequel Nerbotto di Guido vendait cette fois l'ensemble des terres, des services, des usages et des autres biens qu'il avait dans la Val d'Ema[70]. Cette vente était d'ailleurs remarquable par le nombre de témoins mobilisés. On comptait en effet onze témoins : Grimaldo di Arlotto, Orlando, un dénommé Robadoro, le *magister* Ciaverino, le *magister* Giovanni *da Cintoia*, un certain Carboncino, Gianberto, Guido di Pisciainvia, Rustico di Perino *dal Castagnetto*. L'homme qui portait le titre de *magister* devait sans doute être reconnu comme un artisan qualifié. Parmi les témoins, Grimaldo di Arlotto appartenait probablement à la parentèle des *da Cintoia*[71]. La plupart des individus ne présentaient d'autre signe de distinction qu'un surnom : *Robadoro, Carboncino*, Guido di *Pisciainvia*. La signification sociale de l'anthroponymie, qu'on suppose tantôt narquoise, tantôt flatteuse est certes difficile à saisir, mais ne paraît guère ici s'associer à des éléments de distinction[72]. Elle révèle en revanche le contexte dans lequel étaient rédigés ces documents : celui d'une petite société où tout le monde se connaissait et dans laquelle le surnom – les personnes qui étaient dénommées ainsi avaient généralement un nom de baptême qu'ils rappelaient à certaines occasions – suffisait largement à identifier les intervenants. On retrouvait, dans la relative simplicité de ces surnoms, une onomastique semblable à celle des dépendants de Vallombrosa. Les *Nerbotti* se présentaient comme un groupe secondaire dont le patrimoine était enchâssé dans celui des *da Cintoia* et de l'abbaye de Montescalari. La terre des *filii Nerbotti* s'organisait autour de deux pôles qu'on retrouvait chez les *da Cintoia* : le hameau de Mezzano et celui de Lucolena. Il était courant d'associer aux exploitations de ces deux petites communautés d'habitants, les droits particulièrement essentiels sur le moulin d'Altare et sur le bois de Capeme que contrôlaient les aristocrates locaux, l'église et l'abbaye voisines. Les *Nerbotti* avaient leurs propres exploitants et leur patrimoine se présentait comme un ensemble permettant d'envisager une certaine autonomie : aux terres de labour et aux vignes était associée une part sur des terres ouvertes aux usages communs[73]. Cet ensemble de

---

[70] *Diplomatico, S. Vigilio di Siena*, 1179/12/05 (6173).

[71] *Ibid.*, 1187/03/08 (6571, en 1188).

[72] Menant 2010.

[73] On trouve d'autres exemples de cette dispersion du parcellaire réparti selon des logiques de complémentarité. Dans le Chianti, près de Lucignano, à la fin du XIe siècle, Tederico di Benno *da Lucignano*, avait offert à l'autel de San Lorenzo

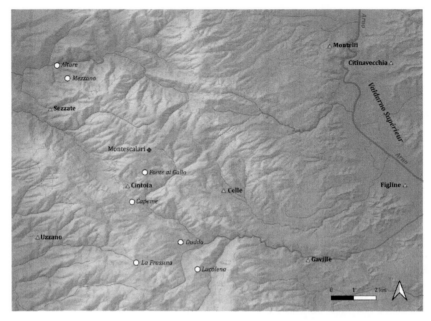

Fig. 8 – La propriété des *Nerbotti*

parcelles dispersées dans un petit territoire ne s'organisait pas seulement autour du *castello* local, mais dépendait aussi des *villae* situées à proximité du petit village castral.

Le patrimoine de ces propriétaires ne s'organisait pas autrement que celui des tenanciers de Vallombrosa, quelques décennies plus tard. Le fait majeur, et qui ressortait bien de la documentation des années 1150-1200, c'était l'inscription de ces petits patrimoines dans une hiérarchie seigneuriale. Les *filii Nerbotti* ne sont certes jamais qualifiés de vassaux ; il paraît toutefois impossible d'évoquer leur situation sans dire quelques mots des seigneurs locaux et leur inscription dans la clientèle des *da Cintoia* apparaît très probable. À quel point ce changement d'ambiance dans la documentation et cette exacerbation momentanée des dynamiques seigneuriales révèlent-ils une évolution

le quart d'un manse situé dans les environs du *castello* en même temps les droits qu'il avait sur une châtaigneraie située au Valgelata, *Diplomatico, Coltibuono*, 1097 (2712, *RC* 207).

de la société ? Il faut ici reconsidérer l'ensemble des données dont on dispose pour envisager l'étude du territoire florentin. On a déjà souligné les évolutions notables de la vie politique et de la documentation des années 1170-1200. Les changements observés paraissent trop nombreux pour être réduits au seul fait documentaire. Sans doute assistait-on, en plusieurs lieux du territoire florentin, et bien au-delà, à une affirmation d'un ordre hiérarchique localement plus affirmé. Ces hiérarchies n'étaient pas neuves, mais n'avaient probablement pas eu la même importance dans les décennies précédentes. Par contraste, le XIe siècle offre moins le sentiment d'une adéquation entre les hiérarchies de la possession et les hiérarchies politiques qui paraissent relever d'autres dynamiques. S'il est difficile de se prononcer sur le statut exact des *possessores* du XIe siècle, il devient de plus en plus aisé, à mesure qu'on avance dans le temps, de bien distinguer les régimes fonciers. Propriétaire ou tenancier, la différence n'est pas nécessairement fondamentale, lorsqu'on la considère du simple point de vue de l'indépendance économique et de l'aisance matérielle. Elle est toutefois incontournable lorsqu'on s'intéresse aux hiérarchies locales.

6.3. LA PROPRIÉTÉ ET SES DEGRÉS : LES ÉVOLUTIONS D'UN RÉGIME FONCIER

On ne rencontre guère d'allusions à une différence statutaire entre tenanciers et propriétaires. Aux définitions savantes de la propriété, on serait même tenté d'opposer une appréhension plus simple de la possession : une conception partagée, sur la longue durée, par l'essentiel des acteurs du marché foncier. Dans les confronts, le notaire ne précisait qu'exceptionnellement si le nom qu'il associait à une terre était celui du propriétaire, du tenancier ou du bénéficiaire d'une concession emphytéotique. La terre était dite *d'un tel* sans qu'on précisât, le plus souvent, s'il s'agissait de la terre qu'*un tel tenait d'un tel* ou d'une institution quelconque. Depuis l'époque lombarde, c'était parmi les *medium owners* que se recrutaient les membres du groupe dominant[74]. La langue anglaise englobe propriétaires et possesseurs dans une catégorie d'*owners*. On a plusieurs fois employé le terme latin de *possessores* pour désigner l'ensemble des individus dont le patrimoine se composait généralement de terres tenues *jure proprio*, en propriété, et d'autres terres tenues d'un laïc ou d'une institution ecclésiastique. C'est à ces *possessores* qu'il convient maintenant de s'intéresser.

---

[74] Wickham 1988, p. 40-49, dans les traductions italiennes, le choix de *proprietario* a été fait pour traduire *owner*. C. Wickham a eu la bonté de préciser qu'il entendait bien renvoyer aux propriétaires lorsqu'il parlait d'*owners*.

6.3.1. *Avoir et tenir : la terminologie usuelle de la possession foncière*

Pour J. Plesner, dont les travaux se concentraient sur la documentation des XIIe et XIIIe siècles, « il était considéré comme chose allant de soi, non que chacun fût propriétaire de toute la terre qu'il cultivait ou faisait cultiver, mais que des parties en fussent son *allodio* ou propriété libre[75] ». En faisant le compte rendu de l'ouvrage de J. Plesner sur l'émigration des campagnes florentines au XIIIe siècle, M. Bloch confessait la gêne que suscitait la relative désinvolture de l'historien danois vis-à-vis du droit :

> Animé d'un sens très vif des réalités humaines. M. Plesner est peut-être moins rompu aux précisions de la pensée juridique. Toutes les fois qu'il touche au classement des conditions personnelles ou des droits fonciers son vocabulaire trahit un manque de rigueur parfois gênant. Je n'en veux pour preuve que l'abus qu'il fait de ce mot de propriétaire, aux yeux du médiéviste toujours si dangereusement équivoque. Même appliqué exclusivement aux alleutiers, le terme n'est pas sans inconvénient ; et je crains fort que sous la plume de M. Plesner il ne désigne souvent de simples tenanciers[76].

Sans doute l'historien danois avait-il trouvé assez de références au *jus proprium* pour considérer les habitants de Passignano comme une petite communauté de propriétaires. Si l'on reprend la documentation relative à certains de ces « propriétaires », on découvre toutefois, en donnant rétrospectivement raison aux soupçons de M. Bloch, des cas plus problématiques. L'une des familles reconstituée par l'historien danois avait ainsi pour ancêtre Giovanni di Brittone, *faber* et *fidelis* de l'abbaye entre 1129 et 1156[77]. Ce cas est assez révélateur des incertitudes qui peuvent peser sur le rapport que ces individus entretenaient avec leurs terres. Giovanni di Brittone était un tenancier livellaire de l'abbaye de Passignano et possédait une maison située sur la *carbonaria* du village castral[78] ; il arrivait à ce tenancier d'acquérir des terres par des opérations de crédit[79]. Lorsqu'il tenait une terre en gage, à quel titre la tenait-il dans le laps de temps du remboursement ? Comme tenancier ou en tant que propriétaire ? Dans le cas d'un acte de septembre 1138, le notaire avait recouru à l'une des formules les plus courantes, et sans doute les plus vagues, en précisant que la terre avait été cédée « pour être possédée » (*ad possidendum*). S'il importait peu, somme toute, de savoir si l'on devait qualifier de propriétaire un individu qui tenait

---

[75] Plesner 1934, p. 45-46.
[76] Bloch 1936.
[77] Plesner 1934, p. 219.
[78] *Diplomatico, Passignano*, 1129/03/04 (4031).
[79] *Ibid.*, 1138/09/25 (4446).

certaines terres à un titre, et d'autres à un autre titre, M. Bloch avait sans doute raison de souligner l'inconvénient qu'il y avait à désigner l'ensemble des habitants de Passignano ou d'autres *castelli* comme des communautés de petits et moyens propriétaires. Il y aurait toutefois eu autant d'inconvénients à les désigner en masse comme des tenanciers. La solution consisterait peut-être à ne pas aller au-delà de ce *possidere* et lorsqu'on parle de *possessores* aux XIe et XIIe siècles, il faut avoir en tête cette incertitude et refuser de voir dans ce terme un élément fixe du statut. Il faut en outre considérer les distinctions établies par les notaires entre différentes formes de la possession[80].

La documentation laisse supposer l'existence, à l'époque envisagée, d'une conception large et pour ainsi dire *pratique* de la possession qui ne s'embarrasse pas tant d'arguties juridiques. Une audition de témoins des années 1240, conservée dans le fonds de l'abbaye de Coltibuono, offre des éléments de réflexions sur le lexique de l'appropriation foncière[81]. Le conflit opposait la communauté des frères convers de l'hôpital de Santa Maria di Memugnano, une dépendance de Coltibuono située près de Rignano sull'Arno, à quelques laïcs des environs. Par sa récente conversion, un dénommé Corzitto avait fait passer une parcelle sous le contrôle du petit hospice rural : on se contestait une terre. Des juges, vraisemblablement florentins, avaient donc entendu les témoins des deux parties. La question n'était pas de savoir qui travaillait la terre, c'était de part et d'autre une chose entendue ; ce que se disputaient les deux parties, c'était une part, non précisée, des fruits de cette terre. C'était dans cette optique que les juges avaient vraisemblablement demandé aux témoins qui *avait* et qui *tenait* la terre litigieuse[82]. Ce qui est remarquable dans ce document, c'est le décalage qu'il offre par rapport aux formules plus élaborées utilisées à la même époque par les notaires pour décrire les rapports de possession

---

[80] C. Wickham privilégie la différence économique passant d'une part entre les travailleurs de la terre et d'autre part les *possessores* et propriétaires. Si ce choix se comprend dans une perspective ouvertement marxiste, l'absence de réflexion sur les différents degrés de la possession foncière est plus contestable lorsqu'on la retrouve chez Susan Reynolds qui réduit à une forme de possession des modalités très diverses du contrôle exercé sur les biens fonciers, voir Reynolds 1994, p. 183 : « Individual people of free status were apparently thoughts of as owners, whether they held their property jointly or not, and wether their property was called their *proprietas*, thier *proprium*, or simply their *res*. Whether their rights in it were characterized as *dominium*, *possessio*, or anything else, they were adjudicated in courts or assemblies. »

[81] *Diplomatico, Coltibuono*, 123./11/05 (12577), voir aussi Lefeuvre 2018c, p. 62 et suivantes.

[82] Lefeuvre 2018c, p. 65, il s'agit d'une reconstruction hypothétique des *intentiones* des juges, les verbes *habere* et *tenere* sont ceux qui reviennent avec le plus de régularité dans la définition du rapport entretenu avec le fonds agricole par les personnes impliquées.

et de propriété. Les enquêteurs n'avaient pas demandé aux témoins si Corzitto était propriétaire ou tenait cette terre au nom d'un autre. Ils avaient eu recours – la nature des réponses le laisse supposer – à des notions susceptibles d'embrasser une ample variété de situations. Pour les convers de Memugnano, il s'agissait de prouver qu'un dénommé Corzitto «avait et tenait la terre, depuis trente et plus, sans contestation»[83]. Pour Guido *da Perlupaia*, celui qui s'occupait de mettre ces terres en culture, Corzitto était celui qui «avait, tenait cette terre» et «avait le droit de la mettre à profit[84]». Pour l'un des témoins, répondant aux suggestions des enquêteurs et dont on ne connaît la parole que par la double médiation de l'enquête et de la traduction latine, c'était le fait de pouvoir faire travailler une parcelle par un autre qui semblait déterminant[85]. Il y avait d'autres signes qui permettaient d'attester de cette forme simple de la possession. L'un des témoins, Guinello *del Gita da Lantica* affirmait avoir vu Corzitto participer, à certaines occasions, au travail de ce champ[86]. La seule femme interrogée, lors de la seconde audition, était moins favorable aux droits de Corzitto et des frères convers: elle proposait le plus riche des témoignages.

> Donna Maria, fille de Donatello, sous serment, a dit que la terre d'où est né le litige est située à Casalina [elle en donne les limites]; on lui a demandé comment elle savait que les deux parcelles étaient à Monaco, Maffeo, Gilio et Giuliano, fils de Bonacorso, elle a répondu qu'elle avait vu ceux-ci tenir et travailler cette terre et qu'ils la travaillaient en leur nom, c'est du moins ce qu'elle croyait; on lui a demandé quelle était la surface de cette terre, elle a répondu qu'elle l'ignorait; on lui a demandé si Curzo [Corsitto], qui est maintenant convers, a tenu cette terre, elle a répondu qu'elle ne le savait pas; on lui a demandé si elle a vu Guido di Ubertino tenir et posséder la terre d'où est né le litige, elle a répondu qu'elle a vu les hommes de ce dernier tenir cette terre et Bonacorso (fils) d'Ubaldinello (fils) de Guglielmo la lui acheter pour 100 livres avec tout le *podere* qu'elle incluait[87].

---

[83] *Diplomatico, Coltibuono*, 123./11/05 (12577), *habuit et tenuit ipsas terras per triginta annos et plus quiete.*

[84] *Ibid., habere et tenere dictam terram et usufructare.*

[85] *Ibid., non fuit presens quando daret ad laborandum nec scit si sua est set bene audivit iam sunt novem anni quod dicta terra erat Corzitti.*

[86] *Ibid., vidit dictum Curzittum pluries in dicta dicta terra laborare cum dictis laboratoribus.*

[87] *Ibid., Domina Maria filia Donatello jurando dixit quod terra unde lis posita est in Cassaline, ab uno latere ospitale ad Memugnano, ab alio Ammonitus filius Rustikelli, ab alio via, ab alio fossatus et est dicta terra Monaci, Maffei et Gillii, Guliani et Jacopi, fratribus filiis Bonacorzi, et est posita in Cassaline, [...] interrogata quosmodo sciret quod prima petia et secunda esset monaci Maffei et Gillii et Guliani et Jacopi filiis Bonaccorzi respondit quia vidit eis tenere et laborare et eorum nomine laborant sicut credit, interrrogata quanta sit dicta terra terra, respondit quod nescit,*

Tenir la terre et la posséder, contrôler le travail auquel elle était soumise, récupérer les récoltes étaient les éléments cardinaux qui permettaient de savoir *à qui* était une terre. À cette question, un témoin peu favorable aux frères convers répondit qu'il avait entendu dire que Curso di Tassimanno (Corzitto) avait, cette année-là, ensemencé les parcelles et précisait que c'était ce qui avait fait naître le conflit[88]. Les témoins étaient bien conscients de la valeur que pouvait prendre leur parole et n'ignoraient pas le poids des témoignages écrits. On savait ainsi que la conversion de Corzitto avait donné lieu à l'établissement d'un *instrumentum conversionis*. Le caractère assez lâche du lexique de la possession ne saurait être expliqué par l'ignorance des témoins concernant certaines subtilités juridiques. Les principaux intéressés ne savaient sans doute pas *à qui* était exactement les deux parcelles. Probablement n'en avaient-ils pas moins une idée précise des différents degrés de contrôle qui pouvaient s'exercer sur le foncier. Les Florentins des années 1230 fréquentaient suffisamment les hommes de loi et de plume pour connaître la valeur juridique de certains mots et actions et c'étaient d'ailleurs des représentants de ces derniers qui menaient l'enquête. Dans ce cas, comme dans de nombreux autres, lorsqu'on se contentait de recourir à une expression aussi vague que *habere et tenere* ou au verbe *possidere*, c'était sans doute qu'il était inutile ou peu prudent d'être précis. Contrairement à la *possessio*, le substantif *proprietas*, n'est-il est vrai associé à aucun verbe et l'on pourrait aussi voir dans ce *possidere* un équivalent à la détention d'une propriété. Replacée dans un contexte européen, la documentation florentine des XIe-XIIIe siècle offre du territoire l'image d'un pays qu'on peut caractériser par l'omniprésence de la petite et la moyenne propriété et par la forte diffusion de formes multiples d'appropriation de la terre et de ses produits. Pour E. Conti, que l'on peut suivre ici, le territoire florentin du XIe siècle présente comme l'agrégat de sociétés composées de « petits, moyens et grands propriétaires »[89]. Cette assertion peut aisément se vérifier en prenant pour cadre l'un de ces espaces exigus mais bien documentés par les acquisitions des abbayes vallombrosaines. Dans les environs du Molino dell'Altare, près de Montescalari, on relève,

---

interrogata si Curzus qui nunc est conversus tenuit dictam terram, respondit quod nescit, interrogata si vidit tenere et possidere terram unde lis est Guidoni Ubertini respondit quod vidit tenere hominibus suis, et Bonacorzus filius Ubaldinelli Gullielmi emit dictam terram unde lis est centum libras sicut audivit dici cum podere toto quod tenebat et habebat; interrogata quis nunc possidet, respondit quod predicti sicut [...]; interrogata si attinet predictis, respondit quod ispi fuerunt de una sorore et ipsa de alia nec hodio nec amore fecit et de omnibus diligenter inquisita nichil scit.

[88] *Ibid., interrogatus quis nunc possidet, respondit quod nescit, sed audivit dici quod Cursus filius Tassimanni [...] hoc anno seminavit, ideo est lis.*

[89] Conti 1965a, p. 45 : « Grandi, medi e piccoli proprietari si incrociavano quasi dovunque, sia attorno ai castelli che nei villaggi aperti. »

pour le XIIe siècle, le nom de quatre-vingts individus exerçant, à des titres divers, le contrôle sur l'une des terres situées autour du moulin, essentiellement en amont, de part et d'autre du petit torrent nommé Mezzana[90]. Les grandes familles locales dominaient le paysage avec quelques représentants de l'aristocratie citadine, on trouvait ainsi les Caponsacchi aux côtés des *da Cintoia*, des Montebuoni ou encore des *filii Griffi* et d'autres individus plus difficiles à rattacher à ces grandes *consorterie*[91]. On a vu précédemment ce qu'étaient ces *consorterie* et le grand nombre de foyers qu'elles pouvaient réunir. Pour un territoire dépassant difficilement les deux cents hectares, dans un relief de collines assez accidenté et où les terres utiles manquaient très probablement, le nombre de *possessores* était ainsi assez important. On retrouvait ailleurs cette structure éclatée de la propriété foncière[92]. Cette structure n'est du reste pas une particularité du territoire florentin, elle se retrouve dans toute la Toscane et une bonne partie de l'Europe méditerranéenne. Peu importe, dans le fond, que ces protagonistes fussent ou non propriétaires : pour assurer le contrôle de ce territoire exigu, les dominants devaient tenir compte de chacun d'eux.

6.3.2. *Les degrés de la possession*

Les notaires, quant à eux, devaient tenir compte des formules héritées de leurs pairs ou connues par leurs propres lectures, mais devaient tant bien que mal adapter leurs formulaires aux réalités et aux expressions de leurs clients. Ces affirmations ont beau relever de l'évidence, elles permettent de remettre le travail des notaires dans un contexte d'adaptation, de traduction, mais aussi de négociation[93]. Il faut ici avoir bien à l'esprit la place occupée par les notaires dans ces sociétés. Ces derniers, jusqu'aux premières années du XIIIe siècle, ne se désignaient pas autrement que par un seul nom, un surnom ou un nom de baptême, et ne considéraient pas nécessairement leur qualification de notaire comme un titre à revendiquer en d'autres lieux que lors de la souscription des actes[94]. Il arrivait que le nom d'un notaire apparût dans les confronts ou que le notaire lui-même fût protagoniste d'une transaction. Dans les années 1130, dans le Chianti, le notaire Petro établit ainsi une transaction dont il n'était pas le protagoniste

---

[90] Lefeuvre 2016a.

[91] Sur les Caponsacchi, voir Faini 2010, p. 254-261 ; pour les *da Cintoia* et les Montebuoni Cortese 2007, p. 294-305, 334-340 ; sur les *filii Griffi* voir enfin Cortese 2008.

[92] Conti 1965a, p. 152, dans le territoire d'une paroisse moderne de la Val di Pesa, on pouvait ainsi dénombrer 235 propriétaires.

[93] Huertas 2008.

[94] Lefeuvre 2019.

direct mais concernant des terres qui l'intéressaient certainement de près[95]. Une dizaine d'années plus tard, dans les environs de Vallombrosa, le notaire Sinibaldo di Rolando tenait une dîme que lui avait concédée l'abbaye voisine[96]. Orlandino di Giratto (1184-1226), qui fut, des années durant, l'un des principaux scribes travaillant pour les moines de Santa Maria di Vallombrosa, appartenait à une influente famille locale[97], très liée à l'abbaye et tenant de cette dernière une bonne partie de ses terres[98]. La position sociale de ces scribes et de ces spécialistes de l'écrit qu'étaient les notaires n'est pas toujours aisée à déterminer. Elle ne pouvait qu'influencer leur propre interprétation du droit. Les notaires étaient d'autant plus attentifs aux questions relatives à la possession qu'ils étaient eux-mêmes propriétaires, mais aussi très fréquemment tenanciers de grandes institutions ecclésiastiques. Qu'on considère ainsi le cas du juge et notaire Ugo, surnommé *Piccone* dont les archives de Coltibuono conservent vingt-quatre chartes datées d'entre 1145 et 1157[99]. Actif dans le Chianti, ce notaire avait des biens près de Montegrossi et comptait, dans sa clientèle, plusieurs *medium owners* des environs[100]. C'est sur ce petit *corpus* que l'on se base pour décliner les nombreuses mentions de la propriété ou du *jus proprio*. La mention la plus systématique était celle qu'on trouvait dans les clauses de garantie des chartes de donation et de vente. En cas de non-respect de la transaction, le destinataire avait droit d'exiger une réparation du double sur les biens de l'auteur *pro proprietario jure*. Dans une *cartula donationis* de 1152, on trouvait la clause suivante :

> Et s'il arrivait que nous ne prenions pas la défense de cette église à propos de ce bien, nous nous obligeons, nous et nos héritiers, auprès

---

[95] *Diplomatico, Coltibuono*, 1131/03 (4132, *RC* 348), deux prêtres des environs, Guglielmo et Guido, donnaient en gage à un dénommé Casale di Ardimanno deux parcelles situées au milieu des terres du notaire Petro et recevaient en échange un prêt de quinze sous ; ce notaire doit être distingué d'un autre Petro, actif à la même époque dans le Valdarno Supérieur et le Pratomagno, lui aussi possesseur de terres dans les environs de Marciano, *ibid.*, 1146 (4812, *RC* 400).

[96] *Diplomatico, Vallombrosa*, 1141/09/30 (4573).

[97] Sur cette parentèle voir, en annexe de ce livre, n° 6 « Les *filii Giratti*, de petits seigneurs du Pratomagno ».

[98] *Diplomatico, Vallombrosa*, 1191/12/02 (6840).

[99] On rencontre le seing de ce notaire dans la série Coltibuono du *Diplomatico*, il ne doit pas être confondu avec un autre Ugo, notaire du *castello* de Stielle et rédacteur de plusieurs *cartulae* des années 1130-1140 et qui se distingue notamment par l'usage du comput pisan.

[100] Le juge Ugo était surnommé *Piccone*, un nom que l'on retrouve dans les confronts d'un acte, au lieu-dit *Omne*, voir *CRSGF*, 224.236, n° 700, le 13 avril 1148 (*RC* 405) et *Diplomatico, Coltibuono*, 1149/02/24 (4916, *RC* 408, daté de 1148), 1150/05/22 (4959, *RC* 410), 1151/05/23 (5003, *RC* 413, le 16 mai), 1164/04/29 (5510, *RC* 465).

de cette même église, en ce lieu ou en des lieux similaires à fournir une composition du double de ces terres, telles qu'elles auront été améliorées à ce moment, ou en nous référant à la valeur à laquelle elles auront été estimées, sur nos biens propres, en droit de propriété[101].

Cette clause, ou ses équivalents, était courante dans les actes des XIIe et XIIIe siècles : elle suggère une présence diffuse de la propriété. Il n'est pourtant pas certain que les notaires aient toujours eu le souci de s'assurer de la solvabilité des contractants sur des terres qu'ils auraient effectivement tenues en propriété ; l'essentiel était sans doute de garantir au destinataire la possibilité d'être dédommagé du double en cas de manquement.

Les mentions les plus significatives doivent être recherchées dans le dispositif même des actes. Le notaire Ugo avait à sa disposition une gamme étendue de termes servant à l'expression du contrôle exercé sur un bien foncier. Il en faisait un usage précis et connaissait la distinction entre tenure et propriété. Dans un bref de 1148, il avait eu recours à un formulaire qu'on trouvait peu dans les actes contemporains de Florence et procédait à une investiture *in tenimento*[102]. Dans les investitures de ce type, les concessionnaires, ici un couple de laïcs et l'abbé de Coltibuono, n'étaient pas pleinement propriétaires de la terre, mais eux-mêmes concessionnaires[103]. Il s'agissait en réalité d'une transaction assez complexe qui portait sur des terres situées dans le Chianti et qui «avaient été» à Baroncio *da Montelipoli*[104]. La concession était destinée à un certain Caminata, agissant au nom de l'abbaye de Coltibuono, et elle se faisait en propriété et *a tenimento*[105]. Les deux auteurs, Migliorello et son épouse Teberga, appartenaient aux *Lambardi della Gerda* dont il a été question plus haut[106]. Ils agissaient ici avec l'abbé de Coltibuono Oprando pour procéder à cette investiture. Les précautions déployées par le notaire servaient probablement à réaffirmer les droits des laïcs sur une terre dont l'abbé n'était que le

---

[101] *Ibid.*, 1145/04/20 (4717), *aut si ad deffensionem ejus rei ad partem ejusdem ecclesie nos| subtraxerimus, tunc obligamus nos et nostros heredes ad partem ejusdem ecclesie ibi vel in consimilibus| locis in duplum componituros predictas terras sicut pro tempore fuerint meliorate, aut sub estimatione valuerint| de nostris propriis rebus, proprietario jure.*

[102] *Ibid.*, 1148/11/10 (4908, *RC* 407).

[103] Huertas 2008, p. 131-132.

[104] *Diplomatico, Coltibuono*, 1148/11/10 (4908, *RC* 407), *nominative integr[a] eorum parte de omnibus| terris et vineis que fuerunt Baronci de Montelipoli.*

[105] *Ibid., et ad partem tradiderunt ad propr[ietatem]| et parte a tenimento ad divisionem ad predictum Cami[natam]| vice abatis.*

[106] Dans un acte du même notaire Ugo, on trouve parmi les témoins un certain *Melliorelli de Gerda, ibid.*, 1154/04/17 (5132, *RC* 430); sur *La Gerda* et *Omne*, voir Conti 1965a; Wickham 1989.

concessionnaire[107]. Tout tournait en réalité autour du statut de Caminata, le *filiastro* de Migliorino. Sans doute s'agissait-il de lui réserver la part d'une terre qui avait été concédée à l'abbaye de Coltibuono. Le notaire, qui en d'autres circonstances se montrait moins disert et n'utilisait pas la notion de *tenimentum*, organisait ainsi trois niveaux de possession : les propriétaires, qui tenaient le bien en division ; un *possessor*, l'abbé de Coltibuono et enfin Caminata. Ce dernier, dans ce document, comme un autre de 1152, agissait en outre comme représentant de l'abbé. La place qu'il exerçait alors faisait songer à celles de certains frères convers[108]. Cet exemple complexe sert à illustrer l'usage qu'un notaire comme Ugo faisait des distinctions juridiques de son temps : à l'occasion il avait recours à ces formules pour mettre de l'ordre et hiérarchiser la place des différents ayants droit. Le bref réaffirmait ou rétablissait l'amitié liant les *Lambardi della Gerda* à l'abbaye de Coltibuono. C'était cette dernière et son représentant local, Caminata, qui exerçaient toutefois le contrôle le plus direct de ces terres. Les concessions *a livellario jure* ou *a tenimento* restent rares dans la documentation des XIIe et XIIIe siècles. Sans doute les institutions ecclésiastiques se trouvaient-elles moins intéressées par ces transactions, destinées à organiser la circulation des revenus fonciers entre les grands tenanciers, que par les actes témoignant plus explicitement de leur propriété. Tout étroit que puisse paraître le *corpus* d'actes légué par le notaire Ugo – vingt-cinq actes entre 1145 et 1172 –, il donne un bon aperçu de la documentation conservée. Dans bien des cas, le notaire Ugo précisait le régime des terres concédées. Dans une donation, par ailleurs assez solennelle, deux époux du *castello* de Castagnoli offraient ainsi à l'abbaye un bois qui relevait « de leur droit[109] ». Au besoin, le notaire distinguait nettement le tenancier, l'exploitant direct

---

[107] *Diplomatico, Coltibuono*, 1148/11/10 (4908, *RC* 407), *et pro ipsa parte quam Caminata vice abatis recepit ipse qui supra abbas per membranum quod| suis detinebat manibus investivit in partem divisionis| dedit ad jamdictum Melliorinum et vice uxori integram suam par[tem]| de omnibus terris et vineis que fuerunt Baronci de Montelipol[i]| sicut dividit jam dicto fossato de Albarito jus pro jure teni|mentum pro tenimentum quantum qui supra Melliorino ei qui supra abati| defensaverit et qualem partem a filiastro non defensaverit| in eadem parte qui supra abbas in alia revertatur.*

[108] *Ibid.*, 1151/05 (5004, *RC* 415, en 1152), Caminata agit de nouveau comme représentant de l'abbé.

[109] *Ibid.*, 1145/04/20 (4717, *RC* 394), *de integra una petia terre et bossco| que est juris nostri* ; mêmes expressions utilisées par le notaire Ugo dans des donations ou, plus rarement, des ventes, *ibid.*, 1145/10/24 (4742, *RC* 395), 1149/02/24 (4916, *RC* 408), 1150/06/15 (4963, *RC* 411), dans ce cas l'auteur vendait une surface *de tribus starioriis terris que sunt mei juris*, 1152/11/06 (5056, *RC* 416), 1152/11/07 (5058, *RC* 417), 1152/11/07 (5057, *RC* 418), 1153/01/18 (5068, *RC* 429, en 1154), 1157/08/06 (5274, *RC* 443), *cum omni jure et actione*.

des terres, du propriétaire lui-même. En 1145, un groupe actif dans le Chianti offrit ainsi à l'abbé de Coltibuono les terres que tenaient et qu'avaient déjà mises en culture deux tenanciers[110]. Ces cas ne soulèvent guère de problèmes. Les auteurs étaient bien caractérisés comme propriétaires de leurs terres et étaient en mesure d'en céder l'intégralité à l'abbaye, avec tous les droits qui s'y attachaient. Dans d'autres documents toutefois, le statut des terres était moins évident. En 1150, quelques tenanciers avaient ainsi fait la démarche d'acheter la terre qu'ils exploitaient à leurs propriétaires. S'agissait-il pour eux d'en devenir propriétaires ou d'acheter un droit d'entrée ? La terre était vendue, avec tous les droits et « pour être possédée », tout semblait définitif et complet dans l'acte sans qu'il fût nulle part question de propriété[111]. La même ambiguïté pouvait entourer d'autres ventes faites[112]. Dans le cas d'un *livello* par lequel l'abbaye retournait à ses généreux donateurs une terre offerte, l'organisation même du document suffisait à hiérarchiser les différents ayants droit sans qu'il fût davantage besoin de distinguer propriétaire et usager[113]. De telles distinctions étaient de fait plus aisées à établir lorsqu'on vendait ou l'on offrait une parcelle ou quelques parcelles en nombre limité. Les grands patrimoines aristocratiques étaient souvent tenus en indivision : une structure qui permettait toutes sortes d'alliances ou d'échanges. En offrant à l'abbaye sa part du *castrum* et de la *curtis* de Cascia, Bentivenga di Ugo n'évoquait aucun droit de propriété. Alors même que l'échange portait sur des droits seigneuriaux, l'expression utilisée renvoyait paradoxalement à une forme affaiblie de la possession et l'auteur donnait à l'abbaye la part qu'il était « réputé avoir ou tenir » ou que d'autres tenaient pour lui du *castello* et de la cour de Cascia, avec les maisons, les terres, les vignes, les biens meubles et immeubles[114]. On

---

[110] *Ibid.*, 1145/10 (4743, *RC* 396), *integris terris et vineis| et rebus quas a nobis proprietario jure Tezio filius bene memorie Alberti da Doccio et Garardus filius bene memorie Aczi seminati| tenent* ; on retrouve, ici encore, la valeur juridique que revêtait le fait d'avoir ensemencé une terre, dans une logique bien compréhensible.

[111] *Ibid.*, 1150/05/22 (4959, *RC* 410), *ideoque predictas| terras cum omnibus supra se et infra se habentibus, in integrum vobis| qui supra vendimus et tradimus ad possidendum*, la seule mention du droit de propriété intervenait dans les clauses de garantie, les vendeurs s'engageant sur leurs biens en cas de manquement.

[112] *Ibid.*, 1151/05/23 (5003, *RC* 413, le 16 mai), 1153/01/17 (5067, *RC* 428, en 1154), dans ce dernier cas, on peut se demander si le parchemin n'a pas été coupé d'une clause située après la *completio* du notaire et révélant une vente motivée, à la base, par un prêt sur gage foncier (le *signum* du notaire devrait se prolonger plus bas).

[113] *Ibid.*, 1153/05/28 (5091, *RC* 421), le *livello* émanait de l'abbé Oprando et était destiné à Tedericolo di Gerardo qui retrouvait les terres qu'il avait offertes à l'abbaye en échange d'un loyer annuel de 8 deniers de Lucques.

[114] *Ibid.*, 1153/11/18 (5111, *RC* 423), *de mea| parte de castro et curte de Casiaia* (Cascia) *et casis et terris et vineis| et rebus mobilibus et inmobilibus quas visus sum*

ne conserve guère de brefs de la main du notaire Ugo. Le seul qu'on ait conservé ne se montrait guère explicite sur ces questions[115]. Les brefs pouvaient certes servir à l'enregistrement des investitures et accompagnaient souvent une vente ou une donation plus classique, mais ils étaient aussi la forme idéale des pacifications et des renégociations du partage des terres et des pouvoirs[116]. Ce n'était pas, au demeurant, parce que les auteurs revendiquaient explicitement le *jus proprium* sur une terre, qu'ils en étaient les seuls maîtres. En 1156, contre un prêt de quinze sous de Lucques, les moines de Coltibuono avaient ainsi obtenu la mise en gage d'une terre située au lieu-dit Querciola : terre cédée en propriété, mais qui constituait une possession bien fragile et complètement enserrée par les terres du monastère[117].

Dans les quelques actes qu'il a laissés, le notaire Ugo aura finalement utilisé une assez grande variété d'expressions. Sans doute le scribe s'adaptait-il aux rapports de force, aux exigences des protagonistes et agissait en fonction de ce qu'il estimait être le droit. Un droit qu'influençaient les intérêts de groupes dont le notaire était membre et représentant. Le notaire Ugo était cité dans les confronts, avec son surnom, et en sa qualité de juge et faisait partie des propriétaires de la petite localité appelée *Omne*, près de Coltibuono. L'une de ses terres confinait avec celle des Firidolfi. Il était aussi l'un des propriétaires d'un territoire que dominaient les *Lambardi della Gerda*, protagonistes de plusieurs chartes portant le seing du juge Piccone[118]. Propriétaire local, il exerçait, entre autres, la fonction de scribe, mais ne s'en trouvait pas moins engagé dans les amitiés et les haines qui structuraient ces petites sociétés. Clarifier, ordonner et hiérarchiser les positions de chacun n'était pas toujours la meilleure solution. Dans un pays de propriété dispersée, il était nécessaire, pour construire un édifice en apparence aussi simple qu'un moulin à eau, d'obtenir l'accord d'une foule d'ayants droit : seigneurs, propriétaires partiels d'une terre, tenanciers tirant l'essentiel des revenus de ces terres[119]. Pour permettre la construction d'un moulin dans les environs de Tornano, les moines de

---

habere et tenere| et alii per me ; une vente assez similaire, quoique d'allure moins seigneuriale, *ibid.*, 1153/01/17 (5066, *RC* 426).

[115] *Ibid.*, 1153/12/15 (5113, *RC* 424), Rigolo di Artisino cédait au camérier de Coltibuono, les biens du *castello* de Stielle qu'avaient déjà donnés avant lui Bonifazio di Saraceno et son épouse, il s'agissait donc d'une confirmation dont Rigolo di Artisino était l'un des derniers maillons.

[116] Faini 2010, p. 303.

[117] *Diplomatico, Coltibuono*, 1155/01/26 (5172, *RC* 436, en 1156), *unam petiam terre posita| Bracaccioli ubi dicitur Querciole que est nostre proprietatis cui ab| omnibus partibus est terra Sancti Laurentii cum omnibus supra se et infra se| habentibus.*

[118] *Ibid.*, 1164/04/29 (5510, *RC* 465).

[119] Sur les moulins, voir Papaccio 2004 ; Lapi 2009.

Coltibuono avaient dû obtenir l'accord de trois *possessores* locaux[120]. On ignore à quel titre ils intervenaient et à quel point cette terre pouvait être définie comme un bien propre[121]. Le notaire ne s'arrêtait pas sur ce point. L'essentiel, pour l'abbaye, était d'obtenir ce qu'il lui fallait de terre pour l'entretien d'un moulin[122]. Les auteurs obtenaient en contrepartie la concession de cette terre en *livello*[123]. La plupart des transferts de terre ne nécessitaient pas le recours aux versions les plus élaborées et les mieux hiérarchisées du contrôle foncier. Il suffisait au notaire d'indiquer que la terre était tenue, possédée, et que l'auteur de la vente exerçait un contrôle direct sur les produits de cette terre et sur ceux qui la travaillaient.

6.3.3. *Une progressive hiérarchisation de la possession*

Sur l'expression même de la propriété foncière, les actes du XIIIe siècle n'ajoutent pas de profondes nouveautés. Sans doute la fin du XIIe siècle et le XIIIe siècle furent marqués, par d'immenses progrès de la glose et des conceptions savantes qu'on se faisait de la propriété et du *dominium*[124]. Les documents les plus courants obéissaient cependant aux distinctions établies à la fin du siècle précédent. Au début du XIIe siècle, le *dominium* renvoyait davantage au contrôle exercé sur les hommes qu'à une forme de propriété supérieure[125]. Au cours du XIIe siècle, on employait encore la notion pour évoquer le transfert du contrôle exercé sur des dépendants et partant, sur leur patrimoine foncier[126]. Au XIIIe siècle, les notaires accolaient volontiers le terme de *dominium* à celui de propriété, certains en faisaient un usage systématique[127]. Sans doute l'usage de cette notion supposait-il une définition

---

[120] *Diplomatico, Coltibuono*, 1155/02/15 (5176, *RC* 438, en 1156), ces *possessores* étaient Guido di Ugo, son épouse Massarina, Brunaccio di Orso encore jeune et agissant sous l'autorité d'un tuteur.

[121] *Ibid.*, 1164/04/29 (5510, *RC* 465), *de una petia terre quam| habemus.*

[122] *Ibid.*, *ut ab hac ora, in antea,| habeas tu, qui supra abbas, quam tui successores, tantam habeatis de qua supra| terra* [...] *quanta est| necesse vel erit a Sipe et ad Omnem, utilitatem molini de Tornano.*

[123] *Ibid.*, *launeclid terram ad libellum| recipientes nos obligare placuit.*

[124] Comment envisager la notion de *dominium*? Une option consisterait à proposer une traduction par le terme de seigneurie, voir ainsi Willoweit 1974 , une autre consisterait à faire du *dominium* un concept heuristique servant à désigner d'un même mouvement le pouvoir sur la terre et les hommes, sans utiliser la traduction impropre de propriété, voir Guerreau 1980, p. 179-184; cette approche est difficile à mettre en œuvre dans le cas d'une documentation notariale qui fait un usage courant et polysémique du terme de *dominium*, voir Huertas 2008, p. 259-260.

[125] *Diplomatico, Coltibuono*, 1121 (3753, *RC* 313).

[126] *Ibid.*, *Vallombrosa*, 1138/02 (4418), *Coltibuono*, 119(*) (7400, *RC* 541).

[127] *Ibid.*, 1246/09/02 (13722), *S. Vigilio di Siena*, 1213/06/25 (8771).

plus exclusive et plus nette de la propriété. Les nouveautés tenaient davantage aux débats savants et aux nouveaux usages documentaires qu'à une transformation radicale des formulaires. On retrouvait, chez l'auteur d'un formulaire notarial rédigé dans la première moitié du XIIIe siècle, les mêmes distinctions que celles adoptées, quelques décennies plus tôt par son prédécesseur Ugo : les formulaires prévus changeant d'ailleurs davantage en fonction de la nature des biens cédés qu'en fonction du régime foncier[128]. On trouvait, dans ces transferts, des références aux «droits utiles et directs» qu'on ne trouvait pas, en revanche, dans les ventes faites *jure libellario* ou *nomine ficti vel tenimenti*[129] : des formulaires encadrant la vente, entre locataires, de biens tenus d'un propriétaire et organisant, en quelque sorte, la circulation des tenures. Il existait bien, de ce point de vue, une distinction entre propriété, *dominium*, et possession[130]. C'était ce que manifestait le formulaire prévoyant le rachat de sa tenure par le détenteur d'un *livello* : un formulaire prévu «pour la vente du *dominium*, de la propriété et la fin d'une pension[131]». Les distinctions qui avaient cours au XIIIe siècle n'étaient pas nécessairement inédites, mais elles avaient été marquées à la fin du XIIe siècle par un effort de hiérarchisation et de distinction des pouvoirs. Le processus conduisant les *possessores* du Valdarno et du Chianti à devenir les tenanciers des abbayes vallombrosaines pourrait s'expliquer par la politique d'acquisition foncière de ces abbayes. En achetant des terres, en récupérant les droits et en constituant peu à peu des ensembles fonciers continus, les abbés affirmaient leur pouvoir sur des communautés d'habitants. Aussi est-il difficile de faire la part des évolutions juridiques et documentaires. On ne trouve guère de cas où l'on puisse établir avec certitude une filiation agnatique entre des familles de propriétaires de la première moitié du XIIe siècle et des familles de dépendants du XIIIe siècle. Les cas qui

---

[128] Scalfati 1997, le formulaire *de venditione rei stabilis*, p. 114, servait ainsi à encadrer les transferts de plusieurs parcelles situées dans une curtis, tandis que le formulaire *de vendita vel empta jure proprio*, p. 120, était destiné à la vente d'une simple parcelle ou d'une portion de cette dernière ; un formulaire spécial servait à la vente d'un castrum, *de venditione castri*, p. 133.

[129] Scalfati 1997, p. 135-136.

[130] Voir Huertas 2008, p. 262-264. La distinction entre *dominium utile* (le droit d'usage) et *dominium directum* (droit de propriété, conçu comme supérieur, mais ne donnant pas forcément une grande prise sur le bien) remonte à la fin du XIIe siècle, mais c'est bien plus tard que la distinction devait devenir l'une des pierres angulaires des réflexions sur le droit d'Ancien Régime ; Emanuele Conte a récemment mis en valeur le contexte dans lequel le juriste Pillio avait été conduit à établir cette distinction à la fin du XIIe siècle, en insistant davantage sur les intérêts et les rapports de force contribuant à la formation du droit que sur les hypothétiques origines germaniques d'une telle distinction, voir Conte 2015.

[131] Scalfati 1997, p. 142, *De venditione dominii et proprietatis et fine pensionis*.

pourraient plaider en faveur de ces filiations suscitent en réalité plus d'interrogations qu'ils n'établissent de certitudes. On peut ainsi s'arrêter sur le cas des *filii Giratti*, une parentèle à laquelle appartenait le notaire Orlandino (1184, 1226) et qui était très influente dans le *castello* de Magnale. Toute puissante qu'elle fût, aucun de ses membres n'apparaissait explicitement détenteur de biens propres au XIIe siècle. À l'occasion, ceci ne les empêchait pas d'engager une terre pour garantir un emprunt, ou d'entretenir des tenanciers[132]. En d'autres actes, ils apparaissaient nettement comme locataires d'autres terres[133]. L'acte le plus révélateur de la position ambiguë qu'entretenaient les *filii Giratti* est celui par lequel deux représentants de la famille cédaient à l'abbaye les droits qu'ils avaient sur quelques terres et deux tenanciers[134]. Faite en présence de *boni homines*, cette renonciation n'est pas un cas isolé dans la documentation des années 1130-1140 : une décennie particulièrement marquée par l'affirmation monastique sur les terres du Pratomagno. Les procès intentés par des seigneurs à leurs colons, l'effort de délimitation et de clarification des dominations plaident en faveur d'une réaction seigneuriale, plus qu'en faveur d'une simple évolution documentaire. Si l'on peut, pour évoquer la situation des XIe et XIIe siècles, parler d'un écheveau de relations entre seigneurs et dépendants, cette métaphore, en revanche, ne fonctionne plus au milieu du XIIIe siècle.

Dans les actes de la pratique, il est difficile, jusqu'à la fin du XIIe siècle, d'établir une hiérarchie nette entre les différents usages des exploitations et des parcelles des territoires considérés. À Florence comme en d'autres parties de la Toscane, on peut considérer que la propriété «n'est pas le critère cardinal pour analyser le rapport aux choses[135]». Jusqu'aux années 1170 et au-delà, il n'était pas plus important d'être propriétaire que d'avoir une terre en *livello* et il n'existait sans doute pas de véritable hiérarchie entre ceux qui avaient une terre en *livello*, ceux qui avaient une terre *a tenimento*, en investiture ou en droit propre. Ce qui se devine, dans les écrits des notaires, c'est avant tout l'effort de distinguer et de classer les différents ayants droit d'une terre. On peut juger dérisoires les cens perçus par les abbayes vallombrosaines au XIIe siècle, quelques deniers seulement pour une parcelle. Pour ces grands possesseurs fonciers, la masse de ces cens représentait toutefois une rentrée intéressante d'argent et une manifestation, dans le cas où les paiements étaient effectués, de la

---

[132] *Diplomatico, Vallombrosa*, 1120/05 (3710).
[133] *Ibid.*, 1132/07 (4196).
[134] *Ibid.*, 1132/08 (4201).
[135] Huertas 2008, p. 259.

place occupée localement par l'institution monastique. Ces cens du XIIIᵉ siècle permettaient surtout à une foule d'autres possesseurs de retirer de ces mêmes terres une part de leurs revenus[136]. À partir du dernier tiers du XIIᵉ siècle, l'effort consistant à définir la propriété dans des termes plus exclusifs allait de pair avec une insistance nouvelle sur les dépendances juridiques. On assiste, à partir de ces années, à un effort de distinction entre les différents ayants droit : propriétaires supérieurs ou éminents ; propriétaires utiles ou possesseurs ; locataires à plus court terme. Il faut insister sur l'importance qu'a pu jouer l'existence d'une sociabilité de petits et moyens *possessores* relativement indépendants et maintenant, dans le cadre de la seigneurie, les logiques de l'appropriation foncière[137]. La surprenante capacité du territoire florentin à fournir année après année, une foule renouvelée de notables ruraux adoptant, à chaque génération, les attitudes leur permettant de s'agréger à la société des dominants tient sans doute à l'existence de cette sociabilité de *possessores*.

---

[136] Conti 1985.
[137] Wickham 1988, p. 144-148.

CHAPITRE 7

UNE SOCIABILITÉ DE NOTABLES

Dall'altra parte, addossati alle case, stanno i contadini, tornati dai campi, e non si sentono le loro voci[1].

Qui nourrissait la notabilité pléthorique du *contado* florentin et lui permettait de vaquer à ses affaires? La réponse la plus commode consisterait à convoquer la masse invisible des travailleurs de la terre. La documentation disponible n'autorise guère cette stratégie dilatoire. On peut toujours déplorer les lacunes et les insuffisances de la documentation: la Toscane des XIIe et XIIIe siècles reste l'un des territoires les mieux documentés et la densité documentaire permet tout de même de se faire une idée de la population présente. Les territoires envisagés renvoient certes l'image de campagnes prospères[2]. Plusieurs grandes disettes n'en frappèrent pas moins la Toscane, notamment à la fin du XIIe siècle et dans les années 1220[3]. Au-delà de ces épisodes remarquables et connus par les chroniqueurs, des épisodes plus localisés ne manquèrent pas de frapper. La fragilité aux aléas et le risque constant de pénurie sont des éléments dont la portée est difficile à mesurer[4]. L'incertitude était sans nul doute un élément central, structurant profondément les pratiques agraires et ordonnant les priorités. La transformation qui marque le territoire florentin au Moyen Âge, avec la naissance de la *mezzadria poderale* et l'orientation progressive des produits agricoles vers la cité n'en apparaît que plus surprenante. Cette organisation qui ménageait des conditions de survie aux familles de métayers et leur offrait une garantie relative contre les aléas était peut-être plus rationnelle[5]: c'était néanmoins une rationalité ordonnée depuis la ville et fonctionnant au profit des citadins qui s'était imposée aux dépens des équilibres existants.

[1] Levi 1946, p. 21.
[2] Sur la crise du *Trecento* voir Bourin – Menant 2011.
[3] Benito i Monclús 2011, Tabarrini 2019, p. 92, plusieurs disettes touchent Florence et la Toscane en même temps que d'autres régions en 1175-1177, en 1181-1182, en 1190-1191 ainsi qu'entre 1224 et 1228 et autour de 1227.
[4] Toubert 2008.
[5] Conti 1965a, p. 214.

Aux XIIe et XIIIe siècles, les seigneurs ruraux, seigneurs ecclésiastiques, monastiques ou laïcs ne pouvaient pas se montrer plus
insensibles que d'autres à la question de la subsistance alimentaire.
Ceux d'entre eux qui disposaient des patrimoines fonciers les plus
importants pouvaient profiter des produits de l'agriculture et de
l'élevage sans se préoccuper directement de la mise en valeur du sol
et des formes de l'exploitation[6]. Il n'y avait pas, cependant, que des
rentiers de grand style. La participation d'une frange étendue de la
population aux formes de la domination seigneuriale ouvrait à ceux
qui étaient le plus proches de la production des moyens de bénéficier
de la rente foncière. Un espace était donc ouvert, à l'intérieur de la
seigneurie et en dehors de ses cadres, à l'affirmation de figures intermédiaires : sans doute mieux placées pour faire évoluer les régimes
agraires. Ceux qu'on s'attendait à découvrir en masse comme des
paysans adonnés aux seuls travaux de la terre se révèlent parfois
difficiles à distinguer des membres des parentèles dominantes. On
ne trouve dans la documentation aucune expression qu'on puisse
traduire par «paysan» : les *coloni* étaient des tenanciers dont la
liberté était limitée ; rien n'indique que les *servi* mentionnés aux XIe et
XIIe siècles aient spécifiquement été employés aux travaux agricoles
tandis que les *massarii* de la même époque étaient probablement
responsables d'une exploitation agricole. La masse de la population
occupait nécessairement une partie de ses journées à la culture des
champs ou à l'élevage. Ces activités semblent constitutives de la
condition des paysans d'Ancien Régime. Il n'est pourtant pas certain
qu'on puisse identifier, aux XIIe et XIIIe siècles, une classe paysanne[7].
Quel était le degré de participation des figures dominant les sociétés
rurales du *contado* florentin aux travaux manuels, à l'agriculture,
à l'élevage ou à l'artisanat ? Sans que les baux fonciers constituent
la source numériquement la plus importante, ni la plus facile d'interprétation, c'est de ces documents et de la population qu'ils font
connaître qu'on peut attendre certaines réponses.

Dans le *contado* florentin, la détention d'une terre en vertu d'un bail
n'est pas l'indice suffisant d'un niveau économique ou d'un statut juridique. Dans ce territoire comme dans celui voisin d'Arezzo, les tenanciers livellaires se présentaient aux XIe et XIIe siècles, comme une «catégorie à deux faces», ce type de contrat intéressant aussi bien les plus
grands aristocrates que des familles de moindre importance[8]. Ces *livelli*

---

[6] Carocci 2004.
[7] Guerreau 1980, p. 183 : «On peut encore avancer une autre preuve de la
nature de la relation de *dominium* : l'absence dans l'Europe féodale de la notion de
paysan, au sens où on l'entend d'ordinaire. »
[8] Delumeau 1996, vol. 1, p. 82.

servaient notamment à formaliser des alliances plaçant le concessionnaire et le bénéficiaire sur un pied d'égalité[9]. Au XIIe siècle
toutefois, ces grands contrats se firent plus rares et les *livelli*
portèrent généralement sur de plus petits ensembles pour finir par
être remplacés, à mesure que la documentation évoluait, par des
concessions d'un autre type : baux emphytéotiques souvent accompagnés de la reconnaissance d'une condition de dépendant et avec
des loyers plus précis, parfois en nature. À la fin de la période, les
contrats conservés étaient le plus souvent à court terme, souvent
six ans, et prévoyaient des versements en nature, parfois à part-
de-fruit. Il est peu probable que ces évolutions aient concerné une
même population qui aurait vu se transformer ainsi les formes de
son exploitation. Avant la fin du XIIIe siècle, la documentation ne
permet pas de décrire une classe paysanne tenue dans une dépendance économique et juridique. Au moment où se dessinent plus
nettement les frontières entre la possession et la propriété, c'est un
milieu relativement homogène de tenanciers qui paraît se révéler.
Dans quelle mesure ces tenanciers pouvaient-ils participer aux
formes locales de la notabilité ?

7.1. Tenir comme sienne la terre d'un autre

Les tenanciers les mieux documentés sont ceux des institutions
ecclésiastiques et l'on se rend compte, en les étudiant, de la continuité
qui paraît exister entre ces groupes d'exploitants bien installés dans
un territoire et les quelques parentèles peu hiérarchisés de *possessores*
du XIe siècle. Les études menées sur les dépendants de l'abbaye de
Passignano, dans la Val di Pesa, les recherches sur les tenanciers de
l'abbaye de Settimo dans le Valdarno Inférieur et sur les locataires de
l'évêque de Florence à Monte di Croce ont révélé l'existence de régimes
de location assez similaires dans tout le *contado*[10]. Sans doute la situation des dépendants seigneuriaux laïques n'était-elle pas fondamentalement différente[11]. Il est probable que les foyers installés dans les
campagnes de Florence aient connu, au XIIIe siècle, une expérience
commune de leur rapport aux grands propriétaires.

---

[9] Cortese 2007, p. 138-139.

[10] Bloch 1936 ; Nelli 1985 ; Conti 1985 ; La Roncière 1990 ; Casini 2009b.

[11] Au milieu du XIIIe siècle, la situation des tenanciers des seigneurs de
Tornano était très semblable à celle des tenanciers de la grande propriété ecclésiastique, mieux documentée et plus stable, voir *Ricasoli, Parte antica, Pergamene*,
n° 14, le 1er avril 1258, *instrumentum venditionis* (330 × 540 mm).

7.1.1. *Les* livelli *du XIᵉ siècle et la redistribution de la rente foncière*

La plupart des *livelli* des XIᵉ et XIIᵉ siècles révèlent des rapports assez équilibrés entre concessionnaires. La formule selon laquelle la terre était concédée « pour être possédée (littéralement *être eue*), tenue, travaillée et mise à profit » ne masquait pas le fait que celui qui travaillait la terre était souvent un autre que le bénéficiaire[12]. Les *livelli* étaient, avec d'autres actes, des outils permettant d'organiser la répartition des rentes foncières. En 1045, dans le Chianti, Rodolfo di Ubertino avait obtenu, en *livello*, le sixième de deux manses situés dans le plébat de San Marcellino in Avane. L'un de ces manses était tenu par le *massarius* Gerolfo, l'autre par le *ferrarius* Petro. En loyer, ou plutôt en cens, Rodolfo di Ubertino devait fournir six setiers de sel : un paiement sans rapport direct avec la production agricole des deux exploitations et qui laisse supposer une participation indirecte aux profits de cette exploitation[13]. Dans d'autres cas, comme dans celui d'une série de *livelli* concédés par la *Badia* de Florence à plusieurs groupes du Chianti, le doute reste permis[14]. Il s'agit, le plus souvent, de la confirmation ou de la prolongation de concessions portant sur une seule exploitation ou du retour, sous forme de *livello*, de terres offertes à l'abbaye. En 1085, l'abbé de la *Badia fiorentina* concédait ainsi à Giovanni di Ghizo deux manses situés près du *castello* de Radda : l'un tenu par le *massarius* Bricco, l'autre par Giovanni di Ghizo lui-même[15]. À ce titre, les contrats les plus intéressants sont ceux qui prévoient, dès le XIIᵉ siècle, des versements à part de fruit. En 1113, en échange d'un prêt de quarante sous, en deniers de Lucques reçu de la part d'un dénommé Pampo, qui agissait au nom de l'abbaye de Coltibuono, un propriétaire des environs de Marciano avait cédé une parcelle à Azzo di Giovanni[16]. Jusqu'au remboursement de la somme, dans l'année, ce dernier aurait la moitié de la récolte et offrirait l'autre moitié aux moines. Sans doute Azzo di Giovanni était-il l'exploitant traditionnel de cette parcelle, et c'était à lui que s'adressait son propriétaire pour garantir aux moines de Coltibuono les intérêts de leur prêt. L'intermédiaire de l'abbaye, Pampo, qualifié de frère convers en 1122, était probablement habitué à ce genre de transactions[17]. Même

---

[12] La formule classique est *ad habendum, tenendum, laborandum et fruendum*.

[13] *Diplomatico, Coltibuono*, 1045/03 (720, *RC* 37, en mars).

[14] *Ibid.*, 1069/02 (1246, *RC* 74), 1076/01 (1536, *RC* 105, *Badia* 113), 1079/05/01 (1711, *RC* 122, en mai), 1085/08 (2139, *RC* 165), 1085/08 (2140, *RC* 166), 1085/12 (2157, *RC* 170). Il faut ici faire une exception pour le *livello* de 1076/1077 qui englobe des biens disséminés dans le territoire de plusieurs églises plébanes.

[15] *Ibid.*, 1085/08 (2140, *RC* 166).

[16] *Ibid.*, 1113/06 (3433, *RC* 280).

[17] *Ibid.*, 1121/02 (3730, *RC* 310), le frère convers Pampo obtenait une parcelle en s'engageant à fournir pendant trois ans le tiers des fruits et du blé, puis la moitié de la récolte pour les jours restant à l'ancien propriétaire ; il s'agissait sans doute,

si ces deux documents semblent faire approcher le monde des exploitants, ils continuent d'organiser les rapports entre des individus qui apparaissent de plus en plus comme des bénéficiaires de ce qu'il faut bien appeler une rente.

7.1.2. *Petits tenanciers et médiateurs seigneuriaux*

Les actes du XIIe siècle offrent, de leur côté, une image beaucoup plus détaillée des hiérarchies internes au monde des tenanciers, quoique les différents éléments connus ne soient pas toujours faciles à articuler. Quelques listes, difficiles à dater, attestent l'existence d'une catégorie de dépendants astreints à verser des loyers en nature[18]. On conserve, de façon significative, fort peu de listes recensant le nom de tenanciers soumis au paiement annuel de quelques deniers[19]. Significativement, ces sources offrent dans l'ensemble une image très différente de celle qu'on retire de l'étude des tenanciers livellaires les mieux documentés. L'abbaye de Coltibuono a légué plusieurs censiers que l'écriture permet de dater de la seconde moitié du XIIe siècle. Documents écrits sans recours aux formulaires notariaux, sans souci d'établir un acte doté des signes de validations, ces actes de la pratique s'avèrent plus difficiles à utiliser que certains de leurs équivalents septentrionaux. L'état de ceux qui sont parvenus laisse supposer qu'on a affaire, avec ces documents, à des textes provisoires et à des listes visant véritablement à des usages précis, plutôt qu'à des documents destinés à manifester la prise de l'abbaye sur la terre et les hommes. L'un de ces censiers du XIIe siècle revêtait un caractère indubitablement seigneurial. Les individus, les « maisons » (*case*) ou les familles (les fils de) constituaient l'unité de base de cette liste, chacune d'entre elles devant verser un loyer de quelques deniers, ainsi, éventuellement, que ce droit de gîte que les sources seigneuriales désignaient comme

---

pour ce dernier, de donner une terre à l'abbaye et de s'assurer, dans le même temps, les moyens de sa subsistance ; le loyer modéré des trois premières années était probablement lié au besoin de restructurer ces vignes.

[18] C'est l'abbaye de Coltibuono qui a transmis l'essentiel de ces listes ; voir ainsi *ibid.*, XIIe siècle (7508, *RC* 549), une liste de 39 individus tenus de payer des loyers de 2 à 22 setiers pour les terres possédées autours des localités de La Torricella, Monte, Cacchiano et Argenina ; il existe alors trois unités de mesure possibles, à savoir le petit setier *alo picculo*, le setier siennois et le setier pour lequel on ne précise rien ; on trouve par ailleurs des listes de paiement en deniers et en nature, *ibid.*, XIIe siècle (7503).

[19] L'une des rares listes mentionnant des loyers en argent fait davantage penser à des opérations de conversion ou à la récupération de loyers impayés qu'à une liste de tenanciers « livellaires » ; l'un des documents conservés renvoie à un conflit entre Spinello dei Firidolfi et ses tenanciers et peut-être, au-delà, avec un autre propriétaire.

l'*albergaria*, pour une terre tenue « en fief » d'un certain Bernardo di Benno[20]. Ce document donnait davantage le nom des maisons alliées à la famille de Bernardo di Benno qu'il ne renseignait sur la population des dépendants. Les autres listes renvoyaient plus probablement aux modalités de perception de rentes foncières plus substantielles. Deux listes rédigées à la fin du XIIe siècle donnaient les noms de quatre-vingt-neuf tenanciers, tenus de verser à l'abbaye de Coltibuono des loyers en nature allant de quelques setiers (trois ou quatre) à plusieurs dizaines[21]. Qui étaient ces tenanciers ? La difficulté qu'on rencontre à retrouver leur nom dans une documentation par ailleurs assez dense indique l'existence d'une séparation assez nette entre les *possessores* et les tenanciers astreints à ces paiements. Les documents de ce type sont toutefois difficiles à exploiter pleinement : le contexte de rédaction est inconnu, de même que la datation précise. On connaît les loyers sans avoir aucune idée des exploitations tenues. Ce que manifestent ces courtes listes, c'est l'existence d'un environnement familier aux rédacteurs et aux probables percepteurs de ces redevances : les tenanciers étaient désignés par leur prénom, parfois accompagné d'un toponyme ; si l'individu était un nouveau venu ou était entré sur ces terres par une alliance, on se référait au membre le mieux connu du groupe des exploitants et de leur *consorteria*. Il en allait de même dans une liste remontant probablement à la seconde moitié du XIIe siècle qui fait connaître le nom de tenanciers astreints, cette fois, au paiement des loyers en nature : céréales et vin, en argent et comprenant souvent le don annuel de quelques « pains » et volailles[22]. Le lexique déployé dans cette liste avait une dimension politique qu'on ne retrouvait guère ailleurs. L'un des tenanciers devait verser deux deniers au castald[23], les setiers étaient

---

[20] *Ibid.*, 114(*) (4945, *RC* 409), l'écriture déployée incite à dater ce document de la première moitié du XIIe siècle ; on sait que l'héritage de ce Bernardo était l'objet d'un conflit entre les *nepotes Rainerii* et les *filii Tebaldi* et qu'il avait finalement rejoint le patrimoine de l'abbaye ; les individus listés dans ce censier appartenaient plutôt à la petite aristocratie, Malaspina di Anselmino *da Cascia* qui apparaissait parmi les détenteurs de fief, figurait ainsi, en 1111, parmi les destinataires d'un acte de renonciation et recevait une compensation de 10 livres pour la part acquise sur un *castello* par Bernardo di Benno, *ibid.*, 1111/08 (3355, *RC* 271).

[21] *Ibid.*, XIIe siècle (7508, *RC* 549), 118(*) (6736, *RC* 515), en tout, les deux listes donnent les noms de 89 tenanciers ; on retrouve mentionné deux fois Salvetto di Boccacino (pour des loyers de 5 et 30 setiers) et quelques autres recoupements peuvent être faits ; ainsi trouve-t-on Biccio di Musingo dans une liste et Piero di Musingo dans une autre, on ne rencontre en revanche nulle part ailleurs les noms de ces individus.

[22] *Ibid.*, XIIe siècle, (7508, *RC* 549), Guglielmo *da Colle* devait ainsi donner chaque année 20 deniers et demi, trois setiers de grain, trois pains et demi, un poulet et demi ainsi qu'un setier de vin.

[23] *Ibid.*, *ii denarios de castaldo*.

demandés « en annone[24] », on attendait aussi des versements appelés *obias*. Cette liste, comparable à d'autres censiers toscans de la seconde moitié du XIIᵉ siècle[25], et à de nombreux autres produits plus largement en Occident, marque une inflexion remarquable du vocabulaire employé[26].

Sans être impressionnants, ces documents, par ailleurs bien étudiés par Lorenzo Tabarrini[27], attestent l'existence d'une population importante de tenanciers. L'abbaye de Coltibuono, qui demeurait une petite institution hébergeant, au temps de son apogée, une dizaine de moines et autant de frères convers[28], disposait donc *a minima* des redevances de quatre-vingt tenanciers, qu'elle avait vraisemblablement les moyens de contrôler. Ces tenanciers eux-mêmes sont rarement connus et les tenanciers les plus remarquables de la documentation du XIIᵉ siècle se révèlent généralement d'une autre stature. On peut ainsi suivre le cas d'un petit groupe bénéficiant d'importants *livelli* dans la Val d'Ema, dans les environs d'une localité aujourd'hui connue comme le Molino dell'Altare[29]. La documentation conservée par l'abbaye de Montescalari permet de se faire une idée de la population liée à la localité d'Altare dans la première moitié du XIIᵉ siècle[30]. La construction et l'entretien d'un moulin sur cette confluence entre deux petits cours d'eau de la vallée de l'Ema expliquent en partie la surre-présentation des actes relatifs à ce petit lieu-dit dans la documentation du monastère. La présence de l'abbaye dans ces parages remontait à la fin du XIᵉ siècle avec la donation d'un moulin construit sur l'Ema[31]. À la fin du XIIIᵉ siècle, les abbés vallombrosains contrôlaient encore le moulin et continuaient de concéder des terres aux alentours, contre des services visant à rappeler aux tenanciers leur statut de dépendants[32]. L'acquisition du moulin lui-même et des terres en amont

---

[24] *Ibid., iii staria annone.*

[25] Nishimura 2011.

[26] Entre autres exemples, voir Aubrun 2000, p. 275-276.

[27] Tabarrini 2019, p. 147-148.

[28] Un instrument de procuration de 1230 faisait intervenir dix moines (dont l'abbé) et huit frères convers rassemblés dans le cloître de l'abbaye pour désigner les deux *procuratores* gérant les relations entre l'abbaye et l'évêque de Chiusi pour l'établissement d'une *soccida*, voir *Diplomatico, Coltibuono*, 1230/08/03 (10954).

[29] Commune de Greve in Chianti, à la confluence de l'Ema avec un autre petit torrent.

[30] Sur ces tenanciers voir, en annexe de ce livre, n° 3 « Les tenanciers du Molino all'Altare (XIIᵉ siècle) ».

[31] *Diplomatico, S. Vigilio di Siena*, 1084/03/18 (1953, *Le carte...* 49).

[32] *Ibid.*, 1277/01/09 (19474, en 1278), Francesco, abbé de Montescalari, reprenait la terre et la *pescaia* (retenue d'eau des moulins, généralement utilisée pour la pisciculture), tenue par Beringherio di Benincasa, Giuntino, Spinello et Marcuccio di Chiaro, ainsi que par Fede di Rustichino et les libérait de l'obligation qu'ils avaient chaque année de préparer un repas pour l'abbaye.

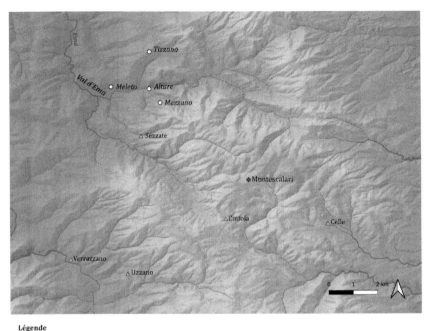

Fig. 9 – Le *Molino dell'Altare* et ses environs

résultait d'une longue histoire de donations, d'échanges, de locations, commencée dans le dernier tiers du XIᵉ siècle et poursuivie tout au long du siècle suivant. Dans la première et longue phase d'acquisition, les transactions entre l'abbaye et les groupes contrôlant ce petit territoire ne se présentaient pas comme de simples transferts de propriété, mais visaient plutôt à formaliser les relations entre acteurs locaux et protagonistes plus distants sur l'usage et les profits du moulin et des terres environnantes[33]. Aux côtés des acteurs locaux, on relevait le nom de nombreux Florentins. La documentation fait en effet ressortir un enchevêtrement de prérogatives difficiles à hiérarchiser. En 1084 on vit ainsi deux frères, le clerc Giovanni et Gherardo di Rustico, céder à un autre clerc, Petro di Vivenzo, agissant au nom de l'abbé de Montes-

---

[33] *Ibid.*, 1079/01/28 (1690, *Le carte...* 30, en 1180), 1082/09/03 (1858, *Le carte...* 34), 1083/08 (1895, 1896, *Le carte...* 41), 1084/02/18 (1934, *Le carte...* 47), 1084/03/18 (1953, *Le carte...* 49), 1084/06 (1984, *Le carte...* 54), 1084/08 (1996, *Le carte...* 55), 1085/04 (2083, *Le carte...* 64), 1087/02 (2231, *Le carte...* 81).

calari, les terres que les auteurs tenaient eux-mêmes des *Caponsacchi* de Florence, aux lieux-dits Altare, Mezzano et Totorgnano[34]. Les transactions entre les acteurs locaux impliquaient ainsi de plus importants protagonistes dont les intérêts se jouaient à l'échelle du comté de Florence[35]. Les Caponsacchi appartenaient en effet au groupe dirigeant de Florence et côtoyaient sur place des familles moins connues, mais possédant elles aussi des patrimoines dépassant largement le cadre de quelques paroisses[36].

C'est dans cet environnement qu'on peut suivre les acquisitions faites quelques décennies plus tard par un dénommé Branduccio di Petro *da Altare*[37]. Les archives de Montescalari conservent un petit chartrier, constitué de seize actes émanant des descendants de Branduccio di Petro. Ce petit *corpus* permet de reconstituer une partie de la dynamique foncière de la localité d'Altare entre 1117 et 1124, une dynamique dominée, de ce point de vue documentaire, par la patiente politique d'acquisitions de ce petit entrepreneur local. Un personnage assez semblable, quoique de moindre importance, à d'autres figures du haut Moyen Âge italien, des Abruzzes ou des environs de Lucques[38]. L'essentiel des acquisitions de ce Branduccio se fit auprès d'un représentant des Montebuoni: Ildibrando di Sichelmo *da Tizzano* qui alloua ou vendit plusieurs terres à Branduccio di Petro[39]. Ildibrando di Sichelmo était apparenté à la parentèle des Montebuoni/Buondelmonti[40]. Orig-

---

[34] *Ibid.*, 1084/02/18 (1934, *Le carte...* 47).

[35] Les fils de Rustico étaient tenanciers d'autres terres dans les environs, *ibid.*, 1084/02/29 (1938, *Le carte...* 60, le 28 février 1085), 1085/04 (2083, *Le carte...* 64); Petro di Vivenzo en revanche, appartenait à une famille continuant d'évoluer entre Florence et la Val d'Ema; c'était depuis Florence que son frère Giovanni avait donné en propriété à l'abbaye de Montescalari, l'ensemble des biens qu'il avait autour du monastère, *ibid.*, 1082/09/03 (1858, *Le carte...* 34).

[36] Faini 2010, p. 248-262, on ignore les liens qui unissent les Caponsacchi aux «fils de Fiorenzo», eux aussi propriétaires des terres de Mezzano, Altare et Totorgnano, *Diplomatico, S. Vigilio di Siena*, 1083/08 (1895, 1896, *Le carte...* 41); sans doute ces fils de Fiorenzo ont-ils quelques liens avec l'important groupe qu'on voit évoluer, quelques années plus tard, aux alentours de Florence, autour du lieu-dit Varlungo, *ibid.*, 1102/10/13 (3015).

[37] Sur cette figure, voir Faini 2008b et Lefeuvre 2016a.

[38] Wickham 1988; Feller – Gramain – Weber 2005, p. 40-67.

[39] *Diplomatico, S. Vigilio di Siena*, 1117/05/14 (3577), 1117/12/09 (3594), 1117/03 (3574, en 1118), 1118/09/14 (3634), 1118/02/18 (3600, en 1119), 1123/03/11 (3793, en 1124).

[40] Ildibrando di Sichelmo (1117, 1156) est cité dans de nombreux actes de Montescalari; il était l'époux de Mingarda di Guido et se trouvait plus souvent à Florence qu'à Tizzano, une localité de la Val d'Ema, à laquelle on attachait son nom; le nom de Sichelmo appartient au stock onomastique des Montebuoni, lesquels avaient certaines de leurs possessions à Tizzano au début du XIe siècle, voir Cortese 2007, p. 334, n. 315 et p. 340; on peut situer les fils de Sichelmo dans le schéma de parenté établi par M. E. Cortese en faisant d'Ildibrando, Petro et

inaire de Tizzano, une petite localité de la Val d'Ema, il était, dans
ces mêmes années, plus présent à Florence que dans ses terres familiales. C'était auprès de ce personnage que Branduccio fit le plus grand
nombre d'affaires (deux concessions en *livello* ; de petits prêts sur gage
fonciers ; des ventes). Les transactions conservées semblent en réalité
porter sur un patrimoine limité et l'on observe une permanence des
confronts qui laissent supposer qu'en quelques années, Branduccio
acquit principalement deux « terres » : une vigne située à Meleto, tenue
en *livello* avec son frère Ugo contre le versement annuel d'un denier
et demi[41] ; deux autres parcelles, situées à Altare, le long de l'Ema,
qui servirent de supports à des prêts sur gage qui aboutirent à des
concessions en *livello*, en 1117[42], 1118[43] et 1123[44]. L'opération qu'on
suit le mieux est celle de 1118. Par ce document, Branduccio obtenait
la promesse d'un remboursement, dans les deux ans, de la somme
de huit sous et de cinq setiers de mil[45]. En attendant, il tiendrait la
terre contre un loyer annuel d'un denier et demi. Branduccio di Petro
maniait donc avec assez d'adresse le jeu des prêts sur gage et disposait
d'assez de liquidités pour pouvoir envisager ces petites opérations.
On pourrait bien entendu opposer à cette approche entrepreneuriale,
une approche plus politique de la même documentation : Branduccio
s'inscrivant par son action dans la clientèle des Montebuoni et aidant
ses maîtres. De ces premières opérations, on retire l'image d'un petit
entrepreneur local se taillant un petit patrimoine dans un territoire
stratégique. Au début de la décennie suivante, Branduccio obtenait du
reste les confirmations des concessions dont il bénéficiait à Meleto, un
patrimoine tenu en *livello* mais hérité de son père, tout en continuant
d'accroître son patrimoine[46]. Dans les années suivantes, il le consolida

---

Bernardo les fils de Sichelmo cité entre 1084 et 1087, et décédé avant 1117, on
aurait ainsi les représentants d'une branche apparentée aux Buondelmonti et aux
Scolari, mais plus rapidement installée à Florence et continuant, dans la première
moitié du XIIe siècle, d'évoluer entre Tizzano et Florence, *ibid.*, 1087/02 (2231,
Le carte... 81), 1119/03/04 (3654), 1130/10/02 (4104), 1137/02/02 (4360, en 1138),
1137/02/03 (4361), 1137/02/13 (4366, en 1138), 1154/05/10 (5139), 1156/08/21
(5234, 5235), 1159/09/22 (5366), 1146/02/22 (4760, en 1147).

[41] *Ibid.*, 1117/05/14 (3577).

[42] *Ibid.*, 1117/03 (3574).

[43] *Ibid.*, 1118/09/14 (3634), dans cet acte, la parcelle est la même que celle concédée en *livello* par Ildibrando di Sichelmo et son épouse quelques mois plus tard,
ibid., 1118/02/18 (3600, en 1119).

[44] *Ibid.*, 1123/03/11 (3793, en 1124).

[45] *Ibid.*, 1118/09/14 (3634), le notaire avait qualifié l'acte *de libellum*, il s'ouvrait
toutefois sur la reconnaissance du prêt, Ildibrando di Sichelmo ayant reçu 8 sous
de Lucques et 5 setiers de mil *ala pigna*.

[46] *Ibid.*, 1130/02/26 (4080, en 1131), 1130/02/03 (4071, en 1131), une vigne à
Tizzano, 1130/05/14 (4089), à Altare.

par des achats à Meleto et Altare[47] et par d'autres concessions à Altare[48]. Une possession pouvait aisément être menacée et Branduccio avait dû obtenir l'assurance que certains groupes ne contesteraient pas ce patrimoine[49]. Ce contexte ne peut être ignoré lorsqu'on envisage la raison conduisant cet individu, dont le patrimoine consistait essentiellement en des *livelli*, à donner son patrimoine à l'abbaye de Montescalari[50]. En 1142, Branduccio *da Altare* et son épouse offrirent aux moines vallombrosains trois petites parcelles situées près de l'Ema et cédèrent l'ensemble de leurs autres propriétés situées à Meleto, Altare et *Rotole* en s'en réservant toutefois l'usufruit. Les motivations pieuses n'étaient certes pas absentes, la donation était faite *pro anima* et visait aussi au salut de l'âme de leur fils Viviano. Cette donation ne signait pas la fin des acquisitions, mais servait probablement à stabiliser et pérenniser un patrimoine instable[51]. Elle consolidait certainement la position de Branduccio dans les négociations faites auprès des Florentins qui continuaient, dans les années 1140, d'exercer leurs prérogatives sur les terres d'Altare[52]. La donation renforçait considérablement le patrimoine de l'abbaye qui, à la mort de Branduccio, obtint l'ensemble des terres acquises, en quelques décennies, par cet individu[53].

Sans doute l'idée qu'on retire à première vue de ce petit dossier est-elle en partie faussée. Si l'on concentre l'attention sur cet individu, qui apparaît alors comme un acteur aussi isolé qu'entreprenant, on risque d'oublier le rôle probable des institutions voisines. Branduccio n'était pas le seul à être dit *da Altare* et un foyer, celui de Guinizello *da Altare*, évoluait dans ce petit territoire[54]. Les acquisitions de Branduccio suivaient en partie le rythme de celles de l'abbaye de Montescalari. L'année même où il avait obtenu d'Ildibrando di Sichelmo la concession en *livello* de quelques terres situées à Altare, ce dernier

---

[47] *Ibid.*, 1132/03/14 (4182, en 1133), achat d'une vigne à Meleto, on suppose qu'il s'agit de la vigne précédemment tenue en *livello*, 1135/12/01 (4304), achat du 1/6e d'une terre située à Altare, 1142/11/28 (4630).

[48] *Ibid.*, 1132/04 (4186, le 30 mars).

[49] *Ibid.*, 1130/02/03 (4071, en 1131), Allio di Sensolo, habitant de Santo Stefano a Tizzano, promettait de défendre Branduccio di Petro en cas de contestation par d'autres membres de sa famille de la vente faite à ce dernier ; le renouvellement de certains *livelli*, comme celui de 1118, concédé une première fois par Ildibrando di Sichelmo, une seconde fois par Ildibrando et son épouse, relevait de ce même souci de se garder de tout litige.

[50] *Ibid.*, 1142/11/28 (4630), 1142/11/29 (4631).

[51] *Ibid.*, 1145/09/29 (4739), achat de terres à Meleto pour 9 sous et 6 deniers (auprès d'un prêtre qui aurait pu être apparenté à Branduccio).

[52] *Ibid.*, 1145/09/29 (4739), les Florentins appartenaient certainement au groupe des Caponsacchi.

[53] *Ibid.*, 1152/11/03 (5055).

[54] *Ibid.*, 1117/12/09 (3594), 1123/03/11 (3793, en 1124), 1137/02/02 (4360, en 1138), 1137/02/13 (4366, en 1138), 1142/11/28 (4630), 1155/01/24 (5171).

avait vendu aux moines vallombrosains trois autres parcelles des environs. On sait que Guinizello *da Altare* et Petro, le père de Branduccio, possédaient en commun une terre des environs. Dès les années 1080, l'abbaye de Montescalari était devenue, à Altare, l'un des propriétaires les plus importants et les plus influents. On peut raisonnablement s'interroger sur l'autonomie d'action de Branduccio *da Altare* dont les possessions apparaissent d'emblée enchâssées dans celles de l'abbaye. Ceux qui, en latin, étaient dits *de Altare* avaient souvent une part dans la gestion et l'entretien du moulin voisin et dans les bénéfices qu'il engendrait. Avec quelques années d'avance, la position de ce Branduccio évoque en réalité celle occupée, quelques décennies plus tôt et dans le même territoire, par un clerc servant d'intermédiaire entre l'abbaye rurale et les propriétaires citadins. Elle renvoie aussi à la gamme d'activités déployées, quelques décennies plus tard, par les frères convers et les agents seigneuriaux des abbayes vallombrosaines. En 1173, la gestion du patrimoine monastique d'Altare avait ainsi été confiée à un *castaldus*, c'est-à-dire à un agent seigneurial[55]. Le degré d'autonomie des individus de ce type ne doit pas être exagéré. On doit en revanche insister sur leur importance locale. Tenanciers, dépendants à ce titre des puissantes familles de Florence ou des environs, dépendants des institutions monastiques locales, ils étaient localement en mesure d'être les individus les plus influents, les mieux à mêmes de capter et d'augmenter les richesses produites[56]. Cette figure de tenancier du XIIᵉ siècle donne une idée de la façon dont fonctionne à la même époque l'ordre seigneurial. Les structures mêmes de la seigneurie et les structures de la propriété laissaient une marge de manœuvre. Branduccio di Petro agissait dans un rayon d'action relativement étroit : rien ne permet *a priori* de supposer qu'on ait affaire à un individu totalement dégagé des besognes manuelles. La densité documentaire relative au petit territoire d'Altare fait connaître le nom de nombreux propriétaires ou ayants droit. Les tenanciers d'Altare, Branduccio et Guinizello d'Altare et leurs familles respectives sont les seuls qu'on puisse précisément situer comme des acteurs de la vie locale. Il fallait bien que quelqu'un s'occupât de cultiver les terres et d'entretenir le moulin. C'était un de ces individus qui avait peu à peu accepté, par volonté délibérée ou sous l'influence d'une contrainte sociale moins évidente, de livrer son patrimoine à l'abbaye et de se faire sur place le défenseur de ses intérêts.

---

[55] *Ibid.*, 1173/04/16 (5833).
[56] *Ibid.*, 1155/11/06 (5201), les fils d'Ubertello faisaient à l'abbaye de Montescalari une importante donation offrant notamment ce qu'avait Branduccio da Altare ou l'abbaye, sans pouvoir faire de distinction entre les deux patrimoines.

7.1.3. *Les ressorts de la respectabilité rurale*

À partir des années 1170 et de façon constante au cours d'un long XIIIe siècle, les sources se font l'écho d'une population plus large que celle de ces gros tenanciers : une foule plus bigarrée de *coloni* ou de *fideles* détenteurs d'une terre ou d'exploitations pour lesquels ils devaient annuellement verser quelques setiers de blés et de petits dons en nature. Ici encore les fonds légués par Santa Maria di Vallombrosa, seigneurie puissante et soucieuse du contrôle exercé sur sa population, permettent de saisir certains traits d'une population dont on ne fait, ailleurs, que deviner la condition. Certaines des parentèles étudiées jusqu'ici pourraient être définies comme des dépendants des grandes propriétés monastiques. C'était le cas des habitants du *castello* de Montaio, dans le Chianti et de la plupart des parentèles des *castelli* de Magnale et Ristonchi. Il s'agit de groupes souvent difficiles à classer et dont l'assise foncière réelle cadre mal avec l'idée qu'on se fait généralement du statut social des dépendants. On s'arrêtera ici sur deux exemples qui permettent de se faire une idée de ce qu'était la population des colons de Vallombrosa dans la première moitié du XIIIe siècle. En 1227, un dénommé Sighinolfo di Piglietto vendit à un convers de l'abbaye de Vallombrosa, contre douze livres en deniers de Pise, un ensemble de terres et une habitation qui, considérées dans leur ensemble, auraient pu fournir le cadre d'une exploitation agricole[57]. L'acte avait été ratifié à Paterno, un *castello* des environs de Vallombrosa, mais que ne dominaient pas les influents moines vallombrosains. Ce petit patrimoine se composait d'une habitation, un *casolare*, et d'un jardin, tous adossés au mur du village castral de Magnale, et de six parcelles réparties dans les environs de Magnale, à l'intérieur de ce que le notaire désignait comme la *curtis* du *castello*. La différence avec le patrimoine des *filii Nerbotti* est évidente et ce qu'on découvre ici s'organise à une échelle qui rend plus probable la gestion directe des terres. Quel était le statut de ces terres ? Quel était le statut de Sighinolfo lui-même ? Sur ce point le notaire se montrait taiseux, se contentant d'indiquer que l'auteur vendait les terres qu'il avait et tenait, directement ou que d'autres tenaient pour lui. Le parcellaire s'étendait sur un rayon qui restait relativement étendu, environ trois kilomètres autour de Magnale, dans un espace où le relief présentait d'importantes contraintes. Le formulaire de cette vente, l'identité des voisins de Sighinolfo et de son garant, Orlandino di Cacciaguerra[58], conduisent à faire de cet individu l'un des tenanciers typiques du

---

[57] *Ibid.*, 1227/04/26 (10480).
[58] Orlandino di Cacciaguerra, colon de l'abbaye de Vallombrosa attesté entre 1213 et 1241.

castello de Magnale. Le patrimoine qu'il possédait s'insérait étroitement dans le réseau formé par le voisinage. Dans les confronts, on
identifiait des individus qui participaient activement à la vie sociale
du village[59]. La maison qu'il cédait à l'abbaye était située dans le bourg
de Magnale; en dehors, sans doute, de l'éperon rocheux où s'élevait
l'élément central de la fortification. L'un des voisins de Sighinolfo était
Orlandino di Cacciaguerra, dont il a été précédemment question, et
son *casolare* s'adossait d'autre part au mur du *castello*[60]. Rien, dans
ce petit patrimoine, ne permet de faire de Sighinolfo un personnage
jouissant d'une haute position sociale. Il avait toutefois quelques
droits sur les hommes et bénéficiait, par ce biais, d'une part de la rente
seigneuriale. La vente comprenait ainsi le versement annuel de deux
coqs et d'un denier que lui devaient Guglielmino *da Rosso* et Ricovero
di Rampa *da Caticciano* « en pension » ainsi que le versement annuel
d'une poule et de deux ou trois deniers par Gottolo *da Favale*. Cette
participation d'un tenancier coutumier aux instruments qui servaient
par ailleurs à le dominer n'a rien qui doive surprendre. On la retrouvait
à Passignano, chez bon nombre des tenanciers de l'abbaye et c'était
une situation assez courante dans la Toscane des années 1170-1230[61].
Rien ne permet toutefois de faire de Sighinolfo un intermédiaire de la
seigneurie abbatiale ou l'un de ses agents. Autour de Vallombrosa, ces
fonctions étaient vraisemblablement occupées par les frères convers
et Sighinolfo n'était jamais désigné comme *castaldus* ou par un autre
titre. Indépendamment des logiques de la domination seigneuriale, le
jeu des échanges fonciers contribuait à faire circuler les terres et les
redevances. La crainte des abbés, sans doute justifiée, était d'ailleurs
de voir ces redevances et les terres sur lesquelles elles pesaient leur
échapper par le jeu des échanges et du prêt[62].

[59] Dans les confronts on relève le nom d'Arringhiere di Guglielmo, des descendants d'Albertinello *da Melosa*, d'Arnoviscio, mentionné dix-sept fois entre 1202
et 1227, de Benintendi Birci – trois fois mentionné dans les confronts d'actes des
années 1220 et requis comme garant du serment collectif prêté par les hommes
de Magnale en 1219 – de Struffa di Salimbene *da Magnale* participant lui aussi au
serment collectif de 1219 et attesté entre 1208 et 1227.

[60] Sur ce dernier voir précédemment, chapitre 4 et, en annexe de ce livre, n° 9
« Les descendants de Cacciaguerra ou le choix de la dépendance ».

[61] Collavini 2012b.

[62] On s'expliquerait ainsi le refus de certains individus de prêter serment à
l'abbé de Vallombrosa pour les terres qu'ils avaient acquises auprès de ses tenanciers
tout en n'appartenant pas eux-mêmes à la communauté des villageois de Magnale
ou Ristonchi, voir *Diplomatico, Vallombrosa*, 1237/02/09 (12095, en 1238); les 9 et
10 février, les juges de la cour « au Signe du Lion » de Florence donnaient raison
aux représentants de l'abbaye, à savoir le vicomte Filippo *da Quona* et le *syndicus*
Cristiano, dans le litige qui les opposait à Valente di Barellone, Vita di Sardo et
Ranieri di Bonacurso.

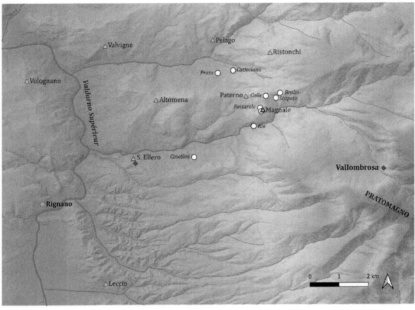

Légende

△ Castello

◆ Abbaye

○ Localisation (certaine ou approximative)
des tenures de Sighinolfo

Fig. 10 – Le patrimoine de Sighinolfo (1227)[63]

On peut se faire une idée de l'environnement dans lequel vivaient les habitants de ces *castelli*. Bien insérés dans la vie sociale et économique des petits villages et disposant d'une modeste assise foncière, ces

---

[63] Cette représentation est largement hypothétique, on a fait figurer comme les villae de l'abbaye fréquemment citées dans les actes des XIIe et XIIIe siècles sans savoir exactement ce qu'étaient ces structures, trois des parcelles citées ont pu être localisées avec un peu d'assurance (celles situées aux lieux-dits Casellini, Al Prato et dans la villa de Caticciano), la localisation des autres parcelles est plus arbitraire, Casa Focolari a été placée au lieu-dit Fassolare qui existe encore aujourd'hui, Rio près de la petite rivière du Vicano, les parcelles situées à Brolio (terme qui renvoie à un espace boisé, souvent utilisé pour la chasse), à Colle (colline ?) et à Scopeto (un terme employé pour des espaces boisés ou peu entretenus) ont été placées sur le mont dominant le *castello* de Magnale ; tout incertaine que soit cette représentation, elle offre, à notre sens, une idée satisfaisante de la façon dont le parcellaire exploité par un foyer pouvait se répartir, les notaires travaillant autour de Vallombrosa faisaient un usage mesuré des toponymes et si les parcelles n'avaient pas été situées dans les environs de Magnale, le notaire Giunta se serait certainement référé à la villa de Tosi ou à la curtis de Ristonchi.

habitants ne présentaient guère de signes extérieurs de richesse. L'un des rares documents faisant connaître ce qui ressemble à une exploitation agricole vue de l'intérieur est un bail transmis par le fonds de Vallombrosa et remontant à l'année 1220[64]. Deux convers de l'abbaye concédaient à Buccio di Bonacorso un *podere* dont certaines parties étaient décrites très précisément. Cette exploitation était constituée d'une maison près du *castello* de Ristonchi. L'habitation et les terres étaient louées avec un petit matériel domestique : un coffre destiné à la conservation d'effets personnels[65], deux coffres probablement plus rustiques dont l'usage n'était pas précisé, deux matelas, un poignard, une houe (*marronem*, ou *marra* en italien), une hache, une *buctem*, un porc, une chèvre, ainsi qu'une maide destinée à la préparation du pain. En même temps que l'exploitation, Buccio récupérait aussi les dettes qui lui étaient liées, pour un total de trois livres et cinq sous en deniers de Pise[66]. Ce genre d'habitation aurait pu servir de centre à une petite exploitation rurale. La population des *castelli* de Ristonchi et de Magnale, tout en vivant en partie des rentes tirées du travail de tenanciers résidant dans les *villae* des alentours, consacrait une partie de son activité au travail de la terre ou à l'élevage. Sans renvoyer une impression de misère, l'habitation n'était guère impressionnante. La location était faite pour sept ans, le tenancier s'engageait à travailler, améliorer et ne pas détériorer les terres, une clause habituelle, à laquelle s'ajoutaient les clauses propres à ce bail assez particulier. La tenure était devenue vacante à la mort du précédent tenancier qui laissait une veuve, Berta, et deux enfants. Le scénario le plus probable est celui d'un arrangement fait dans l'urgence, entre les frères convers et l'un des parents de la veuve. Le repreneur, Buccio di Bonacorso, louait la moitié du *podere* et s'engageait à servir de tuteur aux enfants du défunt. À l'expiration du bail, ces derniers pouvaient, en versant les quarante-huit livres équivalant à la dot de Berta, racheter leur héritage. Dans le cas contraire, Buccio héritait de la moitié du *podere* et des terres. Il obtenait ces terres en acceptant le statut auquel elles étaient

[64] *Ibid.*, 1219/01/23 (9385, en 1220).
[65] *Ibid., hec autem sunt massariçie| invente in podere et casa predicta positam prope Ristonchium, in primis unum soppedanum| et duas arcas, duas cultrices, unum punactium, unum marronem, unam securem,| unam buctem, unum porcum, unam capram, unam maidam.*
[66] *Ibid.*, les dettes se répartissaient ainsi, 11 sous étaient dus à Guido di Martello, 10 sous à *Donna* Lusinghiere – signe que les femmes en position de le faire pouvaient fort bien se livrer à l'activité –, 17 sous à Gianni di Banno, 7 sous à Favilla et 20 sous enfin étaient dus à Ghisole di Gianni Giochi ; ces dettes étaient liées, précisait le notaire, à l'achat d'une terre située à Grassina et qu'avait faite le tenancier précédent, *hoc debitum dixerunt quod fuit factum pro compra facta a Piero Del Gollo ad Grasina ; Donna* Lusinghiere était la fille d'un dénommé *Magnale* et appartenait à l'une des grandes parentèles du Pratomagno.

liées et s'engageait à demeurer sur ce fonds comme « homme et colon » du monastère[67]. Il faut s'arrêter un moment sur les protagonistes de cette transaction. Ils appartenaient, pour la plupart d'entre eux, à des parentèles bien connues des villages de Ristonchi ou de Magnale. Parmi les témoins on trouvait Orlando di Albertinello *da Grassina*, Biso di Rustichello ainsi que deux hommes de Magnale. Le premier de ces témoins, Orlando *da Grassina*, avait sa maison dans le *castello* de Ristonchi, à côté de celle des *filii Liccesis*[68]. Quelques années auparavant il avait joué le rôle de témoin, à l'occasion d'une location faite par les fils de Liccese à un homme des environs[69]. Orlando et son frère Frugerio, les deux fils d'Albertinello *da Grassina*, étaient certainement liés à la parentèle des *filii Liccesis*. On ignore les liens unissant Orlando di Albertinello *da Grassina* à Grassina di Gherarduccio *da Grassina* que Buccio avait demandé comme garant. Quelques années auparavant, il s'était engagé à tenir une terre comme colon de l'abbaye en louant pour cinq ans une maison dans les murs de Ristonchi[70]. Le statut de colon de l'abbaye renvoyait à la dépendance et au travail de la terre, mais n'élevait pas de barrière insurmontable entre les *coloni* et les autres habitants du village castral et de ses environs[71]. Buccio di Bonaccorso bénéficiait d'ailleurs d'une position reconnue dans la hiérarchie très institutionnalisée de la seigneurie de Vallombrosa; en 1253, on l'avait placé en seconde position de la liste des *homines* de Ristonchi ayant prêté serment à l'abbé de Vallombrosa[72]. Quelques années plus tard, en 1262, il était toujours vivant et apparaissait de nouveau dans un de ces serments collectifs, sans que le document le mît cette fois en position éminente[73]. En 1271, il fut condamné, avec son fils Franco et dame Chiarente – sa belle fille ? – à céder à l'abbaye

---

[67] *Ibid.*, *convenit stare et morari pro homine et colono et resedente dicti monasterii et haba|tis.*

[68] *Ibid.*, 1221/04/13 (9664).

[69] *Ibid.*, 1210/12 (8488), les fils de Liccese louaient une châtaigneraie et d'autres terres à Russo di Bonillo, ils attendaient la moitié des châtaignes récoltées et la dixième part du blé pour l'un des petits-fils de Liccese.

[70] *Ibid.*, 1215 (9036), quelques années auparavant, il était témoin d'un achat de terre réalisé au profit de l'abbaye de Vallombrosa, *ibid.*, 1209/03/20 (8413, en 1210).

[71] Buccio di Bonacorso intervint à deux reprises comme témoin d'une transaction; en 1232, il assistait à la vente concédée par l'abbesse de Sant'Ilario in Alfiano des droits exercés par les moniales sur un de leurs colons; en 1234, il était témoin de l'oblation de Romeo di Ardimanno, fils de Giuliana di Liccese et d'Ardimanno di Rinovardo, à l'occasion de laquelle le rejeton de la petite maison seigneuriale offrait aux vallombrosains la part qu'il avait de plusieurs colons et tenanciers; en 1238, il achetait une parcelle des environs de Ristonchi, *ibid.*, 1232/08/31 (11259), 1234/11/24 (11615), 1238/08/29 (12347); en 1253, il était parmi les *homines* de Ristonchi.

[72] *CRSGF*, 260.126, fol. 64r-v.

[73] *Ibid.*, fol. 95r, le 13 décembre 1262.

un *podere* situé près de Ristonchi[74]. En vertu de l'arbitrage négocié par un habitant de Ristonchi, « arbitre et ami commun » des deux parties, l'abbé don Benigno s'engageait à acheter l'exploitation et l'habitation de Buccio di Bonacorso, au prix de cent quarante-huit livres en petits florins[75]. Cet exploitant de Ristonchi entretenait des relations de voisinage avec des familles aux statuts et aux niveaux de richesse certes différents, sans que ces différences eussent une profonde influence sur une sociabilité fondée sur l'appartenance à une communauté d'habitants. La condition de colon, que les sources ne viennent rappeler qu'à l'occasion de procès ou de transactions particulièrement délicates, ne paraît pas dresser de frontière indépassable entre les *coloni* et d'autres habitants du *contado* ou des membres d'une petite aristocratie. Dans les villages dominés par la grande propriété et la propriété aristocratique, on peut estimer que la situation de tenancier, se présente en réalité comme la base même d'une sociabilité villageoise. Il faut, pour en juger, s'intéresser de plus près aux formes de la dépendance et à leurs évolutions.

7.2. LES CONDITIONS DE LA DÉPENDANCE RURALE AUX XIe ET XIIIe SIÈCLES

Les communautés d'habitants ne se présentaient pas comme des communautés d'égaux et les propriétaires, les tenanciers, les hommes libres et les colons attachaient sans doute une grande importance aux statuts utiles à la définition et à l'incessante redéfinition des hiérarchies. Les territoires florentin, arétin et siennois se distinguent, dans le paysage toscan, par la présence d'une importante population de dépendants ruraux dont la liberté était fortement limitée. Bonacorso, le père de Buccio qu'on vient d'évoquer, avait ainsi été vendu comme *colonus* à l'abbé don Terzo de Vallombrosa, en 1188. Il avait été acheté en même temps que treize autres tenanciers dépendants d'Ardimanno di Orlando *da Cetinavecchia*[76]. Le servage, comme toujours, se présente comme une réalité difficile à saisir et l'on retrouve parmi les serfs des

---

[74] *Diplomatico, Vallombrosa*, 1271/05/19 (18280), Gilio di Acorsino avait été nommé *arbitrator et amichus comunis* pour régler le litige qui s'était élevé entre l'abbé Benigno de Vallombrosa, d'une part, et Buccio di Bonacorso, son fils Franco et *Donna* Chiarente ; il s'agissait de forcer les tenanciers à céder un *podere*, mais cette cession s'était faite au prix de 149 livres en petits florins.

[75] Cette transaction s'intégrait à d'autres semblables qu'on relève dans les actes établis en ce mois de mai 1271, *ibid.*, 1271/05/03 (18268), 1271/05/08 (18275), 1271/05/13 (18278).

[76] *Ibid.*, 1188/04/04 (6646), les tenanciers cédés forment un bloc qu'on retrouve par la suite sans cesse dans les chartes des années 1190-1220.

XIIe et XIIIe siècles, des personnages forts différents : des cultivateurs et des éleveurs – comme on le suppose à Vallombrosa –, des notaires mêmes, des hommes enfin qu'on employait à des tâches militaires. Les informations dont on dispose sur les colons renvoient principalement aux activités agricoles et à l'élevage. Cela se voit parfois à l'occasion des affranchissements. En décembre 1200, à Chiusurla, les trois fils de Guido *da Scopeto* et leur mère Peronetta avaient fait le choix d'affranchir deux de leurs colons[77]. Devant le notaire, ils libéraient ainsi Rognoso di Ugolino et Ammonito di Bernardino des obligations qui marquaient leur statut de dépendants : une corvée de bœufs et une corvée manuelle à l'année, trois deniers de pension et un poulet. Ils leur concédaient en même temps l'ensemble des terres qu'ils cultivaient en leur nom. Le document ne soufflait aucun mot des motivations de l'affranchissement ou des négociations qui l'avaient précédé ; il ne s'agissait en aucun cas d'un acte *gratuit*[78].

7.2.1. Massarii *et* servi

La bibliographie sur la dépendance rurale est vaste et le phénomène a été étudié dans la plupart de ses manifestations documentaires[79]. Comme S. M. Collavini, de nombreux historiens sont arrivés à la conclusion que la dépendance personnelle, pour être chose fréquente dans le territoire florentin, relevait de la coutume et ne donnait qu'exceptionnellement lieu à une sanction écrite[80]. L'apparition du servage, dans les sources de la fin du XIIe siècle, et le travail de définition de la condition de colon qu'on observe à la même époque révèlent une attention inédite des seigneurs face à la croissance des campagnes. Il paraît en effet difficile d'établir une ligne de continuité entre les *massarii* mentionnés dans les sources du XIe siècle et les *villani* ou *coloni* de la fin du XIIe siècle. Les sources du XIe siècle sont marquées par une dichotomie entre d'une part des *massarii*, une désignation propre à l'Italie, et les *servi* qu'on rencontre dans tout l'Occident de la basse Antiquité et du Moyen Âge. Dans la continuité de l'histoire positiviste du droit, les historiens ne pouvaient manquer de s'intéresser aux *massarii* que mentionnaient les sources italiennes du haut Moyen Âge[81]. La documentation léguée par Coltibuono pour le XIe siècle fait connaître le nom de deux cent quatre tenanciers ; quarante-deux d'entre eux seulement, étaient qualifiés de *massarii*. Le terme semble désigner le

---

[77] *Ibid.*, 1200/12/11 (7481).
[78] Si l'affranchissement avait des motivations pieuses, le notaire s'en serait probablement fait l'écho.
[79] Wickham 1994 ; Collavini 1998a ; Panero 1999 ; Collavini 2000 ; Panero 2018.
[80] Collavini 2000.
[81] Paradisi 1937.

tenancier agricole responsable de l'intégralité d'une *sors* ou *mansus*[82].
Comme d'autres tenanciers livellaires de la même époque, les *massarii*
n'étaient mentionnés qu'incidemment dans le cadre de transactions qui
voyaient les propriétaires ou les bénéficiaires de grands baux emphytéotiques s'échanger un ensemble de parcelles avec leurs exploitants.
À la fin du XIe siècle, dans le Chianti, Rinaldo di Guglielmo vend
ainsi à son frère, le notaire Guido, la moitié du manse exploité autrefois par le *massarius* Brittolo di Giovanni et qu'exploitait son succes-
seur Giovanni[83]. Pour les deux propriétaires, comme pour la plupart
des protagonistes du marché de la terre au XIe siècle, l'essentiel était
probablement d'avoir un nom ou un personnage auquel s'adresser
pour demander ce qu'ils étaient en droit d'attendre de ces terres. Une
part qui, le plus souvent, n'était pas précisée. Rien n'indiquait, dans
ce contexte, une grande différence entre les tenanciers qualifiés de
massarii et ceux dont on se contentait de donner le nom. En offrant à
l'église de Coltibuono douze manses dont les terres se répartissaient
dans les plébats du Chianti, Alberto di Ugo ne traitait pas différemment le manse de Vignala qui était exploité par le *massarius* Azzo avec
ceux de sa *consorteria* et le manse de Cavriglia dont étaient responsables Petro di Lobiano et le prêtre Gherardo. Ce qui comptait, dans
ces échanges, c'était davantage la terre et ses produits que le pouvoir
exercé sur un homme ou une famille. Il arrivait souvent que le manse
fût désigné en se référant à un individu décédé ou qui avait cessé de
s'occuper de son exploitation[84]. On ne saurait, du reste, dire mieux
que J.-P. Delumeau sur la question des *massarii* et de la dépendance
rustique du XIe siècle et l'on se contente de renvoyer aux pages qu'il
consacre à la question dans sa thèse[85].

Les *massarii* ou les tenanciers n'étaient pas les seuls dépendants
mentionnés dans les documents du XIe siècle. Lorsqu'ils voulaient
embrasser en quelques mots l'étendue d'un patrimoine aristocratique,
les notaires évoquaient les *servi* et les *ancillae* dont la possession était
la marque des grands. En 1084, Azzo di Geremia des Firidolfi, vendait
à Ghisolfo di Ranieri deux parts de ses biens avec les « serfs et les
serves, leurs fils et filles[86] ». Il ne s'agissait pas là d'une simple formule :
au début du XIe siècle, un certain Azzo di Adolfo avait vendu ainsi
onze serfs et serves dont le notaire avait pris soin de noter les noms[87].

---

[82] Conti 1965a, p. 177-178 ; Delumeau 1996, p. 82-100 ; Huertas 2008,
p. 150-155.

[83] *Diplomatico*, *Coltibuono*, 1071/11 (1324, *RC* 77).

[84] *CRSGF*, 224.236, n° 219, *RC* 124.

[85] Delumeau 1996, p. 82 et suivantes.

[86] *Diplomatico*, *Coltibuono*, 1084/08/17 (1994, *RC* 149), *cum servis et ancillis
et filiis et filie*.

[87] *Ibid.*, 1021/02 (324, *RC* 19).

Le rapport était parfois plus personnel. À la fin du XIᵉ siècle, dans le cadre d'une pacification, promesse avait été faite à Emilia, de ne pas contester le pouvoir qu'elle avait sur l'un de ses *servi* du *castello* de Vertine[88]. Il y avait donc, avant le XIIᵉ siècle, des formes de dépendance assez distinctes : certaines étaient personnelles et pesaient sur les personnes, tandis que d'autres relevaient davantage des conditions économiques et des liens informels qui pouvaient unir les tenanciers à leurs maîtres.

7.2.2. Coloni, villani *et* fideles

Il est assez hasardeux d'établir des lignes de continuité entre les quelques *massarii* du XIᵉ siècle ou les *servi* que les sources font connaître et les *villani* ou *coloni* de la fin du XIIᵉ siècle. On peut reprendre les observations faites par C. Wickham sur le territoire florentin. Tandis que les territoires de Lucques ou de Pise ont laissé de nombreuses disputes judiciaires opposant propriétaires et tenanciers, les conflits judiciaires légués par les territoires d'Arezzo, de Sienne et de Florence se signalent par la remarquable absence des tenanciers. On peut certainement souscrire à l'assertion de l'historien selon laquelle, dans le territoire de Florence « les locataires dépendants, en particulier ceux qui n'avaient pas de terre en propre, vivaient dans une condition semi-servile[89] ». On manque, en conséquence, de données permettant de préciser la condition de ces tenanciers dépendants. Dans la seconde moitié du XIIᵉ siècle, les notaires utilisèrent de plus en plus le terme de *colonus* pour qualifier une certaine catégorie de dépendants agricoles[90]. La résurgence de ce terme résultait probablement d'une interprétation des réalités locales à l'aune du droit romain :

> Les juristes, comme les historiens actuels, réalisèrent que de tels cultivateurs, libres, mais soumis à de puissants liens de dépendance, ressemblaient de très près aux *coloni* du bas empire (et se distinguaient notamment des *servi*)[91].

Juristes et notaires ne se contentaient pas d'*habiller* la réalité, mais œuvraient à une redéfinition des dépendances rurales. Il deve-

---

[88] *Ibid.*, 1081/09/30 (1823, *RC* 132).
[89] Wickham 2000, p. 300 : « Tutto indica che i fittavoli dipendenti, in particolare coloro che non avevano terra propria, vivevano una condizione semi-servile più a Firenze che a Lucca. »
[90] Panero 2000.
[91] Wickham 1994, p. 1069-1070 : « Questo significa semplicemente che i giuristi, come gli storici attuali, capirono che tali coltivatori, liberi, ma sottoposti a forti vincoli di dipedenza, rassomigliavano assai da vicino ai coloni del basso impero (e non, conviene notarlo, ai servi). »

nait dès lors plus facile de savoir ce qu'on entendait exactement lorsqu'on parlait de colon et l'on pouvait se référer, pour discuter de cette réalité, à un *corpus* juridique reconnu et respecté[92]. Les éléments clefs qui servaient à définir un colon étaient : la résidence sur la terre d'autrui, l'accomplissement de certains services et le versement du loyer en nature avec parfois la prestation d'un serment. On retrouvait ces éléments, au milieu du XIIIe siècle, dans les serments collectifs que les abbés de Vallombrosa faisaient jurer à la population de Magnale et Ristonchi. Qu'on qualifiât les dépendants de colons, dans les sources des années 1190-1230, ou de fidèles, dans les sources du milieu du XIIIe siècle, voire de feudataires, ne changeait guère la nature des obligations. En 1263, les hommes de Ristonchi s'étaient déclarés : « feudataires du monastère de Vallombrosa et liés (*ascriptos*) à la terre du monastère ». Désireux de reconnaître la fidélité qu'ils devaient à l'abbaye, ils juraient les ordres et les mandements de l'abbé Plebano et s'engageaient à ne pas aliéner les fiefs qu'ils tenaient de l'abbaye[93]. La convergence des statuts relevant de la fidélité vassalique et des statuts liés à la dépendance rurale est un phénomène commun à plusieurs territoires de la Méditerranée occidentale[94]. Cette évolution pourrait résulter de la nécessité où se trouvaient un peu partout les grands propriétaires ecclésiastiques de gérer un mécontentement latent et de tenir compte des évolutions de la condition sociale de certains de leurs dépendants. Pour B. Castiglioni, la diffusion d'une petite vassalité de service, dans le nord de l'Italie pourrait ainsi s'expliquer par une prise en compte des mobilités sociales ascendantes[95]. La transformation globale du langage de la domination pourrait ainsi manifester, en négatif, le dynamisme des communautés que formaient, au milieu du *Duecento*, les tenanciers coutumiers.

On peut voir, dans le colonat du XIIIe siècle, le résultat d'une tendance à l'institutionnalisation de rapports de dépendance autrefois conçus sur un mode plus personnel. Les premières occurrences de colons ne se trouvent pas dans des documents particulièrement marqués par l'empreinte urbaine[96]. Ces premières occurrences émanent

---

[92] Santini 1895, vol. 1, n° XXII, le 1er janvier 1218 (en 1219), p. 240-244 ; commenté par Collavini 2000.

[93] *CRSGF*, 260.126, fol. 55r-v, le 12 janvier 1262 (en 1263), fol. 55v, *affirmantes se feudatorios* […] *ac ipsius monasterii glebe ascriptos*.

[94] Conte 1996, p. 234-236.

[95] Castiglioni 2010, p. 354-391.

[96] Dans le fonds de Vallombrosa, l'une des premières mentions de la condition de colon se trouve dans un acte émanant du territoire de Faenza, et dans lequel on évoquait l'*indominicato* en le qualifiant de *colonicatus*. *Diplomatico, Vallombrosa*, 1170/05/25 (5710), 1188/04/04 (6646), 1189/07/27 (6719), 1196/12/07 (7216), 1197/12/31 (7278), 1199/08/22 (7378), 1200/12/11 (7481) ; *Coltibuono*, 1172/04/22 (5788, *RC* 483), 1197/08/30 (7258, *RC* 532).

d'un milieu d'aristocrates dont les intérêts se jouent à l'échelle d'un territoire dépassant le cadre de quelques bourgs castraux. On trouve ainsi un acte par lequel deux habitants de Semifonte ou des environs négocient un prêt gagé sur quelques-uns de leurs *coloni* et *villani* qui offre une manifestation typique des nouvelles conditions politiques et économiques[97]. Il était inévitable que les villes prissent l'initiative, en faisant rapidement des justices urbaines le lieu où se définissait précisément le statut des dépendants ruraux[98]. Au XIIIe siècle, le poids de l'institution urbaine devint très sensible dans les questions relatives aux dépendants ruraux. Les abbés de Coltibuono, ou plutôt les notaires qui travaillaient pour eux, avaient pris soin de recopier les extraits des statuts citadins évoquant précisément la question des colons[99]. À l'occasion d'un procès intenté par la *Badia* de Florence à l'un de ses colons, les administrateurs de la seigneurie de Vico l'Abate avaient fait venir des témoins qui devaient fournir aux enquêteurs la preuve que Benivieni di Rinucciolo était bien un *colonus* de l'abbaye[100]. La procédure d'enquête permet de savoir ce qui définit, en ce début de XIIIe siècle, la condition servile : l'appartenance à une famille de colons ; la résidence sur un fonds appartenant à l'abbaye ; l'accomplissement de corvées agricoles ou militaires ; le versement des pensions ; la prestation d'un serment de fidélité[101]. Les actes du *contado* florentin n'évoquent que très rarement la présence des « villains ». Dans l'une des rares attestations rencontrées, *villanus* apparaît comme un équivalent de *colonus*, avec la possible nuance d'un pouvoir plus personnel exercé sur ce dernier et d'un terme appartenant peut-être davantage au langage commun que celui de *colonus*[102]. Le terme était beaucoup plus courant à Sienne et s'imposa en lieu et place de *colonus*. Dans les années 1220, on n'en estimait pas moins, chez les enquêteurs florentins, qu'une différence existait entre les deux notions. En 1220, dans le cadre du procès intenté par la Badia de Florence à l'un de ces colons, les juges citadins demandèrent à plusieurs témoins de se prononcer sur le statut de Benivieni. S'agissait-il d'un *colonus* ou d'un *villanus* ? La distinction

---

[97] *Ibid.*, 1197/08/30 (7258, *RC* 532), Semifonte était une fondation nouvelle, promue par les comtes Alberti et était destinée à soutenir une construction territoriale, voir Pirillo 2004.

[98] *Ibid.*, *Vallombrosa*, 1195/05/19 (7101).

[99] *CRSGF*, 224.232, p. 773, copie du 54e chapitre des statuts de Florence, dans le second livre, interdisant à un colon de vendre sans l'autorisation de son seigneur (copie moderne d'un document non retrouvé dans le *Diplomatico*), une autre copie de ce statut peut être trouvée sous la cote *Diplomatico*, *Vallombrosa*, 1276/10/26 (19426).

[100] Le toponyme actuel est Sant'Angiolo a Vico l'Abate, dans la Val di Pesa, voir Repetti 1965, « Vico l'Abate, S. Angelo in Vico l'Abate », vol. 5, p. 745, vol. 6, p. 81.

[101] Santini 1895, n° XXII, le 1er janvier 1218 (en 1219).

[102] *Diplomatico*, *Coltibuono*, 1197/08/30 (7258, *RC* 532).

échappait à la plupart d'entre eux, plus accoutumés qu'ils étaient à désigner comme « villain » le dépendant rural. En 1170, c'était le même terme de villain que les moines employaient, pour qualifier l'un des dépendants mobilisés contre eux par les Firidolfi[103]. Dans une bonne partie du territoire florentin, il est probable que le terme de *villanus* ait précédé, dans la langue vulgaire, le terme plus savant de *colonus*[104]. On aurait ainsi le signe d'un décalage entre la langue savante, venue de la ville, qui imposait ses normes, et une langue en léger décalage dans les campagnes. Il arrivait aux juges florentins d'appuyer les seigneuries ecclésiastiques contre leurs colons et leurs *fideles* et la ville n'agissait pas systématiquement dans le sens d'une émancipation des travailleurs du sol[105]. E. Conte souligne toutefois, en résumant les grandes lignes d'un long débat historiographique, l'importance cruciale de l'intervention des juristes dans la définition des rapports de dépendance. En codifiant ces rapports et en les soumettant à une définition juridique, ils offraient aux dépendants des armes que ces derniers pouvaient éventuellement utiliser contre leurs maîtres. On peut même relever, chez les glossateurs, des interprétations plus favorables aux *homines* qu'à leurs *domini*[106]. Dans la pratique, les formules mêmes qui encadraient la vente des colons étaient assez claires sur le lien qui unissait le colon à son propriétaire et à sa terre et sur la transmission héréditaire de ces liens de dépendance[107]. Aussi ne doit-on pas trop minimiser la portée de la loi interdisant aux seigneurs de vendre leurs colons. Prise en 1289, dans le cadre des luttes opposant le gouvernement des prieurs à l'influente famille des Ubaldini, cette décision n'était pas un affranchissement général[108], mais elle contribua sans doute à l'affaiblissement de la position exercée par les seigneurs[109]. Les précautions prises par les moines de Coltibuono, ou de Vallombrosa qui firent copier les statuts interdisant aux colons de vendre leur

---

[103] *Ibid.*, *Vallombrosa*, 11(**) (7427).

[104] On trouvait, dans un acte de 1113, la mention d'un certain *Spatiavillanus*, *ibid.*, *Coltibuono*, 1113/04/17 (3423, *RC* 278).

[105] Dameron 1991, p. 104, 160, les juges appuyèrent à plusieurs reprises les évêques de Florence dans de telles situations, pour Vallombrosa voir *Diplomatico*, *Vallombrosa*, 1195/05/19 (7101).

[106] Conte 1996, p. 253 : « Se l'influsso dei civilisti sugli statuti resta sul terreno incerto delle ipotesi, non altrettanto può dirsi del loro impegno diretto per l'applicazione di un regime della dipendenza rurale più favorevole agli homines che ai loro padroni. Le prese di posizione di Rolando, Azzone, Ugolino, Iacopo Balduini, Odofredo sono infatti non soltanto assai esplicite, ma assumono maggiore evidenza perché si discostano dal costume scolastico di tenere i problemi della pratica lontani dall'esegesi scientifica e dalla didattica quotidiana. »

[107] Voir Scalfati 1997, p. 134-135, *de venditione hominum vel colonorum et servitorum* [...] *de venditione coloni et resedii*.

[108] Conti 1985, p. xxvii.

[109] Panero 1999, p. 292-295.

tenure sans l'autorisation du seigneur, sont un indice de l'inquiétude que pouvaient susciter de telles mesures. Les procès relatifs au colonat et les difficultés rencontrées par les seigneurs pour tenir leurs dépendants dans le cadre étroit de cette sujétion sont un autre signe de la longue résistance des populations concernées à cette condition juridique et à ses contraintes.

Les colons sur lesquels les institutions ecclésiastiques cherchaient à réaffirmer leur pouvoir étaient rarement des figures isolées et démunies : il s'agissait d'individus chez qui la condition juridique vantée par les anciens maîtres contredisait nettement le statut social acquis. Benivieni, que la *Badia* de Florence revendiquait comme sien, n'était en rien un personnage mineur. Émigré à Florence depuis plusieurs années, il avait pu faire construire sa maison dans les murs de la cité et l'un des points que les magistrats cherchaient à éclaircir était celui de l'appartenance ou non de ce Benivieni à la communauté des citoyens de Florence[110]. Quelques années auparavant, les abbés de Vallombrosa n'étaient pas parvenus à obtenir des juges florentins une confirmation totale de leurs droits sur trois colons, Petro, Compagno et Restauro, qui avaient su se faire entendre des consuls[111]. Certains colons étaient en position de s'opposer à leurs maîtres, des dépendants ruraux pouvaient à l'occasion échapper à leur condition, d'autres colons appartenaient à des familles que rien ne distinguait nettement de la petite aristocratie. Du point de vue économique, on est frappé par les sommes que pouvaient débourser les serfs pour s'affranchir de leurs liens de dépendance. Au XIVe siècle, plusieurs dépendants de l'abbaye de Coltibuono se libérèrent ainsi de leur statut de colon et des *servitia* qu'ils devaient à l'abbaye – en l'occurrence un versement annuel de quatorze setiers de grains – contre la vente d'un ensemble de biens estimé à 360 livres en petits florins[112]. La somme était considérable et

---

[110] Santini 1895, n° XXII, le 1er janvier 1218 (en 1219), p. 240-244, p. 242, *Int(errogatus) si vidit Benivieni habitare Florentie, resp(ondit) quod sic, per tres annos ; et in his tribus annis fuit litigatus ab abate vel ab alio pro eo. Int(errogatus) quomodo sciret, resp(ondit) quod fuit vocatus testis : querimoniam posuit abbas vel alius pro eo. Int(errogatus) si Benivieni est civis, resp(ondit) quod non credit. Int(errogatus) si habet domum Florentie, resp(ondit) sic. Int(errogatus) quomodo sciret, resp(ondit) quod vidit eam facere.*

[111] *Diplomatico, Vallombrosa*, 1195/05/19 (7101), alors que l'abbaye réclamait annuellement une pension de sept deniers, un *pigna* de figues, trois corvées de bœufs, 3 corvées de bât avec un âne, le don annuel de deux poussins et deux poules, d'un setier de vin et deux pains, elle n'obtint du juge florentin que la reconnaissance de ces hommes comme colons du monastère et l'obligation, pour Petro, de payer le quart des sept deniers qu'on exigeait de lui.

[112] *Ibid., Coltibuono*, 1315/06/03 (75234), Migliore di Bonasera et ses trois fils – Bindo, Giunta et Coverino –, son frère Guido et les fils de Ghori – Bono, Lolo, Marcello, Sera, Piero et Giardino – résidant dans la paroisse de San Giorgio a Grignano cédaient à l'abbaye de Coltibuono un ensemble de biens estimé

dépassait certainement le prix de plusieurs années de ce service. Les tenures coutumières, dont l'organisation agraire devenait obsolète à mesure que se réorganisaient les terres du *contado*, pouvaient néanmoins se révéler d'un bon rapport. Pour acquérir leur liberté ou se débarrasser du soupçon qui risquait à tout moment de retomber sur eux, les tenanciers étaient prêts à d'importants investissements. Les procès intentés aux colons, l'attention constante des institutions ecclésiastiques à ces questions, l'établissement de généalogies indiquent le poids de ces dépendances. Ces liens, sans être les seuls éléments déterminant le rang social et la respectabilité, entravaient les mobilités sociales et géographiques.

7.2.3. *Les dépendances économiques*

Cette dépendance très institutionnalisée n'était pas le lien le plus fort qui pût exister. Il est certes artificiel de vouloir distinguer trop nettement l'économie, la politique et les faits sociaux. La dépendance qui pesait sur les colons des grandes propriétés ecclésiastiques était une réalité lourde à porter et qui pouvait entraver des foyers entiers. Elle avait toutefois un aspect assez institutionnel, presque formel, et la question de la définition du colonat était davantage une affaire de tribunaux urbains qu'une question intéressant véritablement les communautés rurales. Il n'en allait pas de même des formes plus directes de la dépendance : celle qui liait au voisin, par des dettes, et plaçait en position d'obligé. C'est probablement du côté du crédit et des formes les plus fugaces de la location foncière qu'il faut chercher les premiers développements des baux fonciers qui devaient par la suite dominer le territoire florentin. La plus forte des dépendances était certainement celle qui liait à un créditeur. Certains documents permettent de savoir comment pouvait se créer une relation de dépendance économique[113]. En 1164, Bernardo di Bernardo s'était ainsi désaisi, au profit d'Albertinello *massarius* de Marciano, des droits qu'il avait sur une parcelle des environs. La vente était en réalité destinée à solder la dette de 100 sous qu'il avait vis-à-vis d'Ugolino Malcorio. Bernardo perdait tout droit de propriété sur sa terre, mais en conservait l'usage, en s'engageant à verser à Alberto, prêtre de l'église de Santo Stefano a Torri – probablement le même individu que le *massarius* Albertinello agissant tantôt comme intermédiaire de l'abbaye, tantôt comme prêtre de la chapelle voisine – le quart des fèves que produirait cette terre. Il serait bien entendu intéressant d'avoir des renseignements précis sur ce Bernardo.

à 360 livres – la moitié d'une maison, une aire, une *cella* et plusieurs parcelles situées dans les alentours – et se trouvaient libérés, en retour, du statut de colon et du versement annuel de 14 setiers de grain.

[113] *Ibid.*, 1164/04/27 (5509, *RC* 464).

Appartenait-il à l'une des parentèles influentes dans les environs de Marciano et de Rignano sull'Arno ? On l'ignore, mais la réponse ne changerait rien, toutefois, à l'observation qu'on peut faire sur le mécanisme de l'endettement qui l'avait conduit à se dessaisir du contrôle direct qu'il exerçait sur une terre pour se recommander au desservant de l'église local. Si les dettes non honorées n'aboutissaient pas nécessairement au dessaisissement complet d'une terre, elles devaient assez souvent aboutir à des situations dans lesquelles un ancien propriétaire pouvait se retrouver dans la situation du tenancier obligé par celui qui l'avait secouru, et naturellement tenu d'acquitter la dette morale qu'il avait contractée. La tendance historiographique consistant à une réinterprétation du crédit dans son fonctionnement horizontal, comme un moyen de consolider et d'entretenir des réseaux d'alliance et d'amitié est tout à fait légitime. Elle ne doit pas empêcher d'envisager le rôle que la dette pouvait jouer dans l'établissement de hiérarchies verticales. Il arrivait du reste, bien avant le XIIIe siècle, qu'on vendît une terre pour s'acquitter d'une dette[114]. Dans des sociétés qui manquaient constamment de liquidités, le crédit, sous des formes diverses, était omniprésent et irriguait les relations sociales[115]. On trouve d'ailleurs de nombreux prêts sur gage foncier[116]. Pour reprendre un exemple souvent évoqué, les acquisitions faites, au XIIe siècle, par les intermédiaires des abbés de Coltibuono, autour de Marciano, passèrent par des donations, des achats et un certain nombre de *cartulae pignoris*. Les contrats conservés se présentaient comme des gages fonciers, dans lesquels les intérêts prévus consistaient en une part substantielle de la récolte[117]. On sait que l'abbaye de Coltibuono recourait ailleurs à ces mêmes pratiques et que ces prêts sur gage foncier s'inscrivaient dans des pratiques communes à tout le Nord de la péninsule italienne[118]. Ces *cartulae pignoris* ne sont que la part émergée et immédiatement

---

[114] *Diplomatico, Vallombrosa*, 1180/10/08 (6215, date incertaine), Guarneritto, Bonincontro et Boncompagno, fils de Gero ou Torringello, leur sœur Bruna, avec pour mundualds Torringello lui-même et son oncle Odorigo di Pilizano, vendaient au frère convers Remberto et à l'abbé Terzo de Vallombrosa une terre attenante à celle de l'abbaye et près de leur propre réserve, au lieu-dit Gignoro, pour 33 livres en deniers qui étaient destinés à rembourser la dette paternelle.

[115] Gaulin – Menant 1998.

[116] Salvestrini 2008b.

[117] Outre les documents cités plus haut, voir *CRSGF*, 224.236, n° 700, le 13 mars 1148 (*RC* 405, en 1149), *Diplomatico, Coltibuono*, 1139/03 (4465, *RC* 380), 1146/02 (4765, *RC* 397), 1176/02 (5975, *RC* 492, en 1177).

[118] Aux documents cités plus haut, il faut ajouter, pour s'en tenir au fonds de Coltibuono, les actes suivants, *Diplomatico, Coltibuono*, 1089/01/28 (2304, *RC* 181, le 28 février 1090 ?), 1104/02/07 (3079, *RC* 243, en 1105), 1115/02/06 (3506, *RC* 282, en 1116), 1123/05 (3804 *RC* 315), 1131/03 (4132, *RC* 348), 1155/01/26 (5172, en 1156) ; sur la question des prêts sur gage foncier, voir Violante 1962.

lisible du crédit dans la documentation des XIe et XIIe siècle[119]. Il est remarquable que la plupart de ces chartes aient été ratifiées dans les temps de l'année qu'on sait les plus durs: vers février et mars ou jusqu'au printemps, moment traditionnel de la soudure.

Le crédit était aussi un instrument de recomposition des hiérarchies sociales. Le voisinage et l'appartenance à un même milieu d'interconnaissances ne constituaient pas une garantie de voir le statut social ou le niveau de richesse se perpétuer. Dans un acte de 1125, quelques individus des environs de Rignano offraient à l'abbaye une terre que leurs parents avaient acquise « dans une période de faim[120] ». Une indication qu'il faut sans doute prendre au sérieux et qui rappelle la dépendance de l'ensemble des populations étudiées aux aléas climatiques et aux hasards de la vie politique[121]. De tels épisodes pouvaient avoir d'importantes conséquences sur les hiérarchies locales: le manque de céréales et le renchérissement des prix n'étaient pas des catastrophes pour ceux qui avaient quelques réserves et pouvaient, en aidant à peu de frais leurs voisins, profiter des prix affaissés du foncier[122]. L'acte de 1125 est un cas isolé, mais intéressant qui révèle à la fois la fragilité des populations à la conjoncture et rappelle, dans le même temps, le jugement négatif qui risquait de peser sur ceux qui auraient profité trop ouvertement, et sans offrir de contreparties, des difficultés de leurs voisins. Quand de nouveaux contrats fonciers font leur apparition, au cours du XIIIe siècle, ils participent souvent à la diffusion de formes très contraignantes de crédit. Les baux ecclésiastiques se révèlent ici moins utiles que les contrats laïques pour saisir le fonctionnement de ces formes nouvelles d'exploitation[123]. Moyen de paiement usuel d'une

---

[119] Cortese 2007, p. 103, n. 130, nulle interdiction canonique ne pesant encore sur les intérêts avant le XIIIe siècle, on ne peut pas véritablement parler d'intérêt dissimulé, sur ce point voir Gaulin – Menant 1998, p. 52-53.

[120] *Diplomatico, Coltibuono*, 1125/03 (3899, *RC* 323), *in tempore famis*, on connaît par ailleurs les habitudes de ce notaire qui, ailleurs, ne recourt pas à cette formule.

[121] Delumeau 1996, vol. 1, p. 81.

[122] Benito i Monclús 2013.

[123] Les contrats à part de fruit demeurent assez rares dans la documentation ecclésiastique et n'informent généralement que sur le loyer attendu, voir *Diplomatico, Coltibuono*, 1273/04/24 (18744), les moines de Coltibuono, réunis en chapitre, louent à Guido et Filippo di Martino toute une demeure et une cour du monastère située *Alla Gerda* pour six ans, contre le tiers de la production annuelle de blé, de la production des vignes et et des oliviers, à l'issue de ce contrat, la terre devait revenir à l'abbaye; *ibid.*, *Vallombrosa*, 1299/05/10 (26363, le 10 mars), le camérier de l'abbaye loue à Salvuccio di Cuzo, un *podere* disposant d'une habitation, d'une cabane, d'une vigne et de quelques arbres situés au lieu-dit Chiusurla, pour une durée de vingt ans, en attendant en loyer la moitié du blé, des fruits, du vin et de l'huile. Pour le droit d'élever des porcs et du petit bétail, il s'engage à payer chaque année trois livres et dix sous en florins, à offrir quatre chapons et une certaine quantité d'œufs à l'Ascension, à la Toussaint et à Pâques.

société thésaurisant peu et manquant constamment de liquidités, le crédit pouvait servir à tisser les solidarités des communautés locales et ne fonctionnait pas nécessairement comme une fabrique à misère[124]. On peut toutefois reconnaître la pratique agressive des usuriers de l'Italie des XIIe et XIIIe siècles, à l'image des Mangiavillano étudiés à Padoue par G. Rippe[125]. Plus près de Florence, sur le marché de Leccio, dans la vallée supérieure de l'Arno, Corso Malaccho di Gianni était, à la fin du XIIIe siècle, le *procurator* de ser Tommaso di Spigliato dei Mozzi pour tout ce qui avait trait aux locations de ses terres. La plupart des baux fonciers dont il s'occupait étaient accompagnés de l'ouverture d'un crédit. En février 1295, il reconduisit Salvi di Corbaccino sur un *podere* des environs de Rignano[126]. Il s'agissait d'une location pour six ans, avec un loyer total de huit muids de céréales prévoyant le versement de quelques œufs et volailles. Avec le *podere*, le locataire obtenait la concession d'une parcelle sur une « île » de l'Arno contre un loyer consistant en une moitié du mil récolté[127]. Au terme de cette location, Salvi di Corbaccino s'engageait à rembourser le prêt de trente-trois livres qu'il avait reçu pour faire fonctionner l'exploitation. Dans la même journée, le fils de Salvi di Corbaccino, avait souscrit, en son nom et auprès de Corso Malaccho, un prêt de quatorze livres et dix sous à rembourser dans l'année, à Florence[128]. À l'instar de la plupart des affaires dont se chargeait Corso Malaccho, ces deux actes contrats avaient été cassés en présence des deux parties[129]. On aurait tort de trop dramatiser ces opérations et les familles d'exploitants étaient sans nul doute habituées à vivre avec ces crédits et les contraintes qu'ils entraînaient.

Une étude des prêts consentis par ce *fattore* des Mozzi révélerait sans doute une petite société d'interconnaissance où le crédit fonctionnait entre gens de confiance. Pour être classique, l'analyse qu'on a

---

[124] Briggs 2009.

[125] Rippe 2003, p. 398, 620-621 et 628-229.

[126] *NA*, 10896, fol. 11r, en février 1294 (1295), il faut en réalité compter deux *item*, c'est-à-dire deux actes facturés comme tels pour le notaire : l'un pour le *podere* des environs de Rignano ; l'autre pour la parcelle située sur l'Arno.

[127] FAO 1995, dans ce cas il s'agit sans doute d'une variété de petit mil essentiellement cultivé « dans les zones marginales ou dans des conditions d'agriculture où les céréales principales ne donnent pas de rendements viables ».

[128] *NA*, 10896, fol. 11r, le 23 février 1294 (1295), la date du premier acte n'est pas entièrement lisible, mais il est probable que tout se soit fait dans la même journée.

[129] On trouve, dans le même registre du notaire Guido di Bandino *da Leccio*, d'autres exemples de ces locations, *ibid.*, 10896, fol. 10v, le 16 février 1294 (1295), Corso Malaccho loue, au nom de Tommaso di Spigliato dei Mozzi, un *podere* situé dans le plébat de San Leolino a Rignano, pour quatre ans, avec un prêt de 17 livres et 10 sous en petits florins et contre un loyer total de six muids de céréales à verser au *castello* de Rignano (acte cancelé sur parole des deux parties) ; *ibid.*, fol. 14r, le 23 mars 1294 (1295), location pour huit ans, contre un prêt de 30 livres, contre 5 muids et 12 setiers de céréales (cancelé), *ibid.*, fol. 12r, 15r-v, 23 r, 23v, 128 r, 112 r.

longtemps faite de ces prêts « pour l'achat des bœufs » reste toutefois valide[130]. Il s'agissait, pour le propriétaire, de placer l'exploitant dans une situation de dépendance économique et dans un rapport de subordination dont le *padrone* tirait le plus grand profit[131]. Le succès, au XIVe siècle et dans les siècles suivants, des pratiques consistant à associer un prêt à la location d'une terre ou d'une exploitation témoigne d'ailleurs de l'intérêt qu'ont longtemps trouvé les propriétaires florentins à l'établissement de ces contrats. Dès le XIIIe siècle, sans que le phénomène fût généralisé, on trouvait d'ailleurs des exemples parfaits de ces baux associant un prêt à l'exploitant et un contrat de métayage à court terme et à part de fruit. Tout innovants que pussent alors paraître ces baux, ils s'inscrivaient dans des pratiques anciennes dont ils proposaient une version plus systématique et organisée – c'était inédit – autour d'exploitations restructurées et recomposées.

7.3. Petits tenanciers et grands fermiers

Les documents du XIIe siècle font rarement connaître d'autres tenanciers que ces figures, qu'on devine déjà assez importantes, et dont le patrimoine semble s'organiser à l'ombre des institutions seigneuriales. Au XIIIe siècle, sans que les données sur les tenanciers soient véritablement massives, on peut se faire une idée plus nette des hiérarchies séparant différentes formes de location de la terre : certaines destinées à encadrer de petites unités, des exploitations rurales familiales, d'autres servant à encadrer la concession d'importantes unités foncières. L'attention légitime pour les nouvelles formes de location – la *mezzadria poderale* et ce qui s'en approche – ne doit pas faire oublier la résistance, durant tout le XIIIe siècle et au-delà, de formes plus anciennes de conduction des terres.

7.3.1. *Les tenanciers coutumiers : la persistance des baux emphytéotiques*

Les registres notariaux et les fonds ecclésiastiques offrent ici un contraste évident. Tandis que les premiers renseignent sur les nouvelles pratiques, et portent le souvenir des contrats à court terme et méritant d'être conservés, les archives ecclésiastiques donnent à voir la persistance de ces locations soumises à des charges « coutumières », en ce sens qu'elles échappent généralement au contrat écrit. Ces charges

---

[130] *NA*, 10897, fol. 9r, en 1299.
[131] Imberciadori 1951 ; Cherubini 1979.

coutumières avaient en réalité connu de fortes évolutions, et E. Conti a bien mis en évidence le mouvement général de conversion des redevances, d'abord demandées en argent, puis en nature, dans la première moitié du XIIIᵉ siècle[132]. Sans doute ce mouvement de conversion s'accompagnait-il d'une évolution générale de la documentation et des pratiques écrites consistant à encadrer par l'écrit un niveau de transactions qu'on confiait auparavant à la mémoire des hommes. En remontant plus loin, vers le XIIᵉ siècle, comme l'a fait L. Tabarrini, il est probable que ces baux coutumiers aient longtemps été associés à des demandes de corvées qui tendaient à se raréfier dans la documentation relative au *Duecento*[133]. Quand on considère les témoignages relatifs au *contado* florentin, on ne peut que constater l'importance de loyers qui pour être dans l'ensemble assez différents, ont ceci en commun d'accompagner des baux emphytéotiques, associant aux versements en nature, de petits versements en argent et beaucoup plus rarement des services ou des corvées. Lorsqu'ils en avaient l'occasion, les grands propriétaires pouvaient être tentés – mais ce n'était pas une règle systématique – de convertir ces redevances et de réorganiser leur patrimoine foncier. Dans l'environnement monastique, à Passignano, à Camaldoli et à Vallombrosa, les abbés conservèrent assez longtemps les liens de fidélité et de sujétion associant leur communauté à une *familia* plus vaste de laïcs. Ces baux emphytéotiques, quoiqu'habituellement liés à une condition contraignante, n'étaient pas nécessairement d'un mauvais rapport pour leur bénéficiaire. C'est globalement ce que souligne Renzo Nelli dans son étude sur la population des tenanciers de l'évêque florentin à Monte di Croce. En s'intéressant à l'une des *villae* dépendant de l'antique *castello* des comtes Guidi, il offre un remarquable tableau de ces tenanciers coutumiers. Certains pouvaient se livrer à des activités plus lucratives, l'élevage en *soccida* notamment, en sous-louant leurs terres à d'autres exploitants, d'autres pouvaient ouvrir de petites boutiques en ville. Il tempère toutefois, à très juste titre, le caractère positif de cette condition de tenancier coutumier. D'autres parcours, mal documentés, témoignent *a contrario* de la fragilité de ces mêmes tenanciers :

> Le fait même que les autres tenanciers, dans leur grande majorité, ne parviennent presque jamais à émerger des fonds pour faire sentir leur propre voix témoigne de la pauvreté relative de leur condition, sinon de leur indigence véritable[134].

---

[132] Conti 1985.
[133] Tabarrini 2019.
[134] Nelli 1985, p. 67-68 : « Il fatto stesso che la grande maggioranza degli altri non riesca quasi mai ad emergere dalle fonti, a far sentire la propria voce, sembra testimoniare delle loro condizioni di contadini relativamente poveri. »

À ce tableau déjà assez complet, il faut encore ajouter la forte présence des tenures coutumières à Vallombrosa et dans le Chianti. À Vallombrosa, les copies effectuées sur le registre de Jacopo *da Magnale* par le notaire Guido di Domenico témoignent des faibles transformations des loyers[135]. F. Salvestrini a déjà souligné le caractère tardif et peu massif des conversions de loyer dans cet environnement montagnard[136]. Il faut en effet attendre le XIVe siècle pour assister à la diffusion des contrats à court terme. Avant cette date, les loyers demandés pour la terre étaient massivement des loyers en nature, allant de la mine de froment à quelques setiers de blé ou de châtaignes.

Si l'on demeure incertain sur les unités de mesure aux XIe et XIIe siècles, les choses deviennent plus simples au siècle suivant. Certains territoires maintenaient leurs particularismes. À Passignano, le versement des redevances se faisait à la mesure de Passignano, un élément loin d'être anodin et qui participait à l'affirmation seigneuriale des abbés. À Vallombrosa, l'unité de mesure était vraisemblablement le setier de Florence, de 24,36 litres, ce qui signifiait que l'un des plus hauts loyers en nature s'élevait à environ 268 litres de céréales panifiables et autant d'avoine, un peu plus ou un peu moins de la capacité usuelle d'une barrique. En l'absence de données précises sur les rendements et les surfaces exploitées, les jugements portés sur ces redevances demeurent impressionnistes. Au vu des *poderi* qui sont connus, une telle quantité ne paraît pas trop peser sur la production. Les montants demandés pour une exploitation complète, entre une dizaine et une vingtaine de setiers par an, sont ceux qu'on retrouve dans d'autres contextes, au début du XIIIe siècle, sur les terres des évêques de Florence[137]. La plupart du temps, les loyers demandés étaient beaucoup plus faibles, quelques setiers par an seulement[138]. À Monte di Croce, les loyers allaient jusqu'à cinq ou quinze setiers pour une parcelle, mais les montants les plus fréquents – les deux tiers –, étaient inférieurs à cinq setiers et plus de la moitié étaient inférieurs à deux setiers[139]. La documentation donne le point de vue du propriétaire qui recevait quelques setiers, quelques deniers et d'autres denrées, se présentant en ordre dispersé. Les tenanciers pour leur part avaient

---

[135] *CRSGF*, 260.126, fol. 93r-116v.

[136] Salvestrini 1998, p. 135-153.

[137] Conti 1985, p. xv, en mars et avril 1221, dans les montagnes du Mugello, deux cultivateurs durent vendre, par besoin d'argent, leurs *poderi* à l'évêque de Florence, en obtenant l'affranchissement de leur condition de colons; l'une de ces exploitations était tenue pour 13 setiers de blé et un jarret de porc par an et comprenait 37 parcelles, l'autre était tenue pour seulement 16 sous et une poule.

[138] Conti 1985, p. xxix, à Barberino di Mugello, les colons devaient en moyenne un peu moins de 5 setiers à l'évêque de Florence.

[139] Nelli 1985, p. 45-50.

à gérer cette même diversité et la perspective de devoir verser, aux mêmes époques, diverses redevances à une multitude d'ayants droit. Les institutions religieuses rencontraient certainement des difficultés lorsqu'elles voulaient faire évoluer leur patrimoine foncier, mais elles avaient des moyens de contrôle que n'avaient pas d'autres propriétaires, confrontés aux conséquences des divisions familiales et souvent conduits à s'éloigner des lieux de production. L'un des descendants des seigneurs de Tornano, Ildibrando di Guarnellotto (1201 ; 1258), alors qu'il vivait à Sienne, détenait encore sur les colons et tenanciers du Chianti une multitude de droits matériellement difficiles à réclamer. C'est cet ensemble de terres et de prélèvements qu'il vendit, en 1258, à un autre aristocrate local, pour le prix de quatre-vingts livres en deniers de Sienne[140]. D'une dizaine de tenanciers, dont une église, il pouvait attendre près de quatre muids de blé par an : une belle quantité, suffisante probablement pour ses besoins immédiats et qu'il était possible de commercialiser, mais probablement difficile à prélever. Il fallait en effet ne pas perdre de vue les tenanciers, organiser un éventuel transport ; toutes choses qui devenaient plus difficiles à distance. D'autres tenanciers devaient annuellement des quantités si dérisoires que ces loyers étaient calculés à des échéances beaucoup plus longues, de six ou sept ans[141], qui en préparaient l'oubli.

Les tenanciers eux-mêmes ne sauraient être confondus en une seule classe économique. Si la condition juridique qui pesait sur ces derniers, au moins comme une menace, était celle de colon – un terme qui se transmit d'ailleurs en italien pour désigner par la suite les tenanciers de la *mezzadria* –, les foyers qui étaient soumis à ces prélèvements pouvaient connaître des sorts extrêmement différents. Ils n'étaient en revanche pas les mieux placés pour commercialiser d'importantes denrées agricoles. La documentation disponible témoigne de l'attention croissante portée par les propriétaires aux prélèvements auxquels ils avaient droit. Des prélèvements certes légers, mais contraignants par leur temporalité et qui intervenaient peu de temps après la récolte. On serait en réalité tenté de généraliser le jugement mesuré porté par R. Nelli sur les tenanciers de Monte di Croce. Les tenures coutumières permettaient certainement de vivre. Dans la majorité des cas, elles ne devaient guère autoriser autre chose qu'une survie à peu près digne. Les transformations initiées au XIIIe siècle, et plus sensibles dans la vallée de l'Arno, avec les premiers contrats à court terme, ne devaient guère changer cet état de choses. La lecture des registres du notaire

---

[140] *Ricasoli, Parte antica, Pergamene*, n° 14, le 1er avril 1258, *instrumentum venditionis* (330 x 540 mm).

[141] *Ibid.*, Piero *da Refreno* devait ainsi 6 setiers de blé en 7 ans ; ces situations étaient probablement liées aux divisions familiales, on suppose que Piero *da Refreno* devait ainsi chaque année 6 setiers à des individus différents.

Guido di Bandino *da Leccio* donne une idée du poids acquis, à la fin du XIIIe siècle, sur le marché des céréales par Tommaso di Spigliato dei Mozzi, qui pouvait attendre chaque année 125 muids de blé de ses seuls *poderi* de Rignano sull'Arno[142]. Être à la tête d'une bonne tenure, disposer d'une insertion satisfaisante dans la communauté locale et entretenir de bonnes relations avec les autorités locales, c'était toutefois disposer des moyens d'envisager d'autres activités : le notariat ; l'élevage ou encore l'activité artisanale. Il n'est pas impossible que les tenanciers de Ristonchi et Magnale se soient adonnés, dès le XIIIe siècle, au travail du bois et la confection de petits meubles[143]. Ces activités échappent aux prélèvements seigneuriaux et sont en conséquence assez mal documentées.

7.3.2. *Les exploitations nouvelles*

À côté des petites tenures ou des parcelles dont les bénéficiaires versaient quelques setiers, on repère dans les sources du XIIIe siècle, l'existence de grosses tenures dont on attendait des quantités plus importantes de céréales. Un acte transmis par l'abbaye de Coltibuono fait ainsi connaître l'existence de loyers s'élevant à onze muids de froment par an, à verser au quinze août, au titre d'un contrat de trois ans seulement pour une exploitation située dans la Val d'Arbia, à Argenina[144]. Dans un censier qu'on suppose daté du XIIe siècle, mais remontant probablement aux dernières années du siècle, et écrit en langue vulgaire, les sept tenanciers du lieu devaient, tous ensemble, moins de trois muids de céréales[145]. Les loyers exprimés étaient typiques de ceux qu'on retrouvait en d'autres territoires, une certaine Aghina devant ainsi six setiers et un setier de céréales à la mesure de Sienne. Il avait fallu une transformation de l'ensemble de ce petit territoire pour qu'on pût en attendre, au XIIIe siècle, quelque chose comme onze muids de céréales. L'acte pourrait remonter au milieu du *Duecento*, à une époque où les moines de Coltibuono utilisaient cette *curtis* productive pour rembourser leurs dettes. En 1258, un certain *magister* de Monte-

---

[142] Barlucchi 2005, p. 195.

[143] Le conflit entre les *homines* de Ristonchi et l'abbé de Vallombrosa à la fin du XIIIe et au début du XIVe siècle portait essentiellement sur la coupe des bois propres à ces usages.

[144] *Diplomatico, Coltibuono*, 1213 (8830), date très incertaine, Argenina (Commune de Gaiole in Chianti) est désignée comme Largnano dans les sources médiévales ; il s'agit d'une localité dominant l'Arbia, située sur une colline à l'est de la rivière, non loin de Lucignano in Chianti.

[145] *Ibid.*, XIIe siècle, (7508, *RC* 549), *In Larginino [ie Argenina], Orlando xii staia di grano, Mancino xiv staia, Martino de Lo Toso, vi staia, Aghina, vi staia et uno a lo senese, Salvetto Bucczacini xi st<a>ia alo licig(nanese) et xxiii et mezzo a lo picculo staio, Tebaldo xxxii staia di grano alo pi(cculo) et uno a lo senese.*

grossi remettait à Montigiano di Ubertino, agissant en lieu et place du convers et *castaldus* de la cour d'Argenina, les biens qu'il avait saisis sur la cour en question et faisait quittance des quatre muids de blé que lui devait l'abbaye de Coltibuono[146]. Si le patrimoine monastique était ancien dans ce territoire, la donation d'un prêtre, à l'extrême fin du XIIᵉ siècle, avait dû représenter l'apport considérable d'un ensemble productif et déjà restructuré[147]. Le prêtre Giovanni s'était donné à l'abbaye de Coltibuono, en apportant avec lui vingt-cinq livres pisanes versées par les moines pour sa terre d'Argenina. Il conservait le droit de demander, à sa volonté, douze setiers de froment issus de cette *terra* et serait reçu par les moines quand il le souhaiterait. Il offrait en outre un muid de blé (*triticum*) et six livres qu'il possédait sur une mule. Ce document laconique est un indice, parmi d'autres, de la vitalité économique de ces campagnes et de la capacité des moines et d'autres acteurs, à transformer une *curtis* et un ensemble disséminé de parcelles en un ensemble productif. Sans doute la *curtis* de Marciano, dans le Valdarno, avait-elle été le cœur d'une semblable transformation. Au XIIIᵉ siècle, la *curtis* de Marciano, gérée par un castald, à l'instar de celle de *Largnano* (Argenina), était dominée par une vaste terre en faire-valoir direct, au lieu-dit Al Baleno[148]. Les basses collines de Rignano, comme celles de la vallée de l'Arbia étaient sans doute plus propices à la céréaliculture que les hautes collines du Chianti, mais ces grandes unités, que les moines concédaient volontiers pour rembourser leurs dettes, constituaient des propriétés plus fragiles. La *curtis* de Marciano fut ainsi mobilisée à de multiples reprises pour éteindre les dettes des moines et échappait de plus en plus à l'emprise de ces derniers.

À côté de ces grands ensembles, les moines ou leurs administrateurs avaient aussi mis sur pied des exploitations de dimensions sans doute plus raisonnables, mais dont on attendait de substantiels loyers en nature. Le petit dossier légué par les seigneurs *da Cacchiano* informe sur l'existence de pratiques similaires chez des laïcs entreprenants, les moines vallombrosains n'apparaissant en l'occurrence ni comme des précurseurs ni comme des imitateurs tardifs de leurs voisins. Certaines de ces grosses exploitations continuaient d'être concédées pour de très longues durées, souvent plus de vingt ans[149]. Le cas le plus

[146] *Ibid.*, 1258/05/03 (15940).
[147] *Ibid.*, 1199/04/08 (7368, *RC* 535).
[148] *Ibid.*, 1178/03/24 (6090, *RC* 497), 1199/12/03 (7393, *RC* 536), 1214 (8935), 1244/08/10 (13293).
[149] *Ibid.*, 1250/05/27 (14244), les moines louaient une exploitation pour trente ans contre un loyer annuel d'un muid de grains, *ibid.*, *Vallombrosa*, 1290/06/22 (23293), Muccio di Albericolo procurateur de Salvi di Drudolo *da Monteluco* louait les parcelles de Bindo di Guido *da Ama* pour 29 ans et autant de récoltes,

remarquable était la concession faite par Ciampolo, fils de ser Salvi di Drudolo *da Monteluco a Lecchi* en 1299. Avec son procurateur, ce florentin descendant de la famille des *da Cacchiano* louait à Casetto di Boninsegna un *podere* que ses héritiers et lui-même tiendraient quatre-vingt-sept ans contre un loyer annuel de trois muids et dix-huit setiers de grain[150]. La plupart des nouveaux baux fonciers, qui n'avaient pas vocation à demeurer dans les archives des abbayes et qui ont dû être beaucoup plus nombreux que ce que la documentation disponible peut laisser supposer, fonctionnaient sur une échéance de six ans, avec un loyer composé de quelques muids de céréales, souvent accompagné d'une redevance en œufs et d'une somme destinée au rachat d'un prélèvement sur le bétail[151]. À peine ouvre-t-on un registre notarial qu'on découvre la fréquence de ces contrats, plus courants, jusqu'à la fin du XIIIe siècle, que les véritables métayages. Dans le Valdarno Supérieur, à côté des locations qui prévoyaient un prêt initial et plaçaient les tenanciers en situation d'obligés, les Mozzi de Florence établissaient avec certains de leurs locataires des contrats plus simples et supposant la concession d'importantes unités foncières. En 1295, par le biais de son procurateur local, Corso Malaccho di Gianni, *ser* Tommaso di Spigliato dei Mozzi avait loué à Gianni di Gottolo et à son fils tous les biens qu'il possédait dans les deux paroisses de Leccio, à l'exception des bois et des incultes. Ces terres devaient, en six ans, lui apporter cent deux muids de blé, à raison de dix-sept muids par an[152]. D'autres prenaient en location des terres sur lesquelles on trouvait déjà un *laborator*[153]. Le tenancier était ici un grand entrepreneur, mais tous les tenanciers ne sont pas reconductibles à cette situation d'aisance relative.

Le statut de dépendant des colons pouvait offrir une certaine sécurité, mais il donnait aux seigneurs un avantage considérable lorsqu'ils entendaient restructurer certaines de leurs propriétés. Ce n'est sans doute pas un hasard si les fonds de l'abbaye de Coltibuono font surgir à peu près au même moment les contrats d'exploitations réorganisés

contre un loyer annuel de 2 muids de grain; *ibid.*, 1290/02/10 (23193, en 1291), *Ser* Drudolo di Diotisalvi *da Monteluco a Lecchi* louait aux fils de Bonfigluolo *da Pancole* une demeure et un *podere* pour 25 ans, contre un loyer annuel de 6 muids et 8 setiers de grains. 1290/06/22 (23293).

[150] *Ibid.*, 1294/10/15 (24610, en décembre).

[151] *Ibid.*, *Coltibuono*, 1289/09/07 (23054), 1295/08/09 (24912), 1298/02/02 (25808, en 1299), pour 5 ans dans ce cas; *Vallombrosa*, 1290/11/11 (23396, le 11 février 1291), 1299/12/04 (26590); *S. Vigilio di Siena*, 1245/02/02 (13383, 1246).

[152] *NA*, 10896, fol. 21v.

[153] *Ibid.*, fol. 128r, en 1297, Corso Malaccho di Gianni, procurateur de *Ser* Tommaso dei Mozzi de Florence, louait à Ruggerio di Bernardo *da Rignano* un *podere* situé au lieu-dit Almonte avec comme travailleur Bone di Benedetto, pour six ans, avec un prêt de 30 livres en petits florins « pour l'achat des bœufs » et contre un loyer annuel de 5 muids de grain et douze *sirquas* d'œufs à verser à Rignano.

et les mentions les plus fournies de *coloni*. Dans les années 1250, le renouvellement des baux emphytéotiques classiques était assorti d'un serment des bénéficiaires reconnaissant leur condition de dépendants[154]. On comprend mieux, à cet égard, le souci qu'avaient de petits notables de racheter à leurs propriétaires des terres tenues contre des loyers assez insignifiants[155]. Était-ce toujours de bon gré et par piété que certains tenanciers renonçaient à certaines de leurs possessions ? En 1253, en l'église de Coltibuono, Ranieri di Tebaldo *da Montaio* et son épouse Imeldina renonçaient aux terres qu'avaient tenues leurs ancêtres contre un service de deux deniers de Pise : quatre parcelles et des droits sur certains prés et incultes des environs[156]. Le lexique de la « libération » était largement et volontairement employé. C'était parce qu'ils voulaient se « libérer du *servitium* » de deux deniers qu'ils offraient ces terres à l'abbé de Coltibuono[157], et l'acte avait d'ailleurs été écrit dans les mêmes termes qu'un affranchissement[158]. À la fin du XIIIe siècle, quand l'évolution documentaire vient éclairer d'un jour nouveau le sort des campagnes florentines, les hiérarchies entre grands propriétaires, propriétaires moyens, grands tenanciers et petits tenanciers paraissent dans l'ensemble mieux affirmées. Le marché de la terre demeurait très animé et les patrimoines familiaux, qu'ils fussent constitués de terres tenues en propriété, de locations à court terme ou de baux emphytéotiques, continuaient de présenter une grande diversité. Du point de vue d'une historiographie soucieuse de classer et de définir des hiérarchies, la situation est toutefois plus simple qu'aux XIe et XIIe siècles, les sources ne faisant plus connaître de vastes groupes de *possessores* au profil social incertain. Au XIIIe siècle, les campagnes de Florence étaient peuplées d'une population relevant d'une condition de colon devenue courante. Cette condition juridique et qui se définissait par un certain rapport à la propriété d'autrui n'interdisait pas d'être soi-même propriétaire et n'encadrait pas une population présentant un profil homogène d'un point de vue économique.

Du XIe siècle aux premières années du XIVe siècle, le territoire florentin fut ainsi marqué par la présence constante d'une population dominée, mais exerçant un contrôle important sur l'essentiel des moyens de production. Il faut se faire à l'idée que des degrés nombreux pouvaient différencier insensiblement les individus et les familles les

---

[154] *Ibid.*, *Coltibuono*, 1252/05/05 (14548), 1252/05/05 (14549).

[155] *Ibid.*, 1246/09/02 (13722), Gianni di Forte *da Montaio* rachetait huit livres pour avoir en propriété et *dominium* une terre qu'il tenait pour seulement sept sous par an.

[156] *Ibid.*, 1253/01/12 (14650, en 1254).

[157] *Ibid.*, *et nunc volentes ipsas terras et possessiones* [...] *dimictere et ab ipso seruitio liberari*.

[158] *Ibid.*, *pro simili fine et refutatione liberatione et absolutione*, sur ces actes voir Conti 1985, p. xxxiv-xxxvi.

plus pauvres des familles dominantes. Que penser, dans ce contexte, de la progressive émergence des baux emphytéotiques en nature ? Il y avait sans doute eu, de la part des seigneurs ecclésiastiques, et sans doute de la part des laïcs, un mouvement de conversion des corvées au XIIᵉ siècle[159]. L'affirmation plus nette des hiérarchies entre les différents ayants droit, la politique d'achat et de rétrocession de terres que conduisirent les abbayes auraient en revanche conduit ces dernières, à l'instar d'autres grands propriétaires, à exercer un contrôle plus direct sur la population des tenanciers coutumiers. C'était sur des redevances en nature qu'aurait ainsi vécu, depuis longtemps, la population des tenanciers livellaires, et c'était ces pratiques que faisaient parfois ressortir les opérations de prêt sur gage. Dans la seconde moitié du XIIᵉ siècle, la compétition plus nette entre différents pouvoirs et la tendance à délimiter plus précisément les aires de domination respectives conduisirent à réaffirmer et réorganiser la situation des tenanciers. Le *contado* florentin qu'on découvre au XIIIᵉ siècle apparaît ainsi peuplé d'une population massive de tenanciers soumis un peu partout aux mêmes conditions : locataires d'exploitations relativement cohérentes, mais au parcellaire dispersé, ils devaient des redevances en nature de quelques setiers auxquelles s'ajoutaient des cadeaux annuels. Les corvées étaient très résiduelles et souvent rachetées et remplacées par ces baux en nature qui libéraient les bras des tenanciers et permettaient éventuellement au maître de consommer ou commercialiser une partie des récoltes[160]. La domination plus ou moins étroite qu'exerçait le maître pouvait se concrétiser dans la revendication par celui-ci d'un contrôle plus étroit sur la personne du chef de famille : *villanus* ou *colonus*. Cette situation de tenancier coutumier fut sans doute, dans la première moitié du XIIIᵉ siècle, une expérience commune de la domination subie. Une telle condition n'élevait en revanche pas de barrière infranchissable entre bénéficiaires de la rente foncière et exploitants. La difficulté qu'on ressent lorsqu'on cherche à comprendre les hiérarchies de ces sociétés rurales vient sans doute de la constante participation d'une frange non négligeable de la population dominée aux structures mêmes de leur domination : petits *possessores* concluant des *livelli* des terres dont ils étaient les exploitants ; tenanciers coutumiers possédant une parcelle de droits sur d'autres colons ; familles de *fideles* associées aux décisions des seigneurs locaux. La transformation la plus importante fut celle qui s'opéra à partir du XIIIᵉ siècle et contribua à faire évoluer, non seulement les modes de conduction des tenures, les baux à court terme s'imposant peu à peu, mais aussi les structures mêmes de la vie agraire.

---

[159] Voir Tabarrini 2019.
[160] Kotel'Nikova 1975, p. 68-80.

L'arrivée des contrats fonctionnant davantage sur la dépendance économique est l'un des grands problèmes posés par la documentation de l'époque communale. La réponse classique consiste à interpréter ces contrats comme un moyen de réaffirmer l'hégémonie de la propriété foncière sur les petits producteurs agricoles, dans un contexte de dépréciation monétaire et de délitement des structures de l'encadrement seigneurial[161]. Propriétaires citadins, ruraux émigrés en ville ou demeurés dans leur village, seigneurs laïques ou ecclésiastiques n'agirent pas différemment, réorganisant, au gré de leurs priorités et de leurs possibilités, les terres qu'ils possédaient dans le *contado* florentin[162]. Cette thèse classique a le défaut de lisser les contours d'une évolution qu'on devine assez brutale et qui correspond localement à une redéfinition rapide des normes et des hiérarchies. Aussi la situation qui se dessine progressivement dans la seconde moitié du XIIIe siècle apparaît-elle plus contrastée : de grandes fermes s'opposant à de plus petites exploitations. On doit supposer que la réorganisation du foncier se faisait avec une émigration devenue plus massive vers Florence et les bourgs intermédiaires. C'était moins la propriété ou la possession qui servaient à classer les individus que la répartition entre une longue série de bénéficiaires des prélèvements effectués sur le travail des femmes et des hommes de peine. La seigneurie ne jouait pas un rôle exclusif dans l'extorsion et la redistribution des rentes foncières[163]. La compétition qu'on croit deviner dans les campagnes des XIIe et XIIIe siècles n'était pas un jeu portant sur des objets rares ou sur une part symbolique du travail agricole ou artisanal. Seigneurs, propriétaires ou *possessores* aisés cherchaient à capter les parts les plus substantielles de la production agricole[164]. On peut faire de la situation de rentier – une situation qui s'envisage par degrés de participation à des formes multiples d'extorsion des produits de la terre – l'un des éléments premiers de l'obtention d'une forme locale de notabilité. Le cercle des notables, définis en ce sens comme dignes de considération et admis à discuter des questions relatives à la distribution de ces bénéfices, incluait à la fois les plus hauts seigneurs, des rentiers détachés des contraintes d'un travail de subsistance et des cultivateurs admis eux aussi à faire entendre leur voix.

[161] Andreolli 1999, p. 368-369.

[162] Giorgetti 1974, p. 147 : « Il rinnovamento contrattuale non può essere unilateralmente inteso come una rottura dei rapporti preesistenti [...], bensì come un mutamento di forma della riconfermata egemonia della proprietà fondiaria sui piccoli produttori contadini, imposto oggettivamente dall'espansione mercantile e promosso tanto dai proprietari nuovi quanto da proprietari di origine feudale. »

[163] Guerreau 1985 ; sur le rôle de la seigneurie comme superstructure, voir Barthélemy 1993, p. 506 : « La seigneurie locale est une cellule fondamentale de pouvoir et de prélèvement voire de vie sociale. La seigneurie châtelaine n'est que le deuxième étage de l'édifice : une sorte de superstructure servant à étayer et articuler l'infrastructure *allodiale*. »

[164] Godelier 1978, p. 13-142, 120.

CHAPITRE 8

CIRCULATION ET ACCUMULATION DES RICHESSES DANS LE *CONTADO*

– Je viens de sauver un ami, il voulait se suicider !
– Pas possible !
– Oui, c'est un petit spéculateur...
– Il faut le tuer tout de suite. Épargnez-lui les souffrances[1].

La détention d'une petite propriété ou d'une tenure, l'appartenance à une parentèle bien identifiée et la participation à la sociabilité d'une *villa* ou d'un *castello* conduisaient au seuil d'une forme
de respectabilité qui concernait en premier lieu les chefs de famille
et leurs descendants mâles. Le poids social d'une parentèle se mesurait à la fréquence avec laquelle on convoquait ses représentants en
qualité de témoin, notamment dans les actes plus anciens[2]. Dans les
communautés rurales les mieux documentées tout se passe comme
si chaque chef de famille possédait une égale dignité. Des différences
existaient pourtant et les hiérarchies internes à ces communautés
étaient sans cesse réinventées, à la fin du XIIIᵉ siècle, il était fréquent
qu'une parentèle exerçât localement une domination économique
qui la faisait nettement sortir du lot. L'un des premiers éléments de
différenciation qui vient immédiatement à l'esprit lorsqu'on songe à
la Florence des banquiers est bien entendu la place de l'argent. De
quelles ressources devaient disposer les protagonistes pour se placer
au centre des relations sociales ? Dans l'idéal, l'analyse devrait abolir la
chronologie artificielle faisant se succéder le moment de l'acquisition
d'un capital matériel en terres et le moment de la conversion de ces

---

[1] Dialogue issu du film *Le Sucre* de Rouffio 1978.
[2] À la fin du XIIIᵉ siècle et au XIVᵉ siècle, les notaires tenant leur banc sur
la place publique tendaient à privilégier comme témoins ou intervenants supplé-
mentaires – *munduald*, procurateurs, garants – les individus qui se trouvaient à
leurs côtés ; dans les registres du notaire Guido di Bandino *da Leccio*, il est assez
fréquent de voir les mêmes témoins assister à une série d'enregistrements faits le
même jour, ainsi dans les enregistrements du 27 avril 1295, Giovannino di Filippo
da Rignano sert de témoin à trois enregistrements avant d'intervenir lui-même dans
le dispositif d'un de ces enregistrements comme destinataire d'un prêt concédé par
Corso Malaccho agissant au nom de *Ser* Tommaso di Spigliato dei Mozzi, voir *NA*,
10897, fol. 23 r.

biens en un capital symbolique, la seule forme d'accumulation personnelle ou familiale que rendrait possible une société dans laquelle le
capital économique n'est pas reconnu[3]. La notion permet d'envisager
les processus d'accumulation sans qu'on veuille pour autant établir
une opposition trop nette entre l'accumulation des biens matériels – la
terre et ses produits, les biens précieux, les deniers – et la richesse
que constitue le réseau des alliances et des amitiés[4]. Les transactions
observées ne sauraient se réduire à des opérations économiques. Le
crédit consenti par la communauté des moines à une famille laïque
avait certes d'autres fonctions que le gain monétaire. Il ne faudrait
pas, du reste, chercher derrière toute opération gratuite – d'un point
de vue économique – la recherche d'un intérêt dissimulé. L'intérêt,
lorsqu'il existait, était souvent exprimé avec une grande simplicité et
sans chercher à masquer la nature de l'opération. Il serait d'ailleurs
étrange, dans l'étude du territoire où se sont élaborées les formes les
plus élaborées du prêt à intérêt ou du prêt sur gage de ne pas faire
intervenir «l'intérêt tout nu» en certains moments de l'analyse[5]. En
un certain sens, au milieu du XIIIe siècle, la plupart des foyers ou des
individus documentés étaient *notables*, mais pas au sens mendrassien,
dans la mesure où ils disposaient d'une voix susceptible de compter à
l'intérieur des communautés rurales. Tous n'accédaient pas cependant
à la position hégémonique du notable rural décrite au début de ce
livre. Quel fut le rôle de l'enrichissement et de la monnaie dans l'accentuation des différences sociales? Les travaux d'E. Faini et W. R. Day
offrent aujourd'hui une bonne chronologie de l'essor commercial
florentin[6]. Jusqu'à la fin du XIIe siècle, les échanges connurent probablement une lente croissance qui devint évidente et beaucoup plus

---

[3] Bourdieu 1980, p. 200-201: «Le capital symbolique est ce capital dénié,
reconnu comme légitime, c'est-à-dire méconnu comme capital (la reconnaissance
au sens de gratitude suscitée par les bienfaits pouvant être un des fondements de
cette reconnaissance) qui constitue sans doute, avec le capital religieux, la seule
forme possible d'accumulation lorsque le capital économique n'est pas reconnu.»

[4] *Ibid.*, p. 191-207, le chapitre que P. Bourdieu consacre au «capital symbolique» est inscrit tout entier dans une démarche dressée contre l'économisme,
c'est-à-dire contre la prétention à rendre compte des pratiques observées dans une
perspective prêtant aux acteurs une rationalité économique; si l'on conçoit aisément les limites de l'économisme dénoncé par P. Bourdieu, il faut reconnaître à
cette approche partielle la vertu de mettre en évidence l'irrationalité apparente
des comportements et d'ouvrir ensuite les voies à une autre forme d'explication; la
tendance consistant à n'envisager qu'en dernier recours l'interprétation économique *classique*, qui prête aux acteurs des intentions telles que le profit et l'accumulation, nuit parfois à l'intelligibilité de certaines opérations.

[5] *Ibid.*, p. 192, l'expression est reprise à Karl Marx qui l'utilisait pour fonder
sa critique de l'économisme et les angles morts d'une approche mettant l'intérêt
capitaliste au centre de l'analyse.

[6] Day 2000; Faini 2010; chronologie renforcée par le travail de Tabarrini 2019.

rapide, au moins pour certaines fortunes, dès la fin des années 1170 et durant l'ensemble du siècle suivant. Florence devint, avec d'autres cités – Lucques et Pise aux XIe et XIIe siècles, Sienne au XIIIe siècle – l'une des étapes centrales du commerce entre le littoral et les Apennins. L'augmentation du volume des échanges s'accompagnait d'un essor démographique soutenu, très sensible dans le cas de Florence, et d'un essor des productions artisanales et agricoles. Sans chercher de nouvelle explication au *miracle* florentin, il faut prendre en compte la participation des populations rurales à cet essor et les conséquences de cette croissance économique sur les sociétés locales.

8.1. MOINES, CLERCS ET LAÏCS DANS LA CIRCULATION DES MONNAIES AU XIIe SIÈCLE

Du XIe au XIIIe siècle, la monnaie est partout présente dans les actes notariés et l'impression première qu'on retire de la documentation est celle d'une économie monétaire structurée à la fin du XIe siècle. Les allusions aux monnaies ne manquent pas, qu'il s'agisse des deniers d'argent, frappés à Lucques, Pise, Sienne ou Florence. Au XIe siècle, la monnaie s'était déjà imposée comme mesure centrale des échanges[7]. Les références précises aux monnaies ne renvoyaient pas systématiquement à des versements de numéraire, mais supposaient *in fine* la capacité des différents acteurs à se procurer des deniers. Par quelles mains ces pièces arrivaient-elles de leurs ateliers monétaires aux collines du Chianti, aux *castelli* du Valdarno et aux montagnes du Pratomagno?

8.1.1. *Thésaurisation et redistribution: le rôle des institutions ecclésiastiques*

Les sommes les plus importantes venaient souvent des moines ou d'autres seigneurs ecclésiastiques. La documentation consultée conduit évidemment à une surreprésentation de ces derniers; on peut toutefois envisager comme modèle le rôle joué par les ecclésiastiques dans les logiques d'accumulation et de redistribution des monnaies et d'autres biens. Les prêts sur gage fonciers sont sans doute l'une des manifestations les plus intéressantes de la capacité des moines vallombrosains à accumuler et faire circuler les deniers d'argent. Assez fréquents dans la documentation toscane, et étudiés spécifiquement par F. Salvestrini dans le cas des prêts concédés par les moines de Santa Maria di

---

[7] Sur le contexte économique général, voir Day 2000; Goldthwaite 2009.

Vallombrosa[8], les crédits hypothécaires ou sur gage suscitent depuis longtemps la curiosité des historiens. Le cas lombard a notamment fait l'objet d'un article devenu classique de Cinzio Violante[9]. Cet article qui éclaire les à-côtés probables des transactions foncières et met en évidence les multiples fonctions du marché foncier est un jalon incontournable, mais dont la lecture peut conduire à mettre sur un même plan le point de vue des historiens et celui des acteurs lorsqu'il évoque, en certains cas, un crédit « dissimulé ». La notion actuelle de crédit recouvre en outre un grand nombre d'opérations qu'explique la relative rareté du numéraire. On dispose, avec la notion de crédit, d'un terme peut-être trop polysémique pour décrire des échanges dans lesquels le manque structurel de monnaie conduisait à la concession assez systématique d'avances[10]. Au haut Moyen Âge, mort-gages et autres formes de crédit étaient déjà très présents :

> La consultation des textes narratifs et normatifs, des formulaires et des *corpus* de textes conservés en chartriers ou en cartulaires montre que l'activité de crédit, quoiqu'inégalement documentée, est omniprésente au haut Moyen Âge en Occident, sous la forme de l'engagement et plus précisément du mort-gage, qui ne connaît pas de modification technique importante avant le XIIe siècle[11].

Dans le droit fil d'une tradition permettant aux monnaies et aux biens de circuler, les hommes d'Église du XIIe siècle, selon Giacomo Todeschini, auraient davantage condamné la thésaurisation et l'immobilisation des richesses que les formes diverses du crédit[12]. Dès le premier Concile de Nicée, la prise d'intérêt avait été interdite aux

---

[8] Salvestrini 2008b.

[9] Violante 1962.

[10] Bourdieu 1980, p. 212-213, on trouvait, dans la société kabyle des années 1950-1960, des formes d'entraide que P. Bourdieu se refusait, malgré les similitudes, à qualifier de prêts à intérêt : « D'une façon générale, les biens n'étaient jamais traités comme capital. Cela se voit dans le cas d'un contrat qui comme la charka du bœuf, a toutes les apparences d'un prêt à intérêt : dans cette transaction [...] les deux partenaires tendent d'un commun accord à dissimuler (l'emprunteur préférant cacher son dénuement et laisser croire que le bœuf est sa propriété avec la complicité du prêteur, qui a le même intérêt à cacher une transaction suspecte de ne pas obéir au strict sentiment de l'équité), un bœuf est confié par son propriétaire, contre un certain nombre de mesures d'orge ou de blé, à un paysan trop pauvre pour en faire l'achat ; ou bien un paysan pauvre s'entend avec un autre pour qu'il achète une paire de bœufs et les lui confie pour un, deux ou trois ans selon les cas. »

[11] Bougard 2010, p. 442, le mort-gage correspond à cette forme de crédit que document la plupart des *cartulae pignoris*, pour certains documents conservés, on peut toutefois hésiter entre le mort-gage et l'hypothèque (l'emprunteur conserve la jouissance du bien engagé qu'il ne perd qu'en cas de défaut de paiement).

[12] Todeschini 2004, p. 39-45.

clercs, les débats avaient ensuite porté sur la définition qu'on devait donner de cet intérêt et ce qu'on comprenait sous les termes d'intérêt, d'usure ou de gain[13]. Cette interdiction n'empêchait nullement les moines vallombrosains de se livrer ouvertement à des formes assez variées de prêts. Une *cartula pignoris* de 1136 permet de se faire une idée des transactions qui unissaient l'abbaye de Coltibuono à d'importantes parentèles des environs[14]. Bernardino di Bernardino et son fils Alamanno avaient accepté de l'abbé Rolando, un prêt de trente sous en deniers de Lucques. La somme n'avait rien de négligeable et son importance se mesurait à la valeur du gage[15] : contre ce prêt, Bernardino et son fils plaçaient en garantie l'ensemble des biens, des services et des hommes qu'ils avaient dans le *castello* de Montelfi, une seigneurie en somme. Si la somme n'était pas remboursée dans les quatre ans, l'abbé s'engageait à payer vingt autres sous de Lucques pour, cette fois, tenir la terre en propriété. À s'en tenir au texte, rien ne permet de savoir si le prêteur bénéficie ou non de l'usufruit sur les terres concédées dans l'attente du remboursement. En conservant l'hypothèse d'une simple hypothèque, rien n'oblige à supposer l'existence d'une autre forme d'intérêt. Si les destinataires du prêt disposaient de liquidités, ils faisaient dans tous les cas passer leur possession sous l'influence informelle des moines. S'il s'agissait de terres récemment acquises[16] – et le prêt aurait pu servir à cela – les destinataires obtenaient dans le même temps l'appui d'une institution influente en cas de contestation. En cas de remboursement, les moines de Coltibuono s'étaient fait des obligés et avaient renforcé leurs liens avec un groupe de laïcs tout en faisant œuvre de charité. En cas de défaut de paiement, les moines obtenaient en outre la part substantielle d'une seigneurie.

Les prêts sur gage fonciers que les moines vallombrosains concédaient aux grands participaient bien évidemment à l'entretien d'un réseau d'amis et d'alliés. Les *cartulae pignoris*, comme d'autres documents, servaient en même temps à préciser les hiérarchies : elles définissaient la nature d'un régime foncier ; affirmaient, au moins temporairement, la présence du propriétaire ; délimitaient la position, plus précaire, du tenancier. Au début du XIIe siècle, c'était par une opération de ce genre que les comtes Guidi avaient cédé à l'abbaye de Vallombrosa les droits qu'ils prétendaient exercer sur le *castello* et les

---

[13] Barile 2010.

[14] *Diplomatico, Coltibuono*, 1136/07/19 (4333, *RC* 363).

[15] *Ibid.*, 1127/04 (3962, *RC* 329).

[16] *Ibid.*, 1136/07/19 (4333, *RC* 363), *omnes terras et res et servitia hominum quas nos habemus et tenemus et alii per nos in loco qui dicitur Montelfi et in plebe Sancti Viti et adquisiuimus ab Ugone de Paone et ab illius consortibus predictas vero terras et res una cum omnibus que super se et infra se habent in integrum.*

hommes de Magnale[17]. À côté des *cartulae pignoris* proprement dites, on trouvait des *cartulae venditionis* assorties d'une clause de rachat qui en faisaient l'équivalent d'un prêt sur gage. L'abbaye de Santa Maria di Vallombrosa prêtait aussi bien aux plus grands qu'à ses dépendants et les modalités différenciées de ces prêts servaient la construction des hiérarchies. En se contentant de la documentation des abbayes de Montescalari, Vallombrosa et Coltibuono au XIIᵉ siècle, comprenant une cinquantaine de prêts sur gage, il résulte néanmoins que trente-cinq actes seulement émanent des moines eux-mêmes. En moyenne, ces prêts s'élevaient à deux livres. La plupart des actes portaient sur des sommes inférieures et la médiane se situait à vingt sous (une livre). Dans le cas des relations avec les grands, ces prêts intervenaient à la fin d'un long processus de dons et d'achats et l'enjeu central était sans doute la clarification des relations avec les moines. En 1151, Baglione di Rolandino di Serafino des *nepotes Rainerii* accepta ainsi du frère convers Albertinello, *massarius* de la cour de Marciano, quarante-cinq sous de Lucques et plaçait en gage six parcelles des environs, dont l'une était située sur les fossés du *castellare*[18]. Il disposait de cinq ans pour rembourser cette somme ; au terme de ces cinq années, l'abbaye devait encore verser cinq sous pour obtenir la propriété des parcelles. Le prêt répondait probablement au besoin d'argent des derniers descendants de l'influente parentèle du Chianti, il partici-pait en même temps, avec d'autres actes, à la mise en ordre des rela-tions entre l'abbaye de Coltibuono et les seigneurs de Marciano et des environs de Rignano, à savoir les *nepotes Rainerii*, les ancêtres des Pazzi du Valdarno et les seigneurs voisins de Volognano[19]. Quelques années auparavant, les moines de Montescalari avaient agi de même pour arrondir leur propriété dans la *curtis* d'Altare[20]. Ces prêts étaient généralement accompagnés de conditions relativement avantageuses : nul intérêt n'y était clairement exprimé. Le défaut de paiement entraî-nait la perte de la propriété, mais ne conduisait pas nécessairement au

---

[17] Rauty 2003, n° 134, p. 189-192, acte connu par une copie du XIVᵉ siècle, *CRSGF*, 260.126, fol. 53v-55r, le 20 novembre 1103, un acte précédent révélait que ces mêmes biens constituaient la *morgincap* – le douaire – d'Imilia, l'épouse de Guido Guerra, F. Salvestrini a en effet attiré l'attention sur une clause de ce docu-ment et ce qu'elle impliquait, voir Salvestrini 2008b, p. 84.

[18] *Diplomatico, Coltibuono*, 1150/12/18 (4979 et 4979, *RC* 412), la précision compte dans la mesure où murs, fossés et tours sont sans doute associées à la détention d'une forme supérieure de pouvoir.

[19] Dans ces années, l'abbaye et les hommes qui dépendaient de Coltibuono se portèrent acquéreurs de nombreuses terres à Marciana, en propriété ou en *livello*, en s'engageant, dans ces cas, à faire obéissance aux *seniores* de ces tenures, voir ainsi *Diplomatico, S. Trinita*, 1148/04 (4887, *RC* 406), *Coltibuono*, 1152/02/05 (5024, *RC* 414).

[20] *Ibid., S. Vigilio di Siena*, 1137/02/03 (4361, en 1138).

renoncement à tout contrôle sur la parcelle cédée. Dans certains cas, les débiteurs étaient même assurés de conserver leur terre en *livello*[21]. Existait-il des formes d'intérêt que les rédacteurs de ces documents cités omettaient de mentionner ? Sans doute les revenus attachés aux terres engagées passaient-ils souvent aux mains du créditeur, dans l'attente du remboursement. On manque toutefois d'indications permettant de toujours connaître la nature des arrangements existant entre l'abbaye et les bénéficiaires.

D'autres actes s'inscrivaient dans un contexte totalement différent. C'était le cas, notamment, quand le notaire jugeait utile de préciser en termes explicites la nature exacte des arrangements et les gains qu'attendaient les moines en attente du remboursement[22]. Les sommes engagées étaient significativement inférieures à celles qu'on rencontrait dans les autres documents[23]. Ces prêts pouvaient ainsi s'adresser à de petits rentiers changeant contre quelques pièces d'argent les services d'un de leurs tenanciers[24]. Ils révèlent parfois des situations plus intermédiaires. En 1123, pour obtenir de l'hospitalier de Coltibuono un prêt de trente sous, Gerardo di Truto et son épouse – les ancêtres des seigneurs de Tornano – avaient cédé une terre qu'exploitaient « les fils de Gerardo », tenus de donner la moitié ou le quart de leur récolte, leur part d'un « champ », deux parcelles qu'exploitaient déjà des envoyés de l'abbaye et une vigne tenue par un autre individu[25]. Gerardo disposait de deux ans pour rembourser cette somme et l'abbaye récupérerait pendant ce laps de temps les récoltes de ces terres. Dans ce document, une partie des exploitants était vraisemblablement constituée des membres de la famille de Gerardo lui-même. D'autres actes, plus nombreux dans

---

[21] *Ibid.*, *Vallombrosa*, 1139/07 (4477).

[22] *Ibid.*, *Coltibuono*, 1104/02/07 (3079, *RC* 243, en 1105), 1113/04/17 (3423, *RC* 278), 1113/06 (3433, *RC* 280), 1123/05 (3804 *RC* 315), 1132/04/01 (4185, *RC* 350), 1139/03 (4465, *RC* 380), 1144/05 (4670, *RC* 390) ; 1148/04/13 (*RC* 405) dans *CRSGF*, 224236, n° 700 ; *Diplomatico*, *Coltibuono*, 1155/01/26 (5172, *RC* 436) ; *Vallombrosa*, 1146/09/18 (4795), 1150/12 (4982) ; *S. Vigilio di Siena*, 1184/10/07 (6428).

[23] En moyenne, les prêts sur gage concédés par les moines portent sur une somme de deux livres par acte ; les douze actes mentionnant une forme de bénéfice s'ajoutant au remboursement du capital portent en moyenne sur une somme inférieure à une livre par acte (un peu plus de 18 sous) ; les prêts concédés entre 1111 et 1184 s'échelonnent entre 2 et 60 sous, pour l'essentiel en monnaie de Lucques.

[24] *Ibid.*, *Coltibuono*, 1132/04/01 (4185, *RC* 350), Ildibrando di Bernardo acceptait un prêt de 12 sous de Lucques de l'abbé Placido et de l'église et du monastère de Coltibuono, prêt contre lequel il plaçait en gage toutes les terres et biens situés au lieu-dit Spugna et détenues par Renzo *da Gregnano*, Ildibrando disposait de trois ans pour rembourser la somme en laissant les fruits de la terre à l'abbaye, dans le cas contraire, l'abbaye obtenait le droit de posséder, de tenir et d'aliéner cette terre.

[25] *Ibid.*, 1123/05 (3804 *RC* 315).

les archives de Vallombrosa, s'adressaient sans aucune ambiguïté à une population d'exploitants. En décembre 1150, Sineinpromissa (*sic*) et Bontalento, les fils de Rigo et leur mère Bambinola, avaient reçu trois sous d'un frère convers de l'abbaye contre la mise en gage d'une parcelle de terre qu'entourait sur tous les côtés la propriété du monastère[26]. Ce dernier détail compte : il n'est pas rare que les moines ou leurs intermédiaires prêtent aux possesseurs de terres encastrées dans le patrimoine monastique. Les bénéficiaires s'engageaient à travailler régulièrement sur le domaine de l'abbaye, pendant les huit ans qui précéderaient le remboursement et semblaient en même temps rejoindre le groupe des dépendants.

Les prêts pouvaient figurer dans l'arsenal permettant aux moines d'acquérir des terres et de renforcer leur domination. On peut ainsi voir dans les prêts accordés par les abbayes de Coltibuono et de Vallombrosa dans les environs de Rignano, l'un des moyens trouvés par leurs représentants locaux pour accroître l'emprise des *curtes* de Marciano et de Cognano. D'autres prêts étaient gagés sur des possessions trop éloignées des abbayes et de leurs propriétés pour correspondre à une politique foncière délibérée. Pour mesurer la place de l'argent dans l'acquisition des terres, le mieux est de suivre les modalités d'acquisition d'un patrimoine resserré. Les archives de Vallombrosa conservent une documentation assez importante concernant la petite localité de Cognano, près de Rignano sull'Arno[27], et ce petit *corpus* de trente-neuf actes permet de replacer à leur juste place les achats et les prêts sur gage foncier[28]. Dans cette localité, la plupart des acquisitions de l'abbaye passèrent par la pression sociale qu'exerçaient les abbés et leurs agents sur la population voisine. Passé les premières donations concernant les dîmes, les abbés vallombrosains eurent à cœur d'obtenir patiemment, de 1139 à 1228 et par le biais du *massarius* local, les investitures et les renonciations signant l'abandon progressif de cette zone par les petits aristocrates locaux. Au besoin, les abbés recouraient aux arbitrages et à la justice florentine, les décisions de justice se soldant généralement par la mise en gage de certaines parcelles.

[26] *Ibid.*, *Vallombrosa*, 1150/12 (4982).
[27] Avec les *curtis* de Marciano, celle dépendant de l'hôpital de Memugnano, appartenant à Coltibuono et celle de Cognano, les vallombrosains exerçaient un contrôle sur le territoire entourant le *castello* de Volognano, sur la rive gauche de l'Arno ; on trouve de nombreuses allusions à la *curtis* de Cognano dans les archives de Vallombrosa, cette localité semble importante dans les sources du XIIᵉ siècle et est simplement appelée Cognano ; on sait qu'elle se trouvait dans le *plebatus* de San Leolino a Rignano ; le lieu-dit est souvent associé, dans les sources à une autre appelée *La Casella* à laquelle pourrait correspondre le hameau actuel de Casolari, non loin de Volognano.
[28] L'ensemble des actes datés d'entre 1120 et 1229 sont présents dans la série *Vallombrosa* du *Diplomatico*.

La monnaie était un instrument parmi d'autres. Les achats restèrent modérés jusqu'à la fin du XII° siècle, un peu moins de vingt-cinq livres pour un siècle[29]. À l'occasion, l'abbaye était toutefois prête à verser des sommes importantes. En octobre 1139, Rolando di Frugerio, appartenant à une parentèle dont les propriétés s'étendaient de part et d'autre de l'Arno, accepta de l'abbaye trente-huit sous en deniers contre six parcelles des environs[30]. En 1144, pour dix livres versées par un des *massarii* de l'abbaye, les fils de Carbone vendirent à l'abbé Gualdo de Vallombrosa l'ensemble des terres qu'ils avaient dans les environs[31]. De l'extrême fin du XII° siècle au milieu des années 1220, les moines versèrent des sommes plus considérables, même en tenant compte de l'inflation des monnaies, avec un total de plus de cent soixante-dix livres en deniers de Pise[32]. Deux achats dépassant largement la mesure, mobilisant cinquante et soixante-douze livres, pour l'achat de droits sur les dépendants et de quelques parcelles[33]. Dans l'état actuel de cette documentation, les prêts sur gage n'apparaissent pas comme la première modalité d'achat. Il n'est certes pas exclu que d'autres acquisitions résultent de crédits, mais rien n'oblige à toujours vouloir chercher le crédit lorsque d'autres logiques suffisent à expliquer une acquisition. On conserve un nombre réduit de *cartulae pignoris*, le *corpus* dont on dispose témoigne pourtant d'une typologie variée alors que ces *cartulae* ne correspondent qu'aux dettes non honorées[34]. Il est probable, en l'état actuel de la documentation, qu'une vraie activité de prêt ait été développée par les moines qui ne prêtaient pas nécessairement pour récupérer la terre, mais se seraient trouvés fort bien payés du remboursement de leur prêt et de la jouissance de l'intérêt que représentait la terre engagée. Pour leurs acquisitions, les moines disposaient d'une gamme étendue de moyens d'action dans lesquels l'argent n'était qu'une possibilité. Cette possibilité semble n'avoir jamais fait défaut aux moines avant la fin du XII° siècle: il était toujours possible d'acheter. Sans doute était-il possible, pour toute personne ayant quelque part à l'estime et à la considération des moines ou de leurs représentants, d'obtenir un peu d'argent. Jusqu'au début du XIII° siècle, les institutions monastiques avaient une certaine aisance dans l'usage de leurs deniers. Les opérations de crédit qui ont

---

[29] De 1119 à 1189, 497 sous déboursés par l'abbaye pour les seules terres de Cognano.

[30] *Ibid.*, *Vallombrosa*, 1139/10 (4484).

[31] *Ibid.*, 1144/11/30 (4698), encore s'agissait-il des terres que possédait cette famille de Cognano sur les pentes qui faisaient face à la localité, dans le plébat de San Gervasio et de Pitiana.

[32] Le total est de 3 555 sous, environ 178 livres, en deniers de Pise.

[33] *Ibid.*, 1205/04/21 (7963), 1213/08/27 (8787).

[34] Bougard 2010, p. 443 et suivantes.

été transmises viennent témoigner d'un flux probablement plus important de deniers venant des moines et de leurs intermédiaires.

D'où venait cet argent ? Les cens qui accompagnaient la concession de terres en *livello* n'étaient pas très élevés considérés individuellement. Dans leur ensemble, ces redevances représentaient toutefois une source stable de revenus en argent et normalement dans une bonne monnaie[35], à une époque où quelques sous suffisaient encore à l'achat d'une parcelle[36]. Les moines vallombrosains recevaient probablement, en plus des donations de terres ou de rentes, des cadeaux constitués directement de numéraires ou d'objets précieux échappant complètement à la documentation. Il faut bien supposer de telles ressources pour expliquer la fréquence des achats en argent ou en bien meubles, ainsi que la facilité apparente des moines à offrir des vêtements de luxe. Les revenus des grandes abbayes sont difficiles à estimer. À une date plus tardive, vers 1205, les moines de Passignano estimaient les rentrées annuelles à 600 ou 1 200 livres en deniers de Pise[37]. Cette information arrivait dans le contexte troublé du règlement des dettes et dans le cadre d'une audition de témoins et il est difficile d'en vérifier la fiabilité. Selon F. Salvestrini, les vallombrosains préféraient l'achat de biens immobiliers à l'accumulation des richesses[38]. Parmi les revenus des moines, il comptait : les *livelli* ; la vente des excédents, attestée au XIVe siècle, mais probablement pratiquée auparavant ; l'afflux de donations en numéraires ; le rôle d'institution de crédit joué par l'abbaye auprès des populations rurales ; les donations faites par les familles des prêtres et des convers au moment des oblations. Il fallait en outre compter le *datium*, levé par les moines, mais qui était probablement lié aux exigences fiscales des Florentins[39]. Dans les années 1240, les redevances d'exception versées par les dépendants du *castello* de Magnale pouvaient encore représenter une centaine de livres[40]. Que pouvait gagner, dans les mêmes années, une abbaye de ce calibre ? Au regard de son importance, l'abbaye de Santa Maria di Vallombrosa pouvait

[35] *Diplomatico*, *Coltibuono*, 114 (*) (4945, *RC* 409).

[36] *Ibid.*, 1102/04 (2999, *RC* 237), un groupe des environs de Rignano vendait à Tebaldo, agissant comme intermédiaire de l'abbé de Coltibuono, une parcelle d'un setier de vigne pour 3 sous et demi en argent et en biens meubles ; que le prix corresponde ou non à un hypothétique prix du marché importe peu dans la mesure où l'on évoque les sommes qu'une institution comme Coltibuono, qui avait beaucoup d'équivalents, avait besoin de verser pour acquérir un bien foncier.

[37] Plesner 1934, p. 100, n. 17 ; Faini 2009b.

[38] Salvestrini 1998, p. 69.

[39] Day 2000, p. 112, les montants sont assez semblables à ceux exigés par les Florentins sur les hommes dépendant de l'abbaye de Rosano au début du XIIIe siècle.

[40] *Diplomatico*, *Vallombrosa*, 124 (*) (14 190).

probablement compter, dans les mêmes années, sur des rentrées de plusieurs centaines de livres. On était loin des milliers de livres dont disposaient les gouvernements citadins ou dont pouvaient encore disposer les comtes Guidi dans les premières décennies du XIIIe siècle en continuant à s'appuyer sur leur système de prélèvement seigneurial[41]. Comme l'a montré M. E. Cortese, les parentèles aristocratiques qui ne disposaient pas de vastes seigneuries ne maintinrent leurs revenus et leur statut qu'au prix d'une conversion, souvent risquée, à de nouvelles formes de prédation et aux pratiques économiques typiques des aristocraties citadines[42].

8.1.2. *Les hôpitaux ruraux : des lieux de redistribution*

Les *xenodochia* qui jalonnaient les routes du *contado* étaient des lieux où l'argent des moines rencontrait celui des laïcs et où se mêlaient intérêts citadins et ruraux. Les informations disponibles sur ces institutions sont révélatrices d'un fonctionnement global de sociétés dont les pouvoirs s'articulent autour des institutions religieuses. Fortement liées à l'exigence d'une charité bien ordonnée, ces structures étaient destinées à l'accueil des pèlerins, à l'assistance et à l'aumône vis-à-vis des pauvres. Les plus grands monastères n'étaient pas que des lieux de clôtures, ils entretenaient des lieux d'accueil des voyageurs et hôtes. Depuis longtemps, les laïcs s'étaient préoccupés de ces lieux spécifiques et prenaient une grande part à ces fondations[43]. En plus des hôpitaux intégrés aux abbayes elles-mêmes, tardivement attestés en réalité, les vallombrosains exerçaient le contrôle d'un certain nombre de fondations extérieures. Confiées aux moines, ces institutions impliquaient une participation plus directe des laïcs. Quoique cet hôpital dépendît à la fin du XIIe siècle de l'abbaye de Montescalari, on ne trouvait dans le premier acte mentionnant l'hôpital de *Muliermala* ou de Montebuoni aucune référence aux vallombrosains. Le fondateur était Vivenzo di Leone, un *orifaber*, qui fit le premier don connu, en offrant plusieurs setiers de terre et une vigne dans la Val di Greve et en demandant que ces biens fussent employés à l'usage et au soin des pauvres et des pèlerins[44]. Au XIIe siècle, les hôpitaux jalonnaient les principales voies de communication. La localité de Figline, dans le Valdarno, comptait

---

[41] Collavini 2007 ; Casini 2020.

[42] Cortese 2019.

[43] Feller 2009b, à la fin du VIIIe siècle, en Lombardie, Tottone di Campione avait demandé, dans son testament, de faire bâtir un hôpital destiné à accueillir toute l'année douze pauvres les mercredi et vendredi et de les nourrir. L'hôpital devait être établi dans sa propre maison.

[44] *Diplomatico, S. Vigilio*, 1094/02/11 (2527 et 2528, *Le carte...* 104 et 105, en 1095).

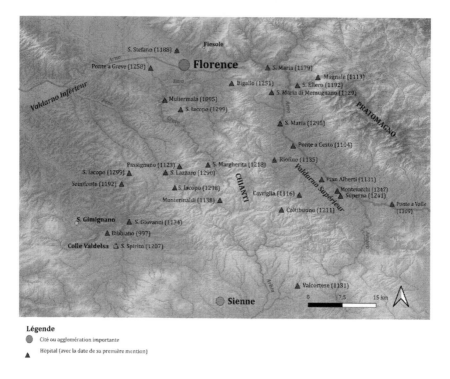

Fig. 11 – Les hôpitaux du quart sud-est du territoire florentin (Xe-XIIIe siècle)

ainsi deux de ces fondations, au milieu du XIIe siècle[45]. À Semifonte, peu de temps après la fondation du *castello* par les Alberti, l'abbaye de Passignano avait fait construire un hôpital[46].

W. R. Day s'est efforcé de dénombrer les hôpitaux mentionnés dans la documentation et son travail permet de localiser ces fondations[47]. Plus encore que celle des marchés, la localisation de ces *xeno-dochia* permet d'identifier les voies de communication organisant le territoire. Les responsables des hôpitaux étaient conduits à manier des sommes non négligeables. Les achats réalisés par le *spedalingus* de Montebuoni dans le dernier tiers du XIIIe siècle dépassaient en moyenne une livre en deniers de Lucques ou de Pise[48]. Cette institu-

[45] Wickham 1996a ; Day 2000, p. 164, n. 34.

[46] Day 2000, p. 251-252.

[47] Day 2000, p. 474 et suivantes, pour les institutions difficiles à localiser, le choix a été fait de retenir la localité la plus proche ; les dates indiquées sont celles des premières occurrences.

[48] *Diplomatico, S. Vigilio di Siena*, 1167/08/20 (5598), 1167/08/31 (5600), 1169/04/08 (5664), 1170/05/09 (5707), 1173/05/07 (5836), 1175/05/10 (5936),

tion, située à proximité de Florence, était très certainement liée aux Montebuoni-Buondelmonti. On pourrait expliquer le niveau des prix par la proximité avec la cité, mais aussi par l'inflation galopante de la monnaie pisane[49]. On observait toutefois la même inflation des prix dans les affaires de l'hôpital de Valcortese, situé en territoire siennois, non loin de la Berardenga[50]. La documentation relative à ce *xenodochium* des collines de Sienne est largement dominée par les achats mobilisant généralement des sommes supérieures à une livre et souvent très largement supérieures à la normale[51]. À l'extrême fin du XIIe siècle, une parcelle fut ainsi vendue à l'hôpital de Valcortese pour le prix insolite de trente et une livres, en deniers de Sienne[52]. Les auteurs de la vente n'étaient pas les premiers venus et appartenaient à l'influente parentèle des Berardenghi, les fondateurs de l'institution[53]. Faut-il voir dans cette vente un prêt « déguisé », une faveur faite aux patrons, une vente fictive[54]? On ignore les tenants et aboutissants d'une telle transaction. Le prix de la parcelle ne correspondait probablement à rien qu'on pût considérer comme celui établi par un marché foncier fonctionnant sur l'offre et la demande. Ce qui est certain c'est que les hôpitaux cristallisent des opérations d'un montant assez élevé. L'argent y circulait plus rapidement et en quantités plus importantes que dans les abbayes elles-mêmes. Ils servaient aussi à aider financièrement les parentèles des fondateurs, de leurs alliés et de leurs dépendants. Ces hôpitaux étaient destinés à l'accueil des pauvres,

---

1175/01/25 (5914, en 1176), 1175/01/25 (5913, en 1176), 1176/09/12 (5998), 1179/12 (6176), 1179/04/18 (6141), 1179/04/18 (6142), 1179/02/28 (6133, en 1180), 1180/08/31 (6209), 1181/03/21 (6251, en 1182), 1188/06/08 (6656), 1188/07/24 (6663), 1193/10/29 (6976).

[49] Sur la politique monétaire et commerciale des Pisans, voir Herlihy 1958, p. 162-175.

[50] Sur la fondation de cet hospice, voir Cammarosano 1974, p. 163-164.

[51] *Diplomatico, Coltibuono*, 1112/04 (3381, *RC* 274), 1131/11 (4167, *RC* 347, en 1132), 1156/03 (5219, *RC* 440), 1173/11/12 (5856, *RC* 487), 1182/02 (6301, *RC* 501, en 1183), 1181/08 (6272, *RC* 502, à dater de 1182), 1185/04 (6458, *RC* 506), 1189/03/29 (6703, *RC* 512), 1199/03 (7363, *RC* 533), 1199/03 (7364, *RC* 534), 1211/02/03 (8502, en 1212), 1234/11/26 (11616), 1236/10/18 (12017), 1238/11/21 (12383), 1238/02 (12263, en 1239), 1239/07/31 (12494), 1239/03/18 (12441, en 1240), 1252/06/29 (14565), 1252/02/22 (14515, le 16 février 1253), 1253/05/25 (14725); *CRSGF*, 224237, n° 546, p. 113, en mai 1203, n° 587, p. 186-190, le 17 octobre 1221, n° 600, p. 215-218, le 19 octobre 1226, n° 597, p. 210-211, n° 623, p. 268-271.

[52] *Ibid.*, 1199/03 (7364, *RC* 534), Ranuccio di Bernardo et Bernardo di Paganello vendaient au recteur de l'hôpital de Valcortese, Rodulfino, une parcelle située à Casalecchio pour le prix de 31 livres en deniers de Sienne.

[53] Cammarosano 1974, p. 228-233, l'un des auteurs, Bernardo di Paganello, peut aisément être identifié dans le schéma de filiation (p. 230), l'anthroponymie du second l'apparente clairement aux Berardenghi.

[54] *Ibid.*, p. 115.

mais aussi des pèlerins et des voyageurs. Leurs responsables jouissaient d'une grande autonomie. Les relations entre le responsable de
l'hôpital de Montebuoni, dirigé par un *rector* ou *un spedalingus*, et
l'abbaye de Montescalari étaient ainsi complexes. En 1176, l'hôpital
dépendait du monastère, les achats de l'hôpital se faisant au nom
et pour l'utilité de l'hôpital[55]. Quelques années plus tard, en 1179,
le même responsable recevait le titre de *castaldus* qui marquait une
insertion seigneuriale plus nette[56]. En plein XIIIe siècle, les *spedalingi*
continuaient d'avoir les coudées franches. À la fin du XIIIe siècle,
l'abbé de Montescalari, Barone, enjoignait au *spedalingus* de Morti-
neta, Guglielmo, de ne pas transformer en tripot l'estimable institution, il préconisait la mise à l'écart des femmes suspectes et rappelait
l'interdiction des jeux au sein de l'institution[57]. La distinction entre la
taverne et l'hôpital s'avérait probablement difficile à maintenir pour
ces institutions marquées par un va-et-vient continu[58]. Il était sans
doute aussi difficile d'assigner à une seule parentèle, ou à une seule
institution ecclésiastique, le contrôle de ces établissements que les
parentèles associaient volontiers à une part mouvante de leur patrimoine. Les petites institutions hospitalières pouvaient abriter d'importantes richesses. Leur fonctionnement collégial, associant plus
étroitement les laïcs aux frères convers et aux moines, en faisait des
lieux centraux du processus de redistribution des richesses accumulées par les moines. Ce faisant, les hospices ruraux, comme les *curtes*
les plus excentrées des monastères, offraient aux intermédiaires des
moines d'importants leviers de pouvoir, leur permettant d'affirmer
leur pouvoir sur de petites sociétés locales.

8.1.3. *Les officiers monastiques et la captation de la rente foncière*

Le contrôle des institutions monastiques éloignées du cloître
offrait aux frères convers et aux intermédiaires monastiques – dont
les fonctions étaient comparables à celles d'autres intermédiaires
seigneuriaux – d'importantes prérogatives qu'ils pouvaient assumer
avec un haut degré d'autonomie. C'est ce que fait ressortir l'étude
du domaine détenu par l'abbaye de Coltibuono à Marciano, près de
Rignano sull'Arno. Ce *castello* avait autrefois appartenu aux *nepotes*

---

[55] *Diplomatico, S. Vigilio di Siena*, 1175/01/25 (5913, en 1176), *vice* (*viece* dans le
document) *et utilitate eiusdem hospitalis et abacie Sancti Casciani de Montescalario.*
[56] *Ibid.*, 1179/04/18 (6141).
[57] Le texte se lit mieux dans la transcription moderne, dans l'original, ces
mentions semblent avoir été volontairement occultées, quoique le texte puisse
encore se deviner, voir *Diplomatico, S. Vigilio Siena*, 1288/06/06 (22 686) ; l'anecdote
prête certainement à sourire, mais renvoie à la fonction première des hôpitaux.
[58] Sandri 2002 ; La Roncière 2005b, p. 118-123.

Rainerii qui en avaient cédé l'essentiel aux moines de Coltibuono détenant l'essentiel du droit sur le *castello* démilitarisé (*castellare*) et l'église locale de San Silvestro au milieu du XIIe siècle. Entre 1139 et 1170[59], Albertinello di Marciana était sur place le frère convers chargé de la gestion foncière de la *curtis* de Marciana[60]. La documentation disponible montre qu'Albertinello est une figure bien connue des environs de Rignano sull'Arno, mais ne lui donne pas un titre précis qui puisse servir immanquablement à le qualifier et à le distinguer. L'un des termes les plus récurrents est celui de *massarius*, mais on est frappé, à la lecture des actes, par le caractère fluctuant de sa titulature. En 1140, Alberto ou Albertinello était ainsi désigné comme *rector et massarius de curte Sancti Laurentii de Martiana*[61]. En 1144, il agissait plus simplement en lieu et place des abbés de San Lorenzo a Coltibuono[62]. En 1148, pour le notaire Ugo, il était simplement *Albertinello de Marciana converso monasterii Sancti Laurentii*[63]. Le juge et notaire Rustichello, qui travaillait régulièrement avec Albertinello[64], lui donnait tantôt le titre de *comisso* et *vilicus* de Marciana[65] ou le désignait plus simplement comme Albertinello *de Marciana*[66], convers de Coltibuono[67]. Les notaires impliqués évoluaient au contact direct d'Albertinello et leurs hésitations sur le titre qu'il fallait donner à cet officier monastique reflétaient sans doute le caractère informel de sa position hiérarchique. L'aspect fluctuant du titre influait en revanche peu sur la relative notoriété de cette figure locale. C'était en effet sur les épaules de cet intermédiaire et sur celles de quelques frères convers, notaires et habitants des environs que reposait la

---

[59] Le *corpus* d'actes faisant intervenir cette figure est conséquent, *Diplomatico*, *Coltibuono*, 1139/03 (4465, *RC* 380, en 1140), 1144/05 (4670, *RC* 390), 1144/07 (4685, *RC* 392), 1144/10 (4694, *RC* 393), 1144/01 (4661, *RC* 389, en 1145), 1146 (4812, *RC* 400), 1146/02 (4765, *RC* 397, en 1147), 1147/03 (4825, *RC* 402), 1147/03/10 (4822, *RC* 401), 1150/12/18 (4979 et 4979, *RC* 412), 1152/12/27 (5061, *RC* 419), 1153/12/29 (5114, *RC* 425), 1154/05/17 (5141, *RC* 431), 1154/09/21 (5156, *RC* 432, le 17 mai 1154), 1155/01/28 (5173, *RC* 437, en 1156), 1156/10/24 (5238, *RC* 441), 1157/03/10 (5256, *RC* 445), 1158/02/07 (5293, *RC* 449), 1158/04/26 (5303, *RC* 446), 1159/02/06 (5331, *RC* 452), 1164/04/27 (5509, *RC* 464), 1167/01/07 (5549, *RC* 468, en 1168), 1168/04/02 (5617, *RC* 471), 1168/04/08 (5618, *RC* 472), 1169/03/25 (5659, *RC* 473), 1169/10 (5678, *RC* 475), 1170 (5728, *RC* 481); *S. Trinita*, 1148/04 (4887, *RC* 406 et 489); *CRSGF*, 224 236, n° 700, le 13 avril 1148 (*RC* 405).
[60] Delumeau 1996, vol. 1, p. 96, vol. 2 p. 945.
[61] *Diplomatico*, *Coltibuono*, 1139/03 (4465, *RC* 380, en 1140).
[62] *Ibid.*, 1144/10 (4694, *RC* 393).
[63] *CRSGF*, 224 236, n° 700 (*RC* 405), le 13 avril 1148.
[64] Lefeuvre 2018a.
[65] *Diplomatico*, *S. Trinita*, 1148/04 (4887, *RC* 406), *Coltibuono*, 1147/03/10 (4822, *RC* 401, en 1148).
[66] *Ibid.*, 1150/12/18 (4979 et 4979, *RC* 412).
[67] *Ibid.*, 1153/12/29 (5114, *RC* 425).

gestion du domaine monastique[68]. Sa politique d'acquisition foncière pour le compte de l'abbaye de Coltibuono passait en partie par des opérations de crédit, essentiellement des prêts sur gage. En 1144, un couple vivant dans le *castello* de Montauto avait ainsi reçu deux sous en deniers de Lucques et avait placé en gage le tiers d'une parcelle qu'Albertinello aurait eu en propriété s'ils ne remboursaient pas la somme dans les cinq ans[69]. L'acte mentionnait explicitement l'abbaye de Coltibuono et la propriété était, à terme, destinée à revenir à l'institution ; en attendant, Albertinello disposait certainement d'une certaine latitude.

Sur place, il revenait à Albertinello de se charger d'une partie au moins des paiements. Pour l'établissement de deux chartes, il précisait ainsi avoir payé sur ses propres deniers les services du notaire Pietro : une précision qui n'avait de sens que si elle était destinée à l'abbaye et au camérier de Coltibuono, destinataires des actes[70]. La masse d'actes relatifs à la *curtis* de Marciano datés d'entre 1140 et 1170 qui a été conservée témoigne de la centralité acquise par Albertinello dans la gestion de cette *curtis*. Il lui fallait très certainement rendre des comptes aux abbés et à leurs camériers, précisant ce qu'il avait lui-même payé et rassurant les moines sur la destination finale de ses achats fonciers ; il disposait en même temps d'une indépendance réelle et agissait avec une réelle autorité. Albertinello avait sa demeure à Marciano et son importance, sur place, ne se mesurait pas qu'en termes économiques[71]. Son action ne pouvait être celle d'un simple administrateur détaché du contexte social dans lequel elle se déployait. Un acte de 1168 rappelle des éléments de ce contexte. En avril de cette année, Albertinello avait concédé à Rinaldolo et Venerello di Ubertello les terres qu'un laïc venait d'offrir à l'abbaye pour qu'ils les tinssent en *livello*. Les deux laïcs avaient versé à Albertinello trente sous *pro illa investitione predicta et finitione atque de arsura campane emendatione*[72]. Rinaldo et Venerello avaient dû se livrer à des violences, peut-être avaient-ils incendié un clocher (campanile ?) : ce dont ils se rachetaient en cette occasion. L'action n'est pas insolite et trouve son équivalent, dans les mêmes années, autour de l'abbaye

[68] *Ibid.*, 1168/04/02 (5617, *RC* 471).
[69] *Ibid.*, 1144/05 (4670, *RC* 390), 1148/04 (4887, *RC* 406 et 489), ces deux documents émanaient des fils de Giallo Rosso, dit Pazzo, possibles ancêtres des Pazzi du Valdarno.
[70] *Ibid.*, 1139/03 (4465, *RC* 380, en 1140), 1146 (4812, *RC* 400), dans les deux cas, Albertinello précise avoir versé quatre deniers au scribe.
[71] *Ibid.*, 1147/03/10 (4822, RC 401).
[72] *Ibid.*, 1168/04/02 (5617, *RC* 471), *et pro illa investitione predicta et| finitione atque de arsura campane emendatione dederunt pre|dicti* (répétition de pre) *germani ad predictum Albertum bonorum denario|rum lucensium solidos xv.*

de Passignano[73] : Borgnolino di Borgno, « notable local d'une certaine importance », était lié aux moines de Passignano par des relations de crédit et s'était livré à des violences ciblées contre les moines et leurs dépendants, enlevant leurs bêtes et brûlant une cabane pour obtenir remboursement. L'*emendatio* de 1168 faisait sans doute référence à une action comparable : le remboursement pour l'incendie d'une cabane qui constituait une forme de représailles de la part d'un des créditeurs d'Albertinello et de l'abbaye[74]. Les fils d'Ubertello, loin d'être de simples adversaires des moines de Coltibuono, étaient en effet très impliqués dans les affaires de la *curtis* de Marciano et celles de l'hôpital voisin de Memugnano[75]. Habitants probables de Marciano, ils descendaient probablement d'un de ces Ubertello présents près de Memugnano dans la première moitié du XIIᵉ siècle et évoluaient dans une sociabilité guerrière très caractéristique des petites figures de ce territoire[76]. Le *massarius* Albertinello devait assurer sa position vis-à-vis de l'abbaye et de ses turbulents voisins laïcs. Il devait protéger ses prérogatives en ménageant les intérêts de ses alliés locaux, en agissant tantôt comme intermédiaire de l'abbaye de Coltibuono, tantôt en s'interposant entre les Firidolfi et leurs tenanciers, tout en garantissant le respect des droits seigneuriaux détenus par les premiers[77]. Son comportement, à l'égard des tenanciers de Marciano, ne devait guère différer de celui des frères convers agissant au service de l'abbaye de Vallombrosa. La longévité de ce frère convers à la tête d'une *curtis* est remarquable et ne trouve guère d'équivalents chez d'autres *massarii* ou *castaldiones* de l'abbaye. On comprend qu'il ait en conséquence réussi, sans doute plus que d'autres, à renforcer peu à peu sa position locale. Non content de gérer la *curtis* de Coltibuono et l'église locale de San Silvestro, Albertinello acquit, au cours de sa carrière,

---

[73] *Diplomatico, Passignano*, 1193 (6988, probablement vers 1195), pour les autres documents et la description complète du personnage, voir Plesner 1934, p. 76-77 ; Wickham 2000, p. 337-342.

[74] Wickham 2000, p. 338 : « L'attacco a Burello era presumibilmente la minaccia di un creditore che chiedeva la restituzione di un prestito. »

[75] *Diplomatico, Coltibuono*, 1185/03/15 (6450, *RC* 507) ; *CRSGF*, 224 237, n° 554, p. 126-128, le 8 avril 1206, Venerello di Ubertello Pollieri vendait à Giovanni, *castaldus* de la cour de Marciano, et à l'abbé Ugo de Coltibuono, quatre parcelles de terres situées sous la chapelle de San Niccolò de Marciano, à Fonte a Prato (près de Marciano) et au Campo di Gregorio pour le prix 14 livres et 10 sous en deniers de Pise ; le castald retenait en outre 3 deniers d'une pension et deux deniers pour l'hôpital de Memugnano.

[76] *Diplomatico, Coltibuono*, 1125/03 (3899, *RC* 323) ; 1137/08 (4402, *RC* 373), voir Lefeuvre 2018a.

[77] *Ibid.*, 1167/01/07 (5549, *RC* 468, en 1168), un couple de Santo Stefano a Torri plaçait en gage trois setiers de terre auprès d'Albertinello, *massarius* de Marciano et les époux promettaient de respecter le service dû à Spinello di Albericolo dei Firidolfi au titre de leur *accatamentum* et de leur *commendatio*.

d'importants droits seigneuriaux. En 1150, contre un prêt consenti à l'un des descendants des *nepotes Rainerii*, il obtint en gage tous les droits seigneuriaux, *pensiones et obedientias atque albergarias et omnia servitia atque reddita* dus par certains de ses tenanciers dans le territoire des chapelles voisines de Santo Stefano a Torri et de San Michele a Volognano[78]. Son implantation dans ce territoire voisin de Marciano laisse en outre planer un doute sur l'identification d'Albertinello avec un autre *Albertus*, prêtre de la chapelle de Santo Stefano a Torri.

En 1164, dans un acte rédigé par le notaire Rustichello, un dénommé Bernardo di Bernardo avait vendu une parcelle au *massarius* Alberto de Marciano[79] contre 100 deniers versés dans les monnaies de Lucques et de Pise. Cette somme inhabituelle était destinée à libérer l'auteur d'un crédit. Le paiement, précisait le document, avait été fait par le « prêtre Alberto de l'église de Santo Stefano a Torri[80] » qui, précisait une note ajoutée au bas du document, avait, par piété, accepté de payer le rachat d'une créance sur ses deniers, mais s'était en contrepartie réservé l'usufruit de cette terre et d'une autre et recevrait le quart des fèves qu'elles produiraient. À moins qu'il ne s'agisse d'un homonyme, il est très probable que l'*Albertus massarius* et le *presbiter Albertus* soient une seule et même personne. Le notaire Rustichello, très lié aux intérêts de Coltibuono et qui avait lui-même des biens près de Santo Stefano a Torri[81], aurait ici établi une simple distinction entre l'action d'un même homme agissant tantôt en serviteur des abbés de Coltibuono, tantôt en son nom propre comme desservant de la petite église locale. Il faut, dans tous les cas, prendre une certaine distance avec l'image très encadrée du frère convers que donne la documentation du XIIIe siècle, en considérant que le titre de *conversus* était susceptible de s'appliquer à des figures très différentes[82]. Au milieu du XIIe siècle, les frères convers dominaient largement la gestion des fondations hospitalières et les petites *curtes* rurales. Ces individus qu'on ne peut strictement qualifier ni de moines, ni de laïcs s'y organisaient en petites fraternités et associaient, à leur autorité une large part de la notabilité locale. Les témoignages contemporains montrent que certains laïcs évoluant autour des hôpitaux se distinguaient bien difficilement des frères convers[83]. Ces figures qui s'inséraient dans un cadre hiérarchique formellement dominé par un ou plusieurs seigneurs travaillaient ainsi au renforcement de leur assise locale et à leur propre enrichissement.

---

[78] *Ibid.*, 1150/12/18 (4979, *RC* 412).

[79] *Ibid.*, 1164/04/27 (5509, *RC* 464).

[80] *Ibid.*, *quos solidos centum presbiter Albertus Albertus* [sic] *ecclesie Sancti Stefani de loco Turri ad predictum Malco|rium reddidit et persolvit.*

[81] Lefeuvre 2018a.

[82] Bouter 1996 ; Salvestrini 2008c.

[83] Voir ainsi ce qui concerne la conversion de Corsitto dans Lefeuvre 2018c.

8.2. Échanges marchands et non marchands dans le *contado* du XIIe siècle

Dans le tableau qu'il dressa de la société lombarde des XIe-XIIe siècles, C. Violante insistait sur le rôle central des séculiers comme agents de la vie économique et sociale[84]. Les moines n'étaient pas les seuls à pratiquer ces formes de crédit; clercs et simples laïcs s'impliquaient eux aussi dans les échanges que suscitait la circulation du numéraire[85]. Ici comme ailleurs, le rôle des moines illustre, plus explicitement, ce qu'on ne fait ailleurs que supposer.

8.2.1. *Parentèles laïques et circulation monétaire*

Au début du XIIe siècle, les Firidolfi ne manquaient assurément pas de connexions avec les institutions ecclésiastiques. Il leur arrivait néanmoins de recourir aux services de simples laïcs. Au jeu du prêt, les artisans locaux, les *fabri* – on suppose qu'il s'agissait de forgerons[86] – jouissaient apparemment d'une position privilégiée. Dans un acte de 1118, Truffa di Ranieri, des Firidolfi, avait emprunté à un certain Ugo, agissant par la médiation de Martino di Remberto, la somme de vingt-quatre sous versée «en argent et biens meubles[87]». Contre ce prêt, la petite fille de Rodolfo mettait en gage[88], pour un an, l'ensemble de ses droits sur le *castello* de *Monte* et l'ensemble de ses possessions dans le territoire des *plebs* de Cavriglia et Vertine. Une exception était faite pour les terres qui servaient déjà à garantir d'autres prêts, signe que les dettes de ce type ne manquaient pas. Ugo et Martino appartenaient à la famille des *nepotes Bonizi*, les *fabri* de Campocorto, amplement cités dans les sources de Coltibuono et dont l'un des ancêtres avait été *massarius* de l'abbaye[89]. Les liens de consanguinité entre les différents représentants de ce groupe sont difficiles à établir dans le détail,

---

[84] Violante 1962, p. 152.

[85] En se contentant des prêts sur gage émanant d'autres cercles que ceux des moines au XIIe siècle, on constate la participation des laïcs et des clercs séculiers à cette modalité du crédit, voir *Diplomatico, Coltibuono*, 1110/02 (3283, *RC* 262, en 1111), 1116/02/25 (3545, *RC* 293), 1118/05/17 (3621, *RC* 296), 1126/11 (3943, *RC* 327), 1131/03 (4132, *RC* 348), 1172/04/22 (5788, *RC* 483), 1176/07 (5991, *RC* 491), 1176/02 (5975, *RC* 492, en 1177), 1184/04/19 (6404, *RC* 505), 1197/08/30 (7258, *RC* 532), ainsi que *Diplomatico, S. Vigilio di Siena*, 1107/01/11 (3179, en 1108), 1114/09/05 (3489), 1118/09/14 (3634), 1120/12/30 (3721).

[86] En ville, on se rend vite compte, sans grande surprise, de la large gamme d'activités exercées par ces *fabri*; pour Pise voir ainsi Herlihy 1958, p. 128-161.

[87] *Diplomatico, Coltibuono*, 1118/05/17 (3621, *RC* 296).

[88] Sur Truffa di Ranieri voir Cortese 2007, p. 316.

[89] Sur ces derniers, voir plus haut, chapitre 6, et, en annexe de ce livre, n° 12 «Les *nepotes Bonizi* d'Albareto: *possessores* et *fabri* du Chianti (XIe-XIIe siècle)».

mais les dynamiques de la parentèle sont quant à elles plus aisées à dessiner. Fortement présente dans la vie agraire et économique de l'abbaye de Coltibuono et de ses environs, cette parentèle dominait numériquement et symboliquement les environs de Campocorto et les terres situées au Nord-Est de l'abbaye. Il n'est pas exclu que l'abbaye de Coltibuono ait eu sa part à cette opération que documentaient ses archives. Le crédit émanait toutefois de ce groupe de laïcs et s'adressait aux représentants d'une parentèle plus puissante et *a priori* plus riche. Il ne s'agissait nullement d'un lien entre des égaux. Les *nepotes Bonizi* n'évoluaient pas au même niveau que les Firidolfi et n'avaient pas d'autres connexions avec la haute aristocratie. Ils pratiquaient en revanche des activités artisanales susceptibles de leur apporter une source de numéraire – ou des objets faciles à évaluer et à déplacer – qui faisait probablement défaut à leurs voisins qu'ils fussent ou non aristocrates. À terme, des transactions de ce genre pouvaient aisément conduire une parentèle ordinaire à récupérer, le cas échéant, des parts périphériques d'un patrimoine aristocratique.

Ces prêts pouvaient fonctionner comme de simples transferts d'une rente foncière, de petits propriétaires cédant à l'une de leurs connaissances les droits qu'ils avaient sur un tenancier en échange de quelques deniers[90]. Souvent les échanges étaient toutefois plus complexes. En novembre 1126, dans une localité de la Val d'Arbia, deux prêtres vendirent ainsi à un laïc le crédit qu'ils avaient sur un foyer des environs et sur certaines de leurs terres pour la somme, non négligeable, de trente sous en deniers de Lucques[91]. La vente d'un crédit est un indice intéressant et qui semble assez significatif. Il était possible, dès les premières années du XIIe siècle, de faire circuler un crédit et de trouver preneur pour ces opérations de recouvrement. Cela supposait une pratique usuelle du crédit et une habitude de ces opérations. Le passage par l'écrit suggère en outre qu'il s'agit d'opérations sortant de la simple société d'interconnaissance. Avant le XIIIe siècle, des clercs du *contado* et des laïcs appartenant à la notabilité locale partageaient déjà une éthique commune du crédit. La monnaie ne prenait pas toujours la même direction et il était probablement courant, dans la vie d'un individu de se retrouver tantôt dans la position du prêteur, tantôt dans celle de l'emprunteur[92]. Les quelques cas connus offrent toutefois

---

[90] *Diplomatico, Coltibuono*, 1110/02 (3283, *RC* 262).

[91] *Ibid.*, 1126/11 (3943, *RC* 327).

[92] *Ibid.*, 1131/03 (4132, *RC* 348), deux prêtres de l'église de San Marcellino in Avane, Guglielmo et Guido, donnaient en gage à Casale di Ardimanno leur part de deux parcelles. Ils recevaient quinze sous et ne devaient récupérer leur terre que si la somme se trouvait remboursée dans les deux ans. Dans l'attente du remboursement, le prêteur devait récupérer les fruits de la parcelle. Sans doute le notaire qui avait établi l'acte, Petro, avait-il quelque part à ce prêt : la terre gagée était située au beau milieu de ses propriétés.

l'image d'un cercle assez restreint de clercs et de laïcs intéressés à ces opérations. Dans le Chianti de la première moitié du XIIᵉ siècle, l'essentiel des crédits émanant de laïcs venaient de deux parentèles assez semblables qui se connaissaient et se trouvaient probablement unies par d'autres liens. Ces groupes n'étaient sans doute pas les seuls à être actifs dans la région : ce sont en revanche les seuls qui soient documentés. Leurs membres se distinguaient en outre par leur implication dans la gestion des propriétés de Coltibuono, par une forte implantation locale et par le travail du fer et des métaux. Attesté dans une poignée d'actes des années 1126-1137, Casale di Ardimanno, un petit « homme d'affaires » du XIIᵉ siècle, apparaît comme un rouage remarquable de la sociabilité aristocratique du Chianti. En 1126, il rachetait à deux prêtres le crédit qu'ils avaient sur Odierna di Ridolfo, une aristocrate du Chianti liée par mariage à la famille des Berardenghi[93]. En 1131, il prêtait à deux autres clercs la somme de quinze sous garantie sur l'une de leurs propriétés[94]. Casale di Ardimanno et son frère Petro étaient liés, au moins par des transactions, et sans doute davantage, aux *nepotes Bonizi*, des *fabri* extrêmement présents et impliqués dans des affaires de prêt[95]. Casale di Ardimanno apparaît encore dans deux autres actes, en figure de simple témoin : les affaires traitées portent toutefois la marque assez reconnaissable des transactions dont Casale di Ardimanno et d'autres de ses semblables semblent s'être faits une spécialité. Dans le cadre d'un vaste règlement interne à la parentèle des Firidolfi, l'abbaye de Coltibuono avait été conduite à concéder à l'une des femmes de la parentèle un prêt sur gage s'élevant à sept livres en deniers et biens meubles[96]. La présence de Casale di Ardimanno, aux côtés du frère convers et *faber* Giovanni, indique probablement une participation de ce personnage à la mise au point de cet accord : un accord coûteux mais susceptible d'apporter une belle parcelle de châtaigniers à l'abbaye de Coltibuono et à son forgeron. À l'image de ce petit personnage, les créditeurs laïcs connus pour cette période

[93] *Ibid.*, 1126/11 (3943, *RC* 327), sur Odierna voir Cammarosano 1974, p. 92, 242-245, voir aussi Casanova 1927, n° 532, p. 726-728 : en avril 1134, à Montalto, Ildibrando, dit Pennato, et Rinaldo, fils d'Odierna di Ridolfo et de Pennato, et Odierna, elle-même, donnaient une parcelle de terre à Ugo dit Lambardo ; on trouve d'autres références à Odierna dans la documentation relative au Chianti, voir *Diplomatico, Coltibuono*, 1111/05 (3346, *RC* 269), 1127/11 (3975), Odierna se déclarait de loi lombarde, mais de loi salique par son mari, les Berardenghi considérant en effet qu'ils relevaient de la loi franque.
[94] *Ibid.*, 1131/03 (4132, *RC* 348).
[95] Au début des années 1120, le frère de Casale, Petro di Ardimanno, avait vendu aux descendants des *nepotes Bonizi* les terres qu'il avait à Campocorto, *ibid.*, 1123/03 (3797, *RC* 314, 1123 ou 1124).
[96] *Ibid.*, 1136/10 (4346, *RC* 367), 1137/07 (4398, *RC* 371). Pour une mise en contexte de ce document voir Cortese 2007, p. 197, n. 165.

fonctionnent comme des rouages dans les alliances plus larges des parentèles de l'aristocratie rurale et des institutions ecclésiastiques. Les *domini loci* représentaient, pour ces groupes de stature moyenne, une intéressante source de revenus.

Si la domination locale pouvait constituer à terme une source de richesse pour les parentèles qui l'exerçaient, elle reposait sur l'entretien constant d'une clientèle par des générosités nécessaires. La sociabilité même des aristocrates, la nécessité où se trouvaient ces vastes parentèles de préserver leurs revenus et les sources de leur prestige, tout en continuant d'entretenir des alliances les conduisaient d'ailleurs à débourser d'importantes sommes en numéraire. En 1131, dans la Val di Greve, Gherardo di Giovanni cédait à sa sœur Berta l'ensemble des biens qu'il avait dans le territoire de l'église plébane de Santa Maria Impruneta, c'est-à-dire ceux qu'il ne tenait pas en commun avec son frère Petro[97]. Contre cette renonciation, correspondant probablement à la nécessité de fournir une dot à sa sœur, Gherardo di Giovanni recevait toutefois une contrepartie s'élevant à dix livres : une bourse de deniers offerte en *launechild et meritum*. Ces personnages qui appartenaient probablement à la parentèle des seigneurs de Montebuoni, disposaient donc des revenus et du patrimoine nécessaire à ces paiements considérables[98]. Les Montebuoni appartenaient en effet à la clientèle épiscopale et combattaient parfois avec les Florentins. Seigneurs locaux, particulièrement actifs dans ces années, ils bénéficiaient à ce titre de revenus similaires à ceux d'une institution monastique. Peut-être avaient-ils une part aux circuits marchands que commençait alors à alimenter la croissance de Florence. Dès la fin du XIe siècle, et dans des territoires plus éloignés des centres urbains, des seigneurs au rayon d'action plus strictement rural, les Firidolfi du Chianti, maniaient des sommes tout aussi considérables[99].

Quelle était la place des échanges marchands dans le *contado* des XIIe et XIIIe siècle ? Les références explicites aux places de marché restent rares avant la seconde moitié du XIIe siècle, leur présence devient en revanche évidente dès les années 1150 et de plus en plus massive par la suite. Le marché de Leccio était, à la fin du XIIIe siècle, un haut lieu de commercialisation des denrées agricoles et d'établissement de petits prêts[100], avant l'année 1177, on ne conserve pourtant aucune information sur la tenue d'un marché et les données

---

[97] *Diplomatico, S. Vigilio di Siena*, 1131/05/05 (4141), autre occurrence de Berta di Giovanni, *ibid.*, 1129/03/13 (4034, en 1130).

[98] Le rattachement de ces trois individus à la parentèle des Montebuoni reste hypothétique, voir Cortese 2007, p. 334-340.

[99] *Ibid.*, p. 315, n. 240, pour l'acte voir *Diplomatico, Coltibuono*, 1092/08 (2461, RC 193).

[100] Voir *NA*, 10896-10897.

sur l'existence d'un *castello* dans ce site sont elles aussi relativement tardives[101]. Si l'on s'en tient à la partie méridionale et orientale du territoire florentin, on ne relève au final qu'une seule mention d'un marché, antérieure aux années 1150: loin de la vallée de l'Arno, au cœur du Chianti, un marché se serait ainsi tenu à Barbischio dès la fin du XIe siècle[102]. Selon W. R. Day, la tenue de ce marché s'explique par l'influence exercée dans cette région par les comtes Guidi[103]. L'historien a d'ailleurs pu associer la plupart des marchés établis entre la fin du XIe siècle et la première moitié du XIIIe siècle à la présence d'un seigneur laïc ou ecclésiastique. Dans le *contado* florentin, les échanges locaux les plus courants échappent largement aux archives antérieures aux années 1240. Il est difficile de se prononcer sur la nature et la modalité de ces échanges. Dans quelle mesure étaient-ils monnayés ou se faisaient-ils en référence à la monnaie? On l'ignore. Les acquisitions faites sur les voisins dans les temps difficiles devaient souvent consister en céréales destinées à l'alimentation ou au renouvellement des semences[104]. En 1137, un couple du *castello* de Celle avait investi le représentant de l'abbaye de Montescalari d'une parcelle, contre cinq *braccia* de lin et avait en même temps obtenu la quittance d'une dette de cinq muids de grain[105]. Ce document atteste de la capacité des moines à offrir assistance à leurs voisins et du choix préférentiel d'une intégration de ces derniers à une clientèle d'obligés. Les prêts sur gage fonciers n'étaient pas réservés à la haute aristocratie et il fallait bien, pour rembourser le créditeur, que les emprunteurs eussent quelque possibilité d'acquérir des deniers. De très rares documents laissent supposer l'existence de petites transactions portant sur les denrées agricoles. À Vallombrosa, en 1146, un frère convers de l'abbaye avait prêté, à échéance d'un an, la somme de quarante sous en deniers de Lucques[106]. Le couple destinataire de ce prêt avait mis en gage une parcelle «de terre et de vigne» et s'engageait à rembourser

---

[101] *Diplomatico, Coltibuono*, 1176/02 (5975, RC 492, en 1177).

[102] *Ibid.*, 1077/04 (1606, *RC* 108).

[103] Day 2000, p. 271, n. 275.

[104] *Diplomatico, Coltibuono*, 1125/03 (3899, *RC* 323), mention d'une acquisition faite *tempore famis* par le père des donateurs.

[105] *Ibid.*, S. Vigilio di Siena, 1137/09/17 (4404).

[106] *Ibid.*, Vallombrosa, 1146/09 (4797), en réalité, le notaire avait corrigé l'échéance en prévoyant quatre années pour le remboursement; cette modification, suscrite dans l'acte, aurait pu intervenir à l'issue d'une renégociation, les reconductions de crédit étaient fréquentes au bas Moyen Âge et devaient l'être tout autant aux XIe et XIIe siècles, l'acte écrit servant davantage à construire le rapport de force et permettre au créditeur de renforcer sa position qu'à permettre une application immédiate et complète des clauses; sur le contexte du bas Moyen Âge, on peut se référer à la conduite débonnaire, mais nullement désintéressée de Lippo di Fede vis-à-vis de ses débiteurs, La Roncière 1973, p. 169-177.

cette somme par l'entremise d'une tierce personne, tenue de pourvoir au paiement avant octobre, à tout moment qui suivrait la moisson et les vendanges, sans que le document fît mention du versement de ces denrées aux moines. Il était sans doute possible à un exploitant ou à un rentier de vendre certains de ses surplus et d'obtenir quelques deniers. Cette possibilité se trouvait toutefois inégalement répartie et allait à celui des exploitants ou des bénéficiaires de la rente qui percevait la meilleure part de la récolte[107]. Lorsque l'exploitant et le possesseur se confondaient dans une même personne, de telles possibilités étaient certainement ouvertes à ceux disposant d'une exploitation supportant la commercialisation de surplus ne mettant pas en danger l'alimentation du foyer et le renouvellement des semences[108].

Le maniement des pièces de monnaie, la connaissance des différentes monnaies en circulation, le recours à la monnaie dans la mesure des échanges faisaient probablement partie de la pratique commune à une bonne partie de la population rurale des XIIe et XIIIe siècles. Il n'est même pas sûr que ces connaissances aient été réservées aux chefs de famille ou à la population masculine. Les pères agissaient généralement en présence et avec l'accord des épouses, ou avec leurs fils. Si les filles non mariées n'apparaissent qu'exceptionnellement dans la documentation des notaires, les femmes mariées, remariées ou veuves y jouent en revanche un rôle central. Il semble même que la gestion de la dot et du douaire ait conduit les épouses à recourir assez fréquemment à la monnaie. Au début du XIIIe siècle, l'un des exploitants du *castello* de Magnale avait ainsi une dette auprès de *domina* Lusinghiere, fille de *Magnale* et épouse d'un homme de Ristonchi[109]. Avant le grand essor de l'économie florentine et de l'ensemble de son *contado*, dans les dernières années du XIIe siècle et au XIIIe siècle, le territoire considéré apparaît déjà fort marqué par les échanges de biens et la circula-

---

[107] Dans le cas présenté ici, les rôles de chacun sont assez difficiles à déterminer, Zaccarino di Zaccaria et son épouse Lasandria sont méconnus en dehors de ce document ; on peut mieux situer le descendant d'Ughiccione di Bernardo, tenancier bien inséré dans la petite société gravitant autour de Magnale et figurant parmi les témoins d'une charte de donation émanant d'un représentant des *nepotes Lucarelli*, voir *Diplomatico, Vallombrosa*, 1125/03 (3897, en 1125-1126), 1136/04 (4321), il figurait peut-être parmi la population des dépendants qu'Ughiccione di Lucarello donnait au *faber* Rodolfo di Rodolfo.

[108] Un document similaire ne faisait pas intervenir d'intermédiaire dans le remboursement du prêt, *ibid.*, 1150/04 (4956) ; les logiques de la subsistance et de la commercialisation peuvent coexister, voir Scott 1985, p. 50-58.

[109] *Diplomatico, Vallombrosa*, 1219/01/23 (9385, en 1220), on la trouvait citée avec d'autres créditeurs de l'auteur de ce document, elle n'était pas désignée explicitement comme veuve ou « ex-épouse de » ; Lusinghiere était l'une des descendantes d'un personnage dominant le *castello* de Magnale au milieu du XIIe siècle, *ibid.*, 1167/01/23 (5577, en 1168), 1181/11 (6281), 1129/09/23 (4052, en 1199), on évoque la *casa de Magnale*, 1197/11/26 (7275, le 26 octobre), 1199/08/22 (7378), 1225/01/21 (10142),

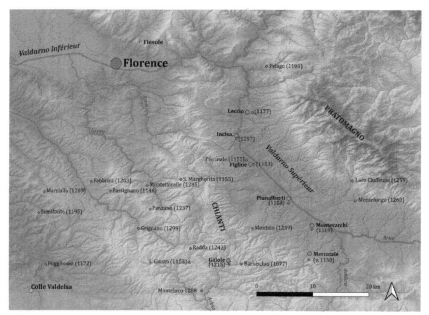

Fig. 12 – Marchés et bourgs marchands dans le quart sud-est du *contado* florentin
(XIe-XIIIe siècle)

tion de la monnaie. Les institutions monastiques, et sans doute avec elles les seigneuries laïques, jouaient certainement un rôle majeur dans le processus d'accumulation et de redistribution des richesses : la monnaie ne servant ici que d'indices à des échanges plus généraux dont ces institutions étaient le centre. Le travail de recensement effectué par W. R. Day permet de placer sur une carte les principaux marchés du *contado* florentin. Les occurrences antérieures à la seconde moitié du XIIe siècle sont rarissimes (les dates indiquées sont celles des premières occurrences de ces marchés) tandis que le XIIIe siècle voit se multiplier les références aux *fora*, *mercati* ou *mercatali*. Le rôle communicant de la vallée de l'Arno s'impose relativement tôt, dès les années 1150, marginalisant progressivement les chemins que dessinent les crêtes du Chianti et des collines situées au sud de Florence[110].

---

[110] Day 2000, p. 384-421, la question est centrale dans cette thèse et revient tout au long de l'argumentation ; pour l'inscription historiographique de la question, voir Plesner 1979 ; Szabó 1992.

8.2.2. *Grands financiers et petits investisseurs : la croissance dans les campagnes*

Les prêts sur gage, les crédits ou la vente simple des biens fonciers servaient-ils de supports à de véritables investissements ? Destinait-on cet argent à l'accroissement à court terme du patrimoine ou au financement d'autres activités productives ? La question qui peut raisonnablement être posée pour quelques figures assez exceptionnelles se pose en d'autres termes lorsqu'on s'intéresse à la population subalterne aux grands *milites*[111]. Dans une société où la thésaurisation restait difficile et où les unités foncières et juridiques ne cessaient d'être recomposées, l'accumulation des richesses se présentait comme un processus de transformation et de mobilisation du patrimoine matériel et symbolique. Si les sociétés n'étaient pas figées dans l'immobilité d'une économie encastrée, les circuits marchands et financiers n'en demeuraient pas moins tributaires des relations de confiance et d'estime qui fondaient l'adhésion à la classe dominante. Le cas d'un grand aristocrate du Chianti, s'il fait sortir des rangs de la simple notabilité rurale, illustre les évolutions qui se devinent dans la documentation des années 1170-1230 et permet de se faire une idée du niveau social dans lequel se recrutent les financiers de la période consulaire[112]. Voyons ainsi le cas de Spinello di Alberico (v. 1150-1172). Descendant de Malapresa des Firidolfi, Spinello présentait le parfait profil du *miles* de l'Italie communale, il appartenait à des seigneurs bien connus, ce qui l'engageait à des relations tantôt compliquées, tantôt amicales avec l'abbaye de Coltibuono dont la famille revendiquait le patronage[113]. Combattant à cheval, se déplaçant en compagnie de certains de ses *villains*, il avait mené la vie dure à ces opposants et aux ennemis de l'empereur[114], grand seigneur et grand propriétaire il conservait un patrimoine étendu dans le Chianti et au-delà[115]. L'adoption d'un style de vie incontestablement « chevaleresque[116] », n'interdisait pas

---

[111] Cortese 2019.

[112] L'intensité des transformations de la période 1170-1230 a été au centre de plusieurs recherches, voir Day 2000 ; Faini 2010 ; Tabarrini 2019.

[113] Sur les Firidolfi, maintes fois évoqués, voir Cortese 2007, p. 312-320.

[114] Majnoni 1981, p. 149-150 ; Boglione 1993 ; Delumeau 1996, vol. 2, p. 1080-1082 ; Collavini 2012b ; Lefeuvre 2018b ; Fiore 2017, p. 240-242 ; Cortese 2019, p. 57-58.

[115] Spinello avait des possessions dans le Chianti, à Montegrossi et le long de l'Arbia et du Massellone, mais il maintenait toujours certaines propriétés dans les environs de Rignano, autour du *castellare* de Marciano, *Diplomatico*, *Coltibuono*, 1155/10/11 (5198 *RC* 435), 1162/02/13 (5440, *RC* 460), 1162/02/13 (5441, *RC* 459), 1162/02/28 (5445, *RC* 461), 1170 (5728, *RC* 481).

[116] Cortese 2019, p. 57 : « Spinello di Alberico da Montegrossoli era un grande proprietario con un patrimonio fondiario esteso e uno stile di vita indubbiamente cavallesco. »

au même Spinello *da Montegrossi* de se livrer au prêt à intérêt. En 1172, il prêtait ainsi à Francolo *da Cintoia*, à son épouse Liquiriza et à leur fils Gualfredo la somme de vingt-huit livres contre laquelle ils avaient placé en gage l'ensemble des droits qu'ils avaient sur la cour et le *castello* de Volpaia[117]. Le prêt devait être remboursé dans l'année et prévoyait l'intérêt de deux deniers par livre prêtée par mois et de deux chapons pour chaque tenure concédée[118]. Sans la volaille, le taux d'intérêt était donc de vingt pour cent sur un an[119]. Il faudrait davantage de documents de ce genre pour prétendre évaluer ce que ce taux devait ou non à l'amitié qui unissait les *da Cintoia* aux Firidolfi : deux groupes seigneuriaux d'importance. Le patrimoine seigneurial servait ainsi de support à des opérations clairement pensées autour du profit. La matérialité de l'acte laisse en outre supposer qu'il s'agit d'une opération fréquente puisqu'il s'agit d'un bout de parchemin informe, dépourvu des signes de validation traditionnels et qui aurait pu figurer après la *completio* d'une vente ou d'une donation. Outre les revenus que pouvaient lui apporter ses dépendants et les activités guerrières, Spinello pouvait se livrer à des opérations risquées, mais susceptibles d'apporter des profits non négligeables.

C'était cette voie que devait suivre le fils de Spinello, Pepo di Spinello des Firidolfi de Montegrossi (1187-1234), «type idéal du seigneur rural intensément impliqué dans les activités de crédit[120]». Ce dernier est attesté dans de nombreux documents des années 1187-1234 qui portent presque systématiquement sur de grosses opérations de crédit. Au début du XIIIᵉ siècle, pour emprunter cent dix-huit livres, versés en deniers, auprès d'un Florentin dénommé Ugo di Bello, il engagea une maison qu'il avait en ville, dans la paroisse de Santa Felicità et promit une garantie sur le triple de ses biens, en faisant une exception pour le *castello* de Montegrossi. Parmi les garants, on retrouvait les représentants des *da Cintoia* auxquels cette branche des Firidolfi était très probablement liée. Six ans plus tard, le capital n'avait pas été totalement remboursé, Pepo, demeuré débiteur de soixante-douze livres et de quelques deniers, obtenait une prorogation d'un an et l'abaissement du taux d'intérêt passant du quart au cinquième de la somme engagé[121]. En 1210, il achetait à Ugo Pazzo

---

[117] *Ibid.*, 1172/04/22 (5788, *RC* 483), c'est-à-dire les droits sur les colons et sur les *servitia* dus par ses derniers et les redevances plus exceptionnelles.
[118] *Ibid.*, *lucro per mensem et libram denarii duos pro tenimento unum parium caponum*.
[119] Au terme d'une année, Francolo *da Cintoia* devait verser 28 livres et 5 livres et 12 sous, soit l'équivalent d'un taux de 20 %.
[120] Cortese 2019, p. 57 : «Ma fu soprattutto suo figlio Pepo a incarnare il tipo ideale del signore rurale intensamente coinvolto nelle attività creditizie.»
[121] *CRSGF*, 224237, n° 556, p. 130-132, en 1202 et 1208, à Florence.

di Ughiccione, appartenant probablement aux Pazzi du Valdarno, les droits détenus par ce dernier sur les habitants du *castello* de Montaio, dans le Chianti. Le *castello* figurait dans la zone d'influence des Firidolfi et le document valait probablement quittance d'une dette[122]. La même année, il s'engageait dans un nouveau prêt, cent trois livres et quatorze sous, à rembourser à Ugo di Bello, en plaçant comme gage les biens qu'il avait dans le *castello* de Firidolfi[123]. Cette faim d'argent pouvait avoir des conséquences fâcheuses et Pepo di Spinello fut plusieurs fois conduit à s'expliquer en présence d'arbitres ou devant les juges florentins. Vers 1225, un différend sur le remboursement des dettes était ainsi né entre Pepo et son associé Beliotto di Albertesco *da Cintoia*[124]. Ce dernier exigeait le versement d'une amende qu'avait prononcé contre lui le Podestat Bombarone de Florence et pour laquelle il s'était vraisemblablement porté garant. Il demandait, de surcroît, le paiement de cinquante livres de frais, la cession d'un emplacement du *castello* de Vertine, dans le Chianti, ainsi que le retour, comme quittance, d'une charte portant sur un prêt de cent livres. Le règlement du conflit avait été confié à un certain Albertesco di Leone, qui donna globalement raison à Beliotto en organisant l'échelonnement des paiements[125]. En suivant les affaires de cette branche des Firidolfi, on rencontre, sans surprise, une *militia* florentine bien rompue aux affaires et capable par des opérations audacieuses «d'avancer en liquide des sommes considérables[126]».

[122] *Diplomatico*, *Coltibuono*, 1210/06/13 (8434).

[123] *Ibid.*, 1210/11/09 (8471).

[124] *CRSGF*, 224237, n° 596, p. 204-210 (le premier juillet 1225, devant l'abbaye de Coltibuono), acte publié par Soldani 1741, p. 180-183; Beliotto di Albertesco peut être identifié avec Beliotto di Alberto *da Cintoia* qu'on trouve dans le document cité plus haut (*CRSGF*, 224237, n° 556, p. 130-132, en 1202 et 1208, à Florence), ce personnage apparaît souvent dans la documentation de Montescalari entre 1188 et 1218; en 1188, il assistait, comme témoin, à une vente émanant des *da Cintoia*, pour la somme 50 livres; en 1196, il était témoin, comme consul, d'un procès entre l'abbaye de Montescalari et le prêtre de l'église plébane de Cintoia pour déterminer à qui devait aller la sépulture et les biens d'une femme de Cintoia; il fut plusieurs fois auteur ou témoin de ventes réalisées au profit de l'abbaye de Montescalari, voir *Diplomatico*, *S. Vigilio di Siena*, 1187/03/16 (6572, en 1188), 1196/05/11 (7183), 1210/01/04 (8392, en 1211), 1215/06/08 (8982), 1218/04/24 (9312).

[125] C'était probablement à ce conflit qu'était liée la déposition de témoins dont un fragment est parvenu aux archives de Coltibuono, *Diplomatico*, *Coltibuono*, 121./11/16 (9499); la date est incertaine, mais le contexte est le même, Beliotto demande à être remboursé d'une perte sur les biens de Pepo di Spinello, exigeant cette fois les droits sur plusieurs dépendants de Vertine, le remboursement des frais judiciaires, la part d'une maison de Montegrossi, le retour des terres de trois tenanciers ou 10 livres de compensation, cent autres livres, les droits sur un dépendant et cent livres enfin pour le dédommager de son rôle de garant auprès de Ranieri *da Ricasoli* et son fils Ubertino.

[126] Maire Vigueur 2004, p. 273.

Les affaires de Pepo di Spinello et de ses semblables reposaient sur un cercle étroit de connaissances et d'alliés et mobilisaient toutes les ressources du patrimoine seigneurial. Tous les intervenants appartenaient à des parentèles caractérisées par l'expérience seigneuriale : Beliotto di Albertesco descendait des seigneurs de Cintoia[127] ; Pepo di Spinello était un Firidolfi, conservant encore des droits sur le *castello* historique de Montegrossi ; Albertesco di Leone appartenait probablement à l'un des deux groupes[128]. Une partie de ces parentèles avait été marquée par l'entreprise seigneuriale de grand style qu'avait été la fondation du *castello* de Semifonte, détruit par les Florentins en 1202[129]. Ces *domini* pouvaient disposer de sommes considérables : en une autre occasion Alberto *da Cintoia*, le père de Beliotto, avait prêté 600 livres à l'abbaye de Passignano[130]. Pour s'acquitter d'un crédit qu'elle devait rembourser au même Alberto *da Cintoia*, l'abbaye bénédictine de Florence communément appelée *Badia* avait mis en gage la totalité du *castello* de Vico l'Abate[131]. Cet argent prêté ne correspondait sans doute pas à de l'argent thésaurisé et ne résultait pas d'un investissement direct des sommes que les *da Cintoia* ou les Firidolfi pouvaient immédiatement retirer de leurs rentes seigneuriales. Si les ventes de *castelli*, de dépendants et de terres étaient plus nombreuses à la fin du XIIe siècle, cela s'expliquait sans doute par le besoin de liquidités qu'éprouvaient les grands du *contado* et c'était par ces ventes, par ces mises en gage, que les descendants de l'aristocratie rurale s'imposaient dans le milieu des affaires florentines. En d'autres mots, pour reprendre les observations de M. E. Cortese, « le

---

[127] *Diplomatico, Coltibuono*, 1197/08/30 (7258, *RC* 532), la transaction se faisait devant la maison des fils d'Albertesco et l'on comptait Beliotto di Albertesco parmi les témoins.

[128] En 1218, Albertesco di Leone se présentait à Figline au retour d'un arbitrage présidé par les consuls de Montaio et qui lui avait permis de se réconcilier avec Ugolino *da Paterno* et Rafulino di Rinaldo ; en 1225, il agissait comme arbitre du litige opposant Beliotto di Albertesco et Pepo di Spinello ; en 1227, un Florentin vendait à l'un de ses collègues le crédit de 100 livres qu'il avait sur Albertesco di Leone, *Diplomatico, Coltibuono*, 1218/04/26 (9313), *CRSGF*, 224237, n° 596, p. 204-210, le 1er juillet 1225, n° 601, p. 218-220, le 27 juin 1227.

[129] *Diplomatico, Coltibuono*, 1197/08/30 (7258, *RC* 532).

[130] Plesner 1934, p. 101-102 ; *Diplomatico, Passignano*, 1204 (7938), le document est une célèbre déposition de témoins concernant les dettes accumulées par l'abbé Uberto degli Ubertini au début du XIIIe siècle ; le frère convers Rignano affirmait que l'abbé Uberto avait trouvé, après son investiture, une dette de 640 livres et avait eu recours à Alberto *da Cintoia* pour obtenir un prêt de 500 livres destiné à rembourser cette dette ; le témoin suivant, le frère convers Rodolfo, affirmait à peu près la même chose, selon lui Uberto avait trouvé en entrant un déficit de 700 livres et avait emprunté à Alberto *da Cintoia* la somme de 600 livres.

[131] Santini 1895, n° XXII, p. 240-244 ; *Diplomatico, Badia*, 1218/01/01 (74224, en 1219) ; Francovich 1973, p. 143-144.

patrimoine seigneurial fut employé comme un support et une garantie à des opérations clairement conçus autour du profit[132] ». Les différences entre les *domini* capables de mobiliser l'ensemble d'un patrimoine pour garantir leurs emprunts et les petits propriétaires et tenanciers se trouvèrent certainement exacerbées par le contexte des années 1170-1230. Le grand crédit se présentait, dans ces décennies, comme une trame organisant fortement les relations sociales et dessinant les solidarités entre un cercle restreint de parentèles que le titre de *dominus* tendait à distinguer toujours plus de la masse de la population et d'importantes institutions ecclésiastiques[133]. À la fin du XIIe siècle et jusqu'au milieu du XIIIe siècle, comme le constatait J.-C. Maire Vigueur, « la pratique du crédit sur une grande échelle est encore réservée à une petite élite de propriétaires fonciers » et ne constitue pas « un instrument d'ascension sociale » particulièrement privilégié par les groupes subalternes[134]. Le même historien n'en insiste pas moins sur le rôle du crédit comme « canal de transfert des richesses[135] ».

8.2.3. *Patrimoines ecclésiastiques et circulations des richesses*

À Florence, le patrimoine rural des institutions ecclésiastiques fut l'un des enjeux centraux de la compétition entre les *milites*. Ces derniers étaient-ils seuls à bénéficier ou pâtir de ce processus ? À ce jeu, les *possessores* locaux dont les droits sur le sol demeuraient mal assurés avaient une capacité moindre à mobiliser leur patrimoine pour dégager d'importantes liquidités. La pression qui s'exerçait sur les patrimoines fonciers n'était pas le simple résultat de la croissance démographique : les nouvelles fonctions du marché de la terre expliquaient les efforts des juges, des notaires et de l'ensemble des *possessores* pour établir les hiérarchies passant des propriétaires aux tenanciers. À quelles conditions les protagonistes traditionnels du marché de la terre qui ne se situaient pas au niveau de l'aristocratie des *domini* pouvaient-ils s'assurer une position ? L'immobilisation du patrimoine monastique était sans doute l'un des enjeux du conflit opposant sour-

---

[132] Cortese 2019, p. 59-60 : « Il patrimonio signorile fu utilizzato come supporto e garanzia per operazioni chiaramente concepite intorno al profitto. »

[133] Faini 2010, p. 205 : « Fino a tutta la prima metà del secolo XII il rapporto creditizio appare come una relazione esclusiva, uno a uno : un debitore e un creditore. Dopo la metà del secolo, invece, tali rapporti cominciano a intessere una trama che innerva la società e che siamo in grado di riconoscere e di seguire. »

[134] Sur la *militia* florentine, voir aussi Faini 2004.

[135] Maire Vigueur 2004, p. 273, l'auteur décrit la pratique du crédit à grande échelle comme « un formidable canal de transfert des richesses qui profite à un nombre restreint de *milites* : pas plus d'une quinzaine ou d'une vingtaine de familles sans doute à Florence, mais qui compteront parmi les plus importantes de la ville à partir du début du XIIIe siècle. »

dement Liccese di Orlandino et ses fils à l'abbaye de Vallombrosa. On ne saurait voir, dans les transactions entre l'abbaye et ces petits seigneurs du Valdarno de simples échanges marchands. En 1233, pour solder les comptes avec ces anciens fidèles de Sant'Ellero, les vallombrosains avaient acheté une parcelle possédée par Guicciardo, Romeo, Chiarissimo di Liccese et par Uberto di Orlandino di Liccese, située à Rignano, au beau milieu des terres de l'abbaye pour la somme de dix-huit livres. Les clauses suffisent à signaler les pressions qui avaient pu entourer cet achat : en cas de manquement, les *filii Liccesis* s'engageaient à verser deux cents livres à l'abbaye[136]. Tandis que les *filii Liccesis* s'émancipaient de la tutelle de Vallombrosa, d'autres foyers rentraient dans le rang et acceptaient de se reconnaître parmi les *fideles* de l'abbaye. En 1196, l'abbé Martino de Vallombrosa et le *massarius* Benincasa acceptaient de Jonatto di Ardimanno et d'Alberto di Sasso les droits de patronage sur la petite église de San Miniato située sur les hauteurs du Pratomagno. En échange, les deux donateurs recevaient l'assurance de demeurer à Magnale comme de bons hommes et *masnadieri* du *castello*[137]. Une assurance qui sonnait aussi comme un aveu de l'incapacité de ces « petits porteurs » de la seigneurie à se lancer dans les grands investissements de leur temps[138]. Notons toutefois que l'usage de ces sommes reste assez difficile à déterminer. La croissance démographique florentine suscitait des besoins importants en blé qui auraient pu alimenter assez tôt un commerce florissant[139]. L'industrie et le commerce de la laine paraissent en revanche s'être développés plus tardivement au cours du XIIIe siècle. Le XIIIe siècle ne se signale pas seulement par l'exceptionnelle réussite de quelques grandes fortunes, il marque aussi une période de difficultés financières pour les institutions ecclésiastiques nées du mouvement réformiste du XIe siècle. Dans la seconde moitié du XIIe siècle, les ancêtres des Franzesi della Foresta de Figline bâtirent ainsi leur première fortune par l'acquisition de terres qu'ils avaient jusque-là tenues de familles de l'aristocratie locale et des abbayes de Montemuro et Coltibuono[140]. Ces difficultés pourraient s'expliquer par l'incapacité des abbés de mobiliser rapidement leur patrimoine et par la capacité qu'avaient en revanche les grandes familles laïques d'entraîner dans leur sillage une partie du patrimoine foncier de ces mêmes institutions. Peut-être les difficultés temporaires de ces institutions ne font-elles que révéler une partie du processus conduisant certaines parentèles seigneuriales encore bien

---

[136] *Diplomatico, Vallombrosa*, 1233/05/08 (11 363).
[137] *Ibid.*, 1196/11/30 (7211).
[138] Lefeuvre 2018b.
[139] Day 2000, p. 217-218 et 226.
[140] Pirillo 1992, p. 23-30.

présentes au milieu du XIIᵉ siècle à disparaître de la scène sociale et politique. Comme on l'a vu plus haut, les difficultés que suscitait l'endettement étaient loin d'être insurmontables pour les individus ou les institutions disposant de bases patrimoniales solides. La carrière de Pepo di Spinello avait été émaillée de procès qui pourraient faire songer à de petits dépôts de bilan, mais qui doivent être considérés dans le panorama d'ensemble où on le voit jouer le rôle du créditeur. Sans en revanche noircir la situation des institutions ecclésiastiques, ces dernières, dans ces mêmes années, semblent avoir connu leurs premières grandes difficultés financières. Jusqu'alors pourvoyeuses de liquidités, les institutions monastiques se retrouvèrent de plus en plus fréquemment en position d'emprunter de l'argent auprès de citadins ou de leurs propres dépendants.

Le cas le plus étudié est celui de l'abbaye de Passignano[141]. Pour soutenir les dépenses liées à un procès, l'abbé Gregorio de Passignano avait eu recours à un emprunt de quarante-deux livres en deniers de Pise[142]. L'abbé avait dû assurer le créditeur florentin en plaçant en gage une terre du domaine de La Sambuca et en acceptant en outre un intérêt de 20 % sur un an[143]. Cet emprunt ne fut que le premier d'une suite de crédits qui en vinrent à s'accumuler. Élu en 1199, l'abbé Uberto degli Uberti aurait trouvé un passif de 675 livres : par précaution, on lui avait fait promettre de ne pas souscrire d'emprunt dépassant 20 livres. En 1204, les dettes s'élevaient cependant à 1 500 livres[144]. La situation était sans doute difficile, mais pas insoluble, pour une abbaye dont les rentrées annuelles avoisinaient les 600 ou les 1 200 livres. On ignore en revanche ce que les moines devaient annuellement engager pour leur simple entretien et le maintien des solidarités politiques dont ils dépendaient. Loin de mettre l'abbaye à genoux, la renégociation des prêts et le rachat des crédits par un groupe de parentèles citadines conduisirent à faire de l'abbaye de Passignano l'un des coffres-forts

---

[141] Rien n'oblige à adopter le point de vue critique de l'historien allemand pour considérer les affaires d'endettements de l'abbaye de Passignano et de la *Badia* de Florence, mais c'est chez lui qu'on trouve le récit le plus vivant de l'affaire, voir Davidsohn 1956, p. 1042-1044 ; voir aussi Plesner 1934, p. 98-103 qui cite l'essentiel des documents utiles à la reconstruction de l'affaire ; pour une une analyse et une mise en contexte, voir Faini 2009b, p. 142-150.

[142] *Diplomatico, Passignano*, 1191/03/10 (6801, en 1192).

[143] Le taux exact était de 4 deniers par livre et par mois. Au terme d'une année, la somme à verser, en plus du capital, était de 8 livres et huit sous, soit 20 % de la somme initiale de 42 livres ; La Sambuca est une localité située non loin de Passignano, il s'agit aujourd'hui d'une *frazione* – c'est-à-dire un hameau – de la commune de Tavarnelle in Pesa ; on ignore sur quels éléments se basait R. Davidsohn pour évoquer un taux d'intérêt du quart ; le taux est confirmé par Cortese 2019, p. 60, n. 115.

[144] Faini 2009b, p. 143-144.

du parti gibelin[145]. Ces parentèles liées à l'abbaye, parmi lesquelles on comptait entre autres les Ubriachi, n'avaient aucun intérêt à ruiner l'institution qui ne vit point ses terres passer aux mains des usuriers[146]. Les *homines* de Passignano jouèrent pour leur part un rôle très différent. Au moment d'emprunter 600 livres à Alberto *da Cintoia*, l'abbé Uberto avait eu recours à un *datium* levé sur la communauté des dépendants du *castello*. Les créditeurs se recrutaient aussi dans cette population : en 1204 l'abbaye était débitrice de 270 livres vis-à-vis de Gianni di Gianello, fils d'un *faber* dépendant de l'abbaye et gérant, pour la même abbaye, d'un moulin construit sur la Pesa. Sans doute n'était-ce point un hasard si le fils de Gianni di Gianello, *dominus* Tolosano, se trouvait être, quelques décennies plus tard, le seul homme de Passignano auquel les enquêteurs florentins de 1233 reconnaissaient le titre de *miles*[147].

Sans qu'on connaisse à l'abbaye de Vallombrosa des difficultés financières comparables à celles de Passignano, les phénomènes d'endettement firent visiblement évoluer les relations des abbés avec la communauté de dépendants. En 1219, le frère convers et *massarius* Carnelevare avait fait jurer aux quatre-vingt-treize chefs de famille qui formaient la communauté des *homines* de Magnale et de ses différentes *curtis* qu'ils continueraient à lui obéir[148]. Ce serment, l'un des plus anciens que l'on ait conservé, avait été requis à l'occasion « de la dette de la commune de Magnale et plus spécialement du fait de la dette due à Maffeo di Cavalca et d'autres[149] ». Cet acte résultait probablement des dettes contractées par l'abbaye plutôt que par la commune rurale elle-même. La commune était soumise à un contrôle étroit de la part des abbés, et le document peut faire songer, ce n'est qu'une hypothèse, à une mise en gage provisoire du *castello* et de ses revenus au profit du créditeur de l'abbaye. Les hommes s'engageaient en effet à faire tout ce que leur demanderait ce dernier, en présence de trois témoins : Maffeo di Cavalca lui-même ; Rinaldo di Assalto ; Guido, héraut de la Commune de Florence. Le notaire avait adjoint un bref rappelant la promesse faite par les hommes de Magnale de préserver les bénéfices que le créditeur pouvait escompter de certaines

---

[145] *Ibid.*, p. 148 : « Passignano era stretto nell'abbraccio del gruppo di famiglie che si sarebbe poi identificato con la pars Imperii. Era la loro cassaforte, il loro granaio. Con la sua imponente ricchezza fondiaria poteva garantire scambi enormi. »

[146] Plesner 1934, p. 102-103.

[147] *Ibid.*, p. 105-106, p. 219, des allusions à cet individu et au choix de cet individu de demeurer dans le giron de l'abbaye chez Collavini 2012b.

[148] *Diplomatico, Vallombrosa*, 1218/03/16 (9305, en 1219).

[149] *Ibid., jurauerunt observare et adimplere et infraude non cessare preceptum massarii de Mangnale S (er) Carneleva|re aut sui certi nuntii ad hoc positi pro facto debiti comunis de Mangnale et specialiter de debito Caval|che et aliorum.*

terres. Le notaire avait enfin ajouté quelques engagements plus particuliers : l'obligation faite à Giovanni di Griffolo et à Benintendi di
Birco de garder et faire garder le *castello* de nuit[150] ; l'interdiction des
vols commis de nuit ou de jour. Ces deux documents qui encadraient
la perception temporaire des revenus tirés de la domination seigneuriale par un individu extérieur à la seigneurie tendaient, paradoxalement, à rigidifier les prérogatives seigneuriales des abbés. Ces droits
pouvaient désormais être plus aisément négociés[151]. Maffeo di Cavalca
était un proche des Ubertini et l'un des grands représentants de la *pars
imperii*. La présence de ce grand gibelin parmi les créanciers probables
de Vallombrosa n'a rien pour surprendre. En 1229, on le retrouvait
indirectement impliqué dans les affaires de dettes de l'abbaye de
Passignano[152]. Il faut toutefois noter qu'à Vallombrosa, la mise en gage
d'un patrimoine aussi central que la *curtis* et le *castello* de Magnale ne
paraît pas avoir eu pour conséquence un affaiblissement des rapports
hiérarchiques. C'était paradoxalement à l'occasion de ces opérations
que les abbés réaffirmaient leurs prérogatives tout en faisant entrer
leur seigneurie dans le giron de la politique florentine.

La documentation léguée par San Lorenzo a Coltibuono a ceci
de remarquable qu'elle fait voir la diversité des sources alimentant
le crédit des abbayes. Tout au long du XIIIe siècle, et sans perdre de
parts véritablement importantes de son patrimoine, l'abbaye de Coltibuono servit, elle aussi, à alimenter les revenus d'une série d'individus.
L'institution semble avoir connu de sérieuses difficultés financières
au milieu du XIIIe siècle, et si l'on ne possède rien de comparable au
dossier laissé par l'endettement des abbés de Passignano entre 1192-
1204, les documents qui sont parvenus offrent un beau panorama des
créanciers de l'abbaye. Dès 1214, l'abbé Anastasio avait laissé une dette
assez considérable pour justifier une première mise en gage de la *curtis*
de Marciano. Les abbés eurent amplement recours à cette solution qui
les conduisait paradoxalement à céder les parts les mieux organisées
et les plus productives de leur patrimoine : la *curtis* de Marciano avec
un important domaine ; l'hôpital de Memugnano, près de Rignano ;
la *curtis* d'Argenina dans la vallée de l'Arbia. À la fin des années 1250,

---

[150] Giovanni di Griffolo appartenait à une importante parentèle du *castello* de
Magnale, voir, en annexe de ce livre, n° 8 « Les *filii Griffonis* de Magnale : seigneurs
ou dépendants ? ».

[151] À une date indéterminée, Alberto *da Cintoia* avait bénéficié des revenus du
castello de Vico l'Abate en vertu d'un prêt concédé à la *Badia* de Florence ; les habitants du *castello* se souvenaient de l'épisode et s'en servaient comme repère pour
dater certains événements lorsque les enquêteurs florentins les interrogeaient ; les
transferts temporaires de la rente seigneuriale ne se cantonnaient pas à un jeu d'écriture et avaient des conséquences bien perçues par ceux qui s'en acquittaient. Voir
Santini 1895, n° XXII, p. 240-244, *Diplomatico, Badia*, 1218/01/01 (74 224, en 1219).

[152] Faini 2009b, p. 149.

les guelfes et les tenants du Popolo dominaient naturellement ces affaires. En 1257, parmi les bénéficiaires d'une de ces mises en gage, on retrouvait un certain Schiatta di Cavalca, qui était peut-être le grand-père de Guido dei Cavalcanti, et qui se retrouvait investi, pour dix ans, de l'ensemble de la *curtis* et des *poderi* de Marciano, ainsi que des moulins dépendant de l'hôpital de Memugnano[153]. Les Cavalcanti étaient une importante parentèle, peut-être liée aux Ubertini, mais dont les membres, dans les années 1250, s'identifiaient pleinement au parti guelfe. À Coltibuono, entre les années 1230 et les années 1250, les dettes de l'abbaye passèrent ainsi des notables locaux, notamment de Boninsegna di Malcristiano, très lié aux Ubertini, à un individu lié à l'aristocratie consulaire pour finir dans les mains de nouvelles familles de l'élite florentine. Au milieu des années 1230, l'abbaye de Colti-buono se trouvait assez sérieusement endettée envers Boninsegna di Malcristiano[154], individu déjà rencontré, originaire de Marciano et de Rignano qui appartenait à une parentèle proche des Vallombrosains et des Ubertini. Pour éteindre cette dette qualifiée d'usuraire, les moines eurent recours à Beliotto di Albertesco qui leur avait ouvert un crédit de 100 livres et quelques deniers de Pise[155], descendant des *da Cintoia* évoluant entre Florence et le Chianti, qui appartenait au petit cercle de grands financiers. En 1254, de nouvelles dettes, ainsi que le passif des anciennes continuaient de peser sur les moines. Réunie dans la salle du chapitre, la communauté monastique avait confié à une équipe composée d'un moine et de deux frères convers une mission consis-tant à trouver les expédients permettant à l'abbaye de rembourser ser Jacopo di Beliotto *da Vertine*, qui était probablement le fils de Beliotto di Albertesco, Dosga et Lotterio di Boccapiatta de Florence ainsi que le clerc Ugolino *da Monte Rinaldi*[156]. Tandis que Jacopo di Beliotto appar-tenait à l'ancien groupe dirigeant de la Florence consulaire, Lotterio di Boccapiatta représentait parfaitement la nouvelle génération des Florentins du Primo Popolo[157]. En 1259, l'abbaye lui devait encore

---

[153] *Diplomatico, Coltibuono*, 1257/03/02 (15 630, en 1258), 1257/03/02 (15 631, en 1258). Quelques années auparavant, c'était un certain Bonaiuto dei *Fasciolaris* résidant dans la paroisse de San Remigio de Florence qui avait bénéficié des rent-rées que pouvait procurer cette *curtis* de Marciano. En 1248, il faisait d'un habitant de Marciano, Boninsegna di Alamanno, son procurateur pour récupérer 10 muids de grain qu'il devait obtenir sur un total de 81 muids et 12 setiers de grain. On devine, en arrière-plan, l'existence d'une opération de prêt, *ibid.*, 1248/07/25 (14015).

[154] Cortese 2019, p. 55, n. 99.

[155] *Ibid.*, 1236/06/03 (11 937).

[156] *Ibid.*, 1254/10/18 (14 970).

[157] Paoli 1889, p. 115, le 9 août 1260, ser Lotterio Boccapiatta de la paroisse citadine de San Felice avait ainsi avancé la contribution due par l'église plébane de San Pietro in Bossolo (Tavarnelle in Pesa), la contribution n'était sans doute pas

289 livres en deniers de Pise[158]. Au XIIIe siècle, l'endettement des grandes institutions monastiques était devenu chronique et leur dette constituait un investissement intéressant pour les grandes maisons de l'ancienne et de la nouvelle aristocratie qui disposaient des fonds dont les moines avaient le plus besoin et qui trouvaient sans doute des compensations symboliques, politiques et spirituelles au risque, tout relatif, qu'ils prenaient dans ces affaires.

Ce qui était vrai des grands monastères vallombrosains l'était probablement d'une foule d'institutions ecclésiastiques qui échappent à la documentation. Il faut songer que le territoire florentin était quadrillé par des églises plébanes, au patrimoine ancien et parfois considérable et ces prêtres ne se trouvaient pas davantage exclus des transactions que les moines. En 1214, le prêtre Ugo, recteur de la *plebs* de San Marcellino in Avane, avait ainsi vendu à l'abbaye de Coltibuono une parcelle que l'église possédait dans la *curtis* d'Argenina. L'acte de vente se référait explicitement à l'endettement de l'église qui retirait la somme de quinze livres, en deniers de Pise[159]. Trente ans plus tard, pour parer à de semblables difficultés, le prêtre de l'église de San Pancrazio vendait un nombre considérable de parcelles à un convers de l'abbaye de Coltibuono[160]. Ces dettes conduisaient à une circulation de liquidités et de biens fonciers dans un sens qu'il n'était pas toujours possible d'anticiper. Pour solder la dette qui le liait au prêtre de San Donato, c'était à l'abbaye de Coltibuono, et non à son créditeur, que le prêtre de San Pancrazio avait décidé de vendre une partie de ses terres. Ces dettes conduisaient en outre à remettre sur le marché des biens qui faisaient souvent la richesse de ces institutions ecclésiastiques. En 1256, les dettes de l'église canoniale de San Pietro in Avane avaient mis son prieur en difficulté et le responsable de l'église plébane avait

---

basée sur un pur volontariat, le nom de Lotterio di Boccapiatta apparaissait dans une liste de contributeurs qui s'étaient présentés quelques jours auparavant, le document est malheureusement lacunaire en ce point, *cf. ibid.*, p. 144.

[158] *Diplomatico, Coltibuono*, 1258/03/28 (15904, en 1259). À cette date, le capital dû était de 250 livres en petits deniers de Pise auquel il fallait ajouter 29 livres de frais. L'abbé de Coltibuono s'engageait en outre à verser un total de 260 livres au terme d'une année. Les marques d'annulation de l'acte, le parchemin ayant été proprement lacéré à l'aide d'un couteau, indiquent probablement que la dette avait fini par être honorée.

[159] *Ibid.*, 1213/01/10 (8713, en 1214), *Ego presbiter Ugo, rector ecclesie| Sancti Marcellini, pro debito quo pro hutilitate ipsius ecclesie teneor, vendo, trado tibi presbitero Johanni,| abbati de Cultubono recipienti tantum tuo nomine ad proprium in perpetuum unam petiam terre.*

[160] *Ibid.*, 1243/02/12 (12988, en 1244), les chanoines responsables de l'église s'étaient réunis en chapitre pour solder leur dette de 34 livres dues au prêtre de l'église de San Donato de Castelnuovo (maintenant Catelnuovo dei Sabbioni) et vendaient aux frères convers Grazia et Diotisalvi neuf parcelles situées dans les environs de l'abbaye, à Robbiaia près de Montaio.

dû se présenter au Capitaine du *Popolo* et aux Anciens pour obtenir l'autorisation de vendre la moitié d'un moulin sur le Massellone, dans la Val d'Arbia[161]. L'endettement des campagnes et des institutions ecclésiastiques était un processus fortement lié aux progrès des pouvoirs princiers et à la construction de l'État florentin. Une partie des dettes des églises était liée aux exigences fiscales de l'empereur, de la Commune florentine[162] puis du Saint-Siège. Les abbayes n'étaient pas pauvres, mais disposaient rarement des liquidités nécessaires au règlement rapide de ces levées. Elles devaient recourir à l'emprunt et s'intégraient par ce biais aux structures du pouvoir florentin[163]. Une intégration qui pouvait s'avérer ruineuse, dans certains cas, mais qui devait longtemps apparaître comme l'un des meilleurs investissements possibles de ces institutions.

8.3. L'ESPACE ÉCONOMIQUE DES NOTABLES VILLAGEOIS

Préoccupé qu'il était de prouver l'invalidité d'une thèse faisant des usuriers florentins les acquéreurs des terres dépendant des féodaux, J. Plesner a peut-être trop relativisé la portée de ces dynamiques dans la redistribution des hiérarchies locales[164]. À Passignano, il relevait la participation des *fideles* qui n'avaient probablement pas d'autre choix, au désendettement de l'abbaye et soulignait le rôle joué par les ancêtres de Ser Tolosano, simples *fabri* et tenanciers dont le rejeton était devenu *miles* de la Commune florentine. La domination du circuit monétaire par de grands noms de la vie politique florentine ne doit pas empêcher masquer la présence, dans leur sillage, de figures mineures ou moins connues[165]. Les comportements violents de certains créditeurs des moines de Passignano, appartenant pourtant aux parentèles locales et n'hésitant plus, à la fin du XIIᵉ siècle, à recourir à des représailles armées, signalaient, selon C. Wickham, la perte du prestige dont avait

---

[161] *Ibid.*, 1256/12/03 (15 556).

[162] Tabarrini 2019, p. 57-58.

[163] En 1248, un représentant de l'empereur faisait quittance à l'abbaye de Coltibuono d'une somme de 25 livres en deniers de Pise, voir *Diplomatico, Coltibuono*, 1247/02/06 (13 798, en 1248); en 1257, l'abbaye de Coltibuono payait à la Commune de Florence un loyer de 11 livres pour les terres voisines de Camprato. *Ibid.*, 1257/09/27 (15 751); en 1263, une autre quittance attestait du versement de 15 livres pour l'édification de la nouvelle enceinte, *ibid.*, 1263/06/08 (16 904); en 1286, les collecteurs de la décime ecclésiastiques enregistraient le versement de 37 livres en florins pour la même abbaye, *ibid.*, 1286/12/20 (22 275).

[164] Plesner 1934, p. 103-106.

[165] On ignore la nature des liens rapprochant Beliotto di Albertesco *da Cintoia* et Beliotto di Abbraccio, *Diplomatico, Coltibuono*, 1235/12/29 (11 832).

longtemps joui l'abbaye[166]. Ces représailles étaient toutefois considérées comme relevant d'une forme acceptable de protestation de la part
d'un créditeur.

8.3.1. *L'affaiblissement des hiérarchies seigneuriales*

Issus de familles citadines ou rurales, des individus s'imposèrent
de plus en plus comme intermédiaires privilégiés des parentèles
laïques et des institutions ecclésiastiques. Au milieu du XIIIᵉ siècle,
Matteo di Chiarissimo di Rinaldesco et son frère Gualtieri, des *Del
Mula*, furent particulièrement présents dans les affaires de l'abbaye
de Coltibuono et de l'église de San Pietro in Avane, exerçant ainsi une
influence considérable sur le Chianti des années 1250[167]. Les premières
occurrences concernant cette famille de consuls se rattachent aux
dettes de l'abbaye de Passignano[168]. Ce qui s'observe assez bien pour
les grandes abbayes se devine pour de nombreuses églises mineures
du *contado* : chacune de ces situations offrait à des parentèles voisines,
à des Florentins ou à d'autres églises, l'occasion de s'immiscer dans la
gestion des patrimoines. Dans les années 1220, le prêtre de la petite
église de San Niccolò di Magnale, une église évoluant dans l'ombre
de Santa Maria di Vallombrosa, avait quelques dettes vis-à-vis de l'abbaye voisine[169]. Les difficultés que connurent les moniales voisines
de Sant'Ilario, dans la première moitié du XIIIᵉ siècle, poussèrent
l'abbesse à vendre ses biens aux abbés voisins de Vallombrosa ou à
des familles de laïcs[170]. Les dettes qui passaient entre clercs et entre
moines, rachats plus ou moins intéressés trouvaient souvent leur
origine dans le crédit d'un laïc[171]. On peut, avec G. Rippe, souligner le
rôle du crédit dans la fragilisation des sociabilités organisant jusqu'aux
premières années du XIIIᵉ siècle la vie des sociétés rurales. À la même
époque, à Padoue, les vassaux de grandes institutions ou de grandes
familles laïques, profitèrent ainsi de la « déconfiture économique » de
leurs seigneurs alors même qu'ils avaient un « intérêt politique à leur

---

[166] Wickham 2000, p. 339.
[167] *Diplomatico, Coltibuono*, 1256/12/03 (15556), 1257/04/20 (15681),
1257/09/27 (15751)
[168] Faini 2009d, p. 32.
[169] *Diplomatico, Vallombrosa*, 1225/02/01 (10142, en 1226).
[170] *Ibid.*, 1233/11/21 (11436), vente d'une tenure avec les services des colons,
1232/08/31 (11259).
[171] *Ibid., Vallombrosa*, 1237/06/17 (12167), dans le cloître de Santa Trinita,
Orlando di Orlando *da Campi* promettait au convers Bonacurso de l'église et du
monastère de Santa Maria di Vallombrosa et à l'abbé Valentino de ne pas leur
contester la terre de Pesca Vecchia achetée par le convers Bernardo à Ranieri di
Guido et se portait garant de cet achat. Ranieri déléguait le prix de cette vente au
remboursement de la dette due à Rustico di Falconiere.

survie[172] ». Le volume des prêts consentis dans les dernières années du XIIᵉ siècle et au début du XIIIᵉ siècle contribua probablement à l'accélération de certaines évolutions qui allaient, en l'occurrence, vers la ruine du mode de production observé dans les campagnes des XIᵉ et XIIᵉ siècle[173]. À l'intérieur même de l'institution monastique, certains convers devinrent l'un des rouages essentiels du règlement des dettes. Dans les années 1230-1240, ce fut le cas, à Coltibuono, du frère convers Grazia qui fut chargé du règlement d'une dette de 260 livres de Pise contractée envers Salomone di Ubaldino, habitant du *castello* voisin de Montaio[174]. C'était le même frère convers, accompagné d'un de ses confrères, qui dut encore, en 1247, s'occuper d'un paiement de cinquante livres en faveur du même Salomone di Ubaldino *da Montaio*[175]. Directement responsable des locations et particulièrement actif dans les affaires judiciaires opposant l'abbaye de Coltibuono à l'église voisine de San Pancrazio, Grazia avait un accès direct à plusieurs sources de revenus et disposait d'une grande autorité à l'intérieur de la *familia* monastique[176]. En 1256, il demandait à la justice florentine la mise au ban d'un autre frère convers[177]. Dans son fonctionnement, l'abbaye se retrouvait souvent débitrice de son serviteur! Un document de 1259 donne un aperçu du rôle quotidiennement joué par le frère Grazia dans le financement de l'abbaye et illustre la variété des emprunts auquel ce dernier pouvait avoir recours. Dans ce document non daté et non notarié, on avait fait le compte des sommes dues par l'abbaye de Coltibuono au *magister* Grazia[178]. On quitte pour une

[172] Rippe 2003, p. 624: «Alors même que ces vassaux-créanciers peuvent tirer un profit économique immédiat de la ruine de leurs nobles débiteurs, ils ont un intérêt politique à leur survie. »

[173] *Ibid.*, p. 639.

[174] *Diplomatico, Coltibuono*, 1242/12/19 (12971), 1243/02/12 (12988, en 1244).

[175] *Ibid.*, 1247/10/20 (13905).

[176] *Ibid.*, 1236/10/21 (12021), 1239/06/01 (12476), 1239/12/01 (12558), 1243/02/12 (12988, en 1244), 1253/07/07 (14743), 1255/03/29 (15119), 1256/10/11 (15516, le 23 octobre 1256), et *CRSGF*, 224237, n° 761, p. 596-599, vers 1260, procuration de l'abbé Placido et du chapitre de Coltibuono destinée au *magister* Cappia et au *magister* Grazia, convers et syndics, devant répondre du conflit opposant l'abbaye au prêtre de l'église plébane et de Santa Maria a Spaltenna et aux hommes de la commune et de l'*universitas* de Montaio.

[177] *Diplomatico, Coltibuono*, 1256/07/11 (15447).

[178] *Ibid.*, 1259/04/01 (16165), *Debemus dare Gra(tie) da Lucolena xv libras denariorum quos mutuavit| pro uno equo. Item xv libras et iv solidos* (barré dans le texte) *pro uno modio frumenti et| xiv staria. Item xiii libras quos mutuavit pro pannis lineis.| Item c solidos pro pescaia de molendino Arni.| Debemus dare Gratie da Luculena xxxiv libras quos dedimus Cianno. Item xiii libras quos dedimus Salimbene. Item xviii libras et x solidos quos dedimus pro littera| domini Papi, item lxxxii libras quos dedimus Bene notario da Lamole de la| summa de le ducento libras quas dictus mutuavit nobis, item| l et v libras de per merito de le dicte cc libras item iv libras et vi solidos quos| reddimus domino Aldibrando quos mutuaverat nobis pro expensis. Summa| istorum*

fois une documentation n'informant que sur les opérations les plus exceptionnelles pour voir fonctionner le crédit le plus usuel. Le petit parchemin était divisé en trois grandes parties. Dans une première partie, le rédacteur mentionnait les dettes suivantes : 15 livres pour un cheval ; 15 livres pour un muid et treize setiers de froment ; 13 livres pour du lin et 100 livres pour une pêcherie de l'Arno. Ceci faisait une première somme de 143 livres. Si certains paiements renvoyaient à de simples achats (pour le lin et pour la pêcherie sur l'Arno, liée à un moulin), les autres renvoyaient à des opérations de prêt de faible envergure. La deuxième partie du document mentionnait deux paiements faits auprès d'un certain Chiaro et d'un dénommé Salimbene, 34 et 13 livres. Une somme de 18 livres et 10 sous devait être payée à Grazia pour une « lettre pontificale ». Les sommes les plus importantes concernaient une dette vis-à-vis du notaire Bene de Lamole. Grazia avait déjà versé 72 livres sur un total de 200 livres de capital, 55 livres d'intérêt (*meritum*) et 4 livres et 6 sous pour les frais. La dernière mention résumait bien la position assez ambiguë de Grazia vis-à-vis des moines. Le rédacteur écrivait explicitement : « Grazia nous a prêté 21 livres en deniers que nous avons garantis sur un roncin au début du mois de mai. » L'existence d'une telle garantie, pour être usuelle, trahissait la volonté d'apurer précisément les comptes entre la communauté et celui qui était devenu l'un des principaux responsables de ses affaires, quoique lui-même fît partie de cette même communauté. Il s'agissait d'un régime basé sur l'avance, par un frère convers, des sommes nécessaires à la vie des moines. On comprend qu'on ait souvent chargé ces frères convers des *curtes* les plus dynamiques, celles-là mêmes que les investisseurs les plus avisés cherchaient à récupérer.

Les sources du XIIIᵉ siècle font moins voir la rapacité d'une foule d'usuriers citadins dépouillant les abbayes que le processus conduisant à l'intégration progressive de ces institutions dans un circuit d'échanges sur lequel elles n'exercent progressivement plus aucune forme de contrôle. Le contraste semble évident avec la situation du XIIᵉ siècle où les affaires semblent en grande partie intégrées aux dynamiques des institutions ecclésiastiques et seigneuriales. Les intermédiaires, qu'ils fussent laïques ou appartinssent au groupe des frères convers, disposaient d'une marge de manœuvre qui n'était pas inédite, mais qui en faisait désormais des acteurs d'une vie économique dépassant largement le cadre d'une paroisse ou de quelques *castelli*[179]. Si le

---

denariorum cc vii libras minus| iv solidos. Istos denarios accepimus in kalendas aprili sub anno domini mcclviiii.| Item mutuavit nobis dictus Gratia xxi libras denariorum quos denarios dedimus in uno runzano intrante mense julii.

[179] À ce titre, on peut comparer le frère convers Grazia *da Lucolena* avec un autre frère convers, Falcone, actif de 1263 à 1279 et qui finit par bénéficier de certains avantages au titre de ses activités, voir *Diplomatico, Coltibuono*, 1263/11/23

travail d'un frère convers chargé, comme maître Grazia, de l'ensemble des locations de l'abbaye ne différait guère de celui d'un intermédiaire laïque chargé des locations d'un riche propriétaire florentin, le premier disposait sans doute d'une marge de manœuvre supérieure à celle de ses homologues laïques[180].

8.3.2. *Les nouveaux pions de l'économie florentine*

La documentation ecclésiastique présente des limites évidentes pour connaître les sociétés rurales de la fin du XIIIe siècle. Ce qu'on sait de l'extrême fin du XIIIe siècle et du XIVe siècle, notamment grâce aux registres de certains notaires, permet tout de même de se faire une idée du type d'affaires que recouvrent les prêts gagés sur des chevaux ou des quantités de céréales qu'on relève, à l'occasion. À la fin de son ouvrage sur Lippo di Fede, changeur florentin de la première moitié du XIVe siècle, C. M. de La Roncière décrivait ce dernier comme un bon représentant de «la piétaille de l'expansion économique floren-tine[181]». Cette piétaille ne se recrutait pas qu'en ville et Lippo di Fede lui-même avait construit à la campagne les bases de sa maigre fortune monétaire et de ses assises patrimoniales, plus étroites, mais mieux assurées. Les petits *castelli* du Chianti ne manquaient pas de petites fortunes ou d'individus assez bien insérés dans un réseau de solidarité pour pouvoir dégager quelques livres en deniers de Pise ou en florins. En 1258, le frère convers qui gérait la *curtis* d'Argenina pour le compte de l'abbaye de Coltibuono avait été chargé de pourvoir au rembour-sement de trois créanciers de l'abbaye: Voglia, un Siennois, à qui le monastère devait douze livres; Ventura di Filippo *da Lucignano*, un voisin, pour onze livres; Montigianni *da Ricasoli*, pour douze livres[182]. Parmi ces individus, le dernier était probablement un descendant des Firidolfi, des autres, en revanche, on ne sait rien[183]. Aux XIIe et XIIIe siècles, le *castello* de Montaio ne paraît pas avoir été associé à un groupe aristocratique de *domini* et si l'on connaît quelques familles de

---

(16952), 1271/06/15 (18300), 1278/02/20 (19766, en 1279), *S. Trinita*, 1279/10/03 (20159), en 1271, l'abbé de Coltibuono destinait directement à ce frère convers, contre un paiement de 52 livres, le service de 25 setiers de grain qu'un colon devait verser à l'abbaye.

[180] À ce propos, on peut considérer la situation du procurateur de *Ser Drudolo di Dietisalvi da Monteluco* dans les terres de ce dernier, situées à Monteluco, dans le Chianti, il devait ainsi s'occuper des locations pour un individu qui connais-sait fort bien son patrimoine et s'occupait régulièrement en personne de la bonne marche de ses affaires, voir *Diplomatico, Vallombrosa*, 1290/03/11 (23210, en 1291).

[181] La Roncière 1973, p. 209.

[182] *Diplomatico, Coltibuono*, 1258/10/24 (16048).

[183] Montigianni di Ubertino pourrait être le fils de Ranieri *da Ricasoli, ibid.*, 121./11/16 (9499), 1258/05/03 (15940).

cette localité, aucune ne semble s'imposer de façon évidente. Le débit qui liait l'abbaye de Coltibuono à Salomone di Ubaldino, un habitant de Montaio, indique l'existence de fortunes modestes dans ce bourg animé par un marché rural et peuplé d'une population assez structurée. Présent à Montaio entre 1237 et 1247[184], Salomone avait été en mesure de consentir à l'abbaye de Coltibuono un prêt d'une soixantaine de livres[185]. La quittance de ce prêt fut favorable à l'abbaye, Salomone renonçant à la totalité du capital. Signe d'une certaine considération, c'était en la demeure du même Salomone que la quittance de dette avait été livrée aux représentants de l'abbaye de Coltibuono. Des actes plus tardifs renvoient une image aussi partielle que suggestive des affaires de cet individu et de celles de son fils. En leurs mains l'argent ne s'écoulait pas en un sens unique, et il pouvait leur arriver d'être débiteurs de leurs voisins. En 1260, le notaire Tedesco *da Montaio* avait ainsi vendu, à Gianni di Forte *da Montaio*, le crédit qu'il avait sur le fils de Salomone et un autre individu[186]. Salomone avait investi dans le foncier en compagnie de Salimbene *da Montegrossi* : en 1273, les Firidolfi offraient ainsi à l'abbaye les terres qu'ils avaient rachetées à ces deux individus[187]. C'était chez les descendants de ces petits groupes que l'on pouvait trouver, à la fin du XIIIe siècle, des preneurs pour les locations de grandes unités foncières. À l'été 1295, un frère convers de l'abbaye de Coltibuono louait pour six ans à Moncio di Salomone *da Montaio* et à Gianni di Nuto *da Vertine* la tenure *de Podio* contre le loyer annuel de sept muids et deux setiers de grain et de cent œufs[188]. Il n'est guère possible de savoir ce qu'était au quotidien le travail de Moncio di Salamone : cultivateur ? Petit homme d'affaires ? Ce deuxième aspect ne peut être négligé et l'impression qui ressort de plusieurs de ces contrats de location est celle de petits investissements tentés par des individus plutôt aisés. Cette riche parentèle de Montaio ne présentait rien, dans son profil, qui la distinguât très nettement des autres groupes des environs et il existait bien, dans ces *castelli* relativement éloignés des centres urbains, une place pour de petites figures capables de réunir, à l'occasion, d'importantes sommes d'argent. Ces fortunes rurales se trouvaient bien éloignées de celles qu'avaient pu libérer, quelques décennies auparavant, les seigneurs des *castelli* et le volume de leurs affaires restait bien inférieur à celui des transactions des financiers florentins qui leur étaient contemporains. On sait ainsi

---

[184] *Ibid.*, 1237 (12 240), Salomone di Ubaldino est témoin d'un acte de vente par lequel l'abbaye et des hommes de Montaio achètent en commun une parcelle située à Valgelata, entre l'abbaye et la commune de Montaio.

[185] *Ibid.*, 1242/12/19 (12 971), 1247/10/20 (13 905).

[186] *Ibid.*, 1260/11/13 (16 482).

[187] *Ibid.*, 1273/05/09 (18 760).

[188] *Ibid.*, 1295/08/09 (24 912).

que le *castello* de Montaio avait été une place de marché et un site fortifié d'importance[189]. Au XIVe siècle, le *castello* servait d'étape au déplacement des troupeaux destinés à alimenter le marché alimentaire florentin et le village comptait de nombreux individus inscrits à l'Art florentin des Bouchers[190]. Sans doute ces activités avaient-elles commencé à se développer dès le XIIIe siècle. C'était à l'une des personnalités de ce petit village que l'abbaye louait ainsi un de ses *poderi*[191]. Pour pouvoir profiter de telles opportunités, il fallait tout de même avoir quelques réserves ou une capacité à dégager rapidement des sommes relativement importantes. Ailleurs, on tirait peut-être des revenus peu ordinaires de certaines productions spécialisées.

Qu'on dirige maintenant le regard au nord, vers la Val d'Ema. En octobre 1278, les vingt-un moines et frères convers que comptait l'abbaye de Montescalari consentaient à la vente de trois parcelles et deux habitations pour payer une partie de leurs dettes[192]. Il s'agissait d'une vente importante : 200 livres en petits florins[193]. Les deux acheteurs appartenaient à la population des environs. Niccolò di Ugolino *da Cintoia* et ses frères avaient leurs maisons dans le *castello* de Cintoia[194]. Le second destinataire Niccolino di Aldobrandino *dal Trebbio* était probablement un nouveau venu à Cintoia ; quelques années plus tard, ce dernier présentait tous les signes d'une intégration à la petite communauté villageoise[195]. Rien ne permet de rattacher ces deux individus à l'une des parentèles seigneuriales des environs et ils n'appartiennent pas davantage à l'élite florentine de l'époque. Si leur richesse s'était construite à l'ombre de l'institution ecclésiastique et des parentèles seigneuriales de Cintoia, elle ne s'était pas directement faite aux dépens de ces institutions. Ces notables locaux n'étaient probablement pour

---

[189] Day 2000, p. 109-110, n. 187.

[190] La Roncière 2005b, p. 109-110, n. 187.

[191] En 1306, son fils, Mone, figurait parmi les *homines* de Montaio participant à l'élection du recteur de la commune, voir *Diplomatico*, *Coltibuono*, 1306/05/29 (29 592).

[192] *Ibid.*, S. *Vigilio di Siena*, 1278/10/31 (19 952).

[193] La somme était assez importante, la même année, l'abbaye de Coltibuono avait engagé des poursuites devant les tribunaux de Florence pour une somme de cinquante livres, *ibid.*, *Coltibuono*, 1278/11/16 (19 961), Bernardo di Grassetto dei Mazzinghi était sommé, par le syndic de Coltibuono, de rendre la somme 50 livres ou un cheval engagé dans le prêt, l'affaire avait été évoquée au moins cinq fois devant la juridiction florentine.

[194] *Ibid.*, S. *Vigilio di Siena*, 1286/11/17 (22 247), Cino et Niccolò di Ugolino étaient cités dans les confronts d'un acte relatif au *castello* d'Ortario, une expression qui semblait désigner le *castello* de Cintoia ; sans doute l'habitat avait-il commencé à s'étendre vers la vallée ; le père de Cino et Niccolò possédaient des terres dans les environs de Cintoia, *ibid.*, 1265/10/16 (17 251).

[195] *Ibid.*, 1293/12/01 (24 338), 1299/08/28 (26 470), 1299/08/28 (26 471), Niccolò di Brando (Aldibrando).

rien dans les difficultés premières de l'abbaye, lourdement endettée vis-à-vis des Lupicini, grands banquiers florentins. En 1285, l'abbé Barone dut racheter à ces derniers un patrimoine estimé à 1 000 livres en petits florins et que les mêmes Lupicini déclaraient avoir acheté 1 300 livres en 1258 à l'abbé don Tesauro. Il s'agissait d'un ensemble considérable, un *podere* comprenant un moulin, probablement engagé par les moines en échange d'un crédit. Le lendemain, les Lupicini, avec d'autres créditeurs, faisaient encore quittance à l'abbaye d'une somme de 500 livres[196]. On ne saurait mettre sur le même plan les transactions de ces Florentins et les achats immobiliers des notables locaux. Le volume d'affaire des financiers influait toutefois sur la vie économique des *castelli* florentins et l'on trouvait ailleurs de petites fortunes aux origines obscures. À la fin du XIIIᵉ siècle, Niccolino di Aldobrandino, qui a déjà été évoqué plus haut, assistait à l'oblation d'une de ses voisines, une dénommée Tedora, qui se donnait à l'abbaye de Montescalari[197]. Tedora était une femme importante et sans doute riche. Elle était veuve d'un certain Bonamico, mais elle se présentait avant tout comme la fille de Buono di Vernaccio, à une époque où il était rare qu'on fît encore primer le nom de son ascendant sur celui de son mari[198]. Elle était la descendante d'une parentèle présente à Cintoia depuis la fin du XIIᵉ siècle[199]. En 1221, son père, Buono di Vernaccio, avait acheté fort cher une petite exploitation située non loin de Florence, à Rovezzano, en périphérie de Florence, dans une zone où E. Faini a relevé les indices d'une restructuration précoce du parcellaire[200]. Comment la richesse de Buono di Vernaccio s'était-elle constituée? On l'ignore. En alignant ainsi les petites fortunes rurales du XIIIᵉ siècle, on risque de buter bien souvent sur des incertitudes. Le cadre général se dessine toutefois assez nettement. Le rôle des marchés qui se devinait partout n'excluait en rien l'intervention d'institutions plus traditionnelles, abbayes, clercs, fondations hospitalières, seigneurs laïques ou communes rurales. Les grandes fortunes de Florence tendaient à subordonner le patrimoine de ces institutions à leurs propres logiques; elles exerçaient en revanche une attraction plus forte sur le reste de la population rurale et continuaient à cristalliser une partie de leurs activités.

La question des sources de la richesse du *contado* et des campagnes des siècles centraux du Moyen Âge reste en grande partie irrésolue. Les progrès de l'archéologie et l'attention plus poussée à des

---

[196] *Ibid.*, 1285/11/21 (21 925), 1285/11/22 (74 581).
[197] *Ibid.*, 1293/12/01 (24 338).
[198] Faini 2009c.
[199] *Ibid.*, 1191/06/17 (6815), 1194/02/12 (6998, en 1195), 1205/12/07 (8014).
[200] *Badia di Firenze*, 1221/07/17 (74238, *pergamene lunghe*), Faini 2010, p. 76.

formes d'habitat mineur qui n'ont jusqu'ici guère retenu l'attention apporteront sans doute d'importantes informations dans les années à venir. S'il est difficile de se faire une idée de la circulation réelle des monnaies, on constate les progrès de l'économie monétaire aux XIIe et XIIIe siècle. Les échanges monnayés sont plus faciles à suivre et permettent de mettre en évidence une inversion de tendances entre les XI-XIIe et le XIIIe siècles. Encore jeunes et dynamiques, les institutions vallombrosaines jouèrent, jusqu'à la fin des années 1180, un rôle important dans la structuration des échanges. Il n'y avait là nul monopole, les institutions monastiques s'appuyaient sur les aristocraties laïques et une population locale très investie dans les échanges fonciers et monétaires. Les dernières décennies du XIIe siècle et la totalité du XIIIe siècle ne furent pas marquées par la ruine des institutions monastiques, mais par leur marginalisation dans un jeu que dominaient désormais les élites urbaines. Les seigneuries monastiques vallombrosaines suivirent certainement, dans ces décennies, l'évolution d'autres constructions seigneuriales. Les grands seigneurs laïques ne semblent guère s'être préoccupés de restructurer leurs possessions seigneuriales pour les rendre plus productives, mais paraissent plutôt s'être empressés d'employer ce patrimoine à d'autres affaires, en liquidant parfois leur propriété. L'évolution du *dominium* seigneurial sur les *castelli* de Tornano et de Monteluco a Lecchi, dans le Chianti, est de ce point de vue un indice intéressant des attitudes généralement adoptées par les *domini loci*. L'acquisition de l'ensemble des droits seigneuriaux par un seul seigneur, qu'il soit ou non rattaché à la parentèle des Ricasoli, ne doit pas masquer la rupture que représente dans l'histoire de cette localité, le passage d'une domination collégiale par une vaste *consorteria* des *castelli* de Tornano et de Monteluco à la restructuration de cette propriété par un foyer de riches propriétaires au cours du XIIIe siècle. Comme l'ont noté plusieurs auteurs, les années 1170-1230 représentent un moment central dans la réorientation des groupes dominants vers la ville et ses possibilités[201]. Ces décennies furent sans doute discriminantes pour les individus et les groupes dont le pouvoir, jusque-là fortement lié aux dynamiques seigneuriales, était insuffisamment assuré pour autoriser ce genre d'aventures. L'âge d'or de la Florence consulaire, une ville dominée par une classe de *milites* venus de la cité comme du *contado*, une ville violente et parcourue de tensions, fut sans doute marquée par une accentuation des différences sociales. Il y avait d'une part ceux qui pouvaient participer aux grandes affaires du territoire florentin, les Firidolfi, les *da Cintoia* et d'autres parentèles, il y avait d'autre part ceux que leurs ressources conduisaient à choisir des voies plus assu-

---

[201] Day 2000 ; Faini 2010 ; Tabarrini 2019.

rées, mais certainement moins prestigieuses. Tout n'était pas joué au seuil du XIIIᵉ siècle. L'évolution générale du territoire florentin et des territoires voisins suscitait autant de risques nouveaux et de facteurs d'instabilités que d'opportunités nouvelles. Avant la fin du XIIᵉ siècle, il existait dans les campagnes, comme dans les villes, des groupes déjà très impliqués dans les échanges à faible rayon. La documentation ecclésiastique rend compte de la longue durée des sociabilités locales et permet d'expliquer en partie la formation sans cesse renouvelée de petites fortunes rurales. Si ces fortunes se nourrissaient des échanges marchands que suscitaient un peu partout l'accroissement démographique et la création de nombreuses agglomérations, elles sont difficiles à envisager comme le résultat d'un parcours autonome et individuel. Les détenteurs de petits patrimoines qui sont connus étaient toujours liés à une seigneurie, à une puissante parentèle ou à un groupe dont les contours ne paraissent pas trop difficiles à dessiner. De cette manière, la détention d'un capital matériel paraît inséparable de la détention d'un capital social et symbolique que seules les grandes parentèles et les grandes institutions ecclésiastiques pouvaient assurer.

LA DISTINCTION SOCIALE DANS LES CAMPAGNES FLORENTINES DES XIIe ET XIIIe SIÈCLES

> C'è lì un posto, lo ha lasciato tuo padre
> Non dovrai che restare sul ponte
> e guardare le altre navi passare
> le più piccole dirigile al fiume
> le più grandi sanno già dove andare[1].

L'un des personnages récurrents du *Decameron* est la figure d'un grossier parvenu, un dénommé Calandrino, avide et benêt, que l'on présente en ces mots lors de la huitième journée :

> Dans notre ville, toujours riche de toutes sortes de gens, il y eut, il n'y a pas bien longtemps, un peintre dénommé Calandrino, un homme naïf et aux manières nouvelles[2].

Calandrino était, chez Boccace, le type même du rustre enrichi que les authentiques citadins se plaisaient à moquer et qui n'échappait à aucun des pièges que lui tendaient ses deux compagnons, les peintres Bruno et Buffalmacco[3]. Il offrait aux lecteurs de Boccace l'image du *contadino* encore mal sorti de sa campagne[4]. Quand il repartait de la cité pour gagner le *podere* de son épouse, il acquérait d'emblée une tout autre stature. Petit trait de caractère, inventé par Boccace, ce citadin accordait au fait de tuer et de saler lui-même son porc, une certaine importance et n'était pas peu fier de se comporter

---

[1] De Andrè 1973.

[2] *Decamerone*, huitième journée, troisième nouvelle (Boccaccio 1973, p. 477) : « Nella nostra città, la qual sempre di varie maniere e di nuove genti è stata abondevole, fu, ancora non è gran tempo, un dipintore chiamato Calandrino, uom semplice e di nuovi costumi. »

[3] Le personnage est récurrent dans les nouvelles de Boccace, il s'agit bien évidemment d'un type conçu tout exprès pour les histoires comiques, on le retrouve dans plusieurs nouvelles du *Decamerone*, 8e journée, dans les 3e et 6e nouvelles, 9e journée, dans 3e les 5e nouvelles (Boccaccio 1973, p. 477, 492, 559 et 567).

[4] Voir la citation mise en exergue, et le compliment, un peu rustique, qu'il entend adresser à une belle dont il est amoureux (9e journée, 5e nouvelle), Boccaccio 1973, p. 570 : « Gnaffe, tu sì le dirai in prima che io le voglio mille moggia di quel buon bene da impregnare, e poscia, che io son suo servigiale, e se ella vuol nulla ; ha'mi bene inteso ? »

en bon ménager, en bon *massaio*[5]. À la campagne, ce petit personnage dominait ses voisins et disposait d'assez de denrées pour tous les
inviter à manger. Le mépris aristocratique pour cette figure vulgaire et
simple était sans doute révélateur de la perception commune qu'on se
faisait du *contadino* enrichi[6]. Une figure que les sources de la pratique
rendent toutefois très vraisemblable aux XIIIᵉ et XIVᵉ siècles. Dès
le milieu du XIIIᵉ siècle, tout était en place pour l'*inurbamento* des
notables ruraux. Ceux qui décidaient de demeurer dans les pays de
basses collines du *contado* privilégiaient les bourgades marchandes et
se conformaient aux valeurs et aux intérêts des citadins. Alors que le
contado de Florence s'organisait en petites communautés, assez autonomes et dont les prérogatives étaient importantes, les notables ruraux
se distinguaient notamment par leur tendance à se soustraire aux obligations de ces petites collectivités. Cet aspect de la thèse plesnérienne
ne paraît pas dépassé et l'on n'a rien trouvé, dans ces recherches,
qui vienne profondément infirmer ce tableau. C'est en partant de ce
constat, et en adoptant en quelque sorte une démarche régressive que
cette enquête a été pensée. Au milieu du XIIIᵉ siècle, il existait, dans
le territoire soumis à l'influence politique de Florence, une classe de
rentiers dont les membres servaient de médiateurs entre les pouvoirs
citadins officiels ou officieux et les communautés des pays de plaines
et de basses collines. Ces notables, malgré les nuances propres à la
Toscane, correspondaient à l'idéal-type dressé en son temps par
H. Mendras qui le définissait par sa fonction de médiation entre les
communautés paysannes et la société englobante. L'idée était dès lors
de reconstituer la généalogie de ce type social, en interrogeant la perti-
nence d'un paradigme historique faisant des campagnes florentines le
lieu d'un renouvellement constant des élites locales, rapidement intégrées aux dynamiques citadines.

Les sources monastiques ne manquant pas, il a paru opportun
de concentrer l'attention sur un territoire précis. Le choix du quart
sud-est du *contado* florentin, un territoire entièrement compris dans
le diocèse de Fiesole, présentait l'avantage d'offrir une association
de milieux assez différenciés : quelques vallées fluviales ; de basses
collines ; des contreforts montagneux. On disposait, pour cette

---

[5] *Decamerone*, 8ᵉ journée, 6ᵉ nouvelle, Bruno et Buffalmacco volent un porc
à Calandrino (Boccaccio 1973, p. 493) : « Aveva Calandrino, la mattina che costor
giunsero il dì, ucciso il porco ; e vedendogli col prete, gli chamò, e disse : – Voi siate
i ben venuti. Io voglio che voi veggiate che massajo io sono » ; tout ce qui concerne
Calandrino respire le contentement béat de choses vulgaires et les paroles placées
dans la bouche de ce personnage par Boccace sont tout autres qu'innocentes.

[6] Dans cette nouvelle, Bruno et Buffalmacco dérobent à Calandrino le porc qu'il
avait tué pour la salaison ; ils font porter ses soupçons sur ses voisins ; Calandrino
n'a aucun mal à convoquer ceux-ci en leur promettant un repas.

enquête, des chartriers et des *codices* légués par les abbayes vallombrosaines de la Val d'Ema (San Cassiano a Montescalari), du Pratomagno (Santa Maria di Vallombrosa) et du Chianti (San Lorenzo a
Coltibuono). La comparaison des parchemins légués par ces abbayes
et conservés dans le *Diplomatico* de Florence avec les registres notariés de la seconde moitié du XIIIᵉ siècle a permis la mise en évidence
d'un important biais documentaire. Dominés par les acquisitions
foncières, les chartriers monastiques ont offert de la société une vision
globalement plus statique que celle révélée par l'étude des premiers
registres. Si ces sources monastiques ont donné un aperçu déformé
des réalités sociales des années 1250-1300, elles ont en revanche
permis d'envisager plus sereinement l'étude des sociétés des XIᵉ et
XIIᵉ siècles, à condition, toutefois, d'envisager l'étude de ces sociétés
dans le rapport qu'elles avaient entretenu avec ces trois abbayes. Un
détour par l'histoire des institutions monastiques s'imposait. À l'exception de Santa Maria di Vallombrosa, qui finit par contrôler de
très larges pans de la vie sociale des communautés de Magnale et de
Ristonchi, aucune des abbayes envisagées n'exerça jamais un pouvoir
solitaire sur les sociétés rurales des alentours. L'histoire politique de
ces institutions a ainsi eu l'intérêt de faire ressortir la profondeur et
la complexité des relations qui unissaient les communautés monastiques aux habitants des campagnes florentines. Parce qu'ils s'étaient
souciés de leur Salut, parce qu'ils y avaient été contraints par la force
ou parce qu'ils avaient voulu s'en faire des alliés, les habitants d'un
certain niveau – et pas seulement les aristocrates – s'étaient mis dans
de bonnes relations avec les moines vallombrosains. Ces dynamiques,
associées aux formes de coseigneuries promues par les institutions
monastiques, avaient fait de ces pouvoirs l'un des centres, pas le seul,
servant la cohésion des populations rurales. Les sources léguées par
ces dernières permettaient de ce fait d'envisager une étude des populations rurales centrées sur les figures de notables.

    L'absence apparente de critères indigènes permettant d'identifier
une catégorie de notables et le choix d'une notion construite a conduit
à une approche thématique. On s'est d'abord efforcé de mesurer l'apport des monographies familiales à la compréhension de ces sociétés
et à l'étude de la *notabilité*. L'étude de deux parentèles distinctes dans
leur structure et dans leur trajectoire (les *da Cintoia* et les fils de Forte
da Montaio) a permis, en quelque sorte, de confirmer certaines des
hypothèses. On assistait bien, dans le *contado* florentin, à des processus
locaux de renouvellement des élites : le départ progressif des seigneurs
de *castelli* vers la ville libérant l'espace à des familles plus réduites et
s'affirmant selon d'autres modalités. Si les mobilités sociales avaient
été réelles, elles s'étaient accompagnées cependant de mutations
importantes des identités et des structures familiales. Tandis que des
parentèles peu élevées pouvaient finir par former une solide *consor-*

teria aristocratique, d'autres se spécialisaient, dès le XIIᵉ siècle, dans le crédit et la médiation entre les grands. L'étude plus précise de la riche documentation relative aux *castelli* dominés par l'abbaye de Vallombrosa a permis de développer une autre approche des mobilités sociales. Dans ce territoire animé au milieu du XIIᵉ siècle par des parentèles somme toute peu différenciées, du moins en termes de dignité, les trajectoires observées ont révélé l'accentuation progressive des différences existant entre les différents groupes. Tandis que certaines parentèles échappaient au contrôle des moines pour tenter leur propre aventure communale ou seigneuriale, d'autres finissaient au contraire – à l'instar des parentèles étudiées par G. Francesconi autour de Camaldoli – par fonder leur vie sociale sur l'acceptation d'une forme de sujétion pesante, en termes symboliques et économiques, aux abbés de Vallombrosa. L'image qui est ressortie de cette étude des trajectoires familiales est celle d'une évolution du champ des pouvoirs et des règles fondant les hiérarchies et la distinction sociale. L'ensemble des acteurs rencontrés avaient en commun de disposer d'un certain poids sur les décisions prises à l'échelle de la paroisse, du village ou du hameau. Aussi convenait-il d'intégrer à l'enquête le processus d'affirmation des communes rurales qui caractérisait la période. Avant même l'affirmation d'institutions clairement identifiables, les *castelli* étaient marqués par l'activité collective de groupes d'*homines*, des chefs de foyers, qu'unissaient des intérêts communs. La documentation du XIIᵉ siècle met en évidence l'existence d'une sociabilité politique publique dépassant le cadre strict des parentèles aristocratiques ou des *domini* ecclésiastiques. Si les premières *universitates* rurales semblent d'abord dominées par les parentèles aristocratiques, les premières années du XIIIᵉ siècle marquent une ligne de partage entre ces parentèles qui s'éloignent des affaires locales et celles qui demeurent attachées à cette échelle. Les seigneuries territoriales institutionnalisées, et notamment ecclésiastiques, restent quant à elles maîtresses du jeu, mais en instaurant des formes nouvelles de contrôle de la population. La commune rurale eut un rôle ambivalent. Dans un long XIIIᵉ siècle, elle fit office de cadre permettant l'affirmation de formes nouvelles d'une notabilité locale, mais elle se transforma aussi, à la fin du même siècle, en l'un des instruments permettant à Florence d'imposer son autorité et son influence sur l'ensemble du *contado*.

Quels étaient, durant cette période, les éléments minimaux qui avaient permis la participation d'un individu et de ses parents à la vie publique des communautés d'habitants ? Il a semblé nécessaire d'envisager d'abord le rôle joué par le partage de la rente foncière. On a suivi C. Wickham qui a relevé la domination du jeu social par une classe de rentiers, en cherchant à préciser le profil de ces rentiers. Avant les années 1230, il s'est avéré difficile d'établir une distinction nette entre propriétaires et travailleurs du sol. Si quelques familles vivaient exclu-

sivement de la rente foncière, sans avoir besoin de participer directement à la production, les groupes exerçant, à l'échelle d'une paroisse,
des fonctions de premier plan, se distinguaient par une grande familiarité avec ces activités productives et les producteurs eux-mêmes. La
rente foncière se trouvait ainsi répartie à l'intérieur d'un milieu assez
large de *possessores* dans lequel on comptait aussi des travailleurs.
Le morcellement extrême des possessions et des propriétés foncières
aboutissait, au même moment, à un éparpillement des prérogatives
seigneuriales. Si certains étaient voués aux seuls travaux des champs,
une proportion importante de la population oscillait entre la position
du rentier et celle du travailleur ou celle, plus lucrative, de l'artisan.
La répartition des rôles pouvait fort bien s'opérer à l'intérieur même
d'une parentèle. Cette situation connut de profondes évolutions dans
les années 1170. À partir de ces années, et tout au long du XIIIe siècle,
les hiérarchies passant entre les propriétaires et les *possessores* ne
cessèrent d'être réaffirmées. L'un des enjeux était certainement de
permettre aux grands propriétaires fonciers un usage plus libre et
rapide de leurs prérogatives sur la terre et les hommes qu'ils pouvaient
désormais mettre sur le marché. La diffusion rapide de la condition
de colon s'accompagna d'une renégociation, parfois douloureuse, des
hiérarchies locales et d'une réinterprétation de la *possessio*. Nombre
de *coloni* du XIIIe siècle avaient pour ancêtres les *possessores* des XIe et
XIIe siècles. Dans l'immédiat, cette réinterprétation des hiérarchies ne
modifia guère la physionomie des communautés rurales formées au
XIe siècle ou auparavant. Les communautés d'habitants étaient ainsi
composées d'exploitants et de petits exploiteurs, elles étaient parfois
dominées par une parentèle laïque ou une institution ecclésiastique,
et étaient capables de développer des formes collectives de distinction.
La condition des *coloni*, certes pesante, constituait moins un statut
personnel qu'un statut utile aux seigneurs lorsqu'ils étaient en conflit
avec leurs tenanciers. Petits propriétaires et grands tenanciers, tous
étaient susceptibles de jouer localement un rôle *notable*.

Pour comprendre le passage d'une société constituée de figures
notables et en apparence peu différenciée, à une société davantage
dominée, à la fin du XIIIe siècle, par des notables en position hégémonique, il fallait envisager la question des facteurs de la différenciation
sociale, en privilégiant d'abord le rôle probable de l'enrichissement
et de l'appauvrissement monétaire. Le *contado* florentin fut en effet
marqué, aux siècles envisagés, par une profonde mutation des structures économiques. On ne pouvait, de fait, envisager, l'histoire de la
notabilité rurale sans envisager la question de la circulation monétaire et de la thésaurisation. Dans une société où l'argent circulait de
plus en plus, la thésaurisation ne semble pas avoir été si courante,
et la capacité à mobiliser rapidement d'importants capitaux reposait
essentiellement sur l'insertion dans un réseau de solidarités. Le capital

matériel et le capital symbolique se révélaient ainsi interdépendants. La croissance démographique et l'affirmation des cités et des bourgs intermédiaires ne manquèrent pas d'alimenter un commerce lucratif de certaines denrées agricole. Dans les collines du Chianti, à Montaio, ou dans la Val d'Ema, à Cintoia, et dans la riche vallée de l'Arno, le commerce du blé, des viandes et de produits échappant à la documentation, suscitait des échanges qui expliquent la capacité des familles de *coloni* ou de petits propriétaires à faire crédit et pratiquer une usure de petit niveau. Les fortunes les plus saillantes et les plus impressionnantes furent toutefois celles qu'accumulèrent, en quelques années, les *domini* qui réussirent à intégrer le cercle restreint des grands décideurs urbains. De ce point de vue, les décennies 1170-1230 furent probablement marquées par une forte sélection sociale. Il y eut d'une part ceux qui réussirent à affirmer leurs prérogatives sur la terre et sur les hommes et purent investir ce capital pour se lancer dans d'autres affaires, comme les *da Cintoia* ou les Firidolfi, et ceux, moins puissants, qui passèrent dans ces mêmes années d'un statut seigneurial ou presque à une dépendance aisée. On s'explique ainsi l'effet de génération qui s'observe entre le milieu du XIIe siècle et le XIIIe siècle. Ce n'était pas seulement que les familles enrichies étaient parties de leurs *castelli*, leur identité et le niveau de fortune avaient évolué brusquement, de même que les logiques de la distinction sociale sur lesquelles reposait leur pouvoir.

Ce parcours a certes éloigné le lecteur d'une perspective qui aurait pu consister à étudier *le* notable rural dans les différentes manifestations d'un idéal-type. Fallait-il, dès lors, corriger l'idéal-type mendrassien pour en proposer un nouveau, s'appliquant aussi bien aux *notables* des XIe et XIIe siècles qu'à ceux du XIIIe siècle ? Fallait-il au contraire y renoncer et continuer à parler d'élites rurales au profil indéterminé pour les siècles précédant la grande transformation des rapports entre la ville et sa campagne ? Les figures remarquables, et en ce sens *notables*, des XIe et XIIe siècles se caractérisaient souvent par l'exercice d'une fonction de médiation. Les connexions avec de lointaines puissances avaient beau être distendues, localement elles alimentaient une certaine forme de prestige[7]. Elles permettaient de rendre plus pérennes des situations patrimoniales que le marché de la terre et les logiques de la redistribution rendaient fragiles. On ne peut toutefois faire de ces notables ruraux des intermédiaires d'une société englobante. Les dynamiques étaient essentiellement locales et c'était la volonté de distinction à l'intérieur même de ces petites sociétés qui poussait les membres les plus influents à chercher des soutiens symboliques et matériels extérieurs. La seigneurie rurale se développa

---

[7] Wickham 1988.

dans ces sociétés comme une forme de pérennisation des hiérarchies. À l'image de ce qui se passe à la même époque dans les seigneuries du sud de l'Italie, à la fin du XIIᵉ siècle, les *notables* locaux et les seigneurs qui évoluaient au contact des populations exerçaient un rôle économique, politique et social qui dépassait de loin celui de la cité ou du souverain[8]. Dans le *contado* florentin, la violence des rapports de force n'empêcha pas le développement de communautés rurales empruntant aux sociabilités aristocratiques certains traits distinctifs – parmi les exemples évoqués dans ce volume, il faut citer le *castello* de Passignano, Marciano près de Rignano, le *castello* de Cintoia, les *castelli* de Magnale et Ristonchi, le *forum* de Leccio et la plupart des *castelli* du Chianti. Le développement des seigneuries rurales et des communes répondait probablement au même souci d'assurer une position sociale dans un contexte politique devenu instable et changeant. La seigneurie contribua, de son côté, à l'ascension de quelques notables. Les seigneurs, ecclésiastiques ou non, ne tiraient probablement pas des individus du néant, mais contribuaient à la reconnaissance officielle de situations de fait. On devinait, dans la clientèle des petits vassaux, mais aussi dans la foule des frères convers, les groupes économiquement les plus actifs. La visibilité de ces processus d'agrégation des notables locaux au pouvoir des seigneurs n'est jamais aussi visible que dans les années 1170-1230[9]. Ces décennies qui correspondaient au moment de l'affirmation de la Commune urbaine furent sans doute, en négatif, des années marquées par la crainte constante d'un déclassement[10]. Il était urgent d'arrimer son identité sociale au monde des seigneurs ou d'intégrer une communauté fortement institutionnalisée et plus protectrice. À l'issue de ces décennies, l'identité aristocratique apparaît d'ailleurs plus fermée, mais ce sentiment pourrait aussi résulter de l'exclusion progressive des aristocrates des dynamiques collectives. Les anciennes formes de la distinction sociale qui s'opérait dans une gradation continue reliant les petits *possessores* aux plus hauts des aristocrates – qui pouvaient figurer côte à côte sous le nom de *boni homines* – étaient, en quelque sorte, brisées. Il devenait possible à de ces communautés de développer des formes de distinction plus autonomes, ce qui permit l'affirmation d'une notabilité rurale nouvelle, rapidement soumise aux influences d'une cité qui accueillait volontiers les membres les plus aisés des communautés qu'elle cherchait à dominer.

Il est probable qu'au cours de la période envisagée, les figures envisagées aient été parmi les principaux bénéficiaires des prélèvements

---

[8] Carocci 2014, p. 280.
[9] Sur l'importance économique de cette période, voir Tabarrini 2019, p. 228.
[10] Voir Faini 2010.

opérés sur le travail agricole, l'élevage et l'artisanat. Les inégalités pouvaient être très fortes au sein d'un même foyer, d'une même parentèle ou communauté, d'un *castello* à un autre. Qu'il s'agît du XIIe ou du XIIIe siècles toutefois, le pouvoir ne se configurait jamais comme l'affaire de quelques parentèles ou de quelques individus : c'était une affaire collective qui reposait sur l'emploi réitéré de la force, de la négociation, de la générosité. Dans ce contexte, les figures de second plan, agissant comme intermédiaires entre différents cercles de sociabilité, entre des classes sociales dont les caractères n'étaient pas nettement affirmés, pouvaient se trouver valorisées. L'institutionnalisation progressive des dominations fixa davantage le cadre d'une distinction sociale qui évolua peut-être plus lentement à la fin du XIIIe et dans les premières décennies du XIVe siècle. En arrière-plan de ces évolutions se dessinait l'énigmatique séparation d'un territoire entre une campagne soumise et une cité dominante. Les notables ruraux de la fin du XIIIe siècle étaient davantage liés aux dynamiques de la cité et du territoire florentin, l'échelle à laquelle se jouait la distinction qui les soutenait, qu'aux communautés locales qu'ils dominaient. Ce processus n'était pas arrivé à un terme, il n'avait sans doute rien d'irréversible, mais correspondait à une organisation territoriale nouvelle et qui était particulièrement marqué dans le *contado* florentin.

SOURCES ET BIBLIOGRAPHIE

INSTRUMENTS DE LOCALISATION GÉOGRAPHIQUE ET FONDS DE CARTE :
SITOGRAPHIE

Catasto storico toscano, www502.regione.toscana.it/geoscopio/castore.
html, 2006-2012. Mise à disposition de l'ensemble des cadastres léopoldien et
napoléonien par la région Toscane (URL contrôlée le 02/02/2021).
Geoportale Nazionale, www.pcn.minambiente.it/viewer/, 2014. Outil de
l'*Istituto Geografico Militare* (URL contrôlée le 02/02/2021).
Geoscopio, SITA, Cartoteca, www502.regione.toscana.it/geoscopio/carto-
teca.html, mise à disposition de nombreuses bases de données et de cartes,
avec moteur de recherche extrêmement efficace par la Région Toscane, pas de
date de publication (URL contrôlée le 02/02/2021).
Imagery and reference data – Copernicus Land Monitoring Service https://
land.copernicus.eu/imagery-in-situ, 2013. Données cartographiques mises à
disposition dans le cadre du programme Copernicus de l'Union européenne
(URL contrôlée le 03/06/2021).
Repetti Online, http://stats-1.archeogr.unisi.it/repetti/, 2004. Indexation
par une équipe de l'Université de Sienne du dictionnaire d'E. Repetti
(voir bibliographie) avec géolocalisation des localités citées (URL contrôlée
le 02/02/2021).

DOCUMENTATION INÉDITE OU ORIGINALE

Fiesole

Archivio vescovile di Fiesole

Sezione XXVIII, Curia vescovile, B, Libri e registri, 1, « Registro con reper-
torio dei benefici (1274) ».

Florence

Archivio di Stato

Catasto
183, « Vescovado di Fiesole e Volterra e arcivescovado di Pisa ».

Carte Strozziane

II, 60, «Spoglio di scritture antiche in cartapecora che si ritrovano appresso di me Carlo Strozzi gl'originali».

III, 233, «Breve Notizia delle fondazioni ius patrono e altro delle chiese monasteri oratori cappelle spedali etc., opera del Sig. Senator Carlo Strozzi».

Corporazioni religiose soppresse dal governo francese

89 (Santa Trinita): 134.

179 (Passignano): 34, 36.

224 (Badia di Ripoli): 129, 232, 233, 236, 237, 270, 328/bis.

260 (S. Maria di Vallombrosa): 6, 7, 8, 9, 10, 11, 12, 13, 14, 39, 126, 270.

Diplomatico

Accessible en ligne, www.archiviodigitale.icar.beniculturali.it/it/185/ricerca/detail/7647 (URL contrôlée le 02/02/2021).

Barbetti (dono); Camaldoli, S. Donato e S. Ilarino (ospizio); Coltibuono, S. Lorenzo (badia, vallombrosani); Fiesole, S. Bartolomeo detta badia dei Rocchettini (badia, benedettini); Firenze, S. Caterina detta de' Covi, (commenda); Firenze, S. Felicita (benedettine); Firenze, S. Frediano in Cestello gia' S. Maria Maddalena (cistercensi); Firenze, S. Giovanni Battista detto di Bonifazio, (ospedale); Firenze, S. Maria degli Angioli (camaldolesi); Firenze, S. Maria della Badia detta Badia fiorentina, (benedettini cassinesi); Firenze, S. Miniato al Monte (olivetani); Firenze, S. Pancrazio (vallombrosani); Firenze, S. Salvi (abbazia vallombrosana); Firenze, S. Trinita (vallombrosani); Firenze, S. Apollonia (benedettine); Firenze, S. Pier Maggiore (benedettine); Galluzzo, S. Caterina in San Gaggio (agostiniane); Passignano, S. Michele (badia vallombrosani); Polverini (acquisto); Riformagioni; Riformagioni atti pubblici; Ripoli, S. Bartolomeo (badia vallombrosana); Rosano, S.ma Annunziata (benedettine); Siena, S. Vigilio (pergamene del monastero di Montescalari, vallombrosani); Vallombrosa, S. Maria d'Acquabella (badia vallombrosana).

Manoscritti

48, *Bullettone.*

48/bis, *Bullettone.*

Notarile Antecosimiano

996, Attaviano di Accorso da Firenze (1266-1291).

997, Attaviano di Accorso da Firenze (1266-1291).

5212, Chiarozzo del fu Balduccio da Verrazzano (1310-1314).

9094, Giovanni di Buoninsegna da Rignano (1296-1299).

9491, Giovanni di Buoninsegna da Rignano (1303-1309).

10896, Guido di Bandino da Leccio (1295-1296).

10897, Guido di Bandino da Leccio (1294-1307).

11252, Ildebrandino di Accatto (1269-1279).

Ricasoli, parte Antica

Pergamene, 7-31.

Biblioteca Nazionale Centrale

Conventi Soppressi, B.5, 1500, *Chronicon passinianense et alia.*

Sienne

Archivio di Stato

Diplomatico
S. Agostino di Siena, Archivio Riformagioni, Spedale di S. Maria della Scala.

OUVRAGES À CARACTÈRE DE SOURCE

Alighieri – Vinay 1950 = D. Alighieri, G. Vinay, *Monarchia in appendice. Le epistole politiche tradotte*, Florence, Sansoni, 1950 (*Opere minori*).
Alighieri 2005a = D. Alighieri, *La Commedia di Dante Alighieri, 1. Inferno*, Milan, Mondadori, 2005 (*Oscar classici*, 613).
Alighieri 2005b = D. Alighieri, *La Commedia di Dante Alighieri, 2. Purgatorio*, Milan, Mondadori, 2005 (*Oscar classici*, 614).
Alighieri 2005c = D. Alighieri, *La Commedia di Dante Alighieri, 3. Paradiso*, Milan, Mondadori, 2005 (*Oscar classici*, 615).
Appelt – Herkenrath – Koch 1979 = H. Appelt, R. M. Herkenrath, W. Koch (éd.), *Die Urkunden Friedrichs I., 2. 1158-1167*, Hanovre, Hahnsche Buchhandlung, 1979 (*Monumenta Germaniae Historica, Die Urkunden der deutschen Könige und Kaiser*, 10).
Baethgen 1934 = F. Baethgen (éd.), *Vitae Iohannis Gualberti*, Leipzig, Karl W. Hiersemann, 1934 (*Monumenta Germaniae Historica, Scriptores in Folio*, 30/2), p. 1076-1110.
Bagnai Losacco 2010 = V. Bagnai Losacco (éd.), *La disputa di Rosano, 1203/04-1209. Edizione e studio introduttivo dei documenti*, Pise, Edizioni Plus-Pisa University press, 2010 (*Quaderni del Dipartimento di Storia*, 4).
Boccaccio 1973 = G. Boccaccio, *Il Decamerone*, Milan, Hoepli, 1973.
Böhmer – Baaken 1972 = J. F. Böhmer, G. Baaken (éd.), *Die Regester des Kaiserreiches unter Heinrich VI, 1165(1190)-1197*, Cologne, Vienne, Böhlau, 1972 (*Regesta Imperii, IV. Ältere Staufer*).
Böhmer – Ficker – Winkelmann 1881 = J. F. Böhmer, J. Ficker, E. Winkelmann (éd.), *Die Regesten des Kaiserreichs unter Philipp, Otto IV., Friedrich II., Heinrich (VII.), Conrad IV., Heinrich Raspe, Wilhelm und Richard, 1198-1272*, Innsbruck, Wagner, 1881 (*Regesta Imperii, V. Jüngere Staufer 1198-1272*).
Böhmer 1870 = J. F. Böhmer (éd.), Acta Imperii selecta. *Urkunden deutscher Könige und Kaiser 928-1398, mit einem Anhang von Reichssachennn*, Innsbrück, Wagner, 1870.
Bonaini 1851 = F. Bonaini (éd.), *Statuto della Val d'Ambra del 1208. del Conte Guido Guerra III e ordinamenti pei fedeli di Vallombrosa degli anni 1253 e 1263 degli abbati Tesauro di Beccaria e Pievano*, Pise, Tipografia Nistri, 1851 (*Annali delle Università Toscane*).

Brattö 1956 = O. Brattö (éd.), Liber Extimationum *(Il Libro degli Estimi) (An. MXXLXIX)*, Göteborg, Elander, 1956.

Camerani Marri 1962 = G. Camerani Marri (éd.), *Le carte del Monastero Vallombrosano di S. Cassiano a Montescalari*, dans *Archivio storico italiano*, 120, 1962, p. 47-75; 185-221; 379-418; 480; 520; republié Camerani Marri – Santos Salazar 2014 = G. Camerani Marri, I. Santos Salazar (éd.), *Le carte dell'abbazia vallombrosana di S. Cassiano a Montescalari (1031-1110)*, Panzano in Chianti (Florence), Feeria, 2014 (*memoria del territorio*, 2).

Casanova 1927 = E. Casanova (éd.), *Il Cartulario della Berardenga*, Sienne, Stabilimento Arti Grafiche-Ditta L. Lazzari, 1927.

Compagni 2000 = D. Compagni (auteur), D. Cappi (éd.), *Cronica*, Rome, Istituto storico italiano per il Medio Evo, 2000 (*Fonti per la storia dell'Italia medievale-Rerum italicarum scriptores*, 1).

Fachinetti Maggi – Marchetti 2013 = M. Fachinetti Maggi, V. Marchetti (éd.), *Il Monastero Vallombrosano del Santo Sepolcro di Astino in Bergamo. Appunti per una ricostituzione dei fondi archivistici*, Bergame, Sestante, 2013 (*Fonti-Ateneo di scienze, lettere e arti di Bergamo*, 4).

Guiducci 1632 = (Don) I. Guiducci, *Vita, e miracoli di Sant' Humilta da Faenza, badessa e fondatrice delle monache dell'Ordine di Vallombrosa*, Florence, Giovanni Battista Landini, 1632.

Imberciadori 1951 = I. Imberciadori, *Mezzadria classica toscana, con documentazione inedita dal IX al XIV secolo*, Florence, Vallecchi, 1951 (*Accademia economico-agraria dei Georgofili*).

Kölzer 2003 = T. Kölzer, *Ein wiedergefundenes Original Barbarossas*, dans *Archiv für Diplomatik, Schriftgeschichte, Siegel- und Wappenkunde*, 49, 2003, p. 81-90.

Lami 1758 = G. Lami, *Sanctae Ecclesiae Florentinae Monumenta*, Florence, Ex typographio Deiparae ab Angelo Salutatae, 1758.

Lugano 1929 = (Don) P. Lugano (O.S.B), *L'Italia benedettina, Montecassino-Subiaco-Badia di Cava-Camaldoli-Vallombrosa-Montevergine-Montefano-i Cisterciensi in Italia-Montoliveto-l'isolà di San Lazzàro a Venezia*, Rome, F. Ferrari editore, 1929.

Migne 1853 = J.-P. Migne (éd.), *Saeculum XI. Othloni monachi S. Emmerammi, opera omnia, ad fidem... etc.*, Paris, auprès de l'éditeur, rue d'Amboise, près de la porte d'Enfer ou du Petit Montrouge, 1853 (*Patrologia Latina*, 146).

Mosiici – Sznura 1982 = Palmerio di Corbizo da Uglione (auteur), L. Mosiici, F. Sznura (éd.), *Palmerio di Corbizo da Uglione Notaio, Imbreviature 1237-1238*, Florence, L. S. Olschki, 1982 (*Accademia toscana di scienze e lettere La Colombaria. Serie Studi*, 61).

Muzzi 1988 = O. Muzzi (éd.), *Il contratto di mezzadria nella Toscana medievale*, 2. *Contado di Firenze, secolo XIII*, Florence, L. S. Olschki, 1988 (*Accademia toscana di scienze e lettere La Colombaria. Serie studi*, 89).

Otton de Freising 1912 = Otton de Freising (auteur), G. Waitz, B. E. von Simson (éd.), *Ottonis et Rahewini Gesta Friderici I. imperatoris*, Hanovre-Leipzig, Impensis bibliopolii Hahniani, 1912 (*Monumenta Germaniae Historicis, Scriptores Rerum Germanicarum in usum scholarum*, 46).

Pagliai – Centro di Studi storici chiantigiani 2008 = L. Pagliai, Centro di Studi storici chiantigiani (éd.), *Regesto di Coltibuono*, Florence, Polistampa, 2008 (*Fonti per la storia del Chianti*, 3).

Pagliai 1909 = D. L. Pagliai (éd.), *Regesto di Coltibuono*, Rome, E. Loescher-W. Regenberg, 1909 (*Regesta Chartarum Italiae*, 4).

Paoli 1889 = C. Paoli (éd.), *Il libro di Montaperti (an. mcclx)*, Florence, G. P. Vieusseux, 1889 (*Documenti di storia italiana*, 9).

Parenti – Raveggi 1998 = R. Parenti, S. Raveggi (éd.), *Lo statuto della Lega del Chianti (1348) con le aggiunte dal 1413 al 1532*, Florence, Polistampa, 1998 (*Fonti per la storia del Chianti*, 1).

Pasqui 1899 = U. Pasqui (éd.), *Documenti per la storia della città di Arezzo nel Medio Evo*, 1. *Codice diplomatico, (an. 650-1180)*, Florence, G. P. Vieusseux, 1899.

Rauty 2003 = N. Rauty (éd.), *Documenti per la storia dei conti Guidi in Toscana, Le origini e i primi secoli, 887-1164*, Florence, L. S. Olschki, 2003 (*Documenti di storia italiana*, serie 2).

Santini 1895 = P. Santini (éd.), *Documenti dell'antica costituzione del Comune di Firenze*, Florence, G. P. Vieusseux, 1895 [réédition de 1897 avec certaines modifications].

Santini 1952 = P. Santini (éd.), *Documenti dell'antica costituzione del comune di Firenze*, 2, Florence, L. S. Olschki, 1952 (*Documenti di storia italiana*, 15).

Scalfati 1997 = S. P. P. Scalfati, *Un Formulario notarile fiorentino della metà del Dugento*, Florence, Edifir, 1997 (*Archivio di Stato di Firenze. Scuola di archivistica paleografia e diplomatica*, 5).

Schiaparelli 1990 = L. Schiaparelli (éd.), *Le carte del monastero di S. Maria in Firenze (Badia)*, 1. sec. X-XI, Rome, Istituto storico italiano per il Medio Evo, 1990 (*Regesta chartarum Italiae*, 41).

Sercambi 1995 = G. Sercambi (auteur), G. Sinicropi (éd.), *Novelle, Nuovo testo critico con studio introduttivo e note*, Florence, Le Lettere, 1995 (*Filologia, testi e studi*, 5).

Soldani 1731 = F. Soldani, *Questioni istoriche cronologiche vallombrosane, nelle quali si ristabilisce la fondazione dell'arcimonastero di Vallombrosa nell'anno 1015...*, Lucques, Sebastiano Domenico Capuri, 1731.

Soldani 1741 = F. Soldani, *Historia monasterii S. Michaelis de Passiniano sive Corpus historicum diplomaticum criticum ab adm. R.P.D. Fidele Soldani monacho congregationis vallisumbrosae sac. theol. magistri*, Lucques, Salvatore et Giovanni Dominici Marescandoli, 1741.

Spinelli – Rossi 1984 = G. Spinelli, G. Rossi (éd.), *Alle origini di Vallombrosa. Giovanni Gualberto nella società dell'XI secolo*, Novare-Milan, Jaca Book-Europia, 1984 (*Le origini*, 6).

Marchionne di Coppo Stefani – Rodolico 1903 = Marchionne di Coppo Stefani ou B. Buonaiuti (auteur), N. Rodolico (éd.), *Cronaca fiorentina*, Città di Castello, S. Lapi, 1903 (*Rerum Italicarum scriptores*, 30.1).

Strà 1982 = C. Strà (éd.), *I più antichi documenti del monastero di S. Maria di Rosano (secoli XI-XIII)*, Rome, Edizioni Monumenta Italiae Ecclesiastica, 1982 (*Monumenta Italiae Ecclesiastica*, 6).

Vasaturo 1985 = N. Vasaturo (éd.), *Acta capitulorum generalium Congregationis Vallis Umbrosae*, 1, *Institutiones abbatum (1095-1310)*, Rome, Edizioni di storia e letteratura, 1985 (*Thesaurus ecclesiarum Italiae*, 7).

Villani 1990 = G. Villani (auteur), G. Porta (éd.), *Nuova cronica, volume I (libri I-VIII)*, Parme, Ugo Guanda, 1990 (*Biblioteca di scrittori italiani*).

ÉTUDES SECONDAIRES

Accademia della Crusca 1612 = *Vocabolario degli accademici della Crusca*, Venise, 1612.

Andenna 1985 = G. Andenna, *Danese Crivelli*, dans *Dizionario biografico degli Italiani* (dorénavant *DBI*), Rome, 1985, 31, p. 123-125, www.treccani.it/enciclopedia/danese-crivelli.

Andreolli 1983 = B. Andreolli, *Uomini nel Medioevo. Studi sulla società lucchese dei secoli VIII-XI*, Bologne, 1983 (*Il mondo medievale, Sezione di storia della società, dell'economia e della politica*, 4).

Andreolli 1999 = B. Andreolli, *Contadini su terre di signori. Studi sulla contrattualistica agraria dell'Italia medievale*, Bologne, 1999 (*Biblioteca di Storia Agraria Medioevale*, 16).

Anheim – Chastang 2009 = É. Anheim, P. Chastang, *Les pratiques de l'écrit dans les sociétés médiévales (VIe-XIIIe siècle)*, dans *Médiévales. Langues, Textes, Histoire*, 56, 2009, p. 5-10, https://doi.org/10.4000/medievales.5524.

Aparisi Romero – Royo Pérez 2014 = F. Aparisi Romero, V. Royo Pérez, *Fractures in the community: a historiographical review*, dans F. Aparisi Romero, V. Royo Pérez (dir.), *Beyond Lords and Peasants*, Valence (Espagne), 2014, p. 21-32.

Arnold – Goodson 2012 = J.H. Arnold, C. J. Goodson, *Resounding Community: the History and Meaning of Medieval Church Bells*, dans *Viator*, 43, 2012, p. 99-130.

Aubrun 2000 = M. Aubrun, *Moines, paroisses et paysans*, Clermont-Ferrand, 2000 (*Histoires croisées*).

Ault 1954 = W. O. Ault, *Village By-laws by Common Consent*, dans *Speculum*, 29, 1954, p. 378-394.

Bailey 1998 = M. Bailey, *Historiographical essay. The commercialisation of the English economy, 1086-1500*, dans *Journal of Medieval History*, 24, 1998, p. 297-311.

Balda 1972 = E. Balda, *Una corte rurale nel territorio di Asti nel medioevo: Quarto d'Asti e l'amministrazione del Capitolo canonicale*, dans *Bollettino storico-bibliografico subalpino*, 70, 1972, p. 5-122.

Balestracci 1984 = D. Balestracci, *La zappa e la retorica. Memorie familiari di un contadino toscano del Quattrocento*, Florence, 1984 (*Quaderni di storia urbana e rurale*, 4).

Barbadoro 1929 = B. Barbadoro, *Le finanze della repubblica fiorentina. Imposta diretta e debito pubblico fino all'istituzione del Monte*, Florence, 1929 (*Biblioteca storica toscana*, 5).

Barbagli 2013 = A. Barbagli, *Il notariato in Toscana alle origini dello stato moderno*, Milan, 2013 (*Quaderni di studi senesi*, 131).

Barbieri 1990 = E. Barbieri, *Notariato e documento notarile a Pavia (secoli XI-XIV)*, Florence, 1990 (*Pubblicazioni della Facoltà di lettere e filosofia dell'Università di Pavia*, 58).

Barcelò Perello 1996 = M. Barcelò Perello, *Créer, discipliner et diriger le désordre. Le contrôle du processus de travail paysan: une proposition sur son articulation*, dans *Histoire & Sociétés Rurales*, 6, 1996, p. 95-116.

Barile 2010 = N. L. Barile, *Credito, usura, prestito a interesse*, dans *Reti Medievali Rivista*, 11-1, 2010, p. 475-505, https://doi.org/10.6092/1593-2214/9.

Barlucchi 2005 = A. Barlucchi, *Il territorio di Rignano nel Trecento*, dans F. Sznura (dir.), *Antica possessione con belli costumi*, Florence, 2005, p. 186-204.

Barthélemy 1992 = D. Barthélemy, *Qu'est-ce que le servage en France, au XIe siècle?* dans *Revue historique*, 582, 1992, p. 233-284.

Barthélemy 1993 = D. Barthélemy, *La société dans le comté de Vendôme, De l'an mil au XIVe siècle*, Paris, 1993.

Bartoli Langeli 2002 = A. Bartoli Langeli, *Après la « Morgengabe ». Donations nuptiales et culture juridique dans l'Italie communale*, dans F. Bougard, L. Feller, R. Le Jan (dir.), *Dots et douaires dans le haut Moyen Âge*, Rome, 2002 (*Collection de l'École française de Rome*, 295), p. 1000-1008.

Bartoli Langeli 2006a = A. Bartoli Langeli, *Il longobardo Gaidilapu (Chiusi, 746 o 747)*, dans *Notai. Scrivere documenti nell'Italia medievale*, Rome, 2006 (*I libri di Viella*, 56), p. 17-35.

Bartoli Langeli 2006b = A. Bartoli Langeli, *Notai, Scrivere documenti nell'Italia medievale*, Rome, 2006 (*I libri di Viella*, 56).

Bec 1981 = C. Bec, *Le paysan dans la nouvelle toscane (1350-1430)*, dans Centro Italiano di Studi di Storia e d'Arte (dir.), *Civiltà ed economia agricola in Toscana nei secoli XIII-XV*, Pistoia, 1981 (*Atti dei convegni*, 8), p. 29-52.

Benito i Monclús 2007 = P. Benito i Monclús, *Agents du pouvoir ou entrepreneurs ruraux? Les intermédiaires de la seigneurie en Catalogne médiévale, essor et déclin*, dans F. Menant, J.-P. Jessenne (dir.), *Les Élites rurales dans l'Europe médiévale et moderne*, Toulouse, 2007 (*Flaran*, 27), p. 111-127, https://doi.org/10.4000/books.pumi.8794.

Benito i Monclús 2011 = P. Benito i Monclús, *Famines sans frontières en Occident avant la conjoncture de 1300: à propos d'une enquête en cours*, dans M. Bourin, F. Menant, J. Drendel (dir.), *Les disettes dans la conjoncture de 1300*, Rome, 2011 (*Collection de L'École française de Rome*, 450), p. 37-86.

Benito i Monclús 2013 = P. Benito i Monclús (dir.), *Crisis alimentarias en la Edad Media. Modelos, explicaciones y representaciones*, Lleida, 2013 (*Crisis en la Edad Media*, 1).

Benito i Monclús 2014 = P. Benito i Monclús, *Marché foncier et besoin d'expertise dans la Catalogne des Xe-XIIe siècles: le rôle des boni homines comme estimateurs de biens*, dans C. Denjean, L. Feller (dir.), *Expertise et valeur des choses au Moyen Âge, 1, Le besoin d'expertise*, 2014 (*Collection de la Casa de Velázquez*, 139), p. 153-165.

Benvenuti Papi 1988 = A. Benvenuti Papi, *Pastori di popolo. Storie e leggende di vescovi e di città nell'Italia medievale*, Florence, 1988 (*Politica e storia*, 7).

Berardozzi 2017 = A. Berardozzi, *La società cornetana prima e dopo il Mille*, dans *Mélanges de l'École française de Rome. Moyen Âge* (dorénavant *MEFRM*), 129-2, 2017, https://doi.org/10.4000/mefrm.3734.

Bicchierai 1995 = M. Bicchierai (dir.), *Beni comuni e usi civici nella Toscana tardomedievale*, Florence-Venise, 1995 (*Progetto Toscana, serie di ambiente, territorio, economia della Regione Toscana*, 20).

Bicchierai 2004 = M. Bicchierai, *Guidi, Simone*, dans *DBI*, Rome, 2004, 61, p. 296-298, www.treccani.it/enciclopedia/simone-guidi.

Bicchierai 2005a = M. Bicchierai, *La signoria dei conti Guidi in Valdarno. Osservazioni ed ipotesi*, dans G. Pinto, P. Pirillo (dir.), *Lontano dalle città*,

Il Valdarno di sopra nei secoli XII-XIII, Rome, 2005 (*Valdarno medievale. Studi e fonti*, 1), p. 83-116.

Bicchierai 2005b = M. Bicchierai, *Ai confini della Repubblica di Firenze: Poppi dalla signoria dei conti Guidi al vicariato del Casentino, 1360-1480*, Florence, 2005 (*Biblioteca storica toscana*, 50).

Bicchierai 2006 = M. Bicchierai, *Una comunità rurale toscana di antico regime: Raggiolo in Casentino*, Florence, 2006 (*Monografie, Umanistica*, 13), http://library.oapen.org/handle/20.500.12657/34749

Bicchierai 2011 = M. Bicchierai, *La Valdambra e i conti Guidi*, dans L. Tanzini (dir.), *La Valdambra nel Medioevo. Territorio, poteri, società*, Florence, 2011 (*Toscana medievale*, 2), p. 87-116.

Bloch 1928 = M. Bloch, *Un problème d'histoire comparée: la ministérialité en France et en Allemagne*, dans *Revue historique de droit français et étranger*, 7, 1928, p. 46-91.

Bloch 1936 = M. Bloch, *Johan Plesner - L'émigration de la campagne à la ville libre de Florence au XIIIe siècle* [compte-rendu], dans *Le Moyen Âge, Bulletin mensuel d'histoire et de philologie*, 7-46, 1936, p. 194-198.

Bloch 1960 = M. Bloch, *Seigneurie française et manoir anglais*, Paris, 1960 (*Cahier des Annales*, 16).

Bloch 1994 = M. Bloch, *La société féodale*, Paris, 1994 (*Bibliothèque de l'Évolution de l'humanité, Histoire*), 1re édition 1939.

Bloch 1999 = M. Bloch, *Les caractères originaux de l'histoire rurale française*, Paris, 1999 (*Références, Histoire*), 1re édition 1931.

Bloch *et al.* 1929 = M. Bloch, S. Aakjar, H. Hall, A.-H. Tawney, W. Vogel, *Les plans parcellaires: Allemagne, Angleterre, Danemark, France*, dans *Annales*, 1-1, 1929, p. 60-70.

Boesch Gajano 1964 = S. Boesch Gajano, *Storia e tradizione vallombrosane*, dans *Bulletino dell'Istituto storico italiano per il Medioevo e Archivio Muratoriano*, 76, 1964, p. 99-215, réimpression Boesch Gajano 2012.

Boesch Gajano 2012 = S. Boesch Gajano, *Storia e tradizione vallombrosane*, dans A. Degl'Innocenti (dir.), *Vallombrosa. Memorie agiografiche e culto delle reliquie*, Rome, 2012 (*I libri di Viella* 140), p. 15-115.

Boglione 1993 = A. Boglione, *Montegrossi tra l'impero e il Comune di Firenze*, dans *Montegrossoli e Semifonte. Due capisaldi della politica imperiale nella Toscana del XII secolo*, Radda in Chianti, 1993 (*Centro di studi chiantigiani, Clante*), p. 25-48.

Boglione 1997 = A. Boglione, *Signorie di castello nel contado fiorentino: i Da Cintoia di Val d'Ema (secoli XI-XIV)*, Radda in Chianti (Toscane), 1997 (*Clante*), p. 75-104.

Boissellier 2011 = S. Boissellier, *Les « grands territoires » au Moyen Âge*, dans *Cahiers de recherches médiévales et humanistes. Journal of medieval and humanistic studies*, 21, 2011, p. 1-6, http://journals.openedition.org/crm/12416.

Bonnassie 1990 = P. Bonnassie, *La Catalogne au tournant de l'an mil. Croissance et mutations d'une société*, Paris, 1990 (*L'Aventure humaine*).

Bonnassie 1995 = P. Bonnassie (dir.), *Le Clergé rural dans l'Europe médiévale et moderne*, Actes des XIIIes Journées Internationales d'Histoire de l'Abbaye de Flaran, 6-8 septembre 1991, Toulouse, 1995 (*Flaran*, 13), https://doi.org/10.4000/books.pumi.23086.

Bougard – Feller – Le Jan 2002 = F. Bougard, L. Feller, R. Le Jan (dir.), *Dots et douaires dans le haut Moyen Âge*, Rome, 2002 (*Collection de l'École française de Rome*, 295).

Bougard 1995 = F. Bougard, *La justice dans le royaume d'Italie. De la fin du VIIIᵉ siècle au début du XIᵉ siècle*, Rome, 1995 (*Bibliothèque des Écoles françaises d'Athènes et de Rome*, 291).

Bougard 1996 = F. Bougard, *Pierre de Niviano, dit le Spolétin, sculdassius, et le gouvernement du comté de Plaisance à l'époque carolingienne*, dans *Journal des Savants*, juillet-décembre, 1996, p. 291-337, https://doi.org/10.3406/jds.1996.1599.

Bougard 2010 = F. Bougard, *Le crédit dans l'Occident du haut Moyen Âge : documentation et pratique*, dans J.-P. Devroey, L. Feller, R. Le Jan (dir.), *Les élites et la richesse au Haut Moyen Âge*, Turnhout, 2010 (*Haut Moyen Âge*, 10), p. 439-477.

Bourdieu 1980 = P. Bourdieu, *Le sens pratique*, Paris, 1980 (*Le sens commun*).

Bourdieu 1989 = P. Bourdieu, *La noblesse d'État. Grandes écoles et esprit de corps*, Paris, 1989 (*Le sens commun*).

Bourin – Durand 1994 = M. Bourin, A. Durand, *Église paroissiale, cimetière et castrum en bas Languedoc (Xᵉ-XIIᵉ s.)*, dans *Actes des congrès de la Société d'Archéologie Médiévale*, 3-1, 1994, p. 98-106, www.persee.fr/doc/acsam_-_1994_act_3_1_1047.

Bourin – Durand 2000 = M. Bourin, R. Durand, *Vivre au village au Moyen Age : les solidarités paysannes du XIᵉ au XIIIᵉ siècle*, Rennes, 2000 (*Didact histoire*), 1ʳᵉ édition 1984.

Bourin – Freedman 2000 = M. Bourin, P. Freedman, *Conclusion*, dans *MEFRM*, 112-2, 2000, p. 1039-1055, numéro consacré à *La servitude dans les pays de la Méditerranée occidentale chrétienne au XIIᵉ siècle et au-delà : déclinante ou renouvelée ? Actes de la table ronde de Rome, 8 et 9 octobre 1999*, p. 633-1085, www.persee.fr/doc/mefr_1123-9883_2000_num_112_2_9079.

Bourin – Menant – To Figueras 2014 = M. Bourin, F. Menant, L. To Figueras, *Les campagnes européennes avant la Peste, Préliminaires historiographiques pour de nouvelles approches méditerranéennes*, dans M. Bourin, F. Menant, L. To Figueras (dir.), *Dynamiques du monde rural dans la conjoncture de 1300 : échanges, prélèvements et consommation en Méditerranée occidentale*, Rome, 2014 (*Collection de l'École française de Rome*, 490), p. 9-101.

Bourin – Menant 2011 = M. Bourin, F. Menant, *Avant-propos : le programme de recherche La conjoncture de 1300 en Méditerranée occidentale (2004-2008)*, dans M. Bourin, F. Menant, J. Drendel (dir.), *Les disettes dans la conjoncture de 1300*, Rome, 2011 (*Collection de l'École française de Rome*, 450), p. 1-8.

Bourin 1987 = M. Bourin, *Villages médiévaux en Bas-Languedoc : genèse d'une sociabilité (Xᵉ-XIVᵉ siècle), 1, Du château au village, Xᵉ-XIIᵉ siècle*, Paris, 1987 (*Collection chemins de la mémoire*).

Bouter 1996 = N. Bouter (dir.), *Les mouvances laïques des ordres religieux : actes du troisième Colloque international du CERCOR, Tournus, 17-20 juin 1992*, Saint-Étienne, 1996 (*Travaux et recherches*, 8).

Boutier – Sintomer 2014 = J. Boutier, Y. Sintomer, *La République de Florence (XIIᵉ-XVIᵉ siècle)*, dans *Revue française de science politique*, 64-6, 2014, p. 1055-1081, https://doi.org/10.3917/rfsp.646.1055.

Boutoulle 2014 = F. Boutoulle, *Les Prud'hommes des campagnes. Fonctions et représentations des élites paysannes en Gascogne occidentale au XIIIᵉ siècle*, dans L. Coste, S. Minvielle, F.-C. Mougel, Centre d'études des mondes moderne et contemporain (dir.), *Le concept d'élites en Europe de l'Antiquité à nos jours*, Pessac, 2014 (*Politiques et élites*), p. 47-64, https://doi.org/10.4000/books.msha.18841.

Bowman 2006 = J. Bowman, *L'alchimie de la preuve*, dans *Annales du Midi, Revue archéologique, historique et philologique de la France méridionale*, 118-255, 2006, p. 333-351, https://doi.org/10.3406/anami.2006.7133.

Brancoli Busdraghi 1996 = P. Brancoli Busdraghi, «*Masnada*» e «*boni homines*» *come strumento delle signorie rurale nei secoli X-XIII*, dans G. Dilcher, C. Violante (dir.), *Strutture e trasformazioni della signoria rurale nei secoli X-XIII*, Bologne, 1996 (*Annali dell'Istituto storico italo-germanico*, 44), p. 287-342.

Brel 1968 = J. Brel, *Regarde bien petit*, J'arrive, Label Barclay, 1968.

Briggs 2009 = C. Briggs, *Credit and village society in fourteenth-century England*, Oxford, 2009 (*British Academy postdoctoral fellowship monographs*).

Brilli *et al.* 2014 = E. Brilli, G. Inglese, J.-C. Maire Vigueur, N. Maldina, L. Tanzini, M. Tavoni, *Dante attraverso i documenti: una discussione tra storici e italianisti*, dans *Reti medievali*, 15, 2014, p. 323-343, https://doi.org/10.6092/1593-2214/435.

Brunel – Brunet 2009 = G. Brunel, S. Brunet (dir.), *Haro sur le seigneur!: les luttes anti-seigneuriales dans l'Europe médiévale et moderne: actes des XXIXᵉˢ Journées internationales d'Histoire de l'Abbaye de Flaran, 5 et 6 octobre 2007*, Toulouse, 2009 (*Flaran*, 29), https://doi.org/10.4000/books.pumi.9070.

Brunet 2007 = S. Brunet, *Les différentiations sociales dans les sociétés montagnardes à l'époque moderne*, dans F. Menant, J.-P. Jessenne (dir.), *Les élites rurales dans l'Europe médiévale et moderne*, Toulouse, 2007 (*Flaran*, 27), p. 53-75, https://doi.org/10.4000/books.pumi.8821.

Caggese 1907 = R. Caggese, *Classi e comuni rurali nel medio evo italiano. Saggio di storia economica e giuridica*, 2 vols., Florence, 1907-1908 (*Pubblicazioni del R. Istituto di scienze sociali Cesare Alfieri in Firenze*, 2).

Cammarosano 1974 = P. Cammarosano, *La famiglia dei Berardenghi, Contributo alla storia della società senese nei secoli XI-XIII*, Spolète, 1974 (*Biblioteca degli «Studi Medievali»*, 7).

Cammarosano 1991 = P. Cammarosano, *Italia medievale: struttura e geografia delle fonti scritte*, Rome, 1991 (*Studi superiori NIS*, 109. Storia).

Cammarosano 1997 = P. Cammarosano, *Il ricambio e l'evoluzione dei ceti dirigenti nel corso del XIII secolo*, dans Centro italiano di studi di storia e d'arte (dir.), *Magnati e popolani nell'Italia comunale, Pistoia 15-18 maggio 1995*, Pistoia, 1997, p. 17-40.

Canaccini 2009 = F. Canaccini (dir.), *La lunga storia di una stirpe comitale: i conti Guidi tra Romagna e Toscana, Atti del convegno di studi organizzato dai Comuni di Modigliana e Poppi*, Florence, 2009 (*Biblioteca storica toscana*, 57).

Cantini 2003 = F. Cantini, *Il castello di Montarrenti, Lo scavo archeologico (1982-1987). Per la storia della formazione del villaggio medievale in Toscana (secc. VII-XV)*, Florence, 2003 (*Progetto «Archeologia dei Paesaggi Medievali»*).

Carbonetti *et al.* 2015 = C. Carbonetti, A. Cervi, M. D. Bianchi, J.-M. Martin, *Les cartulaires ecclésiastiques de l'Italie médiévale*, dans *MEFRM*, 127-2, 2015, p. 489-497, http://journals.openedition.org/mefrm/2655.

Carbonetti Vendittelli – Vendittelli 2017 = C. Carbonetti Vendittelli, M. Vendittelli, *La mobilità sociale nel Medioevo italiano 5. Roma e la Chiesa (secoli XII-XV)*, Rome, 2017 (*I libri di Viella*, 256).

Cárcel Ortí – Bautier 1997 = M. M. Cárcel Ortí, R.-H. Bautier (dir.), *Vocabulaire international de la diplomatique*, Valence (Espagne), 1997 (*Collecció oberta*, 28), www.cei.lmu.de/VID/.

Cardon 2016 = T. Cardon, *Les usages des monnaies (mi XIIᵉ-début XVIᵉ s.). Pour une approche archéologique, anthropologique et historique des monnaies médiévales*, Thèse de doctorat, EHESS, 2016.

Carocci – De Vincentiis 2017 = S. Carocci, A. De Vincentiis, *La mobilità sociale nel Medioevo italiano, 3, Il mondo ecclesiastico (secoli XII-XV)*, Rome, 2017 (*I libri di Viella*, 254).

Carocci – Lazzarini 2018 = S. Carocci, I. Lazzarini (dir.), *Social mobility in Medieval Italy, 1100-1500*, Rome, 2018 (*Viella historical research*, 8).

Carocci 1994 = S. Carocci, *Genealogie nobiliari e storia demografica. Aspetti e problemi (Italia centro-settentrionale, XI-XIII secolo)*, dans R. Comba, I. Naso (dir.), *Demografia e società nell'Italia medievale, secoli IX-XIV*, Cuneo, 1994 (*Da Cuneo all'Europa*, 4), p. 86-105.

Carocci 2004 = S. Carocci, *Signoria rurale, prelievo signorile e società contadina (sec. XI-XII): la ricerca italiana*, dans M. Bourin, P. Martinez Sopena (dir.), *Pour une anthropologie du prélèvement seigneurial dans les campagnes médiévales (XIᵉ-XIVᵉ siècles), Réalités et représentations paysannes*, Paris, 2004 (*Histoire ancienne et médiévale*, 68), p. 63-82.

Carocci 2010a = S. Carocci, *Introduzione: la mobilità sociale e la «congiuntura del 1300», Ipotesi, metodi d'indagine, storiografia*, dans S. Carocci (dir.), *La mobilità sociale nel medioevo*, Rome, 2010 (*Collection de l'École française de Rome*, 436), p. 1-37.

Carocci 2010b = S. Carocci, *Archeologia e mondi rurali dopo il mille. Uno sguardo dalle fonti scritte*, dans *Archeologia medievale, Cultura materiale, insediamenti, territorio*, 37, 2010, p. 259-266.

Carocci 2014 = S. Carocci, *Signorie di Mezzogiorno, Società rurali, poteri aristocratici e monarchia (XII-XIII secolo)*, Rome, 2014 (*La Storia-Saggi*, 6).

Carrier 2004 = N. Carrier, *Les moines et la montagne en Savoie du Nord (XIᵉ-XVᵉ siècle)*, dans *Montagnes médiévales, XXXIVᵉ Congrès de la SHMES. Chambery, 23-25 mai 2003*, Paris, 2004 (*Histoire ancienne et médiévale*, 79), p. 221-239.

Carrier 2012 = N. Carrier, *Les usages de la servitude. Seigneurs et paysans dans le royaume de Bourgogne (VIᵉ-XVᵉ siècle)*, Paris, 2012 (*Cultures et civilisations médiévales*, 59).

Carrier 2019 = N. Carrier, *Travail et servitude paysanne aux Xᵉ et XIᵉ siècles*, dans *Histoire Sociétés Rurales*, 51-1, 2019, p. 7-40, https://doi.org/10.3917/hsr.051.0007.

Carrier – Mouthon 2010 = N. Carrier, F. Mouthon, *Paysans des Alpes. Les communautés montagnardes au Moyen Âge*, Rennes, 2010 (*Histoire*).

Casanova 1928 = E. Casanova, *Archivistica*, Sienne, 1928.

Casini 2009a = T. Casini, *L'abate e gli homines di Poggialvento (secc. XII e XIII)*, dans P. Pirillo (dir.), *Passignano in Val di Pesa, Un monastero e la sua storia,* 1, *Una signoria sulle anime, sugli uomini, sulle comunità (dalle origini al sec. XIV)*, Florence, 2009 (*Biblioteca storica toscana*, 59), p. 205-222.

Casini 2009b = T. Casini, *Signoria e società rurale nella Toscana nordorientale nei secoli XII-XIII*, Thèse de doctorat, Università degli Studi di Firenze, 2009.

Casini 2011 = T. Casini, *The minor rural aristocracy and great lords in Thirteenth-century Tuscany: Three Cases from the entourage of the Guidi counts*, dans *Journal of Medieval History*, 37, 2011, p. 180-196.

Casini 2012 = T. Casini, *Thirteenth-century seigniorial institutions and officials of the Guidi counts*, dans *Papers of the British School at Rome*, 80, 2012, p. 157-188, https://doi.org/10.1017/S006824621298

Casini 2014 = T. Casini, *Storia medievale ed esperimenti naturali di storia: alcuni spunti di ricerca sulla violenza collettiva organizzata nelle campagne toscane del tardo secolo XII e del secolo XIII*, dans S. Diacciati, L. Tanzini (dir.), *Società e poteri nell'Italia medievale. Studi degli allievi per Jean-Claude Maire Vigueur*, Rome, 2014 (*I libri di Viella*, 176), p. 41-58.

Casini 2020 = T. Casini, *Le entrate e le risorse materiali dei conti Guidi negli anni '20 del secolo XIII: una stima complessiva*, dans *MEFRM*, 132-1, 2020, https://doi.org/10.4000/mefrm.6617.

Castagnetti 1983 = A. Castagnetti, *Le comunità rurali dalla soggezione signorile alla giurisdizione del comune cittadino*, Vérone, 1983.

Castiglioni 2010 = B. Castiglioni, *L'altro feudalesimo. Vassallaggio, servizio e selezione sociale in area veneta nei secoli XI-XIII*, Venise, 2010 (*Miscellanea di studi e memorie*, 39).

Causarano 2008 = M.-A. Causarano, *Il processo di decastellamento di un territorio alle porte di Firenze*, dans P. Pirillo (dir.), *Alle porte di Firenze. Il territorio di Bagno a Ripoli in età medievale*, Rome, 2008 (*Valdarno medievale, Studi e fonti*, 2), p. 125-161.

Ceccarelli Lemut 1996 = M. L. Ceccarelli Lemut, *I conti Alberti in Toscana*, dans Istituto storico italiano per il Medio Evo (dir.), *Formazione e strutture dei ceti dominanti nel Medioevo: marchesi, conti e visconti nel regno italico (secc. IX-XII)*, Rome, 1996 (*Nuovi studi storici*, 39), p. 179-210.

Chabot 1999 = I. Chabot, *Reconstruction d'une famille. Les Ciurianni et leurs Ricordanze (1326-1429)*, dans *La Toscane et les Toscans autour de la Renaissance, Cadres de vie, société et croyances, Mélanges offerts à Charles M. de La Roncière*, Aix-en-Provence, 1999, p. 137-160.

Chabot 2011 = I. Chabot, *La dette des familles: femmes, lignage et patrimoine à Florence aux XIVe et XVe siècles*, Rome, 2011 (*Collection de l'École Française de Rome*, 445).

Chabot 2012 = I. Chabot, *Ricostruzione di una famiglia. I Ciurianni di Firenze tra XII e XV secolo, con l'edizione critica del «Libro proprio» di Lapo di Valore Ciurianni e successori (1326-1429)*, Florence, 2012 (*Toscana medievale*, 4).

Chastang 2001 = P. Chastang, *Lire, écrire, transcrire, Le travail des rédacteurs de cartulaires en Bas-Languedoc (XIe-XIIIe siècle)*, Paris, 2001 (*Histoire*, 2).

Chellini 2017 = R. Chellini, *Sanzanome*, dans *DBI*, Rome, 2017, 90, p. 527-530, www.treccani.it/enciclopedia/sanzanome.

Cherubini 1979 = G. Cherubini, *La mezzadria toscana delle origini*, dans T. Detti, M. Mirri, G. Mori, S. Soldani (dir.), *Contadini e proprietari nella Toscana moderna, Atti del Convegno di studi in onore di Giorgio Giorgetti, 1, Dal Medioevo all'età moderna*, Florence, 1979 (*Biblioteca di storia toscana moderna e contemporanea. Studi e documenti*, 19), p. 131-152.

Cherubini 1991 = G. Cherubini, *Le campagne e i contadini toscani alla fine del Medioevo*, dans, G. Cherubini, *Scritti toscani. L'urbanesimo medievale e la Mezzadria*, Florence, 1991 (*Biblioteca storica toscana*, 62), p. 171-188.

Cherubini 2002 = G. Cherubini, *La moneta in ambiente rurale nella Toscana del tardo medioevo*, dans P. Delogu, S. Sorda (dir.), *La moneta in ambiente rurale nell'Italia tardomedioevale*, Rome, 2002 (*Studi e materiali*, 9), p. 79-86.

Cherubini 2009 = G. Cherubini, *Johan Plesner ed Elio Conti: la vicenda di Passignano come Paradigma di fenomeni generali*, dans P. Pirillo (dir.), *Passignano in Val di Pesa un monastero e la sua storia, 1, Una signoria sulle anime, sugli uomini, sulle comunità (dalle origini al sec. XIV)*, Florence, 2009 (*Biblioteca storica toscana*, 59), p. 3-11.

Ciappelli 1997 = G. Ciappelli, *Carnevale e quaresima, Comportamenti sociali e cultura a Firenze nel Rinascimento*, Rome, 1997 (*Temi e testi*, 37).

Citter 2017 = C. Citter, *La ricerca topografica per lo studio delle scelte insediative dei monasteri altomedievali*, dans Centro italiano di studi sull'alto medioevo (dir.), *Monachesimi d'Oriente e d'Occidente nell'alto Medioevo*, Spolète, 2017 (*Settimane di studio del Centro Italiano di studi sull'Alto Medioevo*, 64), p. 567-588.

Codou – Lauwers 2008 = Y. Codou, M. Lauwers, Castrum *et* ecclesia. *Le château et l'église en Provence orientale au Moyen Âge*, dans *Bulletin du Musée d'anthropologie préhistorique de Monaco*, 2008, p. 217-225.

Cohn 1999 = S. K. Cohn, *Creating the Florentine State: Peasant and Rebellion, 1348-1434*, Cambridge, 1999.

Collavini – Petralia 2019 = S. M. Collavini, G. Petralia (dir.), *La mobilità sociale nel medioevo italiano, 4, Cambiamento economico e dinamiche sociali (secoli XI-XV)*, Rome, 2019 (*I libri di Viella*, 255).

Collavini 1998a = S. M. Collavini, *La condizione dei rustici/villani nei secoli XI-XII. Alcune considerazioni a partir dalle fonti toscane*, dans C. Violante, M. L. Ceccarelli Lemut (dir.), *La signoria rurale in Italia nel medioevo, Atti del Secondo Convegno di studi, Pisa, 6-7 novembre 1998*, Pise, 1998 (*Studi Medioevali*, 11), p. 331-384.

Collavini 1998b = S. M. Collavini, Honorabilis domus et spetiosissimus comitatus: *gli Aldobrandeschi da «conti» a «principi territoriali» (secoli IX-XIII)*, Pise, 1998 (*Studi Medioevali*, 6).

Collavini 2000 = S. M. Collavini, *Il «servaggio» in Toscana nel XI e XIII secolo: alcuni sondaggi nella documentazione diplomatica*, dans *MEFRM*, 112, 2000, p. 775-801.

Collavini 2007 = S. M. Collavini, *Le basi materiali della contea dei conti Guidi tra prelievo signorile e obblighi militari (1150 c.-1230 c.)*, dans *Società e storia*, 30-115, 2007, p. 1-32.

Collavini 2008 = S. M. Collavini, *Sviluppo signorile e nuove strategie onomastiche. Qualche Riflessione sulla Percezione e la rappresentazione della violenza nel XII secolo*, dans S. Scalfati, A. Veronese (dir.), *Studi di storia offerti a Michele Luzzati*, Ospedaletto, 2008 (*Biblioteca del Bollettino storico pisano. Collana storica*, 56), p. 73-85.

Collavini 2009 = S. M. Collavini, *I poteri signorili nell'area di San Michele di Passignano (secc. XI-XII)*, dans P. Pirillo (dir.), *Passignano in Val di Pesa, Un monastero e la sua storia*, 1, *Una signoria sulle anime, sugli uomini, sulle comunità (dalle origini al sec. XIV)*, Florence, 2009 (*Biblioteca storica toscana*, 59), p. 183-203.

Collavini 2010 = S. M. Collavini, *Formes de coseigneurie dans l'espace toscan*, dans *MEFRM*, 122-1, 2010, p. 35-54, https://doi.org/10.4000/mefrm.593.

Collavini 2011 = S. M. Collavini, *I signori rurali in Italia centrale (secoli XII-metà XIV): profilo sociale e forme di interazione*, dans *MEFRM*, 123-2, 2011, p. 301-318.

Collavini 2012a = S. M. Collavini, *La dîme dans le système de prélèvement seigneurial en Italie: réflexions à partir du cas toscan*, dans M. Lauwers (dir.), *La dîme, l'Église et la société féodale*, Turnhout, 2012 (*Collection d'études médiévales de Nice*, 12), p. 281-308.

Collavini 2012b = S. M. Collavini, *Signoria ed élites rurali (Toscana, 1080-1225 c.)*, dans *MEFRM*, 124-2, 2012, p. 479-493, https://doi.org/10.4000/mefrm.928.

Conte 1996 = E. Conte, *Servi medievali. Dinamiche del diritto comune*, Rome, 1996 (*Ius nostrum*, 21).

Conte 2015 = E. Conte, *Pillio da Medicina*, dans *DBI*, Rome, 2015, 83, p. 671-675, www.treccani.it/enciclopedia/pillio-da-medicina.

Conti 1965a = E. Conti, *La formazione della struttura agraria moderna nel contado fiorentino*, 1, *Le campagne nell'età precomunale (In appendice: L'evoluzione agraria di un territorio campione dal mille a oggi)*, Rome, 1965 (*Studi storici*, 51-55).

Conti 1965b = E. Conti, *La formazione della struttura agraria moderna nel contado fiorentino*, 3/1, *Fonti e risultati sommari delle indagini per campione e delle rilevazioni statistiche (secoli XV-XIX)*, Rome, 1965 (*Studi storici*, 61-63).

Conti 1985 = E. Conti, *Le proprietà fondiarie del vescovado di Firenze nel Dugento*, dans R. Nelli, *Signoria ecclesiastica e proprietà cittadina, Monte di Croce tra XIII e XIV secolo*, Pontassieve, 1985 (*Documenti e ricerche*, 2), p. xi-xliii.

Corbin 1994 = A. Corbin, *Les cloches de la terre: paysage sonore et culture sensible dans les campagnes au XIXe siècle*, Paris, 1994 (*L'Évolution de l'humanité*).

Cortese 1997 = M. E. Cortese, *L'acqua, il grano, il ferro, Opifici idraulici medievali nel bacino Farma-Merse*, Florence, 1997 (*Quaderni del Dipartimento di archeologia e storia delle arti, Sezione archeologica*, 41), www.bibar.unisi.it/node/304.

Cortese 2003 = M. E. Cortese, *Una potenza in ascesa. Formazione, geografia e struttura dei domini guidinghi in territorio fiorentino (secoli X-XII)*, dans F. Canaccini (dir.), *La lunga storia di una stirpe comitale: i conti Guidi tra Romagna e Toscana*, Florence, 2003 (*Biblioteca storica toscana*, 57), p. 245-266.

Cortese 2005 = M. E. Cortese, *Nella sfera dei Guidi: i «da Quona» ed altri gruppi familiari aristocratici della bassa Val di Sieve tra XI e XII secolo*, dans F. Sznura (dir.), *Antica possessione con belli costumi*, Florence, 2005, p. 157-172.

Cortese 2007 = M. E. Cortese, *Signori, castelli, città. L'aristocrazia del territorio fiorentino tra X e XII secolo*, Florence, 2007 (*Biblioteca storica toscana*, 53).

Cortese 2008 = M. E. Cortese, *Dai filii Griffi agli Ubertini: note sulle famiglie signorili del piviere di Gaville*, dans P. Pirillo, M. Ronzani (dir.), *San Romolo a Gaville: storie di una pieve in età medievale: atti del convegno di Figline Valdarno (22 ottobre 2005)*, Rome, 2008 (*Valdarno medievale, Studi e fonti*, 3), p. 55-75.

Cortese 2010 = M. E. Cortese, *Appunti per una storia delle campagne italiane nei secoli centrali del medioevo alla luce di un dialogo tra fonti scritte e fonti materiali*, dans *Archeologia medievale*, 37, 2010, p. 267-276.

Cortese 2011 = M. E. Cortese, *L'evoluzione dei patrimoni aristocratici e la rete dei castelli nel piviere di Rignano nei secoli XI-XII*, dans P. Pirillo (dir.), *La pieve, il castello il ponte, San Leolino a Rignano in Valdarno nel Medioevo, Atti del Convegno di Pagnana, Rignano sull'Arno (Firenze), 23 maggio 2009*, Florence, 2011 (*Toscana medievale*, 1), p. 83-103.

Cortese 2017a = M. E. Cortese, *L'impero e la Toscana durante il regno di Federico Barbarossa*, dans *Reti Medievali Rivista*, 18-2, 2017, p. 49-88.

Cortese 2017b = M. E. Cortese, *L'aristocrazia toscana: sette secoli (VI-XII)*, Spolète, 2017 (*Istituzioni e società*, 23).

Cortese 2019 = M. E. Cortese, *I destini di un gruppo dominante nell'età della crescita: la media aristocrazia del territorio fiorentino (1150-1250 ca.)*, dans S. M. Collavini, G. Petralia (dir.), *La mobilità sociale nel medioevo italiano, 4, Cambiamento economico e dinamiche sociali (secoli XI-XV)*, Rome, 2019 (*I libri di Viella*, 255), p. 27-64.

Costamagna 1977 = G. Costamagna, *Dalla* charta *all'*instrumentum, dans Consiglio nazionale del notariato (dir.), *Notariato medievale bolognese, Atti di un convegno (febbraio 1976)*, 2, Rome, 1977 (*Studi storici sul notariato italiano*, 3), p. 7-26.

Costantini 2016 = V. Costantini, *Macellai in armi nelle città medievali: note per un'indagine comparata*, dans *Bullettino dell'Istituto storico italiano per il Medio Evo*, 118, 2016, p. 249-289.

Costantini 2018 = V. Costantini, *Carni in rivolta: macellai a Siena nel Medioevo*, Ospedaletto, 2018 (*Dentro il Medioevo*, 9).

Crouzet-Pavan 2004 = É. Crouzet-Pavan, *Enfers et paradis. L'Italie de Dante et de Giotto*, Paris, 2004 (*Bibliothèque de l'évolution de l'humanité*, 47), 1re édition 2001.

Crouzet-Pavan 2010 = É. Crouzet-Pavan, *La pensée médiévale sur la mobilité sociale, XIIe-XIVe siècle*, dans S. Carocci (dir.), *La mobilità sociale nel medioevo*, Rome, 2010 (*Collection de l'École française de Rome*, 436), p. 69-96.

Curtis 2012 = D. Curtis, *Florence and its hinterland in the late Middle Ages: Contrasting fortunes in the Tuscan countryside, 1300-1500*, dans *Journal of Medieval History*, 4-38, 2012, p. 472-499.

D'Acunto 1993 = N. D'Acunto, *Lotte religiose a Firenze nel secolo XI: aspetti della rivolta contro il vescovo Pietro Mezzabarba*, dans *Aevum*, 67-2, 1993, p. 279-312.

D'Acunto 2010 = N. D'Acunto, *Mezzabarba, Pietro*, dans *DBI*, Rome, 2010, 74, p. 65-66, www.treccani.it/enciclopedia/pietro-mezzabarba.

Da Graca 2015 = L. Da Graca, *Peasant Mode of Production and the Evolution of Clientelar Relations*, dans L. Da Graca, A. Zingarelli (dir.), *Studies on*

Pre-Capitalist Modes of Production, Leiden-Boston, 2015 (*Historical Materialism Book Series*, 97), p. 159-203.

Dameron 1989 = G. W. Dameron, *Manuscript and Published Versions of the 1323 Florentine Episcopal Register (the Bullettone)*, dans *Manuscripta*, 33, 1989, p. 40-46, https://doi.org/10.1484/J.MSS.3.1293.

Dameron 1991 = G. W. Dameron, *Episcopal Power and Florentine Society, 1000-1320*, Cambridge (Mass.), Londres, 1991 (*Harvard historical studies*, 107).

Dameron 2005 = G. W. Dameron, *Florence and its Church in the Age of Dante*, Philadelphia (Pennsylvanie), 2005 (*Middle Ages Series*).

Davidsohn 1896a = R. Davidsohn, *Forschungen zur Geschichte von Florenz*, Berlin, 1896.

Davidsohn 1896b = R. Davidsohn, *Geschichte von Florenz*, 7 volumes, Berlin, 1896-1925, plusieurs traductions en italien.

Davidsohn 1898 = R. Davidsohn, *Una monaca del duodecimo secolo*, dans *Archivio storico italiano*, 22, 1898, p. 225-241.

Davidsohn 1956 = R. Davidsohn, *Storia di Firenze, 1, Le origini*, Florence, 1956 (*I classici della storia moderna*).

Davidsohn 1957 = R. Davidsohn, *Storia di Firenze, 2-2, Guelfi e Ghibellini. L'Egemonia Guelfa e la vittoria del popolo*, Florence, 1957 (*I classici della storia moderna*).

Davidsohn 1965 = R. Davidsohn, *Storia di Firenze, 4-3, I primordi della civiltà fiorentina. Il mondo della chiesa, spiritualità ed arte, vita pubblica e privata*, Florence, 1965 (*I classici della storia moderna*).

Davidsohn 1969 = R. Davidsohn, *Storia di Firenze, 2-1, Guelfi e Ghibellini. Lotte sveve*, Florence, 1969 (*I classici della storia moderna*).

Davidsohn 2009 = R. Davidsohn, *Storia di Firenze. Le origini*, Florence, 2009 (*Collezione Politica e Storia-Reprint, 2*), réimpression de la 1re édition italienne, Florence, 1907-1912.

Davies 2018 = W. Davies, Boni homines *in Northern Iberia, A Particularity that Raises some General Question*, dans R. Balzaretti, J. Barrow, P. Skinner, C. Wickham (dir.), *Italy and Early Medieval Europe: Papers for Chris Wickham*, Oxford, New York, 2018 (*The past & present book series*), p. 60-72.

Day 2000 = W. R. Day, *The Early Development of the Florentine Economy, c. 1100-1275*, Londres, 2000, Thèse de doctorat, London School of Economics and Political Science, http://etheses.lse.ac.uk/2634/.

De Andrè 1973 = F. De Andrè, *La canzone del padre*, dans *Storia di un impiegato*, Label Produttori Associati, 1973.

De Rosa 1995 = D. De Rosa, *Alle origini della Repubblica fiorentina. Dai consoli al « Primo Popolo » (1172-1260)*, Florence, 1995 (*La pietra d'angolo*, 2).

Débax 2003 = H. Débax, *La féodalité languedocienne, XIe-XIIe siècles, serments, hommages et fiefs dans le Languedoc des Trencavel*, Toulouse, 2003 (*Tempus*).

Débax 2012 = H. Débax, *La Seigneurie collective. Pairs, pariers, paratge, les coseigneurs du XIe au XIIIe siècle*, Rennes, 2012 (*Histoire*).

Degl'Innocenti 2012 = A. Degl'Innocenti, *Le vite dei santi vallombrosani nel leggendario Laurenziano Plut. XX, 6*, dans A. Degl'Innocenti (dir.), *Vallombrosa, Memorie agiografiche e culto delle reliquie*, Rome, 2012 (*I libri di Viella* 140), p. 299-321.

Dejoux 2014a = M. Dejoux, *Les enquêtes de Saint Louis. Gouverner et sauver son âme*, Paris, 2014 (*Le nœud gordien*).

Dejoux 2014b = M. Dejoux, *Gouverner Par L'enquête en France, de Philippe Auguste aux derniers Capétiens*, dans *French Historical Studies*, 37-2, 2014, p. 271-302, https://doi.org/10.1215/00161071-2401602.

Della Misericordia 2006 = M. Della Misericordia, *Divenire comunità. Comuni rurali, poteri locali, identità sociali e territoriali in Valtellina e nella montagna lombarda nel tardo medioevo*, Milan, 2006 (*Storia lombarda*).

Delumeau 1978 = J.-P. Delumeau, *L'exercice de la justice dans le Comté d'Arezzo (IXe-début XIIIe siècle)*, dans *MEFRM, Temps modernes*, 90-2, 1978, p. 563-605, https://doi.org/10.3406/mefr.1978.2459.

Delumeau 1982 = J.-P. Delumeau, *La mémoire des gens d'Arezzo et de Sienne à travers des dépositions de témoins (VIIIe-XIIe s.)*, dans *Actes des congrès de la Société des historiens médiévistes de l'enseignement supérieur public*, 13-1, 1982, p. 43-66, https://doi.org/10.3406/shmes.1982.1386.

Delumeau 1996 = J.-P. Delumeau, *Arezzo, espace et sociétés, 715-1230. Recherches sur Arezzo et son contado du VIIIe au début du XIIIe siècle*, Rome, 1996 (*Collection de l'École française de Rome*, 219).

Delumeau 2014 = J.-P. Delumeau, *Sur la croissance rurale et urbaine en Toscane, Xe-XIIe siècles*, dans D. Barthélemy, J.-M. Martin (dir.), *Richesse et croissance au Moyen Âge. Orient et Occident*, Paris, 2014 (*Monographies*, 43), p. 79-95.

Denjean – Feller 2014 = C. Denjean, L. Feller, *Expertise et valeur des choses au Moyen Âge, 1, Le besoin d'expertise*, Madrid, 2014 (*Collection de la Casa de Velázquez*, 139).

Diacciati 2011 = S. Diacciati, *Popolani e magnati. Società e politica nella Firenze del Duecento*, Spolète, 2011 (*Istituzioni e società*).

Duby 1973 = G. Duby, *Guerriers et paysans, VIIe-XIIe siècle. Premier essor de l'économie européenne*, Paris, 1973.

Duby 1994 = G. Duby, *Hommes et structures du Moyen Âge : La société chevaleresque*, Paris, 1994 (*Champs*, 181).

Duhamel-Amado 1990 = C. Duhamel-Amado, *L'alleu paysan a-t-il existé en France méridionale autour de l'an Mil ?* dans R. Delort, D. Iogna-Prat (dir.), *La France de l'an Mil*, Paris, 1990 (*Points Histoire*), p. 142-161.

Dyer 2014 = C. Dyer, *Conclusions*, dans F. Aparisi Romero, V. Royo Pérez (dir.), *Beyond Lords and Peasants. Rural Elites and Economic Differentiation in Pre-Modern Europe*, Valence, 2014, p. 248-256.

Faini 2004 = E. Faini, *Il gruppo dirigente fiorentino dell'età consolare*, dans *Archivio storico italiano*, 162, 2004, p. 199-231.

Faini 2006 = E. Faini, *Il convito del 1216. La vendetta all'origine del fazionalismo fiorentino*, dans *Annali di Storia di Firenze*, 1, 2006, p. 9-36, https://doi.org/10.13128/Annali_Stor_Firen-9823.

Faini 2008a = E. Faini, *Da Bagno a Ripoli a Firenze (e ritorno)*, dans P. Pirillo (dir.), *Alle porte di Firenze. Il territorio di Bagno a Ripoli in età medievale*, Rome, 2008 (*Valdarno medievale, Studi e fonti*, 2), p. 41-56.

Faini 2008b = E. Faini, *L'emigrazione dal Valdarno Superiore a Firenze nel XII secolo : una storia mancata*, dans P. Pirillo, M. Ronzani (dir.), *San Romolo a Gaville : storie di una pieve in età medievale : atti del convegno di Figline*

Valdarno (22 ottobre 2005), Rome, 2008 (*Valdarno medievale, Studi e fonti*, 3), p. 105-121.

Faini 2009a = E. Faini, *Le fonti diplomatistiche per la storia fiorentina dei secoli XI e XII: una visione d'insieme*, dans *Archivio storico italiano*, 167, 2009, p. 3-56.

Faini 2009b = E. Faini, *Passignano e i Fiorentini (1000-1266): indizi per una lettura politica*, dans P. Pirillo (dir.), *Passignano in Val di Pesa. Un monastero e la sua storia, 1, Una signoria sulle anime, sugli uomini, sulle comunità (dalle origini al sec. XIV)*, Florence, 2009 (*Biblioteca storica toscana*, 59), p. 129-152.

Faini 2009c = E. Faini, *Aspetti delle relazioni familiari nel Fiorentino. Il mutamento tra i secoli XI e XIII*, dans *MEFRM*, 121-1, 2009, p. 133-153, www.persee.fr/doc/mefr_1123-9883_2009_num_121_1_9488.

Faini 2009d = E. Faini, *Uomini e famiglie nella Firenze consolare*, dans *Storia di Firenze. Il portale per la storia della città*, 2009, www.storiadifirenze.org/.

Faini 2010 = E. Faini, *Firenze nell'età romanica, L'espansione urbana, lo sviluppo istituzionale, il rapporto con il territorio*, Florence, 2010 (*Biblioteca storica toscana*, 62).

Faini 2014 = E. Faini, *Società di torre e società cittadina. Sui «pacta turris» del XII secolo*, dans S. Diacciati, L. Tanzini (dir.), *Società e poteri nell'Italia medievale Studi degli allievi per Jean-Claude Maire Vigueur*, Rome, 2014 (*I libri di Viella*, 176), p. 19-39.

FAO 1995 = FAO (Organisation des Nations Unies pour l'alimentation et l'agriculture), *Le sorgho et les mils dans la nutrition humaine*, Rome, 1995, www.fao.org/3/t0818f/T0818F00.htm.

Fasoli 1974 = G. Fasoli, *Federico Barbarossa e le città lombarde*, dans A. I. Pini, F. Bocchi, A. Carile (dir.), *Scritti di storia medievale*, Bologne, 1974, p. 229-255.

Faugeron 2006 = F. Faugeron, *Nourrir la ville: L'exemple de la boucherie vénitienne à la fin du Moyen Âge*, dans *Histoire urbaine*, 16, 2006, p. 53-70, https://doi.org/10.3917/rhu.016.0053.

Feller – Gramain – Weber 2005 = L. Feller, A. Gramain, F. Weber, *La Fortune de Karol: marché de la terre et liens personnels dans les Abruzzes au haut Moyen Âge*, Rome, 2005 (*Collection de l'École française de Rome*, 347).

Feller 1993 = L. Feller, *Le cartulaire-chronique de San Clemente a Casauria*, dans O. Guyotjeannin, L. Morelle, M. Parisse (dir.), *Les cartulaires, Actes de la table ronde organisée par l'École nationale des chartes, 1991*, Paris, 1993 (*Mémoires et documents de l'École des chartes*, 39), p. 261-277.

Feller 1997 = L. Feller, *Statut de la terre et statut des personnes. Le thème de l'alleu paysan dans l'historiographie depuis Georges Duby*, dans *Études rurales*, 145-146, 1997, p. 147-164.

Feller 1998a = L. Feller, *Les Abruzzes médiévales: territoire, économie et société en Italie centrale du IXe au XIIIe siècle*, Rome, 1998 (*Bibliothèque des Écoles françaises d'Athènes et de Rome*, 300).

Feller 1998b = L. Feller, *Les conditions de la circulation monétaire dans la périphérie du royaume d'Italie (Sabine et Abruzzes, IXe-XIIe siècle)*, dans *Actes des congrès de la Société des historiens médiévistes de l'enseignement supérieur public*, 28-1, 1998, p. 61-75, https://doi.org/10.3406/shmes.1997.1717.

Feller 2001 = L. Feller, *De la communauté paysanne à la communauté rurale, Chris Wickham et l'histoire rurale italienne depuis le début des années 1980*, préface à C. Wickham, *Communautés et clientèles en Toscane au XIIe siècle: les origines de la commune rurale dans la plaine de Lucques*, Rennes, 2001 (*Bibliothèque d'Histoire rurale*, 2), p. vii-xxiii.

Feller 2002 = L. Feller, « *Morgengabe* », *dot*, *tertia: rapport Introductif*, dans Bougard – Feller – Le Jan 2002, p. 1-25.

Feller 2003 = L. Feller, *L'historiographie des élites rurales du haut Moyen Âge. Émergence d'un problème?* dans *L'historiographie des élites dans le haut Moyen Âge*, Marne-la-Vallée, 2003, https://hal-paris1.archives-ouvertes.fr/halshs-01280002/fr/.

Feller 2005 = L. Feller, *Enrichissement, accumulation et circulation des biens. Quelques problèmes liés au marché de la terre*, dans C. Wickham, L. Feller (dir.), *Le marché de la terre au Moyen Âge*, Actes des colloques de Treilles, *1999 et de Saint Lambert, 2001*, Rome, 2005 (*Collection de l'École française de Rome*, 350), p. 3-28.

Feller 2008 = L. Feller, *Une guerre vicinale dans les Abruzzes au XIIe siècle et le fonctionnement de la seigneurie*, dans J.-M. Martin, B. Martin-Hisard, A. Paravicini Bagliani (dir.), *Vaticana et medievalia, Études en l'honneur de Louis Duval-Arnould*, Florence, 2008 (*Millennio Medievale. Strumenti e studi*, 16), p. 159-172.

Feller 2009a = L. Feller, *Les conversions de redevances. Pour une problématique des revenus seigneuriaux*, dans L. Feller, Laboratoire de Médiévistique occidentale de Paris (dir.), *Calculs et rationalités dans la seigneurie médiévale: les conversions de redevances entre XIe et XVe siècles*, Paris, 2009 (*Publications de la Sorbonne, Histoire ancienne et médiévale*, 100), p. 5-25, https://doi.org/10.4000/books.psorbonne.11366.

Feller 2009b = L. Feller, *Accumuler, redistribuer et échanger durant le haut Moyen Âge*, dans A. Castagnetti (dir.), *Città e campagna nei secoli altomedievali, Spoleto, 27 marzo-1 aprile 2008*, Spolète, 2009 (*Centro italiano di studi sull'alto medioevo, Settimana di studio*, 56), 1, p. 81-113.

Feller 2012 = L. Feller, *Les élites rurales du haut Moyen Âge en Italie (IXe-Xe siècle)*, dans *MEFRM*, 124-2, 2012, p. 327-343, https://doi.org/10.4000/mefrm.801.

Feller 2015 = L. Feller, *Les usages de la servitude. Seigneurs et paysans dans le royaume de Bourgogne, Nicolas Carrier* [compte-rendu], dans *Annales, Histoire, Sciences sociales*, 70-4, 2015, p. 985-987.

Feller 2018 = L. Feller, *Autour d'une nouvelle de Boccace: l'économie immorale*, dans D. Chamboduc de Saint Pulgent, M. Dejoux (dir.), *La fabrique des sociétés médiévales méditerranéennes: les Moyen Âge de François Menant*, Paris, France, 2018 (*Histoire ancienne et médiévale*, 155), p. 191-200, https://doi.org/10.4000/books.psorbonne.40423.

Fiore 2010 = A. Fiore, *Signori e sudditi: strutture e pratiche del potere signorile in area umbro-marchigiana, secoli XI-XIII*, Spolète, 2010 (*Istituzioni e società*, 13).

Fiore 2017 = A. Fiore, *Il mutamento signorile: assetti di potere e comunicazione politica nelle campagne dell'Italia centro-settentrionale (1080-1130 c.)*, Florence, 2017 (*Reti Medievali E-Book*, 29), http://digital.casalini.it/9788864535128.

Fossier 1978 = R. Fossier, *Polyptyques et censiers*, Turnhout, 1978 (*Typologie des sources du Moyen Âge occidental*, 28).

Fossier 1984 = R. Fossier, *Paysans d'Occident, XIe-XIVe siècles*, Paris, 1984 (*L'historien*).

Fossier 1992a = R. Fossier, *Les communautés villageoises en France du Nord au Moyen Âge*, dans R. Fossier, *Hommes et villages d'Occident au Moyen Âge*, Paris, 1992 (*Réimpressions*, 7), p. 215-244, édition originale dans C. Higounet (dir.), *Les communautés villageoises en Europe occidentale, du Moyen Âge aux Temps modernes, Quatrièmes Journées internationales d'histoire, 8-10 septembre 1982*, Toulouse, 1982 (*Flaran*, 4), https://doi.org/10.4000/books.pumi.21547.

Fossier 1992b = R. Fossier, *Les « communes rurales » au Moyen Âge*, dans *Journal des Savants*, 2-1, 1992, p. 235-276, https://doi.org/10.3406/jds.1992.1558.

Fournial 1970 = E. Fournial, *Histoire monétaire de l'Occident médiéval*, Paris, 1970 (*Fac*).

Fournioux 1988 = B. Fournioux, *Les chevaliers périgordins et leur assise territoriale aux XIIIe-XIVe siècles*, dans *Archéologie médiévale*, 18-1, 1988, p. 255-272.

Fourquin 1972 = G. Fourquin, *Le paysan d'Occident au Moyen Âge*, Paris, 1972 (*Fac*).

Fox 1996 = H. S. Fox, *Exploitation of the Landless by Lords and Tenants in Early Medieval England*, dans Z. Razi, R. Smith (dir.), *Medieval Society and the Manor Court*, Oxford, 1996, p. 518-568.

Francesconi 2005a = G. Francesconi, *La signoria monastica: ipotesi e modelli di funzionamento. Il monastero di Santa Maria di Rosano (secoli XI-XIII)*, dans G. Pinto, P. Pirillo (dir.), *Lontano dalle città. Il Valdarno di sopra nei secoli XII-XIII*, Rome, 2005 (*Valdarno medievale-studi e fonti*, 1), p. 29-65.

Francesconi 2005b = G. Francesconi, *Tra Riforma, vescovo e clientes. Camaldoli e le società locali (secoli XI-XIII)*, Thèse de doctorat, Università degli studi di Firenze, 2005.

Francesconi 2014 = G. Francesconi, *Elio Conti e la società fiorentina del Quattrocento*, Rome, 2014 (*Nuovi studi storici*, 95).

Francovich 1973 = R. Francovich, *I castelli del contado fiorentino nei secoli XII e XIII*, Florence, 1973.

Friedman – Pirillo 2004 = D. Friedman, P. Pirillo (dir.), *Le terre nuove, Atti del seminario internazionale, Firenze-San Giovanni Valdarno, 28-30 gennaio 1999*, Florence, 2004 (*Biblioteca storica toscana*, 44).

Friedman 2004 = D. Friedman, *La Piazza di San Giovanni Valdarno: architettura e urbanistica*, dans P. Pirillo (dir.), *Le terre nuove*, Florence, 2004 (*Biblioteca storica toscana*, 44), p. 127-152.

Furetière 1690 = A. Furetière, *Dictionnaire universel, contenant généralement tous les mots françois tant vieux que modernes, et les termes de toutes les sciences et des arts*, La Haye, 1690.

Gamberini 2017 = A. Gamberini, *La mobilità sociale nel Medioevo italiano, 2, Stato e istituzioni (secoli XIV-XV)*, Rome, 2017 (*I libri di Viella*, 234).

Garzella 1979 = G. Garzella, *La « moneta sostitutiva » nei documenti pisani dei secoli XI e XII: un problema risolto?*, dans G. Garzella, M. L. Ceccarelli Lemut, B. Casini (dir.), *Studi sugli strumenti di scambio a Pisa nel medioevo*, Pise, 1979 (*Biblioteca del «Bollettino storico pisano»*, *Collana storica*, 20), p. 3-45.

Gaulin – Menant 1998 = J.-L. Gaulin, F. Menant, *Crédit rural et endettement paysan dans l'Italie communale*, dans M. Berthe (dir.), *Endettement Paysan & Crédit Rural dans l'Europe médiévale et moderne*, Toulouse, 1998 (*Flaran*, 17), p. 35-67.

Gauvard – Bougard – Chiffoleau 2008 = C. Gauvard, F. Bougard, J. Chiffoleau (dir.), *L'enquête au Moyen Âge*, Rome, 2008 (*Collection de l'École française de Rome*, 399).

Gauvard 1997 = C. Gauvard (dir.), *Les élites urbaines au Moyen Âge*, *XXVIIᵉ Congrès de la SHMES, Rome, mai 1996*, Paris, 1997 (*Histoire ancienne et médiévale*, 46).

Geary 1986 = P. J. Geary, *vivre en conflit dans une France sans État : typologie des mécanismes de règlement des conflits (1050-1200)*, dans *Annales, Économie, Sociétés, Civilisations*, 41-5, 1986, p. 1107-1133.

Ghignoli 2012 = A. Ghignoli, *I quaterni di ser Vigoroso (1259-1299)*, dans P. Fioretti (dir.), *Storie di cultura scritta. Studi per Francesco Magistrale*, Spolète, 2012 (*Collectanea*, 28), 2, p. 479-497.

Giordanengo 2000 = G. Giordanengo, *De l'usage du droit privé et du droit public au Moyen Âge*, dans *Cahiers de recherches médiévales et humanistes. Journal of medieval and humanistic studies*, 7, 2000, http://journals.openedition.org/crm/880.

Giorgetti 1974 = G. Giorgetti, *Contadini e proprietari nell'Italia moderna, Rapporti di produzione e contratti agrari dal secolo XVI a oggi*, Turin, 1974 (*Piccola biblioteca Einaudi – Geografia, storia*, 234).

Giusiani – Vitiello – Fornaciari 2007 = S. Giusiani, A. Vitiello, G. Fornaciari, *Monte di Croce: il cimitero signorile del castello (XI-XII secolo)*, dans *Paleopatologia.it*, 2007, www.paleopatologia.it.

Godelier 1978 = M. Godelier, *Préface*, dans Centre d'Études et de Recherches Marxiste (dir.), *Sur les sociétés précapitalistes, Textes choisis de Marx, Engels, Lénine*, Paris, 1978, p. 13-142.

Goldthwaite 2009 = R. A. Goldthwaite, *The Economy of Renaissance Florence*, Baltimore, 2009, 1ʳᵉ édition 2008.

Golinelli 2008 = P. Golinelli, *Matilde di Canossa*, dans *DBI*, Rome, 2008, 72, p. 114-126, www.treccani.it/enciclopedia/matilde-di-canossa.

Gros 2017 = C. Gros, *Montaperti, entre défaite et trahison*, dans C. Carozzi, H. Taviani-Carozzi (dir.), *Faire l'événement au Moyen Âge*, Aix-en-Provence, 2017 (*Le temps de l'histoire*), p. 103-118, https://doi.org/10.4000/books.pup.5709.

Gualtieri 2009 = P. Gualtieri, *Il comune di Firenze tra Due e Trecento. Partecipazione politica e assetto istituzionale*, Florence, 2009 (*Biblioteca storica toscana*, 58).

Guerreau 1980 = A. Guerreau, *Le féodalisme, Un horizon théorique*, Paris, 1980.

Guerreau 1985 = A. Guerreau, *Féodalisme*, dans G. Labica, G. Bensussan (dir.), *Dictionnaire critique du marxisme*, Paris, 1985 (deuxième édition), p. 460-464.

Guerreau 1997 = A. Guerreau, *Seigneurie*, dans A. Vauchez (dir.), *Dictionnaire encyclopédique du Moyen Âge*, Paris-Rome, 1997, 2, p. 1415-1416.

Guerreau-Jalabert – Vauchez 1997 = A. Guerreau-Jalabert, *Famille*, dans A. Vauchez (dir.), *Dictionnaire encyclopédique du Moyen Âge*, 1, Cambridge-Paris-Rome, 1997, p. 579-580.

Guidi 1981 = G. Guidi, *Il governo della città-repubblica di Firenze del primo Quattrocento, 1, Politica e diritto pubblico*, Florence, 1981 (*Biblioteca storica toscana*).

Haddad 2014 = É. Haddad, *Qu'est-ce qu'une « maison » ? De Lévi-Strauss aux recherches anthropologiques et historiques récentes*, dans *L'Homme. Revue française d'anthropologie*, 212, 2014, p. 109-138, https://doi.org/10.4000/lhomme.23755.

Hautefeuille 2011 = F. Hautefeuille, *Communautés infra-juridiques : pouvoirs et imbrication des territoires en pays d'habitat dispersé (sud-ouest du Massif Central) à la fin du Moyen Âge (XIII-XIVe siècle)*, dans *MEFRM*, 123-2, 2011, p. 345-359, https://doi.org/10.4000/mefrm.626.

Henriet 2000 = P. Henriet, *La parole et la prière au Moyen Âge. Le Verbe efficace dans l'hagiographie monastique des XIe et XIIe siècles*, Bruxelles, 2000 (*Bibliothèque du Moyen Âge*, 16).

Herlihy 1957 = D. Herlihy, *Treasure Hoards in the Italian Economy, 960-1139*, dans *The Economic History Review*, 10, 1957, p. 1-14.

Herlihy 1958 = D. Herlihy, *Pisa in the Early Renaissance, A Study of urban Growth*, New Haven, 1958.

Hilton 1979 = R. H. Hilton, *Les Mouvements paysans du Moyen Âge et la révolte anglaise de 1381*, Paris, 1979 (*L'histoire vivante*).

Huertas 2003 = E. Huertas, *Les communautés d'habitants en Italie aux XIe et XIIe siècles, Parcours historiographique*, dans M. Bourin (dir.), *La formation des communautés d'habitants au Moyen Âge. Perspectives historiographiques, Xanten, R.F.A., 19-22 juin 2003*, 2003, https://lamop.univ-paris1.fr/la-recherche-au-lamop/reseaux-et-communautes/formation-medie-vale-des-communautes-dhabitants.

Huertas 2008 = E. Huertas, *La rente foncière à Pistoia (XIe-XIIe siècle)*, Thèse de doctorat, Marne-la-Vallée, 2008, www.theses.fr/2008PEST0227.

Huertas 2018 = E. Huertas, *L'envers d'un document. La charte de franchise de Montepinzutolo (1240)*, dans J. Morsel (dir.), *Communautés d'habitants au Moyen Âge (XIe-XVe siècles)*, Paris, 2018 (*Histoire ancienne et médiévale - Série du LAMOP*, 157-5), p. 309-356, https://doi.org/10.4000/books.psorbonne.54053.

Iogna-Prat 2008 = D. Iogna-Prat, *Penser l'Église, penser la société après le Pseudo-Denys l'aréopagite*, dans F. Bougard, D. Iogna-Prat, R. Le Jan (dir.), *Hiérarchie et stratification sociale dans l'occident médiéval (400-1100)*, Turnhout, 2008 (*Haut Moyen Âge*, 6), p. 55-81, https://doi.org/10.1484/M.HAMA-EB.3.559.

Jansen 2002 = P. Jansen, *Échec et réussite d'une métropolisation en Italie à la fin du Moyen-Age : étude comparée des cas ligure et marchésan*, dans *Cahiers de la Méditerranée*, 64, 2002, p. 49-46, https://doi.org/10.4000/cdlm.71.

Jessenne – Menant 2007 = J.-P. Jessenne, F. Menant, *Introduction*, dans F. Menant, J.-P. Jessenne (dir.), *Les élites rurales dans l'Europe médiévale et moderne*, Toulouse, 2007 (*Flaran*, 27), p. 7-52.

Jones 1954 = P. J. Jones, *An Italian Estate, 900-1200*, dans *The Economic History Review*, 7-1, 1954, p. 18-32, https://doi.org/10.1111/j.1468-0289.1954.tb01507.x.

Jones 1968 = P. J. Jones, *From Manor to Mezzadria: a Tuscan Case-Study in the Medieval Origines of Modern Agrarian Society*, dans N. Rubinstein (dir.), *Florentine Studies. Politics and Society in Renaissance Florence*, Londres, 1968, p. 193-241.

Kehr 1904 = P. F. Kehr, *Die Minuten von Passignano. Eine diplomatische Miscelle*, dans *Quellen und Forschungen aus italienischen Archiven und Bibliotheken*, 7, 1904, p. 8-41.

Kehr 1907a = P. F. Kehr, *Aus Sant'Antimo und Coltibuono*, dans *Quellen und Forschungen aus italienischen Archiven und Bibliotheken*, 10, 1907, p. 216-225.

Kehr 1907b = P. F. Kehr, *Aus Coltibuono und Montepiano*, dans *Quellen und Forschungen aus italienischen Archiven und Bibliotheken*, 10, 1907, p. 365-369.

Klapisch-Zuber 1982 = C. Klapisch-Zuber, *Le complexe de Griselda. Dot et dons de mariage au Quattrocento*, dans *MEFRM, Temps modernes*, 94-1, 1982, p. 7-43, https://doi.org/10.3406/mefr.1982.2640.

Klapisch-Zuber 1990 = C. Klapisch-Zuber, *La maison et le nom, Stratégies et rituels dans l'Italie de la Renaissance*, Paris, 1990 (*Civilisations et sociétés*, 81).

Klapisch-Zuber 1998 = C. Klapisch-Zuber, *Les faux-semblants de l'identité. Noms de lignée, noms cachés, noms-refuges à Florence au XIVᵉ siècle*, dans *MEFRM*, 110-1, 1998, p. 159-172, https://doi.org/10.3406/mefr.1998.3620.

Kotel'Nikova 1975 = L. A. Kotel'Nikova, *Mondo contadino e città in Italia dall'XI al XIV secolo, Dalle fonti dell'Italia centrale e settentrionale*, Bologne, 1975.

La Roncière 1973 = C.-M. de La Roncière, *Un changeur florentin du Trecento: Lippo di Fede del Sega (1285 env.-1363 env.)*, Paris, 1973 (*Affaires et gens d'affaires*).

La Roncière 1976 = C.-M. de La Roncière, *Florence, centre économique régional au XIVᵉ siècle. Le marché des denrées de première nécessité à Florence et dans sa campagne et les conditions de vie des salariés (1320-1380)*, 1, *Prix et salaires à Florence (1320-1380)*, Thèse de doctorat d'État, Université Aix-Marseille, 1976.

La Roncière 1982 = C.-M. de La Roncière, *Prix et salaires à Florence au XIVᵉ siècle*, Rome, 1982; réédition, Rome, 1982, réed. dans les *Classiques de l'École française de Rome*, 2016.

La Roncière 1990 = C.-M. de La Roncière, *A Monastic Clientele? The Abbey of Settimo, its Neighbours and its Tenants (Tuscany, 1280-1340)*, dans D. Trevor, C. Wickham (dir.), *City and Countryside in Late-Medieval and Renaissance Italy, Essays presented to Philip Jones*, Londres, 1990, p. 55-67.

La Roncière 2004 = C.-M. De La Roncière, *De la ville à l'État régional: la constitution du territoire (XIVᵉ-XVᵉ siècle)*, dans J. Boutier, S. Landi, O. Rouchon (dir.), *Florence et la Toscane, XIVᵉ-XIXᵉ siècles: les dynamiques d'un État italien*, Rennes, 2004 (*Histoire*), p. 15-37.

La Roncière 2005a = C.-M. De La Roncière, *Gli Ordini mendicanti nel Valdarno di Sopra del XIII secolo*, dans G. Pinto, P. Pirillo (dir.), *Lontano dalle città. Il Valdarno di sopra nei secoli XII-XIII*, Rome, 2005 (*Valdarno medievale-studi e fonti*, 1), p. 279-292.

La Roncière 2005b = C.-M de La Roncière, *Firenze e le sue campagne nel Trecento. Mercanti, produzione, traffici*, Florence, 2005 (*Biblioteca storica toscana*, 48).

Lamma 1961 = P. Lamma, *Andrea da Parma*, dans *DBI*, Rome, 1961, 3, p. 110-112, www.treccani.it/enciclopedia/andrea-da-parma.

Lansing 1991 = C. Lansing, *The Florentine Magnates. Lineage and Faction in a Medieval Commune*, Princeton (New Jersey), Oxford, 1991 (*Princeton Legacy Library*).

Lapi 2009 = N. Lapi, « Ad Edificandum Molendina ». *I mulini del monastero di San Cassiano a Montescalari fra XII e XIII secolo*, Tesi di laurea, Università degli studi di Firenze, 2009.

Larrea – Viader 2006 = C. Larrea, R. Viader, *Aprisions et presuras au début du IXe siècle : pour une étude des formes d'appropriation du territoire dans la Tarraconaise du haut Moyen Âge*, dans P. Sénac (dir.), *Villa 1, De la Tarraconaise à la Marche supérieure d'al-Andalus (IVe-XIe siècle)*, Toulouse, 2006 (*Méridiennes*), p. 167-210, https://doi.org/10.4000/books.pumi.30596.

Lauwers 2005 = M. Lauwers, *Naissance du cimetière : lieux sacrés et terre des morts dans l'Occident médiéval*, Paris, 2005 (*Historique*).

Lauwers 2012 = M. Lauwers, *La dîme, l'église et la société féodale*, Turnhout, 2012 (*Collection d'études médiévales de Nice*).

Lauwers 2014 = M. Lauwers (dir.), *Monastères et espace social : genèse et transformation d'un système de lieux dans l'Occident médiéval*, Turnhout, 2014 (*Collection d'études médiévales de Nice*, 15).

Lazzari 2012 = T. Lazzari, *Comunità rurali nell'alto medioevo : pratiche di descrizione e spie lessicali nella documentazione scritta*, dans *Paesaggi, comunità, villagi medievali*, Spolète, 2012 (*Incontri di studio*, 10), p. 405-422.

Lefebvre 2002a = J.-L. Lefebvre, *Prud'hommes et bonnes gens*, dans *Le Moyen Âge*, 108-2, 2002, p. 253-300, https://doi.org/10.3917/rma.082.0253.

Lefebvre 2002b = J.-L. Lefebvre, *Prud'hommes et bonnes gens dans les sources flamandes et wallonnes du Moyen Âge tardif ou l'éligibilité dans la fonction publique médiévale (2e partie)*, dans *Le Moyen Âge*, 108-3, 2002, p. 457-479, https://doi.org/10.3917/rma.083.0457.

Leferme-Falguières – Van Renterghem 2001 = F. Leferme-Falguières, V. Van Renterghem, *Le concept d'élites. Approches historiographiques et méthodologiques*, dans *Hypothèses*, 4-1, 2001, p. 55-67, https://doi.org/10.3917/hyp.001.0055.

Lefeuvre 2016a = P. Lefeuvre, *Profit et travail de la terre dans les campagnes florentines (XIe-XIIe siècles)*, dans S. Fray, D. Morel (dir.), *La terre à l'époque romane. Exploitations, usages et représentations*, Actes du 24e Colloque international d'art roman (Issoire, 17-19 octobre 2014), Aurillac, 2016 (*Revue d'Auvergne*, 130-619), p. 161-174.

Lefeuvre 2016b = P. Lefeuvre, *La notabilité rurale dans le contado florentin, Valdarno Supérieur et Chianti, aux XIIe et XIIIe siècles*, Thèse de doctorat, Université Paris 1-Panthéon Sorbonne, 2016.

Lefeuvre 2018a = P. Lefeuvre, *Un notaire et son petit monde dans le contado florentin du XIIe siècle*, dans D. Chamboduc de Saint Pulgent, M. Dejoux (dir.), *La fabrique des sociétés médiévales méditerranéennes : les Moyen Âge de François Menant*, Paris, 2018 (*Histoire ancienne et médiévale*, 155), p. 269-278, https://doi.org/10.4000/books.psorbonne.40468.

Lefeuvre 2018b = P. Lefeuvre, Sicuti boni homines et masnaderii : *dépendance et distinction sociale dans les seigneuries du contado florentin*

(XIIe-XIIIe siècles), dans *MEFRM*, 130-2, 2018, p. 363-379, https://doi.org/10.4000/mefrm.4070.

Lefeuvre 2018c = P. Lefeuvre, *Tenir et travailler la terre. L'expression de la possession foncière dans les campagnes florentines du XIIIe siècle, d'après une audition de témoins des années 1240*, dans *Histoire & Sociétés rurales*, 49-1, 2018, p. 55-87, https://doi.org/10.3917/hsr.049.0055.

Lefeuvre 2019 = P. Lefeuvre, *Le notariat dans les campagnes de Florence : Chianti et Val d'Arno supérieur et Val di Pesa aux XIIe et XIIIe siècles*, dans X. Hermand, J.-F. Nieus, É. Renard (dir.), *Le scribe d'archives dans l'Occident médiéval. Formations, carrières, réseaux*, Turnhout, 2019, p. 315-342, (*Utrecht Studies in Medieval Literacy*, 43), https://doi.org/10.1484/M.USML-EB.5.117688.

Lefeuvre 2021 = P. Lefeuvre, *L'alleu et les degrés de la possession foncière dans le contado florentin (XIIe siècle)*, dans N. Carrier (dir.), *Alleux et alleutiers, Propriété foncière, seigneurie et féodalité (France, Catalogne, Italie, X^e-XIIe siècle)*, Lyon, 2021, (*Mondes Médiévaux 4*), p. 235-253.

Lemesle 2008 = B. Lemesle, *Conflits et justice au Moyen Âge : normes, loi et résolution des conflits en Anjou aux XIe et XIIe siècles*, Paris, 2008 (*Le nœud gordien*).

Lett 2013 = D. Lett, *Hommes et femmes au Moyen Âge, Histoire du genre, XIIe-XVe siècle*, Paris, 2013 (*Cursus-histoire*).

Levi 1946 = C. Levi, *Cristo si è fermato a Eboli*, Turin, 1946.

Lévi-Strauss – Lamaison 1987 = C. Lévi-Strauss, P. Lamaison, *La notion de maison. Entretien avec Claude Lévi-Strauss par Pierre Lamaison*, dans *Terrain*, 9, 1987, p. 34-39, https://doi.org/10.4000/terrain.3184.

Luongo 2019 = A. Luongo, *Relativamente marginali : la condizione sociale delle donne nella Gubbio trecentesca*, dans *Archivio storico italiano*, 659, 2019, p. 59-94.

Maire Vigueur 1988a = J.-C. Maire Vigueur, *Les rapports ville-campagne dans l'Italie communale : pour une révision des problèmes*, dans N. Bulst, J.-P. Genet (dir.), *La ville, la bourgeoisie et la genèse de l'État moderne (XIIe-XVIIIe siècles)*, Paris, 1988, p. 21-34.

Maire Vigueur 1988b = J.-C. Maire Vigueur, *Guerres, conquête du contado et transformations de l'habitat en Italie centrale au XIIIe siècle*, dans A. Bazzana (dir.), *Castrum. 3, Guerre, fortification et habitat dans le monde méditerranéen au Moyen Âge, Colloque organisé par la Casa de Velázquez et l'École française de Rome, Madrid, 24-27 novembre 1985*, Madrid, 1988 (*Publications de la Casa de Velázquez/Publications de l'École française de Rome*, 12/105), p. 271-277.

Maire Vigueur 1995 = J.-C. Maire Vigueur, *Révolution documentaire et révolution scripturaire : le cas de l'Italie médiévale*, dans *Bulletin de l'École des Chartes*, 153-3, 1995, p. 177-185, https://doi.org/10.3406/bec.1995.450767.

Maire Vigueur 2004 = J.-C. Maire Vigueur, *Cavaliers et citoyens, Guerre, conflits et société dans l'Italie communale, XIIe-XIIIe siècles*, Paris, 2004 (*Civilisations et sociétés*, 114), 1re édition Paris, 2003.

Majnoni 1981 = F. Majnoni, *La Badia a Coltibuono. Storia di una proprietà*, Monte Oriolo, Florence, 1981 (*Studi e documenti delle campagne*, 1).

Marrocchi 2018 = M. Marrocchi, *Un elenco di libri dal monastero di Spineto del 1238*, dans *Codex Studies*, 2, 2018, p. 177-198, www.sismel.info/Codex_Studies/CodexStudies_2.pdf.

Mazel 2008a = F. Mazel, *La noblesse et l'Église en Provence, fin X^e-début XIVe siècle. L'exemple des familles d'Agoult-Simiane, de Baux et de Marseille*, Paris, 2008 (*CTHS-histoire*, 4).

Mazel 2008b = F. Mazel (dir.), *L'espace du diocèse : genèse d'un territoire dans l'Occident médiéval, Ve-XIIIe siècle*, Rennes, 2008 (*Histoire*).

Mazel 2013 = F. Mazel, *Pour une redéfinition de la réforme « grégorienne ». Éléments d'introduction*, dans M. Fournié (dir.), *La réforme « grégorienne » dans le Midi, milieu XIe-début XIIIe siècle*, Toulouse, 2013 (*Cahiers de Fanjeaux*, 48), p. 9-40.

Menant 2004 = F. Menant, *Les chartes de franchise de l'Italie communale : un tour d'horizon et quelques études de cas*, dans *Pour une anthropologie du prélèvement seigneurial dans les campagnes médiévales (XIe-XIVe siècles), Réalités et représentations paysannes, Colloque tenu à Medina del Campo du 31 mai au 3 juin 2000*, Paris, 2004 (*Histoire ancienne et médiévale*, 68), p. 239-264.

Menant – Jessenne 2007 = F. Menant, J.-P. Jessenne (dir.), *Les élites rurales dans l'Europe médiévale et moderne : actes des XXVIIes Journées Internationales d'Histoire de l'Abbaye de Flaran ; 9-11 septembre 2005*, Toulouse, 2007 (*Flaran*, 27), https://doi.org/10.4000/books.pumi.8794.

Menant 1976 = F. Menant, *Entre Milan et Bergame : une famille de l'aristocratie rurale au XIIe siècle*, dans *MEFRM, Temps modernes*, 88-2, 1976, p. 425-499, https://doi.org/10.3406/mefr.1976.2364.

Menant 1993 = F. Menant, *Campagnes lombardes du Moyen Âge. L'économie et la société rurales dans la région de Bergame, de Crémone et de Brescia du Xe au XIIIe siècle*, Rome, 1993 (*Bibliothèque des Écoles françaises d'Athènes et de Rome*, 281).

Menant 2005 = F. Menant, *L'Italie des communes (1100-1350)*, Paris, 2005 (*Belin sup*).

Menant 2009 = F. Menant, *Le notaire médiéval, producteur de texte*, dans *Herméneutique du texte d'histoire : orientation, interprétation et questions nouvelles, International Conference Proceedings n° 6*, Nagoya, 2009, p. 77-92.

Menant 2010 = F. Menant, *Une forme de distinction inattendue : l'anthroponymie scatologique de l'élite communale lombarde*, dans D. Boisseuil, P. Chastang, L. Feller (dir.), *Écritures de l'espace social. Mélanges d'histoire médiévale offerts à Monique Bourin*, Paris, 2010 (*Histoire ancienne et médiévale*, 101), p. 437-456, https://doi.org/10.4000/books.psorbonne.11009.

Mendras 1976 = H. Mendras, *Sociétés paysannes, éléments pour une théorie de la paysannerie*, Paris, 1976 (*U*).

Meyer 2000 = A. Meyer, *Felix et inclitus notarius. Studien zum italienischen Notariat vom 7. bis zum 13. Jahrhundert*, Tübingen, 2000 (*Bibliothek des Deutschen historischen Institut in Rom*, 92).

Meyer 2011 = A. Meyer, *La critica storica e le fonti notarili. Note su registri di imbreviature e pergamene lucchesi del secolo XIII*, dans *Archivio storico italiano*, 169-1, 2011, p. 1-22.

Miccoli 1960 = G. Miccoli, *Pietro Igneo. Studi sull'età gregoriana*, Rome, 1960 (*Studi storici*, 40-41).

Milani 2005 = G. Milani, *I comuni italiani : secoli XII-XIV*, Rome, 2005 (*Quadrante Laterza*, 126).

Milani 2018 = G. Milani, *Cacciaguida as Sociologist. Representations and Social Change in the Italian Communes*, dans S. Carocci, I. Lazzarini (dir.), *Social mobility in Medieval Italy, 1100-1500*, Rome, 2018 (*Viella historical research*, 8), p. 229-245.

Minvielle-Larousse 2017 = N. Minvielle-Larousse, *L'Âge de l'argent : mines, société et pouvoirs en Languedoc médieval*, Thèse de doctorat, Université Aix-Marseille, 2017.

Mollat du Jourdin – Wolff 1970 = M. Mollat du Jourdin, P. Wolff, *Ongles bleus, Jacques et Ciompi : les révolutions populaires en Europe aux XIVᵉ et XVᵉ siècles*, Paris, France, 1970 (*Les grandes vagues révolutionnaires*, 7).

Montanari 2011 = M. Montanari, *Il tempo delle castagne*, dans D. Balestracci (dir.), *Uomini, paesaggi, storie : studi di storia medievale per Giovanni Cherubini*, Sienne, 2011, p. 425-434.

Moreni 1794 = D. D. Moreni, *Notizie istoriche dei contorni di Firenze*, 5, *Dalla porta a S. Niccolò alla pieve di S. Piero a Ripoli*, Florence, 1794.

Morsel 2000 = J. Morsel, *Ce qu'écrire veut dire au Moyen Âge... Observations préliminaires à une étude de la scripturalité médiévale*, dans *Memini. Travaux et documents*, 4, 2000, p. 3-43.

Morsel 2004 = J. Morsel, *L'aristocratie médiévale. La domination sociale en Occident (Vᵉ-XVᵉ siècle)*, Paris, 2004 (*U-histoire*).

Morsel 2018a = J. Morsel, *Communautés d'habitants médiévales. Position des problèmes et perspectives*, dans J. Morsel (dir.), *Communautés d'habitants au Moyen Âge (XIᵉ-XVᵉ siècles)*, Paris, 2018 (*Histoire ancienne et médiévale – Série du LAMOP*, 157–5), p. 5-39, https://doi.org/10.4000/books.psorbonne.53913.

Morsel 2018b = J. Morsel (dir.), *Communautés d'habitants au Moyen Âge (XIᵉ-XVᵉ siècles)*, Paris, 2018 (*Histoire ancienne et médiévale – Série du LAMOP*, 157–5), https://doi.org/10.4000/books.psorbonne.53888.

Mouthon 2011 = F. Mouthon, *Communautés rurales et pouvoirs princiers dans le sud-est de la France (XIIIᵉ-XVᵉ siècle)*, dans *MEFRM*, 123-2, 2011, p. 335-343, https://doi.org/10.4000/mefrm.625.

Najemy 2006 = J. M. Najemy, *A History of Florence 1200-1575*, Oxford, 2006.

Nelli 1985 = R. Nelli, *Signoria ecclesiastica e proprietà cittadina. Monte di Croce tra XIII e XIV secolo*, Pontassieve, 1985 (*Documenti e ricerche*, 2).

Neri 2016 = E. Neri, *Les cloches : construction, sens, perception d'un son. Quelques réflexions à partir des témoignages archéologiques des « fours à cloches »*, dans E. Palazzo, J. Arnold (dir.), *Les cinq sens au Moyen Âge*, Paris, 2016 (*Patrimoines*), p. 369-406.

Nishimura 2011 = Y. Nishimura, *Redaction and the use of lists of rents in eleventh and twelfth-century Tuscany*, dans *Configurations du texte en histoire, International Conference Series n° 12*, Nagoya, 2011, p. 81-93.

Nobili 2006 = M. Nobili, *Piccola nobiltà di campagna fra autarchia e mercato nei secoli XI-XIII : un modello e una breve ricognizione storiografica*, dans *Quaderni storici*, 123, 2006, p. 703-727.

Nobili 2012 = P. G. Nobili, *Alle origini della città. Credito, fisco e società nella Bergamo del Duecento*, Bergame, 2012 (*Studi di storia della società, dell'economia e delle istituzioni bergamasche*, 5).

Oulion 2013 = R. Oulion, *Scribes et notaires face à la norme dans la Toscane du haut Moyen Âge (VIIᵉ-XIᵉ siècles)*, Clermont-Ferrand-Paris, 2013 (*Collection des thèses*, 86).

Pagliai 1911 = L. Pagliai, *Le origini dell'Abbazia di Coltibuono, nuovamente illustrate*, Florence, 1911.

Panella 1911 = A. Panella, *Gli Archivi fiorentini durante il dominio francese (1808-1814)*, dans *Rivista delle biblioteche e degli archivi*, 22, 1911, p. 17-70.

Panero 1999 = F. Panero, *Schiavi servi e villani nell'Italia medievale*, Turin, 1999 (*Le testimonianze del passato*).

Panero 2000 = F. Panero, *Le nouveau servage et l'attache à la glèbe aux XIIe et XIIIe siècles: l'interprétation de Marc Bloch et la documentation italienne*, dans *MEFRM*, 112-2, 2000, p. 551-561, www.persee.fr/doc/mefr_1123-9883_2000_num_112_2_9057.

Panero 2018 = F. Panero, *Forme di dipendenza rurale nel Medioevo: servi, coltivatori liberi e vassalli contadini nei secoli IX-XIV*, Bologna, 2018 (*Biblioteca di storia agraria medievale*, 38).

Pansini – Manno Tolu – Biotti 1983 = G. Pansini, R. Manno Tolu, V. Biotti, *Archivio di Stato di Firenze*, dans *Guida generale degli Archivi di Stato italiani*, 2, Rome, 1983, p. 17-198.

Papaccio 2004 = G. Papaccio, *Storia e archeologia degli opifici idraulici in Val di Pesa. La Badia a Passignano e i suoi mulini (XI-XIV secolo)*, thèse de doctorat, Università degli studi di Firenze, 2004.

Papaccio 2009 = G. Papaccio, *I mulini dell'abate. Il monastero e l'uso delle acque*, dans P. Pirillo (dir.), *Passignano in Val di Pesa, un monastero e la sua storia*, 1, *Una signoria sulle anime, sugli uomini, sulle comunità (dalle origini al sec. XIV)*, Florence, 2009 (*Biblioteca storica toscana*, 59), p. 275-292.

Paradisi 1937 = B. Paradisi, «Massaricium ius». *Studio sulle terre «contributariae» e «conservae» nel medio evo con particolare riguardo alle terre massaricie della Lombardia*, Bologne, 1937.

Pareto 1964 = V. Pareto, *Traité de sociologie générale*, Genève, 1964 (*Travaux de sciences sociales*), édition originale 1916.

Pareto 1980 = V. Pareto, *Scritti sociologici minori, Primi saggi, Il mito virtuista e la letteratura immorale, La trasformazione della democrazia, Fatti e teorie*, Turin, 1980.

Passerini 1876 = L. Passerini, *Una monaca del duodecimo secolo*, dans *Archivio storico italiano*, 23, 1876, p. 61-78, 205-217.

Pastoureau 2007 = M. Pastoureau, *L'ours. Histoire d'un roi déchu*, Paris, 2007 (*La librairie du XXIe siècle*).

Perrin 2011 = C. Perrin, *La territorialisation de l'agriculture périurbaine du Chianti : entre terroir et proximité urbaine*, dans *Norois*, 221, 2011, p. 97-109, https://doi.org/10.4000/norois.3785.

Perroy 1963 = E. Perroy, *La terre et les paysans au Moyen Âge*, dans *Annales*, 18-1, 1963, p. 156-162.

Picard – Feller – Kaplan 2012 = C. Picard, L. Feller, M. Kaplan (dir.), *Élites rurales méditerranéennes, V^e-XVe siècles*, dans *MEFRM*, 124-2, 2012, p. 287-545, https://doi.org/10.4000/mefrm.713.

Pinto – Pirillo 2005 = G. Pinto, P. Pirillo (dir.), *Lontano dalle città. Il Valdarno di sopra nei secoli XII-XIII, Atti del convegno di Montevarchi-Figline Valdarno, 9-11 novembre 2001*, Rome, 2005 (*Valdarno medievale-studi e fonti*, 1).

Pinto 1978 = G. Pinto, *Il Libro del Biadaiolo: Carestie e annona a Firenze dalla metà del '200 al 1348*, Florence, 1978 (*Biblioteca storica toscana*, 18).

Pinto 1983 = G. Pinto, *L'Impruneta e Firenze : contadini e proprietari, assetto delle colture e consumi (secoli XIII-XV)*, dans *Impruneta una pieve, un paese. Cultura parrocchia e società nella campagna toscana*, Florence, 1983 (*Quaderni di storia urbana e rurale*, 2), p. 1-31.

Pinto 2005 = G. Pinto, *Alcune considerazioni sul Valdarno di Sopra nei secoli XII-XIII*, dans G. Pinto, P. Pirillo (dir.), *Lontano dalle città. Il Valdarno di sopra nei secoli XII-XIII*, Rome, 2005 (*Valdarno medievale-studi e fonti*, 1), p. 15-26.

Pinto 2007 = G. Pinto, *Bourgeoisie de village et différenciations sociales dans les campagnes de l'Italie communale (XIIIe-XVe siècle)*, dans F. Menant, J.-P. Jessenne (dir.), *Les élites rurales dans l'Europe médiévale et moderne*, Toulouse, 2007 (*Flaran*, 27), p. 91-110, https://doi.org/10.4000/books.pumi.8833.

Pirillo – Zorzi 2012 = P. Pirillo, A. Zorzi (dir.), *Il Castello, il borgo e la piazza : i mille anni di Figline Valdarno, 1008-2008, Atti del convegno di Figline Valdarno (14-15 novembre 2008)*, Florence, 2012 (*Toscana medievale*, 3).

Pirillo 1992 = P. Pirillo, *Famiglia e mobilità sociale nella Toscana medievale. I Franzesi della Foresta da Figline Valdarno (secoli XII-XV)*, Figline Valdarno, Florence, 1992 (*Fonti e studi di storia locale*, 7).

Pirillo 2004 = P. Pirillo (dir.), *Signori, comunità e centri di nuova fondazione. Semifonte in Val d'Elsa nel quadro delle nuove fondazioni dell'Italia medievale (1202-2002), Atti del convegno, Barberino Val d'Elsa, 12-13 ottobre 2002*, Florence, 2004 (*Biblioteca storica toscana*, 46).

Pirillo 2005 = P. Pirillo, *Signorie dell'Appennino tra Toscana ed Emilia-Romagna alla fine del Medioevo*, dans F. Cengarle, G. Chittolini, G. M. Varanini (dir.), *Poteri signorili e feudali nelle campagne dell'Italia settentrionale fra Tre e Quattrocento : fondamenti di legittimità e forme di esercizio*, Florence, 2005 (*Reti Medievali E-Book-Quaderni*, 4), p. 211-225, https://media.fupress.com/files/pdf/24/214/2812.

Pirillo 2008 = P. Pirillo, *Firenze e le dinamiche della « conquista »*, dans P. Pirillo (dir.), *Alle porte di Firenze. Il territorio di Bagno a Ripoli in età medievale*, Rome, 2008 (*Valdarno medievale, Studi e fonti*, 2), p. 177-200.

Pirillo 2009 = P. Pirillo, *L'abate, il Comune e i pesci del fossato : mezzo secolo di dispute a Passignano (secc. XIII-XIV)*, dans P. Pirillo (dir.), *Passignano in Val di Pesa, 1, Una signoria sulle anime, sugli uomini, sulle comunità (dalle origini al sec. XIV)*, Florence, 2009 (*Biblioteca storica toscana*, 59), p. 223-254.

Pirillo 2011 = P. Pirillo, *Dinamiche di un territorio. Firenze, Rignano e i suoi castelli*, dans P. Pirillo (dir.), *La pieve, il castello il ponte, San Leolino a Rignano in Valdarno nel Medioevo, Atti del Convegno di Pagnana, Rignano sull'Arno (Firenze), 23 maggio 2009*, Florence, 2011 (*Toscana medievale*, 1), p. 165-185.

Pirillo 2013 = P. Pirillo, *I centri abitati del contado fiorentino : dalle piazze di mercato alle terre murate*, dans P. Pirillo, G. Pinto (dir.), *I centri minori della Toscana nel Medioevo : atti del convegno internazionale di studi, Figline Valdarno, 23-24 ottobre, 2009*, Florence, 2013 (*Biblioteca storica toscana*, 69), p. 1-22.

Plesner 1934 = J. Plesner, *L'émigration de la campagne à la ville libre de Florence au XIIIe siècle*, Copenhague, 1934 ; trad. italienne, *L'emigrazione della campagna alla città libera di Firenze nel XIII secolo*, Monte Oriolo, Florence, 1979.

Plesner 1979 = J. Plesner, *Una rivoluzione stradale del Dugento*, Monte Oriolo (Florence), 1979.

Poloni 2007a = A. Poloni, *Comune cittadino e comunità rurali nelle campagne pisane (seconda metà del XII-inizio XIV secolo)*, dans *Archivio storico italiano*, 165, 2007, p. 3-51.

Poloni 2007b = A. Poloni, *Disciplinare la società. Un esperimento di potere nei maggiori comuni di Popolo tra Due e Trecento*, dans *Scienza e politica*, 37, 2007, p. 33-62.

Provero 1999 = L. Provero, *L'Italia dei poteri locali : secoli X-XII*, Rome, 1999 (*Studi Superiori*, 656).

Provero 2008 = L. Provero, *Dai testimoni al documento. La società rurale di fronte alle inchieste giudiziarie (Italia del nord, secoli XII-XIII)*, dans C. Gauvard (dir.), *L'enquête au Moyen Âge*, Rome, 2008 (*Collection de l'École française de Rome*, 399), p. 75-88.

Provero 2010 = L. Provero, *Pluralità di poteri e strutture consortili nelle campagne del Piemonte meridionale (XII-XIII secolo)*, dans *MEFRM*, 122-1, 2010, p. 55-62, https://doi.org/10.4000/mefrm.594.

Provero 2012 = L. Provero, *Le parole dei sudditi, Azioni e scritture della politica contadina nel Duecento*, Spolète, 2012 (*Istituzioni e società*, 17).

Racine 1985 = P. Racine, *Communes, libertés, franchises urbaines : le problème des origines, l'exemple italien*, dans Société des historiens médiévistes de l'enseignement supérieur public (dir.), *Les origines des libertés urbaines : actes du XVIᵉ Congrès des historiens médiévistes de l'enseignement supérieur, Rouen, 7-8 juin 1985*, Rouen, 1990 (*Publications de l'Université de Rouen*, 157), p. 31-66, https://doi.org/10.3406/shmes.1985.1463.

Raspini 1982 = G. Raspini, *I monasteri nella diocesi di Fiesole*, Fiesole, 1982.

Rauty 1996 = N. Rauty, *I conti Guidi in Toscana*, dans Istituto storico italiano per il Medio Evo (dir.), *Formazione e strutture dei ceti dominanti nel Medioevo : marchesi, conti e visconti nel regno italico (secc. IX-XII)*, Rome, 1996 (*Nuovi studi storici*, 39), p. 241-264.

Redon – Bourin 1995 = O. Redon, M. Bourin, *Les archives des communautés villageoises*, dans P. Guichard, D. Alexandre-Bidon (dir.), *Comprendre le XIIIᵉ siècle : études offertes à Marie-Thérèse Lorcin*, Lyon, 1995, p. 13-27.

Redon 1979a = O. Redon, *Seigneurs et communautés rurales dans le Contado de Sienne au XIIIᵉ siècle (1)*, dans *MEFRM, Temps modernes*, 91-1, 1979, p. 149-196, https://doi.org/10.3406/mefr.1979.2488.

Redon 1979b = O. Redon, *Seigneurs et communautés rurales dans le Contado de Sienne au XIIIᵉ siècle (2)*, dans *MEFRM, Temps modernes*, 91-2, 1979, p. 619-657, https://doi.org/10.3406/mefr.1979.2513.

Redon 1994 = O. Redon, *L'espace d'une cité : Sienne et le pays siennois, XIIIᵉ-XIVᵉ siècles*, Rome, 1994 (*Collection de l'École française de Rome*, 200).

Redon 2000 = O. Redon, *Villanus au XIIIᵉ siècle dans la documentation siennoise*, dans *MEFRM*, 112-2, 2000, p. 803-825, www.persee.fr/doc/mefr_1123-9883_2000_num_112_2_9070.

Redon 2003 = O. Redon, *Le conseil général de la commune de Sienne au milieu du XIIIᵉ siècle, Laici et iudices*, dans D. Barthélemy, J.-M. Martin (dir.), Liber largitorius : *études d'histoire médiévale offertes à Pierre Toubert par ses élèves*, Genève, 2003 (*École pratique des hautes études. Sciences historiques et philologiques. V – Hautes études médiévales et modernes*, 84), p. 173-194.

Repetti 1965 = E. Repetti, *Dizionario geografico fisico della Toscana*, 6 vols., Florence, 1965, réimpression de la 1ʳᵉ édition, Florence 1833-1846, disponible en ligne avec un travail de localisation géographique à l'adresse http://stats-1.archeogr.unisi.it/repetti/.

Reynolds 1994 = S. Reynolds, *Fiefs and Vassals, The Medieval Evidence Reinterpreted*, Oxford-New-York, 1994.

Ricardo 1977 = D. Ricardo, *Des principes de l'économie politique et de l'impôt*, Paris, 1977 (*Champs*), 1ʳᵉ édition *On the Principles of Political Economy and Taxation*, Londres, 1817, 1ʳᵉ traduction française, Paris, 1819.

Rippe 1975 = G. Rippe, *Feudum sine fidelitate. Formes féodales et structures sociales dans la région de Padoue à l'époque de la première Commune (1131-1237)*, dans *MEFRM, Temps modernes*, 87-1, 1975, p. 187-239, https://doi.org/10.3406/mefr.1975.2326.

Rippe 2003 = G. Rippe, *Padoue et son contado (Xᵉ-XIIIᵉ siècle). Société et pouvoirs*, Rome, 2003 (*Bibliothèque des Écoles françaises d'Athènes et de Rome*, 317).

Ronzani 2005 = M. Ronzani, *L'organizzazione della cura d'anime e la nascita della pieve di Figline*, dans P. Pirillo, G. Pinto (dir.), *Lontano dalle città. Il Valdarno di sopra nei secoli XII-XIII*, Rome, 2005 (*Valdarno medievale-studi e fonti*, 1), p. 191-210.

Ronzani 2007 = M. Ronzani, *Pietro Mezzabarba e i suoi confratelli. Il reclutamento dei vescovi della « Tuscia » fra la morte di Enrico III e i primi anni del pontificato di Gregorio VII (1056-1078)*, dans S. Balossino, G. B. Garbarino (dir.), *L'organizzazione ecclesiastica nel tempo di San Guido: istituzioni e territorio nel secolo XI, Atti del convegno, Acqui Terme, 17 e 18 settembre 2004*, Acqui Terme, 2007 (*Storia arte e territorio*), p. 139-186, www.rmoa.unina.it/id/eprint/1501.

Roselli 2006 = L. Roselli, *L'Archivio del Monastero di Santa Maria di Vallombrosa, Inventario*, Lucques, 2006 (*Cataloghi guide inventari*, 2).

Rouffio 1978 = J. Rouffio (réalisateur), *Le sucre*, 1978.

Royo Pérez 2014 = V. Royo Pérez, *Manifestations of difference: Conflicts of interest in rural Valencia during the late Middle Ages*, dans F. Aparisi Romero, V. Royo Pérez (dir.), *Beyond Lords and Peasants*, Valence (Espagne), 2014, p. 87-110.

Salvemini 1974 = G. Salvemini, *Magnati e popolani in Firenze dal 1280 al 1295*, Milan, 1974 (*Scritti di storia medievale*, 1).

Salvestrini 1994 = F. Salvestrini, *Il bosco negli statuti rurali del comprensorio chiantigiano (seconda metà del XIV-seconda metà del XVI secolo)*, dans I. Moretti (dir.), *Il bosco nel Chianti, giornata di studio, Greve in Chianti, 18 settembre 1993*, Florence, 1994 (*Il Chianti, storia, arte, cultura, territorio*, 17), p. 79-106.

Salvestrini 1998 = F. Salvestrini, *Santa Maria di Vallombrosa. Patrimonio e vita economica di un grande monastero medievale*, Florence, 1998 (*Biblioteca storica toscana*, 33).

Salvestrini 2008a = F. Salvestrini, *La gestione del bosco*, dans *Disciplina caritatis*, Rome, 2008 (*I libri di Viella*, 78), p. 65-79.

Salvestrini 2008b = F. Salvestrini, *Sacri imprenditori, sacri debitori*, dans F. Salvestrini, *Disciplina caritatis* (*I libri di Viella*, 78), Rome, 2008, p. 181-108.

Salvestrini 2008c = F. Salvestrini, *I conversi dal secolo XI alle soglie dell'Età moderna*, dans F. Salvestrini (dir.), *Disciplina caritatis*, Rome, 2008 (*I libri di Viella*, 78), p. 245-296.

Salvestrini 2008d = F. Salvestrini, *I rapporti con la grande aristocrazia rurale : i conti Guidi e i vallombrosani*, dans *Disciplina caritatis*, Rome, 2008 (*I libri di Viella*, 78), p. 303-326.

Salvestrini 2011 = F. Salvestrini (dir.), *I vallombrosani in Lombardia (XI-XVIII secolo)*, edito nel 2011 in occasione della cerimonia in onore del Patrono dei Forestali d'Italia, Milan, 2011, www.ersaf.lombardia.it/it/b/2248/i-vallom-brosani-in-lombardia

Salvestrini 2012 = F. Salvestrini, *Forme della presenza benedettina nelle città comunali italiane. Gli insediamenti vallombrosani a Firenze tra XI e XV secolo*, dans *MEFRM*, 124-1, 2012, p. 91-117, https://doi.org/10.4000/mefrm.327.

Sanacore 2006 = M. Sanacore, *Riforme istituzionali e visioni giuspubblicistiche nella fondazione dell'Archivio centrale di Firenze*, dans *Archivi e storia nell'Europa del XIX secolo, Alle radici dell'identità culturale europea, Firenze-Archivio di Stato, 4-7 dicembre 2002*, Florence, 2006 (*Pubblicazioni degli Archivi di Stato, Saggi*, 90), www.archiviodistato.firenze.it/asfi/index.php?id = 146.

Sandri 2002 = L. Sandri, *Gli ospedali del Chianti nel tardo Medioevo*, dans I. Moretti, A. Casabianca, Centro di studi chiantigiani (dir.), *Istituzioni ecclesiastiche e vita religiosa nel Chianti tra Medioevo ed Età Moderna*, Gaiole in Chianti, 2002 (*Il Chianti, storia, arte, cultura, territorio*, 22), p. 61-76.

Sansterre 1999 = J.-M. Sansterre, *Le moine et le miles exaltés par l'humilité du Crucifié : à propos de deux miracles racontés au XIᵉ siècle*, dans *Revue belge de philologie et d'histoire, Histoire médiévale, moderne et contemporaine*, 4-77, 1999, p. 831-842, https://doi.org/10.3406/rbph.1999.4391.

Santos Salazar 2014 = I. Santos Salazar, *Nascita e sviluppo di una Badia. San Cassiano a Montescalari nel Valdarno Superiore fiorentino (1040-1130)*, dans *Archivio storico italiano*, 157-3, 2014, p. 403-433.

Scharf 2008 = G. P. G. Scharf, *L'attrazione della città : gli Uberti e Gaville fra Firenze e Arezzo nel Duecento e nei primi decenni del Trecento*, dans P. Pirillo, M. Ronzani (dir.), *San Romolo a Gaville : storie di una pieve in età medievale, atti del convegno di Figline Valdarno (22 ottobre 2005)*, Rome, 2008 (*Valdarno medievale, Studi e fonti*, 3), p. 123-146.

Schneider 1990 = J. Schneider, *Libertés, franchises, communes : les origines. Aspects d'une mutation*, dans Société des historiens médiévistes de l'enseignement supérieur public (dir.), *Les origines des libertés urbaines, Actes du XVIᵉ Congrès des historiens médiévistes de l'enseignement supérieur, Rouen, 7-8 juin 1985*, Rouen, 1990 (*Publications de l'Université de Rouen*, 157), p. 7-29.

Sciascia 1989 = L. Sciascia, *Una storia semplice*, Milan, 1989 (*Piccola biblioteca Adelphi*, 238).

Sciascia 2010 = L. Sciascia, *Il consiglio d'Egitto*, Milan, 2010, 1ʳᵉ édition Milan 1963 (*Piccola biblioteca Adelphi*, 358).

Scott 1976 = J. C. Scott, *The Moral Economy of the Peasant. Rebellion and Subsistence in Southeast Asia*, New Haven-Londres, 1976.

Scott 1985 = J. C. Scott, *Weapons of the Weak. Everyday Forms of Peasant Resistance*, New Haven-Londres, 1985.

Sergi 1994 = G. Sergi, *L'aristocrazia della preghiera. Politica e scelte religiose nel medioevo italiano*, Rome, 1994 (*Saggi. Storia e scienze sociali*).

Stopani 1979 = R. Stopani, *Il contado fiorentino nella seconda metà del Dugento. La distribuzione della popolazione e del potenziale economico*, Florence, 1979 (*Collana di studi storico-territoriali*, 3).

Svalduz 2004 = E. Svalduz (dir.), *L'ambizione di essere città : piccoli, grandi centri nell'Italia rinascimentale*, Venise, 2004 (*Memorie scienze morali*, 107).

Szabó 1992 = T. Szabó, *Comuni e politica stradale in Toscana e in Italia nel Medioevo*, Bologne, 1992 (*Biblioteca di storia urbana medievale*, 6).

Szabó 2012 = T. Szabó, *Zur Geschichte der* boni homines, dans D. Balestracci, G. Cherubini (dir.), *Uomini, paesaggi, storie : studi di storia medievale per Giovanni Cherubini*, Sienne, 2012, 2, p. 301-322.

Sznura 1998 = F. Sznura, *Per la storia del notariato italiano : i più antichi elenchi superstiti dei giudici e dei notai fiorentini (anni 1291 e 1338)*, dans T. De Robertis, G. Savino (dir.), *Tra libri e carte. Studi in onore di Luciana Mosiici*, Florence, 1998 (*Quaderni della rassegna*), p. 437-515.

Sznura 2005 = F. Sznura, *Antica possessione con belli costumi*, Due giornate di studio su Lapo da Castiglionchio il Vecchio (Firenze-Pontassieve, 3-4 ottobre 2003), Con la nuova edizione dell'Epistola al figlio Bernardo, Florence, 2005.

Tabacco 1970 = G. Tabacco, *La costituzione del regno italico al tempo di Federico Barbarossa*, dans Congresso storico subalpino (dir.), *Popolo e Stato in Italia nell'età di Federico Barbarossa : Alessandria e la Lega lombarda*, Turin, 1970, p. 161-177.

Tabacco 1974 = G. Tabacco, *Nobiltà e potere ad Arezzo in età comunale*, dans *Studi medievali*, 3-15, 1974, p. 1-24.

Tabarrini 2016 = L. Tabarrini, *Le operæ e i giorni. Un elenco di censi e servizi dell'abbazia di S. Michele di Passignano (ultimo quarto del secolo XII) tra paleografia e storia*, dans *Quaderni storici*, 51, 2016, p. 383-413.

Tabarrini 2019 = L. Tabarrini, *The Countryside of Florence and Lucca during the High Middle Ages (11th-13th centuries), A Study on Land Management and its Change*, Thèse de doctorat, University of Oxford, 2019.

Taddei 2006 = I. Taddei, *La notion d'âge dans la Florence des XIVe et XVe siècles*, dans *MEFRM*, 118-1, 2006, p. 149-159, www.persee.fr/doc/mefr_1123-9883_2006_num_118_1_9409.

Taddei 2011 = G. Taddei, *Comuni rurali e centri minori dell'Italia centrale tra XII e XIV sec.*, dans *MEFRM*, 123-2, 2011, p. 319-334, https://doi.org/10.4000/mefrm.624.

Taddeucci 2005 = S. Taddeucci, *Un* castrum *e la sua comunità alla metà del XIII secolo : Loro Ciuffenna*, dans G. Pinto, P. Pirillo (dir.), *Lontano dalle città. Il Valdarno di sopra nei secoli XII-XIII*, Rome, 2005 (*Valdarno medievale-studi e fonti*, 1), p. 313-342.

Tanzini – Tognetti 2016 = L. Tanzini, S. Tognetti (dir.), *La mobilità sociale nel Medioevo italiano*, 1, *Competenze, conoscenze e saperi tra professioni e ruoli sociali (secc. XII-XV)*, Rome, 2016 (*I libri di Viella*, 220).

Tarani 1932 = D. F. Tarani, *La badia di Montescalari*, Florence, 1932 (*Il faggio vallombrosano*).

Tchayanov 1990 = A. V. Tchayanov, *L'organisation de l'économie paysanne*, Paris, 1990, 1re édition russe, Moscou, 1925.

Todeschini 2004 = G. Todeschini, *Richezza francescana. Dalla povertà volontaria alla società di mercato*, Bologne, 2004 (*Intersezioni*).

Tomasi di Lampedusa 2010 = G. Tomasi di Lampedusa, *Il Gattopardo*, Milan, 2010 (*Universale economica Feltrinelli*, 1028), 1re édition 1958.

Tomei 2019 = P. Tomei, Milites elegantes. *Le strutture aristocratiche nel territorio lucchese (800-1100 c.)*, Florence, 2019 (Reti Medievali E-Book, 34), www.rmoa.unina.it/5346/1/Tomei.pdf.

Toubert 1973 = P. Toubert, *Les structures du Latium médiéval, Le Latium méridional et la Sabine du IXe siècle à la fin du XIIe siècle*, Rome, 1973 (*Bibliothèque des Écoles françaises d'Athènes et de Rome*, 221).

Toubert 1980 = P. Toubert, *Discours inaugural. Les féodalités méditerranéennes : un problème d'histoire comparée*, dans *Structures féodales et féodalisme dans l'Occident méditerranéen (Xe-XIIIe siècles). Bilan et perspectives de recherches. Actes du Colloque de Rome (10-13 octobre 1978)*, Rome, 1980 (*Publications de l'École française de Rome*, 44), p. 1-14.

Toubert 2008 = P. Toubert, *Disettes, famines et contrôle du risque alimentaire dans le monde méditerranéen au Moyen Âge*, dans *Publications de l'Académie des Inscriptions et Belles-Lettres*, 19-1, 2008 (*Cahiers de la villa Kérylos*), p. 451-468.

Troadec 2016 = C. Troadec, *Roma crescit. Une histoire économique et sociale de Rome au XVe siècle*, Thèse de doctorat, Université Paris IV-Sorbonne, 2016.

Vannini 2004 = G. Vannini, *Un sigillo dei conti Guidi e il crepuscolo dell'incastellamento nel Valdarno superiore*, dans *Archeologia medievale*, 31, 2004, p. 405-422.

Vasaturo – Monzio Compagnoni 1994 = N. R. Vasaturo, G. Monzio Compagnoni, *Vallombrosa : l'abbazia e la congregazione : note storiche*, Vallombrosa (Florence), 1994 (*Archivio vallombrosano*, 1).

Verna 2012 = C. Verna, *Élites rurales, industries et fortune (Catalogne, Vallespir, XIVe-XVe siècle)*, dans *MEFRM*, 124-2, 2012, p. 461-478, https://doi.org/10.4000/mefrm.913.

Violante 1955 = C. Violante, *La pataria milanese e la riforma ecclesiastica*, Rome, 1955 (*Istituto storico italiano per il Medio Evo. Studi storici*, fasc. 11-13).

Violante 1962 = C. Violante, *Les prêts sur gage foncier dans la vie économique et sociale de Milan au XIe siècle*, dans *Cahiers de civilisation médiévale*, 5-2, 1962, p. 147-168 ; 437-459.

Violante 1981 = C. Violante, *Le strutture familiari, parentali e consortili delle aristocrazie in Toscana durante i secoli X-XII*, Comitato di studi sulla storia dei ceti dirigenti in Toscana (dir.), *I ceti dirigenti in Toscana nell'età precomunale, Atti del primo Convegno*, Pise, 1981, p. 1-57.

Volpe 1961a = G. Volpe, *Classi e comuni rurali nel medio evo italiano*, dans G. Volpe, *Medio Evo italiano*, Florence, 1961 (*Biblioteca storica Sansoni, Nuova serie*, 38), p. 141-188.

Volpe 1961b = G. Volpe, *Medio Evo italiano*, Florence, 1961 (*Biblioteca storica Sansoni, Nuova serie*, 38), 1re édition Florence, 1923.

Volpini 1967 = R. Volpini, *Bernardo degli Uberti, santo*, dans *DBI*, Rome, 1967, 9, p. 292-303, www.treccani.it/enciclopedia/bernardo-degli-uberti-santo_(Dizionario-Biografico)/.

Volpini 1969 = R. Volpini, *Additiones kehrianae, 2, Nota sulla tradizione dei documenti pontifici per Vallombrosa*, dans *Rivista di storia della Chiesa in Italia*, 23, 1969, p. 313-360.

Watteaux 2003 = M. Watteaux, *À propos de la «naissance du village au Moyen Âge»: la fin d'un paradigme?* dans *Études rurales*, 167-168, 2003, p. 306-318, https://doi.org/10.4000/etudesrurales.8034.

Weber 2015 = M. Weber, *La domination*, Paris, 2015 (*La découverte poche, sciences humaines et sociales*, 248).

Wickham 1987 = C. Wickham, *Vendite di terra e mercato della terra in Toscana nel secolo XI*, dans *Quaderni storici*, 22, 1987, p. 355-378.

Wickham 1988 = C. Wickham, *The Mountains and the City: the Tuscan Appennines in the Early Middle Ages*, Oxford-New York, 1988.

Wickham 1989 = C. Wickham, *Documenti scritti e archeologia. Per una storia dell'incastellamento: l'esempio della Toscana*, dans *Archeologia medievale*, 16, 1989, p. 79-102.

Wickham 1994 = C. Wickham, *Manentes e diritti signorili durante il XII secolo: il caso della Lucchesia, Società, istituzioni, spiritualità. Studi in onore di Cinzio Violante*, 2, Spolète, 1994 (*Collectanea*, 1), p. 1067-1080.

Wickham 1996 = C. Wickham, *La signoria rurale in Toscana*, dans G. Dilcher, C. Violante (dir.), *Strutture e trasformazioni della signoria rurale nei secoli X-XIII, Atti della XXXVII Settimana di studio, 12-16 settembre 1994*, Bologne, 1996 (*Annali dell'Istituto storico italo-germanico*, 44), p. 343-409.

Wickham 1996a = C. Wickham, *Ecclesiastical dispute and lay community: Figline Valdarno in the twelfth century*, dans *MEFRM*, 108-1, 1996, p. 7-93, https://doi.org/10.3406/mefr.1996.3480.

Wickham 1996b = C. Wickham, *La signoria rurale in Toscana*, dans G. Dilcher, C. Violante (dir.), *Strutture e trasformazioni della signoria rurale nei secoli X-XIII, Atti della XXXVII Settimana di studio, 12-16 settembre 1994*, Bologne, 1996, p. 343-409.

Wickham 2000 = C. Wickham, *Legge, pratiche e conflitti, Tribunali e risoluzione delle dispute nella Toscana del XII secolo*, Rome, 2000 (*I libri di Viella*, 23).

Wickham 2001 = C. Wickham, *Communautés et clientèles en Toscane au XIIe siècle: les origines de la commune rurale dans la plaine de Lucques*, Rennes, 2001 (*Bibliothèque d'Histoire rurale*, 2).

Wickham 2005a = C. Wickham, *Figline: nobili, «milites» e masnadieri*, dans G. Pinto, P. Pirillo (dir.), *Lontano dalle città. Il Valdarno di sopra nei secoli XII-XIII*, Rome, 2005 (*Valdarno medievale, Studi e fonti*, 1), p. 379-394.

Wickham 2005b = C. Wickham, *Framing the Early Middle Ages. Europe and the Mediterranean, 400-800*, Oxford, 2005.

Wickham 2015 = C. Wickham, *Sleepwalking into a New World: the Emergence of Italian City Communes in the Twelfth Century*, Princeton, 2015 (*The Lawrence Stone Lectures*).

Willoweit 1974 = D. Willoweit, *Dominium und Proprietas. Zur Entwicklung des Eigentumsbegriffs in der mittelalterlichen und neuzeitlichen Rechtswissenschaft*, dans *Historisches Jahrbuch*, 94, 1974, p. 131-156.

Zadora-Rio 1995 = E. Zadora-Rio, *Le village des historiens et le village des archéologues*, dans E. Mornet (dir.), *Campagnes médiévales, l'homme et son espace: études offertes à Robert Fossier*, Paris, 1995 (*Histoire ancienne et médiévale*, 31), p. 145-153.

Zadora-Rio 2003 = E. Zadora-Rio, *L'archéologie de l'habitat rural et la pesanteur des paradigmes*, dans *Les Nouvelles de l'archéologie*, 92, 2003, p. 6-9.

Zorzi 2008a = A. Zorzi (dir.), *La civiltà comunale italiana nella storiografia internazionale*, Florence, 2008 (*Biblioteca di storia*, 5).

Zorzi 2008b = A. Zorzi, *La trasformazione di un quadro politico. Ricerche su politica e giustizia a Firenze dal comune allo stato territoriale*, Florence, 2008 (*Biblioteca di storia*, 4).

INDEX DES NOMS

INDEX DES LIEUX

LISTE DES ILLUSTRATIONS ET DES TABLEAUX

TABLE DES MATIÈRES